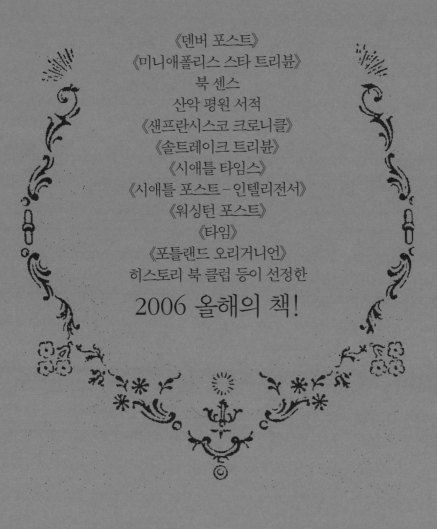

《덴버 포스트》
《미니애폴리스 스타 트리뷴》
북 센스
산악 평원 서적
《샌프란시스코 크로니클》
《솔트레이크 트리뷴》
《시애틀 타임스》
《시애틀 포스트 – 인텔리전서》
《워싱턴 포스트》
《타임》
《포틀랜드 오리거니언》
히스토리 북 클럽 등이 선정한

2006 올해의 책!

BLOOD
The Epic Story of Kit Carson and
AND
the Conquest of
THUNDER
the American West

미국의
서부 정복과
아메리칸 인디언
멸망사

피와
천둥의
시대

햄튼 사이즈 지음
홍한별 옮김

갈라파고스

■ **일러두기**

이 책의 외래어 표기는 국립국어원에서 제시한 외래어 표기법에 의거했으나 실제 발음과 동떨어지는 일부 단어에 한해 원래의 발음에 가깝게 표기했다.

앤에게

차례

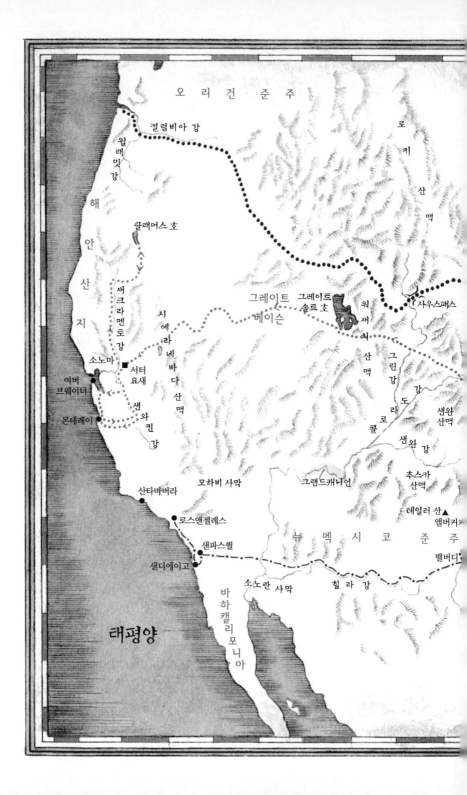

1840년대
미국 서부 지도

0   100   200   300

마일 축적

그레이트플레인스
(미국 대사막)

미
주
리
강

플 랫 강

레븐워스 요새

세인트루이스

파익스 봉

푸에블로

포니 바위

샌그리
디크리스토
산맥

벤트 교역소

아
칸
소
강

타오스

타페이

시머론 강

라스베이거스

미
시
시
피
강

스테이크트
플레인스

페
코
스
강

리
오
그
란
데

일러두기

─●─•─●─ 커니 부대의
         1846년 3월 서부 진군

─ ─ ─ ─ 샌타페이 통로

●●●●●● 오리건 통로

•••••• 프리몬트 3차 원정
         (1845~1846)

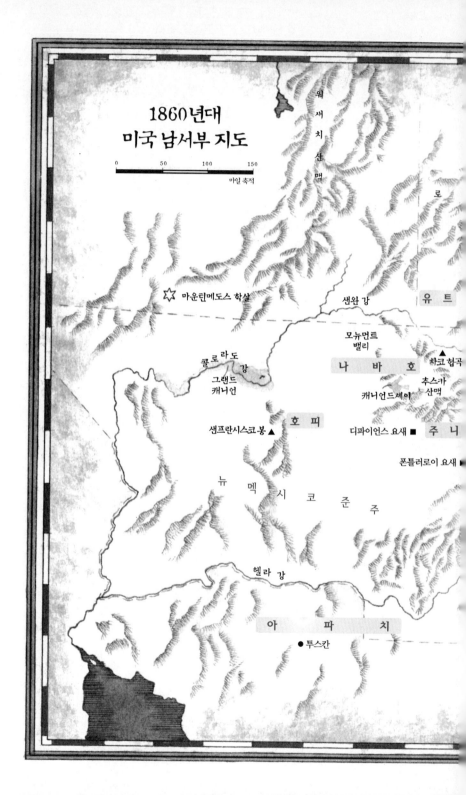

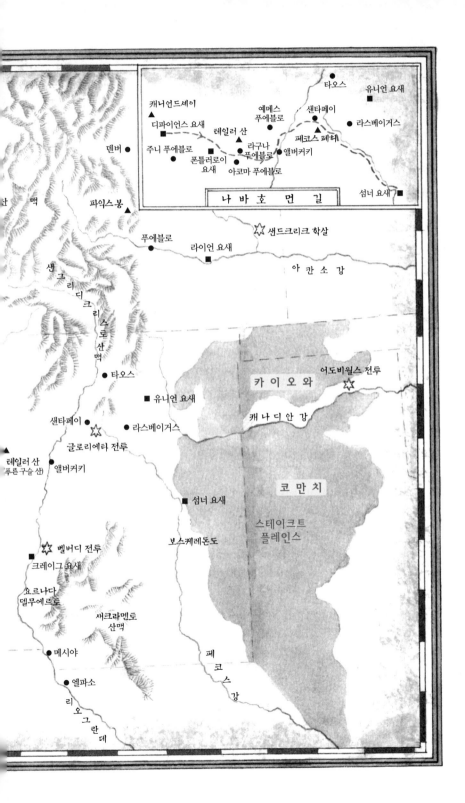

타오스
유니언 요새
캐니언드셰이
예메스
푸에블로
산타페이
디파이언스 요새
테일러 산
페코스 폐허
라스베이거스
덴버
주니 푸에블로
라구나
푸에블로
앨버커키
폰틀러로이
요새
아코마 푸에블로
섬너 요새

나 바 호 먼 길

파익스봉
샌드크리크 학살
푸에블로
라이언 요새
아 간 소 강

샌
그
리
디
크
리
스
로
산
맥

타오스
어도비월스 전투
유니언 요새
카 이 오 와
샌타페이
캐 나 디 안 강
라스베이거스
글로리에타 전투
테일러 산
푸른 구슬 산
앨버커키
섬너 요새
코 만 치
벨버디 전투
보스케레돈도
스테이크트
플레인스
크레이그 요새
요르나다
델무에르토
새크라멘토
산맥
메시야
페
코
스
강
엘파소
리
오
그
란
데

쏟아지는 비 냄새를 따라가고
가장 어두운 곳을 향해 갔네.
번개를 따라가고
번개가 내리꽂히는 곳 가까이 갔네.

—나바호 노래

말발굽 소리

1846년 8월의 어느 날, 해 뜨기 전 서늘한 시간에 뉴멕시코(멕시코 전쟁의 결과 1848년 미국의 영토로 편입, 1912년에 미국의 47번째 주가 되었다 -옮긴이) 라스베이거스 사람들은 잠자리에서 불안하게 몸을 뒤척였다. 미국인들이 오고 있었다. 머나먼 워싱턴 D.C.에서 멕시코에 선전포고를 한 것이다. 라스베이거스 사람들은 도무지 이해할 수 없는 이유였다. 그링고gringo(에스파냐어를 쓰는 중남미 등에서 백인 미국인을 경멸적으로 부르는 말 -옮긴이) 부대가 서쪽으로 진격해오고 있으며 며칠이면 도착할 것이라고 정찰대가 알려왔다. 마을 사람들은 완전히 겁에 질렸다. 신부님의 말로는 미국 군대가 들이닥치면 가톨릭을 금지할 것이며, 군인들이 마을 여자들을 강간하고 얼굴에 인두로 'U.S.'라는 낙인을 찍을 것이라고 했다.[1] 마을 사람들은 미국인들이 교회를 마구간이나 막사로 쓰지 못하게 미리 불 질러 태우는 편이 낫지 않은가를 두고 토론까지 벌였다.

라스베이거스(에스파냐어로 '초원'이라는 뜻)는 갈리나스 강에서 끌어온 흙탕물투성이의 수로로 물을 대는, 출렁이는 옥수수 밭 사이로 어도비adobe(굽지 않고 햇볕에 말린 점토 벽돌 -옮긴이) 벽돌집이 자리 잡고 있는 곳이었다. 로키 산맥 남쪽 끝 3만 7,000킬로미터에 달하는 장엄한 산줄기인 샌그리디크리스토(그리스도의 피) 산맥 언저리에 읍내가 있었다. 에스파냐

인 정착지에서 동쪽 끝에 있어 마치 문명의 홀씨가 날아와 내려앉은 것 같
았다. 그 정착지의 중심지인 샌타페이에서 말을 타고 가면 사흘은 걸려야
닿는 동네였다. 읍내 외곽을 따라 뻗은 샌타페이 통로Santa Fe Trail가 라스
베이거스를 더 큰 세계와 이어주는 유일한 통로였다. 바로 그 길을 따라
군대가 쳐들어올 것이었다. 동쪽으로 뻗은 평원은 끝이 없어 보였다. 텍사
스의 스테이크트플레인스와 그 너머 버펄로들이 사는 초원까지 이어져 있
고 그리로 계속 가다 보면 미국 디아블로스diablos, 악마들이 사는 땅이 나
왔다.

　　라스베이거스 출신 사냥꾼 시볼레로cibolero(버펄로 사냥꾼을 가리키는
에스파냐어 옮긴이)들은 영양과 버펄로를 찾아 초원을 달렸다. 마을 사람
들은 때로 샌타페이까지 가서 생필품을 사거나 그곳에 있는 군대나 가톨
릭 지도자들과 협의하기도 했지만 대개는 좀처럼 마을을 떠나지 않았고
자기 교회에 충성을 다했다. 신앙심 말고는 가진 것 없는 그들은 진정한
개척자였고, 굳은 의지로 자연에 맞섰지만 아무래도 뜻대로 할 수 없는 것
은 받아들일 줄도 알았다. 라스베이거스는 겨우 11년 전에 땅을 불하받아
생긴 새로운 정착지였다. 그러나 이곳에 사는 개척자 가족들 가운데는 까
마득히 먼 옛날인 1598년에 뉴멕시코로 건너온 에스파냐 이주민의 후손
도 있는 등 주로 토박이들이 많았다.

　　뉴멕시코 사람들, 특히 라스베이거스 같은 시골 변경에 사는 사람들
은 고립된 생활을 하기 때문에 더욱 완고하게 가톨릭 습속을 고수하며 방
어적이고 중세적인 삶을 살았다. 코요테를 막기 위해 울타리나 흙담 같은
것을 두르고 그 안에서 조상들이 고대의 산기슭에서 그랬듯이 후추, 옥수
수, 콩, 호박을 기르고 양 떼를 돌보며 살았다.

　　뉴멕시코에서 8월은 가장 살기 좋은 때였다. 밤은 서늘하고 아침은 상
쾌했다. 낮은 덥고 건조했으며 서쪽에서 몰려온 우렁우렁 울리는 뇌우가

나른한 오후를 촉촉이 적시곤 했다. 밭에는 채소가 풍성했다. 양 떼는 우기에 내린 비로 젖은 구릉에 푸르게 돋아난 풀을 뜯었다. 라스베이거스도 겉으로는 여느 때와 다름없이 평화로운 날이 계속되었다. 그러나 사람들은 미국인들이 오면 세상이 뒤바뀔 것임을 알았다.

8월 12일 이른 아침 말발굽 소리가 라스베이거스의 불안한 고요를 깨뜨렸다.[2] 마을 사람들이 그 소리를 듣고 경계를 했을 때는 이미 너무 늦었다. 침략자들은 경작지를 가로질러 마을 언저리에 들어섰다. 그러나 놀랍게도 예상했던 미국인들이 아니었다. 미국인만큼 두렵지만, 훨씬 익숙한 나바호들의 공격이었다.

나바호들은 전투에 대비해 몸에 색칠을 하고 산에서 물밀듯 밀려나왔다.[3] 마지막 순간 피를 얼어붙게 하는 공격의 함성을 질러댔는데 마을 사람들이 듣기에는 마치 부엉이 소리 같았다. 아후우우우, 아후우우우. 나바호 전사들은 안장 없이 말을 타거나 양가죽 안장 위에 앉았고 말총을 엮어 만든 고삐로 말을 몰았다. 곤봉을 휘두르고 사슴 가죽 가운데 가장 두꺼운 엉덩이 가죽 여러 장을 겹쳐 만든 방패를 들었다. 뱀처럼 살금살금 사냥감에 다가가려고 모카신 바닥에는 뱀 그림을 그렸다. 쇠로 된 화살촉에 방울뱀 독과 선인장 줄기 고갱이와 벼락 맞은 나무 숯을 섞은 것을 발랐다. 퓨마 머리 가죽을 벗겨 만든 투구를 쓴 사람도 많았다.[4]

미처 총을 들 사이도 없이 나바호들이 양과 염소를 수백 마리 몰고 가고 말을 여럿 훔치고 어린 양치기 한 명을 죽이고 한 명을 납치해갔다.

약탈자들은 순식간에 나타났듯이 또 순식간에 사라졌다. 희미한 어스름 속에서 복잡하게 얽힌 작은 길을 따라 가축 떼를 몰고 갔으며[5] 이어진 넓은 길을 지나 마침내 가축 떼의 발굽 자국이 선명하게 난 먼지투성이 길로 들어섰다. 서쪽의 나바호 땅으로 굽어지는 길, 훔쳐온 가축을 몰고 가는 말발굽 소리가 그칠 날 없는 길이었다.

제1부
새로운 사람들

내 나침반 바늘은 언제나 서쪽과 남서쪽 사이에서 멈추었다.
미래는 그 방향에 있었다.
그곳은 땅도 더 생기 있고 윤택하게 보였다.

—헨리 데이비드 소로

1. 새로운 세계를 향한 출정

크리스토퍼 카슨Christopher Carson은 20년 동안 서부를 돌아다니면서 믿을 수 없을 만큼 풍부한 경험을 했다. 겨우 서른여섯 살이었지만 서부 황야에서 안 해본 일이 없고 온갖 데를 다 가보고 온갖 사람을 다 만난 듯했다. 모피 사냥꾼이자 답사가, 탐험가로서 로키 산맥, 그레이트베이슨, 시에라네바다, 윈드리버 산맥, 티턴 산맥, 오리건 해안 지역 등 헤아릴 수 없이 긴 거리를 누볐다. 버펄로 무리를 따라 대평원을 수도 없이 가로질렀다. 태평양도 보았고 멕시코 깊숙이 들어가기도 했으며 영국이 점령한 북서부 지역도 가보았다. 소노란, 치와완, 모하비 사막을 횡단했고 그랜드캐니언을 보았으며 생명의 흔적이 없는 그레이트 솔트 호 가장자리에도 서보았다. 동부에 있는 허드슨 강이나 포토맥 강은 비록 보지 못했지만 서부의 중요한 강은 모두 거슬러 봤다. 콜로라도, 플랫, 새크라멘토, 샌와킨, 컬럼비아, 그린, 아칸소, 힐라, 미주리, 파우더, 빅혼, 스네이크, 새먼, 옐로스톤, 리오그란데.

카슨은 천지창조 때부터 그곳에 있었던 것 같다. 그는 미국 서부의 신새벽을 생생하고도 적나라하게 목격했다. 끝없이 여행하면서 주요 부족이나 많은 중요 인사들을 만나고 교류했다. 서부 역사의 전개를 직접 경험했다는 점에서 그와 견줄 만한 사람은 아무도 없을 것이다.

키트 카슨의 첫인상은 볼품없었다. 그게 그의 신비한 매력이기도 했다. 암팡진 체구와 겸손하고 투박한 태도는 그가 돌아다니며 본 풍광의 장엄함과 재미난 대조를 이루었다. 키는 163센티미터밖에 안 됐고 가는 갈색 머리카락이 어깨를 스쳤다. 각진 턱, 꿰뚫어 보는 듯한 청회색 눈을 지녔고, 입꼬리가 약간 아래로 처진 앙다문 입은 좀 불쾌하다는 듯 일그러져 보였다. 늘 눈을 가늘게 뜬 탓에 두 눈썹 사이에 골이 깊이 패인 주름이 있었다. 이마는 높고 울퉁불퉁하고 앞 머리카락은 뒤로 넘겼다. 왼쪽 귀에 흉터가 있고 오른쪽 어깨에도 흉터가 있는데 둘 다 총에 맞은 자국이었다. 오랜 세월 안장 위에서 생활해온 탓인지 다리는 둥글게 휘어졌고 보기 흉하게 걸었다. 땅 위에서는 어쩐지 불편해 보이는 그의 모습은 노새 위에 있을 때만 편하고 익숙하게 움직일 수 있는 것처럼 보였다.

그는 독특한 습관과 미신을 신봉하는 사람이었다.[1] 서 있는 사냥감을 겨눌 때 첫 번째 총알이 빗나가면 절대 다시 쏘지 않았다. '나쁜 주술' 때문에 그런 일이 일어난다고 믿었다. 어떤 일을 새로 시작할 때 금요일은 반드시 피했다. 잡은 짐승을 손질하고 씻을 때도 아주 까다롭게 굴었다. 징조나 조짐 같은 것을 믿었으며, 어떤 사물이나 사람에 대해 안 좋은 기분이 들면 자기 본능을 따랐다. 길 위에서 힘겨운 시간을 보낸 탓에 언제나 조심스러웠고 늘 위험에 대비했다. 카슨과 함께 지내본 한 잡지 기고가는 카슨이 잠자리를 준비할 때마다 빼놓지 않는 의식을 흥미롭게 지켜보았다. "안장을 늘 베개로 쓰는데 안장이 머리를 보호하는 방책 역할을 했다. 권총은 공이치기를 반만 잠근 채로 그 위에 두고 장총은 언제라도 쏠 수 있게 해서 몸 옆, 담요 아래에 두었다. 키트는 절대 모닥불빛에 자기 모습이 다 드러나도록 하지 않았다."[2] 이동할 때 카슨은 "거의 말을 하지 않았고" 눈은 "끝없이 주변을 살폈다. 아주 강한 책임감을 느끼고 있는 사람의 태도였다."

말에서는 미주리 시골구석의 콧소리 나는 억양이 묻어났다. 서부의 지존至尊 같은 이 사람이 미시시피를 가로지른 개척자들의 발원지, 어머니 주州인 미주리 출신이라는 건 아주 지당한 일 같다.

서부에서 카슨은 에스파냐어와 프랑스어를 유창하게 익혔다. 나바호, 유트, 코만치, 샤이엔, 아라파호, 크로, 블랙푸트, 쇼쇼니, 파이우트 등의 원주민 언어도 꽤 주워섬겼다. 인디언 수화도 알았고 서부에서 거의 모든 부족들과 의사소통을 할 수 있었다. 이렇듯 여러 언어를 꿰차고 있었으나 글은 한 자도 몰랐다.

카슨은 산山사람들 사이에서 폭음과 불경함으로 이름을 날렸으나 실상은 성실한 사람이었다. 한 친구의 말에 따르면 "개 이빨처럼 깔끔"했다. 포커를 좋아하고 파이프를 피웠지만 술은 거의 마시지 않았고 여자도 밝히지 않았다. 카슨은 타오스 출신의 히스패닉 아가씨 호세파 하라미요와 결혼했다. 늘씬한 몸매와 연갈색 피부에 카슨보다 열여덟 살 어린 호세파는 "가슴을 찢어놓는 도도한 미모"[3]를 지닌 여자라고 그녀에게 반한 오하이오 출신 작가가 묘사했다. "눈빛만으로도, 남자들이 그녀의 웃음을 보기 위해 목숨을 걸 만한 미인이었다"고 한다. 호세파는 열다섯 살에 카슨과 결혼했는데 키가 남편보다 약간 더 컸다. 얼굴빛이 검고 맑은 눈망울을 가졌다. 친척 한 사람은 "체구가 좋고 모든 면에서 우아한" 여자라고 말했다. 호세파는 남편을 크리스토발이라고 불렀다. 카슨은 아내에게 무척 헌신적이었으며 처가 식구 마음에 들려고 가톨릭으로 개종까지 했다.

이제 결혼까지 했으니 카슨은 산사람 특유의 허세를 전혀 부리지 않았다. "카슨의 태도에는 과격함이란 전혀 없었다. 오히려 조심스레 행동했다"고 그를 존경하는 어떤 사람이 말했다. 장교 하나가 카슨과 인사를 나누는 자리에서 이렇게 말했다. "그러니까 이분이 바로 수많은 인디언들을 달리게 만든 유명한 키트 카슨이군요." 그 말에 카슨은 이렇게 대답했다.

"그렇습니다. 하지만 거의 나를 잡으려고 달린 거였죠."[4] 카슨은 말을 줄여서 건조하게 했고 희미하게 웃을 때면 함께 눈에는 언뜻 장난기가 비치곤 했다. 재미난 일이 있으면 "짧고 날카로운 웃음소리를 컹컹 짖듯" 내곤 했다.[5] 조용히, 간결히, 신중하게 말했고, 누군가의 말에 따르면 "최소한의 단어를 써 힘 있고 느릿느릿하고 정곡을 찌르는" 언어를 구사했다. 한 친구는 카슨은 "꼭 필요할 때가 아니면 욕을 하지 않았다"고 했다.

그랬다. 크리스토퍼 카슨은 매력적인 사람이었다. 누구나 다 그렇게 말했다. 충실하고 정직하고 친절했다. 여러 중요한 정황에서 용감하고도 매력적으로 행동했다. 보답이나 인정을 바라지 않고 사람들의 목숨을 구해준 일도 많았다. 선한 사마리아인이었으며 심지어 영웅과도 같았다.

그런 한편 타고난 살인자였다. 많은 사람들이 입 모아 말하는 그의 다정한 기질과 폭력적 광분을 연결 짓기란 쉽지 않다. 카슨은 그 시대의 서부 사람치고도 (어찌나 거친지 무법자라는 것이 없었던 시대다. 법 자체가 없었기 때문이다) 무척 잔인한 축에 들었고, 한순간에 포악한 성미를 터뜨리곤 했다. 그의 비위를 건드리면 반드시 응징을 당했다. 복수를 성스러운 무엇인 양 추구했고 부족적이라고 할 만큼 집요하고 끈질기게 복수에 매달렸다. 카슨이 속한 부족은 다름 아닌 원한에 사로잡힌 스코틀랜드-아일랜드인이었다.

그의 위업에 대해 들려달라고 하면, 카슨은 마지못해 입을 열었고 냉정하고 아무 감정 없이 말했다. 살인청부업자의 미적 감각을 가진 것처럼 보이는 그는 자기가 싸웠던 전투를 예쁘다고 표현하길 좋아했다. "내가 본 가장 예쁜 싸움이었다"[6]는 식으로. 적을 쫓아가는 것을 "스포츠"라고 말하기도 했다.[7] 캘리포니아 새크라멘토 강가에 있는 인디언 마을을 선제공격하는 데 참여했던 (다른 사람들은 그것을 학살이라고 불렀다) 카슨은 그 행위를 두고 "완벽한 살육"이라고 일컬었다.[8]

당대의 오싹한 구분 기준에 따르면 카슨은 '인디언 학살자'가 아니라 '인디언과 싸우는 사람'으로 간주되었다. 고상한 직업은 아닐지 모르지만 적어도 그때에는 존경받을 만한 일이었다. 그러나 카슨은 인디언을 미워하지 않았다. 추상적인 인종주의적 혐오감 같은 건 전혀 없었다. 그는 커스터도, 셰리든도, 앤드루 잭슨도 아니었다(이들은 모두 미군 장교로 인디언 학살에 참여했다 옮긴이). 카슨은 아메리칸 인디언을 죽였지만 그들과 친구가 되기도 했고 사랑하기도 했으며 땅에 묻기도 하고 결혼하기도 했다. 카슨은 평생 백인보다는 인디언처럼 살았다. 그의 손에 죽은 인디언도 많지만 카슨 스스로 공정하다고 판단한 싸움에서 죽은 경우가 대부분이었다. 그 싸움에서 카슨 자신이 목숨을 잃을 수도 있었던 것이다. 아직까지 살아 있다는 것이 기적일 만큼 헤아릴 수 없이 여러 차례 아찔한 고비를 넘겼다.

카슨의 말을 직접 기록한 것이 거의 없어 인디언이나 당대의 폭력 따위에 대해 그가 어떻게 생각했는지는 알기 어렵다. 1850년대 중반에 구술된 자서전(좋게 표현해 '얼간이' 같은 말귀를 못 알아듣는 작가가 자서전이 아니라 전기로 바꾸어놓은 책)은 삶의 궤적을 건조하게 읊어놓은 것이라 그에 대한 실마리를 찾을 수 없다. 카슨은 모닥불가에서 이야기를 많이 했다고 하지만 이 책에는 그의 식견이라고 할 만한 것은 전혀 드러나지 않는다. 다만 거드름을 피우지 않는 태도는 신선하다 할 만했다. 허풍선이의 시대에 살았으니 말이다. 당대의 중요한 문제에 대해 함부로 말하지 않았던 것 또한 독특하다 하겠다. 카슨은 그때에나 지금에나 미국 서부의 스핑크스 같은 존재다. 눈으로는 모든 것을 보았고 가슴속에는 비밀을 간직했으나, 입은 굳게 다물었다.

*

크리스토퍼 휴스턴 카슨은 켄터키 주 메디슨카운티의 한 통나무집에서 1809년 크리스마스이브에 태어났다. 링컨과 같은 해에 태어났고 태어난 주도 같다. 1년 뒤 카슨 가족은 짐을 싸서 켄터키를 떠나 서쪽 미주리 개척지로 갔다. '키트'라고 불리던 어린 크리스토퍼는 말안장 위에 앉은 엄마 품에 포대기에 싸인 채로 안겨 앞을 보고 있었다. 카슨 가족은 미주리 강 가까이에 있는 황무지에 자리 잡고 에스파냐 불하지의 일부인 넓은 지역에서 밭을 일구었다. 대니얼 분(1734~1820, 켄터키 개발의 핵심 인물인 서부 개척자 -옮긴이)의 아들들이 루이지애나 매입(1803년 미국이 프랑스로부터 거대한 땅을 사들인 일 -옮긴이) 이전에 산 땅이었다. 그곳은 우아하지 못하게 '분의 소금못Boone's Lick'이라고 불렸는데, 야생동물이 모여드는 소금 퇴적층이 있었고 분 가족이 그걸 채굴하는 데 성공했기 때문이다. 분 집안과 카슨 집안은 가까운 친구가 되었다. 같이 일하고 교제하고 혼인 관계를 맺었다.

키트는 밝고 푸른 눈을 가진 조용하고 고집 세고 믿을 수 있는 아이였다. 체구는 작았지만 (아마도 두 달 일찍 태어난 탓이리라) 억세고 튼튼했고 손은 크고 날랬다. 키트가 처음으로 가진 장난감은 형이 깎아준 나무총이었다. 키트는 어릴 때부터 명민해서 아버지 린지 카슨은 아들이 법률가가 되었으면 하고 바랐다.

린지 카슨은 스코틀랜드-아일랜드인 장로교 혈통의 농부로 어린 시절은 노스캐롤라이나에서 보냈고 독립전쟁 때 웨이드 햄프턴 장군 밑에서 복무했다. 린지 카슨은 대식구를 거느렸다. 첫 번째 아내가 다섯 아이를 낳았고 키트의 어머니 레베카 로빈슨이 열을 낳았다. 열다섯 명 가운데 키트는 열한 번째였다.

분의 소금못은 개척은 되지 않았지만 아무도 살지 않는 것은 아니었다. 위네바고, 포타와토미, 키카푸 인디언 등이 미주리 강 골짜기 근처에서 여러 세대 전부터 살았고 백인들의 침범에 매우 적대적으로 대응했다. 분의 소금못에 사는 개척민들은 보루 가까이에 오두막을 짓고 모여 살았고 무장한 파수꾼이 밭을 지키고 숲 속 빈터를 계속 순찰했다. 몸이 건장한 남자들은 모두 민병대에 속해 있었다. 오두막마다 총구멍을 만들어놓아 인디언이 공격해올 때 오두막 안에 숨어 방어할 수 있게 해두었다. 키트와 형제들은 늘 언제 납치될지 모른다는 두려움 속에서 살았다. "학교나 집에서 멀리 떨어진 곳에 갈 때는 늘 붉은 천 조각을 가지고 갔다. 인디언에게 잡히면 그걸 떨어뜨려서 사람들이 우리를 찾으러 올 수 있게 하기 위해서였다."[9] 키트의 누이 메리 카슨 루비가 이렇게 회고했다. 루비는 키트가 어릴 때에도 기민한 야경꾼 노릇을 했다고 했다. "밤에 자고 있을 때, 집 밖에서 아주 작은 소리만 들려도 키트의 조그만 갈색 머리가 가장 먼저 달싹였다. 나는 키트가 보초를 서는 날에는 마음을 푹 놓았다."

키트가 네 살 되던 해 어느 날 린지 카슨은 몇몇 사람들과 같이 땅을 둘러보러 갔다가 매복해 있던 사크와 폭스 인디언에게 공격을 당했다. 그는 목숨을 잃을 뻔했다. 장총 개머리판이 총에 맞아 부서지고 왼쪽 손가락 두 개도 날아갔다. 같이 갔던 사람 가운데 윌리엄 매클레인은 싸움 중에 쓰러졌는데 인디언들이 그의 심장을 도려내 먹었다고 한다.

이런 사건도 많았지만 미주리에는 이주민과 가깝게 지낸 부족들도 있었다. 협조하고 화평을 유지하는 편이 현실적으로 유리하다고 판단했을지도 모른다. 카슨도 어렸을 때 인디언 아이들과 함께 놀았다. 사크족과 폭스족은 분의 소금못 정착지에 자주 와서 물물교환을 해갔다. 어릴 적부터 카슨은 개척민의 삶에서 아주 중요한 사실을 몸으로 익혔다. 하나로 뭉뚱그려 말할 수 있는 '인디언'이라는 것은 존재하지 않는다는 사실이다. 각 부족은 서로 무척이나 달랐고 각 부족을 저마다 다르게 대해야 한다는 것이었다.

*

분이나 카슨 가족 같은 이주민이 오기 전에 미주리 강가의 땅은 북아메리카의 여느 곳처럼 숲이 우거진 곳이었다. 경작지를 만들기 위해 개척민들은 나무에 '띠'를 두르기도 했다. 나무 밑동을 고리 모양으로 깊게 파서 나무를 말려 죽이는 것을 가리키는 말이다. 울창한 숲을 가장 빨리 없애는 방법은 불을 지르는 것이었다. 1818년 어느 날 린지 카슨은 근방에서 숲을 태우다가 불붙은 나무에서 떨어진 커다란 가지에 맞아 죽었다.

그때 키트의 나이 겨우 일곱 살이었다. 이후 그의 삶은 완전히 달라졌다. 린지 카슨의 성장한 자식들은 집을 떠났지만 레베카 카슨 슬하에는 아직 열 명이나 남아 있었다. 카슨네는 극심한 가난에 시달리게 되었다. 키트는 학교를 그만두고 밭에서 일하고 집안일을 거들고 식량으로 쓸 짐승을 사냥하면서 하루를 보냈다. 나중에 카슨이 회고하기를, "나는 장총을 집었고 글쓰기 책을 집어던졌다."[10]

잠시 동안 키트는 이웃 사람에게 맡겨졌다. 그러다가 1822년 키트의 어머니가 재혼했고 기가 센 아이는 새아버지에게 반항했다. 열네 살 때부터 키트는 미주리 주 프랭클린의 소규모 정착지에서 데이비드 워크맨이라는 이름난 마구 제조자 밑에서 도제로 일했다. 키트는 답답하고 지루한 작업장 일을 싫어했다. 거의 두 해 동안 날마다 작업대에 앉아 마구를 수선하고 가죽 세공 도구로 가죽 조각을 잘랐다. 프랭클린은 새로 닦인 샌타페이 통로의 동쪽 끝에 있었기 때문에 가게를 찾는 사람은 대부분 덫 사냥꾼이나 상인이었고, 그들로부터 극서부 지방의 흥미진진한 이야기를 곧잘

들을 수 있었다. 어린 소년은 이 사향 냄새 나는 가죽과 모피 옷을 입은 먼 지투성이의 남자들에게서 깊은 인상을 받았던 것 같다. 아이의 상상력의 씨앗이 움트기 시작했다. 가위, 송곳, 주름 잡는 도구를 들고 칙칙한 작업장에 앉아 있던 키트는 거친 사내들의 도전적인 이야기에 완전히 꽂혀버렸고 샌타페이를 꿈꾸기 시작했다. 샌타페이라는 이름은 새로운 삶과 새로운 땅을 무대로 한 광대하고 무한한 가능성의 삶을 뜻했다.

샌타페이 통로가 닦인 지 겨우 두 해밖에 되지 않았지만 조금이라도 야망이나 방랑벽이 있는 미주리 젊은이들에게 대평원에서 싹트기 시작한 교역은 저항하기 힘든 로망이었다. 서쪽에서 새로이 돈 냄새가 풍겼다. 이전 여러 세대 동안 에스파냐가 미국과 샌타페이 사이의 교역을 금지했고 뉴멕시코에서 미국인 여행객이 잡혔다 하면 스파이 취급을 받기 일쑤였다. 그러나 1821년 멕시코가 에스파냐로부터 독립했다. 멕시코시티 정부는 미국 물건에 목말라 했고 무역을 통해 거둘 수 있는 관세를 고대했다. 장막이 걷혔다. 느닷없이 미국인들이 환영받게 되었다. 오래된 주도州都와 서쪽 끝 정착지를 잇는 긴 길에 교통량이 많아졌다. 살던 곳을 떠나 샌타페이로 가는 사람들을 가리키는 새로운 말이 유행하게 되었다. 미주리의 익숙한 세계를 떠나는 여행자들을 '출정' 한다고 말했다. 알려지지 않은 곳을 헤치고 간다는 흥분감을 담은 표현이었다.

내내 들어온 이야기에 매료되고 "다른 땅을 보고자 하는 열망에 들떠"[11] 키트는 도제 계약을 파기하기로 결심했다. 그의 고용주는 '좋은 사람'이었지만 그 일은 숨 막힐 것 같았다. "그 일은 나에게는 맞지 않았다"[12]고 카슨은 특유의 건조한 표현으로 줄잡아 말했다. "그래서 그곳을 떠나기로 했다." 카슨은 워크맨 밑에 계속 있다가는 "나한테 맞지 않는 일을 하며 평생을 살아야 하"리라는 생각이 들었다.

*

1826년 8월, 열여섯 살의 카슨은 샌타페이로 가는 큰 대상隊商에 막일꾼으로 참가하는 계약에 몰래 서명했다. "흠, 어떤 일을 잘 하나?"[13] 카슨이 일자리를 달라고 하자 대상 우두머리가 이렇게 물었다.

"잘하는 건 없어요. 하지만 총을 잘 쏴요." 카슨이 대답했다.

카슨에게는 '캐비 보이cavvy boy'라는 가장 아랫자리가 주어졌다. 캐비 보이는 카바야다caballada, 즉 긴 여정 동안에 지치거나 죽은 가축을 대신하기 위해 데리고 다니는 여분의 말, 노새, 수소 무리를 돌보는 일꾼이었다. 가축 떼를 몰고 먹이고 매질하는 비천한 목동 일이었지만 카슨은 그 일을 좋아했다. 안장을 만드는 대신 안장 위에 하루 종일 앉아 있을 수 있는 것만으로 감사했다.

그렇게 카슨은 '출정'했다. 카슨이 서부를 향해 가는 동안 카슨의 고용주 데이비드 워크맨은 지방 신문인 《미주리 인텔리전서Missouri Intelligencer》에 도제가 달아났음을 알리는 광고를 실었다. 이렇게 해서 키트 카슨의 이름이 처음으로 인쇄매체에 실리게 되었다.

크리스토퍼 카슨이 미주리 하워드카운티 프랭클린에 거주하는 하기한 고용주로부터 달아났음을 널리 알린다. 16세쯤 되었고 나이에 비해 작지만 몸이 다부지고 머리 색이 밝다. 카슨은 고용주 밑에서 마구 제조업을 배우기로 되어 있었으나 지난 9월 1일경 달아났다. 북부 지방으로 간 것으로 보인다. 위 소년을 숨겨주거나 부양하거나 도와주는 사람은 법률에 따라 처벌받을 것임을 알린다. 소년을 데려오는 사람에게는 포상금으로 1센트를 주겠다.[14]

법에 따라 워크맨은 도제가 달아났음을 알려야만 했다. 그러나 행간을 읽어보면 마구 제조업자가 카슨이 돌아오기를 그다지 열망하지 않음을 느낄 수 있으며 사실상 달아나는 것을 도와주었으리라는 생각이 든다. 워크맨은 카슨이 달아난 뒤 한 달이 훌쩍 지난 뒤에야 광고를 실었다. 그만큼 오래 기다린 데다 카슨이 떠난 방향도 잘못 일러주고 포상금도 쥐꼬리만 하게 제시한 걸 보면, 서부로 달아나기로 한 카슨의 결정에 워크맨이 미소를 보내고 있었을 것이며 아마도 속으로 성공하길 빌었을 듯싶다.

카슨의 자서전에는 평원을 가로지른 첫 번째 여행에서 겪은 한 가지 사건만이 기록되어 있다. 어느 날 대상이 아칸소 강의 거대한 만곡을 따라 오늘날의 캔자스 주 남서부를 걷고 있었다. 그런데 무리에 속해 있던 앤드루 브로더스가 사고를 당했다. 마차 행렬이 버펄로가 사는 지역을 지날 때였는데, 이동하는 버펄로를 노리는 늑대 떼가 우글거렸다. 멀리에서 늑대 한 마리를 본 브로더스는 대상이 끌고 가는 가축을 공격할까 봐 지레 겁을 먹고 마차에서 장총을 꺼내들었다. 그런데 실수로 총을 자기 오른팔에 대고 쏘아버렸다.

며칠 뒤에 상처가 감염이 되었고 괴저로 그 부위가 썩어들어가기 시작했다. 누가 봐도 팔을 절단해야 하는 상황이었다. 브로더스는 극심한 고통에 시달렸고 마차가 흔들리고 덜컹댈 때마다 딱한 비명을 질렀다. 그런데도 브로더스는 이 피할 수 없는 일을 거부했고 천금 같은 시간이 계속 흘러갔다. 썩은 부위가 점점 위로 번져갔다.

마침내 사람들은 더 이상 비명소리를 참을 수 없다는 결론을 내렸다. 브로더스를 붙들고 한 사람이 죽은 살을 면도칼로 도려냈다. 다른 사람이 낡은 칼로 뼈를 잘랐고 또 다른 사람은 마차에서 빼낸 킹볼트(마차 몸체와 앞바퀴축을 연결하고 회전축 역할을 하는 수직 볼트 -옮긴이)를 불에 뜨겁게 달궈 잘린 동맥을 지졌다. 브로더스가 소리를 질러대는 모습을 키트는 눈을 둥그렇게 뜨고 지켜봤으며 어떻게든 도우려고 했다. 신빙성은 좀 없는 이야기지만 카슨이 나서서 첫 번째 칼질을 했다는 이야기도 있다. 이 끔찍한 일로 열여섯 살짜리 소년은 황야의 남자들이 종종 써야 하는 조악하지만 창의적인 응급방편이란 어떤 것인가를 확실하게 깨닫게 되었다.

마침내 수술이 끝나고 브로더스의 비명소리도 잦아들었다. 사람들은 마차 바퀴축에서 걷어낸 타르를 절단 부위에 고약 삼아 발랐다. 하지만 대상 무리들의 위생 상태가 워낙 끔찍해서 아무도 브로더스가 목숨을 부지하리라고는 기대하지 않았다. 그러나 상처가 곧 아물었다. 카슨의 말에 따르면 대상이 뉴멕시코를 가로질렀을 무렵 앤드루 브로더스는 "씻은 듯 나았다."[15]

*

샌타페이 통로의 삶에 매혹되기는 했으나 키트 카슨은 샌타페이라는 도시를 그다지 대단하게 생각하지는 않은 듯했다. 삐걱거리는 바퀴 소리와 함께 오래된 도시에 들어선 대상 무리는 나른한 삶을 살던 주민들 사이에 동요를 일으켰으나 키트는 샌타페이에 오래 머무르지 않았다. 자서전에서는 그 장소에 대해 거의 언급하지도 않았다. 카슨은 최대한 빨리 산동네 타오스로 갔다. 샌타페이에서 110킬로미터가량 떨어진, 하얗게 칠한 어도비 벽돌집이 모여 있는 곳이다. 그곳의 거칠고 다듬어지지 않은 삶이 훨씬 마음에 들었다. 이후 타오스는 카슨에게 평생 마음의 고향으로 자리 잡게 된다.

톱니 모양으로 솟아 장엄하게 뻗은 샌그리디크리스토 산맥 자락, 산쑥 밭에 펼쳐진 돈페르난도디타오스는 1,000명 남짓한 사람들이 흩어져 사는 오래된 에스파냐 정착지다. 그보다 더 오래된 푸에블로(미국 남서부 인디언들의 전통적인 공동체를 가리키는 말이자 이들의 집단 주거지를 지칭하는 말이기도 하다. 타오스, 아코마, 주니, 호피 등 이런 형태의 농경 생활을 하는 인디언을 푸에블로 인디언이라 부른다 옮긴이) 인디언 거주지가 가까이 있었는데, 이들은 수 세기 전부터 테라스가 있는 아파트 모양의 7층 높이로 쌓아올린 진흙 성채에서 살았다. 타오스*Taos*라는 마을 이름은 인디언 부락 사이로 흐르는 시내를 따라 울창하게 자라는 버드나무에서 따온 것으로, 티와(뉴멕시코 북쪽에 사는 푸에블로족 몇몇 무리들이 쓰는 말 옮긴이) 말로 '붉은 버드나무의 사람들' 이라는 뜻이다. 타오스에서 서쪽으로 몇 킬로미터 가면 리오그란데가 180미터 깊이의 협곡 사이를 흰 거품을 일으키며 흘러간다.

타오스는 남서부 모피 무역의 중심지이기도 하다. 허드슨스 베이 컴퍼니, 아메리칸 퍼 컴퍼니, 로키 마운틴 퍼 컴퍼니 같은 회사와 연결되어 있는 덫 사냥꾼이나 산사람들이 타오스에서 겨울을 보냈다. 그들은 덫을 수선하거나 여름에 번 돈을 춤추고 도박하고 연애하고 술 마시면서 흥청 망청 써버렸다. 특히 그들은 타오스 라이트닝이라고 불리는 그 지방에서 나는 밀주密酒 때문에 망가지곤 했다. 밀로 빚은 이 술은 덫 사냥꾼이나 맥시코 사람이나 인디언 사이에서는 통화通貨로 쓰일 정도였다. 이 머나먼 지방 변경에 고립되어 있는 덫 사냥꾼들은 혈기왕성한 젊은이들이었다. 마을 주민들은 난폭하게 돌아다니고 여러 여자를 거느리면서 가톨릭 신부들이 요구하는 경직된 도덕에는 아랑곳하지 않는 이 거친 외지인들을 불쾌하게 여기면서도 한편으로는 부러워했다.

키트는 산사람들의 기이한 형제애에 이끌렸다. 산사람들의 자유, 임기응변 능력, 다른 세계 사람 같은 분위기에 매혹되었고 자기를 받아들여주기만 하면 자기도 그중 한 사람이 되겠다고 맹세했다. 처음으로 맞은 그 겨울에 덫 사냥꾼이자 탐험가인 매슈 킨키드라는 사람이 키트를 받아주었다. 킨키드는 미주리에 있을 때 키트 아버지와 친구였다. 원숙한 개척자를 보고 카슨은 산에서의 삶의 기본 원칙을 배웠다. 눈이 내리는 계절에는 킨 키드의 오두막에 머무르면서 매캐한 잿빛 연기를 내는 피농(미국 서부와 멕시코에 자생하는 소나무의 한 종 -옮긴이) 불 앞에 앉아 에스파냐어와 인디언 방언 몇 가지를 연습했다. 사슴 가죽으로 옷을 만들어 입는 법, 옥수수 껍질에 버펄로 가죽 덮개를 덮어 단단하게 잠자리를 만드는 법도 배웠다. 처음으로 버펄로 사냥을 나가 사냥감으로 육포를 만들어 비상식량으로 간수하는 법을 익혔고 평원 인디언(코만치, 아라파호, 샤이엔 등 대평원에 거주하는 인디언 부족들로 버펄로를 사냥하며 유목 생활을 하고 고깔 모양의 티피에 거주했다 -옮긴이)들의 별미, 아직 맥이 뛰는 짐승 몸에서 갓 꺼낸 간에 쓸개에서 짜낸 담즙으로 양념한 음식을 즐길 수 있게 되었다.[16]

1828년 키트는 대상을 따라 엘파소로 갔다. 샌타페이 통로를 따라 긴 여행을 하면서 유잉 영이라는 산사람 밑에서 요리사로 일하기로 계약을 맺었다. 유잉 영은 타오스에 사냥 원정 나가는 사람들에게 필요한 물품을 공급하는 가게를 열었다. 열여덟 살이 된 키트는 요리사 일도 꽤 솜씨 좋게 했던 모양이다. 그러나 기름기 많은 여행자들은 쿠거, 개, 노새, 곰, 대평원 굴이라고 불리는 송아지 고환 같은 온갖 기이한 음식에 익숙한 터라 사실 음식을 전혀 가리지 않았다. 이 사람들의 음식에 대한 모토는 "고기는 고기다"[17]라는 것이었다(사냥꾼들의 식사는 지방질이 너무 많아 "수달처럼 몸에 물이 흐르고 북극곰처럼 추위를 잘 견딘다"[18]고들 했다).

1828년 봄 무렵에는 에스파냐어에 숙달해서 카미노레알Camino Real(에스파냐어로 '왕의 길'이라는 뜻. 멕시코시티와 샌타페이를 연결하는 2,560 킬로미터에 달하는 내륙 통상로를 가리킨다 -옮긴이)을 따라 치와와 시로 가는 대상에 통역사로 고용된다. 유서 깊은 치와와 시는 치와와 은광에서 나온 재화로 꾸민 멋들어진 성당, 아름다운 석조 수로, 웅장한 식민지 시대 건축으로 가득했다. 카슨이 가본 도시 가운데 가장 크고 화려한 곳이었다.

카슨은 광활하게 세상을 누비고 다녔으나 그래도 치와와 시보다 더 남쪽으로 내려가보지는 못했다.

치와와 시에 잠시 머물다 돌아온 카슨은 뉴멕시코 남서쪽의 샌타리타 구리 광산에서 조장으로 일했다. 그러다가 1829년 봄, 유잉 영이 40명가량의 타오스 모피 사냥꾼들과 함께 미개척지인 아파치 지역에 있는 힐라 강 지류로 사냥을 하러 가는데 같이 가자고 제안했다. 마침내 카슨의 소원이 이루어진 것이다. 아직 풋내기이지만 처음으로 덫 사냥꾼으로서 제대로 된 원정을 떠나게 된 셈이다. 카슨은 이 일을 좋아했고 그 뒤로도 10여 년 동안 계속하게 된다.

사실 제정신을 가진 사람이라면 고개를 저을 만큼 힘들게 돈 버는 일이었지만 카슨은 조금도 망설이지 않았다. 의회에서 덫사냥 일을 조사하여 1831년 조사를 마무리했는데 이 문서를 보면 산사람들의 삶이 다음과 같이 묘사되고 있다. "늘 위험에 노출되어 있고 결핍에 시달려 이른 나이에 녹초가 되거나 불구가 된다. 이 일에 종사하는 사람들 가운데 오래 사는 사람은 드물다. 육체노동이 과하고 먹을 것이 부족한 데다 인디언들은 급작스레 격한 감정의 발작을 일으켜 적이고 동지고 가리지 않고 덤비기 때문이다."[19]

카슨은 잘 몰랐겠지만 동부에서는 덫 사냥꾼이라는 직업이 신화화되어 있었다. 산사람들은 자유롭고 거친 삶의 상징이었고, 워싱턴 어빙이나 제임스 페니모어 쿠퍼 같은 작가들(개척지의 삶을 그린 소설로 유명한 작가들 옮긴이)은 그들을 낭만적으로 그리기도 하였다. 모피 교역에 종사하는 사람들 가운데 짐 브리저나 제더다이어 스미스의 삶은 전설이 되었다. 그 중에서도 키트 카슨은 가장 유명한 산사람으로 남게 된다.

*

카슨이 처음으로 돈을 받고 참여한 원정은 특히 야심차고도 위험한 것이었다. 늘 있게 마련인 장애, 곧 회색곰, 인디언, 저체온증, 목숨을 잃을 수도 있는 갈증이나 굶주림의 가능성에 더해, 이 작전은 불법이기까지 했다. 대부분 사냥 원정은 북쪽으로, 주인 없는 로키 산맥의 미개지로 간다. 그러나 영은 허점은 많지만 침입자에 대한 경계가 삼엄한 멕시코 국경 안쪽에서 사냥을 할 계획이었다. 샌타페이에서는 외국인들에게 사냥 허가를 거의 내주지 않았다. 그래서 유잉은 관리들의 의심을 피하기 위해 자기 무리를 북쪽 산속으로 끌고 들어갔다가 진로를 돌려 남서쪽으로 내려와 나바호와 주니족이 사는 땅을 거쳐 힐라 강으로 향했다. 힐라 유역은 덫사냥을 하는 사람이 거의 없어 비버나 다른 사냥감이 풍부했다.

카슨은 영과 각지에서 모여든 어중이떠중이 산사람들한테서 덫사냥의 미묘한 기술을 흡수하듯 배웠다. 지세를 읽고 가장 성과가 좋을 만한 물길을 따르는 법, 강둑에서 비버가 미끄러져 간 길을 찾는 법, 덫을 설치하고 비버의 생식선에서 짜낸 카스토레움이라는 걸쭉하고 누런 기름을 덫에 칠해 냄새를 풍기게 하는 법, 모피를 만들고 싸는 법, 모피를 도둑맞거나 상하지 않게 하기 위해 땅속에 안전히 보관하는 법, 덫이 비어 있을 때는 비버 둑을 파헤쳐서 어둡고 축축한 보금자리에서 세상모르고 자고 있는 비버를 두드려 잡는 법 등.

새로 사귄 동료들에게서 부드럽게 끓인 비버 꼬리를 즐기는 법도 배웠다. 덫 사냥꾼들만 즐기는 특별한 음식이었다. 키트는 호큰 장총과 가죽 벗기는 데 쓰는 그린리버 칼을 능숙하게 다루게 되었다. 산사람들의 독특한 언어도 배웠는데 프랑스어, 에스파냐어, 영어, 인디언 말과 자기들이 만들어낸 문구를 뒤섞은 다채로운 은어였다. '와!' 라는 말은 어떤 상황에서나 쓸 수 있는 감탄사였다. 가죽은 플루plew라고 하고 불필요한 장식품은 무엇이나 포퍼로fofurraw라고 불렀다. '쿠coup를 센다'는 것은 복수를 맹세한 적에게 복수한다는 것이다. 자기 일행이 죽음을 당하면 '머리카락이 나갔다(머리 가죽이 벗겨졌다)'라고 하고, 어떻게 하고 싶으냐고 물을 때면 '네 막대는 어느 쪽으로 떠 가냐?'라고 했다. 산사람들은 1년에 한 번 모여서 '랑데부'라는 이름으로 야외에서 엄청난 규모의 축제를 열었다. 판당고 춤을 추고 몬티, 유커, 세븐업 따위의 카드 도박판을 열띠게 벌였다. 밤이 깊으면 모닥불 앞에 둘러앉아 시커먼 진흙 파이프를 빨며 서부 머나먼 곳을 무대로 한 여행 이야기를 전설처럼 부풀려 들려주며 겨룬다.[20] 와이오밍에 있는 어떤 골짜기는 어찌나 큰지 메아리가 돌아오는 데 여덟 시간이 걸렸다느니, 그래서 잠자리에 들기 전에 '일어나!' 하고 소리쳐서 아침에 그 소리를 알람 삼아 깨어난다느니 하는 이야기들이었다.

카슨은 서부 인디언들에게 대처하는 법도 배웠다. 매복을 감지하는 법, 어떨 때는 싸우고 어떨 때는 겁을 주고 어떨 때는 달아나고 어떨 때는 협상을 해야 하는지 등등. 19세기 미국인 가운데 이들만큼 아메리카 대륙 원주민과 광범위하고 밀접하게 교류한 이들은 없었을 것이다. 산사람들은 인디언과 함께 살고, 맞서 싸우거나 한편이 되어 싸우고, 사랑하고, 결혼하고, 묻어주고, 함께 어울려 도박하고 담배를 피웠다. 인디언처럼 옷을 입고 머리 치장을 하고 먹는 법도 배웠다. 인디언 이름도 있었다. 혼혈아들도 낳았다. 티피에서 살고, 개썰매를 끌고, 인디언의 물물교환 방식이나 고대부터 내려오는 약초 치료법도 알았다. 많은 사람들이 혈연적으로나 기질적으로나 절반은 인디언이었다. 워싱턴 어빙은 서부 덫 사냥꾼에 대한 글을 쓰며 이런 점에 주목했다. "이 사람들은 문명 생활의 낙인이 찍힌 것은 모조리 버리고 인디언의 방식이나 몸짓, 걸음걸이까지 받아들이는 것을 자랑거리이자 목표로 삼았다. 덫 사냥꾼한테는 인디언 용사로 착각했다고 말하는 것보다 더 큰 칭찬은 없다."[21]

사냥꾼들은 아메리칸 인디언이 사나운 전사들이라는 걸 직접 경험으로 알았다. 블랙푸트나 코만치 인디언의 이름은 거의 전설적이었다. 그러나 인디언의 전투 스타일은 유럽의 전쟁과는 아주 달라서 전열을 갖추고 전투를 벌이기는 어렵다는 것, 인디언들은 습격이나 매복, 공격하고 흩어지는 방법, 저격하고 사라지는 방식 등을 사용한다는 것도 알았다. 산사람들은 인디언들이 늑대 같다고 했다. 달아났다가 살금살금 따라온다. 살금살금 따라오다가 달아난다.[22]

사냥꾼들은 죽고 죽이고 하는 무수한 싸움에서 인디언들을 죽였다. 어떤 사람은 인디언 한 명을 처치할 때마다 장총자루에 놋쇠 징을 하나씩 박기도 했다. 그러나 더 큰 학살은 부지불식간에 일어났다. 사냥꾼들은 서구 문명의 전파자로서, 골짜기를 거슬러 오르고 산길을 가로지르면서 천연두, 장티푸스를 퍼뜨렸고 총, 위스키, 성병을 옮겼으며 돈이라는 혼란스러운 물건과 번뜩이는 철을 가져왔다. 술에 취한 목소리로 상상하기 어려운 힘의 도래, 동쪽 지평선에 몰려드는 어두운 그림자, 게걸스레 대륙을 먹어 삼키며 점차 서쪽으로 다가오는 그 무엇에 대해 속삭였다.

그해 봄 카슨과 유잉 영의 무리는 힐라 강 유역에서 사냥을 하며 지도에도 없는 낯선 땅 안으로 점점 깊숙이 들어갔다. 어느 날 솔트 강가에 세운 무리의 야영지에 아파치들이 다가왔다. 분위기가 적대적이라는 것을 감지한 사람들은 안장과 담요 아래에 숨었다. 아파치들은 적수가 얼마 안 되는 것을 보고 대담하게 급습해왔다. "언덕이 인디언들로 까맣게 뒤덮였다"[23]고 카슨은 회고했다. 그러나 인디언들이 사정거리에 들어오자 유잉 무리는 숨어 있던 곳에서 튀어나와 총을 겨누었다. 카슨은 장총을 겨누고 처음으로 인디언 한 명을 죽였다. 한 전기 작가의 표현에 따르면, 카슨의 총알이 "그가 겨냥한 젖꼭지를 꿰뚫어 그 안의 심장을 꿰뚫었다."[24]

다른 기록에 따르면 카슨은 칼을 꺼내어 죽은 아파치 인디언의 머리 가죽을 벗겼다고 한다. 당시 산사람들이 관습적으로 하던 행동이었다.

카슨이 열아홉 살 때의 일이다.

2. 빛나는 세상의 수호자들

　　　　　　　　나바호 인디언들의 위협 때문에 뉴멕시코 전역에 불안감이 감돌았다. 개척민들은 늘 경계하고 귀를 기울이고 수풀의 움직임을 살폈다. 아이나 아이 어머니가 나바호에게 끌려갔다는 집도 수월찮았다. 산기슭 방목지 군데군데 돌무더기가 있었다. 인디언에게 베여 쓰러진 목동을 기념하는 십자가와 꽃 장식이 있는 돌무덤이었다. 뉴멕시코 사람들은 어릴 때부터 '나바호'라는 이름을 증오하고 두려워하는 것을 배웠다.

　　다른 부족도 뉴멕시코 정착민들을 괴롭혔다. 북쪽의 유트, 동쪽의 카이오와, 코만치, 남쪽의 아파치 등. 그러나 나바호 인디언들이 가장 강력하고 부유하고 적응력이 뛰어났다. 나바호는 오래된 땅에 오래전부터 살아온 골칫거리였다. 샌게이브리얼은 뉴멕시코 지방에 처음 들어선 에스파냐 식민정부 수도이자 리오그란데 유역에서 번창하던 정착지였는데, 나바호의 공격을 받고 1610년 사람들이 순식간에 떠나버렸다. 이들은 오늘날 샌타페이 지역에 재정착했다. '나바호'라는 단어(푸에블로 인디언 말로 '거대한 경작지의 종족'이라는 뜻이다)[25]가 에스파냐어 문서에 처음 등장한 것은 1626년이다(나바호들은 자기들을 '디네Diné'라고 불렀는데 '사람들'이라는 뜻이다). 1600년대 초반 에스파냐 수사修士 한 사람은 나바호를 "아주 호전적

40

인 부족…… 변경 전체를 장악하고 완전히 우리를 둘러싸고 있다"[26]고 묘사했다.

1659년 수사 후안 라미레스는 나바호를 "기독교도를 죽이거나 납치해서 잔인하게 고통 속에서 죽어가게 하는 이교도들"[27]이라고 불렀다. 반세기 뒤 식민지 총독 프란시스코 쿠에르보 이 발데스는 나바호 인디언들이 "우리 왕국에서 범죄, 오만함, 무모한 약탈 행위"[28]를 저질렀다고 비난했다.

에스파냐 사람들은 한동안 나바호 인디언들을 개종시키려고 애썼다. 심지어 나바호를 신도석에 사슬로 묶어놓기도 했지만 이들은 끝끝내 에스파냐 선교사들을 거부했다. 1672년에는 나바호 인디언들이 신부를 교회에서 끌어내 옷을 찢고 교회 문밖에 있는 십자가 아래에서 종으로 머리를 쳐서 죽였다고 한다. 1750년 무렵에 에스파냐 사람들은 '야만스러운 인디언'들을 개종시키려는 노력을 완전히 포기했다.[29] 그해 한 신부는 비탄에 잠긴 어조로 이렇게 기록했다. "나바호들은 기독교도가 될 수도, 한곳에 머물러 있을 수도 없다. 사슴처럼 살아왔기 때문이다."[30]

여러 세기 동안 에스파냐인들은 나바호 지역으로 보복 원정을 떠났다. 빼앗긴 가축을 되찾고 여자와 아이들을 납치해 노예로 쓰겠다는 것인데, 이렇게 군사력을 동원해봤자 인디언들의 습격은 줄지 않았다. 나바호들이 사는 땅은 첩첩이 주름지고 미로처럼 되어 있는 데다 광활하기까지 해서 고생한 만큼의 보람이 없었다. 나바호를 정복한다는 건 개종시키는 것만큼이나 어려운 일이었다. 1630년대 한 기록자는 나바호 지역은 "그 어느 지역보다 광활하다. 이 땅을 서쪽으로 가로지르기 위해 아무리 가도 끝이 나오지 않는다"[31]고 썼다.

나바호들은 머나먼 곳에 살았지만 언제나 가까이에 있는 것 같았다. 사막이 어디까지 뻗어 있든 상관없는 듯했고, 거리는 그들의 움직임에 아무런 제약도 주지 못했다. 다른 무엇보다도 나바호의 위협 때문에 뉴멕시코는 가난하고 군사적으로 무력했고 다가오는 미국의 침략에 저항할 준비가 안 되어 있었다. 뉴멕시코 총독 마누엘 아르미호가 1846년 멕시코시티의 상부에 보낸 편지에는 이런 상황이 잘 표현되어 있다. "나바호와의 전쟁이 정부를 차츰 소진시키고 남서부 지역을 비참한 상태로 몰락시키고 있습니다."[32]

*

나바호가 이렇듯 큰 위협이 되었다는 건 어떤 면에서 이상한 일이었다. 전체적으로 보아 나바호 인디언은 특별히 공격적이거나 뛰어난 전사로 평가받지 못했기 때문이다. 대규모로 싸우는 일은 거의 없었고 대평원 지역의 여러 부족에서 볼 수 있는 고도로 발달된 전사 조직도 없었다. 나바호는 가능하면 살생을 피했는데, 나바호 문화에는 죽음에 대한 공포와 혐오감이 깊이 뿌리를 내리고 있기 때문이다. 그들은 시체나 장례나 죽음 등과 연관된 모든 것을 기피했다. 나바호 인디언의 집('호간'이라고 불리는 둥글고 창문이 없고 진흙과 목재로 만든 지붕이 둥그런 집이다) 안에서 누군가가 죽으면 북쪽 벽을 허물어 시체를 밖으로 끌어낸 다음 호간을 아예 무너뜨린다. 죽음의 흔적은 닦아낼 수가 없다. 죽음은 주술을 부르고 악에 받친 유령과 사악한 정령을 끌어들이고 사물의 질서를 흔들어놓는다. 나바호에게는 기독교에서 말하는 것과 같은 악마라는 개념이 없다.[33] 한 가지 종류의 악령이 세상을 지배하고 선에 대항한다고 생각하지 않았다. 죽은 사람의 영은 모두 악마적이라고 느꼈다. 사람을 괴롭히는 사악하고 두려운 존재인 그것은 사방 어디에나 있었다. 심지어 꿈속에까지 파고들 수 있었다.

나바호들은 '가죽 떠돌이'라고 부르는 악령을 믿었다. 이들은 늑대 가죽을 쓰고 무덤을 파헤치며 밤에 네 발로 기어 다닌다고 했다. 창백한 흰 얼굴에 눈은 붉게 빛나고 성스러운 기도를 거꾸로 읊어 악한 신을 부른다. 무덤의 신성을 더럽히고 장례용 장신구나 보석을 훔친다. 죽은 사람의 살을 떼어내 갈아서 '시체 가루'라는 치명적인 독을 만들기도 한다. 가죽 떠돌이가 이 가루를 사람의 얼굴에 불면 그 사람은 '유령 병'에 걸리게 된다. 죽은 사람의 손톱 조각이나 머리카락 한 가닥만 있어도 가죽 떠돌이는 사악한 마술을 부릴 수 있었다.[34]

죽음을 이렇게 두려워하는 사람들이 위대한 전사가 되기는 어려울 터다. 게다가 나바호의 사회 조직은 다른 아메리칸 인디언 부족에 비해 느슨했다. 정치적 권위자도 없고 중심지나 회합 장소도 없고 60개가량의 씨족은 그나마도 수많은 무리로 나뉘어 여기저기 흩어져 살았다. 따라서 대규모의 군사 작전을 펴기란 어려운 일이었다.

그러나 나바호는 습격에 있어서만큼은 일인자였을 것이다. 소규모 교전이 이들에게는 잘 맞았다. 눈에 띄지 않게 움직이며 말을 타고 이동하는 당당한 도둑들인 나바호는 순식간에 공격하고 순식간에 사라지는 재주가 있었다. 대개 이런 습격에 나서는 것은 모험에 목마르고 새로 부를 얻고자 하는 젊은이들이었다. 혈기왕성한 젊은 전사들은 아버지나 삼촌 등 나이 많은 어른들의 뜻에 반하여 출정하기도 했다. 나이 많은 이들은 벌써 부를 얻었고 오래 살았기 때문에 이렇게 습격을 하고 나면 한참 뒤에까지 나쁜 영향이 따른다는 것을 알고 있었다.

그러나 일단 출정하기로 하면 젊은이들은 이런 이야기들을 무시하고 전투 준비를 철저히 했다. 습격 전에 한증막에 들어앉아 몸을 깨끗이 했다. 나바호 전설에 나오는 위대한 전쟁의 신 '살인자 괴물'에게 바치는 노래를 부르며 이렇게 외쳤다. "우리의 적은 죽을 것이다. 코요테와 까마귀

와 늑대가 적의 살 마지막 한 점까지 가져가리라!" 그들은 돌 방망이를 모으고 독수리 깃털을 방패에 묶고 무시무시한 그림을 몸에 새겼다. 상징적인 행위로 적의 눈에 보이지 않게 하기 위해 방패에 옥수수 꽃가루를 뿌렸다. 그런 다음 사슴 가죽 전투복을 입고 말 위에 올라타고서는 동쪽에 있는 에스파냐인들의 목장으로 떠났다.

나바호 전사들은 습격 전에 꽤나 수선을 떨었고 공격의 결과를 점치기 위해 '손을 떠는 사람'을 찾았다. 점성가를 찾아가기도 했는데, 점성가는 독수리 눈알에서 어렵사리 구한, 얇은 막 같은 물을 넣어 만든 조제약을 눈꺼풀 아래에 바르고 하늘의 뜻을 물었다.[35] 전사의 아내들은 멀리 전투 원정을 떠난 남편이 돌아올 때까지 호간을 떠나면 안 되었다. 아내가 무슨 까닭에서건 집 밖으로 나가면 남편이 불운을 맞을 것이라고 믿었기 때문이다. 전사들은 길을 가다가 코요테가 그 길을 가로지르면 그냥 돌아왔다.[36] 곰 발자국을 밟거나, 허물을 벗는 뱀을 보거나, 월식 도중에 실수로 무얼 먹거나, 전사 가운데 한 사람이 줄무늬가 거꾸로 되게 담요를 몸에 걸치거나 하면 그 출정에는 불운이 닥칠 것이었다. 아무 탈 없이 목표 지점에 도달하면 새벽의 고요 속에서 기다렸다. 그들은 동이 트기 직전에 들이닥치며 등골을 오싹하게 하는 비명을 질러댔다. 몇 분 만에 말, 소, 여자, 아이들 등 몰고 가거나 낚아채어 갈 수 있는 것은 뭐든 훔쳐갔다.

때로는 뉴멕시코인들에게 잡혀간 나바호 포로를 되찾아오기 위해 출정하는 일도 있었다. 나바호 노예를 되찾아오는 것은 언제나 환영받을 일이었다. 하지만 그들 중에는 워낙 어린 나이에 노예로 팔려 이미 에스파냐 문화에 동화된 나머지, 희미한 기억으로만 남은 부족 생활로 돌아가는 걸 두려워하는 자들도 많았다.

나바호 습격의 주된 목표는 양과 염소를 획득하는 것이었다. 나바호는 미국 서부 인디언 부족 가운데 유일하게 유목 생활이 중심인 부족이었다. 양을 치고 털을 깎고 양고기를 먹고 염소젖을 마시고 양모 털실을 자았다. 나바호는 인류학에서 이동 방목, 혹은 조직적인 반+유목주의라고 하는 느리면서도 늘 경계를 늦추지 않는 삶의 양식을 따랐다.[37] 계절에 따라 먹을 풀을 찾아 산 위아래로 이동하는 것이다. 이런 생활 방식은 오래 전부터 전 세계적으로 널리 퍼져 있었지만 북아메리카에서는 거의 찾아볼 수가 없었다. 유목민인 나바호의 생활 방식은 당대 아메리칸 인디언 부족보다는 오히려 고대 그리스인, 헤브라이인, 아랍인의 삶에 가까웠다.

양모로 짠 나바호 담요는 세계에서 가장 훌륭한 담요 가운데 하나다. 붉은색과 검은색으로 대담하고 또렷한 기하학적 무늬를 짜 넣는다. 어찌나 촘촘하게 짜는지 물을 담을 수도 있다고 한다(샌타페이 통로에서 나바호 담요 한 장은 버펄로 가죽 열 장과 맞먹었다).[38]

나바호의 삶은 양을 중심으로 돌아갔다. 이들은 양 떼와 이야기를 나누었고 꽃가루를 먹었고 추운 겨울밤이면 동사를 막기 위해 오래된 노래를 불러주었다. "양은 네 어미다." "양은 목숨이다." 나바호들은 아이들에게 이렇게 말했다. 이들이 쓰는 도구나 물건도 대부분 양과 염소의 가죽, 뼈, 힘줄로 만든 것이었다. 나바호들은 양가죽 위에서 잠을 잤고, 유카 줄기로 꿰맨 양모 담요로 만든 자루에 물건을 담았다. 양은 하나도 버리는 것 없이 다 먹었다. 허파, 간, 머리, 심장, 심지어 피까지. 피는 끓여서 옥수수죽과 섞어 묽고 붉은색이 도는 죽을 만들었다. 나바호들이 즐기는 별미는 양 창자를 기다란 비계에 단단히 감아 숯 위에서 구운 것이었다.

1500년대 에스파냐 사람들이 건너왔을 때, 나바호들은 정복자들이 가져온 튼튼하고 잘 넘어지지 않는 추로 품종의 양이 거친 바위투성이 환경에 딱 맞는다는 것을 알게 되었다.[39] 이베리아 반도 산지의 황량한 환경에 적응한 추로 양은 뭐든 잘 먹고 먼 거리도 이동할 수 있고 가느다란 다리로 가파른 절벽도 잘 올랐다. 털은 빽빽하고 거칠고 기름기가 거의 없어서 (다른 종의 양에는 라놀린이라는 지방질이 있어 기름진 털이 자란다) 씻지 않고 실을 자을 수 있었다.

에스파냐인들이 가져온 말도 나바호의 삶을 크게 바꾸어놓았다. 무엇보다도 말 덕분에 나바호들의 기동력이 좋아져 대규모 양 도둑질을 할 수 있게 되었다. 나바호들은 무방비 상태였던 리오그란데 유역의 양 떼를 현저히 감소시켰다. 그리하여 유목 문화가 더욱 발달하게 되었다. 에스파냐인들이 도착하고 한 세기가 채 되지 않아 양은 나바호의 통화이자 지위의 표상, 먹을 것이자 입을 것이자 생계가 되었고 유목 생활의 중심, 동산動産의 한 형태가 되었다.

그러나 나바호들은 단순한 양 떼 도둑만은 아니었다. 곡식을 기르고, 과수를 가꾸고, 교역에도 열심이고, 복잡한 의식을 치르고, 영웅 전설을 만들어내고, 음조가 까다롭고 복잡한 노래를 지었다. 나바호들은 다방면에 재주가 있었다. 마상 생활을 하기도 하고, 목축, 농사, 사냥, 채집, 방적도 했다. 평원 인디언들처럼 초원에 나가 버펄로 사냥을 하기도 했다. 현실적인 실용주의자였으며 관습에 얽매이지 않는 신비주의자였다. 푸에블로 부족처럼 정착 생활을 하는 것은 아니었지만 유트족처럼 완전한 유목생활을 하는 것도 아니었다. 대단한 중도주의자로, 뭐라고 꼬집어 말하기 힘든 반유목민이었다.[40] 자기 땅에 뿌리를 내렸지만 황량한 사막 지형을 최대한 이용하기 위해 그 위에서 계절에 따라 널리 움직였다.

나바호들은 언어적 친족인 아파치들과 마찬가지로 오늘날 캐나다 북부와 알래스카에 걸친 아사파스카 지역의 추위를 피해 로키 산맥 등줄기를 따라 내려왔다.

북극광 아래 황량한 눈밭에서 나바호들이 회의를 열고 이제 추위는 더 못 견디겠다는 결론을 내리는 장면을 상상하기 쉽지만, 사실 나바호가 남쪽으로 이주한 것은 어떤 단일한 결정에 따른 것은 아니었다. 나바호의 이주는 우연적으로 여러 방향으로 에둘러 가며 천천히 이루어졌다. 아사파스카에 살던 이들은 1300년경에 남서쪽으로 물밀듯 내려오기 시작했다. 이 지역에 늦게 도착한 나바호는 아파치로부터 갈라져 원시적인 수렵채집 문화를 벗어나 남서부 부족 가운데에서도 가장 유연하고 다양한 면모를 지닌 문화를 빠르게 발달시켰다. 몇 세기 동안 나바호는 그들이 맞닥뜨린 여러 문화를 조금씩 두루 흡수하여 그들만의 삶과 그들만의 사회를 이루었다.

몇몇 인류학자들은 '출현Emergence' 이라고 불리는 이들의 창조 설화[41]를 오랜 기간에 걸쳐 이루어진 캐나다로부터의 이주에 대한 알레고리로 본다.[42] 야화夜話로 들려주고, 겨울에 행하는 의식에서 반복되는 출현 이야기에는 나바호의 특징이 담겨 있다. 초기 역사 거의 대부분을 떠돌아다니고 이 땅에서 저 땅으로 계속 쫓겨 다니며 영원한 이방인으로 지냈던 것에 대한 의식, 마침내 (나바호들이 지금 사는 땅을 부르는 말인) '빛나는 세상' 에 다다를 때까지 낯설고 어두운 땅을 힘겹게 여행해야 했던 것, 자기 부족을 다른 부족과 다르게 보는 경향 등. 나바호는 자기들을 남서부의 선민으로 생각하고 신과 특별한 관계가 있다고 느끼며 자기들이 치르는 의식에는 특별한 힘이 있다고 믿었다. 그러면서도 한편으로는 다른 부족의 생각과 도구를 흡수하고 적극적으로 다른 부족과 섞이곤 했다. 나바호의 부족적 자부심은 오만함에 가까운 것이었을지 모르나 그런 가운데에도 다른 전통을 받아들이려는 충동, 거부감 없이 새로운 방식, 새로운 피를 맞이하는 태도를 가지고 있었다.

어떻게 보면 나바호는 아메리칸 인디언 가운데 가장 '미국적' 이었다. 이주민이고, 필요한 것은 뭐든 즉석에서 만들어가는 사람들이고, 잡종이었다. 유동적이고 활동적이며 자기들 땅의 경계 안에 머무르면서도 최대한 널리 퍼져 살려고 하는 이들이었다. 다른 문화의 정수를 흡수하고 맘에드는 것을 받아들여 자기들에게 맞게 개조했다.

그리고 이들은 뭐든 끝마치는 법이 없었다. 나바호는 바구니건, 담요 건, 노래건, 이야기건 마무리 짓는 것을 싫어했다. 자기들이 만든 물건이 너무 완벽하거나 깔끔히 마무리되는 걸 바라지 않았다. 분명한 마무리는 만든 사람의 정신을 속박하고 작품에서 활기를 빼앗았다. 그래서 물건이 또 하루 더 살 수 있게 하기 위해 조그만 빈틈이나 모자란 부분, 의도적인 공백을 남겼다. 나바호에게 완결이란 질식과 같았다. 미학적으로나 실제적으로나 나바호는 늘 빈틈을 남겼다.

오늘날에도 나바호 담요를 만들 때에는 그 물건이 숨 쉴 수 있도록 일부러 눈에 잘 띄지 않게 불완전한 부분을 남긴다. 가운데에서 시작하여 가장자리까지 뻗는 가는 선이 있고 가장자리에 실 한 가닥이 나와 있기도 하다. 나바호들은 이런 의도적인 결함을 '정신의 출구'라고 부른다.[43]

습격할 때에도 마찬가지였다. 나바호 전사들은 다음 계절을 염두에 두고 에스파냐 정착지에서 양을 깡그리 쓸어가지 않도록 주의했다.[44] 암양과 숫양 몇 마리를 꼭 남겨서 이듬해에 새로 양 떼가 생겨 다시 훔쳐갈 수 있게끔 했다.

3. 미국 기병대의 아버지

작은 읍과 마을, 인디펜던스, 리버티, 익셀시어 스프링스 같은 곳, 미주리 골짜기 이름 없는 곳에서 자원자들이 모여들었다. 농장 일꾼, 목사의 아들, 언덕과 강가에서 일하던 견습공들이 1,600명이 넘었다. 애국심에 불탄 이들이 제분소와 대장간, 젊은 아내를 뒤로하고 나선 것이다. 워싱턴에서 포크 대통령이 멕시코와의 전쟁에서 싸울 자원병을 소집하자 미주리 젊은이들이 부름에 응답했다. 집에 있는 무기를 들고 자기 말을 타고 캔자스 동쪽 끝에 있는 변경의 요새이자 미국군의 최전방 전초지인 레븐워스 요새로 달렸다.

1846년 5월 이 요새에 연대가 만들어지고 미주리 강가에서 멀지 않은 풀밭에 막사가 세워졌다. 미주리 강 위로는 증기선이 기적을 울리며 탁한 물을 휘젓고 지나가다가 때때로 승객들을 내려놓았다. 매일 아침 미국 용기병 소속 군인들이 말을 타고 와서 자원병들에게 군사 훈련을 시켰다. 병사들은 제식 훈련, 군도와 총검술, 행진, 공격, 사격술 등을 연습했다. 용기병 사령관은 스티븐 워츠 커니Stephen Watts Kearny라는 단호하고도 당당한 사람이었다. 커니 대령은 곧 장성으로 진급하며 서부 평원의 전설적인 인물이 된다. 커니의 병사들은 자원병을 선별하기 시작했다. 처음에는 전혀 희망이 없는 것처럼 보였다. "무지하더라도 괜찮다. 그러나 이들은, 사실상 너무 무지하다"[45]라고 중령 한 사람이 자포자기하는 투로 적었다. 그러나 몇 주 지나지 않아 어중이떠중이 부대가 그럴듯한 군대의 모습을 갖추기 시작했다. 이들이 나중에 서부군이라는 이름으로 불리게 된다.

6월 출정 전날, 자원병 가족 수백 명이 레븐워스 요새에 모여 작별인사를 했다. 아들들, 형제들, 남편들의 모습을 다시 볼 수 있을지 어떨지 모르는 상태였다. 눈물에 젖은 미주리 여인들은 집결한 군인들에게 미국 깃발을 전달했다. 하나하나 정성껏 손바느질로 꿰매 만든 것이었다. 깃발을 전달하며 클레이카운티에서 온 커닝엄 부인은 자원병들에게 이렇게 말했다. "우리는 여러분이 비겁함이라는 불명예를 안고 돌아오는 모습을 보기보다는 전쟁에서 영예롭게 죽었다는 소리를 듣고 싶습니다."[46] 각 중대장이 한 명씩 나서서 깃발을 받아들고 의무를 저버리지 않을 것을 맹세했다.

"불명예를 당하느니 죽음을! 나라 사랑은 신에 대한 사랑이다."[47]

그 가운데 한 사람이 선언했다.

이튿날 아침 서부군이 행군하기 시작했다. 수 킬로미터에 달하는 사람과 짐승의 행렬이 바퀴 자국이 파인 길에 먼지구름을 일으켰다. 말을 타거나 걸으며 초원 위에 종대로 늘어서서 이동했다. 멍에를 쓴 수소가 탄약, 소금, 건빵을 가득 실은 피츠버그 짐마차를 끌었다. 1만 5,000마리에 달하는 소 떼가 레븐워스 요새에서 함께 출발했다. 짐을 나르는 노새의 행렬도 씩씩거리며 곡사포 등의 대포 부속을 싣고 뒤따랐다. 떠오르는 아침 해를 뒤로하고 미주리 사람들은 이 플루리부스 유눔E Pluribus Unum(여럿으로 이루어진 하나라는 뜻의 라틴어로 1955년까지 미국의 모토로 쓰였다 -옮긴이)이라고 쓰인 깃발 아래에서 행진했다.

대형 포장마차 바퀴축이 당밀, 베이컨, 곡물 가루 통이 짐칸에서 덜컹일 때마다 삐걱거렸다. 몰이꾼은 수소 무리에게 채찍을 휘두르며 "이랴! 이랴!" 하고 소리쳤다. 행렬에서는 땀, 대소변, 시큼한 살 냄새가 풍겼다.

행렬의 가장 앞쪽에서 권총이 발사되는 소리가 이따금 들렸다. 선봉대가 초원에 득시글거리는 방울뱀을 처단하는 소리였다.

커니의 부대는 키트 카슨이 스무 해 전에 지나간 길을 따라 달렸다. 샌타페이 통로를 택한 것이다. 두 달에 걸친 여행은 고통스럽고 몸에 무리를 주는 것이었지만 적어도 길은 확실했다. 평원을 가로지른 기나긴 길, 상업용이지만 군사용으로는 중요하게 생각되지 않던 길이었다. 그 길을 따라 정복군이 광활한 서부를 가로지르고 있었다.

레븐워스 요새를 나선 지 얼마 되지 않아 미국 문명에 속하는 마지막 경작지와 마을이 사라지고 낯선 땅이 열렸다. 이제 부대가 1,300킬로미터를 가는 동안 집은 한 채도 나오지 않을 것이다. 지도에는 '미국 대사막(이때는 대평원이 대사막이라는 이름으로 불렸다 -옮긴이)'이라고만 나와 있는 광활한 땅에 들어선 것이다. 미국의 서쪽에 있는 텅 빈 땅, 인디언들의 영역으로 내주는 것 말고는 아무런 쓸모도 없다고 여겨지던 땅이다. 초원에서 살아온 인디언들뿐 아니라 체로키처럼 동쪽에서 강제로 쫓겨난 인디언들도 이곳에 있었다. 사실상 대평원은 미국의 일부라기보다는 영원한 황무지, 공식적으로 '영원한 인디언 변경'이라고 지칭되던 곳이다.

미주리 사람들이 쓸쓸한 초원으로 행진해가면 갈수록 고립감은 더해갔다. 자기들이 알던 세계와 연락할 방법이라곤 하나도 없었다. 동쪽 해안의 큰 도시 사이에서는 전신으로 연락을 주고받았지만 평원 근처에는 전봇대라는 게 없었다. 기차도, 집으로 급한 소식을 전할 속달 우편마차도 없었다. 군인이 열병에 걸려 죽으면 (뉴멕시코로 가는 기나긴 여정 동안에 그런 일이 심심치 않게 일어났다) 길에서 멀지 않은 초원의 고운 황토에 얕은 무덤을 파고 묻었다. 시체를 담요로 덮고 미국 국기로 싼 다음 유래를 알 수 없는 변경의 의례에 따라 죽은 사람이 타던 말의 등자에 장화를 거꾸로 매달고 말을 무덤가로 끌고 와 경의를 표했다. 세 발의 조포弔砲를 울린 다음 늑대가 파헤치지 못하게 흙무덤을 돌로 단단히 덮었다.[48] 그러나 돌무더기를 너무 높이 쌓으면 돌아다니는 평원 인디언들의 눈에 띄어 무덤이 훼손될 위험이 있었다.

서부군이 길을 따라가면 갈수록 대지에서는 낯설고도 아름다운 여유가 느껴졌다. 광활한 평원에는 메뚜기가 뛰어다녔다. 나무는 점점 드물어지다가 완전히 사라졌고 원시적 풀로 뒤덮인 세계가 사방을 둘러쌌다. 실피움, 쑥갓, 명아주. 이따금 구불구불 흐르는 시내를 따라 버드나무가 초록빛을 던졌지만 그 밖에는 아무런 특징이 없는 잔잔한 바다 같은 땅이 펼쳐졌다.

미주리 리버티에서 온 젊은 자원병이자 학교 선생이었던 존 T. 휴즈는 초원을 가로지르며 그 풍광에 감동을 받았다. "끝없는 평원, 물결치는 푸른 파도처럼 뻗은 풀밭은 머나먼 지평선에서 하늘과 맞닿은 것처럼 보였다. 눈으로 볼 수 있는 곳 끝까지 길게 늘어선 기병대 행렬과 가볍게 펄럭이는 깃발, 캔버스 천을 덮은 짐마차가 물결치는 땅 위에서 굽이도는 것이 보였다."[49] 그러나 곧 낭만도 시들해졌다. 여행을 시작한 지 일주일이 지나자 행진은 "느리고 지루했다." "노새나 다른 가축들 모두 마구에 익숙하지 않아 말을 듣지 않고 고집을 피웠다. 풀은 무성하고 땅이 너무 부드러워 무거운 짐을 실은 마차가 바퀴축까지 흙에 빠지기 일쑤다."

*

스티븐 워츠 커니는 서부군을 지휘하기에 아주 적절한 사람이었다. 조심스럽고 실용적이고 규율에 까다로운 쉰두 살의 대령(커니는 뉴멕시코로 가는 길에 준장으로 진급했음을 알게 된다)은 미군에서 가장 훌륭하고 영리한 사람이었다. 커니는 1803년 토머스 제퍼슨이 루이지애나 매입 때 나폴레옹한테서 사들인 초원 벽지를 탐험하고 시찰하면서 30년이라는 고된 세월을 보냈다. 커니는 이곳의 힘겨운 점들, 곧 이상한 날씨와 야생, 사람을 압도하는 고립감을 잘 알았다. 말을 타거나 화물선을 타고서 커니는 서부에서 수천 킬로미터를 여행했다. 미주리, 옐로스톤, 아칸소, 레드 강을 돌아다녔다. 그러면서 요새를 세우고 지도를 채워 넣고 협정에 조인하고 군대를 훈련했다. 변경의 전설적인 인물들, 헨리 도지 대령, 헨리 레븐워스 대령 같은 사람 밑에서 복무했다. 커니는 위대한 탐험가 윌리엄 클라크의 의붓딸 메리 래드퍼드와 결혼했다.

그는 귀족적 취향을 가진 동부 사람이고 고급 와인을 좋아하는 미식가였지만 변경의 거친 삶도 받아들일 줄 알았다. 곰, 오소리, 말코손바닥사슴 고기를 즐겼으며, 몇 천 킬로미터나 되는 여정도 거뜬하게 여겼다. 바로 전해인 1845년에는 레븐워스 요새에서 로키 산맥 사우스패스까지 3,500킬로미터에 달하는 길을 가뿐하게 행진했는데, 단 한 사람의 사상자도 내지 않고 99일 만에 여행을 끝마쳤다. 매서운 겨울에 알려지지 않은 땅 끝 황량한 곳에 처박혀 있어도 아무렇지도 않았다. 1840년 겨울 레븐워스에서 온도계가 영하 30도를 가리키고 편지를 쓰는 동안 만년필 잉크가 얼어버린 일을 즐거운 듯이 회상하기도 했다.[50] 인디언들과 함께 파이프를 피웠고, 인디언 말투와 비유법을 좋아하는 취향을 배웠다. 한번은 수족 추장을 "명성이 치솟는 독수리와 같다"[51]고 칭찬하며 추어올렸다. 오글라라 인디언들과 회합을 하면서 그들이 즐기는 별미를 왕성하게 먹어치우기도 했다. 삶은 개고기와 버펄로 배에서 빼낸 핏물이었다.

커니는 그 세대의 변경 군인들은 인식하지 못했던 사실을 뚜렷이 알고 있었다. 술이 아메리칸 인디언들을 망가뜨린다는 것이다. 커니는 초원 어디를 가든, 인디언들과 만날 때 술을 화제로 올렸다. "많은 적이 있지만 술이야말로 최대의 적이오." 커니가 수족과 이야기를 나눌 때 한 말이다.

"내 말을 잘 새겨들으시오. 당신들 땅에서 술을 발견하면 바로 땅에 부어버리시오. 땅은 술을 마셔도 망가지지 않지만 당신들은 망가집니다."[52]

커니는 평원 인디언들과 폭넓게 접촉했는데 서부의 잔혹한 역사 속에서는 보기 드물게 별 사고 없이 교류할 수 있었다. 평원 인디언들은 그를 슝가 카헤가 마헤통가라고 불렀는데, 긴 칼의 말 추장이라는 뜻이다. 커니는 크로, 블랙푸트, 치페와, 만단, 포니, 위네바고, 포타와토미, 사크, 폭스 등과 교류하고 그 밖에도 많은 부족들을 만났지만 피를 흘리는 일은 거의 없었다. 인디언들과 싸운 일도 물론 있었지만, 대개는 여러 평원 인디언 부족 사이에서 케케묵은 싸움이 벌어졌을 때나 혹은 새로운 적, 즉 체로키, 치카소 같은 1830년대 미국이 동쪽에서 쫓아내 광대하고 '영원한 인디언 변경'이라고 애매하게 이름 붙인 지역에 살게 한 이른바 '문명화된 부족'을 상대로 싸울 때 중재하는 역할을 했다. 당연한 일이지만 숲에 살던 인디언을 완전히 낯선 문화 속에서 살도록 이주시키고 강제로 낯선 초원에 접목시키려 한 미국의 정책은 판도라의 상자를 열어 긴장을 촉발시켰다. 커니는 젊은 시절 장교로 복무한 오랜 기간 동안 이런 긴장을 이해하고 가능한 한 해소해보려고 애썼다. 한 역사가가 간결하게 표현한 바에 따르면 커니와 그 시대 변경군은 "인위적으로 '인디언 민족'이라는 것을 만들어서 서로 융화될 수 없는 이들에게 팍스 아메리카나를 강요"[53] 하는 누구도 달가워하지 않을 일을 떠맡았다.

타고난 외교가이고 욥에 버금가는 인내심을 가진 장교였던 커니는 이런 일에 누구보다도 적합한 사람이었다. 커니의 행적에서는 끈기, 신중함, 인내가 두드러진다. 커니의 태도에서는 "젠체하는 태도가 전혀 없"[54]었다고 전기 작가 드와이트 클라크가 표현했다. 1846년 커니의 뉴멕시코 침략이 재앙으로 이어지지 않은 것은 다른 무엇보다도 그런 성품 때문이었을 것이다.

커니는 체구가 작고 로마인 같은 코에 넓고 각진 이마, 구불거리는 회색 머리카락을 뒤로 넘긴 모습이었다. 살이 늘어진 눈꺼풀 아래 약간 튀어나온 듯한 통찰력 있는 눈은 사람을 꿰뚫어 보고 그 너머의 미래까지 내다보는 듯했다. 사무적인 투로 쓴 군대 일지를 보면 커니의 깔끔하고 장식이 없는 글씨체를 볼 수 있다. 어떤 군 역사가는 커니를 "군에서 가장 엄격한 규율가였다. 태도는 부드럽지만 강철처럼 완고했다"[55]고 묘사했다. 한 미주리 사람은 커니의 명령이 "마른하늘에 날벼락처럼 떨어졌다"[56]고 했다. 율리시스 S. 그랜트(미국 18대 대통령. 남북전쟁에서 장군으로 복무하며 애퍼매톡스에서 남군 리 장군의 항복을 받았다 -옮긴이)는 중령 시절인 1840년대 초반 커니 밑에서 복무했는데 커니가 "당대 가장 유능한 장교"[57]이자 "성가신 규칙 하나 없이 규율을 높은 수준으로 유지할 수 있는" 사람이라고 했다. 커니는 성명을 발표하는 것을 좋아했고 휘하 장교들에게도 부하들한테 설교처럼 읽어주게 했다. 그중 하나는 이런 내용이었다. "군대는 제대로 다스리고 규제하지 않으면 최악의 폭도들이나 마찬가지다. 군인들은 나라의 영광이라는 숭고한 의무를 실천해야 하고 이러한 의무는 엄중한 규율을 통해서만 실천될 수 있다."[58]

커니의 훈련 또한 전설이 되었다. 세인트루이스 근방 제퍼슨 병영에서 행군 연습을 하던 중 커니는 타고 있던 말이 발을 헛디디는 바람에 연병장에 고꾸라졌다. 그러나 당황하지 않고 연습이 끝날 때까지 말 아래에서 계속 호령을 했다고 한다. 상사로서 커니는 사람들을 위축시킬 정도로 준엄했다. 심지어 아들 찰스에게 보낸 편지에서는 학업에 충실하라면서 이렇게 경고했다. "공부를 하지 않으면 직업을 갖고 생계를 유지할 수 없으니 굶어 죽을 수밖에 없을 것이다."[59]

커니는 다정함은 아껴두었다가 주로 말들에게 쏟아 붓는 것 같았다. 그는 뭐니 뭐니 해도 기사騎士였다. 자기 말을 사랑했고 말의 발에는 늘 편자가 완벽하게 씌워 있고 털은 말끔하게 빗질이 되어 있어야 했다. 짝짓기나 경주를 시키는 것도 좋아했다. 그때 군대에서는 동물들을 가혹하게 다루곤 했는데 커니는 그런 것을 질색했다. 커니는 레븐워스 요새의 미국 용기병 사령관이었다. 용기병은 1833년 서쪽 변경 지방의 치안을 유지하기 위해 구성된 특수 기병부대다('용기병dragoon'이라는 이름은 오래전 프랑스 기병대가 쓰던 '용기총dragon'에서 유래했다. 미군 용기병은 이 조직을 어느 정도 본떠 만든 것이다). 커니는 미군 기병대의 전신이 된 이 부대를 직접 선발하고 조직했다. 그 때문에 후대 역사가들이 커니를 '미국 기병대의 아버지'라고 부르는 것이다. 커니의 훈련 상당 부분이 말을 돌보고 다루는 데에 집중된 것도 당연한 일이다. 커니가 쓴 미군 용기병 최초의 지침서에서 커니는 모든 병사가 "말을 놀라게 하거나 불안하게 하지 않도록 아주 조심해야"[60] 한다고 했다. 커니 자신도 말투가 부드러운 사람이었지만 용기병들에게도 말에게 속삭임에 가까운 낮고 고른 소리로 말하라고 조언했다.

변경은 커니의 고향과는 머나먼 곳이었다. 스티븐 커니는 뉴저지의 부유한 집안 출신으로, 아버지는 뉴어크에서 잘나가는 와인상이었고 어머니는 뉴욕의 명문가 출신이었다. 외할아버지 존 워츠는 뉴욕 공립도서관 설립자 가운데 한 사람이며 뉴욕 병원 초대 원장이었다. 커니는 컬럼비아 대학에서 2년 동안 고전을 공부하다가 영국과의 전쟁이 임박하자 1810년에 입대했다. 졸업도 하기 전에 서둘러 입대한 것은 영국 지지파라는 이유로 투옥되어 독립혁명 동안 치욕적인 유배 생활을 한 아버지의 허물을 씻어내고 싶었기 때문일 것이다. 한 세대 전에 그의 아버지는 어리석게도 영국군에 매달렸으나 커니는 이제 증오의 대상이 된 영국군에 대항해 애국심을 입증하려는 열망에 불탔다.

1812년 전쟁(미국-영국 전쟁이라고도 하며 나폴레옹 전쟁 중 영국의 무역 제한 조치로 미국의 반영 감정이 확대되어 일어났다 -옮긴이) 초기에 나이아가라 강에 있는 퀸스톤 고지에서 커니 중령은 용맹을 떨쳤다. 높은 자리에서 영국군의 위치를 파악하기 위해, 거의 수직으로 뻗은 나이아가라 강 유역 비탈을 기어오르는 작전이었다. 밴 렌셀러 소장이 지휘관이었는데 이 전투는 고무적이긴 했지만 결국 실패로 돌아갔다. 커니는 이 전투에서 멕시코 전쟁에서 이름을 떨칠 또 다른 사람 윈필드 스콧과 나란히 싸웠다. 몇년 뒤 스콧 대장은 젊은 시절 커니가 퀸스톤 고지에서 "언덕 꼭대기까지 올라간"[61] 일과 영국군과 이들과 연합한 모호크 인디언을 흐트러뜨리며 "들판에서 적을 몰아낸" 것을 회상했다. 스콧은 그 전투를 두고 "1812년 전쟁에서 가장 뛰어난 교전 가운데 하나"라고 말했다. 그러나 이튿날 스콧과 커니를 비롯한 900명에 달하는 미군이 영국군에 생포되었다. 포로들은 불명예 속에서 퀘벡에 있는 오래된 프랑스 성채로 행군했고 그곳에서 넉달 동안 복역했다.

커니가 감금되었을 때 벌어졌던 한 사건이 생생하게 전해져 내려온다. 성채에서 미군 장교들도 이따금 영국군 장교들과 함께 정찬을 했다. 어느 날 식사 도중에 조심성 없는 영국인이 미국 대통령의 이름으로 건배를 하자고 제안했다. 그는 잔을 들어 올리며 이렇게 외쳤다. "매디슨 대통령에게, 죽었거나 살았거나!" 이 말을 듣고 커니 중령이 벌떡 일어나 대담하게 이렇게 외쳤다고 한다. "영국 황태자에게, 취했거나 깼거나!"[62] 식당에서 고성이 오가고 주먹다짐이 일어나려는 참에 처음 건배를 제안한 영국군 장교가 끌려가 구금되었다고 한다.

1812년 전쟁 뒤에 커니는 부모의 뜻과 달리 군대에 머무르기로 결정했다. 계급이 점차 오르면서 커니는 점점 더 서쪽으로, 점점 더 먼 전방에 배치되었다. 처음에는 오대호 근처에, 그 뒤에는 미주리 강가에. 그는 뉴욕 시에서 잠시 복무한 것을 빼고 다시는 동부에서 복무하지 않았다.

4. 카슨과 노래하는 풀

1835년 여름 키트 카슨은 해마다 열리는 산 사람들의 회합에 참석했다. 그해에는 오늘날 와이오밍 주 남서쪽인 그린 강의 완만한 굽이 옆, 너른 초원에서 회합이 열렸다. 이 유명한 모임이 있을 때면 늘 그러하듯 다양한 인디언 부족들이 찾아와 그곳에 천막을 치고 산사람들과 물물교환을 하고 도박을 하고 함께 술잔을 기울였다. 한 달 가까이 계속되는 이 축제 기간 동안 사냥꾼이 인디언 여자를 아내로 맞이하는 것도 드문 일이 아니었다. 그해 여름 카슨은 스물다섯 살이었다. 이전 사냥철에 블랙푸트와 치열한 싸움을 벌이다가 어깨에 큰 상처를 입었는데, 아직 그 상처가 아물지 않은 데다 죽음의 문턱을 스친 데 대한 충격 탓인지 카슨은 정착하고 싶은 마음이 있었다. 혹은 산사람들의 말을 따르면 카슨도 '여자를 둘' 때가 되었던 것이다.

회합에 온 여자들 가운데 가장 인기 있는 여자는 '노래하는 풀Singing Grass(아라파호 말로는 와니베라고 했다. 바람이 키가 큰 풀을 쓸고 지나가는 에는 듯한 소리를 가리키는 이름이다)'이라는 이름의 아라파호 여인이었다. 아름다운 노래하는 풀에게 카슨의 시선이 꽂혔지만 조제프 추이나르라는 또 다른 사내도 그녀에게 반했다. 추이나르는 프랑스계 캐나다인으로 '산山 깡패'라는 별명으로 불렸다.[63] 거들먹거리고 어깨에 힘이 잔뜩 들어간 거구의 사나이이고 명사수였다. 어떤 영국인 모험가는 추이나르를 '멍청하게 보이는 남자'라고 묘사했지만 카슨은 상대를 '덩치 큰 프랑스인으로 거만하고 건장한 타입이다'[64]라고 평가했다.

이 이야기는 여러 형태로 전해진다. 구전되는 산사람 이야기 가운데 가장 설이 분분하다. 발단은 어느 날 밤 아라파호 캠프에서 노래하는 풀이 일종의 의식인 '수프 춤'을 함께 출 파트너로 늘어선 구애자들 가운데 카슨을 선택하고 추이나르를 거절하면서 시작되었다. 퇴짜를 맞은 프랑스인은 그 자리에서 노래하는 풀을 모욕하고 누군가의 말에 따르면 나중에는 그녀를 강간하려 했다고 한다. 어찌 되었건 간에 카슨은 추이나르에게 라이벌 의식을 느꼈던 것 같다. 타오스에서 온 카슨의 친구 한 사람은 나중에 이렇게 술회했다. "인디언 여자 하나를 두고 일이 벌어졌다. 프랑스인이 불같이 화를 냈다."[65]

회합의 열기가 절정에 달할 무렵 추이나르는 며칠 동안 술을 퍼마시고 소란을 피웠다. 카슨이 '술의 악마'라고 부르는 것 때문에 더욱 난폭해진 추이나르는 자기를 건드리는 사람은 누구든지 가만두지 않겠다고 으름장을 놓았다. 워낙 난폭한 행동으로 유명한 터라 다들 그를 무시하려고 했으나 무시당할수록 그는 더욱 성을 냈다. 이제 어떻게든 싸움을 벌이고 싶어진 추이나르는 휘청거리며 카슨의 캠프로 가서 그곳의 미국인들을 깔보며 소리를 질렀다. "쟁쟁거리는 어린애들! 회초리로 매를 때려줄 테다!"

카슨은 술주정뱅이 악당을 더는 참아주지 않았다. 카슨은 나중에 이렇게 말했다. "나는 그런 식으로 말하는 것을 좋아하지 않았다. 그래서 그에게 내가 캠프에서 최악의 미국인이라고 말해주었다."[66]

목격자의 말에 따르면 카슨은 "아주 멋들어진 농담이라도 하려는 듯 기이한 웃음"[67]을 지으며 추이나르에게 이렇게 말했다. "그만해. 안 그러면 네 창자를 찢어주겠어."

두 사람이 무기를 찾으러 간 동안 싸움 구경을 하려는 사냥꾼과 인디언들이 캠프 한가운데 빈터에 구름처럼 모여들었다. 추이나르와 카슨이 말을 타고 권총을 휘두르며 풀밭으로 달려 들어왔다. 두 사람의 말머리가 서로 부딪칠 정도로 가까이에서 말이 멈추었다. 신경전이 벌어졌다. 두 사람은 총을 든 손을 들었고 직사로 발포했다. 완벽하게 동시에 총이 발사되었다. 카슨은 나중에 "그곳에 있었던 사람들 모두 총성을 한 번밖에 듣지 못했다고 했다"[68]고 말했다.

평생 자주 그러했듯 이번에도 카슨은 운이 좋았다. 추이나르가 방아쇠를 당기는 순간 추이나르의 말이 움찔했다. 추이나르의 총알에서 나온 뜨거운 화약가루가 카슨의 왼쪽 옆얼굴을 스치고 지나가 눈과 머리카락을 그을리고 왼쪽 귀 아래 평생 사라지지 않을 흉터를 남겼다.

한편 추이나르는 중상을 입었다. 카슨의 단발권총에서 나온 탄환이 추이나르의 오른손을 찢고 엄지손가락을 날려버렸다. 카슨은 끝을 내기 위해 재장전을 했으나 추이나르가 못쓰게 된 손을 조심스레 싸쥐고 목숨을 구걸했다. 구술한 자서전에서 카슨은 이 사건의 결말에 대해 적지 않고 남겨둔다. 그는 캠프에 "더 이상 프랑스인 깡패 때문에 소란스러울 일이 없었다"[69]고만 했다. 추이나르가 상처 때문에 (아마도 괴저를 일으켰을 것이다) 죽었다는 이야기도 있고, 카슨이 두 번째 총알로 추이나르를 끝장냈다는 이야기도 있다.

이 결투는 카슨의 삶에서 가장 유명한 사건 가운데 하나이며 산사람 사이에서 그의 이름을 널리 알린 일이기도 하다. 그러나 여러모로 보아 그답지 않은 일이었다. 카슨은 번갯불 같은 성미를 가지긴 했으나 보통은 계산적이고 신중한 사람이라 술기운에 벌어진 싸움에 말려들 만큼 어리석지 않았다. 아마도 카슨이 아직 젊었기 때문이거나, 혹은 노숙한 사냥꾼들 사이에서 자기를 드러내고 싶었거나, 또는 추이나르가 노래하는 풀을 모욕

한 것을 복수해주려는 기사도적 욕망이 작용했을지도 모르겠다. 이유야
어쨌든 간에 이 사건은 카슨에게는 매우 예외적인 일이었다. 카슨이 살아
남은 것은 기술이 좋아서가 아니라 운이 좋았기 때문이다. 한 신문 기자는
카슨과 추이나르의 싸움이 "키트 카슨의 삶에서 유일하게 심각한 개인적
다툼"[70]이라고 했다. 카슨은 이 일을 후회하지는 않았다. 몇 년 뒤 가까운
친구는 이렇게 말했다. "카슨은 자기 행동에 만족해했다."[71]

*

　그 만족감은 아마도 그 사건 뒤에 꽃핀 로맨스와 연관이 있을 것이다.
이제 카슨은 본격적으로 노래하는 풀에게 구애할 수 있었다. 카슨은 노래
하는 풀의 아버지 '돌아다니는 자Running Around'에게 딸을 달라고 했고 노
새 세 마리와 새 권총으로 '신부를 데려오는 값'을 치렀다. 이듬해에 식을
올린 것으로 보인다. 아라파호 전통에 따라 신부 아버지의 티피에서 식을
올렸다. 돌아다니는 자가 담요를 부부 위에 덮고 축복을 하면서 의식이 마
무리되었다. 잔치가 벌어지고 아라파호 친척들이 신혼부부를 위해 티피를
세워주었다. 카슨이 나머지 아라파호 관습도 따랐다면 바로 첫날밤을 치
르지는 않았을 것이다. 한 침대에서 자긴 하지만 유예 기간이 끝날 때까지
몇 주 동안 신부는 허리와 허벅지에 밧줄을 단단히 묶고 지낸다(일종의 정
조대 같은 것이다).[72]

　대부분 사람들이 두 사람의 결혼 생활이 행복했다고 이야기하지만 자
세한 것은 거의 알려지지 않았다. 카슨은 자서전에서 노래하는 풀에 대해
전혀 언급하지 않는다. 그렇다고 그의 결혼이 잠깐 '인디언 여자를 데리고
산 것'이 아니었음은 분명하다. 노래하는 풀은 모든 면에서 카슨의 정식
아내였다. 두 사람은 아라파호 전통을 따랐고 부족의 축복 속에서 살았다.

노래하는 풀은 카슨의 첫사랑이었고 카슨은 그녀를 숭배했다.

1920년대에 몇 달에 걸쳐 노래하는 풀의 무리를 인터뷰한 작가 스탠리 베스털에게 아라파호 친척들은 노래하는 풀이 부족 내에서 높이 평가받았다고 말했다. "좋은 여자이고, 좋은 아내이고, 아름다운 사람이었다."[73] 카슨은 소리가 울리는 듯한 특이한 아라파호 말을 배웠다. 아라파호어는 알공킨어족(크리어, 오지브와어, 블랙푸트어, 샤이엔어, 미크매크어, 아라파호어 등 오지브와어 방언 가운데 하나 —옮긴이)으로 "넓은 모음, 부드러운 유음, 매끄러운 이중모음"[74]이 있어 아름답게 들렸다. 어찌나 아름다운지 베스털은 "다른 부족 인디언들도 뜻도 모르면서 아라파호 노래를 즐겨 불렀다"고 기록했다. 아라파호는 또 정교한 구슬공예로 유명하다. 아내의 정교한 바느질 덕에 카슨의 옷, 사슴 가죽 옷, 모카신, 담배쌈지, 안장주머니에서도 화려한 장식 무늬가 빛났다.

카슨은 아라파호 신부를 데려갈 수 있는 곳이면 어디든지 데리고 다니며 허드슨스 베이 컴퍼니를 위해 두 철 동안 사냥을 하고 그다음에는 짐 브리저 여단에 속해 옐로스톤 상류, 파우더, 빅혼 강 등지에서 일했다. 오늘날의 콜로라도, 유타, 와이오밍, 아이다호, 몬태나 지역을 끊임없이 돌아다닌 것이다. 카슨이 나중에 한 말에 따르면 덫사냥을 하면서 그는 "평생 가장 행복한 나날"[75]을 보냈다. 상상하기 어려울 정도로 자유로운 삶이었다. 이를 데이비드 래번더라는 역사가는 "유령처럼 골짜기에서 골짜기로 떠도는 삶, 뒤에서 지켜보는 세인트루이스의 중역들도 없고 회계장부를 까다롭게 뜯어보는 의심 많은 회계원도 없는 삶"[76]이라고 묘사했다. 카슨은 "산속에서, 문명인들이 사는 곳에서 멀리 떨어져 먹을 것이라고는 총으로 잡은 것밖에 없는"[77] 이 나날을 무척이나 즐겼다.

노래하는 풀은 힘겨운 유랑의 삶을 열심히 도왔고 추운 밤을 따뜻하게 해주었다. "좋은 아내였지."[78] 카슨이 한 친구에게 말했다. 그가 사냥을 갔다가 얼음장 같은 강물에 모카신이 흠뻑 젖은 채로 돌아오면 노래하는 풀이 늘 집에서 주전자에 물을 끓여놓고 기다렸다는 것이다. "집에 돌아왔을 때 내 발을 녹일 따뜻한 물이 없던 날은 하루도 없었다네."

두 사람 사이의 첫아이는 1837년에 태어났다. 카슨은 미주리에 사는 사랑하는 조카의 이름을 따서 애덜라인이라는 이름을 지어주었다(아라파호 이름은 무엇인지 알려지지 않았다. 카슨이 자기 딸을 '대평원 꽃Prairie Flower'이라고도 불렀다는 이야기도 있다). 카슨의 가정생활은 행복했으나 경제적으로 힘겨운 시기였다. 미국에 심각한 불황이 닥쳤다. 1837년 대공황이 찾아오자 서부에서 나는 제품을 판매할 시장은 좋게 말해도 유동적이었다. 게다가 그해 천연두가 퍼졌다. 사람들이 말하길 세인트루이스에서 감염된 담요에 묻어서 북쪽과 서쪽으로 번졌다고 한다. 천연두가 모든 인디언 부족을 휩쓸고 지나갔고 미주리 강 유역에 사는 인디언 열 명 가운데 한 명이 죽었다. 카슨은 자기의 오랜 적인 블랙푸트 부족에 대해서조차 동정심을 느꼈다. 블랙푸트는 특히 전염병으로 큰 피해를 입었다. 카슨의 초기 전기 작가 가운데 한 사람은 천연두가 덮친 블랙푸트 거주지의 스산한 정적을 생생하게 묘사했다. "티피에서는 연기가 피어오르지 않았다. 살찐 늑대가 겁 없이 마을을 돌아다녔다. 죽은 인디언이 나무에 무수히 걸려 있었고 갈색 대머리 수리가 인간의 살을 배불리 먹고 프토마인(단백질이 부패할 때 생기는 유독물질 옮긴이)에 절어 절벽에 새까맣게 앉아 있었다."[79]

그런 한편 비버 무역도 현저하게 감소세에 접어들었다. 대공황 때문이기도 하고 유행의 변화 때문이기도 했다. 알 수 없는 이유로 동부 도시와 유럽 전역에서 귀족적 욕망의 대상이 비버 모자에서 실크해트로 바뀌었다. 사실상 잡을 만한 비버도 별로 남지 않았다. 모피 회사가 어찌나 서부 강들을 들쑤셨는지 비버는 멸종 직전이었다. 동부의 시장이 사라지자 여름에 열리는 산사람들의 회합도 점점 작아지고 쓸쓸해졌다. 산사람들이 워낙 재주가 탁월하고 끈질긴 탓에 결국 자기들을 부유하게 해준 자원을 바닥내 스스로 몰락을 가져온 셈이었다. 그러나 대부분 사냥꾼들이 그랬듯 카슨은 자신도 그러한 상황에 한몫했다는 사실을 깨닫지 못했다. "비버가 줄었다."[80] 자서전에서 그는 단지 이렇게 말했을 뿐이다. 그러고는 이렇게 덧붙였다. "다른 일을 찾아야 할 때가 되었다."

*

1839년 노래하는 풀은 둘째 아이를 낳았다. 이번에도 딸이었는데 이름은 전해지지 않는다. 노래하는 풀은 출산 직후 고열에 시달리며 심하게 앓았다. 노래하는 풀은 버펄로 가죽 침대에 누웠고 약초 치료사가 약초로 치료를 하고 그녀의 심장 고동에 정확히 맞춰 북을 두드렸다. 그러나 소용이 없었다. 아마도 산욕열이었을 감염이 노래하는 풀의 목숨을 앗아갔다. 슬픔에 잠긴 카슨은 혼자서 두 딸을 키워야 할 처지가 되었다. 아라파호 친척들은 부족의 전통에 따라 스스로를 매질하여 노래하는 풀의 죽음을 애도했다.[81] 머리 한 움큼씩을 뽑고, 자기 살을 찢고 심지어 손가락을 잘라내기도 했다. 아라파호 사람들은 왜 카슨이 자기들처럼 슬퍼하지 않는지 의아해했다. 한 전기 작가의 말에 따르면 "키트는 사람들에게 자기는 백인의 관습에 따라 가슴으로 우는 거라고 설명했다."[82] 장례를 어디에서 어떻게 치렀는지는 기록에 남아 있지 않지만 아라파호 관습을 따랐다면 노래하는 풀의 시체를 높은 나무 위에 마련한 평평한 단에 그녀가 아끼던 물건과 같이 두고 불을 질렀을 것이다. 까맣게 타고 남은 것은 초원의 새들 차지가 된다.

1840년 여름 카슨은 그래도 그린 강가에서 벌어진 여름 회합에 참석했다. 이번이 산사람들의 마지막 모임이었다. 덫사냥은 소멸 직전이었고 회합에 모인 사람들은 모두 그 사실을 아는 듯했다. 누군가 이렇게 탄식했다. "살기 힘들고, 비버도 없고, 모든 것이 침체다."[83]

모피 무역이 쇠퇴하면서 카슨은 점차 벤트 교역소 쪽으로 끌렸다. 벤트 교역소는 오늘날 콜로라도 남동쪽에 해당하는 아칸소 강가에서 번성하는 상업 중심지였다. 1833년에 설립되어 덫 사냥꾼, 상인, 산사람, 그 밖에 서쪽으로 몰려드는 수많은 모험가들의 주요 기반이 되었다. 두께가 90센티미터나 되는 어도비 벽돌로 지어져 있어 고대 알제리 성채와 비슷했다. 벤트 교역소는 콜로라도 평원 아칸소 강 북쪽 강둑에 전략적으로 자리 잡았다. 그때는 아칸소 강이 멕시코와 국경을 이루고 있었기 때문이다. 교역소 주인인 찰스 벤트Charles Bent와 동생 윌리엄 벤트William Bent는 빈틈없는 사업가였다. 두 사람의 아버지는 세인트루이스에서 변호사였고 한때 루이지애나 지역 조사자로 일했던 사람이다.

벤트 형제는 카슨을 사냥꾼으로 정식 고용했다. 카슨은 교역소에서 여러 친구를 사귀어 딸들을 키우는 데 도움을 받을 수 있었다. 그는 남부 평원을 돌아다니며 영양과 버펄로를 사냥했다. 그럼으로써 값비싼 가죽도 얻고 벤트 교역소 안팎에서 일하는 수백 명의 사람들이 먹을 고기도 공급할 수 있었다.

1841년 카슨은 '길을 만들다Making-Out-Road'라는 이름의 샤이엔 여성과 결혼했다. 아름다웠지만 잔소리가 심한 여자로 벤트 교역소 주변에서는 고집과 독립심으로 정평이 나 있었다. 노래하는 풀과의 결혼이 행복했던 만큼 길을 만들다와의 결혼은 괴로운 것이었다. 새 아내는 아라파호 혈통의 딸들을 키우는 일은 손가락 하나 거들려 하지 않았다. 부부는 늘 싸웠다. 결국 몇 달 만에 길을 만들다는 카슨의 소지품과 함께 카슨을 자기 티피에서 쫓아내버렸다(길을 만들다는 그 뒤로도 계속 원주민, 백인 등과 결혼했다가 금세 이혼하기를 반복했다).[84]

카슨은 안토니아 루나라는 평판이 좋지 않은 히스패닉 여성과 잠시 교제했으나[85] 1842년 호세파 하라미요와 사랑에 빠졌다. 호세파는 아름다운 10대 소녀로 타오스의 좋은 집안 출신이었다. 둘은 곧 약혼했다. 카슨은 그해 이제 네 살로 곧 학교에 들어갈 나이가 되는 애덜라인을 미주리에 있는 친척들에게 보내 제대로 교육을 받게 하는 것이 낫겠다는 결정을 내렸다. 그래서 1842년 4월 찰스 벤트가 이끄는 대상에 끼어 애덜라인을 데리고 샌타페이 통로를 따라 동쪽으로 향했다. 애덜라인의 동생은 타오스의 벤트 가족에게 맡겼다(카슨은 어린 딸을 다시 보지 못한다. 얼마 지나지 않아 걸음마를 뗀 아기는 비누용 지방이 펄펄 끓는 통에 빠져 죽는다).

벤트 행렬은 미주리 강 유역에 있는 작은 마을 웨스트포트에 멈췄다. 이곳이 오늘날 캔자스시티다. 카슨은 반은 인디언인 딸을 마을 사람들이 어떻게 생각할지 염려했고 애덜라인이 깔끔하고 예쁘게 보이길 바랐다. 애덜라인은 짐승 가죽 옷을 입고 있어 원시인처럼 보였고 예의범절도 잘 몰랐다. 카슨은 웨스트포트에서 애덜라인의 몸에 딱 맞게 새 옷을 맞추어 입혔다. 웨스트포트 여관집 딸 수재너 요컴은 애덜라인을 똑똑히 기억했다. "카슨이 교육을 받게 한다고 어린 딸을 데리고 왔었어요. 올 때는 사슴 가죽 옷을 입고 왔는데 떠날 때는 최고급 옷을 맞춰 입고 떠났지요. 야만적으로 자랐더군요. 우리 어머니가 키운 덩굴을 죄다 뽑아놓고 뿌리를 씹고 있더라고요."[86]

카슨은 프랭클린에 있는 자신의 옛집을 찾아갔다. 하지만 집은 홍수에 떠내려가고 마을 사람들은 높은 지대로 이동해 뿔뿔이 흩어진 후였다. 그는 막내 동생 린지를 찾았고 어머니 레베카 카슨 마틴이 바로 전해에 사망했다는 소식을 듣게 된다. "문명화된 사람들 사이에 있게 된 것은 16년 만이었다." 카슨은 자서전에 이렇게 적었다. 카슨은 집안사람들 가운데 몇몇은 자신이 산에서 보낸 야생의 삶을 이해하지 못하고 인디언 여자와 결

66

혼한 것을 결코 받아들이지 못하리라는 것을 알았다. 사촌 토머스 켈리 카슨은 키트를 집안의 골칫거리로 보았고 이렇게 평가했다. "야만적이고 거친 사람이며 무엇보다도 인디언 여자와 결혼해 혼혈아를 낳았다."[87]

다행스럽게도 프랭클린에 사는 가까운 친척 대부분이 애덜라인을 반갑게 맞아주었다. 그래서 괜찮은 시골 학교 가까운 농장에 사는 조카딸에게 애덜라인을 맡기고 떠날 수 있었다. 애덜라인과 헤어지기는 싫었지만 아이를 잘 돌보아줄 친척에게 맡길 수 있어서 다행이었다.

5. 푸른 구슬 산의 위대한 전사

　　　　　　　　존경받는 나바호 원로 나르보나Narbona는 긴
생애 동안 늘 전쟁 속에서 살았다. 나바호는 거의 언제나 갈등 상태였다.
에스파냐인들과 싸우지 않으면 유트, 코만치 혹은 다양한 푸에블로 인디
언들과 다퉜고 이들 모두와 동시에 대적할 때도 많았다. 물론 상대적으로
평온한 때도 있었지만 계절에 따라 심해지기도 하고 잦아들기도 하는 공
격과 보복의 순환은 나바호의 삶에서 떼려야 뗄 수 없는 것이었다.

　1846년 여름 나르보나는 거의 여든 살이 다 되었다. 노년에 접어들자
나르보나는 점점 변화에 무뎌졌고 그에 대응하는 것은 더더욱 어려웠다.
그가 아는 것은 자기 부족은 살아남은 자들이라는 것이었다. 오랜 옛날부
터 계속된 나바호 문화의 리듬은 신화와 전설의 시대로부터 무수히 많은
갈등, 결핍과 부족을 겪으면서도 이어져왔다. 그러나 이제 새로운 적, 그
가 상상할 수도 없는 적이 평원을 가로질러 가차 없이 서쪽으로 진격해오
고 있었다.

　나르보나는 1766년 어머니의 씨족인 붉은 줄무늬 땅족 품에서 나고
자랐다.[88] 이들은 오늘날의 뉴멕시코 북서부, 추스카 산꼭대기에서 차코
강까지 뻗은 넓은 땅에 있는 추스카밸리에서 가축을 기르면서 살았다. 그
때는 이름이 나르보나가 아니었다. 나르보나는 한참 뒤에 붙여진 에스파

냐어 이름이다. 그의 나바호 이름은 역사 속에서 잊혔다. 죽은 사람의 영혼을 깨울까 봐 죽은 사람의 이름을 부르기를 꺼리는 디네 후손들이 위대한 가부장의 이름이 흐릿하게 잊히도록 내버려둔 것이다. 그가 살아 있을 때도 나바호들은 면전에서 그의 이름을 부르지 않았다. 무례한 행동으로 생각되었기 때문이다.

요람판(나바호 등 원주민이 아기를 등에 업을 때 쓰는 것 -옮긴이) 안의 아기일 때에는 아예 이름이 없었다. 나바호는 초기 유아기를 임신기의 연장으로 보고 개인적 특징이 나타나기 전에는 아이에게 이름을 붙이지 않는다. 구체적 특징이 나타나면 그제야 털투성이 얼굴, 날씬한 여자아이, 목 없는 아기, 하라는 대로 하지 않는 꼬마 등의 이름을 붙인다. 나바호 부모들이 아이 이름을 지을 때 반드시 따라야 하는 규칙 같은 것은 없지만 대개 아이가 '처음으로 자발적으로 웃었을' 때를 기준으로 해서 유아기와 인간에 가까워진 시기를 가른다. 첫 번째 웃음을 크게 축하하고 아기 이름 짓는 의식도 이때 많이 이루어진다. 나르보나도 그때에 '전쟁 이름(나바호는 부모에게 전쟁 이름을 받지만 이 이름은 특정한 목적으로만 사용하고 일상적으로는 별명으로 불린다 -옮긴이)'을 받았을 것이다.

나바호 어린아이들 누구나 그러하듯 어머니 등에 묶인 채로 나르보나는 흔들리는 요람판에서 세상을 보았다. 요람판에는 기저귀 대신 개잎갈나무 껍질 부스러기를 안에 대었다.[89] 혹시 떨어지더라도 운이 좋아 다치지 않게 하기 위해 요람판에 다람쥐꼬리를 장식한다.[90] 다람쥐는 날래고 다치지 않고 발로 잘 내려앉는 짐승이기 때문이다. 태어나서 다섯 해 동안은 여자들 사이에 둘러싸여 지낸다. 이모, 누이, 여자 사촌, 할머니 등등. 여러 어머니 밑에서 자라며 나르보나는 노래하는 듯한 나바호 언어를 배우기 시작했다. 수천 가지에 이르는 까다로운 어형 변화와 미묘한 성문폐쇄음(목 안쪽이 완전히 막혔다가 파열하는 소리 -옮긴이)이 있고 희미하게 시베리아 흔적이 남아 있는 언어다. 그런 한편 이름난 디네의 유머 감각, 아무리 놀리고 말장난해도 질리지 않는 기질, 앞뒤가 맞지 않고 부조리한 상황을 좋아하는 것 등도 배웠다.

나르보나는 여섯 살 때 처음으로 망아지를 받았다.[91] 대부분 나바호 소년들이 그렇듯 나르보나도 이렇게 어릴 때부터 여자들 품을 떠나 남자들과 더 많은 시간을 보내며 사냥과 전쟁의 삶에 익숙해질 준비를 한다. 동이 트기 전에 자리에서 일어나 살을 에는 듯한 추위 속에서 허리에 달랑 가죽끈만 하나 묶고 발을 단단하게 하기 위해 모래를 채워 넣은 모카신을 신은 채로 수 킬로미터를 달려 지정된 장소로 간다.[92] 폐활량을 늘리기 위해 입에 물을 머금고 코로만 숨을 쉬며 달릴 때도 있다. 얼어버릴 것 같은 차가운 물속에서 뛰거나 눈밭에서 구르고 최대한 큰 소리를 질러 전투용 목청을 발달시킨다. 아침 해가 지평선을 밀고 올라올 때쯤 다시 흰 서리에 덮인 호간으로 되돌아온다.

나르보나는 다른 남자아이들과 함께 씨름을 하고 멀리뛰기, 돌 던지기, 활쏘기 등을 겨루었다. 또 여러 종류의 도박과 놀이가 있었다. 막대기 주사위, 실뜨기, 모카신 게임 등. 나르보나는 토끼 같은 작은 동물을 사냥하는 법을 배웠다.[93] 나바호에게 가장 중요한 기술인 말 타기는 날마다 연습했다. 나바호는 늘 결과를 두고 내기를 하며 경주를 벌인다. 나바호는 승마술을 특히 자랑스럽게 여기는데 오늘날까지도 그 전통이 이어지고 있다(현대에 한 기자는 "말에서 떨어지는 것은 나바호에게 가장 수치스러운 일 가운데 하나다"[94]라고 적었다).

열두 살이 되었을 때 나르보나는 처음으로 힘줄을 댄 활을 받았다. 특별히 그를 위해 만든 활(활 길이가 정확히 그의 키와 같았다)[95]이었다. 나르보나는 처음으로 사냥을 나가게 되었다. 나르보나의 세계는 도시, 마을, 길 등으로 이루어진 것이 아니라 수십 제곱킬로미터에 달하는 땅 여기저기에 늘어선 수천 개의 자연지물, 움푹 들어간 둑, 어깨 사이 호수, 갈대로 덮인 하얀 들, 내려가는 사시나무, 한곳을 가리키는 붉은 바위 둘 따위의 이름을 가진 지형지물로 이루어졌다. 이런 곳이 그의 삶의 공간, 날마다 사냥을 하고 풀을 먹이는 곳이었다. 물론 더 넓고 더 장대한 곳도 있었다. 우뚝 솟은 붉은 산, 깊은 골짜기, 빙퇴석, 용암 지대 등. 나바호는 자기들 땅을 디네타라고 부르는데, 디네타는 동물이나 신화 속의 괴물 형상을 떠올리게 하는 거대한 기암괴석이 여기저기 흩어져 있는 주름진 땅이었다.

과장법을 좀처럼 쓰지 않는 현대 지질학자들도 나바호 땅에 이름을 붙일 때는 장엄한 어휘를 사용했다.[96] 이 땅에는 역설 저지, 저항 융기, 위대한 부정합 같은 이름이 붙었다. 나바호 땅의 지질학 지도를 보면 불길하게도 "지층이 휘었다가 펴진 곳" "원뿔 모양 화산재" "구조적 혼란" 같은 설명이 잔뜩 적혀 있다. 나르보나의 집에서 멀지 않은 곳에도 거대한 석화된 숲이 있었다. 나바호는 그걸 전쟁의 신, 살인자 괴물에게 살해당해 들판에 버려진 끔찍한 괴물 예잇소의 뼈라고 믿었다. 이 괴물의 피가 굳어진 것이 용암대지였다.[97] 나바호 땅 어디에서나 협곡 절벽 안에서 산호, 이끼 벌레, 삼엽충 같은 바다생물 화석을 찾을 수 있었다. 무려 3억 년 전에 바다 속에 살던 생물들이다.

나르보나가 사는 곳 북쪽으로는 체빗아이, 곧 날개 달린 바위가 어렴풋하게 보였다. 이 화산 분화구는 수천 년 동안 침식되어 거대한 공룡의 뾰족뾰족한 등뼈처럼 보이는 웅장한 바위산으로 변했다. 1860년대 미국 탐험가들은 이 기이한 형상이 쾌속 범선을 닮았다고 생각하여 '십록 Shiprock'이라는 이름을 붙였는데 오늘날에는 이 이름이 더 널리 알려졌다.

나르보나가 사는 곳에서 가장 두드러진 지형은 산쑥으로 덮인 북쪽 지방에서 남쪽으로 나르보나 가족이 사는 땅까지 굽어보는 거대한 휴화산이었다. 나바호는 혼자 우뚝 솟은 장엄한 산을 추질, 곧 푸른 구슬 산이라고 불렀다. 나바호 땅 남동쪽 끝에 자리 잡은 푸른 구슬 산은 높이가 340 미터에 달하고 판더로사 소나무와 사시나무로 덮여 있다. 나무가 없는 정상은 겨울에는 눈으로 덮이고 여름에는 야생 들풀로 덮이며 아래쪽 산등성이에는 피뇽 소나무와 향나무가 자라고 더 내려가면 나무가 사라지고 거대한 검은 현무암질의 용암대지가 나온다.

나르보나는 자라면서 남쪽에 한결같이 우뚝 자리를 지키고 있는 두드러진 지형, 푸른 신기루 같은 산을 바라보았다. 나바호 아이들 모두 어릴 때부터 푸른 구슬 산은 나바호 땅을 구획 짓는 성스러운 네 산 가운데 하나라고 배웠다. 네 주요 방위마다 산이 있었고 각 산에는 창조설화에 등장하는 네 신이 군림했다. 나바호 땅 어디에서든 성스러운 네 산 가운데 하나를 볼 수 있었다. 전쟁이나 습격을 위해서가 아니면 이 거대한 산정들이 이루는 경계 밖으로 나가서는 안 되었다. 그러면 병에 걸리거나 죽는다고 믿었다. 나바호 가운데는 행운을 빌며 호간 안에 기도 꾸러미를 간직하는 사람이 많았다. 기도 꾸러미는 네 산에서 가져온 흙이 담긴 조그만 주머니를 말했다.

나바호가 성인으로 자라나는 세계는 엄밀한 평형과 균형의 세계였다. 4라는 숫자에는 위대한 힘이 깃들어 있었다. 네 가지 성스러운 색깔, 네 가지 성스러운 식물, 네 가지 성스러운 보석이 있었다. 치료 의식을 치른 환자는 나흘 동안 아무하고도 말을 하지 않았고 성관계도 맺으면 안 되었다. 나바호는 누구나 나침반의 네 방위를 중요하게 여겼다. 호간은 항상 문이 동쪽으로 나게 짓는데, 각 방위마다 특성과 빛깔이 부여되어 있다. 예를 들어 북쪽은 검정이고 죽음과 초자연의 방향으로 간주된다. 나바호는 절대 머리를 북쪽으로 두고 자지 않는다. 나바호의 모래 그림(나바호나 푸에 블로 인디언이 물을 들인 모래와 꽃가루 등으로 그린 의식용 그림 -옮긴이)과 담요는 선명한 빛깔과 독창적 디자인으로 유명한데 정확한 균제미를 자랑하며 대개는 네 방위를 상징하는, 정확히 똑같은 네 부분으로 나뉜다.

나바호의 질서 있는 세계는 또한 성에 따라 나뉘고 정의된다. 사물, 지형지물, 심지어 자연현상까지도 '남성' 또는 '여성'으로 나뉜다. 여성 비는 부드럽고 고른 안개비다. 남성 비는 성난 먹구름을 동반한 뇌우다. 남성 호간과 여성 호간도 있다. 재료가 약간 다르고 쓸모도 다르다. 리오그란데는 흙탕물이고 느리고 조용하므로 여성 강이고, 바위가 가득한 샌완 강은 거품과 급류가 많아 남성 강이다.[98]

*

샌완 강은 전통적으로 나바호 땅과 유트 인디언 영역 사이의 경계가 되었다. 유트는 사냥채집 생활을 하는 사나운 부족으로 요란스러운 남성 강 북쪽에 있는 산 지역에서 떠돌아다녔다. 나르보나가 어렸을 때에는 유트가 나바호의 가장 큰 적이었을 것이다.[99] 두 부족은 끝없이 싸웠다. 샌타페이의 에스파냐 총독은 이 지역의 적대적인 부족끼리 서로 다투게 하는 편이 두 부족에 직접 맞서 싸우는 것보다 쉬운 방법이라는 걸 알았다. 그래서 에스파냐인들이 멀리서 미소를 지은 채 지켜보며 중립을 유지하겠다고 약속하는 가운데 유트는 오래전부터 끓어오르던 나바호와의 전쟁에 나섰다. 1770년대와 1780년대에 유트가 나바호 거주지에 쳐들어와서 어린 아이들을 훔쳐다가 타오스의 노예시장에서 에스파냐인들에게 팔았다.

어린 나르보나와 가족들에게는 유혈과 끝없는 불안의 시기였다. 나바호들에게 '적'이란 오직 하나, 유트를 의미했다. 유트의 난폭한 행위에 대한 이야기들을 들으며 자란 나르보나는 자기 아버지를 비롯한 나바호 전사들이 이끄는 보복 공격에 가담하고 싶었다. 10대가 되었을 때 나르보나는 또래들보다 머리 하나는 더 컸기 때문에 전사로서 기대를 한 몸에 받았다. 열여섯 살 때 첫 번째 습격에 나섰고 꽤 실력을 발휘했다.[100] 첫 번째 싸움에서 집으로 돌아온 나르보나는 대부분의 전사들처럼 '은다'에 참여했다. 이는 적의 길이라는 뜻의 의식으로 나바호 땅을 벗어나 있는 동안 자기도 모르는 새에 흡수했을지 모르는 나쁜 정신이나 외부의 영향을 씻어내는 정성스러운 의식이다.

나르보나는 더 멀리 출격했다. 샌완 강 건너 유트 거주지뿐 아니라 별다른 방비가 없는 푸에블로 인디언 부락을 습격했고 마침내 리오그란데를 따라 자리 잡은 에스파냐인 목장을 공격해 최고의 성과를 올렸다. 나르보나를 비롯한 젊은 나바호 전사들의 습격이 얼마나 성공적이었던지 1770년대 후반과 1780년대 초 에스파냐 마을 사람들은 치와와에서 새로 말을 들여와야 했다.[101] 자연 번식만으로는 인디언들에게 빼앗긴 말의 수를 채워 넣을 수가 없었던 것이다.

나르보나는 20대 초반일 때 부모가 맺어준 치스아니 씨족의 비카이졸이라는 처녀와 혼인했다.[102] 관습대로 나르보나는 새색시의 씨족들 사이에서 새색시와 같이 살기 위해 갔다. 이들은 나르보나 가족 무리가 사는 곳보다 북쪽에 있는 투니차 산기슭에 살았다. 나르보나와 비카이졸은 비카이졸의 부모가 사는 곳 가까이에 호간을 지었다. 아마 결혼 예식은 새 호간에서 열렸을 것이다. 약초 치료사가 가족들과 함께 집 안에 들어가서 기도를 하고 축복을 한 다음 젊은 부부에게 동부에 사는 영국계 미국인 신혼부부들이 들으면 얼굴을 붉힐 만큼 노골적으로 생식이라는 중요한 공동체의 임무를 다하라고 지시했다.[103] 또 그러기 위해 나흘 밤 나흘 낮 동안 호간에서 나가면 안 된다고 말했다.

이제 신혼부부는 살림살이를 갖추어 장모와 장모의 가족이 사는 호간에 둘러싸여 살게 된다. 나르보나는 새로운 무리와 잘 지내야 하고 이들의 성격적 특징과 습관에 익숙해져야 했다. 아내와 함께 자기가 살던 무리로 돌아갈 수는 없었다. 나바호는 근친상간의 가능성을 최소화하기 위해 자기 씨족이나 무리 안에서 결혼하지 못하게 했다. 그러나 소규모의 반유목민 무리는 폐쇄적이고 복잡한 생활 방식에 따라 살 수밖에 없고 사실상 근친결혼의 가능성이 매우 높아 보인다(몇 년 뒤 한 인류학자는 지리적으로 고립되어 모여 사는 나바호 무리들이 '감정적인 근친 번식'[104]에 가까워지는 경향이 있다고 했다).

나바호 금기에 따라 나르보나와 장모는 서로 쳐다보아서는 안 되었다.[105] 평온함을 유지하고 성적 긴장감을 피하기 위해 만들어진 관습으로 보인다. 실제로 나바호 장모들 가운데에는 옷에 조그만 경고용 종을 다는 사람도 있다. 사위가 모퉁이를 돌다가 자기도 모르는 사이에 장모의 얼굴을 마주 보는 일을 피하도록 하기 위해서다. 무척 중요한 일이었고 특히 눈이 마주치는 것은 큰일이었다. 순전히 실수로라도 이러한 금기를 위반한 경우에는 가족들이 치유사를 불러 정성스럽고 돈도 많이 드는 노래를 부르게 해 액운을 씻었다.

1780년 후반에 나르보나는 두 번째 아내를 맞았다. 에스파냐 정착지 습격이 점차 격렬해졌고 그는 위대한 전쟁 추장으로 이름을 알리게 되었다. 한번은 습격에서 주니족 젊은 여자를 납치해왔다.[106] 이 여자도 나르보나의 아내가 되었는데 두 나바호 아내만큼 성실하고 행복하게 나르보나 무리와 어울려 살았다.

나르보나는 정치적·외교적 수완이 뛰어났고 나바호들이 말하듯 '편하게 말하는' 사람이라는 인상을 주었다.[107] 추스카 산 전역에서, 심지어 머나먼 푸른 구슬 산에서까지 젊은 전사들이 몰려와 나르보나 밑에서 싸우고 배우기를 바랐다. 시간이 지나면서 당당한 추장 나르보나는 자기 휘하에 상비군을 두게 되었다.

싸움의 주된 표적은 1800년 에스파냐 사람들이 성을 쌓아 세운 조그만 마을이었다. 세볼레타라는 이름의 이 마을은 나바호의 성스러운 푸른 구슬 산 허리에 있었으므로 나바호에게는 참을 수 없는 모욕이었다. 이곳은 여러 세기 동안 나바호의 땅이었다. 하지만 에스파냐 정착민들은 산기슭에서 좋은 방목지를 발견했고, 샌타페이의 총독에게서도 토지 사용 허가를 받았던 터라 이곳에 마을을 만들었다. 나바호는 새로 생긴 마을을 무자비하게 공격했다. 점점 심해지는 싸움 속에서 나르보나는 가장 뛰어난 전쟁 지도자로 떠올랐다.

1804년에는 1,000명에 달하는 전사들을 조직해서 조그만 마을을 에워쌌다. 포위 공격이 몇 주 동안 사납게 이어졌고 필사적인 육탄전이 벌어졌다. 이 전투에 대해 에스파냐인들이 전하는 이야기는 생생하고도 끔찍하다. 세볼레타 사람들 사이에서 전해지는 한 이야기에 따르면 안토니아 로메로라는 나이 든 할머니가 나바호 전사의 머리를 맷돌로 쳐서 깨뜨렸다고 한다.[108] 또 도밍고 바카라는 용감한 사람의 이야기도 전한다. 그는 나바호의 창에 맞아 창자가 밖으로 쏟아져 나오자 배에 베개를 꽁꽁 동여맨 다음 총을 들고 계속 싸웠다고 한다. 그날 밤 베개를 들어내자 바카의 친구들은 "대경실색하여 죽은 사람에게 하듯 성호를 그었다. 그러나 바카는 덜렁거리는 내장을 제자리에 집어넣고 바늘과 심줄을 달라고 하더니 직접 상처를 꿰매었다. 이런 처치가 효과가 있었는지 상처가 나았고 살아남아 다시 싸울 수 있었다"[109]고 역사가 마크 시몬스가 전한다.

에스파냐 총독이 소노라에서 싸움에 단련된 부대를 불러오지만 않았다면 나르보나와 1,000명의 전사들은 그토록 증오하던 사람들을 몰아낼 수 있었을 것이다. 에스파냐인들도 여러 차례 나바호 땅으로 반격을 나섰지만 바람처럼 사라지곤 하는 디네에게 큰 타격을 입히지는 못했다.

6. 제임스 K. 포크는 누구인가?

              커니가 서부군을 이끌고 펼친 작전은 미국 역사에서 전례가 없는 것이었다. 처음으로 미군이 다른 나라의 광대한 영토를 침략하고 점령하러 나선 정복 전쟁인 것이다. 엄청나게 큰 규모의 노골적인 강탈이었다. 제임스 K. 포크James K. Polk 대통령은 커니에게 거의 1,600킬로미터에 달하는 거리를 가서 당시 미국 크기의 절반에 달하는 영역을 정복하라고 했다. 샌타페이에 다다라서 뉴멕시코를 차지한 뒤 계속 서쪽으로 가서 오늘날의 애리조나 전체, 콜로라도, 유타, 네바다의 일부를 정복하고 마침내 캘리포니아까지 손에 넣어 푸른 태평양에 성조기를 휘날리는 최고의 성과를 올리는 것이 목표였다. 여럿으로 나뉘어 있는 거대한 땅 전체를 한달음에 모두 차지하겠다는 야심이었다.

    이 멕시코 전쟁은 한참 뒤까지 이어지는 여러 실질적·공상적 불화의 씨앗을 품은 복잡한 전쟁이었다.[110] 가장 직접적으로 텍사스 문제가 걸려 있었다. 바로 전해인 1845년, 미국은 론스타 공화국(1836년 멕시코 영토였던 텍사스에 살던 미국인들이 독립을 선언하며 세운 나라로 텍사스 공화국이라고도 한다 -옮긴이)을 공식적으로 합병했다. 론스타 공화국은 10년 전에 알라모골리아드와 산하신토에서 치열한 전투를 벌인 끝에 멕시코로부터 독립했다. 그러나 멕시코는 텍사스의 독립을 인정하지 않았고 더더군다나 텍사스가 미국의 손아귀에 들어가는 것은 받아들일 수가 없었다. 포크 대통령은 존 슬리델을 멕시코시티에 사절로 보내 리오그란데를 경계로 하고 텍사스를 1,000만 달러에 사겠다는 협상을 벌였다. 협상 도중에 포크는 슬리델에게 캘리포니아와 뉴멕시코도 2,000만 달러에 같이 사겠다고 제안하라고 지시했다. 그러나 이런 대담한 제안은 아무런 성과를 보지 못했다. 외교적 수단으로도 노골적인 교환으로도 팽창주의적 목표를 달성하기 어렵다는 것을 인식한 포크는 전쟁을 일으키기로 한다. 포크는 재커리 테일러 장군을 텍사스 남부 누에시스 강과 리오그란데 사이의 분쟁 지역으로 보냈다. 첫 번째 불씨를 당기기 위한 노골적인 움직임이었다. 멕시코가 1846년 4월 테일러 군을 향해 발포하자 포크는 이것을 선전포고할 구실로 삼았다.

"미국의 땅에서 미국의 피를 흘렸다." 포크는 정당한 분노라며 소리를 높였지만 테일러가 공격을 유발하기 위해 도발을 했다는 것, 그리고 그곳이 아직은 미국 땅이 아니라는 사실은 쏙 빼놓았다. 대통령은 멕시코가 "미국을 모욕했다"고 비난하며 멕시코의 기만 행위를 벌하고 무찔러서 통치할 자격이 없는 광대한 땅에서 멕시코를 몰아내야 한다고 했다.

명백한 사실은 포크가 더 넓은 영토를 원했다는 것이다. 미국 역사에서 포크처럼 노골적으로 땅을 획득하려고 한 대통령은 없었다. 이때는 북아메리카 개척 역사에서도 매우 특이한 시기였다. 유럽 열강은 신세계에서 빠른 속도로 영토를 잃고 있으면서도 이 야생의 대륙에서 지도에 공백으로 남아 있는 마지막 거대한 땅덩어리를 차지하겠다는 꿈을 버리지 않았다. 영국은 오리건 지역에 야심을 두고 있었고 알래스카에 근거지를 둔 러시아 사냥꾼들과 해달海獺 왕들도 캘리포니아 북부 해안에 미약하나마 영향력을 미치고 있었다. 쇠락하는 프랑스와 에스파냐도 온갖 계획을 짜고 있었다.

이런 경쟁적 상황에서 포크 대통령의 입장은 미국이 공격적으로 영토를 확장하지 않으면 영원히 빼앗길 위험에 처한다는 것이었다. 포크는 특히 캘리포니아의 항구들에 눈독을 들였으나 현재 미국과 태평양 사이에 있는 땅도 포기할 수 없었다. 1845년 집권하자마자 포크는 두 전쟁을 동시에 벌일 생각이었다. 텍사스와 캘리포니아를 두고 멕시코와, 그리고 오리건을 두고 영국과 전쟁을 해서 뻔뻔스럽게도 자신이 탐하는 땅을 모두 차지하려 했다.

*

미국 11대 대통령은 긴 회색 머리를 울퉁불퉁한 이마 뒤로 넘긴 교활하고 비인간적인 사람이었다. 굳게 다문 턱, 단호하고 결연해 보이는 얼굴을 지녔고, 유행에 뒤진 촌스러운 긴 검정 코트를 입곤 했는데, 주머니에는 늘 편지가 가득했다. 대통령이 무슨 생각을 하는지 파악하기는 불가능했다. 입을 꼭 다물었고 단단한 보석 같은 잿빛 눈에서는 아무것도 읽을 수 없었다.

무뚝뚝한 성품은 테네시 주 컬럼비아에서 자란 그가 10대에 겪은 고통스러운 병과 무관하지 않을 것이다. 통증은 어린아이의 얼굴에 지워지지 않는 주름살을 남겼고, 몇 년 동안 고생하다가 열일곱 살 때 비로소 요로결석이라는 진단을 받았다. 말이 끄는 앰뷸런스를 타고 켄터키로 간 포크는 이프레임 맥도월이라는 유명한 의사에게 당시로서는 최신 기술의 수술을 받았다.[111] 브랜디를 마취제 삼아 미래의 대통령은 벌거벗은 채 다리를 공중에 매달고 수술대에 묶였다. 맥도월 박사는 '고짓'이라고 불리는 원시적인 도구를 가지고 전립선을 통해 방광까지 뚫고 갔다. 결석 제거는 성공적이었지만 수술 때문에 포크는 불임에 성불능이 되었다고 한다. 포크의 전기 작가 존 시겐솔러는 포크가 "맥도월 박사의 수술대 위에서 남자가 되었다. 이곳은 그가 대통령이 된 뒤 휘그당·영국 왕권·멕시코군에 맞선 용기, 기개와 불굴의 의지를 처음으로 입증한 곳이었다"[112]고 썼다.

포크는 미국 역사에서 가장 아슬아슬한 차이로 당선된 대통령 가운데 하나다. 부정 선거 주장도 많이 나왔다. 1844년 선거전의 먼지가 가라앉았을 때, 체구가 작고 무뚝뚝한 무명의 정치가가 거물인 휘그당 대통령 후보 헨리 클레이를 어떻게 물리쳤는지 모두들 의아해했다. 포크의 연설은 느리고 무미건조하고 직설법으로 가득했다. 미국 6대 대통령이었던 존 퀸시 애덤스는 포크의 말에는 "기지도 소양도 말씨의 우아함도 언어의 품위도 철학도 정조도 적절한 애드리브도 없다"[113]고 평했다. 미국 대통령 가운데 최초의 '다크호스' 후보자로 간주되는 포크는 볼티모어 민주당 전당대회에서 있었던 아홉 번째 투표에서 후보로 지명되었다. 이 뉴스는 새로 생긴 전신줄을 타고 워싱턴으로 전달되었다. 새뮤얼 모스(1791~1872, 미국 화가, 발명가. 전신기를 개선하고 모스 부호를 발명했다 옮긴이)의 획기적인 발명이 처음으로 공적인 목적에 쓰이는 순간이었다.

클레이는 태평하게도 자기 입지를 확신했고 포크의 저력을 과소평가하여 '제임스 K. 포크는 누구인가?' 라는 슬로건을 내세워 정치 신인을 조롱하고 무시했다. 그러나 결국 포크는 5만 표 차이로 당선되었다. 49세의 최연소 대통령이었다.

포크는 재임 기간 내내 자신에게 주어진 한정된 시한을 의식했다. 후보 시절에 그는 재선에 도전하지 않겠다고 맹세했고 그 공약을 지킬 생각이었다. 4년 동안 모든 일을 달성할 것이고 그러고 나면 무대를 떠날 생각이었다. 그래서 포크의 치하에는 모든 것이 압축되고 강화되고 촉진되었다. 희한하게도 포크는 결국 자신의 목표 대부분을 이루어냈다. 참아주기 힘든 성격을 가졌지만 미국 역사상 가장 효율적인 대통령이었던 것만은 사실이다. 그리고 부정不正도 가장 적었을 것이다. 포크는 자기를 비판하는 사람들을 넘어섰다. 독립회계제도를 확립했으며, 영국에 맞서고 멕시코를 정복했다. 북아메리카 대륙 서쪽 3분의 1을 차지했다. 그가 공직에서 떠날 때 미국 영토는 무려 210만 제곱킬로미터가 늘어나 있었다.

4년으로 충분했다. 포크는 지치고 병든 채로 테네시에 있는 집으로 돌아갔다. 그는 자기 병을 '창자의 혼란'이라고 불렀다. 그리고 석 달 뒤 사망했다.

제임스 K. 포크는 누구인가? 낯선 인물, 갑작스러운 전보 같은 사람, 재미도 없고 아이도 없는 남자, 팽창주의 계획에 따라 움직인 사람, 이를 갈며 국가의 성장통을 견딘 정치적 마조히스트. 대중은 짧은 기간 동안에 대담한 일을 해내라고 그를 선택했다. 그는 어딘지 모를 곳에서 갑자기 튀어나왔고 다시 그곳으로 돌아갔다.

*

포크의 땅에 대한 노골적인 탐욕을 포장하기 위해 미국 시민들은 이상주의적인 광분 상태로 스스로를 몰고 갔다. 자기들 나라의 공화제적 정부와 헌법적 자유가 멕시코가 차지하고 있는 미개한 지역까지 뻗어나가야 한다고 거의 광신적으로 믿었다. 멕시코는 봉건제와 교황을 신봉하는 미신에 물든, 진보에 걸림돌이 되는 나라라고 생각했다. 따라서 멕시코를 정복하는 것은 오히려 멕시코에게 도움을 주는 일이었다.

인구가 적은 북쪽 지역에는 멕시코의 지배력이 뻗치지 못했다. 1821년 에스파냐로부터 독립한 이 신생국가는 가난하고 혼란스럽고 정치적으로 불안정하고 심하게 부패해 있었다. 군대는 약하고 국민들의 사기도 낮았다. 수도에서 가장 먼 뉴멕시코는 멕시코시티의 무심한 정부로부터 거의 3,200킬로미터나 떨어져 있고 점차 쇠퇴해가고 있었다. 게다가 샌타페이 통로 덕분에 뉴멕시코 사람들은 미국과의 교역에서 얻을 수 있는 이익에 눈을 떴고 돈지갑도 열었다. 샌타페이 무역을 통해 신발, 직물, 주방용품, 연장, 장총 등 미국 물건의 우수성을 알게 되었다. 교류가 확대되면서 실질적으로 생활도 나아졌다. 어느 면에서 보나 멕시코 북부는 이미 미국의 영향 안에 들어가 있었던 것이다.

미국의 팽창주의가 도덕적으로 옳건 그르건 간에 대부분 미국 사람들은 피할 수 없는 일이라고 믿는 듯했다. 역사의 흐름을 거스를 수는 없다는 것이다. 미국과 미국의 이상 및 제도는 멀리 서쪽으로 계속해서 뻗어나갔다. 미국이라는 나라는 제자리에 머무를 수가 없는 모양이다. 팽창주의 정신이 이로운 미생물처럼 공기 중에 떠돌며 사방에 퍼져나갔다. 행군하는 미주리 자원병들도 이런 민족적 열기 속에서 나아갔다. 존 휴즈는 서부군 병사 하나하나가 "스스로를 모범적 공화국의 시민이라고 느꼈다"[114]고 열변을 토했다. 휴즈는 이들이 숭고한 사명을 이루기 위해 떠난 것이라고 했다. 서쪽으로는 태평양까지, 남쪽으로는 몬테수마 전당(1847년 멕시코 전쟁 당시 미 해병대가 멕시코시티에 있는 몬테수마 전당에 깃발을 올렸다. 오늘날 미 해병대 군가에도 '몬테수마 전당에서 트리폴리 해안까지'라는 구절이 나온다 -옮긴이)까지!

몇 해 전 존 오설리번이라는 뉴욕의 젊은 편집자가 미국의 온당한 변화를 정당화하는 문구를 만들어냈다. 《뉴욕 모닝 뉴스New York Morning News》에 실린 오설리번의 글은 서쪽으로 진격해 북아메리카를 바다에서 바다까지 정착시키는 것이 필요 불가결하고 거스를 수 없는 미국의 운명이라고 주장했다. "매년 증가하는 수백만의 인구가 자유롭게 성장하기 위해서는 더욱 뻗어나가 신이 내려주신 대륙 전체를 차지해야" 한다는 것이다. "자유라는 위대한 실험"을 진행하기 위해 미국은 새로운 땅을 흡수해야만 한다. 오설리번은 이것이 미국의 "자명한 운명Manifest Destiny"이라고 했다.

전국의 대학에서 젊은이들은 미국의 선민주의에 물들었고 학생들은 '미국 청년 운동Young America Movement'에 참여하며 애국적 열정을 분출했다.[115]이 운동은 무엇보다도 서진西進을 무조건적으로 지지했다. 심지어 미국 문인들까지도 자명한 운명이라는 논리에 포섭되었다. 허먼 멜빌은 "아시아에 닿는 대양 말고는 미국의 서쪽 경계는 없다"고 선언했다.[116]월트 휘트먼은 멕시코에게 "준엄한 교훈"을 주어야 한다고 생각했다.[117]워싱턴에서 너무 오래 "멕시코 정부의 오만한 허세를 눈감아주었다"며, "민주주의가 강건한 심장과 용맹한 힘으로 허튼소리를 하는 이들을 묶어버릴 밧줄을 짜내야 할" 때가 되었다는 것이다. 그는 포크 못지않게 뉴멕시코와 캘리포니아에 눈독을 들이며 "두 땅덩이가 우리의 강성한 창공에 새로운 두 별로 빛날 때까지 얼마나 오랜 시간이 걸릴 것인가?"라고 물었다.

한편 이 전쟁이 엄청난 실수라고 경고하는 사람도 많았다. 휘그당의 포크의 적들은 온갖 이유를 대며 전쟁에 반대했다. 진정으로 반대하는 사람도 있었고 오로지 정치적인 이유로 반대하는 사람도 있었다. 어떤 사람들은 종교적·인종적 이유를 들어 가톨릭 히스패닉 국가를 흡수하는 것은 큰 위험이라고 했다. 더 골치 아픈 문제를 두고 고민하는 사람도 있었다. 전쟁으로 새로 획득한 땅은 노예 소유를 허용할 것인가 허용하지 않는 자유주가 될 것인가 하는 문제였다(당시 미국은 노예주와 자유주가 비슷한 숫자로 팽팽하게 맞서고 있었다 옮긴이). 초기에 전쟁을 반대하는 목소리를 드높인 곳은 스스로를 "양심의 휘그"라고 부르는 매사추세츠의 노예제 폐지론자들이었다. 이들을 이끈 사람은 존 퀸시 애덤스의 아들인 찰스 프랜시스 애덤스로, 그는 "공격이 부당할 뿐 아니라 목적 또한 불순하다. 노예제를 확산하기 위한 것이다"[118]라고 한탄했다. 전쟁을 반대하는 사람들 가운데 가장 설득력 있는 주장은 위대한 초월주의자인 문필가 랠프 월도 에머슨에게서 나왔다. "미국은 멕시코를 정복하고 말리라"라고 그는 예언했다. "그러나 비소를 삼킨 것처럼 그것이 결국 미국을 넘어뜨릴 것이다. 멕시코가 우리에게 독이 될 것이다."[119]

전쟁에 반대하는 또 다른 무리는 땅 자체에 의문을 제기했다. 황막한 사막을 대체 뭐하자고 정복하는가? 샌타페이 무역을 제외하면 뉴멕시코는 전혀 가치 없는 땅으로 여겨졌다. 커니는 '지형기술대'를 대동하고 갔다. 지형기술대는 윌리엄 에모리 중위 등 훈련을 받은 과학자들로 이루어진 부대였다. 이들은 최신 기술의 측지학·천문학 장비로 지형을 기록하는 한편 온갖 핵심적인 경제적 질문에 접근할 임무를 띠고 있었다. 예를 들면 이런 것들이었다. 뉴멕시코에 석탄이 매장되어 있는가? 좋은 목재가 있는가? 목축에 적합한가? 산업, 무역, 농업의 전망은 어떠한가? 농업을 시작한다면 노예제가 필요한가? 강 하류 토양은 비옥한가?

그러나 워싱턴의 관료들은 대부분 황량한 사막인데 과연 차지할 가치가 있는 땅인지 의심했다. 포크 대통령 같은 팽창주의자들은 이 지역의 가치는 이곳이 더 가치 있는 곳과 붙어 있는 것이라고 생각했다. 현재 미국과 캘리포니아 사이에 있는 땅을 차지하지 않고서 어떻게 캘리포니아를 온전히 차지할 수가 있겠는가? 그 사이에 있는 땅을 갖지 않고서 태평양 항구를 확보하고 중국을 비롯한 동양과 무역을 하는 게 무슨 의미가 있겠는가? 자명한 운명은 지리적 공백이나 허술한 빈자리를 용인하지 않았다. 꿈꾸어온 상업이 자유롭게 이루어지려면 전부를 가져야 했다. 그 외에는 소용이 없었다.

동쪽의 거상들과 정치가들의 머릿속에서는 뉴욕, 워싱턴과 캘리포니아 남부를 연결하는 대륙 횡단 열차라는 꿈이 손에 잡힐 듯 떠올랐다. 서부군이 방금 지나간 것과 똑같은 경로로 미주리, 캔자스를 거쳐 샌타페이 통로를 따라 남남서 방향으로 이어질 수도 있을 것이다. 웨스트포인트 사관학교 출신으로 통찰력 있는 에모리 중위는 상세한 기록을 남기며 가망성 있는 경로를 생각해보았다. "레븐워스에서 이어지는 길은 철도를 놓기에 장애물이 적다. 철도가 태평양까지 이어진다면 이 경로도 고려해볼 만하다." 그는 "소노라, 두랑고, 남캘리포니아에 생산성 높고 인구 많은 주가 들어서 엄청난 양의 상품이 운송될" 날을 그려보았다.

*

미주리는 오래전부터 미국 팽창의 관문이었다. 위대한 원정 채비를 갖추고 모험을 떠나는 터전이었고 서쪽으로 향하는 열기가 최고조로 달아오르는 곳이었다. 발화점이자 출정의 출발점이었다. 미주리 주 상원의원 토머스 하트 벤턴은 서진 팽창의 대표적인 주창자였다. '대륙 전체로 뻗는 미국'이라는 당당한 비전이 뉴멕시코로 진격하는 미주리인들에게 불을 댕긴 것이다.

톰 벤턴은 같은 이름을 가진 유명한 화가의 종조부이며 체구도 크고 영향력도 대단했다. 65세의 이 상원의원은 긴 코에 흰 머리카락이 후광처럼 빛나는 당당한 두상을 가졌다. 삶의 다른 영역에서도 늘 그랬지만 상원에서도 끈질기게 싸웠다. 여러 차례 결투도 벌였는데 한번은 장래에 대통령이 될 앤드루 잭슨에게 중상을 입혔다. 잭슨은 어깨가 바스러져 자기 몸에서 나온 피가 고인 웅덩이에 쓰러졌다.

벤턴은 상원이 사나운 사람들로 가득할 때 그들 가운데 한 사람이었다. 헨리 클레이, 대니얼 웹스터(1782~1852, 상·하원의원을 지냈고 두 차례 국무장관을 역임한 정치가. 연방 유지를 옹호한 웅변가로 유명하다 —옮긴이), 존 C. 캘훈(1782~1850, 퀸시와 앤드루 잭슨 밑에서 부통령을 역임했다 —옮긴이)

같은 으르렁거리는 사람이 득시글했다. 벤턴은 그 가운데 최고 강경파로 상원 군사위원회 의장이었다. 1820년 미주리 협정(노예주와 자유주의 세력 균형을 위해 메인 주를 자유주로, 미주리 주를 노예주로 연방에 편입시키기로 타협한 협정 -옮긴이)이 통과되고 미주리가 주가 된 뒤부터 줄곧 20년 넘게 상원의원 자리를 지켰다. 철저히 자수성가하고 독학한 인물로 어린 시절 결핵에 걸렸으나 냉수욕과 열심히 바깥 활동을 하는 요법으로 극복했다. 벤턴의 딸 제시는 아버지가 병을 통해 "전적으로 신뢰할 수 있는 자기 안의 동지, 곧 자기 자신의 의지를 발견했다"고 했다.

벤턴은 3년 전에 있었던 국가적 참사 현장에 있다가 한쪽 귀가 멀었다. 1844년 2월 어느 일요일 벤턴을 비롯한 여러 워싱턴 고위인사가 USS 프린스턴을 타고 포토맥 강을 따라 순양하고 있었다. 선장은 로버트 스톡턴이라는 해군 준장으로 후일 캘리포니아 정복에 중요한 역할을 하게 된다. 순양하는 도중에 스톡턴은 포수들에게 새로 탑재한 대포의 시범 발포를 명령했다. 그런데 이것이 잘못되어 모여 있던 정치가들과 장교들이 있는 쪽으로 대포가 폭발했다. 국무장관 에이블 업셔와 해군장관 토머스 길머를 비롯한 몇몇 고위인사가 파편을 맞아 사망했다. 벤턴은 가까스로 죽음을 면했다. 폭파 직전에 대포의 정확도가 어느 정도인지 보려고 잘 보이는 자리를 찾아 몇 걸음을 옮겼던 것이다. 그래도 폭발 때문에 고막이 파열했고 그 충격을 회복하는 데 몇 달이 걸렸다.

벤턴은 책에서 평온을 찾았다. 그는 열렬한 애서가답게 미주리에 미시시피 서쪽에서 최고라 자랑할 만한 서재를 갖고 있었다고 한다. 워싱턴에 있는 벤턴의 3층짜리 서재는 아마 미시시피 동쪽에서 최고였을 것이다. 특히 플루타르크, 헤로도토스 등의 희귀본과 육중한 『영국 국가 재판 *British State Trials*』이라는 책을 아꼈고 아니꼬울 정도로 자주 인용했다. 워싱턴에서는 숨 쉬는 백과사전이라고 불렸다. 대니얼 웹스터는 벤턴이 "정치적 사실을 내가 만나본 어느 누구보다도, 심지어 존 퀸시 애덤스보다도 더 많이 안다"[120]고 했다.

벤턴은 의회에서 열두 시간을 훌쩍 넘기는 의사진행 방해 발언을 하곤 했다. 미사여구와 과장법으로 장식된 난해하기 그지없는 연설이었다. 한 전기 작가는 벤턴이 "엄청난 분량의 연구 조사로 청중들을 말 그대로 숨 막히게 했다"고 표현했다. 공식 연설뿐 아니라 일상 대화를 할 때도 늘 그리스 로마 문학을 고상하게 언급했다. 벤턴의 전기를 남긴 또 한 사람, 시어도어 루스벨트(1858~1919, 미국 제26대 대통령 -옮긴이)는 벤턴이 "무척이나 박학했지만 값싼 거짓 고전주의에 빠지는 통탄할 만한 오점이 있었다"고 했다. 루스벨트는 또 몇몇 신랄한 파편적 묘사로 벤턴을 그렸다. 벤턴이 "당당한 체구"를 가졌고 "점점 불같이 타오르며 격노했고" "공허한 연설"을 좋아했고 "입에 거품을 물며 떠들었다"고 묘사했다. "공격적인 애국심"의 소유자이며 "엄청난 업무 능력"을 가졌으나 "유머 감각은 딱할 정도로 형편없었다"[121]고도 했다.

멕시코 전쟁 한참 전부터 벤턴은 미국 정착 방향을 지속적으로 태평양 방향으로 돌리려 했다. 1820년대 상원의원으로 처음 복무하면서 미주리에서 뉴멕시코까지 실질적인 공식 상업로를 만들자는 공공사업 법안을 제안했는데 바로 그 길이 샌타페이 통로가 된 것이다. 오리건 통로를 밀어붙인 것도 벤턴이다. 이 길을 따라 매년 수천 명의 이주민이 이동해 비옥한 윌래밋 골짜기에 정착한다. 벤턴은 진작부터 서부를 측량하고 탐사하는 지형학 원정이 필요하다는 것을 인식했고 든든한 연줄을 이용해 자기 사위 존 C. 프리몬트가 중요한 임무를 맡도록 조종했다. 톰 벤턴은 워싱턴의 그 누구보다, 심지어 포크 대통령보다도 더 '자명한 운명'을 앞장서서 소리 높여 외친 사람이었다.

그러나 벤턴은 예측할 수 없는 우회로를 거쳐 이런 입장에 도달한 것이었고 그런 까닭에 상원에서도 가장 돋보였다. 그는 남부 출신으로 노예주를 대표하고 또 그 자신도 노예를 소유하고 있었다. 그러나 텍사스, 캘리포니아 등으로 노예제를 확대하여 노예주와 자유주 사이의 팽팽한 세력균형을 무너뜨릴 방법으로 서부 팽창을 지지하는 워싱턴의 다른 남부 의원들과는 달랐다. 특이하게도 벤턴의 개척 계획은 노예제와 아무런 관계가 없었다. 벤턴은 노예제를 "고쳐지지 않는 악습"으로 보았고 서부의 주가 노예제를 채택한다면 끝없는 문제를 야기할 것[122]이라고 했다. "나는 기질적으로 남부인이지만 노예가 단 하나도 없었던 지역에까지 노예제를 확장하려는 의도에는 반대한다"[123]고 선언하기도 했다.

톰 벤턴은 전혀 다른 이유로 서진을 지지했다. 그는 무엇보다도 연방주의자이고 극단적 애국자로 연방법 실시 거부와 연방 탈퇴를 주장한 존 C. 캘훈 같은 사람을 맹비난했다. 벤턴은 미국의 힘과 이상, 미국의 상업을 신봉했다. 낮은 관세와 자유무역을 확고히 지지했고 특히 동양에 관심이 많았다. 동양의 풍부한 물건이 샌프란시스코 항과 퓨젓사운드(워싱턴주 서쪽에 있는 태평양 연안의 만―옮긴이)에 흘러들어올 날을 꿈꾸었다. '대미제국'이란 말을 부끄럼 없이 입에 올렸으며, 폭넓은 독서에 근거해 세계 역사상 모든 제국은 동양과의 무역로를 트면서 위대한 제국으로 성장했다고 주장했다. 따라서 태평양으로 이어지는 확고한 길을 개척하여 '미국의 인도로 가는 길'을 만들기 위해 할 수 있는 한 모든 일을 해야만 한다고 했다. 이것이 바로 벤턴이 재임 기간 내내 했던 말의 핵심이었다. 루스벨트의 말에 따르면 벤턴의 '취미'였고 그가 줄기차게 읊어대는 주제곡이었다.

벤턴은 동양과 무역을 하는 데 가장 걸림돌이 되는 것이 영국이라고 생각했다. 1812년 전쟁에 나가 싸운 경험이 있는 데다가 영국이 온갖 계략과 식민화 전략을 가지고 캘리포니아 해안을 계속 건드리고 있으니 더더욱 미울 수밖에 없었다. 영국은 강력한 해군을 갖췄고 미국의 지정학적 목표를 좌절시킬 여러 수단이 있었다. 벤턴은 포크 대통령이 런던에 더 거세게 맞서야 한다고 생각했다. 포크 정부가 오리건 국경 분쟁을 위도 49도에서 우호적으로 해결했는데도 영국은 캘리포니아의 항구에 여전히 눈독을 들이는 것처럼 보였다. 벤턴은 영국이 먼저 나서기 전에 마땅히 미국 차지인 땅을 대담하게 손에 넣어야 한다고 생각했다.

그런데 그 사이를 멕시코가 가로막고 있었다. 그러나 스티븐 커니의 서부군이 성가신 방해물을 처리하기 위해 진군하고 있었다.

7. 프리몬트의 첫 번째 원정

키트 카슨은 희한할 정도로 상황에 재빠르게 대처하며 말이 아니라 행동으로 산 사람이었다. 그를 아는 사람은 누구나 이 점에 대해 이야기했다. 카슨과 같이 여행했던 군의관은 '신중한 지각력'과 '민첩한 실행력'에 감탄했다. 자기 이야기를 할 때 카슨이 가장 즐겨 쓰는 표현은 "그렇게 했다"였다. 중립적인 사실을 깔끔하고 명료하게 전달했다. 초기 전기 작가 가운데 한 사람인 스탠리 베스털은 카슨이 이런 식의 구문을 계속 사용한다고 했다. "공격하기로 결정하고, 그렇게 했다."[124] 이렇게 한 문장으로 표현할 때가 많아, '키트에게 결정과 행동은 한 과정의 두 단계일 뿐이다'라고 베스털이 말했다.

긴박한 상황에서 확신을 갖고 행동하기는 했으나 카슨은 의심이 많고 약점도 많은 사람이었다. 글을 모른다는 것을 부끄럽게 여겨 여러 가지 방법으로 만회하려 했으나 자기 이름도 쓸 줄 모른다는 것은 감출 수가 없었다. 문서에 서명할 때는 X자만 그려 넣었다(나중에는 'C. Carson'이라고 쓰는 법을 익혔다). 그의 열등감은 때로 동부 출신인, 자기보다 학식이 높고 집안도 좋은 교양 있는 사람들을 본능적으로 맹신하는 모습으로 드러나기도 했다. 이런 인물들의 영향력 아래에 들어가 충실한 부관 혹은 부하 역할을 하는 데에 아무런 저항을 느끼지 않는 듯했다. 자기보다 뛰어나다고 생각하는 사람이 지시를 내리면 아무런 의심 없이 달가이 따랐다.

존 찰스 프리몬트가 그런 사람 가운데 하나였다. 프리몬트는 매우 똑똑하지만 윤리적으로 의심스러운 인물이었고 숱 많은 검은 턱수염, 매서운 눈매, 선지자 같은 조증躁症 음성의 아주 잘생긴 사람이었다. 신비스러운 눈 뒤에서 명예욕이 불탔다. 그는 자신이 자기 지위나 재능으로 얻을 수 있는 것보다 훨씬 더 찬란한 운명을 향해 가고 있다는 걸 알았다. 다른 군 지형학자들과 달리 프리몬트는 웨스트포인트 출신이 아니었다. 사우스캐롤라이나 대학에서 '교정 불능의 태만'이라는 사유로 퇴학을 당해 대학 졸업도 하지 못했다.[125] 프리몬트는 서배너에서 떠돌이 프랑스인 화가의 사생아로 태어나 찰스턴에서 자랐다. 주로 독학을 했고 식물학에 관심이 많았으며 난봉꾼이라는 평판이 따라다녔고 멜로드라마적 기질을 갖고 있었다.

그러나 프리몬트에게는 무언가 특별한 게 있었다. 상원의원 톰 벤턴의 귀한 딸 제시 벤턴과 결혼한 것이다. 벤턴 의원이 뒤에서 지속적으로 로비를 한 덕에 프리몬트는 서부의 위대한 미개척지를 탐사하는 야심찬 공식 임무를 계속 맡을 수 있었다.

1842년 첫 번째 원정 때 프리몬트가 맡은 임무는 오리건 통로를 오늘날 와이오밍 산간 지역의 사우스패스까지 측량하고 경로를 기록하는 것이었다. 오리건 통로는 샌타페이 통로가 캔자스에서 분기한 길로, 북서쪽으로 로키 산맥을 넘어 오리건까지 이어진 새로 생긴 마찻길이었다. 오리건은 당시 미국과 영국이 같이 점령하고 있는 분쟁 지역이었다. 점점 더 많은 미국 이주민들이 오리건에 있는 윌래밋 골짜기에 비옥한 땅이 있다는 소문에 이끌려 이 길을 따라 이주하고 있었다.

그러나 길이 불명확하고 중심로가 여러 위험한 우회로로 갈리고 쉬어 갈 곳이나 물이 있는 곳이 잘 알려져 있지 않았으며 무서운 인디언 부족이 어디에서 나타날지 알 수 없었다. 어지간히 용감한 사람이 아니고서야 오리건 통로는 감히 엄두를 내기 힘들었다.

서진 팽창을 주창하는 사람들은 이 문제를 한시바삐 해결하고 싶어했다. 벤턴 상원의원을 비롯한 사람들은 이주민의 행렬을 독려하기 위해서는 명료한 지도와 지침서, 혹은 개척민들이 한 걸음 한 걸음 따라가고 역에서 역으로 갈 수 있게 이끌어주는 안내서가 필요하다는 것을 깨달았다. 이런 안내서를 만들어내는 것이 프리몬트의 첫 번째 원정의 목표였다.

세인트루이스에서 출정 준비를 하면서 프리몬트는 미주리 증기선을 탄 키트 카슨을 우연히 만났다. 당시 서른두 살이었던 카슨은 로키 산맥에서 여러 해 동안 덫 사냥일을 한 뒤 미주리에 있는 가족을 만나러 가는 길이었다.

증기선 난간에 기대어 이야기를 나누는 동안 프리몬트는 이 특이하고 조그만 남자에게 금세 마음이 끌렸다. "어깨가 넓고 가슴이 두꺼웠고 맑고 차분한 푸른 눈을 가졌다."[126] 프리몬트는 이렇게 기록했다. 프리몬트는 특히 카슨의 '겸손함과 부드러움'에 좋은 인상을 받았다. 프리몬트는 카슨에게 사우스패스까지 인도할 안내자가 필요하다고 말했다.

"산에서 오래 지냈습니다. 가시고 싶은 곳 어디든 안내할 수 있습니다."[127] 카슨이 대답했다.

프리몬트는 얼른 미주리에 있는 산사람들 사이에서 카슨의 평판이 어떤지 알아보았다. 칭찬하는 소리들뿐이었다. 즉시 카슨을 고용했다.

프리몬트의 '첫 번째 원정대'는 1842년 6월 미주리에서 출발했다. 인원은 스물다섯 명이었고, 공기를 주입하는 고무보트라는 새로운 발명품을 이용했다. 다섯 달이 걸렸고 결과는 성공적이었다. 날씨가 좋았고 죽은 사람이 아무도 없었고 다행스럽게 인디언의 습격도 없었다. 노스플랫 강을 따라갈 때 공격이 임박했다는 헛소문이 돌아 카슨이 유언장을 작성하긴 했지만 말이다.

　카슨은 발군의 실력을 발휘해 길에서 벗어나지 않고 문제도 일어나지 않게 요령껏 원정대를 이끌었다. 프리몬트 역시 용감하고 손재주 좋은 탐험가였다. 부서진 기압계를 짐승 뿔과 들소 발굽을 끓여 만든 아교로 고칠 줄 아는 사람이었다.[128] 원정대는 예정대로 사우스패스에 도착했고 프리몬트는 돌아오는 길에 기세 좋게 윈드리버 산맥에 들어가 눈 덮인 산정에 미국 국기를 꽂겠다는 무모한 계획을 실행했다. 프리몬트는 그 봉우리가 로키 산맥에서 가장 높은 봉우리라고 생각했지만 사실 착각이었다.

　아무튼 운명의 여신은 프리몬트의 첫 번째 원정에 미소를 보낼 모양이었다. 가을에 워싱턴에 돌아오자마자 프리몬트는 벤턴이 바라는 대로 지도와 식물 스케치까지 완전히 갖춘 길잡이 안내서를 썼다. 의회는 『캔자스 강과 그레이트플랫 강을 따라 있는 미주리 강과 로키 산맥 사이 지역 탐험 보고서A Report on an Exploration of the Country Lying between the Missouri River and the Rocky Mountains on the Line of the Kansas and Great Platte Rivers』라는 멋없는 제목을 붙여 서둘러 인쇄를 했다.

　이 보고서는 온 나라 사람들의 용기를 자극했다. 곧 전국의 신문에 보고서가 실렸다. 사람들은 버펄로, 회색 곰, 이상한 인디언 습속들이 곁들여진 프리몬트의 생생한 원정 기록을 열렬하게 읽었다. 오리건으로 가는 길은 그렇게 위험하지 않다고 말하는 듯했다. 미국의 대평원은 황량한 사막이 아니라 손짓하는 꽃밭이었다. 프리몬트는 곧 유명인사가 되었고 확장의 전도사이자 칼이 아니라 나침반과 트랜싯(망원경과 눈금판을 갖춘 정밀한 측각기기로 지상 측량에 사용된다—옮긴이)을 휘두르는 정복자였다. "프리몬트가 내 상상력을 자극했다"고 시인 헨리 워즈워스 롱펠로가 말했다. "이렇게 거친 삶이, 이렇게 새로운 삶이! 그러나 아, 그 고생이란!"[129]

　프리몬트의 원정기는 벤턴 의원이 기대한 효과를 냈다. 꿈에 부푼 이주자들의 짐마차 행렬을 촉발시킨 것이다. 많은 사람들이 그 책을 손에 꼭 쥐고 마차 바퀴 자국으로 울퉁불퉁한 길을 따라갔다. 프리몬트의 첫 번째 원정은 이렇게 큰 성공을 거두었고 이듬해 여름 프리몬트는 추가 임무를 맡게 된다. 이번에는 오리건 통로의 나머지 절반, 사우스패스에서 컬럼비아 강까지를 측량하고 기록하는 것이었다. 훨씬 더 길고 힘든 길이었다.

이번에도 프리몬트는 안내자로 카슨을 고용했다.

8. 신의 섭리

커니의 서부군은 꾸준히 서쪽으로 나아갔다. 눈에 띄지 않게 조금씩 초목이 줄어들고 건조해지면서 거리를 가늠하기가 힘들어졌다. 가끔은 착시를 경험하기도 했다. 말로만 듣던 '가짜 연못'을 본 것이다. 제이콥 로빈슨 일병은 난생처음 신기루를 보고 놀라서 일기에 기록했다. "이런 것은 처음 보았다. 1.5킬로미터쯤 되는 거리에 섬이 몇 개 떠 있는 수정 같은 호수가 보였다. 어찌나 또렷한지 도무지 진짜 호수가 아니라는 생각은 들지 않았다. 환영이 나타나리란 걸 알고 있었는데도 많은 사람들이 진짜라고 생각하고 내기를 걸었고 물론 내기에서 졌다."[130]

가지뿔영양이 짧게 자란 풀을 뜯어 먹다가 뭔가 불길함을 직감하고 쏜살같이 달아났다. 프레리도그(다람쥐과의 작은 포유류-옮긴이)가 여기저기 구멍이 뚫린 보금자리에서 불쑥 튀어나와 불안하기도 하고 궁금하기도 한 듯 울어댔다. 프레리도그의 굴에는 방울뱀이나 굴파기 올빼미도 숨어 있었다. 먹잇감의 집에 기어들어가 먹이를 노리는 포식자들이다. 로빈슨은 땅에 "어찌나 구멍이나 굴이 많은지 그 위로 지나가면 깊은 골짜기가 패었다"[131]고 적었다.

1846년 6월에는 대체적으로 맹렬한 속도를 유지할 수 있었다. 하루에 평균 35킬로미터를 갔고 48킬로미터를 넘게 행군한 날도 있었다. 장군은 수 킬로미터에 달하는 행렬 앞뒤로 말을 타고 다니면서 속도가 더딘 사람을 독려하고 신참들한테는 기마술의 기초를 가르쳤다. 자원병들은 커니 장군을 원망과 존경이 섞인 시선으로 바라보았다. "다들 장군에 대한 신뢰만은 대단했다. 그러나 장군은 빠른 행군을 좋아하고 늘 우리를 몰아간다"[132]고 한 미주리 사람이 글로 남겼다. 다른 사람은 이렇게 말했다. "커니가 대평원을 횡단하는 사람 가운데에서도 가장 빠르게 가려 한다고들 한다."

커니가 단지 속도광이라서 그런 것은 아니었다. 커니는 시간과 물을 상대로 경주를 벌여야 한다는 걸 알았다. 7월 말이 되면 대평원은 바싹 마르고 온통 갈색으로 변할 것이다. 말, 노새, 소에게 먹일 풀이 충분하지 않을 것이라는 얘기다. 뿐만 아니라 버펄로 떼와 마주치기를 바랐다. 들소 고기를 여정 하반부에 식량으로 쓸 참이었다. 꾸물거리다 보면 버펄로를 놓칠 수도 있다. 버펄로 떼는 보통 한여름에 좋은 풀을 찾아 북쪽으로 이동하기 때문이다. 커니는 대평원에 대해 잘 알고 있었기에 기회의 창이 그다지 넓지 않다는 걸 알았다.

7월 초가 되자 짐승들의 기운이 바닥났다. 식량이 부족해서 배급을 반으로 줄여야 했다. 사람들은 구불구불 흐르는 시냇가에 자라는 검은 나무 딸기나 야생자두, 버찌 따위로 배를 채웠다. 사수대는 행렬에서 떨어져 나와 영양이나 사슴 사냥을 했다. 7월 4일에 서부군은 잠시 행렬을 멈추고 건국 기념일을 축하했다. "아침에 이날을 기념하며 모두 위스키를 한 잔씩 마셨다. 그러나 곧 계속 길을 가야 했다. 식량이 거의 바닥났기 때문이다."[133] 로빈슨은 일기에 이렇게 적었다.

하루의 지루함을 달래기 위해 사람들 사이에 이야기와 뜬소문 같은 것이 나돌았고 행렬을 따라 퍼져나갔다. 군인답게 끝도 없이 이야기를 반복하는 가운데 어조나 의미가 조금씩 달라지는 건 당연했다. 커니가 어찌나 신중했던지 ("그는 자기 의도를 드러내지 않는 사람이다."**134** 자원병 한 사람이 이렇게 기록했다) 군인들은 자신들이 맡은 임무가 무엇인지, 정확히 어디로 가고 있는지 아무것도 모르는 듯했다. 서쪽으로 가고 있다는 것 말고는. 군인들은 산타안나(1794~1876, 멕시코 군인, 정치인으로 텍사스 반란, 멕시코 전쟁 때 중요한 자리에 있었다 옮긴이)와 바티칸을 조롱했고 짐승들의 킁킁거리는 소리가 묻힐 정도로 애국적인 노래를 (〈양키 두들〉이 가장 인기 있는 노래였다) 크게 불러댔다.

까마귀 떼가 기나긴 행렬을 뒤따랐다. 이따금 짐마차 덮개에 내려앉아 먹을 것을 달라며 까악까악 울어대기도 했다. 코요테와 늑대도 행렬을 뒤따랐다. 무리를 지어 장총이 미치는 거리 바로 바깥에서 뛰어다니며 말이 쓰러지기를 참을성 있게 기다렸다.

서부군 안에는 모양새 없는 군대 행렬을 보조하기 위해 계약을 맺고 따라온 수행원, 상인 부대도 있었다. 바퀴꾼, 행상, 세탁부, 요리사, 소몰이꾼, 수의사, 통 제조업자, 마초 징발자, 노새꾼, 마부, 도축업자, 말 대여업자 등 대부분 샌타페이 통로에서 잔뼈가 굵은 사람들이었다. 시내를 건널 일이 있으면 기술대가 미리 앞서가 모랫바닥이나 습지 등을 살펴 물을 건너기에 가장 적합한 곳을 찾았다. 삽이나 괭이를 가지고 가서 무거운 짐마차가 지나기 쉽게 강둑을 손보기도 했다. 덜 마른 목재로 만든 바퀴축은 조금만 무리해도 부러지기 일쑤였다.

7월 8일 로빈슨 일병이 속한 종대가 샌타페이 통로에서 가장 유명한 곳에 다다랐다. 포니 바위라고 부르는 돌출되어 있는 지형이었다. 불쑥 솟은 바위에 수십 년 전부터 샌타페이 통로를 따라 이동한 수많은 여행자들의 이름이 새겨져 있었다. 짐승의 비계와 검은 타르로 만든 물감으로 정교하게 낙서해놓은 것도 있었다. 로빈슨도 (아마 자기 이름을 새겨 넣기 위해) 바위 꼭대기에 올라갔다. 서쪽을 돌아보니 "한 번도 본 적 없는 장엄한 광

경"이 눈에 들어왔다.¹³⁵

오후의 금빛 햇살 속에 거대한 버펄로 떼가 펼쳐져 있었다. 줄잡아 250만 마리는 될 듯했다. "온 땅을 다 뒤덮고 있었다. 저 멀리 대평원이 한 군데 빈틈도 없는 하나의 거대한 검은 덩어리가 되어 있었다"고 로빈슨은 적었다.

당시에 5,000만 마리에 달하는 버펄로가 대평원을 뒤덮고 있었다고 한다. 계절에 따라 남북으로 이동하고, 물에 따라 동서로 헤매 다니며 평원에 모세관처럼 퍼진 복잡한 발자국을 남기는, 발굽 달린 고기의 잔치판이었다. 로빈슨도 다른 무리와 함께 버펄로 사냥에 나섰다. 딱할 정도로 잡기 쉬웠다. 버펄로는 적을 실제로 보거나 냄새를 맡기 전에는 사방에서 자기 무리가 하나씩 쓰러지든 말든 아랑곳하지 않고 바보스럽게 풀을 뜯어 먹곤 했다. 로빈슨 팀이 40마리를 잡았고 바로 도축해서 저녁 식사를 준비했다.

수전 매거핀이라는 켄터키 출신, 열여덟 살의 씩씩한 여자도 베테랑 샌타페이 상인인 새신랑과 함께 서부군을 따라 여행하고 있었다. 서부문학의 고전이 된 매거핀의 일기에 버펄로 사냥의 장관이 묘사되어 있다. "동트자마자 출발한 사람들이 아직 돌아오지 않았다. 사냥의 전리품을 실은 노새들이 속속 캠프로 돌아온다. 식량으로 쓰기 위해 두툼하고 좋은 고기를 밧줄에 걸어 말리는 모습을 보기만 해도 배가 부르다. 버펄로의 등혹 갈비로 끓인 수프 맛이란! 뉴욕과 필라델피아 최고급 호텔에서 먹어본 것보다도 더 맛있다. 내가 맛본 가장 달콤한 버터나 부드러운 기름도 이 짐승의 허벅다리 뼈에서 꺼낸 골수 맛에는 미치지 못한다. 여기 살면서도 살이 찌지 않는다면 매우 특이한 사람일 것이다."¹³⁶

로빈슨 무리는 잉어가 헤엄치는 갈색 물이 흐르는 작은 강가에 아무렇게나 자란 미루나무 아래에서 야영을 했다. 짐마차를 둥글게 돌려 세우고 삼줄로 바퀴끼리 단단히 동여맸다. 포니 인디언의 공격에 대비한 것이기도 했지만 그것을 우리 삼아 가축을 풀어놓을 수도 있었다. 강바닥에는 들소가 남긴 흑갈색 털이 엉겨 있었다. 여름 털갈이 철이 되면 들소들이 미루나무의 거친 나무껍질에 몸을 비비대는 걸 좋아하기 때문이다.

해질녘이 되자 요리사들이 '초원 연료'로 불을 피웠다. 마른 버펄로 똥을 가리키는 말이다. 로빈슨과 동지들은 스테이크를 구웠고 쓴 커피를 나눠 마셨다. 변방의 대표 음료인 커피는 '검은 수프'라고 불리기도 했다.[137] 사람들은 제비를 뽑아서 가장 맛있는 부위로 꼽히는 버펄로 등혹 안의 기름기 많은 갈비를 누가 먹을 것인지를 정했다. 이탄 덩어리처럼 타는 똥 숯이 고기에 약간 쓴맛을 더하기는 했지만 굶주린 군인들에게 버펄로 고기 맛은 그야말로 꿀맛이었다.

군인들은 침낭을 펼치고 총총히 빛나는 별빛 아래 몸을 뻗었다. 밤에 선두마차의 끌채를 북극성 쪽으로 돌려놓았는데 그러면 아침에 방위를 잘 알 수 있기 때문이다. 이들은 지쳐서 금세 곯아떨어졌다. 발정한 버펄로 수컷들이 낮게 으르렁거리는 소리와 회색 늑대가 울부짖는 소리 속에서. 누군가는 늑대의 "길고 우울한 뿔나팔 소리 같은 울음을 듣자면 프레리들의 밤이 소름 끼치게 느껴진다"고 적었다.

*

1846년 7월 말, 서부군은 점점 더 적막하고 황막한 지역으로 들어갔다. 곧이어 아칸소 강이 나왔고 그들은 며칠 동안 미루나무가 늘어선 강가를 따라 행군했다. 그러던 어느 날 마치 환영처럼 불쑥 눈 덮인 산이 시야에 들어왔다. 북서쪽 멀리에 파익스 봉이 보였다. 흐릿하고 어른어른한, 믿을 수 없이 거대한 형체였다. 남서쪽으로는 스패니시 봉이 나타났다. 원뿔형 쌍둥이 봉인 스패니시 봉을 원주민들은 와토야, 곧 '세상의 젖가슴'이라고 불렀다.

미주리 사람들은 이런 산을 한 번도 본 적이 없었다. 놀라서 말을 잃을 지경이었다. 어떤 사람은 일기에 이렇게 적었다. "하늘 한가운데까지 솟은 뾰족한 봉우리들이 우리를 둘러쌌다…… 이루 말할 수 없이 웅대했다."

8월 초 커니 부대는 여러 무리로 나뉘어 샌타페이 통로를 따라 수백 킬로미터에 걸쳐 흩어진 채 앞으로 나아가고 있었다. 커니는 뉴멕시코로 마지막 진격을 하기 전에 병력도 모을 겸 충분한 휴식을 취하기로 하고 아칸소 강가 벤트 교역소에서 행군을 멈췄다. 벤트 교역소는 어도비 벽돌로 된 요새로 키트 카슨이 1840년대 초반 잠시 사냥꾼으로 일했던 곳이기도 하다.

교역소의 높은 성탑은 샌타페이 통로를 잘 내려다볼 수 있는 곳으로 적대적인 인디언의 접근을 감시하기 위해 항해용 망원경까지 갖추고 있었다. 꼭대기 종탑 안에는 살아 있는 대머리독수리 두 마리가 갇혀 불침번을 섰다. 우호적인 인디언들이 가까이에 티피를 세우고 물물교환을 하거나 교역소에서 도박도 하고 술도 마셨다. 벤트 교역소는 사람들이 모여드는 시끌벅적하고 분주한 곳이었고 이곳에 사는 사람들은 거칠지만 술에 심하게 취하지만 않으면 싹싹하게 굴었다. 미로처럼 복잡한 창고마다 비버 가죽, 버펄로 가죽, 독한 뉴멕시코 위스키 타오스 라이트닝이 담긴 통이 가득했다.

이곳 미문명의 전초기지는 온갖 종류의 어울리지 않는 재미와 오락거리가 가득했다.[138] 성채 안을 돌아다니는 공작, 프랑스인 재봉사, 식당의 하얀 식탁보, 이곳의 대표 음료인 '우박우'라 불리는 박하술 비슷한 음료에 넣는 얼음까지. 상상할 수 있는 최고의 사치품인 당구대도 있었다.

커니의 용기병은 아칸소 강 북쪽에 막사를 차렸고 미주리인 부대는 강 남쪽으로 뻗은 풀밭에 천막을 쳤다. 자원병들은 풀밭에 말뚝을 박고 지친 말과 노새를 매어놓았지만 다른 짐승은 그냥 풀어놓고 풀을 뜯게 했다. 그런데 뭔가에 놀라서 (고작 나뭇가지 부러지는 소리 때문에 그런 것이라고 주장하는 사람도 있었다) 짐승들이 우르르 달리기 시작했다.

말뚝에 매어둔 말도 한순간에 말뚝을 뽑고 달리기 시작했다. 아직 매달려 있는 말뚝이 옆구리를 찌르니 더 성이 나 날뛰었다. 몇 킬로미터에 걸쳐 초원이 말발굽 소리와 미친 듯이 일어나는 먼지구름으로 요동쳤다. 커니 장군은 자원병들이 말을 묶지 않고 내버려두었다는 것을 알고 격노했다. 샌타페이 통로에서는 이런 말의 궤주가 가장 큰 재앙으로 간주되었고 인디언의 습격보다 훨씬 위험한 일로 여겨졌다. 광란 상태에서 머나먼 지평선 너머로 달려가 다시는 돌아오지 않은 말도 많았다. 미주리 사람들은 하루 종일 흩어진 짐승들을 잡아오느라 바빴다. 교역소에서 80킬로미터나 떨어진 곳에서 발견된 짐승도 한두 마리가 아니었다. 모두 합해 말 80마리를 잃었다.

여행자들은 교역소의 무수한 방 중 하나에 몸을 누이기도 했는데, 켄터키에서 온 수전 매거핀도 그 가운데 하나였다. 수전은 병에 걸려 좀 쉬고자 하였으나 벤트 교역소는 아픈 사람을 위한 곳이 아니었다. "더할 수 없이 큰 소음이 들린다. 말편자 박는 소리, 말과 노새 울음소리, 남자들이 소리 지르고 싸우는 소리로 머리가 돌아버릴 것 같다."[139] 어디가 잘못된 건지 몰라 새펑턴 해열진통제를 먹었다. 변경에서 만병통치약으로 쓰는 퀴닌이 함유된 알약이었다. 매거핀은 "머리, 등, 엉덩이가 이상하다. 누워 있을 수밖에 없고 자리에서 일어날 때는 손으로 눈을 가려야 한다"[140]고 한탄했다.

매거핀의 증세는 점점 나빠졌다. 다행히 워낙 인맥이 든든한 인물이라 곧 의사를 불러올 수 있었다. 매거핀의 남편 새뮤얼은 샌타페이 무역에

15년 동안 종사했고 벤트 형제와도 잘 아는 사이였다. 새뮤얼의 형 제임스 매거핀도 샌타페이에서 자리 잡은 수완 있는 사람으로 에스파냐어에도 능통했다.

사실 며칠 전 커니 장군은 교역소에서 제임스 매거핀을 만나 그를 샌타페이에 일종의 비밀 사절로 파견한 참이었다. 매거핀과 잘 아는 사이인 마누엘 아르미호 총독과 비밀스레 회담을 하고 오라는 것이었다. 커니는 매거핀이 아르미호를 설득하여 싸움을 피할 수 있기를 바랐다. 구체적인 내용은 알려져 있지 않지만 상당한 뇌물을 가지고 가서 협상을 부드럽게 하라는 지시도 있었다고 한다. 방에서 앓고 있는 수전 매거핀은 물론 이런 일에 대해서는 전혀 몰랐다.

커니의 부대가 벤트 교역소 주변에 모여들 무렵 교역소에는 또 다른 여인 두 명이 피신해 있었다. 타오스의 유지인 하라미요 가문의 자매들, 이냐시아와 키트 카슨의 아내 호세파였다. 이냐시아는 찰스 벤트의 아내였다. 찰스 벤트는 여행을 하거나 교역소 일을 볼 때가 아니면 대개 타오스의 자기 집에 머물렀다. 그러나 미국 침략군이 도착하면 타오스는 일대 혼란에 빠질 것이고 아내가 위험해질 수도 있다는 생각에 이냐시아와 호세파를 교역소로 데려온 것이다. 점령이 완결되고 열기가 가라앉을 때까지 교역소에 안전하게 숨어 있게 하려는 생각이었다.

통로를 따라 끝없이 군인들이 도착했고 수전 매거핀의 병은 점점 심해졌다. "심한 통증과 고통"[141]에 시달렸다. 마침내 7월 31일 한밤중에 프랑스인 의사가 도착해 모르핀을 주었다. 수전은 남편의 품에 축 늘어졌고 "일종의 혼수상태에 빠졌다."[142]

그날 밤 늦게 매거핀은 유산을 했다. 프랑스 의사는 기나긴 여정 동안 몸이 심하게 흔들렸기 때문에 유산되었을 것이라고 했다. 매거핀은 자기가 임신한 것도 모르고 있었다. 그녀는 며칠 뒤 다시 일기를 쓸 수 있었다.

"신세계의 비밀을 보았다. 몇 달 뒤면 행복한 엄마가 될 수 있었고 아이 아빠를 기쁘게 할 수 있었을 텐데. 그러나 신의 섭리가 그걸 막았고 유산은 우리의 헛된 희망을 앗아갔다." 매거핀은 자기가 회복하지 못하고 감염으로 죽을 것이라고 생각했다. "아름답고 행복한 미국"을 다시 보지 못하리라고 생각했다.

매거핀이 유산한 날 사이엔 여자 하나가 (아마 상인의 아내였을 것이다) 매거핀의 방 바로 아래에 있는 방에서 건강한 아이를 낳았다고 남편이 말해주었다. 그 산모는 부족의 오랜 관습에 따라 출산한 지 반 시간도 채 되지 않아 아칸소 강까지 가서 갓난아기와 함께 강물에 몸을 씻었다고 한다.

매거핀은 침대에 누워 몸조리를 하면서 어느 일요일 아침 커니 부대가 최종 출정 준비를 하는 소리를 들었다. "안식일인데도 바쁘게 일을 할 수밖에 없다. 대장장이의 망치가 쉴 새 없이 울린다. 나팔이 떠나갈 듯 계속 울어댄다. 칼은 칼집 안에서 달그락거리고 딸랑거리는 박차 소리가 메아리처럼 뒤따른다. 이따금 군대의 명령 소리가 들린다."[143]

지치고 약에 취한 매거핀은 어두운 방에 누워 커니가 수행하고 있는 임무의 어두운 면을 반추했다. "침대에서 일어날 수는 없지만 인간의 어리석음과 사악함에 대해서 생각하는 것이야 내 자유다! 숭고한 목적에 봉사해야 할 인간이 짐승의 수준으로 떨어져 서로 전쟁을 벌이다니! 스스로 모범이 되지 못하고 부, 명예, 명성을 구하다가 영혼을 타락시키고 더 높은 곳에서 더 눈부신 영예를 얻을 기회를 저버린다."[144]

그때 커니의 명령에 따라 서부군은 1,500대 이상의 짐마차와 2만 마리에 달하는 짐승을 끌고 교역소를 출발했다. 기나긴 행렬이 아칸소 강, 즉 멕시코 국경을 건너 샌타페이를 정복하기 위해 고지를 가로질러 행군하기 시작했다.

9. 길을 찾는 사람과 전설이 된 사람

1843년 닻을 올린 프리몬트의 두 번째 탐사 원정은 첫 번째 것보다 더 큰 성공을 이루었다. 오리건으로 가는 길에 프리몬트 팀은 그레이트솔트 호 옆에서 머무르며 그 지역을 수문학水文學적으로 조사하고서는 그곳의 강과 시내는 온전히 내륙수라고 제대로 추측했다. 그때만 해도 태평양과 연결된 엄청난 소용돌이가 지하에 흐르는 강줄기를 이용해 그레이트솔트 호에 물을 댄다는 이상한 신화가 학술 논문에 버젓이 등장하던 시절이었다.[145]

프리몬트는 유타의 워새치 산과 캘리포니아의 시에라네바다 사이의 땅은 바다와 접하지 않는다는 것을 알게 되었다. 북아메리카 지리학에 엄청난 기여를 한 셈이다. 프리몬트가 이 사막분지에 붙인 그레이트베이슨이라는 이름이 오늘날에도 지도에 그대로 쓰인다.[146]

1843년 늦여름에 프리몬트 팀은 오리건에 도착했다. 이곳에서 프리몬트는 컬럼비아 강과 지류를 지도로 그렸다. 장대한 레이니어 산, 세인트헬렌스 산, 후드 산도 보았다. 여기에 멈추지 않고 프리몬트는 원래 임무에서 벗어나 국경을 넘어 당시 알타캘리포니아(1804년 에스파냐령의 태평양연안 지역을 위아래로 알타캘리포니아와 바하캘리포니아로 나누었다. 알타캘리포니아는 오늘날의 캘리포니아·네바다, 유타·애리조나·콜로라도·와이오밍의 일부를 포함한다 -옮긴이)라고 불리던 곳으로 갔다.

프리몬트는 멕시코 국경을 불법으로 침범하면 체포될 것은 물론이고 그런 행동이 워싱턴의 정부 관료들을 당황하게 할 국제적 사건이 되리라는 것은 전혀 개의치 않는 듯했다. 목적을 달성하는 데에만 몰두하여 국경은 안중에도 없었다. 프리몬트는 엄청난 물길을 찾고 있었다. 만일 그런 것이 실제로 있다면 역사를 뒤바꿔놓을 것이었다. 당시에 여러 지도에는 오대호에서 시작해 태평양까지 이어지는 동서 방향의 거대한 강이 그려져 있었다. '부에나벤투라'라고 불리던 전설 속의 물길은 과학적 사실로 받아들여졌으나 실제로 그 강을 보았다는 탐험가는 아무도 없었다.[147]

지도 제작 분야에서 영광을 얻기를 고대하며 프리몬트는 마침내 미 대륙에서 가장 논란이 많던 수수께끼를 해결하러 나섰다. 부에나벤투라가 존재하는지 존재하지 않는지를 입증하겠다는 것이다.

그러나 캘리포니아에 발을 들여놓자 재난이 겹쳤다. 프리몬트는 자기 부대를 시에라네바다의 눈보라 속으로 끌고 들어갔다. 원정대가 몇 해 뒤 도너 일행(1846년 일리노이에서 출발해 캘리포니아로 가던 개척자 일행이 시에라네바다에서 추위와 굶주림에 굴복해 카니발리즘을 자행했다 -옮긴이)이 겪을 끔찍한 고통을 피할 수 있었던 것은 순전히 행운이 따랐던 것과 키트 카슨의 현명한 판단 덕택이었다. 동상에 걸려 반쯤 헐벗은 채로 개고기를 먹으며 산맥을 벗어났을 때, 카슨은 이들이 "사람으로서 버틸 수 있는 최악의 상태"[148]에 다다랐다고 생각했다. 어떤 사람은 "정신이 나가고 굶주림 때문에 광포해져 있었"고 굶주린 노새는 "서로 꼬리를 뜯어 먹고 말안장 가죽을 먹었다"고 카슨이 말했다.

미국 정착민 마을에서 좋은 음식을 먹고 몸을 추스른 프리몬트 팀은 남쪽으로 출발해 캘리포니아의 센트럴밸리를 따라 끝까지 내려간 다음에 동쪽으로 방향을 틀어 모하비 사막으로 갔다. 그러는 동안 프리몬트 일행

가운데 한 사람이 총기 사고로 죽었고 또 한 사람은 인디언들에게 죽음을 당했다. 결국 프리몬트가 허가 없이 캘리포니아에서 돌아다닌다는 소식이 멕시코 관리들 귀에도 들어갔다. 그를 잡기 위해 군대를 파견한다는 위협이 곧 들려왔다.

프리몬트는 캘리포니아를 벗어나 네바다로 도망갔다. 라스베이거스라는 전원 마을도 지나갔다. 사막에서 카슨은 인디언 말 도둑 무리를 쫓아가기도 했고 프리몬트에게 공선인장 안에 든 물을 마시는 법도 가르쳐주었다. 이들이 천천히 문명을 향해 동쪽으로 가는 동안 프리몬트는 전설 속의 부에나벤투라 강을 발견하지 못했다는 것을 인정했지만 그것 자체도 중요한 발견이라고 여겼다. 그레이트솔트 호 소용돌이처럼 부에나벤투라도 지리학의 쓰레기통에 폐기처분해야 할 엄청난 거짓이었다. 프리몬트 팀은 7월 2일 벤트 교역소에 도착했고, 이들의 성공을 축하하며 건국 기념일 행사가 열렸다.

1844년 8월 프리몬트는 비쩍 말라서 유령 같은 모습으로 워싱턴에 들어섰다. 탐험가의 귀환은 예정보다 1년이나 늦은 것이기에 죽었다는 소문마저 떠돌았다. 프리몬트는 몇 달 뒤 많은 사람들이 기다리던 원정기를 내놓았다. 이번에도 반응이 좋아 의회 출판국에서 첫 번째 보고서와 두 번째 보고서를 한데 묶어 1만 부나 찍었다. 신문들이 앞다투어 소개했고 프리몬트를 미국의 마젤란이라고 추어올렸다. 그를 차기 대통령 후보로 추천하는 소리도 들렸다. 안 될 게 뭐가 있겠는가? 프리몬트는 역사상 가장 큰 규모의 이주 행렬을 촉발한 사람이었다. 이듬해 여름 오리건 통로를 지나는 이민자들의 마차 행렬은 지난해보다도 더 북적였다. 수천 명의 개척민들이 서쪽으로 떠났다. 이들 중에는 모르몬 교도가 많았다. 프리몬트가 그레이트솔트 호 지역을 찬란하게 묘사해놓은 덕분에 모르몬 교주 브리검 영이 자기를 따르는 무리 전부를 일리노이 노부에서 유타로 옮기기로 한 것이다.

군대에서는 캘리포니아로 들어간 프리몬트의 명백한 명령불복을 눈 감아주고 대위로 진급시켰다. 전국 언론은 프리몬트에게 제임스 페니모어 쿠퍼의 소설에서 따온 새로운 별명을 붙여주었다. 그때부터 존 C. 프리몬트는 '길을 찾는 사람(제임스 페니모어 쿠퍼의 소설 *The Pathfinder*에서 따온 이름 ─옮긴이)' 으로 불렸다.

*

프리몬트도 유명해졌지만 덩달아 프리몬트의 안내인 이름도 널리 알려졌다. 1845년 원정기의 유명세 덕분에 키트 카슨은 전 국민의 상상 속에 자리 잡았다. 프리몬트는 카슨을 거의 신화적인 능력과 통찰력을 지닌 탐험가로 그려놓았다. 카슨은 용감하지만 무모하지 않은 사람, 흔들리지 않는 정신을 가진 사람으로 계속해서 등장한다. 또한 행운의 별이 늘 그에게 미소를 보내는 것 같았다. 프리몬트가 곤경에 처할 때마다 카슨은 탈출구를 찾아냈다.

카슨의 특별한 점은 한마디로 줄여 말할 수가 없었다. 온갖 재능을 다 갖추고 있었으니 말이다. 그는 뛰어난 사냥꾼, 솜씨 좋은 기수, 명사수였다. 협상의 귀재였다. 적당한 야영지를 찾아내 순식간에 캠프를 차리고 또 번개처럼 거두고는 다시 길 위에 올라서곤 했다(그와 함께 여행한 초심자는 "키트는 기다리는 법이 없으니 불쌍한 초보는 고통스러워" 라고 불평했다[149]). 말이 비틀거리면 어떻게 해야 할지 알았다. 고기를 손질하고 저장할 줄 알았고 요리도 잘했다. 필요할 때면 총포공, 대장장이, 마부, 낚시꾼, 마초 징발꾼, 수의사, 수레 목수, 등반가 역할도 했고 뗏목이나 카누도 잘 저었다. 길 잡이로서 그를 따라올 사람이 없었다. 경험을 통해 물줄기를 읽는 법을 알았고 말 먹일 풀이 어디 있는지 알았고 회색 곰을 만나면 어떻게 해야 하는지 알았다. 말라붙은 계곡에서도 물을 찾고 걸러 마실 수 있게 만들 줄 알았다. 선인장을 쪼개거나 노새 귀를 잘라 피를 마시는 등 최악의 위기에서 갈증을 달랠 방도를 알았다.[150] 풍경화가의 눈을 가졌고 신중한 귀를 가졌고 사람이나 상황에 대해 빈틈없는 판단을 할 줄 알았다. 연기로 신호 보내는 법을 알았다. 온갖 종류의 매듭 짓는 법을 알았다. 눈 위에서 신는 쓸 만한 신발을 만들 줄 알았다. 짐승 뇌로 만든 아교질의 물질로 가죽을 무두질하는 법을 알았다.[151] 도둑맞거나 상하지 않게 식량과 가죽을 보관하는 법을 알았다. 야생마를 길들일 줄 알았다. 어떤 나무가 잘 타는지 알았고 심지어 도끼가 없을 때에도 결을 따라 통나무를 쪼갤 줄 알았다.

수량화하여 잴 수 없는 기술이기는 하지만 하나같이 중요한 기술이었다. 그러나 제대로 된 인간, 잘 아는 길에서는 쾌활하게 굴고 농담 몇 마디도 할 줄 알고 완벽한 정직성을 갖춘 사람이 이런 기술마저 갖추었다면 정말 가치 있는 것이었다.

길을 찾는 사람이라는 프리몬트의 별명은 사실 잘못된 호칭이다. 길을 '찾은' 것은 프리몬트가 아니라 카슨이었기 때문이다. 그리고 카슨도 이미 덫 사냥꾼, 인디언, 에스파냐 탐험가들이 지나간 길을 따라갈 때가 많았다. 쿠퍼의 『가죽 양말 이야기』 시리즈에 나오는 주인공, 호크아이라고도 부르고 길을 찾는 사람이라고도 부르는 내티 범포는 사슴 가죽 옷을 입고 인디언들과 함께 살며 인디언들의 생활 방식을 따랐다. 그러니 쿠퍼 소설 속 주인공과 꼭 닮은 삶을 산 것은 프리몬트가 아니라 카슨이었다.

프리몬트는 카슨이 신기하게도 자신의 부족한 점을 메워준다는 것을 알았던 듯싶다. 프리몬트가 충동적이고 몽상적이고 침착하지 못하고 때로 자만심이 강했다면, 카슨은 신중하고 현실적이고 차분하고 언제나 겸손했다. 프리몬트가 융성한 고급문화를 이곳으로 끌어들였다면 일자무식의 카슨은 전혀 다른 지식에 능통했다. 그보다 폭넓고 훨씬 더 힘겹게 획득한 실용적인 지식이었다. 프리몬트는 카슨을 "기민하고 희생적이며 진실하다"[152]고 묘사했다. "엄청난 용기, 한눈에 유리한 점과 위험성을 파악하는 신속하고 완벽한 지각력을 갖춘 사람"이라고도 했다. 다른 구절에서는 이렇게 추어올렸다. "키트는 멋진 말에 안장도 없이 올라앉아 모자도 쓰지 않고 초원을 누비며 내가 지금까지 본 어떤 사람보다도 완벽한 마술을 보여주었다."[153]

그러나 무엇보다도 카슨의 명성을 확고하게 만들고 사람들의 머릿속에 그의 이름을 새겨 넣은 것은 두 번째 보고서에 나오는 인디언과 관련된 에피소드였다. 올드스패니시 통로를 따라 모하비 사막 깊숙이 들어갔을 때 프리몬트 일행은 안드레아스 푸엔테스라는 멕시코인과 열한 살짜리 남자아이를 만났다. 둘은 매복해 있던 인디언에게 (어떤 부족인지는 몰랐다) 끔찍한 일을 당한 상태였다. 인디언들은 말 30필을 훔쳤고 푸엔테스 일행 두 사람을 죽여 난도질한 시체를 길바닥에 버렸다. 여자도 둘 있었는데 바닥에 말뚝으로 박고 난도질을 한 다음에 죽였다고 한다.

이 끔찍한 이야기를 듣고 키트 카슨과 또 다른 산사람 앨릭스 고디가 푸엔테스를 딱하게 여겨 돕겠다고 했다. 이틀 동안 카슨과 고디가 말 발자국을 따라, 프리몬트의 표현에 따르면 '미국의 아랍인들'을 추격했다. 마침내 카슨과 고디는 도둑들을 발견하고 이들의 야영지로 쳐들어갔다. 인디언들은 훔친 말 몇 마리를 벌써 먹어치운 뒤였다. 인디언들의 화살을 피하며 카슨과 고디는 인디언 둘을 쏘아 쓰러뜨리고 나머지는 쫓아버리고 남은 말을 되찾았다. 그 자리를 뜨기 전에 고디는 죽은 인디언들의 머리 가죽을 벗기려고 몸을 숙였다. 그러나 고디가 두 번째 인디언의 머리 가죽을 칼로 벗기는 순간 그 전사가 "벌떡 일어나 가죽이 벗겨진 머리에서 피를 철철 흘리며 끔찍한 비명소리를 내면서"[154] 고디에게 화살을 날렸다. 화살은 셔츠 칼라를 꿰뚫었다. 고디는 장총을 들어 "피투성이 야만인의 단말마를 한순간에 끝냈다."[155]

이튿날 프리몬트는 말발굽 소리가 다가오는 것을 듣고 깜짝 놀랐다. 카슨과 고디가 푸엔테스의 말을 몰고 돌아오는 소리였다. 고디는 장총을 장대처럼 세워 들고 있었는데 거기에 갓 벗겨낸 인디언 머리 가죽 두 장이 매달려 있었다. 푸엔테스는 감사의 눈물을 흘렸고 프리몬트는 감탄했다. 프리몬트가 보기에 이런 행위는 기사도의 전형이라 할 만했다. "두 남자가 황막한 사막에서 한 번도 가본 적 없는 좁은 산길을 밤낮 없이 달려 누군지도 모르는 인디언을 쫓아가, 맞닥뜨리자마자 수를 가늠할 겨를도 없이 공격하고 한순간에 무찔렀다. 무엇을 위해서? 사막의 도둑을 벌하고 알지도 못하는 멕시코인들의 억울함을 풀어주기 위해서였다."[156]

대체 누가 이런 행동을 하겠는가? 프리몬트는 보고서에서 수사적으로 자문자답한다. "키트 카슨, 미국인, 미주리 분의 소금못 지역에서 태어나…… 어릴 때부터 서부에서 단련된 인물."[157]

1845년에 이런 이미지가 완전히 굳어졌다. 키트 카슨은 액션 영웅, 고결한 구원자, 온당한 복수자, 서부의 백인 기사가 되었다. 대중은 경탄할 뿐 그의 잔인성에 불명예스러운 이면도 있다는 생각은 전혀 하지 않았다. 프리몬트와 푸엔테스 무리가 고대부터 이어진 인디언 영역을 침범했을 가능성에 대해서도 마찬가지였다. 프리몬트는 자기 안내인이 길을 찾고 일을 바로잡는 사람이라고 단단히 믿었고, 독자들도 그랬다. 키트 카슨 전설이 탄생한 데에는 다른 어떤 사실이나 사건보다도 프리몬트의 두 번째 보고서에 나온 이 장면 덕이 컸다. 키트 카슨은 앞으로 평생 이 전설에 따라 사람들의 기대에 맞추어 살아야 할 것이었다.

카슨은 물론 프리몬트가 자신을 그토록 격찬한 글을 읽을 수 없었다. 어쩌면 그런 글이 존재하는지조차 몰랐을지 모른다. 아무튼 카슨은 프리몬트에게 깊이 감사했다. 두 사람은 수천 킬로미터를 함께 여행했고 온갖 궁지에서 함께 빠져나왔다. 독특한 면도 있고 판단 착오도 저질렀지만 그래도 프리몬트는 용감하고 억센 탐험가였다. 또 그는 머리가 나쁜 사람이 아니었다. 여러 상황에서 번득이는 기지를 발휘했다(자기가 그랬다는 사실을 먼저 입 밖에 낸 사람도 그였지만). 지형학자로서의 능력도 의심할 바 없었고, 변덕스럽고 거들먹거리면서도 다른 사람들을 이끌고 고무하는 데 재주가 있었다.

아무튼 카슨은 진심으로 자기 대장을 좋아했고 많은 신세를 졌다고 생각했다. 프리몬트가 그의 삶에 새로운 기회를 준 것이다. 사냥이 쇠퇴해가는 때에 새로운 일을 할 가능성을 열어주었고 한 달에 100달러라는 큰 월급도 주었다. 카슨은 일단 친구가 되었다 하면 충견처럼 변함없이 충실한 사람이었다. 스코틀랜드-아일랜드인의 보복적 성향의 이면에는 이런 점이 있는 모양이다. 원한을 버리지 않듯 믿음도 저버리지 않는다. 몇 해 뒤 카슨은 수기를 구술하며 프리몬트를 이렇게 칭찬했다. "우리가 겪은 고생은 이루 말하기 어렵고 프리몬트에 대한 칭찬도 마찬가지다. 내가 그의 밑에서 일할 때 나를 어떻게 대접해주었는지 잊지 못할 것이고 그가 고생 속에서도 얼마나 꿋꿋했는지도 잊지 못할 것이다."[158]

그러니 그 뒤로도 평생 카슨은 프리몬트의 편에 남을 것이었다. 이런 신뢰는 쌍방이 마찬가지였다. 1845년 여름 프리몬트는 또다시 서부 탐사 원정을 떠난다. 이것이야말로 프리몬트의 원정 가운데 가장 야심차고 광범위한 여행이 될 것이었다. 프리몬트는 또다시 안내인으로 키트 카슨을 택했다.

10. 부서진 희망[159]

　　1818년, 52세의 나르보나는 에스파냐인들을 상대로 또 한 번 전투에 나섰다. 이번에는 전에 세볼레타를 공격한 것보다도 훨씬 더 성공적이었다. 나르보나는 나바호 요새인 유초('아름다운 산'이라는 뜻)에 수백 명의 용사를 모아 활, 방패 등 전쟁에 필요한 물품을 만들게 했고 이곳에서 전략을 짰다. 나르보나는 시기가 적절하다는 것을 알았다. 에스파냐군 대부분은 멕시코 내륙에서 벌어진 반란을 진압하러 그 지역을 떠났다. 나르보나의 전사들은 준비를 마치자 말에 올라타 골짜기로 내려가 무방비 상태의 농장을 약탈했다. 저항하는 사람은 모두 죽였다.

　　이전 전투로 얻은 전리품도 엄청났지만 이 전투는 더 큰 의미가 있었다. 이듬해 에스파냐인들은 처음으로 부족의 경계를 확실히 정하고 나바호들의 불만 상당수를 인정하는 조약을 작성했다. 에스파냐인들은 대신 습격을 완전히 멈출 것을 요구했다. 뿐만 아니라 나바호들에게 가톨릭으로 개종하고 마을을 세워 교회 주변에 영구 정착하여 푸에블로 인디언처럼 농업에만 종사하라고 했다. 이런 요구 사항은 나바호가 뒤이어 에스파냐인, 멕시코인, 미국인 관리들과 교섭할 때에도 반복해서 나온다. 나르보나는 습격을 막기 위해서라면 최선을 다할 마음이었지만 부족 사람들이 대폭적인 변화를 강요하는 두 번째 요구 사항은 따르지 않을 것임을 알았다. 그건 나바호의 입장에서는 문화적 자살이나 다름없었다.

그러나 그해 나르보나에게는 에스파냐인보다 더 큰 걱정거리가 있었다. 끔찍한 가뭄이 남서쪽에서 점점 번져왔던 것이다. 평소에도 반건조 지역이던 추스카밸리가 갈색으로 바싹 말라버렸다. 풀은 말라죽고 먼지구름이 땅 위에 낮게 깔렸다. 주위의 메사(꼭대기가 평평하고 옆면이 벼랑인 돌출 지형 -옮긴이) 위에서는 시든 피농 나무에 나무좀이 무지막지하게 파고들었다. 수액이 말라버려 벌레를 쫓을 수 없기 때문이었다. 나르보나의 양 등 가축들도 굶주렸다.

상황이 너무나 심각해서 그 지역에 흩어져 있던 나바호 모두가 추스카밸리를 떠나야 했다. 살림살이를 꾸리고 곡식 자루를 묶고 가축을 모아 떠났다. 몇 달 동안 나르보나와 그를 따르는 사람들은 서쪽으로 떠돌았다. 가축을 먹이고 농사지을 새로운 땅을 찾아 헤맸으나 가는 곳마다 나바호들은 굶주리고 있었다. 디네의 기도도 더 이상 효험이 없는 듯했다.

나바호족에게는 "땅이 병들면 사람도 병든다"는 말이 있다.[160] 이제 사람들조차도 황폐해져가는 듯했다. 서로를 의심의 눈초리로 바라보고 자기들 가운데 누가 정도正道를 벗어나 신의 노여움을 사고 세상의 질서를 어지럽혔나 의심했다. 나르보나에게는 서글프고 치욕스러운 일이었을 것이다. 한때 풍요로웠던 무리가 딱한 피난민이 되어 자꾸만 수가 줄어드는 가축을 이끌고 먼 이웃과 친척의 호의에 기대어 버텨가며 마침내 익숙한 땅을 완전히 벗어나 오늘날 애리조나 북부, 붉은 바위로 덮인 황무지까지 왔으니 말이다.

가뭄이 더 심해지자 조금이라도 나은 곳을 찾아 계속 가는 수밖에 다른 도리가 없었다. 양들이 어찌나 말랐는지 "뼈가 손잡이처럼 나와서 그걸 잡고 옮길 수 있었다"고 한다. 이들은 나바호 땅의 서쪽 경계 가까이까지 왔다. 남서쪽에 그들이 '꼭대기에 언제나 빛이 비친다'라고 부르는 거대한 봉우리가 보였다. 나바호의 성스러운 네 산 가운데 하나로 나바호 땅의 남서쪽 귀퉁이에 뿌리박은 산이다(이 산은 오늘날 샌프란시스코 봉이라고 불린다. 애리조나 플래그스태프 가까이에 있는 최고봉은 높이가 3,800미터가 넘는다). 나르보나는 이 산을 넘지 말라고 금지하는 것처럼 느꼈다. 무리를 끌고 더 서쪽으로 가면 신의 분노를 살 것임을 알았다.

나르보나는 빈약한 강줄기나 지하수가 나오는 샘 주위에 자리 잡은 작은 마을을 만났다. 그는 블랙 메사에 있는 호피 거주지 아래쪽에서 물이 있는 골짜기를 발견하고서는 메사 위에 올라가 호피에게 가뭄이 끝날 때까지 그들 땅에 머무를 수 있게 해달라고 청했다. 호피는 농사를 짓는 푸에블로 인디언으로 개종도 하지 않고 에스파냐의 영향도 별로 받지 않고 대개 평화롭게 지내는 부족으로 디네의 오랜 적이다. 호피는 나바호를 타사부, 곧 '머리를 부수는 자들'이라고 불렀다.[161] 돌도끼로 두개골을 갈기는 잔혹한 관습 때문이다.

당연히 호피는 나르보나의 제안에 주저할 수밖에 없었다. 그러나 결국 동의했고 나르보나 무리는 정착했다. 숙적들 틈바구니에서 안전하고 확고한 피난처를 마련한 것을 보면 나르보나의 외교 수완이 어느 정도인지 짐작이 간다. 나르보나는 양과 염소 여러 마리와 다른 선물을 제공하고 가뭄이 끝나면 더 주겠다고 약속했을 것이다. 호피들을 적절하게 위협하기도 했으리라. 호피는 나르보나의 전사들을 뒷받침하러 더 많은 나바호들이 올까 봐 두려워했다(호피는 공상적인 예술가이자 영감을 받은 형이상학자들로 복잡한 춤과 정교한 카치나(정령) 인형으로 유명하지만 전투에는 무력했다. 늘 달아나는 데 익숙해서 나바호들은 호피를 '작은 토끼들'이라고 불렀다).

어떻게 설득했건 간에 나르보나는 호피 사이에서 1820년대 대부분을 보냈다. 사랑하는 투니차 언덕에서 160킬로미터 이상 떨어진 곳이었다. 피난 생활 동안 나르보나 무리는 호피와 가까운 사이가 되었다. 정교한 노래와 춤도 배웠고, 나르보나의 자식 셋도 호피족과 결혼했다.

1820년대 후반 투니차 산에 새로 눈이 덮였다는 소식이 들려왔다. 가뭄이 끝난 것이다. 다들 짐을 꾸려 기쁜 마음으로 추스카밸리로 떠났다.

*

이들이 떠나 있는 동안 뉴멕시코 지역에는 중대한 변화가 있었다. 에스파냐의 지배가 끝난 것이다. 1821년 멕시코가 에스파냐로부터 독립하자 모든 공적 업무는 멕시코시티에 새로 들어선 정부에서 주관하게 되었다. 나바호에게 이런 변화는 별 의미가 없었다. 에스파냐 소유의 뉴멕시코나 멕시코 소유의 뉴멕시코나 다를 바가 없었던 것이다. 이름이 무어라 바뀌었든 여전히 적은 적이었다.

사실 나르보나 무리가 호피 지역에 머무는 동안 에스파냐 정착민과 떠나지 않고 남은 동쪽 나바호 사이의 폭력이 더 극심해졌다. 가뭄 동안에는 폭력이 격렬해지게 마련인데 1820년대의 가뭄은 특히 심했다. 나르보나가 없는 동안 250명에 달하는 디네 여성과 아이들이 납치돼 노예로 팔렸다.[162]

물론 나바호도 가능할 때마다 반격했다. 1822년 3월 끝없는 살육에 지친 나바호는 샌타페이에 새로 들어선 정부에서 평화회의를 열자고 제안하자 받아들였다. 나바호 지도자들은 시기가 좋다고 생각했다. 바로 한 달 전에 샌타페이가 에스파냐로부터의 독립을 축하했던 것이다. 샌타페이의 총독궁에 새 지도자들이 들어선 지금만큼 평화협정을 맺기에 더 좋은 때는 없을 것 같았다.

나바호 사절 16명은 부푼 기대를 안고 샌타페이로 갔다.[163] 그러나 예메스 푸에블로를 지날 때 그곳에 주둔한 멕시코 장군이 놓은 덫에 걸려들고 말았다. 그때 샌타페이에 살던 미국 상인 토머스 제임스가 이 사건을 기록해놓았다.

예메스의 장군이 사절을 요새로 초청해 그들에게 담배를 권하며 친절을 베풀었다. 둥그렇게 둘러앉아 담배를 피우는데 각 인디언 양옆에 에스파냐인을 앉혔다. 신호를 보내자 양옆의 에스파냐인들이 인디언들을 붙들었고 다른 사람이 인디언들의 심장에 칼을 찔러 모두 처치했다. 이 살육 현장에 있었던 에스파냐인 하나가 나에게 자기 칼을 보여주면서 그걸로 여덟 명을 죽였다고 말했다. 시체를 성채 밖으로 집어던지고 도랑을 흙으로 살짝 덮어놓았다.
며칠 뒤 같은 부족에서 온 다섯 명이 마을 건너편 강둑에 나타나 자기 동포들은 어떻게 됐느냐고 물었다. 에스파냐인들은 그들이 샌타페이로 갔다고 말하고는 강을 건너와 대접을 받으라고 초대했다. 그들은 강을 건넜고 이전과 똑같은 방법으로 살해당했다.
또 반대편 둑에 세 명이 와서 자기들 추장이 어찌 되었느냐고 물었다. 이들도 환영을 받으며 강을 건너갔다가 가장된 친절 속에 차가운 피를 흘리며 죽었다.
며칠 뒤 두 명이 더 왔지만 강을 건너려 하지 않자 에스파냐인들이 말을 타고 강을 건너 그들을 잡으려 했다. 그들은 낌새를 알아차리고 도망쳤고 그 뒤로는 더 이상 사절이 오지 않았다.

모두 합해서 24명의 나바호가 살해를 당했다. 상당수는 존경받는 원로들이었다. 세 단계로 진행된 학살의 소식이 디네에게 전해지자 나바호들은 전면전을 준비했다. 멕시코의 새 정부는 에스파냐와 다를 것이라는 헛된 희망은 산산이 부서졌다. 1822년 봄 나바호는 전례 없이 난폭한 복수를 펼쳤고 리오그란데를 따라 있는 밸버디, 라스웨르타스 등 여러 마을에서 무수히 많은 멕시코 정착민들을 살해했다.

"남녀노소를 가리지 않고 모두 죽이고 가져갈 수 없는 것은 모두 불태우고 파괴한 뒤 양, 소, 말을 몰고 갔다." 제임스가 그린 광경은 거의 아마겟돈 같다. "남쪽에서 바로 샌타페이를 향해 와서 모든 것을 쓸어버렸고 그들이 지나간 자리는 쑥대밭이 되었다. 샌타페이 아래에서 리오그란데를 건너 북쪽으로 가며 타오스 근처의 땅을 휩쓸고 노획물을 가지고 사라져 버렸다."

11. 서서히 드러나는 야욕

　　　　　　프리몬트의 원정을 프리몬트 자신이 종종 말하듯 순수하게 '과학적'이라고 하는 것은 솔직하지 않다. 서쪽을 향한 프리몬트의 한 걸음 한 걸음에는 감추어진 의도가 있었다. 인정하든 안 하든 프리몬트의 더 큰 목적은 미국인의 이주 확장을 촉진하고 미국의 헤게모니를 드높이는 것이었다. 다시 말해 토머스 벤턴 상원의원의 이상을 사위로서 충실하게 수행한 것이라고 하겠다.

　　1845년 출발한 세 번째 원정은 처음부터 가장 정치적이고 덜 과학적이었다. 프리몬트는 세 번째 원정이야말로 자신을 지도 제작자의 곰팡내 나는 작업실로부터 전혀 새로운 자리로 쏘아 올려줄 마법의 주문이라고 믿었다. 바로 위대한 정복자의 자리였다. 워싱턴을 떠나기 전에 프리몬트는 포크 대통령을 만났고, 대통령이 알타캘리포니아의 멕시코 땅을 원한다는 것을 확인했다. 멕시코가 제안을 받아들인다면 좋은 일이고, 아니라고 하더라도 싸울 태세가 되어 있었다.

　　그때 캘리포니아는 멕시코시티와 약한 고리로 연결되어 있는 불안정한 상태였다. 또 여러 차례의 혁명과 반혁명으로 동요되었다. 히스패닉 주민들은 자부심이 강하고 독립적인 사람들로 주로 풀이 우거진 태평양 연안에 정착했고 여기저기 흩어진 에스파냐 선교 시설을 중심으로 모여 살았다. 그러나 캘리포니아의 다른 부분은 천천히 조금씩 미국화되고 있었다. 여러 해에 걸쳐 서서히 흘러들어온 미국 이주민이 시에라네바다를 건너 비옥한 새크라멘토 골짜기에 정착했다. 또 미국인 고래잡이들도 한 세대 동안 몬테레이 항을 이용했다. 1840년 출간된 리처드 헨리 데이너의 유명한 책 『2년 동안의 선원 생활Two Years Before the Mast』을 읽고 사람들은 캘리포니아의 매력에 눈을 떴고 태평양 연안에 미국의 항구가 있어야 한다는 갈망이 더욱 강렬해졌다.

1842년 미국 제독 토머스 케이츠비 존스는 멕시코와 전쟁이 시작되었다는 거짓 보고에 따라 몬테레이 항으로 진격해 항구를 장악하고 성조기를 올렸다(그는 곧 요란하게 사과한 뒤 꼬리를 내리고 항구를 떠났다). 우스꽝스러운 해프닝이었지만 존스 제독이 아무런 저항 없이 몬테레이를 점령한 것을 보고 워싱턴의 지도자들은 잘 익은 과일이 얼마나 따기 쉬운가를 알게 된 셈이다.

대세가 기울었다고 포크는 생각했다. 캘리포니아도 텍사스와 마찬가지로 미국에 합병되는 것은 시간문제인 셈이다. 그렇다면 지금이라도 안 될 게 무언가?

존 프리몬트가 1845년 6월 1일 55명의 자원병을 거느리고 세인트루이스를 출발해 서쪽으로 세 번째 탐사 원정을 떠났을 때 국제 정세는 이러했다. 프리몬트가 속한 지형학 기술대 상관이 지시한 임무는 아주 제한적인 것이었다.[164] 로키 산맥 남부의 동쪽 경사지를 탐사하고 지도를 그리고 아칸소 강 상류의 분수계分水界(어떤 하천의 유역과 다른 하천 유역의 경계가 되는 곳 -옮긴이)를 찾고 그해 말까지 세인트루이스에 돌아오는 임무였다.

그러나 프리몬트는 다른 비밀 지령에 따라 움직이는 것 같았다. 아니면 적어도 더 높은 권력에서 나온 더 광범위한 암시에 따라 움직였다(정확히 누구인지는 뚜렷하지 않다. 벤턴? 포크? 육군이나 해군 장교?). 프리몬트는 로키 산맥에서 꾸무럭거리며 지루한 측량이나 할 생각이 없었다. 그는 1845년 늦여름 아칸소 강에 도착하자마자 측량 프로젝트를 내팽개친다. 뭔가 운명적이고 긴급한 임무에 이끌린 듯 캘리포니아로 직행한 것이다.

가는 길에 프리몬트의 대륙 횡단 여행에 단골로 등장하는 역경이 또 닥친다. 그레이트솔트 호 사막에서 프리몬트는 무시무시한 멜파이스(에스파냐어로 '나쁜 땅'이라는 뜻으로 황폐하고 거친 화산암 지대다 -옮긴이)를 횡단하겠다고 고집했다. 그 지역 인디언들이 어떤 인간도 무사히 그곳을 횡단하지 못했다고 말했지만 소용없었다. 프리몬트 원정대는 이 위험한 길 위에서 갈증으로 떼죽음을 당했을 수도 있었다. 그러나 이번에도 카슨이 이들을 살렸다. 카슨은 무리보다 100킬로미터 정도 앞서 멀리 있는 산으로 달려간 다음, 그곳에서 재빨리 물과 말이 먹을 풀을 찾아 미리 정해진 신호대로 정상에서 모닥불을 피웠다. 프리몬트 무리가 등대이자 희망 삼아 불빛을 바라보며 올 수 있게 한 것이다.

*

1846년 초겨울 프리몬트는 시에라네바다를 넘어 새크라멘토 골짜기로 들어갔다. 그곳에서 미국 개척민들과 만나 그 지역의 정치적 성향을 살피고 자기 목적에 이용하기 위해 막 싹이 트고 있는 애국적 열정을 불러일으키려 했다. 프리몬트는 벌써 이주민들과 유대를 돈독히 했고 멕시코와 전쟁이 터지면 자기 부대가 (미 육군 소속 공식 원정대라 무장이 제대로 되어 있었으니) 이주민들을 보호해주겠다는 대담한 약속까지 했다. 프리몬트 대위가 3,200킬로미터에 이르는 캘리포니아 땅에서 유일한 미군 장교이니, 만약 전쟁이 일어난다면 마땅히 그가 사령관이 될 터였다.

프리몬트는 조용히 여버브웨이너(오늘날 샌프란시스코에 있는 조그만 마을의 당시 이름이다)로 들어가 그곳 미국인들을 탐문하며 거대한 만의 그림 같은 강어귀에 이름도 붙여주었다. 골든게이트는 바로 그가 붙인 이름이다.[165] 프리몬트는 남쪽으로 이동해 주도인 몬테레이 근방에 숙영지를 차렸다.

당연히 멕시코에서는 60명의 무장한 미국 '탐험가'들이 허가도 받지 않고 멕시코 땅에 몰래 들어온 도발 행위를 문제 삼았다. 3월 5일 몬테레이의 사령관인 호세 카스트로 장군이 프리몬트에게 당장 캘리포니아를 떠나라고 요구했다.

프리몬트의 반응은 순전히 연극적이었다.[166] 자기 부대를 이끌고 몬테레이의 북동쪽 해안 지역에 있는 작은 산인 가빌란 봉으로 이동했고 그곳에 얼기설기 요새를 지었다. 알라모(텍사스 샌안토니오에 있는 예배당으로 텍사스 독립전쟁 때 민병수비대 185명이 산타안나 장군이 이끄는 멕시코군에 포위되어 전원 몰살한 곳 옮긴이) 같은 요새에 들어앉아 부하들에게 긴 장대를 세우라고 한 뒤 미국 국기를 올렸다. 뻔뻔스럽고도 분별없는 행동이었다. 만약 카스트로가 수천 명의 군대를 끌고 갔더라면 그 자리에서 몰살을 당했을 수도 있는 일이었다. 프리몬트는 몬테레이의 미국 영사에게 자신의 행동을 멜로드라마적이면서 우스울 정도로 부정직하게 설명하는 편지를 썼다. "우리는 멕시코인이나 정부에 해가 될 일은 조금도 하지 않았는데 이곳에 갇혀 공격을 당하고 있습니다. 우리는 미국의 깃발 아래에서 한 사람도 남김없이 죽음을 당하고 말 것입니다."

카스트로 장군은 국민들에게 미국 침략에 창을 겨눌 것을 촉구하는 열정적인 선언문을 발표했다.[167] 병사들을 소집하기 시작했고 전투가 임박했다는 소문이 번졌다. 이틀 만에 프리몬트는 제정신을 차리고 이것이 이길 수 없는 싸움이며, 싸우다 죽을 명분조차 확실하지 않다는 것을 깨달았다. 사령관이 정신을 차리도록 카슨이 한마디 했을지도 모르겠다. 3월 9일어설프게 세운 깃대가 때마침 쓰러졌다. 프리몬트는 깃발이 쓰러진 것을 나쁜 조짐으로 받아들였다. "필요한 만큼 충분히 머물렀으니 이 일을 빌미로 삼아 부하들에게 '이것이 여기를 떠나라는 뜻'이라고 말했다."[168]

이렇게 해서 알라모가 될 뻔했던 가빌란 봉의 짧은 저항은 끝이 났다. 프리몬트는 새크라멘토 강을 따라 안전한 북쪽으로 살금살금 도망갔다. 4월에는 오리건으로 갔고 클래머스 호수 남쪽 물가에 머무르며 잠시 동안 탐험가 노릇을 하면서도 캘리포니아에서 눈을 떼지 않았다. 언제라도 쳐들어갈 수 있는 거리에서 얼쩡거리며 무언가 일이 터지기를 기다리는 듯했다.

*

그때 무슨 일이 일어났다. 숲 속에서 아치볼드 길레스피 중위가 워싱턴의 비밀 메시지를 가지고 나타났다. 뉴저지 출신의 날카로운 눈초리를 가진 해병대원으로 병약해 보이나 성을 잘 내고 아주 오만한 사람이었다.

길레스피가 워싱턴에서 이곳 호수까지 온 여정은 역사상 가장 대단한 단독 밀사 작전으로 꼽힐 만했다.[169] 길레스피는 작년 10월 포크 대통령과 해군장관 조지 밴크로프트를 비롯한 몇몇 정부 각료를 만난 뒤 워싱턴을 출발했다. 뉴욕 시에서 증기선을 타고 멕시코 베라크루스로 갔다. 민감한 전달 내용은 모두 암기하고 원본 문서를 없앴다. 베라크루스에서 내륙으로 멕시코시티까지 간 그는 여러 신분으로 위장해가며 불안한 정세와 멕시코의 전의를 파악해 소상하게 기록했다.

12월에 멕시코 서쪽 해안에 있는 마사틀란에 도달했고 미국 포경선을 타고 당시 샌드위치 제도라고 불리던 하와이로 갔다. 그곳 호놀룰루에서 방향을 반대로 틀어 미국 군함을 타고 동쪽으로 항해해 캘리포니아로 향했다. 4월에 배가 몬테레이에 들어서자 길레스피는 상인 행세를 하며 상륙했다. 몬테레이에서 미국 영사 토머스 올리버 라킨을 만난 뒤 조용히 내륙으로 들어와 새크라멘토 강을 따라 북쪽으로 접어들어 프리몬트를 찾은 것이다.

길레스피는 광범위한 일을 수행하는, 포크 대통령의 첩보원인 듯했다. 단순히 메시지를 전달하는 일만 하는 게 아니라 상당한 재량을 갖고 판단을 내릴 수 있었다. 길레스피의 전언이 무엇이었는지, 그의 머릿속에 들어 있던 구두 정보가 정확히 무엇이었는지는 알려져 있지 않다. 길레스피도 프리몬트도 그 의문에 명확히 답하지 않았다. 프리몬트가 무얼 알았는지, 그리고 무얼 무시했는지는 미국 역사에서 알 수 없는 일 가운데 하나로 남았다.

이것만은 분명했다. 포크와 워싱턴의 각료들은 캘리포니아를 염려하고 있었고 프리몬트가 서둘러 캘리포니아로 돌아가 그 탐나는 지역이 미국의 수중에 떨어지도록 거들면서 동시에 영국이 캘리포니아를 차지하는 것을 막기를 바란다는 것이었다.

근거 없는 염려가 아니었다. 영국은 오래전 1579년부터 캘리포니아에 관심을 가졌다. 그해에 프랜시스 드레이크 경이 오늘날 샌프란시스코 북쪽 어딘가에 상륙해 '노바 앨비언('새로운 하얀 땅'이라는 뜻. 앨비언은 그레이트브리튼 섬의 별명이다 -옮긴이)'은 영국의 소유라고 주장했던 것이다. 1846년 영국은 오리건에 자리를 잡았다. 영국 배가 캘리포니아에 면한 태평양 연안을 돌아다녔고 멕시코시티 정부에서는 영국에 캘리포니아를 팔겠다고 제안했다. 뿐만 아니라 유진 맥나마라라는 아일랜드 신부는 영국에 점령된 아일랜드에서 가톨릭 이주민을 배로 실어와 캘리포니아 남부에 새로운 유토피아를 건설하겠다는 이상한 계획(실행되지 못했다)을 세웠고 멕시코로부터 허가까지 받아냈다. 그러니 공식적, 비공식적 통로로 영국은 캘리포니아에 잔뜩 눈독을 들이고 있었다. 문제는 어느 정도까지 미국에 적대적으로 나설 것이냐 하는 것이다.

프리몬트는 길레스피와 이야기를 나누고 깜박이는 불빛 속에서 그가 가져온 전문을 읽었다. 멕시코 전쟁은 이미 시작되었고, 서부군의 대진격 계획도 추진 중이었다. 그러나 길레스피는 그러한 사실을 몰랐다. 통신 속도가 어찌나 느린지 캘리포니아에 그 소식이 전해지기까지는 그 뒤로도 한 달이 더 걸렸다.

미국이 영국과 멕시코의 음모 가능성과 제국의 발전에 전전긍긍하면서도 그 지역의 다른 거주민인 인디언에 대해서는 깡그리 잊고 있었다는 것이야말로 민족적 오만을 보여주는 것이다. 프리몬트는 이 일에 어찌나 몰두했는지 그날 밤 파수를 세우는 것조차 잊어버렸다.

그러나 그가 잠자리에 들 무렵에는 어떤 길을 택할지 결심을 굳힌 상태였다. 나중에 그는 이렇게 썼다. "길레스피에게 전해들은 정보로 나는 탐험가의 임무에서 벗어나게 되었다. 캘리포니아를 획득하는 것이 대통령의 주요 목표임을 분명히 알게 되었으니 나에게는 미군 장교로서의 의무가 있다."[170] 프리몬트는 "미국의 미래를 고민하고, 그 운명을 좌우하는 사람(대통령)이 캘리포니아 해안을 우리 국토의 자연스러운 경계로 본다"는 것을 이제 충분히 알았다고 말했다.

12. 우리는 적이 아니라 친구다

1846년 8월 14일, 나바호가 라스베이거스를 습격한 지 이틀 뒤 커니 장군이 서부군을 끌고 라스베이거스 중앙 광장에 들어섰다. 갈색 말에서 내린 커니는 알칼데(시장)에게 놀라서 모여든 수백 명의 시민들에게 연설하는 자리에 배석할 것을 요구했다.

커니 군대가 어느 정도 규모 있는 마을에 들어선 것은 라스베이거스가 처음이라 커니는 뭔가 분위기를 잡고 싶었다. 라스베이거스 사람들은 미국인들에게 감탄했고 한편으로는 두려워했다.[171] 여자들은 숄이나 레보소(멕시코 여인들이 머리와 어깨에 두르는 긴 목도리 -옮긴이)를 두른 채 광장의 그늘진 곳에 웅크리고 있었고 몇몇은 불안한 듯 옥수수 껍질 담배를 피워댔다. 남자들은 화려한 세라페(멕시코 남자들이 걸치는 담요 모양의 숄 -옮긴이)와 광택이 나는 솜브레로(멕시코 사람들이 쓰는 챙이 넓고 높은 큰 밀짚모자 -옮긴이) 차림으로 광장의 밝은 곳으로 나왔다(수전 매거핀은 며칠 전 이 마을을 지났는데 라스베이거스 사람들을 "거칠게 보이는 낯선 사람들"이며 "뚫어져라 쳐다보며 벌떼처럼 내 주위에 모여들었다…… 어린아이들은 실오라기 하나도 걸치지 않았다"라고 묘사했다).[172] 동네 개들이 계속 짖어댔고 돼지는 우리에서 꿀꿀거렸지만 그 소리 말고는 아주 조용했다. 사람들은 미국 장군이 뭐라고 하는지 들으려고 기다렸다.

커니와 알칼데는 흔들거리는 사다리를 타고 광장에 면한 어도비 건물의 평평한 진흙 지붕 위로 올라갔다. 그곳에서 금색 단추와 견장이 달린 푸른 무명 프록코트를 입고 옆에 군도를 찬 커니가 마을 사람들을 내려다봤다. 알칼데를 어색하게 옆에 세워두고 커니는 미국의 의지를 전달했다. 커니는 숨김없이 대놓고 말했다.

"나는 이곳을 차지하라는 우리 정부의 명령을 받고 왔습니다."[173] 목소리는 고르고 차분했으며, 그의 말은 통역사를 통해 전달되었다. 커니는 이곳의 주도 샌타페이를 점령하려고 줄기차게 마을을 지나 이동하는 수백 명의 미군을 가리켰다. "나의 군대가 지나가고 있습니다. 저것은 일부에 지나지 않습니다. 그러나 우리는 적이 아니라 친구로 이곳에 온 것입니다. 정복자가 아니라 보호자로 온 것입니다. 따라서 나는 여러분 모두를 멕시코 정부로부터 해방시키겠습니다."

청중들 사이에서 벌집을 쑤신 듯 '엄청난 소란'이 일었다. 한 미군 중위의 말에 따르면 고함소리, 환호성, 충격이 뒤섞인 소리였다. 커니는 소란이 가라앉기를 기다렸다가 말을 이었다. "멕시코 정부는 여러분을 보호해주지 않았습니다. 나바호가 수시로 산에서 내려와 양 떼와 여자들을 훔쳐갔습니다."

라스베이거스 사람들은 이 말에 귀가 솔깃한 듯 서로 마주 보며 고개를 주억거렸다. "맞아, 맞아, 사실이야."

커니는 자기가 정곡을 찔렀음을 알았다. 최근에 나바호가 습격했다는 이야기를 들었다. 커니는 자기가 정복하려는 사람들이 이미 변경의 야만적 전쟁, 미국이 곧 벌이려 하는 그런 전쟁에 겁먹고 지쳐 있다는 것을 알았다. 커니는 자신감에 차서 말했다. "미국 정부는 이 모든 것을 바로잡을 것입니다. 여러분과 여러분의 재산을 보호할 것입니다. 여러분의 적은 우리의 적입니다. 인디언들이 쳐들어오지 못하게 할 것입니다."

마을 사람들은 믿기 어려운 약속에 반신반의했다. 멕시코군은 한 번도 나바호들의 위협에서 자기들을 보호해준 적이 없었던 것이다. 그렇다고 주민들이 스스로를 보호할 수 있게 무기를 준 것도 아니었다. 주민들이 인디언들을 물리칠 때 쓰는 무기는 창, 활, 화살, 1700년대 제작된 고물 머스킷 총이 전부였다. 에스파냐 정부도 마찬가지였다. 그러니 아직도 세르반테스 시대의 관용구를 쓰는 몰락한 에스파냐 제국의 척박한 변경에서 나바호의 약탈은 피할 수 없는 운명처럼 여겨졌다.

라스베이거스 사람들은 자기를 친구라고 소개하는 정복자가 얼마나 대단한 야망을 가졌기에 이런 말을 하는 걸까 의아해했다. 얼마나 대단한 군대이기에 이 나라뿐 아니라 이 나라의 불구대천의 적까지 무찌르겠다고 공언하는 걸까? 그 말이 진심이라 하더라도 멋진 푸른 제복을 입은 남자가 도대체 어떻게 "이 모든 것을 바로잡고" 몇 세기 동안 이어지고 굳어진 틀을 뒤집어놓겠다고 하는 걸까?

커니는 여기에서 그치지 않았다. "우리 부대는 고추 하나 양파 한 알도 공짜로 얻지 않을 겁니다." 그는 이렇게 약속했다. "여러분의 생명과 재산, 종교를 보호할 것입니다. 여러분의 신부들 가운데 우리가 여자들을 괴롭히고 노새 엉덩이에 낙인을 찍듯 얼굴에 낙인을 찍을 거라고 말하는 사람이 있는데, 모두 새빨간 거짓입니다."

커니 장군은 이어 알칼데에게 모든 사람이 볼 수 있도록 지붕 위에서 미국에 대한 충성을 맹세하라고 했다. "내 얼굴을 보시오."[174] 커니는 마을 사람들이 보는 가운데 알칼데에게 이렇게 명령했다. 알칼데는 멍한 표정으로 망설이더니 결국 하라는 대로 했다. 짧은 맹세는 엄숙하게 끝이 났다. 가톨릭교도인 알칼데가 독실한 가톨릭교도 군중과 눈을 부릅뜨고 노려보고 있는 마을 신부 앞에서 이런 맹세를 했다는 것은 아주 중대한 일이었다. 미국에 대한 충성을 선언한 다음에 커니는 이렇게 덧붙이게 했던 것이다. "성부와 성자와 성령의 이름으로."

　　그러고 나서 커니 부대는 샌타페이로 떠났다. 샌타페이는 산 너머 서쪽으로 110킬로미터 거리에 있었다. 이때까지 뉴멕시코 정복은 아무런 충돌 없이 진행되었다. 그러나 뉴멕시코 총독이 샌타페이에서 25킬로미터 떨어진 협곡에서 전투를 준비하고 있다는 첩보가 들어왔다. 이 정보에 따르면 아르미호가 3,000명의 군사를 협곡에 집결시킨 채 미국 침략군을 격퇴하기 위해 기다리고 있다는 것이었다.

13. 나르보나 산길

　　　　　　　　1820년대 대가뭄이 끝난 뒤 호피 지역에서 돌아온 나르보나는 예메스에서 추장들이 학살당했다는 이야기를 들었다. 나르보나는 달라진 것이 없다는 걸 알았다. 해묵은 전쟁은 여전히 진행 중이었다. 그러나 이제 예순세 살이 된 나르보나는 이 지긋지긋한 갈등이 궁극적으로 나바호에게 득이 될 것이 없음을 알았다. 위대한 늙은 전사는 다른 입장을 취하게 되었다. 평화를 역설하기 시작한 것이다. 1829년 회담을 위해 샌타페이로 초대되었으나 예메스 같은 덫이 있을까 봐 멕시코 총독이 군대를 보내 철저하게 호위해야만 가겠다고 했다.

　멕시코인들을 의심하면서도 나르보나는 위험을 무릅쓰고 여행한 것이 의미가 있었다고 결론을 내렸다. 샌타페이에서 회담이 연이어 열렸으나 나바호 사람들에게 특별히 득이 되는 결과는 없었다. 그러나 나르보나는 평화주의자의 이미지를 굳혔고, 그 덕분에 적어도 자기 무리를 멕시코의 공격으로부터 보호할 수 있었다. 나르보나는 1832년과 1833년 두 차례 더 샌타페이로 갔고 한동안 적대감이 가라앉는 듯 보였다.

　그러나 1835년 2월 초 나르보나는 멕시코인들이 동쪽 나바호들을 상대로 대규모의 군사작전을 벌이려 한다는 것을 알았다. 나르보나와 그를 따르는 무리는 평화를 지켰고 여러 해 동안 습격도 자제했지만 자기들 땅을 침략한다고 하니 전쟁에 나서지 않을 수 없었다. 1,000명 이상의 멕시코군과 무장 민병대가 2월 8일 샌타페이를 떠나 나바호 땅으로 진격하고 있다는 소식이 들렸다. 침략자들 가운데 푸에블로 인디언 전사들도 다수 끼어 있었다.

나르보나는 서둘러 250명의 나바호 최정예 전사를 소집해 추스카 산의 조그만 골짜기로 달렸다. '구리 산길'이라는 뜻인 비시 리치이 비기즈라 불리는 곳이었다. 멕시코군이 나바호 땅으로 침입하려면 2,400미터 높이의 암벽 사이에 난 좁은 산길로 지나갈 수밖에 없었다. 그래서 나르보나와 전사들은 위쪽 산마루의 키 큰 소나무 사이에 숨어 그들을 기다렸다.

이튿날 아침 동쪽 넓고 평평한 골짜기의 어두운 바닥에서 먼지구름이 피어올랐다. 곧 멕시코 군사들이 눈에 들어왔다. 멀리 얼어붙은 차코 강을 따라 길게 늘어서 말을 타고 달리는 군대의 모습이 길고 너덜너덜한 목도리처럼 보였다. 멕시코군의 은빛 단추가 아침 햇살에 빛나 잘 보인 탓에 나르보나는 여유 있게 준비할 수 있었다. 춥고 거센 바람이 부는 2월, 침략군이 매복 장소로 돌격해 들어오고 있었다. 나르보나가 예측한 대로 구리 산길을 향해 달렸다.

길게 늘어선 멕시코군을 이끄는 사람은 뉴멕시코 지역의 최고사령관 블라스 데 이노호스 대위였다. 에스파냐나 멕시코에서 나바호를 상대로 출정한 어떤 부대보다도 규모가 컸고 군인들도 자신감에 넘쳤다. 그러나 이노호스가 이끄는 군인들은 대부분 젊은이들이었고 규율이 제대로 잡혀 있지 않은 오합지졸이나 다름없는 무리였다. 좁은 산길을 따라 아무런 경계심도 없이 노래를 부르고 웃으며 무질서하고 경쾌하게 행진했다. 미국 상인 조사이어 그레그는 멕시코인들이 "무엇이 자기들을 기다리고 있는지 전혀 알지 못했고 곧 몇몇 무리로 흩어져서 시끌벅적하게 떠들며 갔다"[175]고 기록했다.

정상의 거대한 잿빛 바위 뒤에 숨어 나르보나는 부하들에게 멕시코인들이 가장 좁은 길에 들어설 때까지 아무런 소리도 내지 말고 가만히 있으라고 명령을 내렸다. 바로 아래 가장 좁은 길에 들어오면 멕시코군은 길고 가는 줄로 늘어서야 한다. 나르보나는 이렇게 늘어선 줄은 키 큰 나무줄기나 다름없다고 했다. 적당한 때에 이 나무를 잘게 쪼개 땔감으로 쓰기 좋게 만들 것이다.[176] 참을성 없는 젊은 전사들이 싸움을 시작하자고 재촉했지만 나르보나는 조용히 이들을 말렸다. 아래쪽 협곡에서 병사들이 말에서 내렸다. 지친 말이 가파른 길을 쉽게 오르게 하기 위해서였다.

마침내 때가 왔다. 나르보나가 신호를 보내자 나바호들이 전쟁의 함성, 부엉이 울음 같은 무시무시한 비명소리를 냈다. 화살이 비 오듯 쏟아졌다. 총을 가진 나바호들은 일제사격을 퍼부었다. 다른 전사들은 골짜기로 돌덩이를 던지거나 바위를 굴러 떨어뜨렸다. 말이 흩어지며 군인들을 짓밟고 달렸다. 그레그의 기록에 따르면 멕시코인들은 "경악해서 제정신이 아니었다. 말에서 굴러 떨어진 사람, 아무데나 대고 총을 쏘는 사람, 모두가 공포에 사로잡혔다."[177]

수십, 어쩌면 수백 명이 죽었다. 멕시코-나바호 전쟁 역사가 한 사람은 멕시코군이 "양쪽이 절벽인 협곡에 갇힌 사슴처럼 쓰러졌다"고 했다.[178] 그 자리에서 죽은 군인 가운데에는 원정대장인 이노호스 대위도 있었다. 나바호 전통에 따라 예메스 푸에블로의 대장은 나바호 전사들에게 포위되자 생포당하는 대신 벼랑에서 뛰어내려 스스로 죽음을 맞았다.[179]

멕시코인들은 패주했다. 최종 사상자 수는 알려지지 않았으나 엄청난 학살이었다고 모두가 입을 모아 말한다. 몇 년 뒤에 이때 구리 산길에 있었던 나이 지긋한 나바호 전사는 인터뷰에서 그저 이렇게 말했을 뿐이다. "우리는 많이 죽였습니다."[180]

그날부터 구리 산길은 다른 이름으로 불리게 되었다. 나바호들은 지명에 사람 이름을 붙이는 일이 거의 없지만, 밉살스러운 멕시코인들을 상대로 엄청난 승리를 거둔 것이 어찌나 자랑스러웠던지 관습에 예외를 두고 이 골짜기 길에 나르보나 산길이라는 새로운 이름을 붙였다.

14. 한밤중의 기습

클래머스 호수 남쪽 물가, 프리몬트의 캠프에서 키트 카슨은 잠에서 깼다. 무슨 소리를 들은 것 같았다. 빈터에서 들려오는 소리, 뭔가 이질적인 소리였다. 그날 거의 80킬로미터를 달렸으니 지쳐서 세상모르고 자야 할 테지만 키트 카슨은 여행 중일 때 얕은 잠을 자기로 이름난 사람이었다. 경험에 의해 조건반사처럼 굳어진 두려움, 덫줄처럼 팽팽한 신경을 가졌다.

카슨은 재빨리 막사 안을 둘러보았다. 프리몬트가 건너편 불빛 아래서 편지를 읽고 있었다. 모닥불 주변에 두셋씩 흩어져 침낭 안에 들어가 자는 사람들도 있었다. 팀은 전부 열네 명이었다. 사람들은 드르렁거리며 코를 골았다. 황무지를 집으로 알고 사는 기름기투성이의 거친 여행자들이었다. 프랑스인 사냥꾼 바질 라조네스, 캔자스에서 고용한 길잡이 전문가 델라웨어 인디언 몇 사람, 카슨의 오랜 친구이자 산사람인 루션 맥스웰, 앨릭스 고디, 딕 오언스, 성마른 해병대 아치볼드 길레스피. 이 사람이 가져온 전문을 프리몬트가 지금 읽고 있었다. 어찌나 몰두했는지 다른 사람들은 안중에도 없는 듯했다.

1846년 5월 9일 밤이었고 소규모 탐험대는 오리건 남쪽 벌판에서 캠핑을 했다. 프리몬트 무리는 아직 그 사실을 깨닫지 못했지만 이들은 미시시피 강 서쪽에서 가장 큰 담수호 가운데 하나에 도착한 것이었다. 폭 48 킬로미터, 연어가 가득하고 화산성 무기양분이 많아 특정 종류의 조류가 가장자리 습지에 번성하여 얕은 물가에는 이상스러운 청록색 형광빛이 돈 다. 클래머스 호수는 프리몬트 같은 지질학자에게는 길에서 만난 횡재 같은 것이었다. 그래서 일주일 동안 프리몬트와 지형학자들은 카메라 루시다(특별한 프리즘이나 거울 또는 현미경을 이용하여 물체의 상을 종이나 화판 위에 비추어주는 장치 -옮긴이)로 지형을 기록하고 식물 표본을 채집하고 천체 관측을 하고 기압계 등을 확인하고 정오에 육분의로 태양의 위치를 측정했다. 클래머스 호수는 "야생 그대로이고 사람의 손이 닿지 않았다." 프리몬트는 낭만적으로 이렇게 읊었다. "침해되지 않은 고요가 우리의 흥미를 끌었다."[181]

사실 이들은 위험한 지역에 있었고 카슨은 그걸 잘 알고 있었다. 한 세대 전 제더다이어 스미스가 처음으로 이 지역에 들어섰을 때 그의 무리 열다섯 명이 인디언들에게 공격을 당했다. 머리 가죽이 온전하게 붙어 있는 사람은 스미스를 비롯해 세 명뿐이었다.

그날 서늘한 봄밤, 카슨은 프리몬트가 파수를 세우지 않았다는 사실 때문에 불안했다. 평소에는 대개 늘 파수를 세웠던 것이다. 카슨은 어둑한 숲을 둘러보았지만 특별한 것은 눈에 띄지 않았다. 불이 탁탁 소리를 내며 탔다. 연기가 천막 꼭대기에 모여들었다. 시냇물 흐르는 소리가 또렷하게 들렸고 바람이 솔숲에서 한숨을 쉬었으며 클래머스 호수에서 물결치는 소리가 들렸다. 서쪽의 캐스케이드 산맥은 아직도 눈에 덮여 있어 헐벗은 산정이 달빛에 빛났다.

카슨은 "어떤 위험도 느끼지 못했다"고 했다.[182] 카슨은 담요를 몸에 단단하게 말고 잠에 빠져들었다.

*

그날 밤이 깊었을 때 카슨은 어떤 소리에 잠이 깼다. 쿵 하는 묵직하고 둔중한 소리였다. 라조네스가 자는 쪽에서 난 것 같았다. 카슨은 윗몸을 일으키며 외쳤다. "무슨 일이야, 바질?"

프랑스인은 아무 대답도 없었다.

카슨은 권총을 쥐고 벌떡 일어섰다. 친구 라조네스에게 달려갔다. 잘 보이지 않지만 희미한 모닥불빛에 무언가 끔찍한 빛이 번뜩 보였다. 프랑스인의 머리가 자는 동안 둘로 쪼개진 것이었다. 뇌가 희번덕거렸고 두개골은 철철 흘러넘치는 피 웅덩이 안에서 반으로 벌어져 있었다.

"인디언이다!" 카슨은 소리치며 어둠 속을 향해 총을 쐈다. 수십 명쯤 되는 듯한 인디언들이 캠프를 에워싸고 화살을 쏘아댔다.

모든 사람이 일어나 움직였다. 다만 델라웨어 인디언 가운데 하나인 유능한 길잡이 데니는 일어나지 않았다. 카슨은 데니도 자는 동안에 당했다는 것을 알았다. 화살이 관통한 것이다. 카슨은 데니가 죽어가며 신음하는 소리를 들었다.

두루미라고 불리는 또 다른 델라웨어 인디언은 장총을 들고 방아쇠를 당겼지만 총알이 장전되어 있질 않았다. 두루미는 총신을 쥐고 덤벼드는 적에게 개머리판을 휘둘렀다. 그러나 모닥불빛에 모습이 드러나 곧 적의 화살을 맞고 말았다. 그는 가슴에 화살 다섯 개가 꽂힌 채 쓰러졌다.

우두머리로 보이는 몸에 물감을 칠한 전사가 캠프로 들어와 가까운 거리에서 용감하게 덤비며 프리몬트 무리와 몇 분 동안 대결했다. 카슨, 오언스를 비롯한 몇몇이 이 전사에게 총을 발사했고 전사는 땅에 쓰러졌다. 손목에는 강철 손도끼가 달려 있었는데 아마 라조네스를 죽인 무기인 듯싶었다.

가장 용감한 전사가 쓰러지자 다른 공격자들은 어둠 속으로 후퇴했다. 우두머리의 시체를 찾으려고 몇 차례 다시 공격해왔지만 프리몬트는 시체를 내줄 생각이 없었다. 카슨과 몇몇 사람이 나뭇가지에 담요를 걸어 비처럼 쏟아지는 적의 화살을 막았다. 담요는 꿋꿋이 공격을 차단했다. 마침내 적들이 포기하고 완전히 떠나버렸다.

그날 밤이 새도록 카슨과 다른 사람들은 눈을 크게 뜨고 무기를 쥔 채로 다시 공격이 있지 않을까 불안하게 주위를 살폈다. 불안 속에서 몇 시간을 보낸 뒤 동이 텄고 숲 속이 훤해졌다. 주변에 인디언들은 남아 있지 않았고 호수는 기이한 청록빛으로 빛났다. 프리몬트 팀에서 죽은 세 사람의 시체가 바닥에 누워 있었다. 누군가가 위에 담요를 덮어놓았다.

카슨은 라조네스를 죽인 용감한 인디언 전사의 시체를 살폈다. 깃털로 된 출전용 모자를 썼고 몸에는 복잡한 무늬를 그려 넣었다. 화살통에 화살 마흔 개가 있었다. 아름답고 정교하게 만든 화살로 화살촉에는 독이 발려 있었다. 카슨은 클래머스 인디언이 틀림없다고 생각했다. 전에도 만난 적이 있는 호수 지역 인디언이다. 카슨은 이들이 "비열하고 천박하고 신의가 없는 종족"이라고 생각했다.[183] 카슨과 다른 사람들은 바로 며칠 전에 자기들이 담배, 고기, 칼 등을 선물로 준 인디언들과 같은 무리라고 결론을 내렸다.

카슨이 손목에 가죽끈으로 달려 있는 도끼를 살폈다. 영국제였다. 캠프 주위에서 발견한 화살 몇 개는 촉이 랜싯(외과수술용으로 쓰는 짧고 폭이 넓고 끝이 뾰족한 양날 칼 -옮긴이)처럼 생긴 철로 되어 있는데 엄쿠아 강에 있는 허드슨스 베이 컴퍼니 전초지에서 나온 것이 분명했다.[184] 가까이에 있는 영국 사업체였다. 카슨은 영국인들이 클래머스 인디언을 선동한 게 아닐까 생각했다. 1820년대 중반 허드슨스 베이 컴퍼니는 스네이크 강과 다른 내륙의 강에서 비버를 멸종 위기에 이를 때까지 사냥해 이른바 '모피 사막'을 만들었다. 미국이 더 가치 있는 컬럼비아 강 유역으로 뚫고 들어오지 못하게 막기 위해서였다. 그렇게 무자비한 정책을 추구하는 회사라면 성난 인디언들이 미국 원정대를 공격하도록 부추기는 일도 능히 하고도 남을 것이다.

카슨은 캠프 주변을 살피고 발자국 등을 확인하여 공격에 가담한 클래머스 인디언이 스무 명 정도라고 추측했다.

그런 다음 벌집처럼 총알을 맞은 우두머리의 시체를 살폈다. 카슨은 내내 인디언들과 싸우면서 지냈지만 특히 이 클래머스 인디언에게 깊은 감명을 받았다. "내가 본 가장 용감한 인디언이었다"라고 그는 나중에 말했다. "그의 부하들이 그만큼 용감했다면 우리는 모두 죽었을 것이다."[185]

카슨은 죽은 전사의 손목에서 도끼를 떼어내어 손잡이를 쥐고 무게를 가늠해보았다. 라조네스, 데니, 두루미의 시체는 쓰러진 자리에 그대로 있었고 담요에 덮인 모양새가 숲을 뚫고 들어오는 새벽빛 속에서 점점 뚜렷하게 드러났다. 모두 "용감하고 진실한 사람들"이었다고 카슨은 말했다.[186] 친구이자 안내자로서 카슨은 깊은 책임감을 느꼈다. 특히 라조네스와는 절친한 사이였다. 프리몬트의 원정대에 참가해 수천 킬로미터를 함께 누빈 친구였다.

캠프는 "분노와 우울"에 잠겨 있었다고 프리몬트는 말했다.[187] 그러나 모두들 상황이 더 나빴을 수 있다는 걸 알았다. 자칫하면 몰살을 당했을 수도 있었다. 살아남은 델라웨어 인디언들은 벌써 애도 의식을 시작했다. 몸에 검은 물감을 칠하고 울부짖으며 스스로를 채찍질했다. "아프다." 사군다이라는 사람은 애도하며 이렇게 말했다. "아주 아프다."[188]

이들의 슬픔에 마음이 흔들려 카슨의 가슴속에서도 분노가 솟구치기 시작했다. 카슨은 충동적으로 강철 도끼를 높이 들어 클래머스 전사의 두개골을 내리쳤다.

그러나 분노가 가라앉지 않았다. 카슨은 성장한 뒤로 늘 인디언들 사이에서 지냈고 인디언들의 전투 의식과 격앙된 슬픔을 받아들였다. 그도 지금 애도하고 있으며, 라조네스를 죽인 그 도끼로 전사의 영혼을 벌하고 싶었다. 클래머스 인디언들이 완전히 망가지고 훼손된 동지의 시신을 발견하고 치를 떨기를 바랐다.

카슨은 시체의 얼굴이 완전히 문드러질 때까지 난도질을 했다. 프리몬트의 말에 따르면, "카슨은 인디언의 얼굴을 조각조각 쪼갰다."[189]

15. 뛰어난 배우[190]

　　8월 중순 작열하는 열기 속에서 뉴멕시코인들은 커니 군을 기다렸다. 3,000명 이상의 장정이 총독의 소환에 응했다. 부자고 가난한 사람이고 할 것 없이, 당나귀를 탄 소년, 너덜너덜한 솜브레로를 걸친 농사꾼, 관절염으로 다리를 저는 노인까지 마을, 목장, 농장에서 줄지어 나왔다. "미국 침략자를 무찌르자! 배신자를 처단하자!"고 외치면서 골동품 머스킷 총, 창, 칼, 활과 화살, 몽둥이를 들고 나섰다. 자원병들은 샌타페이 남동쪽으로 25킬로미터 거리에 있는 아파치 협곡에 집결했다. 여러 해 전부터 아파치들이 매복해 있다가 짐마차 행렬을 습격하던 곳이라 이런 이름이 붙었다.

　　아파치 협곡은 샌타페이로 가는 동쪽 관문으로, 방어용으로 적합한 바싹 마른 방울뱀 같은 지역이다. 샌타페이 통로가 아파치 협곡 안으로 이어지는데 길이 어찌나 좁은지 한 번에 마차 한 대밖에 지나가지 못한다. 나무와 바위 뒤에 가려진 높은 암벽 위에 제대로 자리만 잡으면 침략군에게 사정없이 포화를 퍼부을 수 있다. 미군이 의심하고 염려한 대로 뉴멕시코인들은 이곳을 최종 수비지로 삼았다.

　　미국군의 규모가 어느 정도인지, 구체적으로 어떤 의도를 품었는지를 둘러싸고 온갖 소문이 떠돌며 몇 주 동안을 혼란 속에서 허비한 터라 뉴멕시코인들은 서둘러야 했다. 그들은 샌타페이에서 낡은 대포를 끌고 와 협곡 암벽을 따라 요충지에 설치했다. 탄약을 비축했다. 탄도를 가로막는 나무를 베고 자리를 잡았다.

이들은 전체적으로 보아 암담한 군대였다. 훈련도 받지 않았고 장비도 형편없었다. 그러나 단 한 가지 강점이 있었다. 자기 나라를 사랑한다는 것이었다. 군인들은 반드시 나라를 지키겠다는 결심에 불탔다. 이들은 미국인들이 오래전부터 이어져 내려온 삶을 파괴하고 여자들을 해치고 신앙도 버리게 할 거라고 확신했다. 샌타페이는 이미 아수라장이 되었다. 성직자들 다수는 짐을 꾸려 떠났다. 관리들은 적이 교회를 막사로 쓸지 모르니 차라리 파괴하라고 했다. 부자들은 집 대문을 걸어 잠그고 남쪽의 친척 집으로 피했다. 나머지 사람들은 여자들을 산악 지대로 보낸 뒤 무기를 챙겨서 아파치 협곡으로 모여들었다.

협곡에서 방비를 강화하는 수비대 사이에서 며칠 동안 불화가 일었다. 총지휘를 하는 사람이 누군지 아무도 몰랐고 어떻게 협곡에 병력을 배치해야 할지 서로 의견이 어긋났다. 일이 계속 지연되자 마침내 총독이 100여 명의 수비대와 뉴멕시코 의회 의원들을 이끌고 나타났다. 총독이 등장하자 힘과 집중력이 한데 모이는 듯했다.

돈 마누엘 아르미호 총독은 술수를 부리며 여러 해 동안 집권과 실권을 되풀이했다. 앨버커키 근방 가난한 농가에서 태어나 교활한 재주로 이 자리까지 오른 아르미호는 수치심을 모르는 타락한 인물로 정평이 나 있었다. 실상 날강도나 다름없는 인물이었다. 어렸을 때 부잣집 말 수천 마리를 훔쳐 그 사람한테 되팔아서 처음으로 재산을 모았다고 한다. 샌타페이 통로가 열리자 관세 징수원 자리를 꿰찬 다음 미국 상인들에게 터무니없는 관세를 징수하고 자기 주머니에 챙겨 큰 재산을 모았다. 샌타페이에 들어오는 짐마차 한 대당 무조건 500달러씩 부과해서 해마다 많게는 6만 달러까지 벌었다고 한다.

총독이 되어서는 도박을 좋아하고 경주마를 몰래 길렀다. 수사가 화려하지만 뜻은 모호한 선언을 하길 좋아해서 사람들은 총독이 대체 뭐라고 하는지 알 수 없었다. 공무도 자의적으로 처리해서 아무 구실도 이유도 없이 사람들의 재산을 강탈하곤 했다. 아르미호는 "하늘은 하느님이 지배하신다. 그러나 땅은 아르미호가 지배한다"고 말하곤 했다. 나중에 그를 조사했던 중위 한 사람은 보고서에 이렇게 적었다. "아르미호는 평화시에나 전시에나 마음에 들지 않는 사람은 누구든 잡아들이고 재산을 빼앗곤 했다." 아르미호는 장군이라는 이름으로 불렸지만 이는 사실 한껏 부풀린 호칭이었다. 군사 훈련은 조금도 받은 적이 없으니 말이다. 그런데도 화려한 군복을 즐겨 입었다. 빛나는 장식 띠, 번뜩이는 칼, 깃털 장식까지 달았다. 손님을 접대할 때는 품위 있고 통이 컸다. 총독궁에서 밤이 깊을 때까지 손님을 맞았고 수입한 산해진미와 엘파소 브랜디를 후하게 내놓았다. 결혼했지만 정부도 여럿 거느렸다. 얼굴은 둥글고 살이 늘어졌는데 추남이라고 할 수는 없었지만 무지 비대했다. "지방의 산"이라고 뉴멕시코를 거쳐 간 영국 여행 작가가 평했다.[191]

아르미호는 무엇보다도 목숨을 부지할 줄 아는 사람이었고, 용감한 표정을 짓고 있었지만 궁지에 몰리면 형편없는 겁쟁이가 되었다. "용감한 척하는 것이 실제로 용감한 것보다 더 현명하다"[192]고 그는 종종 말하곤 했다.

*

그해 초여름 미국군이 샌타페이로 진격한다는 소식을 처음 들었을 때 아르미호 '장군'은 이상하게 행동했다. 처음에는 방에 틀어박혀 아무것도 하지 않았다. 그러고는 서둘러 고위 관리들을 소집해서 "이 나라의 제단에 엄청난 희생을 바쳐야" 할 때라고 말하며 저항해보았자 소용이 없다고 암시했다. 심지어는 자기 수하들에게 "뉴멕시코를 수비해야 할지 말아야 말지"를 묻기도 했다.[193]

그러더니 커니가 보낸 미국인 사절을 비밀스레 맞이해서 호화스러운 식사를 대접하고 그의 제안을 신중히 고려해보았다. 사절로 온 사람은 제임스 매거핀, 벤트 교역소에서 유산한 뒤 몸조리를 하고 있는 수전 매거핀의 시숙이었다. 포크 대통령이 친히 아르미호와 협상을 하라는 전권을 수완 좋은 상인에게 위임했던 것이다. 제임스 매거핀은 워싱턴에 가서 일급비밀인 고위급 명령을 받고 바로 벤트 교역소로 돌아왔다.

8월 초 제임스 매거핀은 소규모 용기병 호위대와 함께 벤트 교역소를 출발했다. 그는 경쾌하고 세상 물정에 닳고 닳은 사람이라 자기가 늘 하는 방식대로 여행했다. 마차에서 아편을 피우며 클라레 와인을 홀짝이며 샌타페이로 달렸다. 총독궁 안의 은밀한 곳에서 매거핀은 아르미호에게 저항하지 않는다면 상당한 돈을 주겠다고 제안했을 것이다. 총독이 노골적인 뇌물을 받았는지 안 받았는지는 분명하지 않고 이들의 회합이 구체적으로 어떻게 진행되었는지에 대해서는 추측만 남아 있다. 그러나 아르미호의 소문난 타락상과 그가 미국 침략 때까지 계속 변덕스러운 행동을 보인 것을 고려하면 뇌물을 받았을 가능성이 매우 높다.

총독은 매거핀을 접대하는 한편 자기 주식을 팔아치우고 교회 금고를 비웠다. 그러고는 급사를 파견해 커니에게 공식 서한 몇 통을 보냈다. 이해할 수 없는 표현으로 가득 찬 편지는 항복과 열의 없는 저항 사이를 불분명하게 왔다 갔다 했다. 이런 구절도 있었다. "귀하는 내가 통치하는 땅을 차지하겠다고 알려왔소. 이 땅의 백성들이 나를 보호하기 위해 모두 분기했소. 귀하가 이 땅을 차지한다면 당신이 전투에 더 강하기 때문일 것이오. 잠시 멈출 것을 제안하오…… 평아에서 만나 협상을 합시다."

아르미호는 시간을 벌고 있었다. 자신의 진짜 의도가 무엇인지 신중하게 감추고 있었던 것이다. 그는 어떤 기록도 남기지 않았다. 사실 글도 잘 몰랐다. 그러나 자기가 사면초가의 상황에 몰렸다는 것을 알았다. 정부는 파산 상태였고, 군대는 웃음거리밖에 안 되었다. 전쟁을 벌인다면 미국인들에게 잡혀 죽을 것이 뻔했다. 유일한 희망은 머나먼 치와와에서 지원군을 보내주는 것인데 지원군은 8월 중순이 되도록 오지 않았다. 아르미호는 궁지에 몰려 안절부절못하고 있었다. 한 역사가의 말에 따르면 "입장을 자꾸 바꿀 수밖에 없었다."[194]

다른 뉴멕시코 지도자들은 아르미호 총독이 조국을 지켜야 한다고 입을 모아 주장했다. 마지막 남은 한 사람까지 싸워야 한다고 말이다. 그중에서 가장 돋보이는 사람은 디에고 아르출레타 대령이었다. 영향력 있는 정치가이고 아르미호의 부사령관으로 용감한 군인이었다. 기질 면에서나 성품 면에서나 아르출레타는 아르미호와 정반대였다. 아르출레타에게는 이것이 이길 수 있는 전쟁이냐 아니냐는 아무런 문제가 되지 않았다. 명예가 걸린 문제였던 것이다. 아르출레타는 아르미호가 대의를 저버릴 생각을 한다는 것을 알고 충격을 받았다. 어떤 희생을 치르더라도 뉴멕시코인들은 침략자를 물리치거나 아니면 싸우다 죽어야 했다.

아르출레타는 아파치 협곡에 모인 자원병을 모집하는 데 선두에 섰고 승리를 낙관했다. 그는 미군 보급대는 물론이고 군대 자체도 코만치가 출몰하는 황량한 땅에 수백 킬로미터에 걸쳐 퍼져 있으리라는 걸 알았다. 커니 군은 틀림없이 덥고 굶주리고 지치고 사기가 떨어져 있을 것이다. 가축도 지쳤을 것이고 집을 떠나 수천 킬로미터를 오면서 뜨거운 햇볕 아래 전투 의지도 사그라졌을 것이다. 수적으로도 뉴멕시코인이 커니 부대를 2대 1 정도로 압도했다. 제대로 자리 잡을 시간만 있으면 미군은 아파치 협곡을 절대로 건너지 못할 것이다.

아파치 협곡을 충실히 수비하는 부대는 아르미호가 막후에서 어떻게 움직이는지 몰랐다. 그들이 알기로는 총독은 이 지역을 끝까지 지킬 사람이었다. 아르미호는 적어도 대중 앞에서는 그런 입장을 취해왔다. 그는 8월 8일 겉으로는 출정 나팔 소리처럼 들리는 전쟁 선언을 했다. "애국자들이여, 마침내 이 나라가 자녀들에게 구원을 위해 끝없는 희생을 요구하는 순간이 왔다"[195]면서 "조국에 최고의 헌신"을 보여줄 것을 요구하고 "백성들을 통치하는 나도 사랑하는 조국을 위해 목숨과 이권을 포기할 준비가 되었다"[196]고 했다. 그의 말을 찬찬히 뜯어보면 감추어진 다른 뜻을 간파할 수 있다. 그는 백성들에게 "승리를 구하라…… 만약에 그것이 가능하다면. 불가능한 일을 해야 한다고 하는 사람은 없으므로"라고 말했다. 그는 사람들에게 안타깝지만 스스로 경비를 치러야 한다고 했고 모든 일을 그들의 손에 넘겼다. "총독은 여러분의 재정적 지원, 결정, 신념에 의존할 뿐이다."

8월 16일 아르미호는 가장 멋진 군복으로 차려입은 후 그 비대한 몸으로 가장 좋은 말에 올라타고 아파치 협곡에 들어섰다. 그는 사람들이 쌓아올리는 방어벽을 살펴보고는 흡족해하면서 임박한 전투에 대해 몇 마디 격려하는 말을 했다. 아르미호는 뛰어난 배우였고 군중을 자극하는 법을 알았다. 그러나 한편으로는 은테를 두른 아름다운 안장 위에서 고함을 지르고 지껄이고 '지방의 산'을 들썩거리며 말 옆구리를 엄청난 박차로 쉴 새 없이 건드렸다. 어딘지 모르게 불안해 보였고 고민거리가 있는 듯 눈빛이 흔들렸다.

16. 완벽한 살육

클래머스 인디언에게 공격을 당한 이튿날 아침, 이미 결단은 내려졌다. 프리몬트는 지금껏 내내 생각해왔던 대로 캘리포니아로 돌아갈 것이다. 학술적 원정은 노골적으로 군사적 원정으로 바뀔 것이고 프리몬트는 곧 대륙 전체를 차지할 나라에서 자신의 빛나는 미래를 닦아나갈 것이다.

그러나 남쪽으로 가기 전에 일을 하나 처리해야 했다. 세 동료의 죽음에 복수를 하는 것이었다. 클래머스들에게 처절한 대가를 치르게 하겠다고 프리몬트는 맹세했다. 라조네스와 델라웨어 인디언 두 사람을 기리기 위해서이기도 하지만 원칙 자체가 그랬다. 지금이나 앞으로나 탐사대가 이처럼 이유 없는 공격을 당하는 일은 없어야 했다. "지금은 다른 문제를 모두 제쳐놓고 여기를 떠나기 전에 그들에게 앙갚음을 하기로 결심했다"[197]고 프리몬트는 적었다.

프리몬트는 클래머스 호수 전체를 시계 방향으로 돌아 북쪽으로 가기로 했다. 북쪽 호숫가에 캠프를 차린 다른 대원들과 합류할 참이었다. 숲이 우거진 호숫가를 따라 이동하면서 인디언 마을을 찾아 보복을 할 계획을 세웠다. 카슨도 반대하지 않았다. 오랜 친구 라조네스를 잃은 것에 대한 분노가 아직도 뜨거웠다. "인디언들은 아무 이유 없이 우리에게 싸움을 걸었다. 이들을 즉시 혼내주어야 한다고 생각했다."[198] 카슨은 나중에 이렇게 말했다.

1846년 5월 10일 아침, 일행은 데니, 두루미, 라즈네스의 시체를 담요에 싸서 짐말에 실었다. 카슨은 삽이 있는 메인 캠프로 돌아가 호숫가 좋은 자리에 무덤을 파고 이들을 묻어주고 싶었다. 그러나 빽빽한 나무 사이로 지나가다 보니 뻣뻣하게 굳은 시체가 계속 나무에 부딪히고 걸려 "멍투성이가 되었다"고 카슨은 전한다. 아무리 생각해도 잔인한 행진을 더 계속할 수가 없어 칼로 얕은 무덤을 파고 엄숙하게 친구들을 함께 묻었다. 눈에 띄지 않게 통나무와 덤불로 무덤을 덮었다. 프리몬트는 탐험가의 특권으로 가까이에 있는 시내에 데니 시내라는 이름을 붙였다. 오늘날까지도 이 이름이 남아 있다.

프리몬트 팀은 다시 북쪽으로 나아갔다. 델라웨어 인디언들이 먼저 수풀 속에 숨은 클래머스의 낌새를 알아챘다. 바로 쫓기 시작했고 얼마 지나지 않아 장총 울리는 소리가 났다. 델라웨어 인디언들은 곧 피가 뚝뚝 떨어지는 머리 가죽 두 개를 들고 돌아왔다. "전에는 아주 아팠다. 지금은 좀 나아졌다." 둘 중 한 사람이 이렇게 말했다.

계속 호숫가를 따라 나아갔다. 프리몬트는 카슨을 비롯해 열 명을 골라 클래머스 마을이 있음 직한 지역을 살펴보게 했다. 카슨 무리는 15킬로미터 정도 앞서가 곧 촌락을 찾아냈다. 다가가서 부들 사이에 숨어 살폈다. 윌리엄슨 강이 클래머스 호수 위쪽으로 흘러들어가는 습지 가까이에 있는, 독도콰스라는 이름의 꽤 큰 어촌이었다. 집이 50채 남짓 있었고 왁자지껄했다. 개가 짖고, 여자들은 갈대로 돗자리를 짜고, 어부는 통나무 카누를 타고 물 위에서 미끄러졌다. 연어와 서커(잉어 비슷한 북미산 민물고기 ─옮긴이)를 뜬 포가 연기 속에서 훈제되고 있었다.

갑자기 마을 사람들이 불안하게 움직였다. 카슨은 자기들이 들켰다는 것을 알았다. 바로 공격을 시작했고 수적으로 크게 불리한데도 열한 명은 말을 달려 얕은 물을 건너 사람들이 우왕좌왕하고 있는 마을로 들어섰다. 카슨 무리는 아무런 공격도 받지 않고 총질을 할 수 있었다. 클래머스 남자들은 대부분 낚시나 사냥을 하러 나갔고 남아 있는 몇몇은 가진 무기라곤 활과 화살밖에 없었다.

몇 분 만에 카슨 무리는 인디언 스물한 명을 죽였다. 목숨이 붙어 있는 마을 사람들은 미친 듯이 언덕 쪽으로 흩어졌다. 델라웨어 인디언들은 숨어 있는 사람들까지 찾아내어 죽였다. 클래머스 소년들은 물속으로 헤엄쳐 들어가 갈대 줄기로 숨을 쉬었다.

그것은 카슨이 말하듯 완벽한 살육이었다. 어떤 면으로 보나 명백한 과잉 살상이었다. "우리는 그들이 잊지 못하게 했다. 준엄하게 벌했다"고 카슨이 말했다. 카슨은 자기들은 여자나 아이들은 "괴롭히지 않았다"고 주장했지만 카슨 무리 중 한 사람은 자기가 카누에서 죽은 '인디언 노파'를 보았으니 적어도 여자 한 명은 당했다고 말했다. 클래머스 인디언들은 독도코스 공격에서 많은 여자들과 어린아이들이 학살당했다고 주장한다.

카슨은 또 마을을 파괴하라고 명령을 내렸다. "그들에게 최대한 많은 피해를 입히고 싶었다. 그래서 집에 불을 지르라고 지시했다." 카슨은 나중에 이렇게 설명했다. 사람들은 흩어져서 진흙과 갈대로 엮은 통나무로 만든 반지하 오두막집에 불을 질렀다. 바싹 말라 있고 부슬부슬해서 불에 아주 잘 탔다. 곧 마을 전체가 불길에 휩싸였다. 카슨은 그걸 "아름다운 광경"[199]이라고 생각했다.

프리몬트는 멀리에서 연기가 피어오르는 걸 보고 따라잡기 위해 말을 달렸다. 불타는 마을로 달려 들어온 원정대장은 '너무 늦어 재미있는 구경거리를 놓쳐" 몹시 실망했다. 그러나 무척 만족한 모양이었다. 프리몬트는 이렇게 말했다. "이 호숫가에 클래머스가 살아 있는 동안은 이 이야기가 계속 전해질 것이다."

(프리몬트의 예언대로 독도콰스 학살 이야기는 클래머스 사이에서 계속 전해져 내려온다. 오늘날까지도 클래머스가 미국 정규군과 처음 만났을 때 무슨 일이 일어났는가를 일깨워주고 있는 것이다. 클래머스는 그때 가장 큰 어촌이었던 이 마을을 다시 재건하지 않았다. 오늘날 독도콰스는 호숫가 갈대숲 사이에 황량한 빈터로 남아 있다. 이곳에서 무슨 일이 있었는지를 보여주는 흔적은 아무것도 없다. 『더 새로운 세계』라는 책에서 프리몬트와 카슨의 특이한 우정을 통찰력 있게 파악한 역사가 데이비드 로버츠는 오늘날 대부분의 학자들은 프리몬트와 카슨이 복수심에 눈이 멀어 엉뚱한 부족을 공격했다고 보기 때문에 독도콰스의 비극이 한층 더 처참하게 느껴진다고 썼다.[200] 라조네스와 델라웨어 두 사람을 죽인 인디언 무리는 이웃에 있는 모독 인디언일 가능성이 높다는 것이다. 모독은 또 다른 호수지역 부족으로 오리건-캘리포니아 경계 가까이에 거주한다. 클래머스와 모독은 문화적으로 유사하지만 서로 철천지원수지간이었다.)

그날 오후 늦게 클래머스 전사 하나가 독도콰스로 돌아와 자기 마을이 파괴된 것을 알고 숲 속에서 카슨에게 활을 겨누었다. 카슨은 낌새를 알아차리고 총을 들었으나 불발이었다. 클래머스 전사가 독 묻은 화살을 날리려는 순간, 새크라멘토라는 이름의 용감한 잿빛 전투마를 탄 프리몬트가 카슨이 곤경에 처했다는 것을 알아차렸다. 프리몬트는 새크라멘토를 몰아 인디언 전사를 짓밟았고 화살은 다른 데로 날아갔다. 델라웨어 추장 사군다이가 말에서 내려 부상당한 클래머스를 몽둥이로 두드려 죽였다. 그때부터 카슨은 프리몬트에게 목숨을 빚졌다고 생각했다. "만약 프리몬트가 그 인디언 위로 말을 달리지 않았다면 나는 화살에 맞았을 것이다. 그 둘은 내 생명의 은인이다. 대장과 새크라멘토가 나를 구했다."[201] 카슨이 회고했다.

프리몬트 무리는 클래머스 호수를 돌며 길고 잔인한 여정을 이어갔다. 한 사람이고 두 사람이고 맞닥뜨리는 대로 인디언을 죽였다. 그러나 분노는 이미 소진되었다. 프리몬트도 복수심이 바닥났다. 그는 자서전에 "나는 스스로 한 약속을 지켰고 그들에게 배신에 대한 대가를 치르게 했다. 이제는 지금까지 미뤄두었던 일에 정신을 집중하려 한다"고 적었다.

프리몬트는 남쪽으로 방향을 돌렸다. 클래머스의 영역을 가로질러 캘리포니아로 갔다. 그러나 프리몬트 원정대가 시에라 산맥을 나와 새크라멘토 골짜기로 들어가는 동안 내내 야후스킨, 모독, 샤스타 등 여러 부족 인디언들이 끝없이 뒤를 따라왔다. 이들 부족 전사들은 클래머스 호수에서 들려온 소식에 분기탱천한 것이 분명했다. 카슨은 계속해서 공격의 기미를 느꼈고 자기들이 감시당하는 것을 느꼈다. 어느 시점에서 카슨은 좁은 골짜기로 가지 말고 우회해서 가자고 했다. 인디언이 매복하고 있을까 의심했던 것인데 정말 그랬다. 매복해 있던 인디언 가운데 몇이 프리몬트 무리를 쫓아왔고 카슨이 그들 사이로 달려 들어갔다. 갑자기 바위 뒤에서 인디언 한 명이 뛰쳐나왔다. "숨어 있던 곳에서 나와 빠른 속도로 화살을 쏘아댔다." 카슨은 자서전에 이렇게 구술했다. "나는 말에서 내려 총을 쐈다. 적중했다."

카슨은 자기가 죽인 전사에게 감명을 받았고 나쁜 감정은 전혀 갖지 않았다. "용감한 인디언이다. 더 나은 운명을 맞을 수 있었는데 잘못된 길에 발을 들여놨다."[202]

카슨은 이 전사의 "훌륭한 활과 멋진 화살통"을 거두어 길레스피 중위에게 선물로 주었다. 바다 여행에 익숙한 길레스피는 한순간도 긴장을 늦출 수 없는 이런 생활에 벌써 기진맥진했고 카슨 같은 노련한 여행자를 보고 감탄할 수밖에 없었다. 카슨은 이런 삶에 적합한 기질과 능력을 갖춘 듯 보였다. "참으로 힘든 일입니다! 워싱턴에도 이런 실상을 꼭 알리겠습니다." 길레스피가 프리몬트에게 말했다.

그러나 프리몬트의 마음은 이미 다른 곳에 가 있었다. 프리몬트는 이렇게 대답했다. "우리가 다시 워싱턴으로 돌아가기까지는 한참이 걸릴 거요." 203

17. 꺼져버린 몬테수마의 불

　　8월 중순 스티븐 워츠 커니 장군의 부대는 며칠만 더 가면 샌타페이에 입성할 수 있는 곳까지 바싹 다가왔다. 테콜로티, 샌미구엘 등 작은 읍을 지나 페코스 강의 굽이를 따라가는 동안 아르미호에 관한 갖가지 소문을 들었던 터라 커니는 아예 싹 무시하기로 했다. 아파치 협곡에 들어서면 진퇴양난이 될지 모르지만 그래도 커니는 발걸음을 늦추지 않았다. 평균 잡아 하루에 32킬로미터를 갔는데, 이미 1,300킬로미터를 달려온 군대가 이런 속도를 유지한다는 건 제정신이라고 보기 힘들었다. 오는 길에 말 3분의 2가 죽었다. 말을 사랑하는 커니에게는 견디기 힘든 일이었다. 기병 대부분이 보병이 되어 레븐워스 요새에서 여기까지 힘겹게 걸어온 미주리 자원병들과 함께 걸었다.

　　커니 부대는 굶주리고 있었다. 벤트 교역소 이후에는 보급량이 3분의 1로 줄었고 군인들은 타는 듯한 태양 아래에서 불평이 가득했다. 제이콥 로빈슨 일병은 이렇게 썼다. "총이 너무 뜨거워져서 손을 댈 수도 없었다. 모래에 발이 델 지경이었다. 끔찍한 열풍이 불타는 아궁이에서 나오는 열기처럼 불어와 옷을 뚫고 우리를 태우는 듯했다. 군인들은 불만에 가득 차 이렇게 말한다. '이 사막 말고 다른 어디라도 좋으니 그곳으로 갔으면.'" 다른 병사는 땅이 어찌나 말랐는지 "노아의 홍수 이래로 단 한 번도 비가 내리지 않은 것처럼 보였다"고 적었다.

도중에 간혹 물을 만나더라도 마실 수가 없었다. 미주리 D중대 소속 마셀러스 에드워즈는 8월 어느 아침 갈증에 지친 동료들이 썩은 물을 벌컥벌컥 마셨다는 이야기를 전한다. "물 상태가 어찌나 안 좋은지 두 눈을 감고 숨을 멈춘 채 구역질나는 물을 삼켰다. 물이 귀한 줄도 모르고 어떤 사람이 말을 타고 물 위로 지나가 진한 흙탕물로 변한 데다, 뼈에서 살이 녹아 뚝뚝 떨어지는 죽은 뱀 한 마리가 물맛을 더하고 있었다."[204]

커니는 이런 불평을 묵살하고 쉴 새 없이 전진했다. 그는 침략에 관해 한 가지 분명한 사실을 알고 있었다. 지연은 언제나 수비하는 쪽에 득이 된다는 것이다. 아르미호에게서 이상한 편지가 계속 날아들었다. 우아한 문구로 지껄이면서 온갖 이야기를 다 하는데 내용은 하나도 없는 편지였다. 서부군 중위 존 휴즈는 그의 편지를 두고 "매우 정중하지만 내용이 너무나 모호해서 총독이 커니 장군과 평화회담을 하고 싶어 하는지 싸우고 싶어 하는지조차 알 수가 없었다"라고 말했다.

아무튼 커니도 아파치 협곡을 걱정했다. 함께 온 샌타페이 상인들은 좁은 산길에 대해 잘 알고 있었고, 벤트 교역소에서부터 줄곧 뉴멕시코인들이 여기에서 싸움을 벌일 가능성이 높다고 경고했던 것이다. 커니는 정탐병을 앞서 보냈고 최대한 빨리 이동했다.

이동 속도를 빠르게 했을 때 얻을 수 있는 또 다른 이점은 군대가 문제를 덜 일으키는 것이라고 커니는 생각했다. 행군 속도 때문에 군인들이 집중하게 되고 눈앞의 임무에 매달리게 되며 욕구가 분출하는 것을 막는다. 풋내기 자원병으로 이루어진 통제하기 힘든 대규모 병력이 수백 킬로미터에 걸쳐 뻗어 있으니 질서가 무너질 가능성은 얼마든지 있었다. 멕시코 북부 다른 지역에서 전쟁이 벌어질 때 재커리 테일러 장군의 자원병은 한 역사가의 말에 따르면 '성적 테러리스트'라는 평판을 얻었다. 그러나 서부군은 강간이나 분탕질을 할 시간도 기운도 없었다.

　대열을 따라 위아래로 움직이며 대장은 준엄하고 엄격하게 규율을 잡았다. 존 휴즈는 커니를 "고참병을 다루는 데 능숙한 기민한 장교"라고 보았고 대장이 미주리 자원병들까지도 숙련된 용기병처럼 "완고하고 엄격한" 기준을 따르기를 기대하는 건 지나치다고 생각했다. 휴즈는 자원병들은 "자유롭게 자랐고 군사학보다는 감정, 원칙, 명예에 따라 움직인다"고 생각했다.[205] 젊은이들은 커니를 두려워하고 존경했지만 커니의 규율에는 별 신경을 쓰지 않았다. 커니가 내리는 벌은 가혹하고 시시포스의 벌처럼 헛되기까지 했다. 한 서부군의 일기를 보면 군인 다섯 명이 사소한 규율 위반을 했는데 "불복종으로 군법 회의에 회부되었고" 일주일 동안 18킬로그램짜리 모래주머니를 끌고 가는 처벌을 받았다고 한다.

　말라붙은 땅을 가로질러 머나먼 길을 행군해온 미주리인들은 싸우고 싶어 몸이 들썩거렸다. 한 자원병은 자기와 동료들이 "열정에 불탔고, 싸워서 명예로운 승리라는 보상을 받기를 갈망했다"고 적었다. 아파치 협곡에서 교전이 있을 것이라는 소문이 퍼지자 군인들은 흥분을 느꼈다. 구보 속도가 빨라졌고 군가가 터져나왔다. 아, 에스파냐인들과 싸워 뚱보 아르미호를 때려눕히자! 샌타페이로 가는 길엔 거칠 것이 없어라![206]

　패기에 넘치는 자원병들과 달리 커니 장군은 될 수 있으면 적과 싸울 일이 없기를 바랐다. 사실 뉴멕시코인들을 적으로 보지도 않았다. 커니는 총 한 발 쏘지 않고 뉴멕시코를 정복하려 했다. '무혈 정복'이 될 것이라고 단언했다. 미국이 이 지역을 차지하고 한 나라로 합병하려면 이곳 사람들의 마음을 돌려놓아야 한다는 걸 알기 때문이었다.

　그래서 그동안 마을을 지날 때마다 지역 촌장을 만났고 라스베이거스 지붕 위에서 한 것과 비슷한 연설을 했다. 자기 군인들은 아무도 해치지 않을 것이며, 미국은 가톨릭에 반대하지 않는다. 미군이 야만족으로부터 지켜줄 것이다. 여자들도 안전하다. 아무에게도 가축처럼 낙인을 찍지 않을 것이다. 통역사와 함께 커니는 이런 내용을 담은 선언문을 에스파냐어로 옮겨 적고 기병을 보내 읍내 광장마다 붙여놓게 했다. 아르미호가 보낸 멕시코 첩자가 커니 군에 생포된 일도 여러 차례 있었다. 그러나 장군은 이들을 포로로 삼는 것보다 자비롭게 놓아주는 것이 더 낫다고 판단했다. 그러면 첩자들이 샌타페이로 돌아가 미국의 관대함에 대해 말을 퍼뜨릴 것이었다. 한편으로는 이들이 아르미호에게 돌아가 보고할 때 미군 병력을 과장해서 전달할 것이라고 확신했다. 그의 경험에 따르면 흥분해서 전달하다 보면 으레 적의 규모를 과장하게 마련이었다.

*

8월 17일 밤 커니는 페코스의 오래된 부락이 있던 폐허 가까이에서 야영을 했다. 페코스 강물이 흘러나오는, 풀이 무성한 골짜기였다. 페코스에는 500년 전부터 사람이 살았고 최근까지만 해도 푸에블로 인디언 부락 가운데 가장 큰 곳이었다. 한때는 3,000명이나 되는 주민이 살았다. 이곳에는 '몬테수마의 불'과 관련된 전설이 내려온다. 이곳 인디언들은 자기들이 위대한 아스텍 황제 몬테수마(마지막 아스텍 황제로 에스파냐 정복자 에르난도 코르테스에 의해 실권했다 옮긴이)와 관계가 있다고 믿었다. 옛날 몬테수마 황제가 땅 밑에 있는 방에 영원히 꺼지지 않는 불을 피우라고 지시했다. 누군가 동쪽에서 와서 에스파냐의 폭정으로부터 해방시켜줄 때까지는 무슨 일이 있어도 이 불을 꺼뜨려서는 안 된다고 했다.

그래서 몇백 년 동안 정복자와 가톨릭 수사들에게 시달리면서 페코스 인디언들은 키바라고 하는 연기 구멍이 있는 둥그런 의식용 방을 지하에 만들어놓고 몰래 불을 피웠다. 수 세기가 흐르는 동안 불을 살피는 일은 이들의 의식이었고 예언된 구원자를 기다리는 갈망의 상징이기도 했다. 1838년까지도 이 의식은 계속되었는데, 짐마차 행렬이 샌타페이 통로에서 가까운 부락을 지나가며 퍼뜨린 전염병으로 페코스 인구가 크게 줄었다. 그 뒤 코만치의 계속된 습격으로 결국 최후를 맞게 되었다. 절멸 직전에 몰린 마지막 17명의 페코스 인디언은 한때 번성했던 마을을 떠나 서쪽으로 100킬로미터 거리에 있는 예메스 산맥으로 몸을 피했고, 그곳에서 같은 언어를 쓰는 일가 부족과 함께 살게 되었다. 페코스의 불은 꺼졌지만, 열성적인 피난민 무리가 마지막 불씨를 예메스의 새 집으로 가져가 그곳에서 계속 전통을 이어갔다는 이야기도 있다.

커니 병사들은 폐허가 된 페코스의 규모를 보고 놀랐으며 전설도 썩 마음에 들어 했다. 특히 오랫동안 고통을 당한 인디언들을 구하러 누군가가 동쪽에서 온다는 부분이 듣기 좋았다. 페코스는 첫 번째 정복자 코로나도(1510~1554, 시볼라의 일곱 도시를 찾아 처음으로 애리조나와 뉴멕시코 지역을 탐험한 에스파냐 탐험가 – 옮긴이)가 1540년 이 지역을 지나며 이곳을 에스파냐의 소유라고 주장할 때만 해도 번성하는 마을이었다. 에스파냐인들은 이곳 가까이에 황금으로 된 일곱 도시가 있다고 확신했다. 그 황금 도시를 허물어 녹인 다음 금괴로 만들어 에스파냐로 가져가 위대한 제국을 살찌울 계획이었다. 그러나 황금 도시는 나타나지 않았고 대신 에스파냐인들은 푸에블로 인디언들의 영혼을 얻으며 동시에 이들을 노예로 삼는 훨씬 재미없는 일에 몰두했다.

미국인들은 뉴멕시코의 가치에 대해 다른 생각을 가지고 있었다. 알칼리성 토양에서 금속을 얻을 수 없더라도 적어도 그 메마른 땅에 마찻길을 내어 동부의 도시와 커니가 다음에 정복할 예정인 캘리포니아를 연결할 수는 있었다. 미국인들은 코로나도처럼 귀금속에 목을 매지는 않았지만 다른 종류의 황금을 얻어내겠다는 결심은 매한가지였다.

지칠 대로 지쳤으면서도 커니의 병사들은 페코스 폐허의 기울어진 장벽 위로 돌아다니며 역사의 웅대함에 감탄하고 역사 속에서 자기들의 자리를 반추했다. 일리노이에서 온 프랭크 에드워즈 일병은 일기를 남겼는데 페코스 폐허를 만든 사람들은 키가 4.5미터나 되는 백인 거인들이라는 이야기를 들었다고 했다. 에드워즈는 그 말이 전적으로 터무니없다고 생각하지는 않았다. "교회 바닥에서 파낸 뼈가 정말 거인 크기였다. 내가 본 허벅지 뼈는 어찌나 큰지 그 뼈의 주인은 키가 적어도 3미터는 될 것 같았다"고 적었다.

에드워즈가 거인의 대퇴골을 살펴보는 동안 밖에 매어둔 노새가 말뚝에서 줄을 풀고 교회 안으로 따가닥따가닥 들어왔다. "나처럼 호기심이 일었는지" 제단이 있던 곳까지 다가왔다. "노새는 엄숙하게 돌아서더니 길게 히히힝 울면서 경건한 감정을 토해냈다"고 에드워즈는 적었다.

18. 당신이 할 일이오, 카슨 씨

　　언덕 위 바람에 흔들리는 풀은 바싹 말라서
고운 금빛으로 빛났다. 키트 카슨은 떡갈나무 숲 사이로 노새를 몰고 가
캘리포니아 소노마라는 작은 마을에 들어섰다. 카슨은 프리몬트와 함께
160명의 자원병으로 이루어진 어중이떠중이 무리를 인도했다. 대부분은
새크라멘토밸리에서 온 미국 이주민들이었다. 이들은 "햇볕에 새카맣게
탔고, 지금까지 이렇게 제각각이고 기이한 무리는 처음 보았다"[207]고 누군
가가 말했다.

　　마을 주변 목장에서 소들이 되새김질을 했고 동네 개들은 낯선 사람
들을 보고 짖었다. 소노마의 흙길에는 술에, 그리고 새로 얻은 힘에 취한
무질서한 미국인들이 우글거렸다. 이들은 취한 목소리로 "자유!"라고 외
쳐 마을 사람들을 놀라게 했다. 마을 사람들은 전쟁이 벌어졌다는 것도 몰
랐고 전쟁을 바라지도 않았다.

　　1846년 6월 25일이었다. 카슨은 왜 이런 혼란스러운 상황이 벌어지
고 있는지 납득할 수가 없었다. 얼마 전인 6월 14일에 무장한 미국 민병대
가 조급하게 있지도 않은 도발을 구실로 대며 멕시코 정부에 대항해 일어
섰고 샌프란시스코 만 북쪽 물가에서 멀지 않은, 어도비 벽돌집으로 이루
어진 이 마을을 점령했던 것이다. 이들은 자기들을 오소스, 즉 곰이라고

불렀고 혁명군을 자처하며 소노마의 지도자들을 포로로 잡고 무기고를 강탈하고 말을 전부 빼앗은 뒤 독립 민족 국가의 탄생을 선언했다. 이른바 곰깃발공화국Bear Flag Republic이라는 나라였다.

오소스들은 낭만적 흥분감에 도취되어 충동적으로 반란을 일으켰다. 마치 이 일을 서부의 보스턴 차 사건(1773년 보스턴 시민이 영국 정부의 차세茶稅에 항의하여 영국 선박을 습격하여 차를 바다에 버린 사건 —옮긴이)이나 되는 듯이 여겼다. 이들은 자기들의 행동이 "고결하고 성스럽다"고 했고 반란 지도자 가운데 한 사람인 셈플 박사는 "세계 역사상 이렇게 고결한 문명을 천명한 예는 없었다"[208]고 말했다. 그러나 이 사건은 고결한 것과는 거리가 먼, 충동에 의해 벌어진 희가극에 지나지 않았다. 오소스는 조직도 뚜렷한 목표도 없는 폭도나 다름없었다. 프리몬트의 부하 가운데 하나는 반란군 대부분이 "명예의 개념은 조금도 없이 분탕질이나 해볼까 하고 일어선 사람들"이라고 생각했다.

오소스들은 소노마를 기반으로 삼아 남쪽으로 진군해 몬테레이, 샌타바버라, 로스앤젤레스와 캘리포니아 전체를 점령할 야심찬 계획을 세웠다. 그러나 일단은 첫 번째 승리를 확고히 하면서 단결의 상징을 드높이는 것으로 만족했다. 마을 광장 위에서 새로운 깃발이 바람에 휘날렸다. 여자들의 속옷 조각으로 만든 약간 비뚜름한 깃발로, 회색 곰(혹은 한 역사가의 말을 빌리면 "그들이 곰이라고 부르는 것"[209])이 앉은 자세에서 일어나는 듯한 투박한 그림이 과일즙으로 그려져 있었다(오늘날의 캘리포니아 주기州旗 디자인은 이 희한한 깃발에서 따온 것이다).

이 반란과 존 프리몬트는 아무 상관이 없었지만 그래도 존 프리몬트의 영향이 지대했다. 프리몬트가 캘리포니아에 있었기 때문에 이런 일이 일어날 수 있었던 것이다. 프리몬트는 탐사대를 이끌고 오리건에서 나와 새크라멘토 강으로 돌아간 이래로 줄곧 미국 이민자들의 불안감을 조심스레 가늠했다. 계속 막사에 방문객들을 불러들이면서 저항하라고 선동했다. 동시에 이민자들이 캘리포니아 정부를 자극해서 명백한 전쟁 행위를 시작하게 만들기 전에는 자기는 공식적으로 끼어들 수 없다는 점을 강조했다. 원정대 소속 부하들을 파견하지도 않을 것임을 분명히 했다.

프리몬트의 행동과 입장 사이에는 모순이 있었다. 정착민들은 프리몬트의 의중을 알 수가 없었다. 프리몬트는 자기가 개입했을 때 생길 수 있는 결과를 걱정했고 그런 한편 일이 빠르게 진행되어 자기가 소외될까 봐 염려했다. 그래서 한 달 넘게 막사 안에서 동요하고 고민하며 계획을 꾸몄고 복잡한 신호를 보내며 자기가 끼어들 적당한 순간을 기다렸다.

이제 그 순간이 왔다. 몬테레이의 호세 카스트로 장군이 곰 깃발 반란에 대한 반응으로 모든 미국인들이 "이 나라를 떠나지 않으면 강제로 몰아내겠다"고 최후통첩을 했던 것이다. 뿐만 아니라 카스트로는 소노마에서 곰 깃발을 몰아내라며 호아킨 데 라 토레 대위를 북쪽으로 보냈다. 바로 프리몬트가 기다리던 도발이었다. 미군 장교로서 캘리포니아를 공격할 권한은 없었지만 캘리포니아가 공격해올 때 미국 시민을 보호할 수는 있었다. 프리몬트는 재빨리 100명 정도 되는 자원병을 모집해 탐사 원정대와 함께 데 라 토레의 공격을 물리치기 위해 서둘러 소노마로 입성했다.

프리몬트의 '군대'는 사슴 가죽 옷을 입은 부랑자와 불법 입국자로 이루어진 기이한 다국적 부대였다. 누군가는 이들을 "미국인, 프랑스인, 영국인, 스위스인, 폴란드인, 러시아인, 칠레인, 독일인, 그리스인, 오스트리아인, 포니"라고 묘사하며 "멕시코인들이 이들을 무찌른다면 전 세계를 제패한 셈이 될 것이다. 모든 국가, 언어를 물리쳐야 하니 말이다"라고 했다.

화창한 6월 프리몬트와 카슨이 소노마에 들어왔을 때 오소스는 이미 데 라 토레 대위를 물리쳤고 상황은 종결된 것처럼 보였다. 그러나 프리몬트는 마침내 곰 깃발의 대의를 인정하며 그것을 더 큰 미국의 대의와 결합시키려 했다. 프리몬트의 도움이 없다면 이주민 부대는 '피할 수 없는 재앙'을 맞을 것이라고 본 것이다. 멕시코 캘리포니아인들이 곧 더 큰 규모의 병력을 소집할 테니 말이다. 프리몬트는 자기 원정대는 "미국 군대와 국기"를 대표하며 따라서 "나의 행동은 멕시코가 존중해야 하는 국가적 성격을 띤다"[210]고 간주했다.

프리몬트는 빠른 속도로 변신을 하는 듯 보였다. 탐험가의 겉치레를 벗어던지고 문서에도 아예 "캘리포니아의 미군 사령관"이라고 서명했다. 펠트 모자를 쓰고 더 화려한 군복을 입고 델라웨어 인디언들을 경호원 삼아 가까이에 두었으며 자기 말의 꼬리와 목에는 말쑥한 초록색 리본을 달았다. 다양한 전투원을 하나의 부대로 재조직해 '캘리포니아 대대'라는 이름을 붙였고, 시간을 살짝 재조정해서 자기가 합류한 시점에 곰 깃발들이 공식적 반란을 '시작'한 것처럼 만들었다. 이렇게 해서 "처음부터 자기가 지휘했던 것처럼 만들었다"고 그가 나중에 적었다. 자기 자신을 "오소 1"이라고 칭하면서 고압적이고 심지어 무자비한 명령을 내리기 시작했다. 부하에게 '내 명령에 복종하지 않는 사람은 누구나 족쇄를 채워 가두라. 안전을 위협하는 사람은 총살하라'고 지시했다. 협력자인 스위스인 상인이자 목장주 요한 수터가 프리몬트의 권위에 의문을 표하자 프리몬트는 이렇게 쏘아붙였다. "내가 마음에 들지 않으면 가서 멕시코인들 편에 서시오!"

호아킨 데 라 토레와 100명 정도 되는 소규모 부대는 소노마에서 몇 킬로미터 떨어진 가까운 곳으로 후퇴했다. 프리몬트는 이 사실을 알고 캘리포니아 대대를 이끌고 쫓아가 데 라 토레를 샌프란시스코 만 가까이에 있는 샌러펠 선교소까지 쫓았다. 그러나 데 라 토레는 영리한 책략을 꾸며 탈출했다. 데 라 토레는 프리몬트를 측면에서 포위하여 소노마를 공격한다는 계획을 담은 거짓 전갈을 썼다. 그러고는 일부러 미국인들이 가로챌

만한 길로 전령을 보낸 것이다. 그렇게 하여 데 라 토레는 부대를 이끌고 범선을 타고 안개 속에서 몰래 샌프란시스코 만을 건널 시간을 벌었다.

*

그때 프리몬트는 곰 깃발 반란자 두 명에게 닥친 비극을 알게 되었다. 며칠 전 파울러와 코위라는 미국인이 몰래 소노마에서 북쪽으로 갔다. 보데가라는 조그만 해안 전초지에 있는 화약을 확보하기 위해서였다. 그러나 멕시코 게릴라 부대가 이들을 잡아 잔인하게 죽였다. 두 사람을 나무에 묶고 칼로 벤 다음 밧줄로 묶어 사지를 찢었다.

충격적인 범죄였으며 지금까지는 평화롭고 무탈했던 반란 가운데 최악의 유혈 사태였다. 곰 깃발 군은 보복을 외쳤고 프리몬트와 카슨도 한목소리였다.

6월 28일 일요일, 프리몬트는 만을 가로지르는 작은 배를 발견하고 카슨에게 따라잡으라고 명령했다. 배는 샌쿠엔틴 가까이에 정박했고 세 사람이 뭍으로 내려섰다. 스물두 살의 쌍둥이 라몬과 프란시스코 데 아로와 이들의 나이 지긋한 삼촌 호세 데 로스 베레예사였다. 이들은 유력 인사였고 특히 두 젊은이는 소노마 시장의 아들이었다.

그다음에 일어난 일에 대해서는 말이 분분하고 사람마다 강조하는 점이 다르다. 그러나 카슨이 세 사람을 체포했고 전갈이 있으면 내놓으라고 말한 것만은 분명하다. 세 사람은 불안해 보였고 협조하지 않으려 했지만 아무런 메시지도 지니고 있지 않다고 주장했다. 이들이 군인이 아닌 것은 분명했다. 그러나 카슨이 보기에는 어쩐지 미심쩍었다. 프리몬트를 불러 어떻게 하길 바라는지 물었다. "대장, 포로로 잡아둘까요?" 카슨이 멀리에서 외쳤다.

프리몬트는 그만두라며 손짓을 했다. "아니, 포로는 필요 없소." 그러고는 수수께끼 같은 말을 덧붙였다. "당신 할 일을 하시오."[211]

카슨은 사령관의 말이 무슨 뜻인지 명확히 알 수 없었다. 그는 잠깐 머뭇거렸고, 같이 온 몇몇 사람과 '잠시 의논'을 했다. 그러고는 세 사람이 파울러와 코위의 죽음에 대한 대가를 치르길 바라는 게 프리몬트의 뜻이라는 걸 깨달았다. 프리몬트는 그 일을 직접 하지는 않을 것이다. 프리몬트는 나중에 자기가 이 일에 개입했다는 걸 부인했다. 그러나 충실한 안내인에게 끝을 내라고 한 것은 사실이다. 프리몬트가 소리쳤다. "카슨 씨, 당신이 할 일이오."

카슨에게는 그것으로 충분했다. 다시 머뭇거리는 일 없이 카슨은 돌아서서 총으로 데 아로 쌍둥이와 삼촌을 쓰러뜨렸다(몇몇 사람이 카슨과 함께 총을 쏘았다고 하는 이야기도 있다).

처형으로 보복했다는 사실에 프리몬트는 만족한 것 같았다. "좋아." 총소리가 울리자 프리몬트는 이렇게 말했다. 목격자 가운데 카슨이 시체를 뒤져 의심했던 대로 전갈을 찾아냈다고 말한 사람도 있다.

카슨도 프리몬트도 이 잔학한 행동에 대해서는 자서전에 아무런 언급을 하지 않았다. 이 사건은 카슨의 삶에서 헤아리기 힘든 일 가운데 하나로 남아 있다. 카슨이 멕시코 전쟁에 참전한 여러 호전적 애국주의자들처럼 무지한 민족주의에 불타 그런 행동을 했다고 말하기는 어렵다. 카슨은 히스패닉 여성과 결혼했고 가톨릭교도였고 에스파냐어도 했고 20년 동안 멕시코 친구를 폭넓게 사귀었던 것이다. 카슨을 사랑한 사람들은 그가 이런 일을 저질렀다는 것을 받아들이기 힘들어 했다. 몇 년 뒤 카슨의 절친한 친구 W. M. 복스는 이 일을 "냉혈한 범죄"라고 비난했다.[212]

그러나 이 일이나 클래머스 마을 공격에서나 마음에 거슬리는 어떤 형태가 드러난다. 카슨의 이후 전적에서도 반복해서 보이는데, 권위와 행동 사이의 어두운 공생관계 같은 것이다. 프리몬트는 자기 대신 더러운 일을 할 사람으로 카슨이 필요했고 카슨은 자기에게 어떻게 할지 지시를 내려줄 프리몬트가 필요했다. 현대 정신의학에서는 두 사람이 상호의존적이라고 말할 것이다. 두 사람이 함께 있으면 따로 있을 때보다 훨씬 위험했다. 카슨은 상관을 실망시키고 싶지 않아 개인적으로는 반대하는 명령이라도 저항할 수 없었던 것 같다. 명령을 받으면 충실한 군인이 되었다. 이런 상황에서 방아쇠를 당기는 손가락은 양심의 소리에 귀를 기울이지 않았다.

*

2주 뒤 프리몬트의 캘리포니아 대대는 몬테레이 주도로 진격했다. 미국 해군 태평양 함대 군함이 몬테레이의 웅장한 항구에 들어섰고 전투 없이 도시를 점령한 뒤 미국의 영토로 선언했다. 만에는 미국 운송선 두 척과 프리깃 함선 세 척, 슬루프 세 척이 정박해 있었다. 저마다 44구경 대포를 장착했다. 성조기가 몬테레이의 물결 모양 해안 위에서 거침없이 펄럭였다.

태평양 함대의 새로운 사령관은 로버트 필드 스톡턴으로, 톰 벤턴 상원의원이 대포 사고로 거의 목숨을 잃을 뻔했던 그 배에 타고 있던 오만한 뱃사람이다. 뉴저지 출신의 부유한 상인으로 열세 살에 프린스턴에 입학했다. 나이는 51세였고 차갑고 계산적인 눈, 굳은 얼굴, 숱 많은 곱슬머리에 구불거리는 살쩍(뺨 위 귀 앞쪽에 난 머리털_옮긴이)을 언월도 모양으로 기른 풍채 좋은 장교였다. 지중해에서 남아메리카 끝까지 전 세계를 돌아다니며 항해했고 서아프리카에 배치되었을 때는 라이베리아라는 나라를 세우는 조약을 성사시키는 데 일조했다. 고국에서는 여러 가지 일을 시도

했다. 운하, 부동산, 함선 제작, 정치(그는 나중에 뉴저지 상원의원이 되는데 장황한 연설로 유명해 '수다스러운 밥'이라는 별명을 얻는다) 등. 몬테레이에 도착하여 태평양 함대 사령관이 된 이후에는 캘리포니아에서 자기 지위를 지나치게 과대평가했다. "지금 제 말은 이 땅의 법과 다름없고 저는 왕 이상입니다."[213] 포크 대통령에게 보낸 편지에 이렇게 적었을 정도다.

그게 가능한지는 모르겠으나 스톡턴 사령관은 개인적 영광에 대한 야망이 프리몬트보다도 더 컸다. 멕시코 신문을 통해 미국과 멕시코 사이에 전쟁이 공식적으로 시작되었다는 것을 알게 된 스톡턴은 최대한 빨리 캘리포니아를 쓸어버리려고 안달했다. 아카풀코에서 상륙작전을 벌여 멕시코시티까지 진격하려는 계획을 세웠던 것이다. 워싱턴으로부터 재가도 받지 않고 자기 혼자 짜낸 계획이었다. 잠시도 가만히 있지 못하고, 규칙을 쉽게 어기고, 늘 자신의 불멸을 염원하는 스톡턴은 프리몬트와 쌍둥이처럼 닮았다. 두 사람이 서로를 마음에 들어 하고 동맹하게 된 것은 놀랄 일이 아니다.

스톡턴은 프리몬트 부대와 힘을 합쳐 재빨리 로스앤젤레스와 캘리포니아를 정복하자고 제안했다. 사령관은 호세 카스트로 장군에게 아주 불쾌한 선전포고를 했다. 자극적일 뿐 아니라 거짓투성이인 글이다. 스톡턴은 자기가 "날마다 내륙에서 강탈, 유혈, 살인의 보고를 듣는다"고 주장했다(물론 거짓이다. 죽었다고 알려진 사람은 코위와 파울러가 유일한 데다 카슨 덕에 충분히 앙갚음을 하고도 남았던 것이다). 스톡턴은 카스트로 장군이 "국제법과 국가적 우호의 원칙을 모두 위반했다. 과학적 조사를 위해 산맥을 넘어 위험한 여행을 한 뒤 보급을 위해 이곳에 온 프리몬트 대위를 사악한 의도를 품고 추적했다"고 했다. 이러한 "반복된 적대 행위와 무도한 행위"를 "멕시코 정부에서 바로잡을 때까지 몬테레이와 샌프란시스코를 군사적으로 점령하라는 명령이 내려졌다"는 것이 결론이다.

스톡턴은 프리몬트의 군대를 '소총기병 해군 대대'로 재조직했다. 그러고는 자기 마음대로 프리몬트는 소령, 길레스피는 대위, 카슨은 중위로 임관했다. 원정대도 처음에는 정규군이 된 것을 반겼지만 곧 스톡턴의 규율과 제약을 성가시게 여겼다. 프리몬트는 자서전에 이렇게 적었다. "아무런 제약 없이 들판과 산을 돌아다니며 자기 뜻대로 지낸 변경 사람들에게 이런 독립적 습관을 버리라고 하는 건 엄청난 희생이었다."

그러나 7월 말 사령관은 프리몬트에게 첫 번째 임무를 수행할 준비를 하라고 했다. 샌디에이고까지 배를 타고 가서 그곳에서 사방으로 나아가 로스앤젤레스와 캘리포니아 남부를 점령하라는 것이었다. 스톡턴은 영국이 개입할까 봐 마음이 더욱 다급했다. 빤한 증거가 눈앞에 있었기 때문이다. 몬테레이 만에 영국 군함 콜링우드가 미국 배와 나란히 정박해 있었던 것이다. 대포 80기를 장착한 위압적인 배였다.

스톡턴과 프리몬트는 영국 기함이 와 있다는 것이 영국이 캘리포니아를 차지하려는 충분한 증거라고 보았고 미국인이 영국을 두려워하는 것도 지당하다고 여겼다. 프리몬트는 자기와 부하들이 결승선을 상대보다 머리카락 한 올 차이로 먼저 넘은 "경주자의 심정으로 콜링우드를 바라보았다"고 했다. 사실 영국이 캘리포니아에 깊은 관심을 두고 있기는 했지만 콜링우드가 몬테레이에 온 목적은 무엇보다도 정보를 얻고 영국의 상업적 이익이 침해당하지 않게 하기 위해서였다. 콜링우드의 사령관 조지 시모어 경은 미국 태평양 함대 장교들과 인사를 나누었고 공격적인 기색은 전혀 보이지 않았다.

영국 선원들은 갖가지 모습의 산사람으로 이루어진 프리몬트의 군대에 관심을 보였다. 영국인들은 산사람들을 프랑스 외인부대나 사무라이처럼 유명한 정예군으로 보는 것 같았다. 콜링우드에 승선했던 한 장교는 카슨과 동료들이 "기이한 사람들이다…… 황야에서 살았고 자기 능력만으로 살아왔다"고 했다. "사슴 가죽으로 만든 길고 헐렁한 코트"를 입었고 그들 중 여럿은 "인디언보다 더 살빛이 검었다." 이 영국인들은 "한두 명은 초원에서 이름을 날린다고 한다. 키트 카슨이라는 사람은 이곳에서 어찌나 유명한지 유럽에서 웰링턴 공작 같은 이름과 비교할 정도다"[214]라고 덧붙였다.

두 군대는 서로 이야기를 나누고 함께 게임을 했다. 카슨은 150보 거리에 동전을 놓고 영국 선원들과 돈을 걸고 사격술을 겨뤘다. 카슨의 초기 전기 작가 에드윈 새빈은 카슨이 "길고 정확한 총신과 놀라운 시력으로 영국인들의 주머니를 헐렁하게 했다"고 했다.

7월 25일 프리몬트의 부대는 해군 슬루프 사이앤에 올라타 샌디에이고로 떠났다. 프리몬트 부대를 '선원'으로 삼는다는 건 정말 재미있는 생각이었다. 대부분은 항해를 해보기는커녕 바다를 본 적도 없는 사람들이었다.

카슨은 뼛속까지 육지 사람이었다. 곧 바다 위에서의 삶이 자기에게는 맞지 않는다는 걸 알았다. 사이앤이 태평양의 파도 위에서 넘실거리고 빅서 곶이 좌현에서 어른거릴 때 카슨은 뱃멀미를 했다. 샌디에이고까지 가는 나흘 동안의 항해가 카슨에게는 지옥 같았다. 카슨은 친구에게 "노새에 등이 있는 한은" 다시는 배를 타지 않겠다고 말했다. 그는 "육지가 보이지 않는 곳으로는 다시는 가지 않겠다고 맹세했네"라고 했고 이렇게 덧붙였다. "이 배를 또 타느니 차라리 회색 곰을 타고 말지."[215]

카슨만이 아니었다. 사이앤의 갑판 위에는 얼굴이 하얗게 질려 구토를 하는 산사람들이 가득했다. 해군 군목 월터 콜턴 목사는 "이들의 발아래에서 땅도 덜덜 떠는 것 같았는데 이 거친 사람들이 바다에서는 이렇게 무력하다니" 무척 재미있다고 생각했다. 콜턴은 이렇게 썼다. "다들 갑판에 완전히 기진맥진해서 널브러져 있다. 퀘이커 교도의 무저항주의 원칙을 몸소 보여주는 듯이 말이다. 할머니 두어 명이라도 마음만 먹으면 이 사람들 전부를 바다에 빠뜨릴 수 있겠다."

*

프리몬트 부대가 7월 29일 샌디에이고 항에 도착했는데 역시 아무런 저항도 받지 않았다. 해병대가 육지에 상륙해 읍내에 미국 국기를 올렸다. 일주일 동안 프리몬트는 샌디에이고 유지들에게 접대를 잘 받았고 그러는 동안 카슨은 가까운 외곽을 바삐 돌아다니며 로스앤젤레스 공격에 쓸 말을 징발했다. 스톡턴 함장이 몬테레이에서 남쪽으로 내려오길 기다리면서 프리몬트는 남부 캘리포니아의 여름을 마음껏 즐겼다. "낮은 눈부시고 뜨겁다. 하늘은 투명하고 구름 한 점 없고, 밤은 서늘하고 고요하다."

스톡턴 함장은 8월 1일 360명의 선원을 실은 콩그레스호를 타고 몬테레이 만에서 출발했다(그 주에 커니의 서부군은 벤트 교역소에 도착했다). 스톡턴은 샌타바버라에 정박해 그곳을 미국령으로 선포하고 성조기를 올린 다음 다시 바삐 떠났다. 스톡턴이 로스앤젤레스 연안에 도착했을 때 카스트로 장군은 벌써 로스앤젤레스를 방어하는 것이 불가능하다고 생각한다는 내용의 공식 서한을 피오 피코 총독에게 띄웠다. 카스트로는 이렇게 썼다. "제 힘이 닿는 데까지 온힘을 다 바쳐 이곳을 수비하고 육지와 바다를 통해 침범해오는 미군에 저항할 준비를 했으나, 오늘 안타깝게도 수비도 저항도 불가능하다는 것을 각하께 말씀드리지 않을 수 없습니다."

8월 13일 프리몬트와 스톡턴은 세력을 규합하여 아무런 저항 없이 로스앤젤레스에 들어섰다. "우리의 입성은 적으로서 도시를 정복하기 위한 행군이 아니라 민방위대가 행진하는 것과 비슷했다"[216]고 프리몬트는 자랑했다. 미국인들은 카스트로가 군대를 해산하고 샌버너디노 산맥으로 달아났으며 다시 남쪽 소노라로 갔다는 것을 알게 되었다. 한편 피코 총독은 바하캘리포니아로 몸을 피했다. 미국인들은 싸울 상대가 하나도 없자 조금 실망했다. 카슨 말을 빌리면 멕시코군이 죄다 "미국인들과 마주칠 일이 없을 만한 곳으로 가버렸"[217]던 것이다.

나흘 뒤 스톡턴은 캘리포니아가 미국 영토라고 선언하고 자기 스스로를 최고사령관이자 총독으로 명명했다. 완전히 정복된 것처럼 보였다. 그러나 스톡턴이 모르는 저항의 움직임이 소리 없이 일어나고 있었다. 함장은 자리에 앉아 포크 대통령에게 자축하는 편지를 썼다. "멕시코군을 해안에서 480킬로미터 이상 내륙으로 몰아냈고 멕시코 영토 안 50킬로미터까지 뒤쫓아 흩어져 달아나게 하였으며 미국 영토를 확립하고 전쟁을 종식하고 주민들에게 평화와 화합을 가져왔으며 시민 정부를 수립하였다"며 자랑을 늘어놓았다.

스톡턴은 가능한 한 빨리 캘리포니아를 떠나 멕시코 본토 서부 해안까지 침략할 계획이었다. 출발 전에 스톡턴은 프리몬트를 캘리포니아의 새로운 총독으로 임명했다.

스톡턴이나 프리몬트나 영광스러운 정복의 소식을 워싱턴에 전달하고 포크 대통령에게 직접 자기들의 말로 경과를 전하고 싶어 안달했다. 프리몬트는 전언을 써서 육로로 보내자고 제안했다. 바로 다름 아닌 키트 카슨의 손에 맡겨.

카슨은 "틀림없이 이 중요한 문서를 안전하게 빨리 전달할 것"이라고 프리몬트는 생각했고 이 중요한 임무가 "카슨이 그동안 여러 차례 용감하고 훌륭하게 도움을 준 것에 대한 보상"이 될 것이라고 했다. 카슨이 뉴멕시코를 지나는 길에 아내 호세파도 만날 수 있을 테니 말이다. "엄청난 신뢰와 명예와 또한 위험을 수반한 일일 것이다"라고 프리몬트는 말했다. 그러나 "우두머리가 되어 수하를 끌고 모든 비용에 대해 전권을 위임받아 가며, 여행의 끝에는 새로운 즐거움과 명예를 기대할 수 있으니" 카슨에게도 좋은 일일 것이라고 했다.

카슨은 임무를 받아들였고 60일 안에 완수하겠다고 서약했다. 늘 그렇듯이 노새를 타고 갈 것이었다. 노새는 고집이 세긴 하지만 서부에서는 말보다 훨씬 낫다. 암말과 수탕나귀의 잡종으로 생식 기능이 없지만 더 힘세고 튼튼하고 발걸음도 확고하고 말처럼 잘 놀라지 않는다. 더 적게 먹고도, 질이 좋지 않은 먹이를 먹어도 무거운 짐을 더 오래 질 수 있다. 속도가 느리긴 하지만 더위나 추위, 날씨 변동을 잘 견딘다.

카슨처럼 오랫동안 노새와 함께 지낸 사람들은 노새에 대해 미신적인 생각을 갖고 있었다. 어떤 사람들은 노새가 8킬로미터 거리에 있는 물을 감지한다고 한다. 우박우가 다가오는 것도 느끼고 피 냄새도 맡는다고 한다. 천리안이라고 하는 사람도 있다. 산사람들의 이야기 가운데는 적대적 인디언의 공격을 감지하여 불안감을 경련 등으로 뚜렷하게 전달하여 주인을 구한 노새 이야기가 흔하다. 키트 카슨의 위대한 원정을 찬양하는 후대의 이야기들은 한결같이 카슨을 빠르고 당당한 '준마'를 탄 모습으로 그리지만 이건 사실 말 우월주의에서 나온 것이다. 카슨은 대륙을 가로지를 때는 언제나 노새를 탔다.

9월 5일 아침 스톡턴과 프리몬트는 카슨의 안장주머니를 온갖 편지로 가득 채웠다. 첩보원이 된 대륙 횡단 안내인 카슨은 노새에 올라탄 뒤 먼 동을 향해 떠났다. 델라웨어 인디언 여섯 명을 포함해 열다섯 명의 수행원이 함께 갔다.

19. 통곡소리

커니 군이 샌타페이에 들어서기 며칠 전 아르미호는 아파치 협곡에서 허둥대며 연극을 했다. 소중한 시간이 흘러갈수록 총독은 점점 예측할 수 없는 행동을 했고 그런 한편 언사는 점점 장중해졌다. 아르미호는 의원들을 가파른 언덕 위로 소집해 향나무 그늘에 앉혔다. 그러나 아르미호는 이들을 독려하는 대신 질문을 던졌다.

"어떻게 해야 할지 말해보시오." 아르미호는 빌라도처럼 말했다.

의원들은 무슨 소리인지 몰라 아르미호를 쳐다보았다.

아르미호는 최대한 적당한 말을 골라 다시 질문을 던졌다.

"적과 싸워야 할까, 아니면 교섭해야 할까?"

의원 가운데 한 사람이 벌떡 일어나 대표로 입을 열었다. "총독이 하신 질문은 타당하지가 않습니다." 그는 확고한 어투로 말했다. "우리는 군인으로 이곳에 온 것이지 의원으로 온 게 아닙니다. 우리의 임무는 군인으로서 행동하고 명령을 따르는 것입니다."

이것은 아르미호가 바라던 대답이 아니었다. 아르미호는 굳은 얼굴로 열심히 고개를 끄덕이면서 몇 마디를 주워섬겼다. "물론 우리는 군인이지." 그 말과 함께 그는 자리를 떴다.

다음으로 아르미호는 민병대 장교들에게 가서 똑같은 질문을 던졌다.

이번에도 실망스러운 대답이 돌아왔다. "우리는 싸우려고 모였습니다. 우리가 해야 할 일은 그것입니다. 그것만이 우리가 바라는 바입니다."

아르미호는 다시 고개를 끄덕이며 그 사람의 애국심을 칭찬했다. 그러다가 안절부절못한 채 씩씩거리며 돌아다니다가 다시 돌아섰다. 이번에는 화가 난 척하는 표정을 지어 보이며 연기를 했다. "정규군이라면 나도 물론 적과 싸울 것이오. 그러나 이 자원병들로는." 아르미호는 협곡 아래에서 나무를 쓰러뜨려 조악한 장애물을 만들고 있는 농부와 노동자들을 경멸하듯 가리키며 말했다. "저 사람들을 봐. 모두 겁쟁이들 아닌가! 군사 훈련이라고는 하나도 받지 않은 사람들과 같이 전투에 임할 수는 없네!"

사람들이 모두 놀라 아무 말도 하지 못하는 가운데 총독은 공식적으로 아파치 협곡의 군대 전원을 해산했다. 그러면서 아르미호는 심한 격노에 휩싸인 듯이 굴었다. 자기가 그들을 저버린 게 아니라 그들이 자기를 저버렸다는 듯 말이다. 자신은 상황의 희생자이며 할 수 있는 일은 다했지만 이제 어쩔 수 없다고 말했다. 민병대 대장이 조국을 버린 그를 죽이겠다고 맹세했지만 위협은 성사되지 않았다. 그 뒤로 몇 시간 동안 협곡은 먼지가 피어오르는 혼란의 도가니였다. 사람들은 우왕좌왕 우르르 몰려다녔다. 3,000명에 달하는 사람들이 당황하고, 대부분은 사실상 안도하여 노새건 당나귀건 닥치는 대로 올라타고는 가족들은 무사한지 보려고 집으로 달려갔다.

아르미호는 앉아서 커니에게 보내는 마지막 편지를 구술했다. 아르미호의 입에서 나온 달콤한 감정을 어리둥절해하는 서기가 펜으로 받아썼다. "제가 처음으로 빛을 본 이 땅이 내 손에서 다른 나라의 손으로 넘어가는 것을 보자니 고통으로 가슴이 미어집니다." 아르미호는 이렇게 불러주었다. 총독은 이어서 커니에게 이것이 끝이 아니며, 자기는 때가 되면 돌아와 미국의 침략에 복수할 것이라고 했다. 또 "각하에게 뉴멕시코를 넘겨

주는 것이 아닙니다. 단지 상부에서 명령이 올 때까지 잠시 군사를 후퇴시키는 것일 뿐입니다"라고 설명했다.

편지를 마무리 짓고 전령에게 맡긴 다음 아르미호는 100명의 호위병을 소집하여 샌타페이로 돌아갔다. 총독궁에서 가방에 돈과 금그릇을 가득 챙겨 넣고 말에 올라탔다. 분노한 군중이 모여들어 아르미호가 떠나는 걸 막았다는 기록도 있다. 그러자 총독은 불룩한 주머니에서 금돈과 은돈 몇 줌을 꺼내 군중의 머리 위로 뿌렸다. 사람들이 돈을 주우려고 서로 밀치는 사이 아르미호는 박차를 가해 치와와로 달렸고 다시는 샌타페이로 돌아오지 않았다.

그 시각 우가르테 대령이 이끄는 대규모 군이 아르미호의 수비대를 보강하러 리오브라보(리오그란데를 멕시코에서는 리오브라보라고 부른다 -옮긴이)를 따라 올라오고 있었다.

아르미호의 부사령관 디에고 아르출레타는 아르미호가 떠난 뒤 군대를 장악하려 들지 않았다. 포크 대통령의 밀사 제임스 매거핀이 아르출레타도 만나 따로 협상을 했던 것이다. 매거핀은 아르출레타에게 커니가 리오그란데까지만, 곧 뉴멕시코의 동쪽 절반만 병합하려 한다고 거짓으로 말했다. 두 사람의 협상이 어떠했는지 구체적인 내용은 알 수 없지만 매거핀이 아르출레타에게 미국의 침략을 묵인하고 저항을 포기하면 뉴멕시코 서부 전체를 주겠다고 약속한 듯하다. 크기가 줄어들긴 하지만 그래도 애리조나 전체와 오늘날의 유타, 네바다, 콜로라도 일부가 포함된 광대한 영토다. 아르출레타가 이 제안을 받아들였는지 어땠는지 알 수 없으나 자부심 강한 군인 아르출레타마저도 아르미호처럼 자기 나라를 저버렸다. 도무지 그답지 않은 행동이었다. 아르출레타는 침략군을 피하려고 리오그란데 하류 앨버커키 근방의 자기 농장으로 물러갔다.

샌타페이 사람들은 지도자들이 자신들을 버렸다는 사실을 알고 충격에 빠졌다. 미국 이교도들이 몰려오고 있는데 아무것도 할 수가 없었다. 여자들은 길에서 울음을 터뜨렸다. 귀중품은 감추고 아이들은 멀리 보냈다. 사람들은 폭풍에 대비하듯 집에 받침목을 댔다. 겁쟁이 총독에 분개한 한 주민은 이렇게 썼다. "아르미호는 아무것도 하지 않았다. 모든 게 끝났다. 명예까지."

*

페코스 강 근처 거대한 폐허 곁에서 야영을 하던 커니 부대는 갑자기 말발굽 소리를 들었다. 불가에 있던 사람들이 몸을 돌려 미친 듯이 손짓하며 커니 장군을 향해 똑바로 달려오는 사람을 보았다. "노새를 탄 덩치 큰 남자가 전속력으로 우리 쪽으로 달려왔다. 장군에게 손을 뻗으며 군대가 도착한 것을 축하했다." 에모리 중위의 글이다. 페코스의 히스패닉 마을 시장이 중요한 소식을 가지고 온 것이었다. 그는 웃음을 터뜨리며 이렇게 말했다. "아르미호 군대가 망했어요! 협곡은 이제 깨끗합니다!"

커니는 그 말을 믿지 않았다. 다만 항간에 떠도는 헛소문 가운데 하나로 치부했을 뿐이다. 서부군은 8월 18일 동이 트기 전에 일어나 아파치 협곡으로 진군했다. 척후병들이 가져오는 소식은 고무적이었다. 척후병들은 시장의 말이 사실이라고 했다. 그러나 신중한 커니는 자기 눈으로 직접 보기 전까지는 행운을 받아들이지 않았다.

그날 정오 무렵 협곡에 들어선 미군은 정말 이곳이 완전히 버려졌다는 걸 알고 사기충천했다. 멕시코인들의 모닥불이 아직도 연기를 내고 있었고 토목 공사는 반쯤 하다 만 채로 버려져 있었다. 나무들이 사방으로 쓰러져 있었다. 수비군이 어찌나 서둘러 협곡을 떠났던지 대포까지 그 자리에 두고 가서 미군이 고스란히 접수했다. 커니는 이 엄청난 협곡을 살피느라 꾸물거리지는 않았지만 뉴멕시코인들이 이 길을 수비하려 들었다면 그의 군대가 지나가기가 끔찍하게 어려웠을 게 빤했다. 에모리 중위는 아르미호 군의 준비가 "매우 어리석었"지만 "뛰어난 기술자 한 명과 100명의 튼튼한 일꾼만 있으면 아파치 협곡은 난공불락의 관문이 될 것"²¹⁸이라고 생각했다. 아르미호가 "장군으로서 최소한의 자질만 있었더라도 우리는 엄청난 고난을 겪었을 것"²¹⁹이라고도 했다. 이와 비슷하게 자원병이고 미주리에서 변호사로 일하던 조지 깁슨도 일기에 아파치 협곡이 "천연의 요새라 몇 사람만 있어도 부대 전체를 막아 세울 수 있을 것이다. 입구에 대포를 쏘면 길 자체가 사라질 것이고 양쪽은 깎아지른 절벽이라 보병 부대라도 올라가기가 불가능하기 때문이다"라고 적었다. 나중에 역사가 한 사람은 멋들어지게 표현하기를, 능력 있는 장군이 수비했다면 아파치 협곡 전투는 "제2의 테르모필레(그리스의 산길로 기원전 480년 여기에서 스파르타군이 페르시아군에 대패했다 옮긴이)"가 되었을 것이라고 평했다.

이제 샌타페이까지 가는 길을 막아설 것은 아무것도 없었으므로, 커니 장군은 속도를 두 배로 냈다. 해가 지기 전에 도시에 들어서고 싶었던 것이다. 그날 아침 출발지에서 샌타페이까지는 48킬로미터나 되었으나 미주리인들은 신비로운 도시를 보고 싶어 들떠 있었다. "우리는 빠르게 행진했다." 자원병 조지 깁슨은 이렇게 기록했다. "귀가 닳도록 많은 이야기를 들은 도시라 어서 보고 싶었기 때문이다."²²⁰ 길은 마지막으로 오른쪽으로 꺾이며 푸른 산등성이를 지나 산쑥과 촐라 선인장으로 덮이고 보랏빛 애스터 꽃이 드문드문 핀 언덕을 올라갔다. 우기라 울퉁불퉁한 길이 최근에 내린 여름 소나기로 촉촉이 젖어 있었다. 진창이 생기긴 했지만 그래도 비는 언제나 반가웠다. 공기를 서늘하고 맑게 해주고 먼지를 가라앉힌다. 그때에도 머리 위에 소나기구름이 드리워 잿빛 빗방울을 뿌렸으나 비구름이 동쪽으로 으르렁거리며 물러가면서 빗방울도 증발하여 수증기가 되었다.

사방에 산이 있었다. 푸른빛에서 진한 누런빛 평야까지 온갖 빛깔로 알록달록 펼쳐졌다. 형태도 다양하고 지질학적 기원도 제각각이었다. 어떤 것은 화산이고 어떤 것은 단층과 융기로 만들어졌고, 어떤 것은 홀로 솟은 잔구殘丘이고 또 다른 것은 로키 산맥에 이어진 것이었다. 모두 에스파냐어 이름을 달고 있었고 청교도들이 플리머스 바위에 처음 발을 디뎠을 때부터 이미 그 이름으로 불렸다. 샌디아스, 만사노스, 오르티스, 예메스, 로스세리요스, 샌그리디크리스토스, 샌머테이오스, 아탈라야. 어떤 산은 아주 가까이 있어 나무에 달린 열매 따듯 쉽게 딸 수 있을 것 같았고 어떤 산은 안개에 가린 서쪽 나바호 땅에 엷은 푸른빛 환영처럼 솟아 있어 수백 킬로미터는 족히 떨어진 듯했다.

'웅장한 모습으로' 샌타페이에 입성하고 싶었던 커니는 뒤처진 포병대를 기다리느라 여러 차례 정지 명령을 내렸다. 마지막 질주를 하느라 혹사당한 포병대 짐승들이 나가떨어졌다. "포병대 말은 거의 기진맥진했다. 그날 종일 노새에게 총구를 갖다댔고 결국 살아남은 노새가 거의 한 마리도 없었다."[221] 에모리가 기록했다.

커니가 마지막 몇 킬로미터를 달리는 동안 늦은 오후 햇살이 구름을 뚫고 비스듬히 비추어 사람들을 주황빛과 붉은빛으로 물들였다. 고도가 높아 대기가 또렷하게 느껴졌다. 평원을 벗어난 뒤로 이들은 계속 오르막길을 갔다. 미주리 평원에서 살던 사람들은 2,100미터의 고도에서 숨이 차서 헐떡거렸고, 어떤 사람들은 코피를 흘리거나 두통에 시달리거나 폐 윗부분이 욱신거리는 것을 느꼈다. 서쪽으로 30킬로미터쯤 되는 곳에 진흙탕물 리오그란데가 흘렀다. 행군하는 사람들은 강이 있다는 걸 느낄 수는 있었으나 산등성이에 가려 보이지는 않았다. 땅 전체가 리오그란데를 향해 기운 듯했고 이 강은 광대한 자연 속에서 하나의 또렷한 방향을 그렸다.

산쑥이 사라지고 밀밭과 목장이 보였고 곧 집이 드문드문 보였다. 마침내 이들은 어둑한 도시에 들어섰다. 여기가 바로 "아시시의 성 프란체스코의 성스러운 믿음의 왕립 도시(이 도시의 원래 에스파냐어 이름이 이런 뜻이다. '성스러운 믿음'이라는 뜻의 샌타페이로 줄여 부른다 옮긴이)"였다. 샌타페이는 1609년에 생긴 역사도 오래되고 유명한 도시였지만 그다지 인상적인 마을은 아니었다. 주민이 다해봤자 7,000명가량밖에 안 되었다. "첫인상은 매우 실망스러웠다. 먼지, 돼지, 벌거벗은 아이들."[222] 프랭크 에드워즈의 글이다. 조지 깁슨은 이곳 읍내를 "초라하고" "멋이 없다"고 치부하며 "우리의 기나긴 행군에 보답이 될 만한 것은 아무것도 없었다"[223]고 했다. 한적한 거리에 쓰레기가 쌓여 있고 염소가 썩은 쓰레기를 뜯어 먹었다. 지붕이 평평한 나지막한 진흙집이 무질서하게 흩어져 있어 샌타페이 전체가 "거대한 벽돌 공장"[224]처럼 보였다고 한 군인은 말했다. 커니 부대는 삼각기와 깃발을 펼쳐 장대 끝에 달아 들고 끝없이 짖어대는 개 소리를 들으며 좁은 흙길에 들어섰다. 부대는 샌타페이 강을 건넜다. 얕은 강이지만 비바람에 회갈색으로 물이 불어 있었다. 저항이 있을지 어떨지 확실히 알 수 없었기 때문에 군인다운 태세를 과장했다. 한 중위는 "군도를 빼어 들고 눈초리에 비수를 담았다"[225]고 묘사했다. 대문 안에서, 유리 대신 기름칠한 생가죽을 팽팽하게 당겨 가린 창문 뒤에 숨어서 샌타페이 사람들은 비통해했다. 몇몇 용감한 젊은이들은 벽에 기대어 옥수수 껍질 담배를 피웠다. 먼 하늘에서 천둥이 우르릉 울렸다.

행군을 시작한 지 60일 만에 커니의 서부군은 마지막 종착지에 도착했다. 샌타페이는 늘 지리적, 문화적 말단으로 자리했던 것이다. 샌타페이는 샌타페이 통로의 끝이고, 카미노레알의 끝이고, 사막의 북쪽 끝이고, 대평원의 서쪽 끝이고, 로키 산맥의 남쪽 끝이다. 에스파냐가 멈춘 곳도 이곳이고 실질적 황무지가 시작되는 곳도 이곳이다. 척박한 변경의 가난한 주민들, 보스턴 사람들이나 버지니아 사람들이 북아메리카에 정착하기 전부터 이곳에서 대를 이어 살아온 사람들은 이 오래된 도시에서 지금 벌어지는 일이 믿기지 않아 눈을 끔뻑거렸다. 미주리 자원병인 엘리엇 중위는 "무뚝뚝한 표정과 두려워하지는 않더라도 경계하며 내리깐 시선"을 계속 만났다. 엘리엇은 다른 사람들보다 이들의 처지를 더 잘 이해했다. "침략군이 자기들 마을에 들어오면 당연히 기분이 이상할 것이다. 앞날은 불안하고 불분명하고, 새로운 지도자는 태도도 언어도 관습도 낯설 뿐 아니라, 그들이 아는 유일한 신앙에 적대적이라고 생각할 테니 말이다."

5시쯤에 커니 장군이 군대를 이끌고 광장에 들어섰다. 커니 뒤에는 말쑥하게 차려입은 오만한 용기병들이 뒤따랐다. 세 중대가 각각 다른 빛깔의 말에 탔다. 첫 번째 중대는 검은 말, 두 번째는 흰 말, 세 번째는 갈색 말이었다(말 색깔에 따라 부대를 조직한다는 건 아무 의미가 없는 일이지만 이런 모습을 보면 깐깐하기 그지없는 커니의 마음이 훈훈하게 달아오르곤 했다). 커니는 광장을 한 바퀴 돌고 총독궁 앞에 멈췄다. 현관 포치가 길고 기우뚱한 오래된 어도비 건물이었다. 임시 총독은 후안 바우티스타 이 비힐 알라리드라는 사람으로 회개하는 듯한 빛을 띠고 유화적인 태도로 뉴멕시코 유지들을 이끌고 나왔다. 총독궁 출입문 위에는 마누엘 아르미호의 개인적 신념일 듯한 글이 새겨진 현판이 있었다. *VITA FUGIT SICUT UMBRA.*[226] 삶은 그림자처럼 지나간다는 뜻의 라틴어다.

장군은 말에서 내린 뒤 손을 들어 사람들의 주목을 끌었다. 그러고는 "나, 스티븐 W. 커니, 미국 육군 장군은 뉴멕시코 지역을 점령했다"라고 선언했다. "미국 정부의 이름으로 주민들에게 무기를 내놓고 항복하라고 명한다. 아르미호 군대는 떠났다. 앞으로 내가 이곳을 지배할 것이니 나에게 보호를 받으라."[227]

임시 총독은 아무런 저항도 하지 않겠다고 답했다. "북미 공화국에 충성을 맹세하며 미국 법률과 권위를 존중하겠습니다. 이 땅의 그 누구도 더 강한 사람의 힘에 저항할 수는 없습니다. 멕시코 공화국의 힘은 무너졌습니다." 그렇지만 그는 또 이렇게 덧붙였다. "지금 상태가 어떠하든 간에 이 나라는 우리의 어머니였습니다. 부모의 무덤 앞에서 눈물을 흘리지 않는 자식이 어디 있겠습니까?"[228]

잠시 뒤 백발노인 하나가 군중 사이에서 나왔다. 눈에 눈물이 고여 있었고 백내장 때문인지 눈이 부었다. 노인은 커니 장군 앞에 몸을 던지더니 북받치는 감정 속에서 조용히 몸을 떨었다. 어색한 순간이 계속되자 총독은 노인에게 일어나라고 했다. 커니가 말했다. "아니, 내버려두시오. 이 노인은 그동안 얼마나 많은 고통을 겪었겠습니까."[229]

총독은 커니와 장교들에게 브랜디 한 잔씩을 돌렸고 경직된 태도로 무혈 정복을 축하하는 건배를 했다. 브랜디는 엘파소산이라 약간 톡 쏘고 기름기가 있었지만 그래도 잘 넘어갔다. '너무 목이 말라 술이 좋고 말고를 평할 틈이 없었다. 시원하고 액체이기만 하면 뭐든지 맛있었을 것이다"[230]라고 에모리 중위가 적었다.

나팔수가 승리의 나팔을 불고 성조기가 총독궁 지붕에 꽂은 임시 깃대 위로 올라갔다. 멀찍한 언덕에서 대포가 열세 번 축포를 쏘았고, 대포 소리를 마무리 짓기라도 하는 듯 서부군 젊은이들이 시끄러운 공격의 함성을 질러댔다. 미국이 역사상 처음으로 다른 나라의 주도를 점령했다.

축포 소리가 가라앉은 뒤 고요 속에서 샌타페이 여자들이 미군들의 함성에 답하듯 그동안 억눌렀던 슬픔과 고통의 비명을 질러댔다. 미주리 남자들에게는 놀랍기도 하고 잊히지 않는 소리였다. "여자들이 더 이상 감정을 억누를 수가 없는 모양이었다. 사방의 어둑한 건물 깊은 곳에서 구슬픈 통곡소리가 울려 퍼졌다"[231]고 엘리엇 중위는 기록했다.

20. 누군가 우리에게 올 것이다

나르보나는 미국인들 때문에 불안했다. 1846
년 늦여름과 초가을 내내 새로운 정복자의 이야기가 나바호 지도자의 귓
가를 어지럽혔다. 다른 부족의 전령들이 불길한 소식을 전해왔다. 미국군
은 번갯불을 쏜다고들 했다. 불빛을 잡아 멀리 있는 곳을 볼 수 있게 해주
는 조그만 마법의 상자를 가지고 있다고도 했다. 싸우지도 않고 멕시코군
을 압도했고 이제 샌타페이를 내려다보는 언덕 위에 막강한 요새를 새로
건설하고 있다고 했다. 강력한 약을 가지고 있다고도 했다. 그러나 나르보
나는 왜 미국인들이 이 땅을 가지고 싶어 하는지, 왜 그렇게 머나먼 길을
(어딘가 머나먼 동쪽 버펄로 평원 너머에서) 와서 자기네 조상이 살던 땅에서
멀리 떨어진 이곳에 발자취를 남기려 하는지 이해할 수가 없었다.

나르보나는 미국에 대해 아무런 개념이 없었다. 워싱턴 D.C.가 무엇
인지, 제임스 K. 포크는 누구이고, 자명한 운명이란 무엇인지 전혀 몰랐
다. 백인에 대해서도 거의 몰랐고 이 지구에 그렇게 다른 모습과 행동과
말과 종교와 사회를 가진 사람이 있으리라고 생각해본 일도 없었다. 에스
파냐인들과도 다르고, 멕시코인들과도 다르고, 나르보나가 지금까지 만나
본 어떤 종족과도 다른 사람들. 나바호는 미국인들을 빌라가나라고 불렀
는데, 에스파냐어 '아메리카노'를 잘못 발음한 데에서 나온 말일 것이다.

나바호 전사들은 시내나 강가에서 흰 살결에 수염을 텁수룩하게 기른 이상하게 생긴 남자들을 이따금 보았다. 사냥꾼들이고 대부분 프랑스인으로 길을 잘못 들어 나바호 땅 경계 안으로 들어온 사람들이었다. 남서쪽 부족들 사이에는 오래전부터 동쪽에서 새로운 정복민이 오리라는 전설과 예언이 있었다. 백인과 몇 차례 마주치고 나자 나바호 사이에서는 믿기지 않는 이야기가 퍼졌다. 귀가 길게 늘어져 발목까지 오는 거인에 관한 이야기 같은 것이었다.

"누군가 우리에게 올 것이다."[232] 이야기는 이렇게 시작한다(후대에 『나바호 연구서』라는 인류학 고전에 기록되었다). "저 아래 해가 뜨는 곳으로부터 우리에게 올 것이다. 귀가 거대하다. 귀가 발목까지 늘어진다. 이들은 밤이면 무릎 위에 불을 피우고 긴 귀로 자기 몸을 감싸고 누워 잔다."

이것 말고도 기이하게 변형된 다양한 이야기들이 있다. 몇몇 나바호들은 백인이 항문이 없다고 믿었다.[233] 그래서 정상적으로 음식을 먹을 수가 없다고 했다. 대신 끓는 음식에서 나오는 김만 들이마실 뿐. 어떤 사람들은 백인들은 이마에서 뿔처럼 뭐가 자라난다고 했다. 또 가는 막대기로 엉덩이를 때려 불을 붙일 수 있다고도 했다. 『나바호 연구서』를 보면 한 사람이 "우리 땅을 이런 괴상한 사람들에게 빼앗기게 되었다"[234]고 통탄하는 부분이 나온다.

나르보나가 나바호 사이에서 가장 두드러진 인물이기는 하였으나 사실상 추장은 아니었다. 나바호는 공식적인 지도자가 없었다. 나바호의 사회질서는 유동적이고 계획성이 없고 철저히 민주적이라 어떤 한 사람이 두드러지게 권위 있는 지위에 오를 수가 없다. 나바호는 모든 일을 진이 빠질 정도로 엄청나게 오랫동안 의논한다. 어떤 논점을 바로 다루는 게 아니라 그 주변만 모호하게 건드리다가 마침내 본래 주제에 접근해 일종의 합의가 이루어지면 끝난다.

결국 모든 사람이 한마디씩 한다. 이론적으로나 현실적으로나 나바호 여성들은 아메리칸 인디언들 사이에서 보기 드문 권력을 가졌다. 나바호 신들 가운데 가장 중요한 신 몇몇은 여성이다. 자비심 많은 가모장家母長 '변하는 여인'이나 현명하고 나이 많은 은둔자이며 사람들에게 베 짜는 법을 가르친 '거미 여인' 등. 나바호들은 모계사회이며 외가 거주제로 산다. 어머니를 따라 혈통이 이어지며 결혼하면 남편이 처가에 와서 산다. 여자들이 재산을 소유하고 가정 경제를 꾸렸다. 아이들에게도 재산이 있었고 (아이 몫의 가축이 있는 경우도 있었다) 일상생활의 사소한 결정을 내릴 때 아이들의 의견도 들었다. 노예(습격 때 잡아온 여자와 아이들)도 순수 나바호와 똑같은 권리를 가진 온전한 시민이 될 수 있었다.

이렇게 평등한 사회이다 보니 각 씨족에서도 누구 한 사람을 추장으로 임명할 수 없었고 더군다나 멀고도 광활한 땅에 퍼져 사는 1만 2,000명 민족 전체를 대표하는 사람은 있을 수가 없었다. 그러나 '추장'과 비슷한 지위를 가진 사람이 있다면 그건 바로 나르보나였다. 키가 크고 마르고 날카로운 외모를 가졌고 길고 숱 많은 흰 머리카락을 늘어뜨린 나르보나는 언제나 멋지고 위풍당당한 모습이었다. 구슬을 단 사슴 가죽 옷을 입고 은과 터키석으로 장식을 했다. 위대한 전사는 이제 널리 알려지고 매우 번성한 '일단'의 우두머리였다. 일단이란 함께 일하고 서로 소리쳐 부를 수 있을 거리에 사는 친척들로 이루어진 확대 가족으로 나바호 사회의 기본 단위였다.[235] 나르보나 무리는 투니차 산맥의 동쪽 기슭을 따라 드넓은 땅에 퍼져 살았다.

나바호는 노인을 공경하는 부족이라 나르보나는 나이만으로도 존경의 대상이 되었을 것이다. 나르보나는 오랜 세월을 살며 전쟁과 가뭄과 풍년 모두를 겪었고 자기 눈으로 에스파냐 지배기, 멕시코 지배기도 보았다. 그리고 이제 미국인들이 오고 있었다.

나르보나는 나바호 가운데 아마도 가장 부유한 사람이었을 것이다. 양 수천 마리가 있었다고 한다. 말과 소도 수십 마리 있었다. 아내가 셋이고 노예도 많았다. 손자, 증손자, 사위, 며느리도 헤아릴 수 없었다. 추스카 밸리에 있는 나르보나의 밭에는 잘 자란 옥수수가 넘실거렸고 호박과 머스크멜론이 덩굴에 주렁주렁 달렸다. 뜨거운 한증막에서 꺼낸 돌을 의식에 따라 식물들 사이에 갖다놓아 이른 서리에 작물이 얼어 죽는 걸 막았다. 나르보나에 대한 노래도 많았다고 한다. 나르보나는 모든 의식과 예식을 지켰고 조조, 곧 성스러운 생명의 균형을 존중하려고 애썼기 때문에 그렇게 유복하고 재산이 많았다고 한다. 그러나 자기 재산을 아끼지 않았고, 유트와 멕시코와 전쟁을 벌이는 와중에 고아가 된 아이들을 거두기도 했다.

나르보나 무리가 사는 곳은 소란하고 생기 넘치는 곳이었다. 기도와 노래, 말 경주로 떠들썩하고 풀이 자라는 구릉에 호간들이 띄엄띄엄 흩어져 있었다. 호간 중앙 굴뚝 구멍에서는 연기가 솟아오르고 문은 모두 동쪽을 향해 있어 아침을 맞았다. 문 대신에 걸어놓은, 유카실로 짠 돗자리가 바람에 날렸다. 주변의 산쑥 수풀과 나무에는 가늘게 썬 양고기와 사슴 고기를 걸어놓고 말렸다. 여자들은 베틀에 앉아 일했다. 물을 들이고 빗질해 만든 털실을 한 올씩 밀어 넣고 북을 달각달각 움직일 때마다 담요의 화려한 무늬가 햇살에 빛났다. 나바호는 손에 넣을 수 있는 것은 무엇이든 활용할 줄 아는 재주꾼들이었다. 용설란 섬유로 실을 만들었고 자기들 머리카락으로 만든 올가미로 새를 잡았다. 비눗기가 있는 유카 줄기와 뿌리에서 얻은 비누로 목욕을 했고, 약초 치료사는 구릉에서 갈대 줄기나 옻, 박하, 샐비어 가지를 따서 치유 의식에 썼다.

청소년기에 접어든 소년들은 추로 양과 뿔이 크고 둘둘 말린 앙고라 염소 무리를 산길을 따라 수풀로 몰고 갔다. 짐승들이 서로 뒤섞였지만 저마다 귀에 표시를 해서 누구 집 가축인지 구별할 수 있었다. 어른들은 오래된 소금못으로 소금을 구하러 가거나, 판더로사 소나무 그늘 아래에서 풀을 뜯는 뮬 사슴이나 말코손바닥사슴을 사냥하러 가곤 했다.

*

나르보나는 길고 풍요로운 삶을 살았지만 이제는 모든 게 위험에 처했다고 느끼는 것 같았다. 커니 장군은 전령을 보내 평화협정에 동의하지 않으면 전면전을 펼치겠다고 위협했다. 미국인들은 나이 든 나르보나가 힘든 여행을 하지 않아도 되도록 평화사절을 나바호 땅에 보내겠다고 제안하기도 했다. 나르보나한테는 나바호 전체를 대표해 말할 권한은 없었지만 살아 있는 나바호 가운데 설득할 수 있는 힘이 가장 컸을 것이다.

겨울이 다가오고 있었다. 나바호들은 전통적으로 겨울이면 모여서 의식을 치르고 옛날이야기를 하고 회의를 열어 공통 관심사를 의논했다. 첫 번째 서리와 첫 번째 번개 사이의 기간으로 정의되는 겨울은 대화를 위한 계절이었다.[236] 옥수수는 수확해서 저장해놓고, 뱀은 겨울잠을 자고, 신들은 귀를 기울이는 때다. 모래 그림을 그리고 밤 노래를 부르고 손을 떨어 점을 치는 점술가들과 함께 의식을 치르는 때다. 모닥불가나 호간 안에서나 한증막 안에서나 대화는 늘 미국인들에 관한 주제로 흘러갔고 사람들은 나르보나에게 의견을 말해달라고 했다. 침략자들의 요구에 나바호는 어떻게 대응해야 하는지?

나르보나는 알지 못했다. 그러나 이 귀가 큰 미국인들을 자기가 직접 만나보아야 한다는 것은 분명했다. 그래서 가을 어느 날(아마 9월 말쯤이었을 것이다) 가까운 동료들을 데리고 동쪽으로 돌아가는 길을 따라 나섰다. 그동안 광장에서 에스파냐나 멕시코 관리들과 평화회담을 하러 여러 차례 샌타페이에 갔기 때문에 길을 잘 알았다. 그러나 이번에는 리오그란데를 건너 샌타페이 북쪽으로 올라가 샌그리디크리스토 산으로 가는 뚜렷하지 않고 복잡하게 얽힌 사냥용 길을 택했다.

산 위에서 나르보나 무리는 샌타페이 가장자리에 있는 산기슭으로 내려갔다. 들키면 총을 맞으리라는 걸 알았다. 말 다리를 묶어 안전한 곳에 놓아두고 피뇽 나무 사이에 몸을 웅크리고 조용히 앉아 커니 장군이 짓는 새로운 요새에서 일어나고 있는 불길한 움직임을 훔쳐보았다.

21. 몰락과 승리의 장

1846년 9월 24일 밤, 온 읍내에 종소리가 미친 듯이 계속해서 울렸다. 무슨 일이 있다는 뜻이었다. 교회 여섯 곳에서 동시에 종이 땡그랑거려 신경을 긁는 금속성 굉음이 온 거리에 울려 퍼졌다. 샌타페이 사람들은 워낙 종을 좋아했고 결혼, 미사, 경주, 무도회 등 중요한 일이 있을 때마다 종을 울렸다.[237] 듣기 좋은 종소리는 아니었다. 대부분의 종이 낡고 갈라졌고, 몇몇은 수 세기 전에 카스티야 지방에서 만들어진 것으로, 에스파냐 범선에 싣고 대서양을 가로질러 멕시코에서 황량한 마찻길 카미노레알을 따라 북쪽으로 거의 3,000킬로미터를 끌고 온 물건이다. 카미노레알은 오래전부터 샌타페이와 문명세계를 잇는 유일한 탯줄이었다. 이 종들은 기나긴 여정 동안 바닷물을 뒤집어쓰고 고운 모래로 덮인 마른 물길에 빠지고 총알구멍이 나기도 했다. 반란과 학살을 보았고 수 세기 동안 고원사막 기후의 극단에서 흔들리지 않는 신앙을 보았다. 색이 바래고 녹청이 끼었지만 여전히 마을의 자랑거리였고 에스파냐 왕가가 세계에서 가장 큰 권력을 자랑할 때부터 내려온 유물이었다.

날씨가 서늘하고 청명했다. 폭풍이 산꼭대기를 첫눈으로 덮었다. 상쾌한 저녁에 종소리는 유달리 크게 울렸다. 읍내 한쪽에서는 성대한 장례식이 거행되고 있었다. 시민 절반과 인척 관계인 노인이 죽은 것이다. 다른 쪽 광장 너머에서는 미국 상인들이 총독궁에서 정식 무도회를 열고 있었다. 커니 장군과 용기병 부대를 위해 연 환송 파티였다. 이튿날 아침 이들은 정복을 계속하러 캘리포니아로 떠날 예정이었다.

커니의 잔치는 그해 최대의 이벤트였다. 좁고 긴 무도장에 500명이 넘는 사람들이 와글거렸다. 멕시코인이고 미국인이고 할 것 없이 가장 좋은 옷을 차려입고 모였다. 이들은 화주火酒와 엘파소 브랜디를 마셨고 바이올린과 기타 연주의 달콤 쌉싸래한 가락에 맞춰 그 지방에서 가장 오래된 춤을 추었다. 총독궁의 '무도장'은 축제 분위기로 넘쳤지만 시설은 매우 열악했다. 천장에서는 비가 새고 회벽은 곰팡이가 슬었다. 바닥은 단단히 누른 흙이고 문은 나무처럼 보이게 마디와 옹이를 그려 넣었지만 실은 버펄로 가죽이었다. 한쪽 벽에는 그 지방 화가가 그린 커다란 벽화가 있었다. 커니 장군이 감사해하는 멕시코 농부에게 어떤 문서를 펼쳐 보이는 장면을 그린 그림이었다. 두루마리 문서에는 LIBERTAD(자유)라고 적혀 있었고 그 둘레에는 십자가, 쟁기, 미국 깃발로 장식된 대포가 그려져 있었다. 무도장 사방에는 미주리 여인들이 손바느질해서 만든 미국 국기가 걸렸다.

샌타페이 사회 최상류층이 정복자들을 환송하러 다 모였다. 정부 관리, 명문가 사람들, 성직자, 미국 상인, 장교들이 모였다. 수전 매거핀은 그날 일을 경쾌한 문체로 일기에 자세히 적어놓았다. 그녀는 그날 붉은 크레이프직 중국 숄을 입고 미국 장교 몇몇과 춤을 추었다. 일기에는 이렇게 적었다. "여자들은 모두 실크, 새틴, 깅엄 드레스를 입었다. 화려한 장식, 거대한 목걸이, 셀 수 없이 많은 반지로 치장했다. 소매가 크고 허리는 짧고 주름이 풍성한 치마였다. 다들 춤추며 담배를 피웠다."[238] 한쪽 구석에서는 부유한 에스파냐 집안 출신인 '눈이 검은 세뇨라'가 '인간 발판'을 쓰는 걸 보고 기분이 상하기도 했다. 인디언 하인이 바닥에 웅크리고 있고

여주인이 춤과 춤 사이에 그 사람을 마치 '가구 한 점' 처럼 사용했다.[239]

매거핀은 그 지역 여자들의 대담성에 놀랐다. 푹 파인 목선도 그랬고, "팔과 목을 그대로 드러내고 가슴도 훤히 보이게 하고 다녔다"[240]며 경멸조로 말한다. 낮이 뜨거워 자기 "얼굴이 붉어지는 걸 가리기 위해 얼굴에 베일을 드리웠으면" 하는 생각마저 들었다. 대부분 여자들은 뺨에 "기름처럼 번들거리는" 빨간 볼연지를 발랐다. 어떤 사람들은 "귀신같이 밀가루 반죽을 온 얼굴에 발랐다. 피부가 희고 아름답게 보이고 싶어 그렇게 하는 것이었다." 한편 멕시코 남자들은 "팔짱을 끼고 물러서서 사람이 아닌 것을 구경하는 듯 쳐다보았다."[241]

매거핀은 특히 거만하고 거칠 것 없이 춤추고 행동하는 붉은 머리의 여자한테 눈이 갔다. 이름은 헤르트루데스 바르셀로였지만 사람들 사이에서 마담 라 툴레스라고 불렸다. 타오스 출신으로 샌타페이에서 오래전부터 잘나가는 선술집을 운영했다. 그곳 도박장과 거기에 딸린 유곽이 미주리 사람들 사이에 인기가 높았다. 바르셀로는 여러 차례 염문을 뿌렸는데 한때 아르미호 총독의 정부라는 소문도 있었다. 활력이 넘치는 선술집 여주인이었고 수완 좋은 사업가였다. 그녀의 술집에서 대표적인 오락거리는 파이브카드 몬티라는 도박 게임으로 그 비밀을 알려면 돈을 잃어보아야 한다고들 했다. 정신없이 돌아가는 도박 테이블 위에서 돈이 귀한 마을에서는 믿기지 않을 만큼 큰 돈다발이 왔다 갔다 했고, 바르셀로는 높은 이자를 붙여 군인들에게 돈을 빌려주기도 했다. 매거핀은 바르셀로가 무도장에서 돌아다니는 걸 관찰했고 "위엄 있는" 여인이라고 평가했다. "빈틈없고 매력적인 태도로 불안정하고 경험이 없는 젊은이들을 몰락의 장으로 꼬여낸다."[242]

커니의 병사들도, 매거핀과는 다른 의미에서였지만, 여자들에게 시선을 빼앗겼다. 군인들의 일기는 호색적인 칭찬으로 가득하다. 휴즈는 "머리에 두른 레보소 아래에서 매혹적으로 쳐다보는 관능으로 빛나는 눈빛"[243]에 대해 썼고 필립 세인트 조지 쿡 대위는 샌타페이 여자들이 "손발이 정말 작다"며 "이곳만큼 정숙함을 중요하게 여기지도 기대하지도 않는 곳은 없다"고도 했다.[244] 에드워즈 일병은 "이곳 여자들은 정말 대담하게 걷는다. 걸음걸이가 자유롭고 시원시원하고 몸을 우아하게 흔든다. 정숙함이 무언지 모르는 듯하고 낯선 사람의 시선을 매우 즐긴다"[245]고 했다. 조지 깁슨은 "대체적으로 외모가 미국 여자들보다 더 낫다"[246]고 했다.

*

술이 넘쳐나고 한밤이 되어 파티가 무르익었다. 부연 옥수수 껍질 담배 연기와 손님들로 가득 찬 좁은 무도장은 찌는 듯 더웠다. 댄스플로어에서 미국인들은 "무한한 페티코트"[247] 속에서 함께 빙빙 돌았다. 수전 매거핀은 한눈에 이 지역의 미래를 볼 수 있었다. 판사, 은행가, 기술자, 상인 등 오래된 나라에 새로 온 미국인들의 존재감이 뚜렷했다. 한쪽 구석에는 새로 뉴멕시코 총독으로 임명된 사람, 뚱뚱하고 둔중한 찰스 벤트가 있었다. 키트 카슨의 오랜 친구이기도 한 벤트는 미주리인으로 목이 굵고 이목구비가 뚜렷하며 이마가 넓고 주름진 사람이었다. '떡갈나무 옹이처럼 억세고" "지칠 줄 모르는 활력의 소유자"라고 찰스 벤트의 전기 작가 데이비드 래번더는 표현했다.[248] 처음으로 샌타페이 통로에서 말이나 노새 대신 수소 여러 마리가 끄는 짐마차를 시도하고 완성한 사람이 바로 찰스 벤트다. 속도는 느리지만 훨씬 기운이 센 수소 짐마차 덕분에 "거대한 짐마차가 몰려와 서부에 활력을 불어넣게" 될 수 있었다고 래번더는 말한다.[249]

커니 장군은 신중한 고려 끝에 벤트를 선택했으나 사실 논란이 많았다. 벤트는 인기가 없는 사람이었다. 에스파냐 사람들은 그를 오만하다고 싫어하기도 했고 정력적인 사업가 벤트의 상업적 수완을 단순히 탐욕으로 치부하는 사람도 많았다. 벤트는 세인트루이스에서 타오스까지 넓은 지역에서 재정적 지배력을 행사하고 여러 하인을 거느렸다. 그중에는 인디언도 있고 흑인도 있었다. 그러나 벤트는 통찰력 있고 실용주의적인 사람이었다. 뉴멕시코를 사랑했고 뉴멕시코 고유의 문제를 잘 알았고 남서부에서 이미 거물로 자리 잡은 인물이었다.

수전 매거핀은 벤트 총독을 잘 알았고 어슬렁거리는 군중들 사이에서 그와 이야기도 나누었을 것이다. 매거핀이 사산한 아이가 묻힌, 흙으로 지은 아칸소 강변의 벤트 교역소는 뉴멕시코의 삶을 크게 바꾸어놓았다. 벤트 같은 상인이 어떤 의미에서는 미국 침략의 첫 번째 물결 구실을 한 것이라 그가 정치적 권력을 쥔다는 것은 당연한 수순처럼 보였다. 벤트는 "막강한 사람으로 그의 의지는 황야의 법률이었다. 인디언과 멕시코인을 잘 알았고 영향력이 수백 킬로미터에 미쳤다…… 또 여러 부족을 손아귀에 쥐고 있었다"고 한 역사가는 말했다.[250]

군중 속에는 알릭잰더 도니펀 대령도 있었다. 독학한 변호사로 나이는 마흔 살이었다. 커니 장군이 이튿날 샌타페이를 떠난 뒤 커니를 대신할 사령관으로 임명된 사람이다. 매거핀은 도니펀이 마음에 들었고 댄스 신청을 받아들였다. 키 188센티미터에 육중한 체구를 가진 그는 자그마한 매거핀을 한참 내려다보아야 했다. 밝은 갈색 눈, 머리카락 숱이 짙고 많은 잘생긴 남자였다. '대령'이지만 군사 훈련은 전혀 받지 않았고 미주리에서 무적의 변호사로 명성이 높았다. 심각한 곤경에 처했을 때 찾게 되는 그런 사람이었다. 모르몬 교 선지자 조지프 스미스의 변호도 맡았다. 커니의 명령에 따라 도니펀은 새로운 지역을 위한 법령을 만들었다. 앞날에 대한 혜안이 있는 유려한 법령이었다. 도니펀은 고전을 인용하기를 좋아했지만 젠체하는 것은 별로 좋아하지 않았고, 느긋한 사람이라 그를 최고사령관으로 추대한 어중이떠중이 자원병들 사이에 인기가 있었다. 거칠지만 신선했다. 부하 한 사람은 이렇게 적었다. "대령은 말에 강한 표현을 섞는 버릇이 있는데 동부 사람들이라면 욕이나 다름없다고 여길 만한 말이었다."[251]

도니펀은 사람들이 바글거리는 댄스플로어에서 매거핀을 이끌고 '요람'이라는 뜻의 '쿠나' 춤을 추었다. 변경에서 추는 왈츠의 일종으로 서로 허리에 팔을 감고 매거핀의 표현에 따르면 "뒤로 한껏" 기대어 요람을 흔드는 듯한 동작을 하는 것이다. 미국인 구경꾼들은 이렇게 끌어안고 돌아가는 댄스를 보고 성적으로 유혹적이라고 느꼈다. "이런 밀착된 자세는 우리나라의 점잖은 사회 기풍에는 맞지 않을 것이다. 그러나 뉴멕시코 사람들은 이 왈츠를 추며 미끄러지듯 빙글빙글 도는 것을 가장 기품 있는 교양으로 친다."[252]

매거핀은 헨리 터너에게도 관심을 가졌다. 서부군 부관으로 서진 행군 기간 동안 아주 훌륭한 일기를 남긴 인물이다. 터너는 부사령관으로서 이튿날 커니와 함께 출발해 캘리포니아까지 갈 예정이었다. 다정하고 영리하고 신실한 기독교도로 세인트루이스에 있는 아내 줄리아에게 헌신적인 사람이었다. 웨스트포인트 출신으로 프랑스의 유명한 소뮈르 군사학교에서 기병전술을 공부했다. 로버트 E. 리 장군의 사촌이었고 남북전쟁 동안에 남군을 지지하게 되지만 뒷날 북군 지휘관이 되는 윌리엄 티컴서 셔먼 장군과 가까운 친구이기도 했다. 매거핀은 터너가 "광범위한 지식을 가진 신사이고 매우 공손하다"고 생각했다. 이야기도 잘했고 "재미있는 이야기로 사람들에게 좋은 인상을 주려고 애쓰는" 사람이었다.[253]

그러나 매거핀은 누구보다도 주빈인 뉴멕시코의 군사 행정 지도자 스티븐 워츠 커니에게 끌렸다. 샌타페이에서 마지막 밤을 즐기고 있는 커니는 가장 좋은 푸른 군복을 입고 견장을 달고 윤이 나는 군화, 반짝이는 칼을 찼다. 잿빛 머리카락을 뒤로 넘겼고 이마는 무도장의 열기로 번들거렸다. 지난 5주 동안 커니는 수전 매거핀에게 아버지 같은 존재가 되었다. 수전 매거핀의 일기에는 정복자 장군에 대한 생생한 묘사가 담겨 있다. 장군은 매거핀을 말에 태우고 도시를 구경시켜주었고 미사에도 함께 갔으며 매거핀의 사소한 잘못을 부드럽게 타이르기도 했다. 농담 반 진담 반으로 캘리포니아까지 같이 가자고 조르기도 했다. 이 쉰둘의 장군은 매거핀의 마음을 사로잡았다. "이야기를 나눌 때 솔직하고 꾸밈이 없으며 다정하다. 느긋하게 움직이며 내가 하는 말은 무엇이든 들어주고 내가 하자는 대로 한다. 미국 최고의 장군을 내 뜻대로 할 수 있다니! 장군은 마치 우리 아버지가 나에게 하듯 말한다."[254]

사실 매거핀에게 홀딱 빠진 사람은 커니 장군과 도니펀 대령만이 아니었다. 서부군 장교 대부분이 그랬다. 그녀는 샌타페이에서 유일한 미국 여성이었으며 아마 샌타페이 통로 끝까지 내려온 최초의 미국 여성일 것이다. 그러니 인기가 드높을 수밖에 없었다. 요란스러운 젊은이들이 가득한 외국 마을에서 매거핀은 자연스레 미국 여성성의 화신이 되었다. 매거핀은 길고 아름다운 갈색 머리카락과 짙고 반짝이는 눈을 가진 몸집이 조그마한 여성이었다. 영리하고 교양이 있었으며 기질이 온화하고 지칠 줄 모르는 활기를 지녔다. 한 역사가는 그녀를 "점령지의 미녀"[255]라고 불렀다. 광장에서 멀지 않은 수전과 새뮤얼 매거핀의 집은 살롱 같은 곳이 되었다. 부부 사이가 좋았고 수전이 남편에게 헌신적이었는데도 밤마다 수전의 환심을 사려고 애쓰는 젊은이들이 찾아왔다. 미국 여성이 어떻게 생겼는지 기억하고 냄새를 맡고 태도와 억양을 느끼고 싶은 것이다. 어떤 사람은 술 취해 흥분해서 찾아왔고 어떤 사람은 그녀가 기독교적 신앙을 지켜나가는 것을 보고 싶어서 왔고 또 어떤 사람은 가슴과 허리춤에 불길이 타올라 찾아왔다. 어떤 미주리 사람은 마담 툴레스의 유곽인 줄 알고 매거핀의 집 문을 두드렸다가 켄터키에서 온 정숙한 여인이 문가에 나타나자 부끄러워하고 실망하며 슬금슬금 가버리기도 했다.

수전 매거핀은 이 사람들의 거친 모습에 약간 충격을 받았다. "군인들은 끝없이 시끄러운 소리를 낸다. 동틀 무렵부터 깊은 밤까지 나팔을 불어대고 인디언처럼 함성을 지르고 별 희한한 소리를 내어 내 예민한 신경을 건드린다."[256] 그러나 매거핀은 자신이 샌타페이에서 얼마나 특별한 상황을 경험하고 있는지를 알았다. 그리고 이곳에서 지내는 것을 좋아했다. 1,600명의 미국인 남자들 사이에서 유일한 미국 여성으로서, 열여덟 살의 나이에 일기에 역사를 기록하고 있다는 것을 자랑스러워했다. "나는 성조기의 비호 아래 이곳에 온 최초의 미국 여성이다." 매거핀은 이렇게 적었다. "미국 사람들이 언제까지나 기억할 이 해에 나는 이 도시에 들어왔다."

*

이 환송 파티에서 커니 장군은 아마 5주 전 샌타페이에 입성한 이래로 처음으로 사람들과 어울렸을 것이다. 샌타페이에 들어온 뒤로 커니는 쉴 틈 없이 바쁘게 움직였다. 커니는 철저한 근면의식을 가진 사람으로 조용하면서도 맹렬하게 일했다. 회의, 시찰, 협정, 의식, 임관, 건설 등의 계획을 꾸준히 실천해나갔다. 커니는 괜찮은 정복자였다. 완고하지만 우호적이라서 지역 주민들도 싫어하지 않았다. 커니는 정복 임무에서 사람들과의 관계가 중요하다는 걸 알기 때문에 선의를 보이기 위해 자기답지 않은 일을 하기도 했다. 한번은 교회 행렬에서 촛불을 들었는데 나중에 수전 매거핀에게 고백하기를 "바보가 된 것 같은 기분이었다"고 한다. 성직자들과 친교를 맺었고 미사에도 참석했다. 세금을 경감했으며, 주변 부족의 사절을 샌타페이로 초대하여 평화롭게 담배를 나누어 피웠다. 리오그란데 아래쪽 마을을 찾아가고 큰 농장의 주인들을 만나기도 했다. 정찬 때나 의식 때는 이렇게 말하며 건배를 했다. "미국과 멕시코, 이제 하나가 되었으니 갈라질 일이 없기를."[257] 신중하고 외교 수완이 있었으며 한 기록자의 말에 따르면 "어떤 신의 노여움도 사지 않으려 했다."

처음부터 커니는 샌타페이에서 모든 것이 달라질 것임을 분명히 했다. 민주주의가 제대로 돌아가려면 정보가 자유롭게 유통되어야 하고, 그러려면 출판이 필요했다. 그래서 커니는 타오스에서 골동품 인쇄기를 찾아 그 거대한 기계를 이곳까지 끌고 오게 했다. 그걸로 에스파냐어 소식지와 선언문을 인쇄했고, 나중에는 영어 신문을 발간했다. 총독궁에 정규 업무 시간을 정해놓았으며, 어둑하고 곰팡내 나는 문을 모두 열어젖혔고 아르미호의 잔인한 통치의 흔적을 지웠다. 총독궁의 어떤 방에서는 벽에 사람 귀 수십 개가 붙어 있는 것을 보았다. 아마 아르미호의 적이었던 자들의 귀일 것이다. 장군은 즉시 그 방을 치우게 했고 소름 끼치는 전리품을 묻어버렸다.

평등주의자인 커니는 새로운 정부가 어떤 장식도 선전도 없이 단순하고 투명하게 작동하기를 바랐다. '증지證紙'를 쓰는 것에 그가 보인 반응이 이런 현실적인 통치 방식의 좋은 예가 된다. 증지는 샌타페이에서 몇십 년 전부터 계속된 사무 관행이었다. 어느 날 샌타페이 시장이 커니에게 "정부 인장과 문장이 찍히지 않은 종이를 사용한 문서는 법적 효력이 없다"고 설명했다.[258] 계약서, 결혼 증명, 사망 증명, 계산서 등 모든 문서에는 이런 공식 인증이 있어야 했다. 시장은 장군에게 이렇듯 중요한 '증지'를 보여주며 한 장에 8달러라고 말했다. 수수료를 제외하고 달랑 종이 값만 8달러라는 것이었다. "중요한 문서가 법적 효력을 가지도록 만들어주는데 그 정도는 절대 큰돈이 아니지요." 시장은 이렇게 주장했다.

커니 장군은 믿어지지 않는다는 듯 시장을 쳐다보았다. 8달러는 터무니없는 가격이고 더더군다나 이렇게 가난한 사람들에게는 너무 심하다고 생각했다. 뿐만 아니라 불필요하고 우스꽝스러운 절차였다. 어떤 면으로 보나 불쾌한 제도였다. 커니는 곧 펜을 들어 새로운 명령을 내렸다. "뉴멕시코 정부 발행 '증지' 사용 제도는 총독의 명령으로 폐지한다."

커니는 어딜 가든 사면과 통합을 역설했다. 누구도 재산상의 손해를 입지 않을 것이다. 과거의 잘못은 용서한다. 마누엘 아르미호조차도 돌아온다면 받아들이겠다. 커니는 사람들에게 만약 아르미호가 돌아온다면 그를 곱게 맞이하고 어떤 방식으로든 괴롭히지 말라고 말했다. 그런 한편 앨버커키에 있는 아르미호의 아내 트리니다드 가발돈을 찾아갔다. "꽤 활기 있고 얼굴이 고운 여인"이었다(커니를 따라간 부하 하나는 더 재미있게 묘사했다. "마흔 살가량 된 예쁜 여자로 과거에는 상당한 미인이었을 듯하지만 이미 한창 때를 넘겼다"). 그녀는 자기 남편은 뉴멕시코로 돌아가지 않을 거라고 말했다. 아르미호의 친척이나 친구들도 모두 입을 모아 말했다. "총독은 완전히 맛이 갔어요."

커니가 도니펀 대령을 시켜 작성한 법령은 공정하고 진보적인 정치적 수완의 전범 같은 것이었다. '커니 법전'이라고 불리는 이 법령은 마그나 카르타와 권리장전을 의도적으로 반영하였고 어찌나 잘 만들었는지 오늘날까지도 뉴멕시코 주법의 기본 틀로 남아 있을 정도다. 뉴멕시코 사람들이 이런 것들을 좋게 받아들였는지는 말하기 어렵다. 당시의 에스파냐 문서는 고르지 못하고 애매한 구석이 있었다. 지역 주민들은 커니의 고결한 문서와 위엄 있는 서약을 좋아했을지는 모르나 그래도 여전히 회의적이었고 국가적 자부심을 버리지 않아 남쪽에서 벌어지는 전쟁에서 멕시코가 승리하기를 바랐다. 깁슨 일병이 일기에서 이런 분위기를 잘 포착했다. "사람들은 예의 바르고 호의적이다. 눈앞의 권력에 저항할 수 없기 때문이다. 그러나 결코 우리를 구원자라고 생각하지는 않는다."[259]

커니가 선의를 보이고 외교적 수완을 발휘한 것은 순전히 군사적인 목적 때문이었다. 미국의 승리를 공고히 하고 아직 남아 있을지 모르는 저항의 기운을 억누르려는 것이었다. 멕시코 안쪽 깊숙한 곳에서 더 큰 전쟁이 한창이었다. 커니는 미군이 어떻게 하고 있는지 전혀 몰랐다. 남쪽의 전세에 대한 확인되지 않은 소문을 계속 걸러 들어야 했으며 샌타페이를 되찾기 위해 치와나 두랑고에서 멕시코군이 올라올 가능성도 충분히 있었다.

샌타페이에 도착한 뒤 며칠 지나지 않아 커니는 읍내를 내려다보는 언덕 위에 튼튼한 새 방벽을 쌓으라고 명령했다. 이 요새를 워싱턴의 육군 장관 윌리엄 마시의 이름을 따서 마시 요새라고 불렀다. 요새는 광장 위로 우뚝 솟아 있었는데 찌그러진 별처럼 복잡한 지그재그 모양이었다. 중앙에는 수 톤의 탄약을 저장할 수 있는 탄약고가 안전하게 자리하고 있었다. 요새 벽에는 대포를 장착했고 여러 가지 형태로 총안을 만들었다. 너른 땅 위에 있어 1,000명의 군사가 주둔할 수 있을 정도로 널찍했다. 커니는 수전 매거핀을 말에 태워 건설 현장을 구경시켜주기도 했다. 수백 명의 벽돌공이 거대한 벽을 쌓고 있었다. "드넓은 평원 전체를 지배했다."[260] 매거핀은 건설 중인 요새를 경쾌한 문체로 그렸다. "요새에 있는 대포로 도시에 있는 집 전부를 가루로 만들 수 있을 것이다."

*

커니가 받은 명령은 저항의 기미를 꺾기 위해 얼마 동안 뉴멕시코에 머물러 있다가 그다음 서둘러 캘리포니아로 진격하라는 것이었다. 장군은 목표가 달성되었다고 확신했다. "아무런 이상 없고 주변에 어떤 종류의 병력도 남아 있지 않습니다." 9월 중순에 커니는 이렇게 보고했다. 그러나 이것은 사실 공허한 말이었다. 커니도 알고 있었을 것이다. 뉴멕시코의 진짜 전쟁은 미국인과 멕시코인 사이의 전쟁이 아니라 유목 인디언 부족과 그 밖의 모든 사람들 사이의 전쟁이라는 사실을. 커니는 미국인이 왔다고 해서 수그러들 기미는 전혀 보이지 않는, 수 세대 동안 계속되어온 갈등 한가운데에 들어선 것이다.

그는 특유의 낙관주의와 불굴의 의지로 인디언과의 전쟁이라는 혼란스러운 상황을 떠안았지만, 이 문제는 너무나 복잡하고 다차원적이고 오랫동안 곪아온 문제라 그의 군이 잠시 주둔하는 동안에 '시정'한다는 것은 불가능했다. 인디언들과 싸워본 이들은 남서부 부족들과의 관계가 얼마 전 미국 정부가 플로리다의 세미놀 인디언들과 벌인 전쟁처럼 많은 희생을 요구하는 힘겨운 장기전으로 번질 수 있다는 것을 알았다. 에버글레이즈 습지로 적을 쫓아가는 대신 이번에는 그만큼이나 꿰뚫기 힘든 사막의 산에서 싸워야 할 것이었다. 샌타페이에 주둔한 부병참 장교 윌리엄 매키색 대위는 이렇게 적었다. "인디언들이 버틴다면 또 다른 플로리다 전쟁이 벌어질 것이 염려된다."

하지만 커니는 훨씬 낙관적이었다. 그는 "야만족", 곧 유트, 아파치, 코만치, 무엇보다도 나바호 대표자들에게 회담을 하러 오라고 전하며, "모든 약탈 행위와 범죄를 그치지 않는다면" 군대를 보내서 "이 땅에서 절멸시켜버리겠다"고 말했다.261

나바호들은 대부분 이 강력한 위협에 별 느낌을 받지 못했다. 커니의 말이 뜻하는 바를 제대로 받아들였는지도 알 수 없지만. 수전 매거핀이 샌타페이에서 잠시 머무르는 동안에도 나바호 습격이 있었다. 나바호가 도시 외곽까지 내려와서 "스무 가구를 납치해갔다."262 자기도 납치될 수 있었다는 생각에서였는지 매거핀은 이 소식을 듣고 매우 속상해했다. "다시 만나지 못할지도 모르는 벗을 생각하며 거리에는 슬픔과 한탄이 넘쳐났다"고 적었다.

이 공격이 있고 나자 커니는 나바호들에게 납치해간 포로를 모두 돌려보내라고 명령했다. 수전 매거핀은 나바호가 그의 경고를 들을 것이라고 낙관했다. "나바호들은 장군을 초인적 존재로 여기고 있을 것이다. 아무런 충돌 없이 들어와 나바호들이 두려워하던 위대한 아르미호의 궁을 차지한 장군이니 말이다."[263]

22. 전혀 다른 사람들

　　나르보나는 샌타페이 위쪽 수풀 속에 웅크리고 미국인들이 서둘러 세운 흙벽과 건축물을 내려다보았다. 군인들이 행진하는 것, 사격 연습하는 것, 제식훈련하는 것을 보았다. 총과 칼이 번쩍이는 것을 보았고 용기병의 화려한 군복을 보았다. 별 모양과 붉은색과 흰색 줄무늬가 있는 낯선 깃발이 총독궁 위에 휘날리는 것도 보았다. 다른 인디언 부족 사절이 드문드문 도시에 들어와 위대한 장군 커니에게 경의를 표하는 것도 보았다. 마을 외곽에서는 멕시코인들의 목장과 농장 안에 미국 정복군 부대가 세워놓은 막사에서 연기가 피어오르는 것을 보았다.

　　나르보나는 미국의 논리가 납득이 가지 않았다. 어떻게 미국인들은 멕시코인들과 전쟁을 벌이고 나서 그다음에는 바로 자기들이 멕시코인들의 친구라고 선언하며 멕시코인들의 적을 물리치겠다고 맹세하는 것일까? 왜 굳이 다른 사람들의 전쟁을 대신하겠다는 걸까? 도대체 어떻게 이렇게 변덕스러운 사람들이 다 있을까?

　　그때 나르보나는 폭발음을 들었다. 미국 대포가 발포되는 엄청난 소리였다. 포병들이 연습이나 시범을 보이기 위해 주기적으로 산악곡사포를 비롯한 다른 대포를 쏘곤 했다. 이 엄청난 대포가 발사될 때면 하늘이 부르르 떨고 땅이 흔들렸다. 포신에서 불이 번쩍이고 연기가 뿜어 올랐다.

무시무시한 소리가 났다.

그때 많은 아메리칸 인디언들은 화포에 대해 극도로 비이성적인 공포감을 가지고 있었다고 한다.[264] 저명한 서부 역사가에 따르면 인디언들은 이 거대한 대포가 "땅을 뚫고 나가 산 너머에 있는 사람을 죽일 수 있다"고 말하곤 했다. 나르보나도 이런 공포감을 가지고 있었는지는 알 수 없지만 이 곡사포에 깊은 인상을 받은 것은 분명하다.

나르보나는 이들은 전혀 다른 종류의 사람들이라는 걸 깨달았다. 소문이 옳았던 것이다. 미군은 정말로 번개를 쏘아댔다. 이들과 싸우는 건 무의미한 일이었다. 얻을 것이 없으니 말이다. 나르보나는 이제 다시 나바호 땅으로 돌아가 미국인들과 영구 평화조약을 맺자고 주장할 것이다.

모퉁이를 돌아섰다. 새로운 시대가 도래했다. 뉴멕시코는 전혀 다른 종족의 손에 들어갔다. 나르보나는 이들을 간결하게 이렇게 불렀다. "새로운 사람들."[265]

나르보나는 자기가 본 것에 놀랐고 심려는 더 깊어졌다. 그들의 숙적이 이렇게 빨리 완전히 정복당했는데, 자기 민족에게는 어떤 일이 일어날 것인가?

제 2부

분열된 나라

독수리는 땅 위에서 그 어떤 생물보다 멀리, 드넓게 난다.
모든 사물은 새의 완벽한 시야 안에
존재한다는 이유만으로 하나로 엮인다.
—N. 스콧 모마데이, 『새벽으로 지은 집House Made of Dawn』

23. 변경된 계획

파티 다음 날인 9월 25일 아침, 샌타페이의 종이 또다시 울려댔다. 이번에는 커니 장군의 출발을 알리고 용기병 부대를 멋지게 배웅하기 위해서였다. 커니 장군 휘하에서 가장 빼어난 군인 300명이 마시 요새에 집합했다. 커니는 손을 들어 경례를 했고 부대는 정오에 리오그란데를 따라 남남서로 진격했다. 커니는 안내인으로 노련한 산사람이자 키트 카슨의 오랜 친구인 톰 피츠패트릭을 골랐다. 미주리 자원병 대부분은 도니펀 대령과 함께 남아 강화 병력이 올 때까지 레븐워스 요새를 지킬 것이다. 강화군이 도착하면 이들도 치와와를 비롯한 남쪽으로 진군하기로 되어 있었다. 미주리 자원병 대부분은 사령관을 좋아해서 열렬한 감정을 담아 환송했다. "커니 장군과 헤어지는 것이 섭섭했다. 커니는 모든 사람의 환송을 받으며 떠났다"[1]고 한 사람은 적었다.

커니의 용기병은 마침내 출정을 앞두고 들떠 있었다. 몇몇은 지난밤 파티의 술기운이 아직 깨지 않았지만. 뉴멕시코에서 싸움을 벌이고 싶어 안달이 나 있었는데 그동안 한 번도 제대로 싸워보지 못했다. 이들이 한 일이라고는 임시 거처에서 머물며 영양 부족으로 괴혈병에 걸리거나 아픈 말들이 회복되도록 돌보는 것뿐이었다. 타오스 라이트닝도 충분히 마셨고 마담 툴레스의 가게에서 수도 없이 돈을 잃었다. 샌타페이에 더 오래 있었더라면 툴레스의 몰락의 장에서 완전히 망가졌을 것이다. 캘리포니아는 전장의 명예가 기다리고 있는 더 활기 넘치는 곳일 거라고 기대했다.

사실 샌타페이가 마음에 든다고 한 사람은 거의 없었다. 군인들은 저마다 샌타페이를 헐뜯는 이야기로 일기를 가득 채웠다. 샌타페이는 더럽고 냄새나고 술독에 빠진 미신적인 작은 읍내라고들 했다. 매일 저녁 똑같은 옷을 입는 뚱뚱한 수사들이 가려운 데를 긁어가며 신랄한 질책을 퍼붓는 소리가 요란한 곳이다. 샌타페이는 염소와 닭들이 점령한 곳, 가톨릭 교리가 이상하게 변형되어 내려오는 곳, 정신적 · 의학적 어림짐작이 횡행하는 곳이다. 도끼, 망치, 톱은 엉터리로 만들어 쓰고 사과는 제대로 영글지 않고 창문에는 유리가 없고 집에는 가구가 없고 문에는 경첩 대신 가죽끈과 나무못을 단 곳이었다. 설탕은 옥수수에서 얻고 술은 선인장에서 얻고 온 마을에 하나뿐인 악기를 판당고 춤을 출 때도 쓰고 미사를 드릴 때도 썼다. 미친 거지 여인은 쓰레기를 뒤져 오래된 멜론 껍질을 빨아 먹고, 당나귀는 늘 혹사당한다. 마차에는 제대로 된 바퀴축도 바퀴도 없고 옹이진 미루나무 밑동으로 만든 꼴사나운 손수레를 썼다. 이곳 사람들은 바퀴의 개념을 아직 완전히 파악하지 못한 듯하다고 누군가가 말했다. 이국적일 정도로 원시적으로 보이는 곳이었다.

군인들은 특히 음식이 불만이었다. 양 비계로 만든 칠리 스튜와 접시에 남는 정체 모를 흔적. 마찬가지로 모래도 싫었고 모래땅에 자라는 남가새 가시와 이도 싫었다. 에모리 중위는 "모든 주민 몸에 보편적으로 이가 존재한다…… 누가 갑자기 동작을 멈추고 솜씨 좋게 사냥을 하여 작은 죽음을 알리는 날카로운 소리를 내는 것을 보는 일이 드물지 않다. 그러고 나서 그 손으로 과일이나 치즈를 만지작거리며 판다"[2]고 전했다.

샌타페이는 정말 더럽고 가난한 동네였다. 그러나 샌타페이에는 무언가가 있었다. 커니 군이 사막으로 나아가면서 무척 그리워할 만한, 무언가

볼거리가 있었다. 오래된 도시에는 기이한 문화의 부조화와 축적된 역사의 무게가 있었다. 거리에서는 늘 도박판이 벌어지고 시장 어디에서나 인디언 언어가 들렸다. 주변 경관은 신비하고 극적이고, 빛은 언덕 위에서 춤추었다. 사방에 산이 있고 그 사이에서는 무한한 가능성의 숨결이 불어왔다. 기후가 독특했는데 특히 9월이 그랬다. 군인들도 일기에서 날씨를 칭찬해댔다. "온화하고 균일하고 건강에도 좋다…… 저녁놀이 어찌나 고운지 이탈리아 하늘이 부럽지 않을 정도다."³ "날씨가 계속 화창하다. 더 이상 바랄 것이 없을 정도로 맑다."⁴ "공기가 맑고 청명하고 대기가 완벽하게 투명하다."⁵

공기가 맑아 커니 부대는 서쪽으로 160킬로미터 멀리까지 내다볼 수 있었고 나바호의 성스러운 산 가운데 남동쪽 산을 볼 수 있었다. 나르보나 무리가 사는 곳에서 멀지 않은 휴화산으로 푸른 구슬 산이라고 불리는 산이었다. 뉴멕시코인들은 산마테오 산이라고 불렀다. 비록 선한 기독교인 이름을 붙였지만 뉴멕시코인들에게 이 산은 특히 거슬리는 지표이며 지리적 장벽이었다. 이 근방에서 3세기 동안 살아왔음에도 이 땅을 완전히 정복하지 못했다는 것을 일러주는 존재였다. 나바호는 푸른 구슬 산 기슭에서 뉴멕시코인들에게서 훔쳐온 양을 길렀다. 훔친 말을 타고 벼락처럼 산을 누볐고 그 주위에서 살았다. 뉴멕시코 마을에서 훔쳐온 여자와 아이들도 거느리고서. 산마테오는 눈으로 볼 수 있을 만큼 가까웠지만 그곳에 사는 디네를 쫓아낼 수 있을 정도의 대규모 원정대를 꾸리지 않고는 절대 안전하게 도달할 수 없는 머나먼 곳이었다. 원정대가 산에 도달했을 즈음에는 훔쳐간 말과 양과 여자와 아이들은 모두 나바호들과 함께 사라지고 없었다. 무한히 넓은 나바호 땅의 후미진 곳으로 흩어져 숨어버린 것이다.

커니는 나바호를 어찌해야 할지 몰라 새로운 총독 찰스 벤트의 손에 맡겼다. 벤트도 어찌해야 할 바를 몰랐다. 다만 나바호의 움직임을 잘 관찰하기 위해 나바호 땅과 더 가까운 곳에 요새를 세웠을 뿐이다. 벤트는 취임하고 얼마 지나지 않았을 때 뉴멕시코의 인디언 문제를 설명하는 길고 통찰력 있는 편지를 써서 워싱턴으로 보냈다. 그 편지에서 디네를 공공의 적 가운데 으뜸으로 지적했다. "나바호는 부지런하고 영리하고 호전적인 부족입니다. 1만 4,000명이 넘습니다. 이 대륙에서 백인과 접촉하면서도 수적으로 꾸준히 증가하는 부족은 나바호밖에 없습니다. 나바호의 말과 양은 뉴멕시코인이 기르는 것보다 훨씬 품종이 좋다고 합니다. 이들이 기르는 가축 가운데 상당수는 정착지를 습격하여 약탈해간 것입니다. 나바호 땅은 고산 지대로 이루어져 있어 접근하기가 어렵습니다. 이 땅을 잘 아는 사람이 아니면 물을 찾기가 힘들어 자연적으로 침략을 막는 장치가 되고 있습니다. 이 지역 정착지에서 잡아간 남녀노소 포로들을 무수히 거느리며 노예처럼 부립니다."[6]

그렇다고 해서 뉴멕시코인들이 나바호를 괴롭힐 방도를 전혀 찾지 못한 것은 아니었다. 뉴멕시코인도 나바호 양과 말, 여자와 아이들을 훔쳤다. 노예제는 불법이었지만 이 지역에서 재산이 있는 사람은 인디언 하인을 적어도 한둘은 거느리고 있었다. 특히 젊은 나바호 여인이 가장 값어치가 나갔는데 베 짜는 기술이 있다고 생각해서였다.

타오스를 비롯한 여러 읍내에 노예시장이 있어 푼돈으로 인디언 하인을 살 수 있었다. 주로 일요일 미사가 끝난 뒤에 광장에서 잡아온 인디언들을 팔았다. 디네의 적인 인디언 부족들도 나바호가 시장에 비싼 값으로 팔린다는 걸 알게 되면서 경매대 위에 오르는 나바호 아이들의 수는 점점 더 늘어갔다. '뉴멕시코 총각파티'라는 관습도 있었는데[7] 신랑과 친구들이 허세를 부리며 나바호 땅으로 쳐들어가 노예 몇을 잡아와 결혼식 날 신부에게 허드렛일꾼으로 쓰라고 선물하는 풍습이었다. 전문 노예사냥꾼도 일상의 일부로 자리 잡게 되었다.

샌타페이를 여행한 어떤 사람은 이런 모습을 보고 역겨움을 느꼈다. "멕시코인이 여섯 살이나 되었을 인디언 어린아이를 짐승처럼 끌고 다니는 모습을 여러 차례 보았다. 일주일 전에만 해도 엄마 품에 있었을 아이가 40달러에서 120달러의 가격에 거래된다."

뉴멕시코의 삶을 잘 아는 미국인 의사 루이스 케넌은 이렇게 말했다. "150달러는 큰돈이지만 나바호 노예를 사는 데는 아깝지 않다. 너덧씩 거느린 집도 많다. 돼지나 양을 사고팔듯이 나바호를 사고판다."

그때 샌타페이에 살던 6,000명의 인구 가운데 적어도 500명은 인디언 노예나 노동자로 추산된다. 멕시코인들은 보통 인디언 하인들에게 가톨릭식으로 세례를 주었고 먼 친척처럼 잘 대해주기도 했다. 자유를 얻는 사람도 있었다. 유명한 뉴멕시코 노예사냥꾼의 아들인 아마도 차베스는 이렇게 적었다. "노예사냥에서 돌아와 가장 먼저 하는 일은 아이들을 신부에게 데려가 세례명을 받게 하는 것이다. 아이들은 자연스럽게 이름을 받아들이고 자라면서 주인을 자기 부모처럼 생각하게 된다."[8] 이런 면에서 미국 남부 농업 지역에서 행해지는 노예제와 형태나 내용이 달랐다. 그래도 노예제는 노예제였다.

일반적으로 멕시코인들은 사람을 훔치는 데 더 뛰어나고 나바호들은 짐승을 훔치는 데 더 뛰어나다고 한다. 어떤 경우든 공격과 보복은 삶의 냉혹한 메트로놈의 일부로 끊임없이 반복되었다. 사실상 이러한 폭력의 순환을 즐기는 사람은 어느 편에나 있었다. 혈기 넘치는 젊은이들이 대체로 그랬다. 이런 싸움이 지루함을 없애주고 용기와 결단력을 보여주며 전투 기술을 갈고닦을 기회를 제공하기 때문이었다. 나바호나 멕시코인들은 전면전이나 무조건 항복 또는 한 계절을 넘어 지속되는 협정 같은 개념에는 익숙하지 않았다. 이런 것은 유럽적인 개념이었다. 몇 세기 동안 전쟁을 지속해온 사람들은 소박한 선언이나 적대 행위 중단 약속 같은 것을 지키지 않았다. 지속적이고 약한 강도의 폭력이 언제나 있었다. 산마테오 산처럼 지평선 언저리에 잠복해 있었다. 이들은 늘 이런 식으로 살아왔던 것이다.

*

나바호는 커니가 샌타페이를 떠났다는 것을 바로 알았고 결국 힘이 없기 때문에 그렇게 되었다고 받아들였다. 미국인들이 벌써 뉴멕시코를 떠나는 것이라고 생각했다. '새로운 사람'들은 요구 사항을 계속 밀어붙이지 않을 것이다. 위대한 커니 장군의 힘도 이제 다한 것이다.

간이 커진 나바호는 리오그란데 유역의 정착지를 습격하기 시작했다. 9월 마지막 주 남쪽으로 진군하는 커니 군 바로 코앞에서도 습격을 자행했다. 앨버커키와 폴바데라 사이에서 뉴멕시코인 여덟을 죽였고 말, 양, 소 수천 마리를 훔쳤다. 나바호들은 어찌나 대담했던지 심지어 커니의 소 떼도 따라갔고 알고도네스읍 근처에서 몇 마리를 훔치기도 했다.

이 소식을 듣고 커니는 격노했다. 나바호들이 자기를 시험하고 있는 게 분명했다. 연극에 빗대면 커니가 무대에서 퇴장할 때 악역을 맡은 사람이 조명을 받는 것이나 다름없었다. 장군은 뉴멕시코에서 주류를 이루는 인디언 부족 가운데 샌타페이로 사절을 보내지 않은 부족은 나바호뿐이라는 사실에 분개했고 해묵은 적으로부터 멕시코인들을 보호해주겠다는 약속을 지킬 수 없어 당황했다. 그러나 지금 용기병을 보내 나바호를 공격할수는 없는 일이었다. 시간이 촉박했고 캘리포니아로 서둘러 진군해야 했다. 대신 커니는 "나바호가 하루가 멀다 하고 무도한 행위를 해온다"고 지적하고 리오그란데 유역에 사는 사람들에게 스스로 "군대를 조직하여 나바호 땅으로 진격해 잃어버린 재산을 되찾고 그들에게 당한 모욕을 되갚고 보상을 받을 권한"을 부여하는 선언문을 내보냈다. 커니는 그러나 전면전을 부추기지는 않았다. "나바호 노인, 여자, 아이들이 다치게 해서는 안 된다"고 경고했다.

커니는 동시에 샌타페이의 알렉잰더 도니편에게 전령을 보내 최대한 빨리 나바호 땅을 급습하라고 명령을 내렸다. 커니는 도니편에게 뉴멕시코인 포로와 가축을 되찾아오고 "평화를 확립하고 이 인디언들이 문제를 일으키지 않게 하기 위해" 필요하다면 어떤 행동을 해도 좋다고 했다.

10월 6일 커니와 용기병 부대 300명은 리오그란데를 따라 240킬로미터를 이동했다. 샌타페이를 떠난 지 11일째였고 화창한 인디언 서머를 즐기고 있었다. 서늘하고 맑은 날이었다. 강을 따라 이어진 숲에서 미루나무와 버드나무 잎이 노랗게 변해갔다. 두루미와 거위가 머리 위에서 떼를 지어 날았다. 리오그란데는 물새들이 지나가는 길이었다. 커니 부대는 소코로 마을 약간 아래쪽에 있는 밸버디라는 곳에서 야영을 했다. 한때는 꽤 중요한 에스파냐 마을이 있었던 곳이지만 나바호와 아파치 습격이 잦아지면서 버려진 곳이다. 커니 부대는 어도비 건물 폐허 사이에서 숙영했다. 이들은 캘리포니아까지 1,600킬로미터에 달하는 여정의 첫 번째 구간 끝에 왔다. 지금까지 리오그란데를 따라 똑바로 남쪽으로 왔으나 여기에서부터는 서쪽으로 방향을 틀어 힐라 강을 만난 다음 황량한 소노란 사막과 모하비 사막을 가로지를 것이다.

정오 무렵에 서쪽 지평선에서 조그만 갈색 구름이 피어올랐다. 멀리에서 말발굽 소리가 들렸다. 열 명 혹은 그 이상 되는 사람들이 먼지구름 속에서 나타났다. 커니의 야영지를 향해 똑바로 달려오는 것처럼 보였다. 용기병들은 순간 나바호들이 아닌가 의심했다.

이들이 가까이 다가오자, 몇몇은 인디언이었지만 미국인들이 이끄는 무리임을 분명히 알 수 있었다. 자기 나라 사람들을 만나게 되어 환호성을 지르며 모자를 집어던지는 소리로 곧 밸버디 폐허가 요란해졌다.

체구가 작고 강건해 보이는 남자가 노새에서 내려 용기병들에게 인사를 했다. 다른 동료들도 그러했지만 그 사람도 초췌했고 햇볕에 그을렸고 굶주린 것 같았다. 그는 캘리포니아에서 왔는데 중요한 메시지를 가지고 서둘러 동부로 가는 길이라고 했다.

"당신 이름이 뭐요?" 누군가가 물었다.

조그만 남자는 웃으며 노새를 끌고 캠프 안으로 들어왔다. "키트 카슨입니다."

*

커니는 키트 카슨을 만난 적은 없었지만 그가 누구인지는 알았다. 프리몬트의 원정 보고서를 읽었던 것이다. 카슨은 타오스 읍 광장에서 멀지 않은 곳에 있는 조그만 어도비 집에 살았고, 뉴멕시코 지역에서 가장 유명한 미국인이었다. 카슨은 캘리포니아와 오리건에서 여러 임무를 수행하느라 1년 넘게 집에 돌아가지 않았지만 커니 부대가 가는 곳 어디에서나 이 유명한 안내인 이야기를 들을 수 있었다. 카슨은 그 자리에 없으면서도 늘 있는 것 같은 존재였다. 샌타페이 통로에서, 벤트 교역소에서, 샌타페이의 가게나 상점에서, 카슨의 이름이 계속 튀어나왔다. 사람들은 대개 얼굴에 웃음을 띠며 산속에서 벌어진 거친 모험 이야기를 생생하게 곁들였다.

카슨과 커니는 동포로 서로를 맞이했다. 두 사람의 만남이 얼마나 신기한 우연인지 그들도 잘 알았을 것이다. 대륙의 거의 끝에서 끝으로 여행하는 두 사람이 만날 가능성, 드넓은 서부의 무수히 많은 길 가운데 두 사람이 택한 길이 교차할 가능성이 얼마나 되겠는가?

카슨은 자기가 온 방향을 향해 가고 있는 미국 용기병 부대 300명을 보고 놀라기도 하고 의아해하기도 했다. 커니는 뉴멕시코 지역 전체를 싸움 없이 정복했고 샌타페이 총독궁에 미국기가 휘날리고 있으며 이제 캘리포니아를 점령하러 서부로 가는 길이라고 설명했다.

카슨은 이 소식이 무엇을 뜻하는지 헤아려보았다. 지난 20년 동안 자기가 살아온 집이 이제 미국의 일부가 되었다. 타오스에 있는 아내와 뼈대 있는 에스파냐 가문인 처가 식구 모두가 미국인이 된 것이다. 지금 카슨과 장군이 서 있는 곳도 미국 땅이었다. 게다가 자기 동서가 총독이 되었다.

카슨은 지쳐 있었고 오랫동안 육로로 여행을 한 탓에 옷에는 흙먼지가 두껍게 쌓여 있었다. 26일 동안 쉬지 않고 로스앤젤레스에서부터 1,300킬로미터를 달렸다. 힐라 통로에서도 가장 지옥 같은 지역을 지나오면서 노새 34마리가 쓰러졌고 앞으로 3,000킬로미터를 더 가야 했다. 카슨은 미국 대통령에게 중요한 문서를 전달하기 위해 워싱턴으로 가는 길이라고 했다.

커니 장군도 당혹해했다. 카슨은 임시로 중위 직위를 부여받았고 캘리포니아에 있는 상관으로부터 60일 안에 워싱턴에 가서 멕시코와의 전쟁 상황을 보고하라는 명령을 받았다고 설명하며, 성조기가 "항구마다 휘날린다"고 말했다. 캘리포니아가 미국의 손에 들어왔다는 것이다.

이 엄청난 소식을 듣고 커니가 보인 반응은 모호했다. 애국자로서 당연히 반가워해야 할 일이지만 동시에 자기가 해야 할 일을 누군가가 이미 했다는 사실을 알고 한편으로 발끈했을 것이 분명하다. 총 한 발도 쏘지 않고 뉴멕시코를 점령했는데, 캘리포니아 점령 역시 그의 도움이 전혀 필요하지 않은 것처럼 보였다. 커니와 함께 여행하던 의사 존 S. 그리핀 박사는 카슨으로부터 소식을 들은 사람들의 반응을 이렇게 요약했다. "이 말을 듣고 우리 팀에 상당한 동요가 일었다. 사람들은 실망감과 안타까움을 느꼈다. 샌타페이를 떠나면서 다들 캘리포니아 사람들과 약간의 충돌이 있으리라고 생각했는데 우리의 희망이 무너져버린 것이다."[9]

그러나 커니 장군은 캘리포니아가 워낙 광대해서 반란 세력이 언제 어디에서 일어날지 모른다는 것을 알았다. 혹은 멕시코에서 강화 병력이 와서 전방위적인 저항을 촉발할 수도 있었다. 신중한 장군은 카슨이 지니고 있다는 전문이 그곳 상황을 지나치게 낙관적으로 평가한 것은 아닐까 의심했다.

그러고는 생각이 다른 쪽에 미쳤다. 싸움이 끝났든 안 끝났든 간에 커니가 받은 명령은 캘리포니아로 진군하여 샌타페이처럼 그곳에도 새 정부를 세우라는 것이었다. 그러나 장군은 자기 앞에 놓인 지도도 없는 사막이 염려스러웠다. 어떤 길을 택해야 할지, 짐승들이 버텨줄지 알 수가 없었다. 반면 카슨은 용기병 부대가 곧 지나갈 메마른 땅을 지금 막 지나왔다. 그는 지형을 잘 알았고 인디언들이 어디 있는지도 알았다. 물이 있는 곳, 말과 노새가 풀을 뜯을 수 있는 풀밭도 알았다. 어떤 길로 가야 짐마차와 대포가 지나갈 수 있는지도 알고 있을 것이다. 시내나 강을 건너기에 적합한 위치도 알았다. 특히 앞길에 놓여 있는 최대 장벽인 콜로라도 강을 어떻게 건너야 할지 말이다.

커니는 카슨이 필요했다. 장군은 카슨에게서 무언가를 보았다. 서부군에게 반드시 필요한 어떤 성공의 기운을 느꼈다. 장군은 카슨에게 전문을 내어놓으라고 명령했다. 다른 유능한 전령이 그 대신 포크 대통령에게 전달해줄 것이라고 했다. 위대한 안내인은 그보다 더 중요한 일을 해야 한다. 커니 장군은 카슨이 이곳에서 방향을 180도 돌려 길잡이가 되어 캘리포니아로 돌아가기를 원했다.

카슨은 난처한 입장에 처했다. 무슨 일이 있더라도 문서를 급히 워싱턴에 전달하겠다고 프리몬트와 약속했던 것이다. 카슨은 군인이 아니라서 계급 차이 같은 건 별로 신경 쓰지 않았다. 프리몬트는 지형 조사대를 이끄는 대위일 뿐이고 커니 같은 장성의 뜻 앞에서 프리몬트의 말은 무력하다는 것에는 관심이 없었다. 그것은 카슨의 단순하기 그지없는 개척자 명예의식을 저버리는 행동이었다. 미주리에서 아버지는 카슨에게 사람이 한 말은 계약과 다름없다고 가르쳤다. 그런데 커니라는 사람이 먼저 한 약속을 저버리고 전문을 다른 사람에게 주어버리라고 한다.

카슨은 잠시 번민했다. 좀처럼 하지 않는 일이었다. 카슨은 커니 군대에서 야반도주해서 계획대로 워싱턴으로 가는 계획을 진지하게 검토해보았다. 거의 2년 가까이 보지 못한 호세파 생각도 했다. 동쪽으로 가는 길에 하룻밤 타오스에 들러 호세파를 놀라게 하고 싶었다. 커니와 같이 서쪽으로 돌아가면 앞으로 또 한 해 동안은 호세파를 보지 못할지 모른다. 호세파를 보기 위해 타오스에 가고 그 마을의 동향도 느껴보고 싶었다.

그러나 무엇보다도 프리몬트와 스톡턴 함장 생각이 먼저였다. "그 사람들에게 맹세를 했고 그들을 실망시킬 수는 없었다. 뿐만 아니라 나는 다른 누구보다도 프리몬트 대위에게 많은 빚을 졌다."

하지만 카슨 무리의 몇몇 사람이 도망칠 생각은 하지 말라고 카슨을 설득했다. 용기병이 잡으러 올 수도 있고, 그렇지 않다고 해도 커니가 카슨을 군법회의에 회부할 것이라고 했다. 게다가 장군은 벌써 카슨도 잘 알고 믿을 수 있는 전령의 손에 전문을 맡기기로 결정했다. 톰 피츠패트릭은 프리몬트를 따라 원정에도 여러 차례 나갔었다. 피츠패트릭이라면 '워싱턴 시'로 가는 길을 카슨만큼이나 잘 개척해나갈 것이다.

이 말에 카슨은 누그러지기 시작했다. 사실 커니는 거절하기가 힘든 사람이었다. 카슨처럼 고집이 센 사람한테도 마찬가지였다. 커니의 의지는 강철 같았고 누군가의 말에 따르면 "표정은 단호하고 차가운 푸른 눈은 피할 수가 없었다." 카슨은 커니의 계급에서 나오는 중압감을 느끼기 시작했다. "그는 자기가 나에게 명령할 권리가 있다는 것을 믿게 만들었다." 커니가 나중에 회상하기를 카슨은 "처음에는 돌아가고 싶어 하지 않았다." 그러나 피츠패트릭에게 전문을 맡긴다는 것에 "아주 만족했고 그렇게 말했다."

카슨은 마음을 돌렸다. 편지를 건네주었고 장군을 수행하기로 했다. 이튿날 아침, 1846년 10월 7일 커니는 전문을 피츠패트릭에게 맡겼고 용기병 부대의 3분의 2를 다시 샌타페이로 돌려보내 도시 수비를 강화하게 했다. 카슨의 말과 전문에 담긴 보고 내용이 맞다면 캘리포니아에 대규모 병력을 이끌고 갈 필요가 없었다. 장군은 용기병 100명으로 이루어진 가벼운 분대를 이끌고 로스앤젤레스로 향해 갈 것이다. 카슨이 길을 인도할 것이고 이제는 뒤돌아보지 않을 것이다. 커니 아래에서 복무하던 젊은 장교 에이브러햄 존스턴 중위는 카슨의 결정을 칭찬했다. "카슨은 다시 서쪽으로 고개를 돌렸다. 하루만 더 가면 정착지에 도착해서 힘든 여행 끝에 가족을 만날 희망을 품고 있었을 텐데도. 공익을 위해 사적인 감정을 억누르는 건 진정 용감한 사람만이 할 수 있는 일이다. 카슨이야말로 그런 사람이다! 참으로 명예로운 자다."[10] 필립 세인트 조지 쿡 대위도 카슨을 추켜세웠다. "임무를 위해 대단한 희생을 했다."

존 그리핀 박사는 카슨과 동행하게 되자 용기병의 사기가 눈에 띄게 높아졌음을 느꼈다. 그는 일기에 이렇게 적었다. "즐거운 마음으로, 더 가벼운 짐을 지고 긴 행군을 시작했다. 그가 길잡이가 되자 다들 새로운 자신감을 얻었다. 오늘 장군이 행군하는 방식을 보니 이제 본격적인 행군이 시작되었음을 알 수 있다."[11]

카슨은 나중에 자기 결정을 이렇게 간결하게 요약했다. "커니가 길잡이가 되어 같이 가자고 명령했다. 그렇게 했다."[12]

24. 낯선 이들과의 회동

빌라가나가 오고 있었다. 나르보나는 이들이 평화적인지 아닌지 몰랐지만 정찰병의 말에 따르면 소규모 무장 미군 부대가 말을 타고 나바호 땅에 들어왔고 정서 방향으로 이동하고 있다고 했다. 일주일 안에 나르보나의 영역 안으로 들어올 것이다.

1846년 10월 중순이었다. 고원사막 지역에서 낮이 짧고 서늘해졌다. 셔미사의 밝은 노란색 꽃이 누런 갈색으로 시들었고 사시나무에서는 잎이 떨어졌다. 아침에는 땅에 서리가 내렸고 추스카 산 높은 곳에는 새로 눈이 내렸다. 나르보나는 건강이 좋지 않았다. 얼마 전 노쇠한 몸을 이끌고 샌타페이까지 갔다 온 것이 무리였던 모양이다. 관절염이 심해져 쑤시고 욱신거렸고 통증 때문에 말 위에 앉지도 못했다.

그는 미국인들에게 어떻게 대응해야 할지 알 수가 없었다. 그러나 미국인들이 나바호 땅에 침입해 들어온 것이 결코 좋은 일이 아니라는 것은 알았다. 젊은이들이 지난 몇 주간 습격을 나갔다는 걸 나르보나도 알고 있었을 것이다. 그들의 전과가 나르보나의 귀에 들어오지 않을 리가 없었다. 이번 계절의 습격은 특히 성공적이었고 나바호 땅은 잔치 분위기였다. 새로 양을 많이 잡아와서 풍요하고 행복한 겨울을 보낼 수 있게 되었다. 잔치와 밤 노래의 계절이 다가왔다. 모든 사람이 실컷 먹을 고기도 있었다.

그러나 나르보나의 고민은 끝이 없었다. 연륜 있는 노인이라 습격이 어떤 반향을 불러올지 알고 있었다. 젊은 용사들이 습격에 나서 뉴멕시코인들의 재산을 훔쳐오는 것은 그다지 큰 문제가 아니었다. 용사들이 늘 해오던 일이고 나르보나 자신도 젊었을 때 그리했던 것이다. 그러나 젊은이들이 미국인들의 깃을 훔치기 시작하면 큰 걱정거리가 될 것이다. 나르보나는 더 많은 것을 알고 싶었고, 미국인들이 디네 땅의 중심으로 들어오기 전에 미국인들을 가로막고 싶었다. 그러나 건강 때문에 직접 나서기가 어려워 호간에서 쉬면서 파수가 또 다른 소식을 가져오기를 기다릴 도리밖에 없었다.

이 낯선 백인들이 디네타, 나바호들의 오래된 땅을 가로지르고 있다는 소식을 듣고 나르보나는 충격을 받았을 것이다. 긴 생애 동안 나르보나의 주름진 땅에 들어선 불법 침입자는 많지 않았다. 이따금 멕시코인이나 유트 공격대가 절도나 보복 임무를 띠고 들어온 적은 있었지만. 이들의 침입은 대개 겉핥기식이었다. 나바호 땅의 변경만 스치고 들어오자마자 바로 떠났다. 나바호 땅은 워낙 압도적으로 광활하여 그걸 가로지를 생각을 하는 외부인은 없었다. 게다가 지형이 극도로 복잡하여 이 땅의 비밀을 속속들이 알고 있는 사람이 아니라면 땅에 먹혀버릴 듯한 기분마저 들었다.

그러나 이 미국인들은 누군지는 몰라도 의도적으로 이곳으로 파고 들어오는 듯했다. 뭔가 원대한 목적이라도 품고 있는 것처럼. 나르보나는 그들의 수가 적은 것에 특히 놀라고 감탄했다. 보고에 따르면 30명이라고 했다. 이렇게 규모가 작고 무력한 부대로! 이 미국인들은 믿기지 않을 정도로 용감하거나 아니면 수백 명의 나바호 전사가 불시에 나타나 자기들을 손쉽게 쓸어버릴 수 있다는 사실을 모르는 모양이었다.

이제 성스러운 네 개의 봉우리로 둘러싸인 영역이 침범당했다. 빌라가나는 푸른 구슬 산을 지나 계속 파고 들어왔다. 그러나 나르보나는 기다릴 뿐이었다.

*

서쪽으로 행군하는 30명의 미군들을 이끄는 사람은 존 리드 대위였
다. 샌타페이에서 좀 비현실적인 임무를 갖고 온 것이었다. 10월 중순 리
드가 이끄는 부대는 리오그란데 유역에 있는 미주리 자원병들 사이에 비
교적 안전하게 주둔해 있다가 나바호 땅을 바로 꿰뚫어 140킬로미터를 왔
다. 리드가 맡은 임무는 최대한 많은 나바호를 만나 이들의 우두머리에게
몇 주 안에 미국 사령관 알릭잰더 도니펀과 평화회담을 해야 할 필요성을
인지시키는 것이었다. 다시 말해 이들은 커니 장군이 도니펀에게 명령한
대로 회담이 열릴 것이라는 소식을 전달하기 위해 파견된 사절이었다. 처
음에는 단순명료한 임무처럼 보였지만 나바호 땅으로 깊이 들어가면 들어
갈수록 리드와 미주리인들은 이 일이 얼마나 위험천만한 침범 행위인지
절실히 깨닫게 되었다.

리오그란데에서도 사람들이 그렇게 말했었다. 자원병 존 휴즈는 자기
들이 만난 뉴멕시코인들이 "리드 대위의 무모한 진군에 놀랐다"고 회상했
다. "그렇게 적은 병력을 이끌고 나바호 땅 안으로 들어간다는 건 파멸이
라고 생각했다."13

이제 수백, 어쩌면 수천 명의 나바호 전사들이 주변 언덕과 흙벽 뒤에
숨어 있었다. 리드는 한 걸음 한 걸음 앞으로 나아갈 때마다 나바호들의
시선을 느낄 수 있었다. 나바호가 그늘진 곳에 숨거나 높은 벼랑 끝 바위
위에서 지켜보는 모습이 보였다. 헤아리기 힘든 무표정한 얼굴로 나바호
는 미국인들이 자기네 땅을 지나가게 내버려두었지만 리드는 나바호들의
심기가 불편하다는 걸 알 수 있었다. 한편 나바호는 침입자에 대해 강한

호기심을 느끼는 게 분명했다. 미국인을 처음 보는 사람도 있었다. 나바호들 가운데는 백인을 한 번도 본 적이 없는 사람도 많았다. 더더군다나 그네들 땅에서는 본 일이 없었다.

10월 15일 나바호 무리가 앞으로 나와 통역관을 통해 리드에게 그들이 만나야 할 사람은 나르보나라는 노인, 나바호의 위대한 지도자라고 했다. 나르보나는 몸이 안 좋아 여행을 할 수 없지만 그가 사는 곳까지 하루면 갈 수 있다고 했다. 용기를 얻은 리드는 하룻밤 묵고 이튿날 그곳으로 가기로 결정했다.

곧 독수리 깃털과 퓨마 머리 가죽으로 만든 투구를 쓴 용사 30명이 다가왔다. 제이콥 로빈슨은 미군과 나바호 사이의 역사적인 첫 만남을 통찰력 있게 일기에 기록했는데, 그는 이 사람들이 위협적인 전사처럼 보였지만 평화적인 의도를 갖고 왔다고 생각했다. 모두 "멋진 말을 타고 있었고 자기들 땅의 중심으로 인도하기 위해 왔다고 했다. 움직임이 무척 활력적이어서 눈 깜짝할 사이에 말에 타고 오를 수 있었다"[14]고 로빈슨은 말했다.

그들과 함께 온 나바호 여인도 10명 있었는데 "화려한 인디언 의상과 세련된 문양의 담요"[15]를 걸치고 있었다. 로빈슨은 나바호 여성이 아름답다고 느꼈다. 발은 작고 섬세하며 머리카락은 검고 길고 팔에서는 놋쇠 팔찌가 짤랑거렸다. 특히 말 타는 기술에 깊은 인상을 받았다. "여자도 남자들만큼이나 말 타는 데 능숙했다…… 이 부족 여성들은 남자와 같은 권리를 가지는 듯하다. 자기 마음이 내키는 대로 장사도 하고 물물교환도 했다. 말안장도 스스로 채우고 남편들도 스스로 안장을 채우게 했다."

이튿날 아침 나바호들이 리드 무리를 인도했다. 디네 땅으로 깊숙이 들어갈수록 점점 더 많은 원주민들이 행렬에 동참했다. 그러나 그날 저녁 무렵, 리드를 인도하던 사람들은 나르보나가 사는 곳까지 가려면 하루를 더 가야 한다고 말했다. 의심이 들긴 했지만 그들의 호의에 감사하며 리드는 위험을 무릅쓰고 계속 가기로 했다. 기이한 나바호 행렬은 수백 명으로 불어 있었다.

사흘째가 되었으나 디네 인도자는 아직도 목표한 곳에 도달하지 못했고 나르보나 무리가 있는 곳까지는 좀 더 가야 한다고 말했다. 리드는 덫에 걸린 게 아닌가 의심했지만 이제 와서 돌아서기엔 너무 멀리까지 와버렸다. 완전히 나바호의 수중에 놓인 것이다. 리드는 이렇게 말했다. "지금껏 살아오면서 이렇게 엄청난 위기에 처해본 적은 없었다. 겨우 서른 명을 데리고 이 대륙에서 가장 야만적이고 믿기 어렵다고 정평이 난 사람들 한가운데에 놓이다니."

10월 8일 오후 리드의 자원병 부대가 숙영지를 차렸을 때, 이들을 둘러싼 나바호의 수는 수천 명으로 늘어나 있었다. 게다가 미군들은 자기들 말이 보이지 않는다는 걸 알아차렸다. 나바호들은 풀을 먹이려고 8킬로미터 거리에 있는 풀밭으로 말을 보냈다고 했고 필요할 때 데리고 오겠다고 약속했다. 이제 미국인들은 포위당했을 뿐 아니라 달아날 방법도 없었다. 포로가 된 기분이었다. 이미 포로인지도 몰랐다. 리드의 말에 따르면 상황이 "무척 위태로웠다." 리드는 "악명 높은 말 도둑들의 말을 곧이곧대로 믿은 것"이 후회막심이었다. 리드와 부하들은 10월의 석양 아래 우울하게 앉아서 얼굴에 공포의 기색을 드러내지 않으려고 애썼다. "의심을 드러낸다거나 하면 인디언들의 자존심을 건드리고 감정을 상하게 할 것이다. 속을 가능성을 무릅쓰는 편이 조심스럽게 행동하다 저들을 자극하는 것보다 차라리 나았다"[16]고 미주리 자원병 존 휴즈는 생각했다.

*

그때 모두가 놀랄 일이 벌어졌다. 나르보나가 말을 타고 나타난 것이다. 노인은 몸 상태가 몹시 좋지 않았다. 엄청난 통증을 느끼는 듯했고 말 위에서 겨우 몸을 지탱했다. 나르보나가 사는 곳은 몇 킬로미터밖에 떨어져 있지 않았지만 말을 탄 모습으로 나타나는 것이 나르보나에게는 자부심의 문제였던 모양이다. 그래서 나르보나는 리드가 자기를 만나러 오게 하지 않고 마지막 남은 구간을 말을 타고 나와 리드를 맞았다. 나르보나의 백발은 어깨까지 늘어졌고 크고 호리호리한 체구에 최고급 가죽을 두르고 반짝이는 보석으로 장식했다. 한창 때에는 2미터가량 되는 거구였지만 이제 나이가 들어 등이 굽고 몸이 뒤틀려 있었다. 리드 대위는 나르보나가 "자기 부족 안에서는 무척 존경받는 인물이지만"[17] 이제는 "류머티즘으로 완전히 쇠약해진 허깨비나 다름없는" 사람이었다고 했다. 리드는 나르보나의 매 발톱 같은 손톱을 보고 놀라기도 하고 약간 불쾌감을 느꼈다. 손톱 길이가 거의 5센티미터는 되고 뾰족해서 '위협적인 무기'가 될 수 있을 듯했다.

누군가 늙은 우두머리가 말에서 내리는 것을 도와주었다. 리드와 나르보나는 마주 앉아서 에스파냐어 통역관을 사이에 두고 리오그란데 유역에서 최근에 늘어난 절도 행위에 대해 긴 대화를 나누었다. 손톱 손질한 모양이 괴상하긴 했어도 대위는 나르보나가 마음에 들었고 그를 "온화하고 정감이 가는 사람"이라고 평했다. 나르보나는 미국인들이 그렇게 짧은 시간에 샌타페이를 정복한 것에 깊은 인상을 받았다고 했고 도니편과 만나 회담을 할 준비가 되었다고 했다. 회담은 한 달 뒤에 나바호들이 잘 아는 곰 샘이라고 하는 곳에서 열기로 했다. 리드는 나르보나의 몸 상태가 좋지 않아 살 날이 머지않았기 때문에 외교관 노릇을 하여 후대에 유산을 남기기를 바라는 모양이라고 추측했다.

"그 자신도 한때 전사였으나, 죽기 전에 자기 부족 사람들이 오랜 적 모두와 화평을 맺도록 해놓기를 바랐다. 물론 우리와도 마찬가지였다. 그는 우리를 '새로운 사람들'이라고 불렀다."

다른 나바호 지도자들도 자기 의견을 말했는데 대부분은 나르보나에게 동의하는 듯했다. 이제는 평화를 추구할 때가 되었다. 로빈슨의 기록을 보면 우두머리 한 사람이 앞으로 나와 리드 대위에게 보여줄 게 있다고 말했다고 한다. 오랜 옛날에 자기 선조들이 미국 지도자와 맺은 조약이라고 했다. "700 겨울 전의 일"[18]이라고 엄숙하게 말한 다음 엄청난 크기의 사슴 가죽 두루마리를 가져와서 "풀기 시작했다. 가죽 한 꺼풀 한 꺼풀을 벗겨내니 마침내 담요가 나왔다"고 로빈슨은 적었다. 담요를 풀었더니 그 안에 조심스럽게 보관해둔 소중한 문서가 있었다. "헛기침을 하며" 추장이 그 종이를 리드의 통역관에게 내주었다. 그러나 살펴보니 그 '조약'이란 것은 미국인 상인이 준 누렇게 바랜 영수증에 불과했다.

이 우스꽝스러운 사건에 리드 무리는 동시에 웃음을 터뜨렸다. 길고 어색한 순간이 흘렀고 통역관은 해명을 하느라 진땀을 뺐다. 그 추장이 놀림을 당한 건지, 아니면 그가 다른 사람들을 놀리려 했는지는 분명하지 않았다. 만약 후자라면 왜 이런 장난을 한 걸까. 통역으로 오가는 말 사이에서 무언가가 빠진 것이 분명했다. 로빈슨은 "이 조약은 우리와 아무 상관없는 것이라고 말하자 추장은 그 문서를 치웠다. 가치가 사라진 것이 분명했으니 말이다"고 전했다.

이 모임에 대한 디네의 기록에 따르면, 그러고 나서 여자 하나가 일어나 발언을 했다. 나르보나의 세 아내 가운데 한 사람으로 회담에 참석한 유일한 여성이었다. 그녀는 나바호 말로 이야기해서 통역관과 리드 대위와 부하들은 알아들을 수 없었다.

나르보나의 아내는 군인들 막사를 살펴보며 혼란스럽다고 말했다. 미국인들은 몇 명 되지도 않는다. 겨우 스물다섯 명 남짓이라고 말했다. 그러나 나바호들은 수천 명이 넘었다. 딱할 정도로 쉽게 빌라가나들을 압도

할 수 있다. 이렇게 말하고는 여자는 목소리를 드높였다. 왜 당신들은 이렇듯 겁쟁이인가요? 왜 초대받지 않은 손님들을 공격하여 모조리 죽여버리지 않는 건가요?[19]

나르보나와 아내는 이런 제안이 합당한가를 두고 논쟁을 했다. 리드와 부하들은 무슨 소리인지도 모르고 구경하고 있었을 것이다. 고개를 이쪽저쪽으로 돌리며 열띤 논쟁을 알아들으려 애쓰면서도 자기들의 목숨이 달린 그 내용은 전혀 몰랐으리라.

그때 나르보나는 화를 내며 아내에게 앉으라고 했다. 자네가 무얼 아는가? 샌타페이에 가보지도 않았고, 미국군을 보지도 않았으니. 이들은 사자일 뿐이고 이들 뒤에는 수천의 군대가 있다. 버펄로 평야를 넘어와서 총알 한 발 쏘지 않고 샌타페이를 정복한 사람들이다. 이들을 자극하면 새로운 사람들은 틀림없이 디네를 몰살시킬 것이다.

안 된다. 나르보나는 주장을 굽히지 않았다. 이 빌라가나를 해치면 안 된다. 나바호의 환대를 보여주라.

*

리드 대위와 나르보나가 회담을 끝낸 뒤 디네는 갑자기 축하할 기분이 된 모양이었다. 야영지에서 음악 소리가 터져나왔다. 전사들은 활을 미루나무 가지 위에 걸어두고 춤을 추기 시작했다. 다른 나바호들도 우호적인 호기심을 표하며 미국인들에게 다가왔다. 미국 사람들의 옷과 물건을 살펴보고, 버클, 단추, 포크, 허리띠, 목걸이, 책 같은 것을 물물교환하고 싶어 했다. 로빈슨은 이렇게 썼다. "추장들이 계속해서 미국인들을 괴롭히지 말고 저리 가라고 했지만 인디언들은 계속 우리 막사에 들어왔다. 우리는 인디언들과 쉴 새 없이 계속 물물교환을 했다. 양철 컵을 사슴 가죽과,

샌타페이 통로의 끝.
미주리 짐마차가 거의 1,600킬로미터를 여행한 끝에 샌타페이에 도착한 광경을 그린 그림.
1840년대 석판화.

"새로운 삶의 배경치고 대단한 곳은 아니었다."
수소와 노새가 끄는 상인의 수레가 샌타페이 거리에 모여 있다. 1867년 사진.

"자연의 신사."
젊은 시절의 키트 카슨. 1840년대 초반.

"인디언 여자 하나를 두고 일이 벌어졌다."
1835년 그린 강 회합에서
프랑스 사냥꾼 추이나르와 키트 카슨의 결투를
상상하여 그린 그림.

"좋은 여자이고, 좋은 아내이고, 아름다운 사람이었다."
카슨의 첫 번째 아내였던 아라파호 미녀, 노래하는 풀의 이상화된 초상.

"기민하고 희생적이며 진실하다."
카슨과 앨릭스 고디가 빼앗긴 말을 되찾아와 승리에
도취된 장면을 그린 그림. 고디의 총신에
인디언 말 도둑의 머리 가죽이 매달려 있다.

"내가 본 가운데 가장 멋진 두상."
1849년 8월 31일 원정대 화가 리처드 컨이
스케치한 나르보나의 초상. 이날 이 위대한
지도자는 미군에게 살해당했다.

남쪽의 성스러운 산.
테일러 산으로도 불리는 이 푸른 구슬 산은 나르보나가 사는 땅의 두드러진 지형지물이었다.
1849년 9월 18일 컨의 작품.

차코 협곡의 거대한 건물.
미국 서부에서 가장 웅장한 선사 유적. 1849년 8월 27일 컨의 작품.

"이렇게 거친 삶이!"
군 탐험가이자 명예욕으로 유명한 존 찰스 프리몬트. '길을 찾는 사람'이라고도 불렸다.

"두 남자 가운데 더 뛰어난 사람."
탐험가의 재능 있고 헌신적인 아내였던 제시 벤턴 프리몬트.

"공격적 애국주의."
토머스 하트 벤턴 미주리 상원의원.
'자명한 운명'을 소리 높여 주창한 사람.

"미국에서 가장 열심히 일하는 사람."
제임스 K. 포크 대통령. 영토 확장에 목매어
멕시코 전쟁을 선동했다.

"모든 것을 바로잡을 것이다."
스티븐 워츠 커니 장군. 뉴멕시코와 캘리포니아를
정복했고 미국 기병대의 아버지로 불린다.

"미국 사람들이 언제까지나 기억할 이 해."
수전 매거핀. 그녀의 1846년 일기는 서부의 고전이 되었다.

"가슴을 찢어놓는 도도한 미모."
호세파 하라미요 카슨과 누군지 확실하지 않은 아기.

"실제 고향은 아니지만 카슨의 마음의 고향."
뉴멕시코 타오스를 묘사한 1850년대 석판화.

"행복은 저에게 집과 식구들에게 돌아가라고 하는 듯합니다."
키트 카슨의 집. 1930년대 사진.

타오스 푸에블로.
북아메리카에서 가장 오래전부터 사람들이 살아온 마을 가운데 하나로 1300년경에 만들어졌다.
1847년 타오스 반란 때 피비린내 나는 포위 공격이 벌어진 곳.

조그만 담배덩이를 식칼과 바꾸었다."

미주리 자원병들은 결국 자기들의 옷 대부분을 바꾸어버렸고 그러다 보니 곧 "거의 인디언 스타일로 차려입고 있었다"고 로빈슨은 전한다. 리드는 나바호들이 "우리들이 자기네 옷을 입은 걸 보고 좋아했다"고 했다. 곧 사람들이 나누는 이야기는 "흥겹고 열띠어졌다."

디네는 금속으로 된 것은 무엇이든 신기한 모양이었다. 특히 무기에 마음을 빼앗겼다. "그들은 우리 총을 살펴보고 싶어 했다. 권총의 쓰임새를 보여주자 무척이나 놀랐다. 우리 중에 한 사람이 시계를 차고 있었는데 사람들은 이것에도 큰 관심을 보였다. 귀에다가 대주니 뱀이라도 만난 것처럼 화들짝 놀랐다"고 로빈슨은 전한다.

늦은 오후 나바호 북소리가 울리기 시작했다. 피뇽 모닥불이 타닥타닥 타며 구운 양고기 냄새가 구수하게 퍼졌다. 미주리 사람들과 인디언들은 급속도로 친해지는 듯했다. 리드 무리는 나바호 언어에 감탄했다. 수천 가지의 까다로운 어형 변화와 후음휴지喉音休止가 신기하기만 했다. 서툰 통역을 통해 디네의 유머 감각, 놀리기와 말장난을 좋아하는 기질, 부조리하거나 우스꽝스러운 상황에 즐거워하는 성향 등을 어렴풋하게나마 이해했다. 막사 여기저기에서 나바호는 전통적인 놀이에 빠져 있었다. 멀리뛰기, 돌 던지기, 궁술 시합, 막대 주사위놀이 등. 마치 미국인들을 위해 자발적으로 야외 축제판이라도 벌이는 것 같았다.

리드 무리는 나바호들이 자기들 땅 안에서 안전하고 행복하고 거칠 것이 없고 뿌듯하고 신이 난 것을 느낄 수 있었다. 막강한 힘을 자랑하며 올가을 특히 성공적이었던 습격의 성과를 즐기고 있었다. 존 휴즈는 그 장면을 이렇게 전한다. "정말 낭만적이었다. 500명에 달하는 사람들이 산속의 텅 빈 분지에서 춤을 추는 광경을 상상해보라. 인디언들이 조개껍데기와 탬버린 소리에 맞추어 미친 듯이 기쁨을 표현하는데, 서른 명의 미국인들은 군장을 하고 그 무리에 끼어 있었다."[20]

제이콥 로빈슨은 마음을 완전히 놓았고, 자기와 동료들이 알지도 못하는 지역 안으로 160킬로미터 넘게 들어와 있고 말은 어디에 있는지 보이지도 않는다는 사실조차 잊었다. 이들은 인디언들에게 사로잡혔고 거의 반해버렸다. 조심성이라곤 완전히 내팽개치고는 함께 기름진 양 다리 살을 뜯어 먹고 서로의 무기를 만지작거리고 함께 춤추고 노래하며 옷도 바꾸어 입었다. 미국인과 디네의 첫 번째 만남은 사랑의 축제가 되었다.

나중에 로빈슨은 이 철없기 그지없이 흥청망청한 잔치를 대체 우리가 왜 그랬을까 하는 기분으로 회상했다. "정말 놀라운 일이다. 한순간에 서로를 완전히 믿어버린 것이. 우리는 사막 한가운데에서 막강한 야만인들에게 포위되어 있었다. 그 수는 헤아릴 수 없이 많았고 호의는 의심스러웠는데도. 우리를 완전히 손아귀에 쥐고 있었고 배신을 할 수도 있었는데. 그런데 우리는 함께 어우러져 춤을 추었다. 그들은 우리가 자기네 땅에 온 것을 무척 반기는 듯이 보였다."[21]

아무튼 로빈슨은 나바호라는 부족에게 깊은 인상을 받았다. 이 대륙에서 만나본 "야만스러운 인디언 가운데 가장 개화된 부족"이라고 생각했다. "체구도 좋고, 내가 본 어떤 인디언보다 피부색이 희었다. 양모와 가죽으로 잘 차려입어 부유해 보였다." 로빈슨은 짜서 만든 담요에도 관심이 있었다. 디네는 "그 담요를 자랑스러워했다. 민족적 특성과 우월성의 상징처럼 여겼다."

나바호가 양 떼와 양모 제품에 특히 신경 쓰는 것을 보고 리드 대위는 몽골의 유목민과 비슷하다고 생각했다. 나중에도 미국인들은 양과 특별한 관계를 맺은 낯선 민족 나바호를 구세계적인 관점으로 표현하려고 하면서 이런 비유를 종종 쓰곤 했다. 리드는 이렇게 말했다. "이들은 완전히 유목 생활을 하고 습성도 타타르족과 비슷하다."[22] 무엇보다도 나바호들은 마술에 뛰어나다고 생각했다. "이들은 산의 제왕이다. 말 위에서 산다고도 할 수 있을 것이다. 말을 교배하고 기르는 데 많은 신경을 쓰고 아랍인들만큼 이나 말을 소중하게 여긴다."

오후 언젠가 토끼 한 마리가 덤불 아래에서 뛰어나오자 말을 탄 나바호 무리가 바로 쫓아갔다. 수십 명이 따라 달리기 시작했고 로빈슨의 말에 따르면 "평원에 말을 탄 전사들이 가득했다. 깃털이 바람에 휘날리고 전투를 벌일 듯이 팔을 높이 치켜들었다. 몇몇은 이쪽으로, 또 몇몇은 저쪽으로 달렸다. 흥분의 도가니 속에서 승리의 비명을 마음껏 질러댔다. 사냥감을 잡는 데 성공했던 것이다."

미주리 사람들은 나바호 땅에서 보낸 마지막 밤을 무척이나 즐겼던 모양이다. 엄청난 위험 속에서 낯선 문화를 맛보았고 아무런 사고 없이 임무를 수행했다. 미국인들의 말은 안전했고, 배불리 먹여 새벽에 안장을 채울 준비가 다 되어 있었다. 아침에 떠날 예정이었다. 나르보나는 나바호 땅을 벗어날 때까지 호위대까지 붙여주겠다고 했다.

눈먼 행운과 무모한 순진성 덕에 리드와 자원병들은 죽음을 면할 수 있었다. 젊은 농사꾼 청년들은 자기들이 무슨 짓을 하든 어디를 가든 다치지 않으리라고 믿는 듯했다. 해묵은 폭력의 굴레도 자신들과는 무관한 듯 싶었다.

25. 악마의 유료 도로를 지나

　　　　　　　　키트 카슨을 길잡이로 하여 커니 장군의 용
기병 부대 100명은 1846년 10월 7일 리오그란데를 떠나 힐라 강에 도착
할 때까지 서쪽으로 갔고, 그곳에서부터 점점 메마르고 황막해지는 구불
구불한 협곡을 따라 육로로 갔다. 10월이 지나고 11월이 되었고, 아파치
영역을 지나 잘 알지 못하는 부족들이 사는 곳에 들어섰다. 늑대를 먹는
자들, 더러운 자들, 곤봉 인디언, 솔숲 거주자, 덜덜 떠는 사람들, 알비노,
바보. 에스파냐 통역관들에게서 주위들은 이런 비공식적 명칭을 미국 공
식 기록에서도 그대로 쓰고 있었다. 먼 곳에 사는 이들 부족은 미국인들을
본 적이 없고 에스파냐 사람들도 거의 못 보았으며 대다수는 자기들이 사
는 곳으로 파고 들어오는 낯선 전사들을 보고 겁을 먹었다. 덜덜 떠는 사
람들은 에모리 중위의 말에 따르면 "백인들을 만났을 때 그들이 느낀 감
정" 때문에 그런 이름을 얻었다고 한다. 추장이 몸을 덜덜 떨면서 "사람이
라기보다는 마스티프 개가 짖는 소리 같은 언어로 말했다."[23]
　　카슨과 커니는 거의 줄곧 나란히 말을 달렸다. 안내인은 기름때가 전
사슴 가죽 옷을 입었고 장군은 자랑스러운 푸른 용기병 군복 차림이었다.
둘 다 미주리에 살아 같이 아는 친구도 많았다. 말수가 적으면서도 유머
감각이 있는 카슨은 길을 가면서 대화를 시도하기도 했지만 말없이 뚱해

있을 때가 더 많았다. 방금 지나온 햇볕에 바짝 마른땅을 다시 돌아가야 하는 힘겹고 지루한 여행 때문만은 아니었다. 호세파가 보고 싶어서도, 프리몬트가 공식적으로 맡긴 전문을 피츠패트릭에게 내준 것에 대해 아직 불만이 있어서도 아니었다. 이런 생각은 리오그란데에서 이미 모두 떨쳐 버렸다.

카슨의 불만은 대륙 횡단 여행을 하지 못하게 된 데에 있었다. 폭넓게 여행을 했지만 동쪽 해안은 한 번도 가보지 못했다. 자기 나라의 수도를 보고 싶었다. 책과 멋들어진 옷과 응접실 예절 같은 것으로 이루어진 폐쇄적인 세계가 자신과 어울릴 거라는 생각은 꿈에도 하지 않았지만, 자기를 후원해주고 그를 전국적으로 유명하게 만든, 임무를 맡기고 그에 대해 글을 쓰고 그의 모험을 널리 알린 사람들을 만나보고 싶었다. 포크 대통령뿐 아니라 토머스 하트 벤턴 상원의원, 의원의 딸 제시 벤턴 프리몬트, 국무장관 뷰캐넌, 국방장관 마시 등 지형학 탐사대와 관련된 다양한 사람들을 만나고 싶었다.

카슨은 사실상 '자명한 운명'의 현장 요원이었으므로 그 주동자들을 보고 싶었던 것이다.

또한 60일 만에 여행을 끝낸다는 위업을 달성하고 싶은 경쟁심이 발동했었다.[24] 두 달 만에 대륙을 횡단한다는 것은 인간의 몸으로 달성할 수 있는 최고의 목표처럼 여겨졌다. 그래서 프리몬트에게 60일 만에 해내겠다고 약속한 것이다. 서쪽 해안에서 동쪽 해안까지 60일이라! 그가 스스로 제안한 이 위업이 허황된 목표처럼 공중에 붕 떠버렸다. 1846년에 대륙 끝에서 끝으로 소식이나 물건을 가장 빨리 전달하는 방법은 배편이었다. 남아메리카 대륙 끝에 있는 티에라델푸에고를 거쳐 가거나 아니면 파나마까지 가서 육로로 지협을 가로질러 다른 배를 타고 가는 것이었다.

카슨은 대륙을 횡단하는 육로를 개척하여 그 가치를 검증하고 싶었다. 그때까지는 자기가 가늠한 대로 예정대로 잘 가고 있었다. 카슨이 로스앤젤레스에서 뉴멕시코까지 오는 데 26일이 걸렸고 그다음부터는 쉬운 길이었다. 잘 닦인 샌타페이 통로를 따라 북동쪽으로 미주리 강까지 가서 그곳에서 증기선을 타고 세인트루이스로 간 다음 마지막 구간인 워싱턴까지는 기차나 역마차를 타고 잘 닦인 길을 화살처럼 빨리 달릴 수 있었다.

그런데 지금은 이곳에서 아무 의미 없이 중년의 장군이 시키는 대로 이미 정복한 땅을 향해 느릿느릿 터덜터덜 가고 있었다. 도무지 마음에 들지 않는 일이었다.

*

사실 그때 카슨이 지닌 정보는 잘못된 것이었다. 캘리포니아는 정복되지 않았다. 승리감에 들뜬 프리몬트의 전문을 가지고 카슨이 로스앤젤레스를 떠난 뒤 반란이 일어나 이 지역을 뒤흔들었다. 미국인들은 로스앤젤레스에서 쫓겨났고 샌타바버라에서도 쫓겨났으며 몬테레이 이남 해안 지역 전부를 내줘야 했다. 야간 통행을 금지하고 발언 기회도 주지 않고 마구잡이로 체포하는 등 로버트 스톡턴의 가혹한 정책에 분개한 멕시코인들이 들고일어나 미군 진지를 공격했다. 한 역사가의 말에 따르면 반란이 "산림에서 불길이 치솟듯이 피어났다."[25] 시민들 사이에 이런 선언문이 돌았다. "캘리포니아 주민 모두는 위대한 멕시코의 일원으로서 오로지 멕시코에 속하기만을 바란다. 따라서 미국 침략군이 강제하는 권위는 모두 무효다. 모든 북아메리카인은 멕시코의 적이며 이들이 멕시코 영토를 떠날 때까지는 무기를 내려놓지 않을 것을 맹세한다."

이제 반전이 거의 완결 단계에 들어갔다. 자부심 강한 캘리포니아인들이 우세하게 되었다. 아직까지 미국인들이 차지하고 있는 곳은 샌디에이고뿐이었다. 스톡턴 함장이 샌디에이고 만에 군함 몇 척을 정박해놓았던 것이다. 그러나 그 지역 멕시코인들이 스톡턴을 옴짝달싹 못하게 해서 내륙으로 들어오지도 못하고 있었다.

한편 커니 장군은 자신감 있는 길잡이와 딱할 정도로 규모가 작고 초췌한 병력을 이끌고 느릿느릿 덫 안으로 들어오고 있었다.

*

11월 초 커니의 용기병은 "갈라지고 물집이 생긴" 세상에 들어섰다. 사람이 살지 않는 곳. 타란툴라, 전갈, 도마뱀밖에는 살지 않는 듯 보이는 곳이었다. 땅은 소금기 있는 물기를 머금어 푹신푹신하고 군인들이 밟는 자리마다 "땅에서 소금기가 솟아나와 하얀 서리가 덮인 것처럼 보였다"고 에모리는 적었다. "그래서 무수히 많은 말 발자국이 그대로 남았고 멀리에서 보면 길고 흰 바늘땀이 죽 이어진 것 같았다." 군인들은 메스키트와 크리오소트 군락을 지나, 오커티요, 팔로버디 수풀 사이로, 모래언덕과 물결 모양의 모래 위로 터덜터덜 걸었다. 화려하고 기이한 용설란과 조슈아트리를 보았고 태어나서 처음으로 소노란 사막에 거인처럼 서 있는 기둥선인장을 보았다. 세로줄이 있는 엄청나게 큰 줄기에서 사람처럼 팔이 뻗어나온 선인장이었다. 에모리 중위는 이 땅을 "극도로 아름답다"[26]고 표현했고 "불규칙하고 장엄한 산"과 "신비롭게 보이는 곳"이 눈에 띈다고 했다.

헨리 터너 대위는 이렇게 적었다. 사막 지대를 행진하는 것은 "기이한 경험이었다…… 끝없는 꿈을 꾸고 있는 듯한 기분이 들었다. 그래서 날마다 황무지에 둘러싸여 사방에 익숙한 정경이라곤 해, 달, 별밖에 없는 곳에 있는 것 같았다. 이 땅을 차라리 지구에서 지워버리는 게 나으리라. 세상에서 가장 황막한 곳이고 서글픈 생각이 자꾸 든다. 식구들을 떠나 멀리

왔다는 생각, 날마다 점점 멀어진다는 생각이."[27]

커니 장군은 더 냉정하게 표현했다. "이렇게 넓은 땅이 사람에게도 짐승에게도 아무 쓸모가 없다니 놀랍다."[28]

그러나 그곳을 가로질러 뻗어나가는 커니의 발길에 따라 이 쓸모없는 땅은 실질적으로 미국 땅이 되어갔다. 투덜거리며 사막을 가로지르는 군인 100명이 침략군처럼 보이지는 않았지만 사실이 그랬다. 이들은 워싱턴에서 뻗어 나온 길고 가느다란 가지인 것이다. 포크 대통령이 내린 명령에 따라 커니는 그때 '알타캘리포니아'라 불리던 땅 전체를 차지할 수 있는 '폭넓은 자유 재량권'을 가졌었다. 알타캘리포니아는 현재 캘리포니아뿐 아니라 네바다, 유타, 애리조나 일부를 포함하는 믿기 어려울 정도로 넓은 지역이었다. 몇 안 되는 사람들이 그 위를 터덜터덜 지나가는 행위만으로 그렇게 드넓은 땅을 정복한 예는 역사상 없었다.

커니는 이 말라비틀어진 땅을 점령해나가면서도 그게 과연 무슨 쓸모가 있을지 의심했다. 에스파냐인들도 오래전에 기름진 캘리포니아 해안의 넓은 지역에 정착했지만 내륙에 있는 이 지옥 같은 땅은 전혀 이용하지 못했다. 에스파냐 탐험가들은 여러 차례 이 땅을 가로질렀고 캘리포니아와 리오그란데 유역 뉴멕시코 정착지 사이에서 드물게나마 교역을 하기 위해 불분명하게 몇 갈래 길을 내기도 했다. 그러나 대부분의 지역은 불명확하고 잠정적인 상태로 남아 있었다. 어떤 에스파냐인 마을도, 선교 시설도, 군사 주둔지도, 오늘날 애리조나 서쪽과 캘리포니아 동쪽에 해당하는 이 황량한 지역에는 들어서지 않았다. 유목 생활을 하는 인디언들조차 좀처럼 지나다니지 않는 땅이었다.

낮에는 타는 듯이 뜨겁고 밤에는 얼어붙을 정도로 추운 사막에서의 행군은 용기병들에게는 가혹하고 말과 노새들에게는 치명적이었다. 한 시간에 한 마리꼴로 짐승들이 쓰러졌다. 날마다 여남은 마리를 버려야 했다.

그나마 튼튼한 말도 딱지와 상처투성이였다. 짐승들을 먹일 것이라고는 메스키트 콩깍지와 잎밖에 없었다. 수백 킬로미터를 가는 동안 노새를 아끼느라 사람들도 걸어야 했다. 사람이건 짐승이건 깔쭉깔쭉한 유카 잎에 쓸리고 선인장과 공선인장 바늘에 찔렸다.

길을 가면서 카슨이 동쪽으로 오는 길에 버리고 온 노새의 시체가 완전히 썩은 것이 종종 보였다. 결국 커니의 훌륭한 밤색 말, 레븐워스 요새에서부터 늘 함께해온 사랑하는 말마저도 쓰러졌다. 그래서 말이 아니면 타지 않으려 하던 커니도 굴욕스럽게 노새를 타야만 했다.

그곳 지세는 카슨이 커니에게 경고한 그대로였다. 리오그란데에 있을 때 카슨은 힐라 강으로 들어선 사람은 누구나 황량한 협곡에서 나올 무렵에는 굶어 죽기 일보 직전이 된다고 했다. 길이 무척 험하기 때문에 짐마차를 가져가보아야 소용이 없다고 했다. 짐마차가 지나갈 수 있는 길이 아니라는 것이다. 바퀴축이 바로 부러져버릴 것이다. 카슨이 어림하기로는 짐마차를 끌고 캘리포니아까지 가려면 적어도 넉 달은 걸릴 것이고 더 걸릴 수도 있었다.

장군은 안내인의 조언을 받아들였다. 짐마차를 샌타페이로 돌려보내고 노새를 더 보내라고 주문했다. 이제 바짝 여윈 부하들을 끌고 좁고 구부러진 힐라 강 유역으로 들어서고 보니 끌고 가야 할 것이 대포 두 대밖에 없다는 사실이 무척 다행이라는 생각이 들었다. 특히 가혹한 구간인 이곳을 커니의 병사들은 '악마의 유료 도로'라고 불렀다. 가파른 오르막과 현무암 절벽이 이어져 그곳에서만 노새 열다섯 마리를 잃었다. 에모리 중위는 지옥과도 같은 길을 섬뜩하고 유려한 표현으로 묘사했다. "박차에서 나는 쨍하는 금속성 소리, 노새 편자의 덜걱거리는 소리, 높고 검은 봉우리, 깊고 어두운 골짜기, 바위 위에 메피스토펠레스의 귀처럼 비죽 솟아나온 비현실적으로 보이는 선인장. 모든 것이 지하세계의 가장자리를 걷고 있는 듯한 기분이 들게 했다. 이따금 노새가 한 마리씩 정신을 잃고 그곳에 제물로 바쳐졌다."[29]

용기병들은 자기들의 고초를 두고 불평하기도 했다. 터너 대위는 일기에서 이렇게 투덜거렸다. "워싱턴에서 편한 의자에 앉아 있는 사람들은 우리가 날마다 겪는 고초에 대해서는 전혀 모른다. 집에서 걱정하며 기다리는 친구들도 우리가 얼마나 시련을 겪는지 상상할 수도 없을 것이다. 개울을 건너고, 바위를 기어오르고, 노새 무릎까지 모래 속에 파묻히는 골짜기를 지나고…… 게다가 부족한 식사, 불편한 잠자리, 젖은 담요까지…… 이런 생활에는 정말 취미 없다. 어떤 매력도 느낄 수가 없다. 아침부터 밤까지 고생, 오직 고생뿐이다. 완전히 지쳤다. 끝났으면 좋겠다…… 군인이라 어쩔 수 없는 일이겠지만 지겹다."[30]

용기병들이 서쪽으로 터덜터덜 나아갈 때 뒤쪽에서 조용히 끓고 있던 민감한 국가적 논란 가운데 하나는 이 땅을 언젠가 워싱턴에서 완전히 합병하여 미국의 주로 인정하면 노예주가 될 것인가 아닌가 하는 것이었다. 오늘날 애리조나의 일부인 바싹 마른 지형을 살피며 에모리 중위는 이런 논란에 한마디로 종지부를 찍었다. "이 땅에 와본 사람이라면 그 누구도 이득을 얻겠다고 노예를 데려올 생각은 꿈도 꾸지 않을 것이다. 노예노동으로 이주 비용조차 벌 수 없을 것이다."[31] 이 땅에서 살 만한 사람은 건조한 공기와 맑은 대기를 좋아할 결핵 환자나 다른 병자들뿐일 것이라고 헨리 터너는 생각했다. "세상 어디에서 죽더라도 상관없다고 생각하는 환자들이나 여기 살 것이다. 그러나 이 땅은 너무나 척박하여 아무리 오래 살기를 바라더라도 이곳에서 고생하며 살고 싶지는 않으리라."[32]

에모리의 지형 조사대가 조사해야 할 또 하나의 문제는 힐라 통로가 짐마차 길 경로로 적합한가, 궁극적으로 대륙 횡단 철도가 놓일 만한가 하는 것이었다. 그러나 에모리는 노예제 문제처럼 이 생각 역시 바로 휴지통에 버렸다. 우툴두툴한 바위로 이루어진 황무지에 제대로 된 길을 닦기란 불가능하다고 말했다. 횡단로를 놓으려면 훨씬 남쪽으로 우회해야 할 것이다. 멕시코 성채가 있는 투산을 거치든가 하는 경로로.

그때 커니 부대가 힐라 강의 어두운 입구를 벗어나자 눈부신 오아시스가 보였다. 평화로운 피마족과 이들과 핏줄이 이어진 마리코파가 사는 물이 풍부한 땅에 들어선 것이다. 피마는 복잡한 제방과 관개수로 시스템을 발달시킨 농사꾼들이다. 덕분에 옥수수, 콩, 호박, 담배, 면화 등을 풍족하게 재배할 수 있었다. 기술자인 에모리 중위는 수로의 "아름다움, 질서, 배치"에 감탄했고 커니 부대 대부분이 그랬듯 피마를 좋아하게 되었다. 피마는 "솔직하고 자신감 있고 평화롭고 부지런한 사람들"이라고 에모리는 생각했고 "아름답고 비옥한 저지를 차지하고 있다"고 했다. 굶주린 커니 부대는 피마들에게 돈과 물건을 주며 먹을 것을 달라고 했으나, 인디언들은 대가를 사양했다. "빵은 먹기 위한 것이지 팔기 위한 것이 아니오. 필요한 만큼 가져가시오." 피마들은 에스파냐어로 이렇게 말하고 바로 커니 부대를 초대해 잔치를 벌였다.

배부르게 먹은 뒤 용기병들과 피마들은 밤이 깊을 때까지 함께 담배 피우고 웃고 거래를 했다. 감탄사와 손짓으로 대화를 할 수밖에 없었지만 미국인들은 친절한 인디언들이 무척 마음에 들었다. 헨리 터너는 피마가 "선하고 무해한 사람들로 어떤 인디언들보다 더 부지런하다"[33]고 했다. 이들은 "친절하고 다정한 표정"을 지었다. "늙은 피마 추장처럼 온화한 얼굴은 본 적이 없다."

에모리도 같은 의견이었다. 피마들을 칭찬하며 이렇게 적었다. "흔히들 '미개한 인디언'이라고 하는 사람들의 땅 한가운데에 들어서게 되다니 신기한 경험이다. 이들은 농경에 있어 여러 기독교 국가들을 능가하고 실용예술에서도 별로 뒤지지 않고 정직성과 덕성에 있어서는 기독교 국가들을 훨씬 압도한다."

피마는 에모리 중위와 망원경, 육분의, 기압계, 금속관과 수은이 든 유리관 등 중위의 탐사 장비에 매료되었다. 저녁에 에모리는 "목성 위성의 엄폐(한 천체가 다른 천체를 가리는 현상—옮긴이)"라는 것을 관찰하고 싶었는데, 그가 일기에 한탄한 바에 따르면 "내가 별을 본다는 소문이 돌아 내 막사에는 늘 사람들이 바글거렸다." 피마는 특히 중위가 쓴 안경을 두려워했다. 안경을 한 번도 본 적이 없었던 것이다. 그걸 쓴 사람은 렌즈를 통해 엑스레이처럼 볼 수 있어 피마들이 입은 무명옷을 꿰뚫어 볼 수 있다고 믿었다. 피마들은 낯선 사람 앞에 벌거벗은 모습을 보이기 싫어 몸을 돌렸다. "아주 재미있는 일이었다. 내가 다가가면 몸을 움츠리고 다른 사람 뒤에 숨었다. 결국 안경을 한 할머니에게 씌워주었다. 그러자 할머니가 안경의 쓰임새를 알게 되고 다른 사람들에게 설명해주었다."[34]

*

기분도 좋고 배불리 먹고 몸 상태도 꽤 회복한 용기병들은 떨어지지 않는 발걸음을 떼어 풍요로운 피마의 땅을 떠나 캘리포니아로 향했다. 그들은 11월 23일 힐라 강과 콜로라도 강이 합류하는 곳에 도달했다. 그날 에모리 중위는 언짢은 사실을 알게 된다. 부하들과 함께 장비를 조작하며 합류지를 탐사하던 에모리는 혼자 말을 타고 가는 멕시코인을 만났다.

"어디 가시오?" 그가 통역관을 통해 물었다.

"말을 찾고 있소." 멕시코인은 왠지 불안해 보였다.

멕시코인은 이렇게 말하고 서둘러 지나가려 했지만 에모리는 어쩐지 의심이 들었다. 물도 여러 통 가지고 있고 양식도 많이 꾸린 것이 눈에 들어왔다. 긴 여행을 떠난 듯했다.

"같이 막사로 가시지요?" 에모리가 말했다.

멕시코인은 거절했다. "곧 가겠소. 하지만 먼저 해야 할 일이 있소." 멕시코인은 이렇게 대꾸하며 빠져나가려고 했다.

에모리의 의심이 확고해졌다. 에모리 중위가 나중에 표현하기를 멕시코인이 "불안해하는 걸 보자 내버려두면 안 되겠다는 확신이 들었다."[35] 그래서 에모리와 부하들은 그 남자를 체포하여 커니의 야영지로 데려갔다. 그곳에서 커니가 남자의 짐을 수색하게 했고 몸에서 에스파냐어로 쓰인 편지가 가득한 행낭을 발견했다.

통역관들을 불러 바로 편지를 번역하게 했다. 말을 타고 가던 사람은 캘리포니아에서 출발해 소노라에 있는 호세 카스트로 장군에게 보내는 전문을 전달하는 공식 급사라는 것이 확인되었다. 번역이 진행될수록 드러나는 내용은 점점 더 암울해져갔다. 캘리포니아에서 반란이 있었던 듯했다. '편지마다 하나같이 '혐오스러운 양키의 굴레'를 벗어버렸다며 기뻐하는 내용이 담겨 있었다'고 에모리는 적었다. "캘리포니아에 다시 삼색기가 나부끼게 된 것을 자축"하는 편지들이었다. 급사를 더 심문해보았으나 별 소득이 없었다. 에모리의 말에 따르면 "그가 어찌나 빈틈이 없는지 더 이상 사실을 캐내기가 불가능했다."

편지 날짜는 몇 주 전으로 되어 있었고 허풍을 곁들여 부풀렸을 가능성도 있지만 편지마다 모두 한목소리로 주장하는 걸 보면 미국인들이 캘리포니아 해안에서 쫓겨난 것만은 분명했다. 커니는 자신이 얼마나 심각한 곤경에 처했는지 알게 되었다. 군인은 겨우 100명뿐이었고 짐승들은 하나같이 상태가 엉망이었다. 용기병 3분의 2를 샌타페이로 돌려보낸 것을 그제야 뼈저리게 후회했다. 소규모 부대는 도무지 전투에 임할 상태가 아니었지만 지금에 와서 할 수 있는 일은 최대한 빨리 나아가 적과 대면하는 것이었다. 가서 싸우거나, 아니면 여기 사막에서 죽을 수밖에 없었다.

캘리포니아의 전세가 뒤집혔다는 것을 알고 카슨의 심정은 복잡했다. 자기가 지니고 있던 전문이 완전히 그릇되었다는 사실에 충격을 받았고 적이 놀랐다. 그런 한편 캘리포니아에 있는 미국인 친구들, 특히 프리몬트가 어떻게 지내고 있는지 궁금했다. 캘리포니아는 다시 전시체제에 들어갔고 역사가 요동치고 있었다. 적어도 그곳은 지루하지 않을 것이 분명했다. 카슨은 남캘리포니아를 알았고 에스파냐어를 할 줄 알았으며 스톡턴을 비롯한 주요 인물들을 잘 알았다. 자신의 도움이 정말 필요할 때라는 생각이 들었다. 마침내 카슨은 커니에게 전적으로 헌신할 마음이 들었고 캘리포니아로 돌아가게 되어 다행이라고 생각했다.

11월 25일 커니 군은 콜로라도 강을 건넜다. 서쪽으로 걸어가는 군인들은 이제 틀림없이 전투에서 적과 마주하리라는 흥분감과 함께 한편으로는 두려움을 느꼈다. 레븐워스 요새를 떠난 이래로 죽 용기병들은 싸우길 원했고, 한 서부 작가의 말에 따르면 "검이 칼집 안에서 녹이 슬고 머스킷 총은 쓰지 않아 망가질까"[36] 걱정했다. 이제 소원이 이루어지게 되었다. 그러나 아직도 황무지를 수백 킬로미터 더 가야 했다. 사막은 도무지 끝이 보이지 않았다. 힐라 유역보다도 척박했다. 터너 대위는 이렇게 썼다. "아, 불모의 땅이여, 언제나 작별을 고할까? 그 무엇도 나를 다시 그곳으로 돌아가게 하지는 못하리."[37] 군인들은 녹음이 우거진 아름다운 캘리포니아 이야기를 귀에 딱지가 앉도록 들었지만 이제 그것도 전설에 지나지 않을 거라는 생각마저 들었다. "캘리포니아의 눈부신 풍광을 아직 보지 못했다. 지금은 메마름과 황폐함이 지배한다." 군인들은 임페리얼밸리의 모래언덕을 가로질렀고 시에라네바다 산지 남쪽을 건넜다. 멀리 보이는 시에라네바다의 봉우리들은 새로 내린 눈으로 반짝거렸다. 밤에는 얼어붙을 듯 추웠다. 마지막 식량을 먹어버렸고 늑대들이 옆에서 따라왔다. 노새는 계속 쓰러졌다.

이제 용기병들은 거지 떼나 다름없었다. 존스턴 대위는 막사의 부하들을 살펴보고 그 모습에 절망했다. 그는 일기에 이렇게 적었다. "딱하기 그지없다. 거의 헐벗었고 맨발인 자도 몇몇 있다."[38] 그러나 존스턴은 전투가 벌어지면 이들이 분연히 일어날 것이라고 낙관했다. "때가 되면 맹위를 떨칠 것이다."

샌디에이고에서 80킬로미터 떨어진, 덤불로 뒤덮인 흙먼지 날리는 땅에서 커니는 에드워드 스톡스라는 영국인을 만났다. 여러 해 전부터 캘리포니아에 살면서 목장을 경영하는 사람이었다. 스톡스는 중립주의자이지만 샌디에이고에 있는 로버트 스톡턴에게 전문을 전달해주겠다고 했다. 커니는 함장에게 자기들이 캘리포니아에 도착했음을 알리는 급전을 썼다. "미국 대통령의 명령에 따라 왔소. 뉴멕시코를 점령해 미국에 합병시킨 뒤 9월 25일 샌타페이를 떠났소." 커니의 편지에서는 냉정한 축소화법이 두드러진다. 군인들이 굶주리고 있으며 몇 마리 안 남은 노새도 상태가 엉망이라는 사실은 한마디도 언급하지 않았다. 다만 정보를 달라고만 요청했다. "우리와 정보 교환을 할 통로를 만들고 캘리포니아의 상황을 알려줄 팀을 보낼 수 있다면 최대한 빨리 그렇게 해주시오. 이 편지가 멕시코인의 손에 들어갈지 모른다는 우려 때문에 더 이상은 쓰지 않겠소."

스톡스는 서둘러 편지를 샌디에이고로 가져갔다.

*

사흘 뒤인 12월 5일 아침 샌디에이고에서 동쪽으로 40킬로미터 정도 떨어진 곳에서, 커니 군은 멀리 먼지구름 속에서 성조기 깃발이 휘날리는 것을 보고 놀랐다. 미군 해병대가 다가오면서 피어오른 먼지였다. 영국인 스톡스가 스톡턴에게 커니의 전문을 안전하게 전달한 것이었다. 이들이 바로 커니가 부탁했던 '연락 팀'이었다. 두려움을 모르는 아치볼드 길레스피 대위가 39명의 해병대원을 끌고 왔다. 캘리포니아에 있는 프리몬트를 만나기 위해 엄청난 전령 임무를 수행한 바 있는 그 길레스피가 샌디에이고를 에워싼 멕시코 포위망을 뚫고 커니를 도우러 온 것이다.

물론 커니는 고작 39명이 온 것에 실망했겠지만 불평할 처지는 아니었다. 게다가 해병대원들이 상대적으로 튼튼한 말을 끌고 왔고 놋쇠로 된 조그만 4파운드 곡사포와 식량도 가지고 왔다. 대륙 머나먼 곳에서 동포를 만난 용기병과 해병대원들은 반가워 서로 얼싸안았다. 커니도 기운이 났다.

길레스피 대위는 장군을 반겼고 콜로라도 강에서 가로챈 편지에 적힌 정보가 모두 맞다고 확인해주었다. 미국인들은 샌디에이고만 빼고 캘리포니아 해안 도시 전체에서 쫓겨났다. 길레스피는 또 말을 탄 수백 명의 캘리포니아인들이 샌파스퀼이라는 근처 조그만 인디언 마을에서 야영을 하고 있다는 사실을 알려주었다. 이 멕시코인들을 이끄는 사람은 안드레스 피코 대위로 반란군의 고위 지도자이자 캘리포니아 전 총독과 형제지간이라고 했다. 이들은 커니와 스톡턴 사이에, 샌디에이고로 가는 길목에 있었다. 커니가 태평양으로 진군해 함장과 힘을 합치려면 피코와 어딘가에서 싸워야만 했다. 지금, 이곳에서 싸우는 게 어떤가? 길레스피는 커니에게 기습공격을 감행해 "멕시코인들의 야영지를 뒤엎어주자"고 제안했다.

커니는 대담한 공격 제안이 마음에 들었다. 이런 위험을 무릅쓰는 것은 커니의 신중한 기질에 맞지 않는 일이긴 했으나 밤중을 틈타 피코 대위를 기습하는 편이 시간을 끌어 피코가 사실을 알아차리게 하는 것보다 훨씬 낫다고 생각했다. 길레스피가 증원군을 데리고 왔으나 그래도 미군은 여전히 규모도 작고 허약하고 탈것도 제대로 갖추지 못했다는 사실 말이다. 커니는 평원 결투에서는 전통적으로 허세를 부리는 방법을 쓴다는 걸 알았다. 집중 공격으로 약점을 감추고, 적을 급습하여 확실하고 맹렬한 공격을 해서 실제보다 더 강력하다고 믿게 만드는 전법이다. 에모리는 커니의 생각을 이렇게 묘사했다. "장군은 우리가 선제공격을 해야 한다고 결정했다. 밤에 공격을 감행해 날이 밝아 우리 병력이 훤히 드러나기 전에 무찌르는 것이다."³⁹

카슨도 이 생각을 지지했다. 캘리포니아에서 경험한 바로는 멕시코인들은 별로 대단한 싸움꾼이 아니었다. 한 사람 한 사람은 용감한지 몰라도 제대로 조직되어 있지 않고 무기도 형편없었다. 카슨은 이렇게 말했다. "소리를 지르면서 달려 들어가기만 하면 됩니다. 그럼 캘리포니아인들이 알아서 달아날 거요." 길레스피 대위도 멕시코군의 역량을 얕잡아보았다 (멕시코 반군이 고작 한 달 전에 자기와 해병대원들을 로스앤젤레스에서 몰아냈음에도 말이다). 길레스피는 보고문에 이렇게 적기도 했다. "에스파냐 혈통의 캘리포니아인들은 미군의 총에 극심한 공포를 느낀다."

레븐워스 요새에서부터 거의 3,200킬로미터를 느릿느릿 오며 미군 역사상 가장 긴 행군을 했으니 커니 장군은 싸우고 싶어 좀이 쑤셨을 수도 있다. 몇몇 역사가들이 그런 추측을 했다. 예를 들어 스탠리 베스털은 커니가 자기 동료들이 멕시코 안쪽에서 엄청난 전투를 벌이며 전공을 쌓고 있으리라고 상상했고 자기도 그런 명예를 얻고 싶어 그런 행동을 했다고 주장했다. 베스털은 이렇게 썼다. "다른 장군들은 멕시코인들을 수백 명씩 쏘아 쓰러뜨리고 있었다. 그러나 커니 자신이 한 일이라곤 행군하고 선언문을 발표한 것밖에 없었다. 이제 커니는 프리몬트에게 어떻게 캘리포니아를 점령하는지를 보여주고 싶었다. '진격!'"⁴⁰

커니가 평원에서 보여준 바위처럼 견고한 모습, 냉정한 성품 등을 생각해보면 이런 평가는 온당하지 않게 보인다. 커니가 그릇된 판단을 했다면 질투심이나 개인의 영광 때문에 그랬을 것 같지는 않다. 게다가 이런 공격을 감행하는 데에는 전략적인 이점이 있었다. 커니의 주된 목표는 캘리포니아인들이 잠든 사이에 피코의 말을 차지하는 것이었다. 그럴 수만 있다면 싸우기도 전에 전투가 끝이 날 것이었다. 최고의 기병인 커니는 자기가 데리고 있는 짐승들의 처참한 상태 때문에 굴욕감을 느꼈다. 샌디에이고로 진격하여 캘리포니아를 수복하려면 땅딸막하고 딱지투성이인 노새 대신 튼튼한 말이 필요했다. 절호의 기회였다.

카슨은 공격의 목표를 완벽하게 이해했고 이후에 특유의 직설법으로 이렇게 말했다. "우리의 목표는 캘리포니아인의 짐승을 뺏는 것이었다."[41]

용기병들과 해병대는 샌파스퀄에서 겨우 3킬로미터 떨어진 좁은 협곡에 서로 몇백 미터 거리를 두고 야영을 했다. 차가운 안개에 뒤덮인 비 내리는 밤이었다. 대부분 병사들이 무겁고 젖은 담요를 둘둘 말고 떨고 있을 때 커니는 몇 명을 피코 야영지에 파견해 어둠 속에서 상황을 살펴보게 했다. 서둘러 정찰대를 꾸렸다. 용기병 여섯 명과 캘리포니아군에서 떨어져나온 라파엘 마샤도라는 변절자 한 명으로 이루어진 정찰대였다.

10시쯤 정찰대는 노새를 타고 안개 속으로 떠났다. 곧 잠에 빠진 샌파스퀄 외곽에 다다랐다. 용기병들은 마샤도에게 걸어서 마을에 들어가 인디언 한 사람을 구슬러 피코 병력에 대해 자세한 것을 알아내라고 했다. 규모가 어느 정도인지? 어디에서 자는지? 말을 방목하는 곳은 어딘지? 마샤도는 마을에 몰래 들어갔고 계획대로 미국인들에게 협조하고 싶어 하는 인디언을 찾았다. "인디언들은 캘리포니아인들에게 반감이 깊었고 언제라도 배신하려 했다."[42] 커니의 부하 한 사람이 나중에 이렇게 기록했다. 그러나 용기병들은 마샤도가 시간을 너무 오래 끈다고 생각했다. 개가 짖는 소리를 들었고 초조한 마음에 마을을 더 잘 살펴보기 위해 직접 마을로 달려갔다. 그러면서 칼이 안장에 부딪히는 소리 때문에 피코의 야경꾼들의 주의를 끌고 말았다.

파수병이 소리를 질렀고 용기병은 마샤도를 찾아서 안개 속으로 달렸다. 그러나 혼란스럽게 달아나는 와중에 누군가가 'U.S.'라고 찍힌 푸른 군복을 떨어뜨렸다. 멕시코 파수병이 이 옷을 발견해 피코에게 가져갔다. 피코는 바로 군인들에게 기마 명령을 내렸다. 곧 멕시코인들이 모두 잠에서 깨었다. 멕시코인들은 진흙집에서 뛰어나와 말이 있는 곳으로 달려가며 외쳤다. "비바 칼리포르니아*Viva California*! 아바호 로스 아메리카노스 *Abajo Los Americanos*!(캘리포니아 만세! 미국인들을 무찌르자!)"

미군 정찰대 뒤로 총알이 쏟아졌다. 한순간의 실수로 기습공격이 물건너갔다.

자정이 넘어 용기병들은 막사로 돌아왔고 정탐 실패를 커니에게 알렸다. 장군은 꾸물거리지 않았다. 즉시 공격을 명령했다. 기습공격의 이점은 사라졌지만 어둠의 도움은 여전히 받을 수 있었다. 피코는 커니의 처량한 부대가 어떤 상태이고 규모는 어떤지 결코 알지 못할 것이다. 기다리면 동이 트자마자 피코의 정탐이 찾아올 것이고 커니 군의 상태를 바로 파악할 것이다. 공격을 하려면 지금 해야 했다. 상황이 더 나빠지기 전에.

미군 막사에서 요란한 소리가 터져나왔다. 너무 춥고 축축해서 나팔을 불어 정렬을 알리는 소리를 낼 수가 없었다. 젖은 담요는 얼어서 버석거렸으며 군인들은 지치고 추웠다. 그러나 상황을 알자 바로 살아났다. 건조한 문체를 쓰는 한 군인의 일기에는 이렇게 적혀 있다. "적과 싸울 생각에 상당한 흥분감과 욕구가 치솟았다." 15분 만에 용기병은 모두 노새에 올라타고 샌파스퀄로 달렸다. 곧 길레스피와 해병대와 합류해 함께 진격했다. 마침내 나팔수가 언 입을 녹여 "돌격하여 기습하자"라는 전투가의 몇 음을 불어댈 수 있었다.

분주히 움직이는 샌파스퀄 촌락이 내려다보이는 언덕 비탈에 도착하자, 커니는 수풀에서 걸음을 멈추고 부하들에게 연설을 했다. 국가가 여러분에게 많은 것을 기대한다고 그는 말했다. 마을을 포위하고 말을 손에 넣기를 바란다. 적을 죽여야 한다면 그렇게 할 것이지만 가능한 한 많은 캘리포니아인을 생포하고 싶다. 학살이 되어서는 안 된다고 했다. 근접전이 될 것이다. 안개 낀 어둠 속에서 카빈총은 별 쓸모가 없으니 칼 쓸 준비를 해야 한다.

"명심하라. 칼로 여러 차례 찌르는 것보다 칼끝을 겨누는 쪽이 훨씬 더 큰 효과가 있다."[43]

1846년 12월 6일 새벽, 커니의 용기병 100명은 노새를 몰고 아래쪽 낮은 수풀 너머에 있는 샌파스퀄로 달렸다. 곧 2열 종대의 길고 얼크러진 행렬이 되었다. 카슨은 커니, 에모리와 함께 선봉에 섰고 세 사람은 동트기 전 잿빛 어둠 속에서 가파른 언덕을 내려갔다.

26. 깨어진 약속

11월 21일, 춥고 눈부시게 맑은 아침 알럭잰더 도니펀 대령은 14명의 나바호 지도자들과 곰 샘에서 만났다. 나르보나도 약속한 대로 당도했다. 몸이 좋지 않아서 말을 하기도 힘들었고 들것에 실려와야 했으나 그래도 회합 장소에 나왔다. 붉은 바위 벼랑이 천연의 벽 역할을 했고 차가운 시내가 피뇽과 향나무로 덮인 약간 경사진 지역에 흘렀다. 이곳은 나르보나도 아주 잘 아는 곳이었다. 곰 샘은 몇 세기 동안 디네가 모임을 연 곳이기 때문이다.

500명쯤 되는 나바호와 미국인 300명도 주변 언덕에 집합하여 회의를 지켜보았다.

도니펀 대령이 일어나서 먼저 연설을 했다. 몸집이 크고 우렁찬 목소리에 변호사다운 차분한 태도를 갖춘 그는, 고향인 미주리 리버티에서도 바로 이런 모습으로 여러 배심원들의 마음을 움직였다. 이것도 일종의 재판이라 할 수 있었고 도니펀은 이 재판에서 반드시 승소하겠다고 결심했다.

도니펀이 입을 열었다. "미국은 뉴멕시코를 군사적으로 점령하였고 이제 미국의 법률이 전 지역에 미친다. 뉴멕시코인들은 폭력과 침략으로부터 보호를 받을 것이며 이들의 권리는 보장될 것이다. 그러나 미국은 여러분, 미국의 붉은 자식인 나바호와도 평화 협약을 맺고 영구적인 우정을 유지하려 한다. 뉴멕시코인들을 보호하듯이 여러분도 마찬가지로 보호할 것이다. 나는 나바호, 뉴멕시코인, 미국인 사이에 영구한 평화 협약을 체결할 권한을 가지고 왔다. 양편 모두를 존중하는 조약에 동의할 것을 거절한다면 나바호를 상대로 전쟁을 벌이라는 지시를 받았다. 미국은 같은 민족과 두 번 조약을 맺지 않는다. 미국이 화해의 손을 내밀었는데도 거절한다면 다음에는 폭약, 총알, 강철을 내밀 것이다."[44]

그러자 젊은 나바호 지도자가 일어서서 발언을 했다. 그의 에스파냐어 이름은 사르시요스 라르고스였고 언변이 좋은 사람이었다. 존 휴즈는 그를 "매우 대범하고 지적"[45]인 사람이라고 보았다. 라르고스는 뉴멕시코인과 오래전부터 벌여온 싸움을 그만둔다는 것은 불명예스러운 일이라고 생각하는 나바호 젊은이들을 대변했다. "미국인들이여!" 라르고스가 외쳤다. "우리는 뉴멕시코인과 여러 해 동안 전쟁을 벌였다. 그들의 마을을 약탈하고 사람을 여럿 죽이고 납치하기도 했다. 그럴 만한 온당한 이유가 있었다. 미국도 최근에 뉴멕시코와 전쟁을 시작했다. 미국에는 엄청난 화포와 용감한 군인들이 많다. 그래서 뉴멕시코를 정복할 수 있었는데 그것은 바로 우리가 여러 해 동안 하려고 해온 일이다. 그런데 왜 당신들도 한 일을 우리가 한다고 우리를 비난하는가. 당신들도 동쪽에서 뉴멕시코인과 싸웠으면서 우리가 서쪽에서 뉴멕시코인과 싸운다고 해서 왜 그걸 빌미로 우리와 싸우려 하는지 이해가 가지 않는다."[46]

도니펀은 다시 일어나서 자기 나라의 입장을 설명하려 했다. 나바호는 미국인들이 말하는 항복의 개념을 이해하지 못하는 것이 분명했다. "미국인들의 관습이 그러하다. 전쟁을 벌인 사람이 항복을 하면 그다음부터는 친구로 대한다. 뉴멕시코는 우리 정부에 복속되었다. 그러니 뉴멕시코인의 재산을 훔치는 것은 미국의 재산을 훔치는 것이다. 그들을 죽이면 우리를 죽이는 것이다. 그들이 우리가 되었기 때문이다. 이런 일은 더 이상 참을 수 없다."

라르고스는 그 소리가 달갑지 않았지만 결국 뜻을 굽혔다. "뉴멕시코를 정말 차지하겠다면, 당신네 정부가 그걸 지키려고 한다면 약탈 행위를 중단하겠다. 앞으로 뉴멕시코인과 싸움을 삼가겠다. 우리는 당신들과 싸울 이유가 없고, 그렇게 강력한 나라와 전쟁하기를 바라지 않는다. 우리 사이에 평화가 있기를 바란다."

그리하여 나르보나, 라르고스를 비롯해 14명의 우두머리가 모였다. 도니펀은 직접 쓴 조약서를 준비했다. 다섯 문단으로 되어 있고 "영원한 평화, 상호 신뢰, 우정"을 천명하는 내용이었다. 나바호 지도자 14명의 이름이 맨 아래에 첨부되어 있었다. 나바호는 읽을 줄도 쓸 줄도 모르기 때문에 도니펀은 다른 서명 방법을 생각해냈다. 그는 한 군인이 쥐고 있는 펜에 각 지도자가 오른손 검지를 대게 한 다음 자기 이름 옆에 X 표시를 하게 했다.

나바호들이 자신들이 서명한 내용을 얼마나 이해하고 있었는지는 의심스럽다. 그러나 어쨌든 이때는 희망적인 시기, 낙관할 만한 순간처럼 여겨졌다. 미국인들과 나바호가 최초의 협정을 맺었고 아무런 비극적인 일도 일어나지 않았다. 서로 친구라고 말했고 그 말을 정말 믿는 듯했다.

나바호 문제를 해결했다고 자신하며 도니펀 대령과 미주리인들은 다시 남쪽, 멕시코를 향해 떠날 채비를 했다. 다음 임무는 기세 좋게 치와와를 침략하여 수도를 차지하는 것이었다. 레븐워스 요새를 출발한 뒤로 한 행동이 대개 그랬듯이, 나바호 땅에서 바쁘게 취한 조치 역시 상당히 순진한 데가 있고 오만한 면이 있었다. 이들은 아무 노력도 들이지 않고 광활한 땅을 정복하고 해묵은 문제를 단기간에 해결할 수 있다고 믿었고, 모든 사람이 이 일을 두고 미국인들에게 감사해하리라고 생각했다.

한편 나르보나와 디네들은 집으로 돌아가 조용히 겨울을 보낼 것이다. 고대로부터 내려온 전설을 읊고 회의를 하고 한증막에서 땀을 흘릴 것이다. 나바호의 세계는 여전히 풍요롭고 익숙했고 먹을 것도 풍부했다.

협정이 이루어졌다. 그러나 나바호들이 보기에 달라진 것은 아무것도 없었다. 나바호 젊은이들은 분명히 그렇게 생각했다. 11월 26일, 협정이 이루어지고 일주일도 채 지나지 않아 나바호 무리가 소코로에서 멀지 않은 곳에서 뉴멕시코인 양치기 하나를 죽이고 미국 정부 소속 노새 17마리와 미군의 양 800마리를 훔쳐갔다. 무장이 변변치 않은 미주리인 두 사람, 로버트 스피어스 일병과 제임스 스튜어트 일병이 무모하게 도둑들을 쫓아갔다. 10킬로미터 서쪽에서 두 사람의 시체가 발견되었다. 화살 22개가 빼곡히 박혀 있고 머리는 바윗돌로 내리쳐 끔찍하게 부서져 있었다.

스피어스와 스튜어트는 나바호 인디언의 손에 죽은 첫 번째 미군 병사가 되었다.[47]

27. 가장 길고 위험한 원정[48]

          샌파스퀄 전투. 멕시코 전쟁 동안 오늘날 미국 영토에서 벌어진 전투 가운데 가장 중요한 것으로 간주되는 이 전투는 미국 측의 실수로 시작되었다. 마을에서 1킬로미터쯤 떨어진 곳에서 커니는 "속보!" 명령을 내렸다. 이때는 용기병들이 넓게 흩어져 있었고 장교들은 좀 더 빠르고 튼튼한 말을 타고 있어 선두에 자리했다. 그런데 앞쪽에서 에이브러햄 존스턴 대위가 커니의 명령을 "돌격!"으로 잘못 알아듣고 반복했다. 존스턴의 명령이 골짜기에 멀리 퍼졌고 존스턴은 말에 박차를 가해 전속력으로 달렸다. 존스턴 주위에 있던 병사들도 모두 말을 달려 빠른 속도로 안개 속으로 사라졌다.

    커니는 이 사태가 가져올 위험성을 바로 알아차렸다. "맙소사, 그 말이 아니었는데!"[49] 커니는 이렇게 외쳤지만 이미 너무 늦었다. 가장 앞에 가고 있던 3분의 1, 몇 안 되는 좋은 말을 타고 있던 젊은 장교들이 전속력으로 돌격했고 나머지 3분의 2는 쓰러져가는 노새를 타고 절뚝거리며 따라가고 있었다. 두 무리 사이의 간격이 점점 넓어졌다. 커니는 선두 위치를 지키지 못한 채 쫓아가느라 애를 썼다. 카슨은 상대적으로 튼튼한 말을 타고 있어서 앞으로 달려나가 존스턴 가까이에서 선봉에 들어갈 수 있었다. 노새가 끌고 있는 육군 곡사포 두 대와 해병대의 4파운드 대포는 너무 멀리 뒤처져 쓸 수도 없었다.

안드레스 피코 대위와 캘리포니아인들은 모두 좋은 말을 타고 마을 옆 골짜기에 모여 있었다. 세라페로 몸을 감싸고 조용히 의논을 하고 있는데 존스턴 대위와 카슨을 비롯한 선봉대가 갑자기 쳐들어왔다. 피코의 병사들은 서둘러 전열을 정비하고 직사거리에서 총을 쏘아댔다. 머스킷 총알이 존스턴의 이마를 관통했다. 대위는 즉사하여 말에서 떨어졌다.

카슨은 바로 뒤에 따라오고 있었는데 말이 발을 헛딛는 바람에 말에서 떨어졌다. 큰 상처는 입지 않았지만 장총이 반으로 도막 나버렸다. 간신히 몸을 추스르고 뒤에서 달려오는 말을 피해 옆으로 비켰다. "말발굽에 밟혀 죽을 뻔했다. 말 발밑에서 기어 나와 목숨을 구했다."[50] 카슨은 나중에 이렇게 말했다.

용기병들이 계속해서 달려왔다. 사정거리에 멕시코인들이 들어오자 카빈총을 겨누었으나 총은 대부분 습기가 차고 부식되었고 탄약도 젖어서 총알이 제대로 나가지 않았다. 커니가 예상한 대로 백병전을 벌여야 했다. 미군들은 칼을 꺼내 들어 적을 향해 달리며 위협적으로 휘둘렀다.

미군이 맹렬하게 돌격해오자 캘리포니아인들은 허둥지둥 후퇴하는 듯이 보였다. 그들은 몸을 돌려 서쪽으로 구불구불 흐르는 얕은 시내를 따라 달아났다. 존스턴 대위가 죽자 벤 무어 대위가 지휘를 하기 시작했다. 그는 용기병들에게 피코의 기마부대를 쫓아가라고 명령했다. 한동안 추적했으나 좋은 생각이 아니었다. 추적에 나서면서 용기병들의 사이가 더 벌어졌으며 제일 튼튼한 말을 탄 몇 사람만 한참 앞에 나서서 동료들과 떨어진 채 혼자 싸워야 했다(커니 장군과 에모리 중위는 더 뒤처져 있었다).

피코의 기마부대는 무력하기 짝이 없는 선봉을 언뜻 보았다. 대형이 흩어져 있고 말 상태도 형편없었다. 적의 무력함을 알아챈 그들은 자신감이 부풀었다. 평생 말 위에서 지내 능수능란한 캘리포니아인들은 말 머리를 돌려 바로 무어에게 돌진했다. 그러나 이번에는 창을 들고 있었다. 길이 2.7미터에 창끝은 날카로운 금속으로 된 묵직한 창이었다.

저게 뭐지? 용기병들은 의아해했다. 세르반테스 시대에나 쓰던 시대착오적인 무기를 들고 마치 중세의 운동경기를 펼치는 것 같았다. 제대로 훈련받은 기병들은 처음에는 창을 들고 달려오는 이들을 보고 코웃음을 쳤다.

그러나 순식간에 캘리포니아인들은 무어를 비롯한 몇 사람을 솜씨 좋게 포위했다. "소 떼를 에워싸듯이 둘러쌌다"[51]고 한 역사가는 표현했다. 위험에 처한 것을 깨달은 무어 대위는 바로 피코 대위를 향해 돌격했다. 권총을 쏘았으나 빗나갔고 이어 칼을 빼들었다. 검술이 빼어난 피코는 공격을 막아내고 자기 칼로 무어를 베었다. 그 순간 창을 든 사람 둘이 피코를 거들러 달려왔다. 제각각 무어를 향해 돌진했고 긴 창으로 찔렀다. 대위는 말에서 떨어졌으나 아직 살아 있었고 베이고 뚫린 무수한 상처에서 피가 솟았다. 무어는 아직 칼을 쥐고 있었으나 칼자루만 남기고 부러진 상태였다. 이제 싸울 무기도 없었다. 무어가 무력하게 버드나무 아래 땅에 누워 있는데 또 다른 캘리포니아인이 권총을 들고 달려와 끝을 내버렸다.

다른 용기병들이 달려와 싸움에 뛰어들었다. 축축이 젖은 총이 쓸모없다는 것을 알고 총을 방망이처럼 휘둘렀지만 이런 조야한 무기로는 날렵하게 말을 모는 멕시코인들이나 구시대적 싸움 전술을 당할 수가 없었다. 캘리포니아인들은 창을 기가 막히게 잘 다루어 용기병들을 솜씨 좋게 찌르고 베었다. 우스꽝스러울 정도로 긴 창 때문에 용기병들은 가까이 다가갈 수조차 없었다. 날카로운 창이 살에 깊은 '홈'을 남겼다고 나중에 미국인 의사는 말했다. 용기병 대부분이 여러 군데 창상을 입었다.

피코 부대는 레아타, 즉 가죽 올가미도 능숙하게 다루었다. 아무것도 모르고 있는 용기병을 올가미로 낚아 안장에서 떨어뜨리면 다른 사람이 달려 나와, 말에서 떨어져 가죽끈에 둘둘 말려 있는 미군을 창으로 찔렀다. 올가미 던지기는 캘리포니아인 특유의 기술이라고 한다. 멕시코에는 이런 오래된 말이 있다. "캘리포니아인은 올가미를 발로 던져도 다른 멕시코인이 손으로 던지는 것보다 더 잘 던진다."[52] 한 서부 역사가는 이렇게 썼다. 캘리포니아인에게 "안장은 집이고, 말은 제2의 자아이고, 창과 올가미는 남자다운 운동이다." 이 잿빛 아침 미국인들은 이런 문구에 담긴 진실을 뼈저리게 깨달았다.

전투에 뛰어든 용기병 가운데 톰 해먼드 중위가 있었다. 그는 쓰러진 무어 대위의 처남이었다. 다른 용기병들이 어찌 되었나 궁금해하며 그는 이렇게 외쳤다. "제발 빨리 좀 와!" 그러고는 땅에 엎어진 무어의 시체를 보고 그쪽으로 달려갔다. 그때 창기병이 사각지대에서 튀어나와 옆구리를 창으로 찔렀다. 해먼드는 말에서 떨어졌고 처남 옆에 중상을 입고 누웠다. 몇 시간 뒤 그도 무어를 따라 세상을 떠났다.

그즈음 키트 카슨은 말에서 떨어진 자리에서 달려 나왔다. 죽은 용기병(아마 존스턴이었을 것이다)의 카빈총과 탄약을 집어 들고 주인 없는 말을 잡아타고 전투가 벌어진 곳으로 달려왔다. 용기병들이 뒤얽혀 피 튀기는 전투를 벌이고 있는 골짜기 모퉁이에 다다르자 바로 상황을 파악했다. 그는 말을 타고 캘리포니아인들과 싸워서는 이길 수 없다는 것을 알았다. 캘리포니아인들은 용기병들을 누더기로 만들고 있었다. 싸우고 있는 미군들은 하나같이 죽거나 아니면 중상을 입었다. 칼로는 긴 창을 당할 수 없었고 노새와 지친 말로는 민첩한 멕시코인들의 말을 따라잡을 수가 없었다.

근접전이 무의미하다는 것을 알아차린 카슨은 그다운 행동을 한다. 조용히, 차분히 전장 가장자리에서 말에서 내려 바위 뒤에 몸을 숨겼다. 숨은 자리에서 장총과 탄약통을 점검한 그는 다행히 총이 심하게 젖지는 않았다는 걸 알았다. 조심스레 조준을 하고 한 사람 한 사람씩 사정거리

안에 들어오는 캘리포니아인들을 쏘았다. 정말 카슨다운 행동이었다. 피 튀기는 전장, 전통적인 전투의 이상에서 한 걸음 물러나 가장 효율적인 싸움을 벌일 수 있는 방법을 찾은 것이다.

그때 커니 장군과 에모리 중위가 씩씩거리는 노새를 타고 싸움터에 도착했다. 커니는 바로 전투에 뛰어들었다. 커니는 캘리포니아인들의 기술에 감탄했다. "세상에서 가장 말을 잘 타는 사람들이었다. 하나같이 서커스에 나가도 좋을 정도였다."[53] 커니는 나중에 이렇게 말했다. 커니는 혼란스러운 전장에 뛰어들어 창을 피하고 명령을 내리고 탁월한 검술을 보여주었다. 커니가 싸우는 모습을 본 해병대원 한 사람은 이렇게 말했다. "늙은 장군은 용감하게 수비했고 마치 시계처럼 차분했다."

그러나 결국 창을 맞았다. 캘리포니아인 한 사람과 칼싸움을 하고 있는데 다른 사람이 뒤에서 창으로 찔렀다. 창은 등 아래쪽을 뚫고 엉덩이까지 들어갔다. 또 다른 창이 팔을 베었다. 장군은 노새에서 떨어졌고, 에모리 중위가 돌아서서 상황을 알아차리지 못했다면 그 자리에서 죽었을 것이다. 에모리가 달려와 창으로 공격하는 사람을 칼로 물리쳤다. 장군은 차갑고 젖은 땅 위에 누웠다. 여러 군데 상처에서 피가 철철 흘렀다.

아치볼드 길레스피 대위가 뒤이어 달려와 창기병을 마주했다. "집결! 제발, 집결!"[54] 길레스피가 소리 질렀고 그 순간 창기병이 그의 목 뒤를 베어 말에서 떨어뜨렸다. 다른 창이 또 날아와 윗입술을 찢고 이 하나를 부러뜨렸다. 마침내 세 번째 창이 흉골을 뚫고 폐에 구멍을 냈다.

길레스피는 거칠고 얕은 숨을 쉬면서 그래도 몸을 일으키고서는 겨우 커니가 쓰러져 있는 곳까지 갔다. 그곳에서 더 많은 용기병들이 마침내 도착하여 전열을 정비하고 있었다. 곡사포 한 대에 사격 준비를 마치고 한두 발을 쏘자 적이 전부 후퇴하는 듯이 보였다. 그러나 캘리포니아인들은 물러나기 전에 미군의 두 번째 화포를 빼앗았다. 곡사포를 올가미로 붙들고는 전장에서 멀리 끌고 갔다.

사실 캘리포니아인들은 후퇴한 것이 아니었다. 그들은 주변 언덕에 모여서 달콤한 승리를 음미하며 언제 어떻게 재공격을 할 것인지 숙고했다. 피코 대위는 자기 부대원들에게 크게 만족했다. 나중에 피코는 상부에 샌파스퀄 전투는 전적으로 날붙이 무기에 의해 판가름 났다고 보고했다.[55] 미국인들이 그나마 마음을 달랠 수 있었던 것은 자기들이 전장을 차지하고 있다는 사실이었다. 웨스트포인트의 교과서 몇몇에서는 전장을 차지하는 것을 승리로 정의하기도 했던 것이다.

짧은 소강 동안에 용기병 군의관인 그리핀 박사가 커니 곁으로 달려가 출혈을 멎게 하려 했다. 커니는 그리핀 박사에게 이렇게 말했다. "먼저 가서 더 급한 병사들의 상처를 살피시오. 그러고 나서 나에게 오시오."[56]

장군은 팔꿈치를 딛고 몸을 일으켜 전장을 둘러보았다. 해가 떠오르고 안개가 걷혔다. 사방에 시체가 널려 있었다. 15분 동안의 전투에서 미국인 21명이 죽었고 치명상을 입은 사람도 많았다. 골짜기 여기저기에 피가 흥건히 고여 있었다. 이곳저곳에서 고통의 신음소리가 들렸다.

커니는 안색이 창백했고 출혈이 멈추지 않았다. 그리핀 박사가 다른 환자들을 돌보는 동안 장군은 의식을 잃었다.

*

그날, 1846년 12월 6일 내내 커니 군은 거의 움직이지 않았다. 병력을 수비 대형으로 집결하고 화포를 발사할 준비를 해두었다. 시간이 지날수록 포위된 상태라는 기분이 들었다. 피코의 기병이 사정거리 바로 바깥쪽에 있는 언덕에서 움직이며 재공격할 기회를 엿보는 것이 보였다.

얼어붙을 듯한 긴장감 속에서 그리핀 박사는 상처를 치료하고 죽어가는 사람을 달래기 위해 최선을 다했다. 에모리의 말에 따르면 '뛰어난 기술로 부지런히 움직이는' 그리핀 박사가 커니를 살려낼 수는 있었으나 장군은 피를 너무 많이 흘렸다. 박사는 장군이 죽을지 모른다고 생각했을 정도다. 결정을 내리기 힘들어 커니는 임시로 지휘권을 헨리 터너 대위에게 맡겼다.

당장 시급한 일은 전사자를 처리하는 것이었다. 터너는 시체를 적이 빤히 볼 수 있는 곳에 묻으면 캘리포니아인이나 인디언들이 돌아와 무덤을 훼손할까 걱정했다. 그래서 어두워질 때까지 기다렸다가 죽은 사람들을 함께 몰래 묻기로 했다. 동이 트면 살아남은 사람들은 이곳을 벗어나 어떻게든 꾸역꾸역 샌디에이고로 가야 했다. 다른 길이 없었다.

시간은 흘러갔고 용기병들은 굶주리고 피를 흘리며 사방이 트인 수풀에 적에게 노출된 채로 있었다. 용기병들은 전투 준비를 했다. 탄약을 말리고 무기를 닦고 칼을 갈았다. 그러나 캘리포니아인들은 다시 돌격해오지 않았다.

마침내 해가 졌다. 별빛 아래에서 용기병들은 조용하고 엄숙한 태도로 커다란 버드나무 아래에 구덩이를 파고 전사자를 묻었다. 시체는 모두 20구였고, 어떤 기록에 따르면 적의 시체도 몇 있었다고 한다. 에모리는 "무수히 많은 늑대들이 냄새를 맡고 울부짖었다"고 적었다. 그는 더할 수 없이 울적한 일이었다고 말한다. 그 먼 길을 함께 온 터라 이들은 서로에게 특별한 친밀감을 느꼈다. "고생을 함께한 무리"였으니 "용감한 형제들"이 "함께 영원한 안식을 취하게" 하는 게 지당했다.[57] 용기병은 말을 몰고 무덤으로 가서 흙을 다졌고 커다란 바위를 그 위에 흩어놓았다.

이튿날 아침 커니는 체력을 상당히 회복해 터너 대위에게 맡겼던 지휘권을 되찾았다. 창백하고 쇠약해 보였지만 아무튼 그리핀 박사가 상처를 이어 붙이고 말에 탈 수 있게 해줬다. 장군은 고통스러운 나머지 욕설을 내뱉었다. 엉덩이의 커다란 상처가 당혹스럽기도 하고 무척이나 아팠다. 그래도 진군하겠다는 결심은 흔들리지 않았다. 카슨은 나중에 이렇게 말했다. "커니는 결과가 어찌 되든 간에 진군하기로 결정을 내렸다."[58]

상태가 더 나쁜 환자들은 들것으로 옮기기로 했다. 산사람들의 도움을 받아 썰매 비슷한 것을 급조했다. 버펄로 가죽을 기다란 버드나무 장대 두 개에 팽팽하게 묶고 안장 뒤쪽에 끈으로 연결한 것이었다.

커니가 신호를 하자 군인들은 대규모 행군을 시작했다. 야포가 선두에 가고, 상태가 좋은 말을 탄 소총병은 후방과 측면에 섰다. 짐을 나르는 짐승은 안전하게 가운데에서 움직였다. 부상병들은 썰매의 긴 장대가 땅에 끌리게 만든 조악한 수송 장비에 누워 불편하게 덜컹거리며 끌려갔는데 이들도 행렬 가운데에 있었다. 부상병들에게는 고통스러운 행군이었다. 이리저리 흔들리면서 붕대가 움직이고 상처가 벌어졌다. "수송 장비가 땅에 부딪혀 덜컹거렸다. 부상병들이 느끼는 고통은 매우 처참했다."[59]에 모리는 이렇게 적었다.

이들은 흙먼지투성이의 수풀 속에서 달팽이처럼 느릿느릿 나아갔다. 곧 캘리포니아인들이 뒤를 따라오고 있다는 것을 알아차렸다. 주변 언덕에서 지켜보고 서성거리면서 기습공격을 감행할 순간을 엿보았다. 아니나 다를까, 천천히 조심스럽게 몇 킬로미터 나아갔을 즈음 총알이 날아들었다. 캘리포니아인 몇몇이 가까운 언덕 바위 뒤에 숨어 있었다. 커니는 바로 공격 명령을 내렸다. 에모리 중위가 이끄는 용기병들이 적을 몰아내고 고지를 점령했다. 이 교전에서 캘리포니아인은 다섯 명의 사상자를 냈지만, 에모리가 나중에 이야기한 바에 따르면 "이상한 일이지만 우리는 단 한 사람도 다치지 않았다…… 한순간에 언덕을 차지했다. 우리가 정상에 다다르자 캘리포니아인들은 말을 타고 전속력으로 달아났다."

선인장으로 덮인 언덕 꼭대기에서 (카슨은 그곳을 '바위언덕'에 지나지

262

않는다고 했다) 커니는 상황을 살폈고 더 이상 행군하기는 무리라는 판단을 내렸다. 그리핀 박사는 부상병 상당수가 매우 위험한 상태라 더 이상은 한 발자국도 가면 안 된다고 경고했다. 상처에 붕대를 다시 감을 시간이 필요하다는 것이다. 샌디에이고까지는 50킬로미터밖에 남지 않았지만 이 환자 무리들에게는 너무나 먼 거리였다. 에모리는 "이렇게 많은 부상병을 끌고, 우리보다 수가 두 배나 많고 말 상태도 최상인 적이 기다리고 있는데 사방이 다 트인 곳으로 나아간다는 것은 불가능했다"고 말했다.

그래서 장군은 홀로 우뚝 선 이 누런 바위언덕에서 야영을 하기로 했다. 적어도 이곳에서는 적을 살펴보고 포위당한 상태에서 방어하는 게 가능했다. 미군은 자리를 잡고 포위 공격에 대비했다. 정상 부근에서 몸이 튼튼한 사람들이 서둘러 바위로 방책을 쌓고 작은 돌로 사이를 메웠다(150여 년의 세월이 흘렀지만 급조한 흙벽이 아직도 그 자리에 남아 있다). 해 질 무렵 군인들은 비쩍 마른 노새 가운데 그나마 살집이 있는 것을 골라 도축하고 묽은 고깃국을 끓여 저녁을 먹었다. 그날부터 이 외로운 언덕은 노새 언덕이라는 이름으로 불리게 되었다.

커니는 자기가 심각한 곤경에 처했음을 깨달았다. 샌디에이고까지 가지 못한다면 부하들은 굶어 죽을 것이다. 아니면 싸울 태세도 되어 있지 않은 상황에서 계속 전투를 하다 죽고 말 것이다. 캘리포니아인들이 사방에 모여들고 있었다. 피코 대위가 경멸스러운 미국인들과 싸울 자원병을 더 모집해서 그 수는 한층 더 늘었다. 이제는 미국인들이 손쉬운 먹잇감으로 보였던 것이다. 헨리 터너는 캘리포니아 병력이 "우리의 네 배"에 달한다고 썼고 피코가 "우리가 평원으로 내려가는 순간 덮칠 것"[60]이라고 확신했다. 그는 현재 상태를 고려해볼 때 그렇게 되면 피코가 "이 이야기를 전할 단 한 사람"조차도 남기지 않으리라고 생각했다.

커니는 어떻게 해서든 많은 사상자가 발생한 샌파스퀄 전투 소식을 스톡턴에게 전하고 강화군을 요청해야 했다. 커니는 스톡턴이 미 해군과 해군력을 무게감 있게 옹호하는 사람이지만 육군에 대해서는 불만이 많다는 것을 알았다. 하지만 그러나저러나 스톡턴은 애국자였다. 용기병의 상황이 얼마나 절박한지 안다면 틀림없이 지원군을 보낼 것이다. 장군이 급박하게 호소하면 골 깊은 군부 간의 경쟁심은 사라질 것이라고 커니는 믿었다. 해군이 바로 육군을 구하러 올 것이다.

문제는 그 소식을 어떻게 전하냐는 것이었다. 커니의 야영지를 세 겹의 파수대가 둘러싸고 있었다. 게다가 샌디에이고까지 가는 길도 마찬가지로 멕시코인 감시대가 말을 타고 정찰할 것이다. 에모리의 말에 따르면 "적이 샌디에이고로 가는 모든 길목을 막고 있었다." 무장은 잘되어 있으나 스톡턴 함장의 부하들도 사실상 항구를 등지고 포위된 것이나 다름없었다. "위험한 원정"[61]이 될 것이라고 에모리는 염려했으나 어쨌든 누군가는 몇 겹으로 에워싼 경비를 뚫고 스톡턴에게 가야만 했다.

아마 그 누군가는 카슨일 수밖에 없었을 것이다. 카슨이 지금껏 살아오면서 특히 탁월하게 해낸 일이 바로 이런 종류의 임무였다. 집중적이고 소규모이고 엄청난 결과가 달려 있으며 실수를 용인하지 않고 구조 임무이면서 동시에 급사 임무의 성격을 띤 일이었다(무슨 까닭에서인지 카슨은 정보를 전달하는 것을 특히 좋아했다). 그러니 카슨이 바로 자기가 하겠다고 나선 것도 당연했다. 커니는 처음에는 조금 망설였으나 동의했다. 카슨은 그날, 12월 8일 밤 스물네 살의 해군 중위 에드워드 빌과 체묵타라는 이름만 알려진 젊은 디에게뇨 인디언 안내인과 함께 막사를 떠나기로 했다.

안드레스 피코는 카슨이 캘리포니아에서 한 행적을 알고 있었고 카슨이 커니와 함께 있다는 것도 알았으므로 이 유명한 안내인이 빠져나가려 하리라고 옳게 예측했다. 그래서 부하들에게 경계를 늦추지 말라고 지시했다. "세 에스카파라 엘 로보Se escapara el lobo(늑대가 탈출할 것이다)."[62] 그가 부하들에게 말했다.

어두워졌을 때 카슨과 두 자원자는 바위 사이에 몸을 웅크리고 노새 언덕을 미끄러져 내려가기 시작했다. 비탈은 바위 조각으로 뒤덮여 있어 장화를 신고 가면 돌에 부딪혀 너무 큰 소리가 날 듯했다. 체묵타는 부드러운 모카신을 신고 있어서 괜찮았지만 카슨과 빌은 장화를 벗어 허리띠에 끼웠다. 물통에서도 출렁거리는 소리와 떨그렁거리는 소리가 날까 걱정해서 카슨은 물통도 두고 가자고 했다.

카슨과 빌은 맨발로 무기를 조심스레 들고 최대한 소리 없이 수풀을 미끄러져 내려갔고 첫 번째 파수대를 만났다. 그들은 캘리포니아인들 바로 앞까지 기어갔다. 적의 말이 이들의 냄새를 맡을 수 있을 정도로 가까웠다. 카슨은 별이 빛나는 하늘을 향해 멕시코인들이 치켜든 창의 윤곽을 볼 수 있었다. 들켰다고 생각한 게 몇 번인지 몰랐다. 한 파수병이 말을 타고 미국인들이 엎드려 있는 바위까지 왔다. 그 군인이 말에 앉은 채로 부싯돌을 꺼내 담뱃불을 붙이고 맛을 즐기면서 담배를 피우는 동안 무한의 시간이 흐르는 것 같았다. 그는 마치 미국인들을 놀리기라도 하는 듯 느긋하게 움직였다. 빌은 자기들이 파수병의 말 발 언저리에 숨어 있는 것을 들켰다고 확신했다. 젊은 해군 중위는 완전히 겁에 질렸고 카슨은 나중에 "빌의 심장이 고동치는 소리를 뚜렷이 들을 수 있었다"고 했다.

결국 빌은 긴장 상태를 더 참지 못하고 카슨의 허벅지를 찌르며 귀에 속삭였다. "들켰어요. 뛰어나가 싸웁시다!"

카슨은 그를 안심시키려 했다. "더 위험한 곳에도 있어봤소."[63] 카슨이 속삭였다. 캘리포니아인은 마침내 담뱃불을 끄고는 어둠 속으로 천천히 사라졌다.

카슨 일행은 한숨을 내쉬었다. 그런데 노새 언덕을 기어 내려오는 동안에 빌과 카슨이 장화를 잃어버렸다는 걸 알았다. 장화를 가지러 위험을 무릅쓰고 돌아갈 수는 없었다. 돌아간다고 하더라도 어둠 속에서 장화를 찾을 가능성은 희박했다. 두 사람은 피투성이 맨발에 선인장 가시를 잔뜩 박으면서 어둠 속에서 살금살금 걸었다. 얇은 모카신만 신은 체묵타도 사정은 마찬가지였다.

눈에 띄지 않으려고 골짜기와 건곡을 따라가고 여울을 따라 걸었다. 새벽녘에는 피코 군을 완전히 벗어났다. 늑대가 탈출한 것이다. 오후에는 샌디에이고까지 19킬로미터 남은 지점에 도착했다. 파수병이 많아졌고 읍내로 들어가는 작은 길은 모조리 막혀 있었다. 카슨은 적어도 셋 중 하나는 침투할 수 있도록 세 사람이 각각 다른 길로 가자고 했다. 카슨은 가장 먼 길을 선택했다. 30킬로미터가 넘는 돌아가는 길이었다(전기 작가 에드윈 새빈은 카슨이 "확실한 성공을 위해 가장 먼 우회로를 택했다"고 했다). 카슨, 빌, 체묵타는 작별인사를 하고 같은 목표 지점을 향해 각기 다른 방향으로 떠났다.

열두 시간 뒤인 새벽 3시경 키트 카슨이 태평양에 있는 스톡턴의 막사에 들어섰다. 그는 거의 서른 시간 동안 먹지도 마시지도 못했다. 발은 퉁퉁 부어 단단해져 있었고 상처가 하도 많아 그 뒤로 일주일 동안 걷지도 못했다.

놀랍기도 하고 다행스럽기도 한 일은 짧은 길을 택한 빌과 체묵타가 몇 시간 전에 벌써 막사에 도착했다는 사실이었다. 스톡턴은 이미 200명 가까이 되는 무장 구원병을 파견했다. 빌은 "초주검이 되고 정신이 이상해져서" 본부로 이송되었다고 했다. 스톡턴을 만난 뒤 빌은 콩그레스호로 보내졌다가 바로 진료소로 옮겨졌다.

해군 중위 빌은 그곳 진료소에서 한 달 동안을 더 앓았고 완전히 회복하기까지 1년 넘게 걸렸다. 역사가 스탠리 베스털은 빌이 "완전히 소진되어 몇 분 동안 제정신을 잃고 까무러치곤 했다"고 썼다. 빌은 온 세상이 선인장으로 뒤덮인 것 같은 기분이었다. 빌을 만나본 뒤 카슨은 이렇게 말했다. "살아날 것 같지가 않았다." 체묵타도 이 여행으로 완전히 기진했고 어떤 기록에 따르면 곧 사망했다고 한다.

카슨은 맨발 모험으로 더욱 전국적인 유명세를 떨치게 되고 워싱턴에서도 엄청난 칭찬을 들었다. 역사가 버나드 드보토는 카슨이 샌디에이고까지 "한밤에 기어간 것"을 "최정상의 산사람의 모험 가운데서도 최고"[64]로 쳤다. 카슨에게는 무언가 신비로운 면이 있었다. 어둠 속에서 튀어나와 역사의 주요 장면에 자기의 이름을 새겨 넣는 재주가. 프리몬트가 과장한 것만은 아닐 것이다. 카슨은 정말 중요한 순간에 자기를 드러내는 독특한 면모를 가졌던 것이다. 원정이 위험에, 정말 심각한 위험에 처했을 때면 언제나 카슨이 나타나 구해주었다.

카슨이 샌디에이고에 도착한 뒤 커니 군은 카슨을 말 그대로 신격화했다. 젊은 상사 한 사람은 코네티컷 하트포드에 있는 부모에게 이런 편지를 썼다. "키트 카슨 같은 사람은 이 세상에 없을 겁니다. 그에 관해서 사람들이 하는 말은 모두 사실이고, 아니 그 이상입니다. 사자처럼 겁이 없고 퓨마처럼 소리 없이 움직이고 황소처럼 힘이 셉니다. 카슨이라면 멕시코인으로 가득한 요새를 혼자 공격해서 모두 몰아낼 수도 있으리라고 생각해요."[65]

카슨 자신은 별 느낌이 없는 듯했다. 자서전에는 샌파스퀄에서 있었던 모험 전체를 간략하게 몇 줄로 남겼다. "마침내 다다랐다. 그러나 운 나쁘게도 신발을 잃어버렸다. 선인장과 바위로 뒤덮인 땅을 맨발로 걸어야 했다. 이튿날 밤 샌디에이고에 도착했다."[66]

*

카슨이 샌디에이고로 가는 동안 커니와 병사들은 노새 언덕에서 기다리며 이틀 밤낮을 비참하게 보냈다. 땔감이라고는 산쑥밖에 없었고 마실 물이라곤 모래를 깊이 파서 나온 갈색 흙탕물이 진부였다. 맛이 이상했지만 그래도 물기가 있긴 했다. 계속 노새를 잡아 주린 배를 채워야 했다.

빠르게 수가 줄어드는 짐승들도 먹여야 했지만 그러다가 빼앗길 위험이 있었다. 언덕에서 내려가 풀을 뜯게 하지 않으면 굶어 죽을 게 뻔했지만, 풀을 뜯어 먹게 내보내면 말을 탄 캘리포니아인들이 당장 덮쳐 훔쳐갈 것이다. 적이 계속 주변에서 맴돌며 괴롭히고 있고 거친 말을 언덕 위로 몰고 가 말들이 놀라 뿔뿔이 달아나게 만들려고 했다. 피코는 미국인 장군의 신경을 건드리고 굶주리게 하여 무너뜨리려는 작전을 썼다. 그 계획이 제대로 진행되어가는 듯했다.

보잘것없는 식사에도 불구하고 용기병 상당수는 차츰 체력을 회복했고 상처도 아물어갔다. 그리핀 박사는 커니에게 환자 대부분이 말에 앉을 수 있을 것이라고 했다. 이제 덜컹거리는 썰매 구급 장비를 쓰지 않아도 되는 것이다. 그러나 몇몇 환자들은 창에 찔린 깊은 상처에 괴저나 심한 감염이 일어났다.

그들 가운데 로비도라는 프랑스인 덫 사냥꾼이 피를 많이 흘려 죽음의 문턱을 넘나들고 있었다. 사람들은 그가 딱하게도 거의 희망이 없다고 치부했다. 그는 죽음의 고통 속에서 계속 환각을 일으켰고 커피 냄새가 난다고 말했다. 커피는 커니 부대에서 누구도 몇 달 동안 본 적도 맛본 적도 없는 사치품이었다. "냄새 안 나?" 로비도가 간청을 했다. "한 모금만 마시면 소원이 없을 것 같아!"

산사람들, 특히 프랑스 사람이 고질적인 커피 중독자라는 것은 누구나 아는 사실이었다. 그래서 에모리 중위는 죽음을 코앞에 둔 이 사람이 세상을 뜨기 전에 마지막으로 프랑스인다운 향수에 빠졌다고 생각했다. "꿈속에서 세인트루이스나 뉴올리언스의 카페로 떠난 것 같았다." 에모리가 말했다.

그러나 잠시 뒤 에모리는 놀랍게도 로비도가 옳았다는 것을 알았다. 야영지 한쪽에서 요리사가 산쑥으로 불을 피우며 정말로 커피 한 잔을 데우고 있었던 것이다. 에모리는 요리사에게 가서 그걸 죽어가는 프랑스인에게 주자고 설득했다. 에모리는 이렇게 말했다. "내 평생 (아마 요리사도 마찬가지일 것이다) 한 일 가운데 가장 친절한 행동은 이 소중한 커피 한 모금을 죽어가는 로비도의 몸에 부어준 것이리라. 그의 몸에 온기가 돌아왔고 살아나리란 희망도 돌아왔다."[67] 로비도는 곧 회복했고 그 뒤로 죽는 날까지 자기는 커피 덕에 살아났다고 말했다.

12월 10일 밤, 커니는 다음 날 아침 일찍 이곳을 떠나 샌디에이고로 가는 것 말고 다른 도리가 없다는 결정을 내렸다. 카슨과 빌에 대한 기대를 버린 것이다. 아마도 이들은 스톡턴에게 가지 못했을 것이고 지원 병력도 오지 않으리라고 생각했다. 커니는 부하들에게 동이 트자마자 최후의 필사적인 행군을 시작할 준비를 하라고 일렀다. 꼭 필요하지 않은 물건은 모두 태우거나 부수라고 명령했다. 두 가지 이유가 있었다. 짐을 줄여 가볍게 여행하기 위해서이고, 또 적의 손에 들어가는 것을 막기 위해서였다. 그날 밤 군인들이 소지품을 불에 집어던지자 불길이 타닥거리며 타올라 언덕이 불빛 속에서 흔들렸다.

자정에서 몇 시간 지났을 때 파수병이 뭔가 끔찍한 소리를 들었다. 군대가 다가오는 소리가 무시무시하게 울렸던 것이다. "누구요?" 파수병은 불안에 떨며 어둠 속을 향해 외쳤다. 어둠 속에서 엄청난 모습이 드러났다. 거의 200명가량 되는 군대가 밀집 대형으로 노새 언덕으로 다가오고 있었다. 커니의 병사들 몇몇은 비몽사몽간에 잠자리에서 몸을 일으켰다. 골짜기 쪽에서 영어로 말하는 소리가 들린 것 같았다.

"누구요?" 파수병이 다시 물었다.

"사격 중지!" 아래쪽에서 대답이 울렸다. "미군이요!"

막사에 환호성이 울려 퍼졌다. 결국 소식이 전해진 것이다. 스톡턴이 지원군을 보냈다! 해군 120명과 해병대 80명이 담배와 건빵을 가지고 야영지로 들어왔다. "씩씩한 군인들이었다. 헐벗고 굶주린 우리에게 식량과 의복을 나누어주었다." 군인들이 환성을 지르며 즐거워할 때 멕시코인의 머스킷 총알 하나가 막사로 날아들었으나 아무런 피해도 입히지 못했다. 커니의 전기 작가 드와이트 클라크는 그것을 마침내 "먹잇감을 빼앗긴 적이 실망하여 마지막으로 날린 침통한 한 발이었다"[68]고 했다.

아침이 되자 적이 완전히 사라졌다. 피코는 미국인들이 갑자기 도착한 것에 놀랐고 새로 연합한 육군, 해군, 해병대 병력에 겁을 먹었다. 모두 합해 300명이 넘었던 것이다. 이렇게 해서 포위가 풀렸다.

새로 힘을 얻은 미군은 다음 날 샌디에이고를 향해 출발했고 아무런 공격도 받지 않았다. 12월 12일 오후, 후드득 쏟아지는 차가운 빗속에서 샌디에이고에 도착했다. 그때 커니는 몰랐으나 그의 전쟁은 거의 끝난 셈이었다. 로스앤젤레스가 다시 미국 손에 들어올 때까지 몇 차례 작은 전투를 벌여야 했지만 샌파스퀄 전투 같은 시련은 다시는 없었다. 캘리포니아의 재정복은 거의 끝난 셈이었다.

서부군은 최대한 멀리 왔다. 그 이름이 가리키는 방향, 서쪽 끝까지 온 것이다. 캔자스의 레븐워스 요새에서부터 3,200킬로미터, 대륙의 끝까지 가는 모진 여정이었다. 미국 역사상 이에 견줄 만한 행군은 없었다.

군인들은 초목이 무성한 절벽을 마주했고 그 꼭대기로 올라갔다. 그리고 그곳에서 한참 동안 갈조류가 널린 낯선 바다 해안을 바라보며 서 있었다. 에모리는 이렇게 썼다. "태평양이 처음으로 우리 눈앞에 펼쳐졌다. 그 광경에 이상하고도 뭉클한 감정이 솟았다. 한 번도 바다를 본 적이 없는 사람 하나는 두 팔을 벌리고 이렇게 외쳤다. '세상에! 나무 한 그루 없는 엄청난 평원이야!'"[69]

커니 장군은 태평양을 복잡한 감정으로 바라본 듯하다. 아내 메리에게 이런 편지를 보냈다. "잘 지내고 나 대신 사랑하는 우리 아이들에게 입 맞춰주오. 눈앞에 대양이 펼쳐져 있고 밀려오는 파도 소리는 우르릉거리는 천둥소리 같소."[70]

28. 타오스 푸에블로의 최후

커니 장군이 캘리포니아 해안에 도착하고 한 달 뒤 뉴멕시코 총독 찰스 벤트는 울퉁불퉁하게 얼어붙은 길을 따라 북쪽에 있는 타오스로 갔다. 잿빛 하늘 아래 노새들은 샌타페이 외곽 가파른 언덕을 힘겹게 올라갔고 바람에 날려 온 눈이 덮인 마른 골짜기에 들어섰다. 노새들은 건조한 사막 지역의 추위 속에서 씩씩거렸고 콧구멍에서는 하얀 콧김이 두 줄기 뿜어 나왔다. 스산하고 바람이 거센 날이었다. 총독이 산타크루스데라카냐다, 치마요, 트람파스 등 샌타페이 북쪽에 있는 작은 마을들을 지나가는 동안 지역 주민들은 그를 보고 얼굴을 찌푸렸다. 오른쪽으로, 겨울 안개 속에서 1,500미터 높이로 우뚝 솟은 트루차스 산의 뾰족한 세 봉우리가 보였다. 들쭉날쭉한 산등성이가 성난 개처럼 날카로운 이빨을 드러냈다.

찰스 벤트는 신중하고 단호한 사람으로 둥근 얼굴에 상인다운 세심한 눈을 가지고 있었다. 키가 작고 땅딸막하고 질긴 사람으로, 나이는 마흔일곱이었고 벗어진 머리가 벌써 잿빛으로 세었다. 벤트한테는 늘 타오스에서 처리해야 할 일이 있었지만 오늘 타오스로 가는 것은 개인적인 용무 때문이었다. 아내 이냐시아와 세 아이들이 보고 싶었던 것이다. 평원 가장자리에서 자기 이름을 단 거대한 진흙 교역소가 아직 성업 중이었지만 그곳에는 거의 가지 않았다. 자기 친구이자 동서인 키트 카슨처럼 벤트에게도 집은 늘 샌타페이에서 110킬로미터 북쪽에 있는 타오스의 산마을이었다. 남편이 총독이 된 뒤로 이냐시아는 샌타페이에는 좀처럼 가지 않았다. 타오스 광장에서 조금 떨어진 곳에 있는 어도비 집에서 집안일을 돌보는 데만도 바빴던 것이다. 이냐시아의 집은 카슨의 집과 엎어지면 코 닿을 거리에 있었다. 이냐시아의 집에는 늘 친척이 바글거렸고 맛있는 멕시코 음식 냄새가 진동했다. 이제 한겨울이니 총독도 집에 가고 싶었다.

벤트 총독과 함께 타오스 관리 몇몇도 길을 떠났다. 보안관 스티브 리, 순회 변호사 제임스 화이트 릴, 이냐시아의 삼촌이자 타오스 관리인 코르네요 비힐이 있었다. 공식 업무 때문에 샌타페이에 머무르다가 총독과 함께 북쪽으로 가기로 한 것이다. 또 일행 가운데 이냐시아의 남동생 파블로 하라미요도 있었고 방금 세인트루이스의 기숙학교에서 돌아온 미국 판사의 아들 나르시조 뷰빈이라는 젊은이도 있었다. 둘은 친구 사이였다.

1847년 1월 14일이었다. 미국이 샌타페이를 점령한 지 넉 달이 넘었다. 그러나 벤트는 미국의 장악력이 매우 약하다는 걸 알았다. 마시 요새의 허약한 수비대는 젊고 미숙했으며 미주리 자원병 부대는 권태에 찌들어 군기가 하나도 잡혀 있지 않았다. 커니와 도니편이 가고 난 뒤 지휘권은 멋진 구레나룻을 기른 법률가이자 정치가 스털링 프라이스 대령에게 주어졌다. 준엄한 미주리 사람으로 무능하지는 않았지만 너무 자신감이 넘쳐 사태를 제대로 파악하지 못하는 것이 탈이었다. 사실 이 지역에는 미국인에 대한 증오심이 들끓었다. 벤트는 원한이 점점 짙어가는 것을 피부로 느낄 수 있었다. 지역 주민들의 거짓 웃음과 흘겨보는 눈빛을 감지할 수 있었다. 멕시코인들은 처음에는 싸우지 못하고 무릎 꿇었지만 점령당한 민족이 정복군에게 그렇듯이 미국인들을 경멸했다. 가슴속에 묻어두었던 속마음이 이제 겉으로 드러나고 있었다.

이들의 저항감을 부추기는 것은 인종적 불신, 종교적 열정, 여전히 사랑하는 모국을 지키고 싶은 열망이었다. 비록 멀고 먼 멕시코시티의 정부는 부패하고 무심하고 이들을 별로 사랑해주지도 않았지만 말이다. 리오그란데를 따라 이곳저곳에서 신부들이 저항의 불씨를 지폈다. 미국인들이 가톨릭을 불법화하려 한다고 신부들은 경고했다. 에스파냐어 사용도 금지할 것이고 성인 축일과 종교 축제도 폐지하고 오래된 관습도 모두 버릴 것이라 했다. 신부들이 하는 말은 새빨간 거짓에 가까웠지만 이들이 위협감을 느끼는 데에는 그럴 만한 이유가 있었다. 커니 법령에 따라 미국인들은 벌써 급진적인 개념을 도입한 것이다. 교회와 정치의 분리라든가 신부들이 전혀 개입할 수 없는 배심원 재판제도 같은 것이 그랬다. 그 이상이라고 하지 못할 이유가 뭐가 있겠는가? 미국인들은 세속적인 공화국의 차가운 대리석 전당에서 나온 무신론적 사고를 가지고 있다. 신부들은 자기들이 오랜 세월 동안 이끌어온 고립된 가톨릭 세계를 워싱턴에서 개혁하려 한다는 것을 알았다. 이런 개혁은 신부들의 권력을 지속적으로 침해할 것이 뻔했다.

뿐만 아니라 미국인들은 오만했다. 대놓고 멕시코인들을 '그리서(기름 바르는 사람)'라고 불렀고 그러면서 히스패닉 여자들과 자유롭게 어울렸다. 미국인들은 성병도 가져왔다. 흥청망청하고 싸움질을 해댔으며 에스파냐어를 엉망으로 쓰고 돼지처럼 처먹었다. 가족이나 가정에 대한 의무라는 개념이 전혀 없는 듯했다. 날파리처럼 뿌리 없이 돌아다니며 항상 나서려고 했다. 마을 가장자리에 있는 막사는 타락의 온상 같았다. 미국인 막사에서 번진 것으로 생각되는 홍역이 멕시코 사람들과 인디언들을 덮쳐 수천 명이 병에 걸렸고, 수백 명이 목숨을 잃었다. 대부분은 어린아이들이었다. 샌타페이에서는 어린아이의 장례식이 열리지 않는 날이 하루도 없었다.[71] 죽은 아이를 꽃을 뿌린 들것에 얹어 다른 아이 넷이 어깨에 지고 거리를 지나갔고 어른들은 슬퍼하며 브랜디를 마시고 구슬픈 노래를 부르며 뒤를 따랐다.

한 주가 멀다 하고 사고가 터졌다. 미국인들이 오래 머무르면 머무를 수록 사람들은 점점 그들을 증오하게 되었다. 정복당했다는 사실뿐 아니라, 모든 면에서 자기들이 더 우월하다고 생각하는 무례한 외국인들에게 수많은 모욕과 굴욕을 당했기 때문이었다.

그러니 몇 주 전에 벤트 총독이 대대적인 반란 계획을 적발한 것도 충분히 예상할 만한 일이었다. 주모자는 토마스 오르티스, 아우구스틴 두란, 여전히 긍지를 버리지 않은 디에고 아르출레타였다. 아르출레타의 불만은 커니 장군에게 뉴멕시코의 리오그란데 서쪽의 통치권을 주겠다는 약속을 받았을 때로 거슬러 올라간다. 커니는 그 약속을 다급하게 제안해놓고는 바로 입 씻고 잊어버렸던 것이다. 반란 계획은 멕시코인 전체가 크리스마스 이튿날 봉기해 그 지역에 있는 미국인을 모두 죽이라는 것이었다. 반란은 자정 교회 종이 울릴 때 시작하기로 했다. 벤트 총독과 프라이스 대령을 암살하고 광장의 화포를 강탈하고 마시 요새의 수비대를 공격하는 것이었다. 이 피비린내 나는 계획은 실행 직전에 수포로 돌아갔다. 샌타페이에서 술집을 운영하는 미국 충성파 마담 라 툴레스가 반란 소식을 거사 며칠 전에 미국 고위인사들에게 흘렸다. 미국인들은 곧 반란 주도자 일곱 명을 체포했지만 세 명은 남쪽으로 탈출했다. 그 가운데 한 사람은 하녀로 변장해서 몸을 피했다. 벤트 총독과 프라이스 대령은 전 지역에 계엄령을 선포했다. 미군 병사들은 순찰을 두 배로 강화하고 위풍당당한 대포를 도시 흉벽을 따라 죽 전략적 요충지에 배치했다. 프라이스는 상부에 낙관적으로 보고했다. "반란은 진압된 것으로 보입니다."

그러나 벤트는 확신할 수 없었다. 그는 몇 주 전에 뉴멕시코 사람들에게 "거짓 선동에 귀 기울이지 말고 조용히 일상 업무에 종사하라. 그러면 평화를 누릴 수 있을 것이다"라고 경고하는 선언문을 발표했다. 벤트는 역도들의 "반란이 제때 발각되어 불붙기 전에 꺼뜨릴 수 있었던 것"에 만족하는 듯했다. 총독은 히스패닉 사람들 사이에서 자기 입지는 탄탄하다고 여기고 군대 호위 없이도 안전하게 여행할 수 있다고 생각했다(샌타페이에서 그를 보좌하는 사람들은 이런 여행이 무척 위험하다고 생각했지만). 그는 1832년부터 타오스에서 살아왔고 그곳에서 사업도 했으며, 걸출한 집안인 하라미요 가문과 결혼으로 맺어져 그 마을 사람들 전부를 알고 지냈다. 상인, 사업가, 정치가 등 여러 역할을 했지만 그 밖에도 오래전부터 타오스에서 일종의 약사 역할을 해왔다. 의학 지식은 전혀 없었지만 병을 진단하고 치료하는 재주가 있었다. 그는 자기 가게를 통해 타오스의 가난한 사람들에게, 히스패닉이든 인디언이든 가리지 않고 약, 물약, 약초 따위를 나누어주었다. 대개는 돈도 받지 않았다. 그랬으니 벤트가 호위 없이 여행한 것은 분별이 없는 사람이어서가 아니라 실제로 위험이 닥치리라고는 생각하지 않았기 때문이다.

그러나 벤트 총독은 전반적으로 멕시코인들이 미국인들에게 '지속적인 적대감'을 느낀다는 것을 알고 있었다. 뉴멕시코의 가톨릭 신부들이 미국의 지배를 싫어하며 신자들 사이에서 불씨를 일으킬 힘을 지니고 있다는 것도 알았다. 타오스에는 특히 영향력 있는 신부가 있었는데, 박식하고 권모술수에 능한 사람이었다.[72] 안토니오 마르티네스 신부인데 여러 가지 업적이 있지만 『엘 크레푸스쿨로 데 라 리베르타드*El Crepusculo de la Libertad*』('자유의 여명'이라는 뜻)라는 에스파냐어로 된 인쇄물을 출간하기도 했다. 미시시피 서쪽에서 발간된 최초의 신문이다.

'타오스의 잿빛 예하閣下'라고 불릴 정도로 뉴멕시코 북부의 교회나 정치 문제에서 마르티네스 신부의 영향력은 막대했다. 그는 찰스 벤트를 극도로 싫어했다. 이들 사이의 적개심은 오래전에 시작되었다. 아마도 벤트가 미국 시민권을 버리지도 가톨릭으로 개종하지도 않은 채 이냐시아와 결혼한 일과 관련이 있을 것이다. 키트 카슨은 가톨릭으로 개종하고 마르티네스의 교회에 들어감으로써 적절한 경의를 표했던 것이다. 마르티네스는 카슨과 호세파의 결혼 주례를 했고 부부에게 축복을 내려주었다. 그러나 찰스 벤트는 교회의 의례 절차를 무시하고 법률에 따라 결혼했을 뿐 교회에서 의식을 치르지 않았다. 벤트의 자식들은 교회의 입장에서 보면 '자연'의 자식들이다. 다시 말해 사생아인 것이다.

마르티네스는 그것 말고도 총독에게 해묵은 불만이 여럿 있었다. 한 예로 마르티네스는 벤트를 비롯한 미국인들이 뉴멕시코 북동부의 광활한 원시 그대로의 황야를 차지하려는 은밀한 계획을 꾸미고 있다고 믿었다. 그 땅은 오래전에 불하한 것으로 되어 있지만 마르티네스가 생각하기에 그 불하는 역사적 근거가 희박했다. 신부는 벤트가 뉴멕시코의 전통에는 아무런 관심도 없고 손쉽게 돈 벌 기회만 노리는 기회주의자에 불과하다고 보았다(실제로 벤트는 어떤 편지에 멕시코인들이 "어리석고 고집스럽고 무지하고 실속이 없다"고 쓴 적이 있다). 신부는 오래전부터 벤트 교역소와 그곳과 관련된 상업망을 타락을 조장하는 세속적인 힘이라고 보았다. 벤트는 위스키, 장신구, 멕시코 영토에서 불법으로 잡은 짐승 가죽 등을 파는 잘나가는 미주리 상인이니만큼, 커니가 뉴멕시코에 들어오기 한참 전부터 있어온 미국의 해로운 영향을 대표하는 사람으로 여겨졌다. 뿐만 아니라 마르티네스는 벤트가 여러 인디언 부족에게 총기를 판다고 생각했다. 인디언들이 그 무기를 가지고 에스파냐인 정착지를 공격한다는 것이다.

벤트는 또 벤트대로 마르티네스가 부패하고 독단적인 사람이자 술주정꾼이라고 생각했다. 벤트는 신부를 두고 이렇게 표현하기도 했다. "그 사람은 다른 어떤 신보다도 주신酒神 바쿠스를 열렬히 숭배한다고 생각합니다."

벤트가 신경 써야 할 적은 마르티네스 같은 성직자들만이 아니었다. 남부에는 리오그란데 유역의 거대 농장을 지배하는 영향력 있는 지주들이 많았다. 이 사람들은 무수히 많은 인디언 일꾼을 거느렸고 잔잔한 강이 물길을 따라 들판에 물을 공급해주는 덕분에 대체적으로 여유롭게 살 수 있었다. 리오 아바호(강 하류)의 지주들은 뉴멕시코의 다른 사람들에 비해 부유했고 미국인들의 침범으로 자기네들의 귀족적인 삶이 무너질까 두려워했다.

잠재적인 불만 요소가 이렇게 많으니 벤트가 뉴멕시코 지역의 미래를 불안하게 생각하는 것도 그럴 만했다. 히드라처럼 잘려나간 목에서 새로운 반란이 쉽게 자라날 것이라고 염려했다. 벤트는 크리스마스 날 프라이스 대령에게 이런 편지를 보냈다. "주동자들은 최후의 필사적인 투쟁을 벌이기 전에는 이 땅을 떠나지 않을 것입니다."

*

타오스로 가는 길에 생각에 잠길 시간이 있었다면 벤트 총독은 자기가 왜 대체 이런 보람 없는 직책을 받아들였는가 하는 생각을 했으리라. 샌타페이 총독궁에 들어앉아 넉 달 동안 힘들게 일했다. 왜 온갖 문제에 더해 가난의 짐까지 지고 있는, 폭발 직전인 새로운 미국 영토에서 복잡하게 얽힌 문제들을 두고 끙끙댔는지. 벤트는 자연 그대로의 아름다움을 지녔고 광활하게 트여 있는 뉴멕시코를 사랑했지만, 사랑하는 것과 무지몽매한 사람들로 가득한 벽지를 다스리는 것은 또 다른 일이었다. 이 지역은 갈등의 도가니였고, 풍부하고 오래된 문화를 가지고 있었으나 워낙 곤궁해서 더 이상 발전하지 못했다. 뉴멕시코 사람들은 거의 다 문맹이었고 이들을 움직이는 강력한 종교적 열정은 뜻대로 다루기는커녕 헤아리기조차 어려웠다.

뉴멕시코는 오랫동안 고립되어 있어 예스러운 전통과 이미 사용되지 않는 에스파냐어, 또 히스테리적인 에스파냐 종교재판 시대로부터 이어져 온, 정통이라고 하기 어려운 과격한 가톨릭 신앙이 보존되어 있었다. 게다가 뉴멕시코 이곳저곳에 이상한 전통을 이어가는 부족들이 퍼져 있었다. 이들은 초 아홉 개를 꽂을 수 있는 촛대에 불을 밝히고 히브리어로 시를 노래하고 돼지고기는 먹지 않았다. "지하의 유대인"[73]이라고 불리는 에스파냐 유대인의 후손으로, 종교재판 때 반유대주의 박해를 피하기 위해 1600년대에 멕시코로 건너온 사람들이다. 그들은 이곳에서도 가장 고립되고 가장 관대할 것 같은 지역에 와서 퍼져 살았다. 문화적 기억을 고집스레 고수하며 왜 그래야 하는지도 모른 채 반쯤 비밀스럽게 유대 관습을 지켜왔다.

북부의 외딴 시골에는 스스로를 '참회자'라고 부르는 채찍질 고행파가 비밀스러운 사회를 이루고 있었다.[74] 독실한 신자들은 야외에서 엄숙한 수난극 행렬을 벌이며 온통 피투성이가 될 때까지 스스로에게 채찍질을 했다. 심지어는 나무 십자가를 세우고 그리스도 수난의 진정한 의미를 알고자 하는 형제들을 십자가에 못 박기도 했다(몇몇 참회자들은 십자가에서 죽으면 천국에 갈 수 있다고 믿었다). 미국이 이 지역을 점령한 뒤에 채찍질을 하는 등 의식의 강도가 더 심해졌다고 한다. 최후의 심판이 머지않았다고 생각했기 때문이거나, 아니면 적어도 자기들의 종교가 위협받는다고 생각했던 것 같다.

세속적인 오락거리는 별로 없었다. 이 끔찍할 정도로 따분한 지역의 오락은 경마와 카드 게임, 판당고가 대부분이었고, 그것들을 빼면 주로 닭과 연관이 있는 것들이 많았다. 닭싸움도 있었지만 더 인기 있는 것은 엘 갈로라는 것으로, 살아 있는 수탉을 바닥이 단단하게 다져진 공터에 목만

나오도록 파묻고 시작하는 오래되고 잔혹한 스포츠였다.[75] 말을 탄 사람들이 차례대로 말을 타고 달리며 한 번에 날렵하게 닭머리의 턱 볏을 잡아당겨 닭을 낚아채려 한다. 닭을 낚아채고 나면 마지막으로 난투가 벌어진다. 말을 탄 사람들이 축구하듯 서로 닭을 차지하려고 싸우고 광란 속에서 닭은 갈가리 찢어지고 만다.

　뉴멕시코 관리들은 오래전에 이런 처량한 운명을 받아들였고 복지부동하며 거의 아무 일도 하지 않았다. 그러니 벤트 총독도 포기하지 않을 수 없었다. 총독으로 임명된 날 벤트는 국무장관 뷰캐넌에게 딱한 사정을 설명하는 긴 편지를 썼다. 전 지역이 "빈곤하고 개발이 되지 않았으며" 교육이 "터무니없이 경시"된다고 했다. 벤트는 "거칠고 무지한 사람들이 미국의 시민이 되게 생겼다"고 경고했다. 정기 우편 업무도 없고, 법률서도 문방구도 없으며, 행정 업무를 도울 통역관도 충분하지 않았다. 법률 체계를 보면 헛웃음밖에 나오지 않고 판사들은 무능하기 그지없었다. 육군 중위 한 사람은 집으로 보낸 편지에서 원시적인 법체계를 이렇게 표현했다. "뉴멕시코 고등법원의 판사 전부가 가진 법률 지식을 다 합해도 세인트루이스의 치안판사 한 사람의 지식에도 못 미칠 겁니다."

　미국인들이 왔다고 해서 달라진 것은 없었다. 샌타페이는 언제나 관심 밖에 있었다. 세상 소식이나 새로운 발명의 혜택을 가장 늦게 받는 곳이었다. 에스파냐 제국의 잊힌 끄트머리였고 이제는 팽창주의를 추구하는 미국의 전초지에 불과했다. 멀리 남쪽에서는 멕시코의 용설란 수풀 속에서 전쟁이 한창이었고 미국인들은 멕시코시티라는 진짜 목표를 향해 다가가고 있었다. 서쪽 캘리포니아에서는 커니와 용기병들이 미국을 대륙 전체에 뻗은 나라로 만들어 태평양에 면한 항구를 갖겠다는 포크 대통령의 야심을 현실로 만들고 있었다. 그러나 샌타페이는 버림받은 과거와 다를 바 없이 다시 잊혔다. 샌타페이는 침략당했지만 정복당하지는 않았다. 남아 있는 벤트의 정부는 부족한 것이 너무나 많아 절절매고 있었다. 돈도 없고 군대도 제대로 없고 정보도 부족했다. 새로 합병되었으나 미국의 심장부에서 전해져오는 맥은 희미하기 그지없었다.

게다가 인디언들이 있었다. 미국은 인디언들의 습격을 저지하겠다는 약속을 전혀 지키지 못했다. 사방에 위험이 도사리고 있었다. 서쪽에 도사린 나바호들은 커니 장군과 도니펀 대령이 뉴멕시코를 떠난 뒤 더욱 대담해져 오히려 습격의 강도를 높였다. 남쪽의 아파치, 북쪽의 카이오와와 유트, 모두 미국인들의 의지를 시험하는 듯했다. 동쪽에서 코만치는 대놓고 전쟁을 선포했고 미주리에서 오는 짐마차 행렬이 샌타페이 통로에서 줄곧 습격당했다. 코만치는 자기 부족 사이에 만연한 천연두를 비롯해 온갖 전염병이 미국인들에게서 비롯되었다고 믿었고 그렇게 믿을 만한 충분한 근거도 있었다. 한 역사가가 말한 대로 코만치는 미군들이 "코만치 아이들에게 악의 기운을 불어넣었다"[76]고 비난했고 "그래서 복수에 나섰다."

정부를 괴롭히지 않는 유일한 인디언은 푸에블로 인디언들뿐이었다. 속을 잘 알 수 없는 사람들이긴 했지만 유순하고 대체적으로 평화로운 사람들이라고 정평이 나 있었다. 리오그란데를 따라 진흙으로 만든 공동주택에 모여 살았고 둔감한 농사꾼이었다. 옥수수, 키바에서 거행하는 의식, 복잡한 춤을 사랑했으며 간섭받지 않고 살기를 바랐다. 기독교도라서 이들은 백인들이 보기에 좀 더 이해하기 쉽고 덜 낯설게 여겨졌을 것이다. 물론 그들은 자기네 종교를 버리지 않고 대신 새로운 종교와 옛 종교를 결합하는 현명한 길을 찾았다. 금욕적인 문화를 가지고 있어 온화하고 변화에 둔감해 보였다. 1680년에 푸에블로들은 에스파냐에 대항해 반란을 일으켜 성공했다. 혈투를 벌여 뉴멕시코에서 압제자를 몰아낸 것이다. 그러나 12년 뒤 다시 돌아온 에스파냐인들은 푸에블로 인디언들을 절대적으로 지배했다. 벤트는 적어도 푸에블로 인디언들만은 미국의 새로운 통치에 순응할 것이라고 믿었다. 서부군 장교들은 푸에블로 인디언 부족 가운데에서도 타오스 인디언들이 미국인을 가장 좋게 받아들인다고 생각했다. 에모리 중위는 타오스 사람은 "워낙 정성스럽게 인사를 하기 때문에 한눈에 알아볼 수 있다. 그 사람들이 가장 미국에 호감을 갖고 있다…… 금세 친구가 되었고 앞으로도 영원히 그럴 것이다"라고 썼다.

*

그러니 벤트 총독은 적대적인 타오스 푸에블로 인디언 무리와 마주쳤을 때 무척 놀라기도 하고 두렵기도 했을 것이다.[77] 힘든 겨울 여행이 닷새째에 접어들던 날, 산쑥으로 덮인 언덕 꼭대기에 올라 타오스의 고향으로 내려가던 길이었다. 인디언들은 위스키에 취해 흥분하여 소란을 피우며 총독을 에워싸고는 타오스 감옥에 갇힌 푸에블로 인디언 친구들을 풀어주라고 요구했다. 자기 동료들이 부당하게 절도 혐의로 체포당했다는 것이었다.

벤트 총독은 그 일은 자기 소관이 아니라며 거절했다. 법 절차가 총독의 권력보다 우선한다고 벤트는 설명했다. 그 문제는 곧 법정에서 다루어질 것이다. 친구들은 감옥에서 기다리기만 하면 된다고 했다.

이 말에 타오스 인디언들은 더 성을 낼 뿐이었다. 벤트가 사람들을 헤치고 앞으로 나아가자 이들은 불만을 터뜨리며 벤트를 노려보았다.

총독은 무사히 집에 도착했고 불가에 이냐시아와 나란히 앉아 몸을 녹였다. 벤트의 집은 정사각형 모양의 뉴멕시코 건축물이었다. 벽 두께가 90센티미터가량 되고 창문은 방어하기 좋게 조그마하고 창틀은 얇게 자른 운모로 되어 있어 내부는 좀 어둑했다. 바닥은 관습대로 소의 피와 피농재를 섞어 단단히 다진 흙바닥이었다. 편평한 지붕도 흙으로 만들었다. 소나무로 만든 서까래 위에 흙을 두껍게 다져 쌓았다. 벽에는 그 지역에서 나는 밝은 색의 진흙과 밀을 갈아 만든 하얀 물을 섞은 회반죽을 하얗게 발랐다. 벤트네 아이들은 그 회칠이 무척 맛있다며 벽을 핥아 먹는 못된 버릇이 있었다.

키트 카슨의 아내 호세파도 그날 밤 그 집에서 묵기로 했고 또 다른 미국인과 결혼한 히스패닉 여성 루말다 복스라는 사람도 함께 있었다. 벤트네 아이들은 아버지가 집에 와서 행복했고 집 안에는 웃음소리가 가득했다. 구석에 있는 벽난로에서 음식이 끓었고 조금 있으면 모두 둘러앉아 즐겁게 식사할 것이다.

그러나 창 너머에는 증오의 기운이 맴돌았다.

*

이튿날 아침 일찍 6시쯤에 타오스 인디언 무리와 뉴멕시코인 몇 명이 벤트네 집 앞에 나타났다. 그들은 술에 취해 떠들고 전투가를 부르며 문을 쾅쾅 두드렸다. 동이 트기 직전, 쨍 소리가 날 듯한 얼어붙은 어둠 속에서 별들은 검은 그릇 안의 바늘구멍처럼 반짝거렸다.

벤트는 깜짝 놀라 잠에서 깼고 옷을 걸쳐 입고는 발을 끌며 현관 밖으로 나갔다. "뭘 원하시오!" 그가 피곤한 듯 물었다.

"네 머리를 원한다!" 이런 답이 돌아왔다. "네가 우리를 지배하는 게 싫다!"

난폭한 감정을 감지한 벤트는 그들을 설득하려 했다. "내가 뭘 잘못했단 말이오! 아파서 찾아오면 늘 도와주려고 애썼소. 약도 주고 치료법도 알려주었소. 돈은 한푼도 받지 않았고."

인디언들은 말로 답하는 대신 화살을 날렸다. 어둠 속에서 깃털 달린 화살이 그를 향해 날아왔다. 활시위를 끝까지 당기지는 않은 것 같았다. 불구로 만들어 고통받게 할지언정 죽이지는 않으려는 듯이. 얼굴에 화살 석 대를 맞은 총독은 비틀거리며 집 안으로 들어왔다. 그 가운데 하나는 이마 살갗에 비뚜름하게 꽂혔다. 벤트는 고통스러워하며 욕설을 내뱉었다. 피가 관자놀이를 타고 뺨 위로 흘렀다. 벤트는 얼른 빗장을 잠그고 이냐시아에게 갔다. 잠옷 차림의 이냐시아는 놀라서 눈이 휘둥그레졌다. 그녀도 화살에 맞아 가벼운 상처를 입었다. 부부는 일단 안전한 집 안으로 들어가 어찌할지를 결정하려 했다. 벤트의 머리에 꽂힌 화살이 벤트가 움직일 때마다 우스꽝스럽게 흔들거렸다. 사방에서 창문이 깨졌고, 뭔가를 부수고 고함치는 소리 때문에 이야기를 나눌 수조차 없었다. 미국인들을 죽여라! 미국인들은 죽어야 한다!

이냐시아는 총독에게 권총을 주었으나 총독은 고개를 저었다. "소용없어. 수가 너무 많아. 내가 총을 쏘면 우리를 모조리 죽일 거야."

"그러면 말을 타고 달아나요." 이냐시아가 창밖 마당 울타리 안에 있는 말들을 가리키며 애원했다.

"이냐시아, 안 돼. 총독이 식구들을 버리고 달아날 수는 없어. 저들이 나를 죽이려 한다면 여기에서 죽어야지."

머리 위에서 뭔가를 긁어대고 파내는 엄청난 소리가 들렸다. 폭도 몇이 지붕 위로 올라간 것이다. 흙으로 된 지붕을 벗겨내고 천장으로 들어오려 하고 있었다. 이제 집에 있는 사람 모두가 잠에서 깼다. 벤트의 딸 테레시나, 아들 알프레도, 호세파 카슨, 루말다 복스, 아마도 납치된 나바호 인디언 하녀까지. 이들은 한데 모여 겁에 질린 채 울음을 터뜨리고 덜덜 떨었다.

여자들 가운데 한 사람이 아이디어를 냈다. 벤트네 집은 두꺼운 어도비 벽돌로 된 벽을 사이에 두고 다른 집과 맞붙어 있었다. 여자들은 부지

깽이든 숟가락이든 집에 있는 도구는 무엇이든 집어가지고 뒷방으로 가서 벽을 파기 시작했다. 벽돌을 빼내고 모르타르를 긁어내자 건너편의 불빛이 보였다.

이들이 미친 듯이 벽을 파는 동안 총독은 집 밖의 폭도들을 달래어 시간을 벌려 했다. 깨진 창 너머로 소리를 질러 돈을 주겠다고 했지만 비웃음만이 돌아왔다. 벤트의 아들 알프레도가 옆에 다가왔다. 아이는 손에 엽총을 들고 있었다. 굳은 표정으로 아버지를 올려다보며 이렇게 말했다. "싸워요, 아빠." 그러나 벤트는 아들에게 이렇게 말했다. "아니, 너무 늦었다. 엄마 있는 데로 돌아가 벽 파는 걸 거들렴."

총독은 계속해서 시간을 끌려 했다. 아직도 폭도들을 진정시킬 수 있다는 희망을 버리지 않았다. 창밖으로 고함을 치며 위원회를 열어 인디언들의 불평을 모두 들어주겠다고 약속했고 자기를 해치지 않고 포로로 데려간다면 순순히 따라가겠다고도 했다.

인디언들은 들은 척도 하지 않았다. "네놈부터 시작해서 뉴멕시코에 있는 미국인 하나도 남기지 않고 모두 죽여버릴 테다!" 한 사람이 이렇게 외쳤다. 현관문을 뚫고 머스킷 총알이 비 오듯 쏟아졌다. 튀어나온 총알 가운데 하나가 총독의 배를 뚫었고 또 하나는 턱을 스쳤다.

그 무렵 뒷방의 여자들은 구멍을 뚫고 후벼 파서 겨우 한 사람이 비집고 지나갈 만한 구멍을 만들었다. 테레시나와 알프레도가 먼저 나갔고, 호세파와 루말다가 뒤따랐다. 집 밖의 폭도들이 집 안에 들이닥치기 일보 직전이라는 걸 알고 이냐시아는 벤트더러 빠져나가라고 했다.

"당신을 잡으려는 거잖아요. 내가 아니라." 이냐시아가 말했다.

벤트는 잠시 망설이다가 그 말에 동의했다. 그러나 총독은 화살이 머리와 얼굴에 꽂혔다는 사실을 까맣게 잊고 있었다. 좁은 구멍으로 빠져나가려 하니 화살이 박힌 채로 뒤틀려 살을 찢었다. 벤트는 분개하며 되돌아나와 화살을 뽑고서는 회벽에 대고 부러뜨렸다. 그러고는 다시 구멍으로 들어갔다. 피가 흐르는 머리를 한 손으로 조심스레 잡고 뚱뚱한 몸을 힘겹게 밀어 다른 쪽으로 빠져나왔다.

그때 타오스 인디언들이 들어와 온 집 안에서 날뛰었다. 이냐시아가 잡혔고 한 사람이 총을 들어 그녀를 쏘려 했다. 그런데 오래전부터 벤트 가족과 함께 살아와 용감하기도 하고 충성스럽기도 한 나바호 하녀가 여주인을 보호하기 위해 앞에 나섰다. 그러고는 총에 맞아 쓰러졌다.

총을 쏜 인디언은 곧 이냐시아에게 달려들어 개머리판으로 그녀를 쳐 쓰러뜨린 후 더 이상 건드리지 않고 가버렸다. 인디언들은 벽에 난 구멍을 발견하고 기어들어 가기 시작했다.

벽 너머에 있는 집에서 벤트 총독은 주머니를 뒤져 수첩을 찾았다. 마지막 말, 혹은 유언을 쓸 생각이었다. 피를 많이 흘려 의식이 희미해져갔다. 벤트는 루말다 복스의 품에 안기어 정신을 가다듬으려고 애썼다. 벤트는 폭도들이 사방에서 다가오고 있고 곧 자신이 있는 곳까지 닥치리라는 것을 알았다. 그가 무어라 글을 쓰기도 전에 타오스 인디언들이 집 안으로 들어왔다. 몇몇은 벤트의 집에서부터 뚫은 길을 통해 들어왔고 몇은 흙지붕을 뚫고 서까래 사이로 내려왔다.

테레시나, 알프레도, 루말다, 호세파가 공포에 질린 채 보고 있는 가운데 인디언들이 벤트를 덮쳤다. 폭도를 선동한 사람, 타오스 푸에블로 사람인 토마시토 로메로가 멜빵을 잡고 총독을 들어 올려 단단한 흙바닥에 내던진 후 그의 몸에 화살을 더 꽂고 총을 쏘아 벌집을 만들었다. 아이들이 아버지를 살려달라고 울부짖었지만, 테레시나 벤트가 나중에 회상했듯이 "우리의 울음으로는 그들의 분노를 누그러뜨릴 수가 없었다." 토마시토는 아직 목숨이 끊어지지 않은 총독의 몸 위로 몸을 기울이고는 활시위로 머리 가죽을 긁어 벤트의 잿빛 머리카락을 벗겨냈다. 루말다가 표현했듯이

"팽팽한 줄로, 칼로 도려낸 것처럼 말끔하게 머리 가죽을 베어냈다."[78]

승리에 도취되고 술기운에 취해 흥분한 인디언들은 소리치며 벤트 총독의 옷을 모조리 벗기고 벤트의 숨이 끊길 때까지 난도질을 했다. 누군가가 널빤지와 놋쇠 못을 가져왔다. 총독의 머리 가죽을 쫙 펴서 널빤지에 팽팽하게 못으로 박았다. 그러고는 이 전리품을 새벽 여명 속으로 가지고 나가 읍내 광장으로 행진했고 타오스의 미로 같은 흙길을 누볐다.

벤트의 아이들은 아직 호세파 이모와 함께 방바닥에 웅크리고 있었다. 모두 태생이 미국인이거나 결혼을 통해 미국인이 된 이들이었다. 그러니 다음 차례는 자기들이라고 생각했다.

*

폭력 사태는 그날 하루 종일, 그리고 이튿날까지 계속되었다. 타오스 인디언과 멕시코인들은 이 지역에 있는 미국인은 모두 죽이겠다고 맹세했고 그 맹세를 실천했다. 벤트 총독이 샌타페이에서 올 때 동행했던 사람들 모두가 표적이 되었다. 타오스 관리 코르네요 비힐은 온몸이 갈가리 찢겼고 보안관 스티븐 리는 자기 집 지붕 위에서 죽었다. 미국 순회 변호사 제임스 릴은 백주 대낮에 벌거벗겨져 고문을 받았고, 눈이 멀었으나 아직 숨이 붙어 있는 채로 개골창에 던져져 돼지들의 먹이가 되었다.

그다음에 폭도들은 나르시조 뷰빈과 파블로 하라미요를 쫓았다. 이 소년들이 미국인이 아니라는 사실은 무시했다. 두 친구는 벤트네 집에서 멀지 않은 짚으로 덮인 여물통 안에 숨어 있었다. 하지만 인디언 하인이 폭도들에게 숨은 곳을 알려주며 이렇게 말했다. "어린애들을 죽이시오. 어른이 되어서 우릴 괴롭히지 않게." 푸에블로 인디언들은 알아볼 수 없을 지경이 될 때까지 소년들을 창으로 베고 찔렀다.

반란군이 사방에서 몰려들었다. 그들은 감옥에 쳐들어가 처음 인디언들의 분노를 촉발하는 계기가 되었던 푸에블로 인디언 두 사람을 풀어주었고, 벤트의 가게를 부수고 들어가 물건을 모조리 끌어냈다. 키트 카슨의 집에도 들어가 살림을 모조리 약탈했다. 카슨이 캘리포니아가 아니라 집에 있었다면 카슨 역시 공격을 당해 죽었을 것이다.

반란은 곧 북부의 다른 지역으로 확산되었다. 멕시코인들은 미국 짐마차와 가축을 공격했고 미국인을 발견하는 대로 모조리 죽이고 무수히 많은 가축을 훔쳤다. 미국 무역상, 상인, 산사람 할 것 없이 모두 죽을 위기에 처했다. 남동쪽으로 65킬로미터 정도 떨어진 모라 읍내에서 짐마차를 타고 여행하던 미국인 여덟 명도 죽음을 당했다. 타오스 북쪽에 있는 아로요 온도라는 조그만 거주지에서는 푸에블로 인디언 부대 수백 명이 시미언 털리라는 유명한 미국인의 집을 둘러쌌다. 타오스 라이트닝을 만들어내는 양조장을 운영하는 사람이었다. 타오스 라이트닝은 순곡주로, 그때 인디언들 가운데 여럿이 이 술을 마시고 취해 있었다. 우연히도 그날 털리의 공장에 미국인 사냥꾼 아홉 명이 머무르고 있었는데 그들 대부분이 찰스 벤트와 카슨의 친구였다. 인디언들은 그곳을 둘러싸고 포위한 끝에 어둠을 틈타 도망친 두 명만 빼고 모두 죽였다.

반란 초기에 미국인 17명이 죽었지만 반란군은 거기에서 그치지 않았다. 인디언과 멕시코인이 뒤섞인 어중이떠중이 반란군 부대는 이제 거의 1,000명에 가까웠고 샌타페이로 요란하게 진격했다. 남쪽으로 가는 길에 병력 수는 점점 늘어났다. 그들은 초기의 성공에 도취되어, 마시 요새를 점령하고 총독궁으로 쳐들어가 미국인을 흔적조차 남기지 않고 몰아낼 계획을 세웠다.

처음엔 몇몇 인디언들의 불만으로 시작했던 것이 북부 전체에 걸친 뉴멕시코인들의 반란으로 들불처럼 번졌다. 그러나 전적으로 충동적으로 일어난 일이라고 할 수만은 없었다. 타오스 주변의 몇몇 가톨릭 신부들이 반란을 부추겼고 (안토니오 마르티네스 신부의 혐의가 가장 컸다) 영향력 있는 참회자 지도자들도 마찬가지였을 것이다. 이 반란은 벤트와 프라이스가 발발 직전에 저지했던 12월 반란과 감정이나 계획 면에서 크게 다르지 않았다. 타오스 반란군은 미국인들을 몰아낸다는 목표 말고는 별달리 구체적인 계획을 세우지 않았지만 반란을 지탱할 불만이 얼마든지 쌓여 있어 그것만으로도 충분했다.

반란군들은 어째서인지 벤트의 집 안에서 덜덜 떨고 있는 여자와 어린아이들은 살려두었다. 집에 있는 물건을 거의 다 꺼낸 다음 인디언들은 가족들에게 꼼짝 말고 안에 있으라고 했다. 무슨 일이 있더라도 집 안에 있으라며, 이 집을 나가면 죽을 것이라고 했다. 테레시나 벤트가 나중에 회상하기를 "인디언들은 누구도 우리에게 먹을 것을 주면 안 된다고 했고 엄청난 슬픔 속에 우리를 두고 떠났다."[79] 벤트 가족은 잠옷 바람이었다. 폭도들이 옷을 전부 가져갔기 때문이다.

반란이 북쪽으로 번지는 동안 미국인과 결혼한 에스파냐 여성들은 진흙과 양념을 섞은 반죽을 만들어 피부색이 밝은 아이들의 얼굴에 발라 얼굴색을 어둡게 만들었다. 이냐시아 벤트도 자기 아이들에게 그렇게 했는지는 알려져 있지 않다. 그러나 첫날 밤 호세파 카슨은 인디언 노예로 변장하여 빠져나와 친구의 집으로 갔고, 그곳에서 맷돌로 옥수수를 가는 등 뉴멕시코 하인들이 하는 일을 하며 숨어 있었다.

이틀 동안 벤트 가족은 텅 빈 추운 집에서 슬픔과 굶주림 속에 있었다. 머리 가죽이 벗겨진 총독의 시체는 방바닥에 엉겨 붙은 피 웅덩이 안에 벌거벗은 채로 누워 있었다.

*

　1847년 1월 21일, 북쪽에서 어떤 끔찍한 일이 벌어지고 있는지를 알게 된 스틸링 프라이스는 바로 행동에 들어갔다. 반란을 진압하기 위해 서둘러 병력을 규합했다. 대령은 타오스 반란군이 올 때까지 기다리는 대신 정면으로 부딪히기로 했다. 샌타페이를 향해 남쪽으로 내려오는 길에 병력을 더 모집하지 못하도록 하기 위해서였다. 주도를 무방비로 내버려두고 떠나면 다른 곳에서 일어날지 모르는 반란군의 손에 들어갈 위험이 있었으나, 프라이스는 위험을 감수하고라도 샌타페이를 떠나기로 대담하게 결정을 내렸다. 프라이스는 1월 23일 꽁꽁 얼어붙을 정도로 추운 아침에 곡사포 네 대와 미주리군 다섯 중대를 이끌고 마시 요새를 떠났다. 뉴멕시코 자원병 중대도 함께 따랐는데 세란 생 브렝이라는 전설적인 미주리 사냥꾼이 이들을 지휘했다. 브렝은 프랑스계 캐나다인으로 벤트 총독의 동업자이자 벤트 교역소의 지분을 갖고 있었다.

　생 브렝은 세인트루이스에서 온 건장한 남자로 식욕이 엄청나고 좋은 브랜디, 음담패설, 프랑스식 외설을 즐기는 사람이었다. 역사가 데이비드 래번더는 그를 "유쾌한 사람이다. 검은 턱수염에서는 윤기가 나고 멀찍한 눈 사이에 기분 좋으면 금세라도 주름이 잡힌다"[80]라고 묘사했다. 생 브렝이 불러모은 자원병은 멜빵을 맨 혈기 넘치는 미국 상인들, 털투성이 산사람들, 또 미국에 대한 충성을 입증했을 때의 이득을 재빨리 깨달은 놀라울 정도로 많은 수의 멕시코인들까지 뒤섞여 있었다. 생 브렝이 나선 것은 지극히 사적인 이유에서였다. 자기 친구 키트 카슨처럼 생 브렝은 충성과 빠른 복수라는 변경의 원칙을 몸에 익혔다. 원숙한 산사람인 생 브렝은 자기 동료를 죽인 이들에게 복수를 하기로 결심한 것이다.

　급하게 꾸린 부대에 지원한 또 한 명의 뜻밖의 인물은 딕 그린이라는 흑인이었다. 그는 총독이 샌타페이에 두고 갔던 찰스 벤트의 노예였다. 그린은 진정한 슬픔과 분노를 느껴 주인의 죽음을 보복하는 데 한 역할을 하고 싶어 했던 듯하다.

400명 가까이 되는 스털링 프라이스 군은 분노에 불타 주도에서 북쪽으로 행군했다. "우리는 복수하려는 열망에 불타, 마치 호랑이 같았다."[81] 한 미국인 사냥꾼이 회상했다. 그러나 깊게 쌓인 눈이 이들의 전진을 방해했다. 벤트 총독과 측근들이 일주일 전에 지나간 길을 따라 조그만 마을들을 거쳐서 행군했는데, 도중에 많은 군인들이 발에 동상이 걸렸다. 이번에는 마을 사람들이 미국인들을 못마땅한 눈으로 노려보지 않았다. 사실 거의 얼굴을 비치지도 않았다. 복수에 나선 부대임이 빤한데 굳이 성질을 건드릴 필요는 없었던 것이다. 속마음이야 어떻든 간에 마을 사람들은 신중하게 부대와 마주치는 걸 피했고 담 높은 광장과 어도비 건물 안에서 나오지 않았다.

1월 24일 오후 1시 반. 미국인들은 산타크루스데라카냐다라 시골 마을 외곽에서 타오스 반란군의 선봉과 만났다. 프라이스의 군인들은 몇 차례 맹렬하게 돌격했고 언덕에서 언덕으로, 집 앞에서 집 앞으로 달려가며 싸웠다. 해 지기 직전 반란군들은 숨어 있던 곳에서 모두 나와 후퇴했다. 미군은 여덟 명의 사상자를 냈으나 적군의 시체는 36구나 되었다.

이틀 뒤 프라이스 부대는 리오그란데 유역에 있는 엠부도 근방 협곡에서 저항군을 만났다. "곧 적이 울퉁불퉁한 산을 따라 뛰며 후퇴하기 시작했다." 프라이스는 기뻐하며 보고했다. 전투 와중에 생 브렝이 부하 둘을 잃었으나 반란군은 사망 20명 이상, 부상이 60명이나 되었다.

깊이 쌓인 눈만 빼면 프라이스가 마지막으로 타오스까지 진군하는 데 걸림돌은 아무것도 없었다. 척후병이 반란군은 모두 타오스 푸에블로 안에 숨었다고 보고했다. 수천 명에 달하는 인디언들은 거대한 어도비 벽 뒤에 몸을 숨기고 마지막 저항을 준비하고 있었다.

*

1300년대에 생겨난 타오스 푸에블로는 북아메리카에서 가장 오래전부터 사람들이 살았던 곳 가운데 하나다.[82] 푸에블로에는 거대한 복합주택 두 채가 있는데 그 사이로 샌그리디크리스토 산맥에서 내려온 차가운 시냇물이 흘렀다. 사람들의 식수원인 이 시냇물은 푸에블로 부족의 세계관에서 중요한 자리를 차지하는 아름다운 산속 호수에서 발원한다. 시내 양쪽에 7층짜리 건물 두 채가 서로에게 응답하듯 마주 보며 우뚝 솟아 있어 마을이 멋진 균형을 이룬다. 들쑥날쑥한 지붕을 서로 잇는 나무 사다리가 수십 개 있고, 흙으로 두껍게 지은 벽에는 오랜 세월이 흐르면서 우아하게 얼룩지고 뒤틀린 흔적이 있다. 피뇽 연기가 사람들이 모여 회의를 하는 땅밑 키바에서 흘러나온다. 여자들은 밝은 빛깔의 담요와 사슴 가죽 장화 차림으로 부지런히 움직이며 벌집처럼 생긴 옥외 아궁이를 살핀다. 이 아궁이에서 이들의 주식인 부드럽고 동그란 빵을 굽는다. 바로 동쪽에 눈 덮인 산이 거의 3,900미터에 달하는 높이로 솟았고 바위 조각과 파편이 장엄한 혼란처럼 흩어져 있다. 드높은 나무 울타리와 두꺼운 방벽으로 둘러싸인 이 마을은 마치 아틀라스 산맥을 배경으로 자리 잡은 중세 모로코 성채처럼 보였다.

북서쪽 구석에는 거대한 성 제롬 교회가 있었다. 쌍둥이 종탑이 잿빛 겨울 하늘 위로 90미터 높이로 솟아 있었다. 십자가로 뒤덮인 오래된 묘지가 외경심을 불러일으키는 이 건물을 둘러쌌다. 벽 두께가 180센티미터가 넘어 성 제롬 교회는 몸을 피하기에 최적이었다. 그래서 반란군 대부분이 여기에 모여 있었다. 어쩌면 타오스 인디언들은 미군이 차마 가톨릭교회를 공격하지는 못하리라고 생각했을 것이다. 설령 공격하더라도 입구 벽과 벽감에 안치된 성스러운 유물과 성인들이 자기들을 보호해주리라고 믿었으리라. 죽더라도 여기, 신 가까운 곳에서 죽고자 했다. 안전하다고 느껴지는 곳은 이 세상에 여기밖에 없었다. 어둡고 공기가 잘 통하는 동굴 안에서, 봉납된 양초의 흔들리는 불빛 속에서, 폭도들은 총을 쏠 때 쓰기 위해 벽에 거칠게나마 총안을 뚫었다. 그리고 기다렸다.

2월 4일 아침 매서운 추위 속에서 프라이스 대령이 군대를 끌고 타오스 푸에블로의 방벽에 도달했다. 프라이스는 푸에블로의 모습에 놀랐고 위압감을 느꼈다. 그는 이곳이 "방어에 적합하게 설계된 엄청난 힘을 지닌 곳"[83]이라고 생각했다. 군사 전략적 관점에서 보아 지금까지 한 번도 보지 못한 복잡한 구조였다. 거대한 건물 두 채에 걸려 있던 사다리는 모두 치웠고, 한 역사가가 나중에 쓴 표현을 빌리면 "사람들이 집 안에서 굴 속에 숨어 날씨가 바뀌기를 기다리는 짐승처럼 웅크리고 있었다."[84] 프라이스는 세란 생 브렝과 사냥꾼들에게 마을 동쪽에 반원을 그리며 포진하라고 했다. "산으로 달아나는 도망자를 막기 위해서"였다. 그리고 나서 대령은 화포를 교회 주변에 배치하고 두 시간 동안 집중 사격을 퍼부었다. 그러나 교회 벽이 어찌나 두껍고 부드럽던지 대포알로도 거의 아무런 상처를 입힐 수 없었다. 부서지기 쉬운 진흙 벽돌이 대포알을 집어삼키고 폭발의 충격을 고스란히 흡수하는 듯했다.

어쩔 수 없이 프라이스는 사격 중지 명령을 내리고 J. H. K. 버그윈 대위가 이끄는 중대에게 교회의 서쪽과 북쪽을 공격하라는 명령을 내렸다. 버그윈은 최고 훈련을 받은 커니의 용기병 가운데 한 사람이었다. '변경에서 본 누구보다도 용감한 군인이었다'고 그가 싸우는 모습을 지켜본 나이 많은 사냥꾼이 전했다. 총성이 점차 수그러드는 틈을 타 버그윈과 부하들은 교회 벽으로 달려가 손도끼와 도끼로 어도비 벽돌을 파 들어가기 시작했다. 그러나 버그윈 부대도 대포알과 다를 바 없이 벽을 뚫는 데 별 성과를 내지 못했다. 그래서 버그윈 대위는 부하 몇을 이끌고 교회 앞으로 가서 거대한 나무문을 뚫고 들어가려 했다.

그러나 버그윈의 돌격은 지나치게 대담했다. 반란군의 총안에서 나오는 총알에 그대로 노출되고 말았던 것이다. 버그윈은 곧 교회 안에 있는 저격병의 총에 맞아 쓰러졌다. 대위가 죽자 버그윈의 부하들은 더 힘을 모았고 마침내 도끼로 벽에 조그만 구멍을 뚫는 데에 성공했다. 누군가가 도화선 달린 폭탄에 불을 붙인 뒤 교회 안으로 던져 넣었고 다른 사람들은 급조한 사다리를 벽에 기대 세우고 횃불을 들고 올라가 지붕에 불을 붙였다.

오후 3시, 지붕에서 지옥 같은 불길이 타올랐다. 프라이스 대령은 6파운드(약 2.7킬로그램)짜리 포도탄을 발사하는 곡사포를 교회에서 45미터 거리까지 끌고 왔다. 이 대포로 건물을 열 차례 강타했다. 먼지가 걷히고 나자 대포알 가운데 하나가 버그윈 부하들이 도끼로 판 작은 구멍에 정통으로 맞아 구멍이 넓어진 것을 확인할 수 있었다. 이제 한 사람이 들어갈 수 있을 정도의 틈이 생겼다. 그것을 보고 프라이스는 포병들에게 6파운드 대포를 9미터 거리로 끌고 가 그 구멍에 계속 포격을 하라고 명령했다. 마침내 큼직한 구멍이 뚫렸다. 한편 이런 직사 포격으로 교회 안에서는 대규모 학살이 벌어지고 있었다. 교회 안에 있던 수십 명의 타오스 인디언들이 뜨거운 유산탄에 맞았고 온몸이 찢겼다. 바깥쪽의 미국인들은 그들의 고통스러운 비명을 뚜렷이 들을 수 있었다. 한 사람이 이렇게 회상했다. "포탄이 폭발하는 소리와 다친 사람들의 비명이 뒤섞인 소리는 너무나 끔찍했다."[85]

마침내 프라이스 병사들이 구멍으로 쏟아져 들어갔다. 가장 먼저 들어간 사람 가운데 찰스 벤트의 흑인 노예 딕 그린도 있었다. 교회 안은 불구덩이처럼 뜨겁고 매운 연기로 가득했으며, 엉망으로 찢긴 사람들이 바닥에서 신음하고 있었다. 교회 안에 있던 사람 대부분은 죽었거나 다쳤거나 아니면 뒷문을 통해 재빨리 교회를 빠져나와 동쪽 산으로 달아났다. 그때까지도 남아 싸우려 한 사람들은 곧 총을 맞거나 육탄전을 벌이다 쓰러졌는데, 특히 목숨을 걸고 용감하게 덤빈 델라웨어 인디언이 한 명 있었다. 타오스 부족과 결혼한 사람으로 어떤 기록에 따르면 "명사수이며 적 가운데 가장 필사적이었다." 이 델라웨어 인디언은 검게 탄 교회 서까래가 삐걱거리며 금방이라도 무너질 듯 내려앉는 와중에도 항복하기를 거부했다. 미국인들은 그를 쫓아 제단 뒤쪽 방으로 가서 총알 서른 발을 쏘아 몸을 벌집으로 만들었다.

교회는 시체 안치소가 되었다. 한 포병 장교는 연기가 하도 자욱하여 "그 안에 있을 수조차 없었다"고 말했다. 승리를 선언하기 위해 군인들은 튼튼한 교회 벽 위에 성조기를 꽂았으나 달아나던 멕시코인 몇몇이 발걸음을 멈추고 깃발에 총을 쏘아 넝마로 만들었다.

*

푸에블로 동쪽, 세란 생 브렝의 자원병들은 무기에 장전하고 공이치기를 당긴 채로 수풀에 숨어 있었다. 생 브렝 중대는 산기슭으로 달려가는 반란군 50명 이상을 죽였다. 첫 번째 무리는 잘 겨냥해 쏘아 넘어뜨렸고 나머지는 곤봉과 칼을 들고 쫓아갔다. 자원병 가운데 한 사람이 간결하게 요약하기를, 적이 "사방으로 달아났다. 자비를 구하는 사람도 자비를 베풀려는 사람도 없었다." 생 브렝은 죽은 척하고 있다가 갑자기 벌떡 일어나 창을 들고 덤빈 인디언의 손에 죽을 뻔했으나 가까스로 위기를 넘겼다.

한참 뒤 달아나던 타오스 인디언 가운데 하나가 산쑥 덤불에서 나와 생 브렝의 부대 앞에 엎드리며 에스파냐어와 영어를 섞어 외쳤다. "좋아!

좋아! 미국 좋아요."

사냥꾼 한 사람이 무뚝뚝하게 에스파냐어로 대답했다. "미국인들이 좋으면 이 칼을 들고 수풀로 다시 가서 거기 있는 반란군을 모두 죽여라."

겁에 질린 인디언은 칼을 받아들고 시키는 대로 수풀 속으로 사라졌다. 몇 분 뒤, 한 사냥꾼의 말에 따르면 그는 "피가 뚝뚝 떨어지는" 칼을 들고 돌아왔다.

"죽였어요." 푸에블로 인디언이 말했다. 칼에 묻은 피는 싸우다 이미 죽은 자기 동지나 멕시코인의 시체에서 나온 것일 수도 있었지만.

그 일을 시킨 미국인 사냥꾼이 역겹다는 듯 호큰 소총을 들고 이렇게 말했다. "너는 네 동료를 죽였으니 마땅히 죽어야 한다." 그러고는 그 인디언을 쏘아 죽였다.

타오스 전투는 그 이튿날까지 이어졌다. 프라이스 대령의 군인들은 이 집 저 집으로 다니며 집 안을 이 잡듯 뒤져 숨어 있는 사람들을 찾아냈다. 이들은 인디언들이 떠난 북쪽 집단 거주지에서 자며 타오스의 가축, 옥수수, 밀로 잔치를 벌였다. 버그윈 대위를 묻고 무덤을 만들어주었고 다른 30명의 전사자를 아직도 연기가 피어오르는 교회 가까이에 있는 긴 도랑에 함께 묻었다. 그들이 죽은 자리에서 멀지 않은 곳이었다. 프라이스 휘하 장교들은 푸에블로 인디언과 멕시코인 반란군 수십 명을 체포했다. 그 가운데는 살아 있는 채로 벤트 총독의 머리 가죽을 벗긴 토마시토 로메로도 있었다. 토마시토는 정식 재판이 있기까지 감방에 갇혀 있었지만 분개한 용기병 한 사람이 심문을 한다는 핑계를 대고 그를 찾아갔다. 그 용기병은 바로 권총을 뽑아 인디언 지도자의 머리를 쏘았다.

사흘째 되는 날, 남쪽 집단 거주지에서 여자들이 몹시 괴로운 모습으로 백기와 성스러운 유물을 들고 나와 미국인들에게 바쳤다. 한 목격자의 말에 따르면 "대령 앞에 무릎을 꿇고 남은 친구들의 목숨을 살려달라고 애원했다." 프라이스 대령은 다른 반란 지도자들을 내놓는 조건으로 이들의 항복을 받아들였다.

거의 200명에 달하는 푸에블로 인디언이 목숨을 잃었으며 부상자 수는 더 많았다. 푸에블로는 완전히 파괴되었다. 전투 이튿날 루이스 개러드라는 신시내티에서 온 젊은 작가가 불에 그을리고 산산조각이 난 폐허를 둘러보았다. 개러드는 벤트 교역소에서 사냥꾼 무리와 함께 타오스까지 온 것이었다. 개러드는 우울한 어조로 마을의 황량함을 표현했다. "반쯤 겁에 질린 푸에블로 인디언 몇몇이 우울하고 넋이 나간 듯한 눈길로 쳐다보면서 느릿느릿 돌아다녔다. 지도자들은 죽고, 곡식과 가축도 잃고, 교회는 폐허가 되었고, 민족의 꽃은 죽거나 사형 선고를 받았다. 성스러운 교회가 보호해주리라는 미신적인 믿음을 가지고 있던 이들은 이렇게 절박한 순간에 버림받았다는 사실 때문에 헤아릴 수 없는 충격을 받았다. 미국의 악마들이 성스러운 땅 안에서 의기양양하게 돌아다니고 있다는 사실이 견디기 힘들었다."[86]

*

몇 주 뒤 정부 마차가 잎이 다 떨어진 미루나무 아래 멈췄다. 마차를 끄는 노새 두 마리는 이 맑고 추운 날 아침, 자기들이 할 일이 무언지 모른 채로 얌전히 서 있었다. 마차 뒤쪽에는 긴 널빤지가 마차 양옆에 넓게 걸친 채로 가로로 놓여 있었다. 옹이진 잿빛 나뭇가지에는 올가미 여섯 개가 걸려 있었다. 부드럽게 만들려고 방금 전 비눗물에 적신 올가미였다.

사람들이 지붕 위에 모여들었다. 타오스 역사상 최초의 공개 교수형을 보기 위해서였다. 호위병이 사형 선고를 받은 푸에블로 인디언 여섯 명을 이끌고 읍내를 통과해 교수대로 왔다. 재판이 이루어지는 동안 죄수들은 춥고 어둡고 더러운 방에 갇혀 있어 몰골이 완전히 엉망이었다. 루이스 개러드는 그 사람들을 이렇게 묘사했다. "가엾게도 덜덜 떨고 있었다……형편없는 누더기를 입고 있었고 더럽고 기름투성이에다 제대로 씻지도 못했다."[87] 죄수들은 나무까지 끌려갔고 마차 위로 올라가라는 명령을 들었다. 널빤지 위에 균형을 잡고 서 있기란 힘든 일이었다. 두 사람이 널빤지 한가운데 서고 마차 양옆으로 튀어나온 널빤지 양쪽에 다시 두 사람씩 서서 무게 균형을 맞추었다. 이제 여섯 사람이 마부 쪽을 보며 섰다. 가까이 붙어 서서 서로 팔이 맞닿을 정도였다. 보안관이 올가미를 죄수들의 목에 걸었다.

"미 마드레, 미 파드레Mi madre, mi padre(어머니, 아버지)."[88] 교수대에 오른 사람 가운데 한 명이 이렇게 중얼거리는 소리가 들렸다. 그러자 또한 사람이 울부짖었고 또 다른 사람은 이를 갈았다. "카라호, 로스 아메리카노스Carajo, los Americanos(빌어먹을 미국인들)."

재판은 허술하게 진행되었다. 반란 중에 살해당한 나르시조 뷰빈의 아버지 카를로스 뷰빈 판사가 주재를 했고 세란 생 브렝이 법정 통역관 역할을 했다. 배심원석은 사랑하는 사람이나 재산을 잃은 복수심에 가득 찬 미국인들로 채워졌다.

이냐시아 벤트와 호세파 카슨이 총독의 살해 과정을 참혹하고 구체적으로 전달하며 설득력 있게 증언을 했다. 그러나 폭도 대부분은 살인이 아니라 반역 행위로 유죄 선고를 받았다. 분명 멕시코가 아직 미국과 전쟁 중이라는 사실을 생각해보면 이는 대단한 법률적 사기라 할 만했다. 재판을 참관한 루이스 개러드는 고소 내용에 고개를 갸웃했고 곧 분개하여 다음과 같이 적었다. "한 나라를 정복하고 저항하는 원주민을 반역 행위로 고소하다니, 지나친 일이다. 이 가엾은 사람들에게 새로운 나라에 충성해야 한다는 개념이나 있었겠는가?'

죄목이 무엇이었든 간에 판결은 모두 똑같았다. 뷰빈 판사가 엄숙한 목소리로 선언했다. "무에르토muerto, 무에르토, 무에르토(사형)."

벤트 총독의 죽음을 선동한 것이 몇십 명의 과격한 푸에블로 인디언이라는 것은 명백한 사실이었다. 그러나 더 큰 규모의 저항, 그 지역 전체에 걸친 반란은 몇몇 지위 높은 멕시코 지도자와 가톨릭 신부들이 부추긴 것이고 틀림없이 배후에서 조종했을 것이다. 그러나 이들은 영원히 정체를 드러내지 않은 채로 어둠 속에 숨어 있었고 이들의 공모도 심증뿐이지 입증할 수가 없었다.

그래서 푸에블로 인디언들이 그 대가를 치러야 했다. 미국인들에게 저항하는 대가로 무엇을 약속받았는지, 그들이 보답으로 무얼 기대했는지는 아무도 모른다. 타오스 인디언은 이 반란에 대해 아무런 기록도 남기지 않았다(오늘날까지도 아름다운 푸에블로에 가보면 오래된 교회가 여전히 폐허인 상태로 계속 무너져 내리고 있는 모습을 볼 수 있다. 그곳 주민들에게 그런 기록이 있는지 물으면 부드럽게 꾸짖을 것이다. "여기선 전부 말로만 전합니다." 또 과거는 연구의 대상이 될 수 없고 1847년의 사건에 대해서는 이야기할 수 없다고 말한다. 아마 연기로 가득한 안전한 키바 안에서만 입에 올리는지도 모른다).

미국인 보안관이 신호를 하자 마부가 이랴, 하며 노새를 몰았다. 갑자기 탁 소리가 나며 인디언들이 동시에 떨어졌고 올가미가 단단하게 조여졌다. 개러드는 이들의 몸이 앞뒤로 흔들리며 서로 부딪힐 때마다 경련을 일으키듯 떠는 모습을 묘사했다. "근육이 이완되었다가 수축되었다가 했고, 몸은 끔찍하게 뒤틀렸다."

이렇게 흔들리는 와중에 타오스 인디언 두 사람이 서로의 손을 맞잡았다. 개러드는 두 사람의 손가락이 형제애를 확인하듯 단단하게 서로를 붙든 것을 보았다. "죽어서 근육의 힘이 빠질 때까지 두 사람은 서로를 붙잡고 있을 것이다."[89] 개러드는 이렇게 기록했다.

29. 미국의 머큐리, 키트 카슨

          왁자지껄한 변경의 중심 도시 세인트루이스는 미주리 강과 미시시피 강의 합류점에 있다. 쓰러진 나무가 둥둥 떠다니는 갈색 물 위에 증기선이 가득했다. 도시는 퇴적물로 이루어진 강둑 위에 있어 습도가 높았고 흙과 자갈돌로 이루어진 거리에는 짐마차와 양쪽에 커튼을 드리운 사륜마차가 넘쳐났으며 길가에는 아까시나무가 죽 서 있었다. 주택가는 부두에서부터 서쪽으로 펼쳐져 있었는데 이 도시를 처음 세운 프랑스인들이 만들어놓은 대로 가지런한 격자 모양으로 늘어서 있었다. 내륙 오지에 있는 도시치고는 놀랄 정도로 국제적이었다. 인구는 1만 5,000명이 넘었고 독특한 크레올 문화(미국 남부에 정착한 프랑스인 개척민으로부터 비롯된 문화 -옮긴이)를 가진 도시였다. 선술집에서는 프랑스어, 에스파냐어, 독특한 인디언어가 들렸다. 게다가 최근에는 일자리와 빈 땅을 찾아 무리를 지어 서쪽으로 새로 이주해온 독일인과 아일랜드인의 언어도 뒤섞였다.

    카슨이 마지막으로 이곳을 지난 것은 1842년이었는데 그때에만 해도 세인트루이스는 미국에서 가장 서쪽에 있는 주의 주도이자 미국 변방에 자리 잡은 조그만 소읍에 지나지 않았다. 그러나 1847년 봄에 보는 모습은 완전히 달라져 있었다. 그곳 주민들도 모르는 사이에 세인트루이스는 미국의 지리적인 중심이 되어 있었던 것이다. 몇 달 만에 카슨 자신이 직접 눈으로 본 광범위한 군사 행동을 통해 미국의 지렛대 받침점이 서쪽으로 1,600킬로미터 이동했기 때문이다.

카슨은 두 달 동안의 여정에 지친 몸으로 세인트루이스에 들어섰고 곧 이 도시 사람들에게 자기네 도시의 지위가 어떻게 달라졌는지를 전하게 된다. 5월 말이었으니 미국의 서부 정복에 따른 멕시코의 마지막 반란의 불꽃을 꺼뜨린 타오스 반란 재판과 처형이 있은 지 한 달이 지났을 때였다. 카슨은 캘리포니아에서 전언을 가지고 출발해 잠시 이 도시를 거쳐가는 길이었다. 작년 가을 커니 장군 때문에 하지 못했던 대륙 횡단 전령 임무를 드디어 수행하게 되었다. 캘리포니아의 멕시코인들이 항복하고 로스앤젤레스가 다시 미국의 손에 들어가자, 캘리포니아의 주지사 역할을 하던 카슨의 오랜 친구 존 C. 프리몬트가 카슨에게 편지 한 뭉텅이를 주었다. 전쟁 경과를 보고하는 중요한 문서를 서둘러 동부로 가져가 국무장관에게 전달하라는 것이었다. 세인트루이스에 잠시 머문 뒤 카슨은 증기선을 타고, 그다음에는 기차로 갈아타고 워싱턴까지 갈 계획이었다.

이런 일은 특히 카슨에게 잘 맞는 임무였다. 카슨은 소규모로 움직이고, 자신보다 힘이 막강한 사람들을 위해 정보를 전달하고자 역사의 비밀을 간직한 채로 흙투성이의 머큐리(로마 신화에서 신들의 심부름꾼 노릇을 하는 신 ─옮긴이)가 되어 대륙을 가로지르는 이런 일을 좋아했다. 자기는 일자무식이면서 글로 된 메시지를 전달한다는 사실에서 그도 아마 아이러니를 느꼈을 것이다.

세인트루이스까지 오기 위해 카슨은 캘리포니아에서 동쪽으로 힐라 통로를 따라왔다. 도중에 아파치의 공격을 받았으나 성공적으로 막아냈다. "아파치의 화살이 남쪽으로 날아가는 오리 떼처럼 핑핑 날아들었다"고 카슨이 나중에 말했다. 타오스에서 스무 달 만에 호세파를 만났고 그곳에 꽤 오래 머물렀다. 호세파에게서 카슨은 타오스 반란과 벤트네 집에서 있었던 끔찍한 사건에 대해 전부 들었다. 카슨은 안토니오 마르티네스 신부, 키트와 호세파의 결혼 주례를 섰던 타오스 신부가 바로 반란의 진짜 배후 조종자라고 확신했다. 입증할 수는 없었지만 카슨은 평생 그 심증을 가슴에 품는다.

타오스에서 열흘을 보낸 뒤 카슨은 벤트 교역소와 샌타페이 통로를 따라 레븐워스 요새까지 갔다. 그는 친구 네드(에드워드) 빌과 함께 여행했는데 빌은 샌파스퀼이 포위되었을 때 카슨과 함께 포위망을 뚫고 캘리포니아 사막을 맨발로 걸어간 해군 중위다. 중위의 병이 구체적으로 어떤 것인지는 불분명하지만 아직까지도 사막에서 고생한 일의 후유증으로 통증이 격심해서 중위가 말에 오르내릴 때마다 카슨이 안아주어야 했다. 빌은 대륙 횡단 여행을 하는 동안 카슨이 보여준 다정함에 평생 감사한다. 몇 년 뒤 빌은 '돈Don(에스파냐어에서 남자의 이름 앞에 붙이는 경칭 -옮긴이) 키트'가 메스키트로 뒤덮인 사막, 불타는 태양 아래에서 희생적으로 자기 물병을 꺼내 "뜨거운 내 입술에 마지막 물 한 모금을 부어준"[90] 일에 대해서도 고마움을 잊지 않았다.

〔빌의 여행 기록에서 카슨의 불 같은 성미가 드러나는 일화를 볼 수 있다. 육군 상사 한 사람이 칼을 들고 아픈 사람을 괴롭히는 모습을 본 카슨은 (아마 캘리포니아에서 있었던 일일 것이다) 권총을 꺼내며 차분하게 말했다. "상사, 그만두지 않으면 당신 심장을 쏘겠소." 과장된 이야기일 수도 있겠으나 이런 비슷한 상황에 처할 때마다 카슨의 태도는 한결같았던 것으로 전해진다. 카슨 자신도 체구가 작았으므로 강한 사람이 약한 사람을 괴롭히는 것을 보면 참지 못했고 그럴 때마다 격하게 대응하곤 했다.〕

카슨과 빌이 세인트루이스로 들어갔을 때 이곳 사람들은 샌파스퀼 전투나 그 뒤의 승전, 타오스의 교수형 소식도 전혀 모르고 있었다. 그런데 전선에서 막 떠난 전령이 도착한 것이다. 카슨이 왔다는 소문이 퍼지자 마을 사람 모두 유명한 산사람을 보려고 몰려들었다. 자기들과 같은 미주리 사람이며 전국적인 전설이 된 사람을 말이다.

사람들은 그저 구경만 하려고 한 것이 아니었다. 서부에서 무슨 일이 일어나는지 무척 궁금해했다. 세인트루이스에 사는 사람 거의 모두가 커니 군이나 도니펀의 자원병 부대에 친지가 있었다. 그러나 이들이 어떻게 지내는지 믿을 만한 소식은 전혀 들을 수가 없었다. 1840년대 변경에서 소식이 전달되는 데 얼마나 많은 시간이 걸렸는지는 과장하기가 불가능할 정도다. 세인트루이스에 사는 군인의 아내는 보스턴에 사는 고래잡이 배 선원의 아내와 다를 것이 없었다. 광활한 육지라는 대양에 남편을 떠나보내고 난 뒤에는 침묵의 나날이 이어졌고, 생사 여부도 모른 채 걱정하느라 힘든 밤을 보내야 했다. 몇 주, 몇 달이 몇 년이 되곤 했다. 서부군에 대해서도 근거 있는 정보 대신 뜬소문만 넘쳐났다. 산타안나가 뉴멕시코를 수복하기 위해 엄청난 대군을 파견했다. 도니펀 대령이 인디언들의 손에 죽었다. 커니 부대가 산에서 모두 얼어 죽었다 등등.

카슨은 아직까지는 자기가 얼마나 유명한지, 유명세를 치른다는 게 어떤 건지 잘 몰랐고 무척 불편해했다. 거리에서, 술집에서, 사람들이 몰려들었고 카슨은 순식간에 그들에게 둘러싸였다. 카슨은 사람들의 무례함, 누군지 모르는 사람들이 자기한테 달려드는 것에 질색했다. 또 기자들을 믿지 않게 되었다. "신문기자라는 사람들이, 내가 한 일에 대해 나보다 더 잘 알았다"고 카슨은 말했다. 뒷골목에서나 술집에서나 사람들이 말을 붙이고 마치 아는 사이처럼 등을 치곤 했다. 카슨은 약간 폐소공포증이 있고 사람 많은 곳을 싫어해 몸을 빼며 어색한 태도로 넓은 길을 가리키며 말하곤 했다. "난 언제나 길에서 사람들을 만납니다."[91]

*

　카슨이 가져온 소식을 누구보다도 목 빼고 기다린 사람은 토머스 하트 벤턴일 것이다. 벤턴은 그해 5월 우연하게도 세인트루이스에 있었다. 카슨이 행낭에 넣어둔 편지 가운데 몇 통은 벤턴에게 보내는 것이었다. 상원의원은 카슨이 자기 집에 묵도록 했고 오래전에 잃은 조카를 만난 것처럼 반갑게 그를 포옹했다. 벤턴은 프리몬트의 원정 보고서를 통해 카슨에 대해 잘 알았지만 실제로 만난 것은 처음이었다.

　벤턴은 그동안 서부의 탐험가 거의 대부분과 친분을 맺었다. 사냥꾼, 상인, 여행가, 사냥 여행을 하러 와서 초원을 싸돌아다니는 기이한 영국 귀족들, 지형학자, 식물학자, 인디언 사냥꾼 등등. 이 사람들은 모두 어떻게 해서든 세인트루이스를 거쳐 갔고 벤턴은 빼놓지 않고 이들을 만났다. 벤턴 자신은 미주리 서쪽으로 가본 적이 없지만 당연히 가본 사람 같은 느낌을 주었다. 변경에 관련된 사람은 빠짐없이 전부 만나본 듯했으니 말이다. 제임스 오더본(1785~1851, 미국의 조류 연구가, 화가―옮긴이), 벤트 형제, 소설가 워싱턴 어빙, 탐험가 윌리엄 클라크, 여행화가 조지 캐틀린, 위대한 사냥꾼 짐 브리저, 제더다이어 스미스 같은 사람들이 그랬다. 또 벤턴은 서부의 걸출한 전사들과도 만났다. 커니, 레븐워스, 도지 등의 군인과 세인트루이스에서 육군 기술대 대위로 복무한 젊은 로버트 E. 리까지.

　세인트루이스 외곽에 있는 벤턴 저택은 정보 교환소 같은 곳이 되었다. 실질적인 미제국의 서부 현장 사무소로 변경에 관한 학문, 상업, 군사 정보 등 온갖 정보가 모이고 뒤섞여 대략의 초안이 만들어지는 곳이었다. 때는 행복한 호사가들과 귀족 탐험가들의 시대로, 분야가 쉽게 뒤섞여 군인이 지리학자, 지도 제작자, 식물학자, 민족학자, 언어학자, 화가가 되기도 하고 동시에 이런 모든 일을 다 하기도 했다. 미국인들은 서부에 대해 너무나 무지해, 어떤 방식으로 얻은 어떤 형태의 지식이건 간에 다 환영받았고 전부 퍼즐을 맞추기 위한 조각으로 쓰였다.

벤턴의 집이 이 퍼즐이 맞추어지는 곳이었다. 탐험가들이 너덜너덜한 지도와 채집한 표본, 인디언 유물, 목판 스케치북을 가지고 찾아왔다. 벤턴은 이 사람들에게 좋은 음식과 술을 권했고 베란다에 밤늦게까지 앉혀 놓고 서부 황야에서 겪은 새로운 이야기들을 청해 들었다.

카슨도 예외가 아니었다. 워싱턴으로 서둘러 가야 했지만 벤턴의 집에서 며칠 머무르며 오리건, 캘리포니아, 뉴멕시코에서 최근에 있었던 일들에 대해 시시콜콜 캐묻는 상원의원의 질문에 대답하지 않을 수 없었다.

벤턴의 아내 엘리자베스는 오래된 버지니아 대농장 집안 출신의 교양 있는 여성이었으나 더듬더듬 우물거리는 말밖에는 할 수 없었다. 1842년 중풍을 맞아 얼굴은 멍하고 병색이 완연했다. 뇌손상을 입어 침대 신세를 져야 했으며 발작을 일으키곤 했다. 식구들은 나이 많은 주치의 때문에 중풍이 왔다고 생각했다. 주치의는 벤턴 부인이 어떤 증상을 호소하건 늘 사혈법瀉血法(병을 치료하기 위해 환자의 피를 조금 뽑아내는 방법 -옮긴이)을 주장했다(중풍에 걸리기 전까지 벤턴 부인은 서른세 번이나 사혈했다).[92] 벤턴은 병든 아내에게 헌신적이었고 아내가 중풍에 걸린 뒤로는 거의 대중 앞에 나서지 않았다. 아내의 침대 옆에 책상을 두고 자기가 고안한 특수 램프 불빛 아래에서 밤새 책을 읽고 글을 썼다. 경랍 초 네 개가 하얀 반사막 앞에서 타오르는 램프였다.

벤턴 집에서 머무르며 카슨은 뜨거운 물로 기분 좋게 목욕도 하고 가게에서 옷도 사서 외모를 가다듬으려 했다. 카슨은 도시에는 익숙하지 않았고 자기가 입은 꼬질꼬질한 가죽 옷과 가죽 모카신을 의식하지 않을 수 없었다. 세인트루이스는 리허설에 불과하다는 것도 알았다. 워싱턴에 가면 옷차림이나 매너에 대해 훨씬 더 신경을 써야 할 터였다. 카슨은 미국 수도에 가면 어떤 일이 일어날 것인지, 자기가 만날 고관들은 어떠할지, 어떤 태도를 취해야 할지 따위를 두고 전전긍긍했다. 하지만 벤턴은 카슨의 불안감을 달래주려 했다. 카슨에게 워싱턴에 가면 국회의사당에서 멀지 않은 C가에 있는 자기 집에 머물라고 했다. 거기 살고 있는 자기 딸 제시가 카슨을 잘 인도해줄 거라고 했다.

카슨은 이렇게 해서 새로 얻은 교분에 감사했고 즐겁게 머물렀다. 자서전에서는 거의 언급하지 않았지만 말이다. "벤턴의 초대를 받아들였고, 아주 친절한 대접을 받았다"고 인정했을 뿐.

한편 벤턴은 손님에게 반했다. 카슨이 멕시코 전쟁 막후의 가장 위대한 영웅이라고 생각했다. 벤턴은 카슨이 "군사학교를 졸업해 군대에 들어가지는 않았지만 서부에서 중요한 군사적 승전의 선봉에 있었다"[93]고 말했다. 또 벤턴은 카슨의 명석한 판단력을 믿게 되었다. 카슨이 믿음을 주는 것은 정직해서뿐 아니라 구체적인 세부 사항에 집중하기 때문에 더 그랬다. 미국 변경의 구술 역사에서 기억의 정확성은 아주 중요하게 여겨진다. 벤턴이 가장 감명을 받은 것도 그런 부분이었다. 카슨의 기억은 절대적으로 신뢰할 만하다고 느꼈다. 프리몬트도 자기 안내인은 속임수를 부릴 줄 모르는 사람이라고 했다. "카슨과 진실은 하나다"라고 했다. 벤턴도 그런 면을 보았다. "그를 아는 사람들 사이에서 카슨의 말은 언제나 유효할 것이다"[94]라고 벤턴은 말했다.

벤턴은 카슨에게 로스앤젤레스와 샌디에이고 상황 보고를 듣고 기뻐했다. 카슨은 몇 차례 사소한 걸림돌과 창병들과 싸운 소규모의 잔혹한 전투를 한차례 겪은 뒤 캘리포니아가 온전히 미국의 손에 들어왔다고 분명히 말했다. 벤턴이 오래전부터 염려하던 영국의 위협도 막아냈다.

그렇지만 벤턴은 카슨의 이야기 가운데 마음에 걸리는 부분이 하나 있었다. 자기 사위에 관한 일이었다. 프리몬트가 로스앤젤레스 최후 함락

이후 커니 장군과 심한 불화를 겪은 것이 분명했다. 짐작컨대 누가 캘리포니아를 통치할 것인가를 두고 육군과 해군이 벌이는 알력에 프리몬트가 끼인 듯했다. 스톡턴 함장은 자기에게 명령권이 있다고 주장했고 커니는 자기가 더 최근에 포크 대통령으로부터 명령을 받았기 때문에 자기 명령이 스톡턴보다 우선한다고 했다. 누구도 쉽게 물러나지 않았다. 거기에 더해 스톡턴 함장이 프리몬트를 자기 권한으로 새로 주지사로 임명했으나 커니는 그것에 의문을 제기했다. 그러나 프리몬트는 지형 조사부대 대위에 불과하면서도 커니 장군의 권위를 인정하지 않으려 했다. 뻔뻔스럽게도 새 주지사는 스톡턴과 커니가 "두 분 사이의 계급 문제를 매듭짓기 전까지" 그 자리에서 물러나지 않겠다고 했다. 이 문구는 프리몬트가 장군에게 보낸 편지에 있던 것으로 물론 커니는 이 편지를 받고 어이없어 했다.

해군과 육군 양쪽을 다 잘 아는 벤턴은 멀리 떨어진 세인트루이스에 있었지만 이런 불화가 곧 해결되리라고 확신했다. 특히 카슨의 행낭에 들어 있던 프리몬트의 자필 편지를 읽고 난 뒤 그런 생각이 더 굳어졌다. 그러나 벤턴은 미 육군의 엄중한 의례와 옹졸한 경쟁심 같은 것도 잘 알았다. 장군을 함부로 무시해서는 안 되는 일이었다. 더더군다나 스티븐 워츠 커니 같은 완고한 장군을 허투루 대해서는 안 되었다. 벤턴은 냉엄한 군사재판정에서는 프리몬트의 행동이 반역으로 해석될 수 있다는 걸 알았다.

*

벤턴 상원의원의 환대를 받고 난 뒤, 카슨은 워싱턴으로 가기 전에 한 가지 더 할 일이 있었다. 그동안 묻어두었던 중요한 개인사였다. 그는 딸을 찾아가 보기로 했다.[95]

애덜라인과 헤어진 지 5년이 지났다. 이제 열 살이 된 애덜라인은 카슨이 미주리 페이트 읍내에서 멀지 않은 조카딸의 농장에 나타났을 때 아버지를 알아보지 못했다. 짧기도 했고 어색하기도 한 만남이었을 것이다. 카슨은 오래 머무를 수 없었지만 애덜라인이 잘 지내고 있는지, 교육은 잘 받고 있는지, 아버지와 멀리 떨어져서 혼혈로 자라는 것이 힘겹지는 않은지 직접 확인하고 싶었다.

애덜라인은 어느덧 아가씨가 되어가고 있었다. 카슨은 애덜라인에게서 아내의 모습을 볼 수 있었다. 카슨은 애덜라인이 그곳을 자기 집으로 여기며 지내고 있고 친척들에게 사랑받는다는 것을 알고 흡족했다. 이미 공부도 카슨보다 훨씬 많이 했다. 그래도 카슨은 애덜라인이 작은 시골 학교를 떠날 때가 되었다고 생각했다. 카슨은 애덜라인을 가까이 있는 가톨릭 기숙학교에 등록시킬 준비를 했다. 교육을 받지 못했기 때문에 카슨이 곤란함을 많이 겪었으리라는 것은 충분히 짐작할 수 있는 일이다. 문자와 숫자에 약한 것, 그래서 자기가 영영 경험할 수 없는 미묘한 세계가 있으리라는 것이 카슨에게는 가장 부끄러운 일이었다. 카슨은 첫딸만큼은 자기가 평생 겪었던 수치스러움을 느끼지 않게 해주고 싶었다.

조카딸이 돈을 받지 않겠다고 했기 때문에 카슨은 가족들에게 선물을 쏟아 부었고 마호가니 흔들의자를 선물했다. 몇 세대를 이어 물려 쓸 수 있는 튼튼한 가구였다. 애덜라인에게 그 흔들의자는 어린 시절의 일부가 되었고 다정하지만 언제나 곁에 없는 아버지를 떠올리게 하는 물건이 되었다. 가족들은 이 선물이 특히 키트와 잘 어울리는 선물이라고 생각했다. 이 의자도 카슨처럼 움직이지 않으면 의미가 없기 때문이다.

30. 시간은 마침내 모든 것을 공정하게 만든다

제시 벤턴 프리몬트는 1847년 5월 말 어느 늦은 밤 워싱턴 기차역에서 카슨을 만났다. 제시는 카슨의 사진은 한 번도 본 적이 없지만 기차에서 내리는 모습을 보자마자 그를 알아보았다. 남편의 묘사가 그대로 들어맞았다. 메마른 웃음, 가죽 같은 얼굴, 휘어진 다리, 반짝이는 회청색 눈. 워싱턴에서 그런 묘사에 들어맞는 사람이 몇이나 되겠는가? 제시는 카슨을 다정하게 맞이하고 자기 마차로 인도했다.

그때 스물세 살이었던 제시는 전통적인 아름다움을 지닌 여성은 아니었다. 아버지처럼 코가 길었고 얼굴은 달덩이처럼 둥글었고 목은 굵고 어깨는 구부정하게 처졌다. 그러나 사람들은 남자건 여자건 제시 프리몬트에게서 어떤 강한 매력을 느꼈다. 그녀는 열정적이고 도전적이고 생각이 뚜렷하고 독창적이었다. 사람들을 대할 때 어찌나 자신감이 넘치던지 처음 보는 사람도 곧 경계심을 늦추곤 했다. 한 친구는 제시의 성격을 "신선한 산들바람과 햇살이 넘친다"[96]라고 평했다. 그런 한편 제시도 아버지처럼 고전에 묻혀 보낸 탓에 곰팡내 나는 학식을 갖추고 있었다.

제시와 카슨은 C가에 있는 제시 아버지의 집으로 갔고 카슨은 워싱턴에서 3주 머무르는 동안 거의 그 집에 있었다. 제시가 관광을 시켜주고 친구들을 소개해주고 디너파티에도 데려갔다. 파티에서 카슨은 관심이 집중

되는 자리에 어색하게 앉아 낯선 유럽식 요리를 먹었다. 당황스럽기도 하고 우쭐한 기분도 들었으며 적어도 처음에는 재미도 느꼈다.

그러나 사실 워싱턴에서는 별로 할 일이 없었다. 그때 미국 수도는 조그만 남부 도시였고 뜨거운 여름에는 상점들도 문을 닫았다. 넓은 길과 순환도로로 이루어진 피에르 랑팡(1754~1825, 워싱턴 D.C.의 기본 설계를 한 프랑스 출신 건축가 -옮긴이)의 도시 계획이 천천히 실현되어가고 있었으나 울퉁불퉁한 길은 여전히 진흙탕과 말똥 뒤범벅이었다. 내셔널 몰(워싱턴 기념탑, 링컨 기념관, 국회의사당, 스미스소니언 박물관 등이 있는 공원 -옮긴이) 자리는 포토맥 강 가장자리 습지 옆에 있는 젖소 목장이었다. 오늘날 볼 수 있는 거대한 기념물은 아직 없었다. 이듬해에야 워싱턴 기념탑 건립이 시작된다. 카슨이 도착하기 한 달 전에 스미스소니언 박물관이 될 새로운 박물관의 기공식이 있었다.

카슨은 제시 프리몬트를 좋아했고 도시 안내를 맡아주어 무척 고마워했다. 카슨은 제시가 기질적으로 아버지와 매우 비슷하다는 걸 느꼈다. 벤턴은 자녀가 넷 있었는데 그 가운데 제시를 가장 총애하고 사랑했으며 제시도 마찬가지로 아버지에게 헌신적이었다. 자라면서 제시는 아버지 곁을 떠나기 싫어했다. 벤턴이 딸을 조지타운에 있는 일류 여자 기숙학교에 보내려고 등록했을 때 제시는 자기 머리를 짧게 잘라버렸다. 아버지가 원하는 아들처럼 보이고 싶다는 뜻이었다. 그걸 보고 벤턴의 마음이 흔들렸다. 제시는 학교를 그만두고 아버지 밑에서 교육을 받을 수 있었다. 벤턴은 자신의 엄청난 서재에서 딸에게 어떤 책을 읽힐지 전체 과정을 만들었다. 이따금은 의회도서관에서, 제시의 표현에 따르면, 제시를 "방목"했다.

제시는 열일곱 살 때 존 C. 프리몬트와 눈이 맞아 집을 나갔다. 아버지는 처음에는 결혼을 심하게 반대했지만 곧 프리몬트의 가장 든든한 조력자이자 후원자가 되었다. 희한하게도 프리몬트는 벤턴의 서부 계획을 현실 속에서 구현하는 존재였다. 젊고 대담한 탐험가, 상원의원의 이상을 현실로 만들어줄 준비도 되어 있고 욕망도 넘쳐났다. 제시는 자기 아버지의 야망과 같은 선상에 있는 야망을 지닌 남자와 결혼한 것이었다.

제시는 남편의 일에 자신을 헌신했다. 프리몬트의 영광을 높이려 했고 프리몬트가 (제시의 표현을 빌리면 "명성의 소리조차 닿지 못하는") 황야에 있을 때 워싱턴에서 그를 위해 동분서주했다. 프리몬트 대신 편지를 써주었고 쉴 새 없이 그의 입장을 옹호하고 호소했다. 제시는 자기 자신의 관심과 욕망을 신기할 정도로 밀접하게 남편의 그것에 접목시켜 두 사람의 야망이 구분이 되지 않을 정도였다. 제시는 남편에게 자기가 프리몬트의 "가장 흔들리지 않는 숭배자"[97]라고 말했다. 제시는 남편의 사진을 침대맡에 걸어놓았다. "이게 나의 수호천사예요." 제시는 남편에게 이런 편지를 썼다. "사랑하는 사람의 얼굴이 나를 열렬히 쳐다보고 있는 동안에는 한순간도 시간을 낭비할 수 없으니까요." 그녀를 아는 사람들은 제시의 헌신이 지나치다고 생각했다. 제시와 가장 가까운 친구 리지 리는 이렇게 말했다. "제시는 남편에게 몸과 마음을 다 바쳤고 남편은 자기 오른손 다루듯이 제 마음대로 제시를 다룬다."[98]

널리 알려진 사실은 아니지만 제시 프리몬트는 남편이 원정 보고서를 쓸 때 적극적으로 협력했다. 실제로 원정 보고서를 쓴 사람은 제시라고 하는 이도 있다. 아니면 적어도 특히 잘 쓴 부분은 제시의 솜씨라는 것이다 (카슨은 몰랐지만 제시는 글 솜씨를 발휘해 카슨을 유명하게 만드는 데 프리몬트 못지않게 기여한 사람이다). 제시는 글재주가 뛰어났고 인상적인 이미지를 그려낼 줄 알았다. 남편은 발로 하는 일에 익숙했지만 제시는 책상 앞에 앉아 하는 일에 익숙했다.

제시는 존과 지적으로 동등했고 어떤 면에서는 더 뛰어났다. 워싱턴 사람들은 칭찬 삼아 제시를 두고 이렇게 말하기도 했다. "두 남자 가운데

더 뛰어난 사람."⁹⁹

*

며칠 동안 카슨은 워싱턴에서 할 일을 다 했다. 국무장관 제임스 뷰캐넌과 국방장관 윌리엄 마시를 만났고 프리몬트의 전문을 안전하게 전달했다. 카슨은 두 사람에게 별 인상을 받지 못했고 자서전에도 거의 언급하지 않았다.

호세파가 기다리는 집으로 가고 싶어 카슨은 짐을 꾸리기 시작했다. 워싱턴에서 더 꾸물거릴 이유가 없었다. 그런데 그때 연락이 왔다. 포크 대통령이 백악관으로 방문하기를 바란다는 것이었다. 그러나 대통령이 너무 바빠 몇 주 뒤인 6월 14일이나 되어야 카슨을 만날 수 있다고 했다.

그래서 카슨은 기다리면서 아주 딱한 시간을 보내야 했다. 더 많은 사람을 만나고, 신문 인터뷰도 더 하고, 사교 생활도 더 해야 했다. 마시 장관의 집에서 저녁식사도 했다. 여러 고위 관료와 장성 두 사람도 같은 자리에 있었다. 카슨은 "진한 소스를 듬뿍 뿌린 생선과 닭 요리는 깨작대기만"¹⁰⁰ 했지만 "자기 앞에 놓인 채소는 전부 먹어치우고 아이스크림과 케이크도 맛있게 먹는 듯했다"고 한다. 카슨은 고급 프랑스 와인을 거절했지만 나중에 부인네들이 응접실로 간 뒤에 마시 장관의 시가는 받아 들었다. 남자들이 담배를 피우고 브랜디를 마실 때에야 카슨은 긴장을 약간 늦추었고 캘리포니아에서 있었던 모험 이야기를 조금 했다.

워싱턴에서 카슨의 복역 기간은 길고 길었다. 포크 대통령의 스케줄이 빌 때까지 기다리던 도중 카슨은 제시의 집을 잠시 떠나 어머니와 함께 워싱턴에 있던 네드 빌의 집에서 지냈다. 빌은 사실 워싱턴에서 자랐고 조지타운 대학을 다녔다. 네드 빌은 불안할 때는 특이한 경련 증세를 보이는 유쾌한 사람으로 아랍어를 조금 배웠고 키츠와 셸리 같은 낭만주의 시인 스타일의 시를 썼다.[101] 술을 좋아해서 숙취를 해소하는 자기만의 요리법을 만들어냈을 정도였다. 빌은 뼈대 있는 해군 집안 출신으로 카슨을 끌고 다니며 지체 높은 워싱턴 사람들에게 인사시켰다. 제시는 빌이 "기지도 있고 특이한 사람"이라고 우호적으로 표현했다(빌의 기지와 특이함 둘 다를 입증하는 한 예로, 빌은 1850년대 미 육군에서 다분히 비현실적인 실험을 주도하게 된다. 미국 서부 사막에 낙타 부대를 도입하는 것이 유용하다는 것을 입증하기 위한 실험이었다. 육군 소속 단봉낙타들을 거느리고 다니며 빌은 아랍어를 익혔다. 그의 말을 빌리면 "낙타들의 모국어로" 낙타들에게 말하기 위해서였다).

최상류층 사람들과의 약속이 다가오자 카슨이 매우 불안해하고 울적해했다. 빌이 무슨 문제가 있냐고 묻자 그는 워싱턴 귀부인들이 노래하는 풀에 대해 알게 될까 봐 걱정이라고 털어놓았다. 카슨은 죽은 아라파호 아내를 회상하며 자기가 그녀를 얼마나 사랑했는지 말했다. 그러나 그 결혼이 비웃음을 사고 사람들이 자기를 비난하고 죽은 아내에 대한 기억까지도 모욕할까 두려워하는 듯했다. 그가 그런 일을 걱정하다니 이상하게 들릴지 모르겠다. 그러나 당시 인디언에 대한 사람들의 생각이 그랬고 동부 일부 상류층에서는 '인종 혼합'을 타락 행위로 치부했다. 그래서 카슨은 자기의 과거가 추문을 일으키리라고 생각한 것이다. 신문에 그 이야기가 실리면 벤턴과 프리몬트, 빌의 가족에게도 좋지 않은 시선이 돌아가리라고 염려했다.

빌은 카슨에게 공연한 걱정이라며 신경 쓰지 말라고 했다. 워싱턴에 있는 사람들은 그런 걸 가지고 카슨을 비난하지 않으며, 오히려 사회의 규범이 통하지 않는 변경에서 아주 다른 삶을 살았다는 사실이 카슨을 더욱 매력적이고 인상적인 존재로 만든다고 했다.

물론 빌의 말이 옳았다. 카슨이 걱정할 필요는 전혀 없었다. 그가 인디언과 결혼했다는 사실은 화제에도 오르지 않았다. 오히려 카슨은 도시에서 최고 인기 스타였다. 외국 대사들도 그를 만나러 왔다. 장성들이나 정치가들은 사람들 앞에서 그와 어울리고 싶어 했고 부인들도 마찬가지였다. 카슨은 이국적인 신비를 지닌 사람이었고 일상적인 사회 관습에 어설픈 것이 오히려 귀엽게만 보였다. 정글에서 나와 도시에 온 타잔처럼.《워싱턴 유니언*Washington Union*》은 카슨에 대해 길고 애정 어린 인물평을 실었다. 카슨을 "우리 변경에서 이따금 나타나곤 하는 고귀한 인물 가운데 하나"[102]라고 했고 카슨이 "용감한 만큼 겸손하며, 인디언 같은 태도를 지녔고, 심지어 걸을 때도 엄지발가락을 안쪽으로 향하게 하고 걷는다"라고 했다(이 인물평은 언론에서 처음으로 카슨만을 온전하게 다룬 기사였다. 제시 프리몬트가 그 기사를 썼거나 아니면 적어도 많은 부분 도움을 주었을 것이다).

카슨은 환영받는 것이 고마웠지만 곧 워싱턴을 싫어하게 되었다. 자기가 만난 정치인 대부분이 싫었고 믿음이 가지 않았다. "저 사람들은 큰 저택에 사는 이곳의 왕자들이요. 하지만 평원에서는 우리가 왕자요."[103] 카슨이 제시에게 말했다. 카슨은 도시가 여러 면에서 답답하다고 생각했다. 빌의 집에서 지낼 때, 카슨은 자기 방이 너무 답답하고 매트리스가 너무 부드럽다며 집 밖 베란다에서 자게 해달라고 했다. 워싱턴 물가가 비싼 것에도 충격을 받았다. 도시 마차꾼들이 그렇게 단순한 운송수단을 운용하면서 돈을 받는다는 게 말도 안 된다고 생각했다. 이 일을 두고 어찌나 흥분을 하던지 결국 제시가 말을 한 마리 구해주어 카슨은 제 발로 도시를 돌아다닐 수 있게 되었다.

제시는 카슨과 가까워졌다. 제시는 카슨이 "완벽한 색슨인이다. 명료하고 공정하고, 청명한 겨울 아침처럼 다정한 기질을 지녔다"고 보았다. 카슨은 "냉철하고 현명하고 강한 반면 부드러웠다." 제시는 카슨이 "유쾌한 심성"을 가졌고 "행복한 기질과 합리적인 침착함의 조화가 너무나 사랑스럽다. 마치 성서처럼 단순명료하다"고 했다. 제시는 카슨이 책을 읽어주면 좋아한다는 걸 알고 즐거워했다. 벤턴의 서재에서 카슨은 우연히 바이런 경의 시집 한 권을 집어 들었고 「말 위의 마제파Mazeppa's Ride」를 묘사하는 동판화를 보았다. 이 시는 실화에 바탕을 두고 쓴 긴 낭만주의 시로, 볼테르의 마제파라는 폴란드 귀족 이야기를 모티프로 한 것이다. 마제파는 다른 사람의 아내와 연애를 했는데 배신을 당한 그 여인의 남편이 그 사실을 알고 마제파를 벌거벗겨 말에 묶고는 초원에 풀어놓았다고 한다. 마제파는 수백 킬로미터 떨어진 우크라이나에서 허기와 탈진으로 거의 죽어가는 상태로 발견되었다. 마제파는 복수를 결심한다.

카슨은 벌거벗은 남자가 전속력으로 달리는 말의 '땀이 흐르는 허벅지'에 뱃대끈으로 단단히 묶인 그림을 보았다. 그 그림을 보고 카슨은 서부에서 본 어떤 인디언 고문 장면을 떠올렸다. "블랙푸트처럼 보여요. 그럴 거예요." 카슨이 제시에게 말했다. "그 사람들은 이런 일도 서슴지 않는 악당들이죠." 카슨은 시를 읽는 척하더니 곧 글을 아는 척하기를 포기했다. "당신이 읽어주시오! 나보다 훨씬 빨리 읽을 수 있잖아요."

그래서 제시가 소리 내어 시를 읽기 시작했고 카슨은 방 안을 걸어다니며 그 의미를 새기려고 애썼다. 제시가 나중에 회상하기를, 카슨은 "완전히 동요되었다." 바이런이 표현한 복수가 카슨의 마음을 흔들었다.

시간은 마침내 모든 것을 공정하게 만든다.
시간이 흐르는 것을 기다리기만 한다면.
용서받지 않았다면 인간의 힘으로
피할 수 있는 것은 없다.
마음에 부당함을 간직한 사람의
끈질긴 추적, 오랜 경계로.

카슨은 마지막 부분에 이상하게 동요했다. 마음에 부당함을 간직하다. "바로 그거예요!" 카슨이 말했다. "딱 맞는 말이에요. 그거 쓴 사람이 그걸 아는 거예요!"

그러고는 카슨은 자기가 사냥 일을 할 때 블랙푸트 인디언 무리가 한 계절 내내 잡은 가죽을 훔쳐간 일을 이야기했다. 산사람에게 이런 행동을 하는 건 전쟁 선포나 다름없었다. 그 일을 회상하면서 카슨은 가슴에 품고 있던 분노가 솟구치는 듯했다. 방금 모욕을 당하기라도 한 듯 갑자기 분노가 타올랐다. 제시는 카슨의 이런 모습을 처음 보았다.

카슨이 말했다. "우리가 그들을 찾아가 '감사'를 하기까지 3년이 걸렸지요. 하지만 결국 때가 왔고 그 부족에 곡소리를 남겼소."

*

키트 카슨과 제시 벤턴은 1847년 6월 14일 제임스 포크 대통령 집무실로 인도되었다. 대통령은 무뚝뚝한 성품 한도 안에서 최대한 다정하게 두 사람을 맞았다. 세 사람은 카슨이 서부에서 이룬 위업과 그가 목격한 전투에 대해 이야기를 나누었다. 대통령은 몇 차례 적절한 질문을 던지며 대화를 효율적으로 이끌었다. 대통령은 카슨의 이야기를 주의 깊게 들었으나 아무런 반응도 보이지 않았다. 대통령이 시작한 기본 계획이 실현되고 있었다. 공식 조약이 이루어진 것은 아니지만 미국이 전 대륙에 걸친 나라가 되었다는 것은 비공식적인 사실이었다. 집권 초기에 구상했던 모든 일이 이루어지고 있었다. 그런데도 대통령은 특별히 기뻐하는 것처럼 보이지 않았다.

적당한 순간에 제시 프리몬트는 캘리포니아 통치 문제를 두고 자기 남편과 커니 장군 사이에 생긴 갈등에 관해 대통령의 의견을 물었다. 대통령은 '불운한 충돌'에 대해 이미 잘 알고 있다고 했다. 대통령은 카슨의 입으로 그 이야기를 듣고 싶어 했고 이 일에 대한 자기 입장을 서술한 프리몬트의 길고 긴 편지를 받아들었다. 포크는 그 편지에 쾅 하고 도장을 찍더니 이렇게 적었다. "크리스토퍼 카슨 씨를 통해 받음."

그러나 대통령은 그 문제에 대해 별다른 말을 하지 않았고 자기가 어느 편인지 드러내기를 삼갔다. 사실 포크는 커니가 캘리포니아를 통제해야 한다고 이미 결정을 내렸고 프리몬트가 장군의 권위를 의문시한 것은 "매우 잘못한 일"이라고 생각했다. 포크는 일기에 이렇게 적었다. "프리몬트의 아내에게 그런 말을 할 필요는 없었고 그래서 즉답을 하지 않았다."

그러나 포크는 방문객들에게 좋은 소식을 전했다. 마시 국방장관의 요청에 따라 카슨을 기마 총병 연대 소위로 임명한다는 것이었다. 카슨은 멋진 새 군복과 봉급도 받게 될 것이었다. 포크는 카슨이 더 많은 전문을 가지고 서둘러 캘리포니아로 돌아가기를 바랐지만 그러기 전에 그날 밤 백악관 정찬에 참석해주기를 바란다고 했다. 영부인 새러가 새로 임관된 소위를 위해 작은 연회를 열기로 했다.

카슨은 초대를 받아들였다. 카슨과 제시가 밖으로 나가자 포크는 자기가 진정 사랑하는 집무 보는 일로 돌아갔다.

포크는 집권 뒤 2년 동안 눈에 뜨일 정도로 노쇠했다. 멕시코 전쟁은 포크가 기대한 것보다 훨씬 더 엄청나고 논란이 많은 일이었다. 워싱턴 사람들은 포크의 유령 같은 초췌한 얼굴을 보고 그 일이 포크를 소진시켰다는 것을 알 수 있었다. 사실 포크는 고통을 거의 혼자 짊어졌다. 지나친 완벽주의 때문에 도무지 만족해하는 법이 없었다. 내각이나 장군들을 신뢰하지 않았고 그 어느 누구도 믿지 않았다. 결과적으로 전쟁 대부분을 어둑한 집무실에 앉아 혼자서 이끈 것이다. 포크는 자기가 "미국에서 가장 열심히 일하는 사람"[104]이라는 사실을 자랑스럽게 여겼다. 아마 그 말은 사실이었을 것이다. 한 전기 작가의 표현에 따르면 포크는 멕시코 때문에 어찌나 걱정이 많았는지 결국 "실질적으로 백악관에 스스로를 가두고 말았다."[105]

사실 걱정할 이유는 별로 없었다. 전쟁의 대세는 그가 바란 대로 기울었다. 재커리 테일러가 부에나비스타에서 산타안나를 무찔렀고 도니펀은 치와와를 차지했으며 윈필드 스콧은 베라크루스에서 상륙작전을 펼쳐 육군 만여 명을 이끌고 멕시코시티로 진격하고 있었다. 한편 니컬러스 트리스트라는 사절이 벌써 멕시코시티에 도착해 평화협정 예비 교섭을 진행하고 있었다. 그러나 카슨이 가져온 캘리포니아 소식과 마찬가지로 이런 진행 상황을 듣고도 대통령은 겉으로는 전혀 기쁨을 드러내지 않았다. 대통령은 테일러가 "아주 무능하며" "지나치게 무식하고" "평범하기 그지없는" 사람이라고 생각했고 스콧은 "사령관 자격이 없는" 사람이라고 했다 (군 역사가들은 이 장군들에게 아주 높은 점수를 주어왔지만 말이다). 니컬러스 트리스트는 "능력이 없는" "어설픈" 협상가라고 했다. 스티븐 커니에 대해서는 드러내놓고 비판하지 않았지만 그렇다고 칭찬하는 일도 없었다. 그럴 수만 있다면 대통령 자신이 멕시코로 가서 직접 군대를 지휘했을 것이다. 대통령은 일기에 이렇게 털어놓았다. "나는 때로 이 세상 어떤 인간도 믿을 수가 없다는 결론을 내리게 된다."

미국이 처음으로 외국을 무력 간섭한 이 전쟁은 단 한 사람의 집중적인 기획이라는 점에서 무척이나 독특했다. 이 전쟁을 '포크의 전쟁'이라고 부르는 것도 무리는 아니다.

*

백악관에서 열린 카슨의 송별 파티는 순조롭게 진행되었다. 새러 포크가 격식을 차리지 않는 분위기를 만들었다. 일주일 전 마시 장관의 파티에서 카슨이 실수를 하고 불편해하는 것을 알아차린 것이다. 영부인은 품위 있고 독실한 장로교도로 그녀의 사교성 덕에 남편의 부족한 매력이 상당히 상쇄될 수 있었다. 대통령과 부인은 둘 다 테네시 출신으로 남부 요리를 알았다. 진한 프랑스식 요리 대신 설익은 로스트비프를 준비했고 대통령이 직접 고기를 썰었다. 와인 대신 위스키를 대접했고 카슨도 한 잔 마셨다.

포크 부인은 손님이 마음 편해하는 것을 보고 만족하는 듯했다. 그런 한편 그녀 자신도 음식을 먹는 카슨의 모습을 뜯어보지 않을 수 없었다.

"테이블 매너는 흠잡을 데가 없었어요."[106] 포크 부인은 이튿날 내시빌에 있는 어머니에게 이런 편지를 써서 보냈다. "카슨 소위는 예의 바르고, 말이 느리고, 어느 누구보다도 용감한 사람이라고 칭찬하면 사양할 줄 아는 겸손함을 지녔어요. 그가 포크를 다루는 품새를 지켜보았다는 걸 고백해야겠군요. 포크를 아주 솜씨 좋게 놀리더라고요."

새러 포크는 카슨이 마시, 뷰캐넌 등 남자들과는 잘 어울리지만 파티에 참석한 여자들과 이야기를 나눌 때는 어색해하고 때로는 아예 입을 다물어버리기도 하는 것을 보았다. 그녀는 이렇게 썼다. "부인들하고 있을 때는 수줍어했고 어찌나 말수가 적은지 우리의 관심 때문에 불편해하는 듯했어요. 제가 샌디에이고까지 전갈을 전하러 갈 때 어떻게 멕시코인들을 피했는지 이야기해달라고 하자, 얼굴을 붉히고 대답하지 않더군요."[107]

다행스럽게도 카슨의 워싱턴 체류는 끝나가고 있었다. 며칠 뒤면 산뜻한 새 군복을 입고, 캘리포니아에 있는 스티븐 워츠 커니 준장에게 전달할 전문이 담긴 불룩한 행낭을 메고 볼티모어행 기차를 탈 것이다.

31. 거대한 폐허

동이 트자마자 400명 가까이 되는 부대가 마시 요새를 떠나 아직 잠에서 깨지 않은 샌타페이를 통과해 진군했다. 서쪽 멀리에 있는 푸른 산, 예메스 산지라 불리는 울퉁불퉁한 화산성 산을 향해 가고 있었다. 1849년 늦여름의 서늘한 아침, 군인들은 맑고 시원한 고원사막 지대 대기 속에서 움직였다. 지난밤에 불어온 계절풍이 대기 중의 먼지를 휩쓸어간 덕이다. 예메스 산지는 직선거리로 30킬로미터 남짓 떨어져 있었다. 리오그란데 유역, 풀로 덮인 내리막 위에 솟은 메마른 메사에서 가파르게 우뚝 솟은 산지다. 청명한 아침이라 산들이 손에 닿을 듯 가깝게 보였다. 피뇽과 향나무가 드문드문 나 있고 높은 곳은 판더로사 소나무와 사시나무로 덮여 뚜렷이 구분되었다. 딱딱하게 굳은 용암 줄기가 침식된 산허리에서 죽 뻗어 나왔다. 오래전 화산 폭발 당시 흘러내린 모습 그대로 좁은 벼랑이 생긴 것이다. 샌타페이를 떠난 군인들이 보기에 예메스는 장엄하지만 한편으로 뭔가 불길한 광경이었다. 여름날 뇌우는 항상 그쪽에서 왔다. 오후에 예메스 쪽에서 구름이 몰려들고 하늘이 어둑해지곤 했다. 그러고 나면 적란운이 모여들어 으르렁거리며 꼬리구름을 흘리면서 동쪽 샌타페이로 다가와 저녁 내내 번갯불을 때려댔다.

예메스 화산 너머에 미국의 가나안 같은 곳이 있었다. 수백 킬로미터에 걸쳐 뻗은, 때 묻지 않은 신비한 황무지, 바로 나바호의 나라였다. 이날 아침, 1849년 8월 16일, 미 육군은 처음으로 디네의 땅 중심으로 쳐들어가 나바호 땅을 제대로 정찰한다. 커니가 이곳을 정복하고 도니펀이 나바호 땅을 급습한 뒤 3년이 지났지만 이 지역에서 야만 부족과 관련된 것만은 하나도 달라지지 않은 듯했다. 커니가 "바로잡겠다"고 공언한 공포는 여전히 계속되었다. 미국이 뉴멕시코에서 인디언과 싸우는 부대를 유지하는 데에만 해마다 300만 달러를 쓰고 있는데도 마찬가지였다. 인디언들은 밤에 습격했고 때로는 바로 미군 코앞에서도 아무런 제약 없이 분탕질을 했다. 히카리야 아파치, 메스칼레로 아파치, 유트, 코만치, 카이오와 등 온갖 부족들이 홀로, 혹은 계속 바뀌는 동맹관계 속에서 움직였다.

그 가운데에서도 나바호가 가장 약삭빠르고 대담했다. 그해 봄 절도와 살인이 최고조에 달했다. 리오그란데 상하류에서 수십 차례 습격이 있었고 수천 마리의 양이 사라졌다(사실 아파치, 유트 등 다른 부족들도 여러 차례 습격했지만 비난의 화살은 늘 나바호에게 돌아갔다). 뉴멕시코 지역의 새로운 인디언 관리관인 제임스 캘훈이라는 조지아 주 사람은 워싱턴 인디언 문제 담당자에게 점점 심해지는 공포를 이렇게 전했다. "나바호는 순전히 강탈과 약탈을 좋아하기 때문에 이런 일을 저지릅니다. 새로운 범죄 소식이 들리지 않는 날이 없습니다. 이 땅에서는 군인들이 아무리 경계를 단단히 해도 살인과 약탈을 막을 수가 없습니다. 아무도 혼자서는 샌타페이를 벗어나 15킬로미터 정도도 가려 하지 않습니다."[108]

젊은 나바호 전사들은 나르보나가 잘못 판단했다고 생각한 모양이었다. '새로운 사람'들은 그전에 있었던 에스파냐인이나 멕시코인과 다르지 않고, 다르다고 해도 나바호 삶에 영향을 미칠 것은 없다고 생각했다. 정복자들이 더 큰 화포를 가졌고 조직도 더 나은 것은 분명했다. 그러나 둔중한 장비를 끌고 다니는 우스꽝스러운 군복 차림의 미국인들에게는 바람처럼 빠른 습격자들을 멈추게 할 힘이 없었다. 군인들은 말을 탄 나바호들을 쫓아 산속의 은거지까지 따라갈 수가 없었다. 대개의 경우 미국인들은 나바호를 잡아 혼내주기는커녕 만날 수조차 없었다. 나바호는 1846년에 알릭잰더 도니편과 곰 샘에서 맺은 협정을 깡그리 무시했다. 캘훈은 나바호를 비롯한 "이 땅의 야만스러운 인디언들은 커니 장군이 이 지역을 정복한 뒤에도 절도에서 많은 성과를 올렸기 때문에 우리에게 그들을 혼내줄 힘이 없다고 믿고 있습니다"[109]라고 말했다. 그리고 은근슬쩍 이런 질문을 덧붙였다. "이제 이 점에 대해 그들을 일깨워줘야 할 때가 되지 않았습니까?"

정말 그런 때가 왔다. 나바호 땅으로 야심찬 원정대를 이끌고 가는 사람은 뉴멕시코의 새로운 군정장관이자 직업군인인 존 위싱턴이라는 지극히 미국적인 이름을 가진 인물이었다. 위싱턴 대령은 캘리포니아 몬테레이에 잠시 배치되었다가 10월에 샌타페이로 왔다. 53세, 준엄한 버지니아 사람으로 입매는 단정하고 길고 마른 얼굴에 가느다란 눈썹이 튀어나온 이마를 가로질렀다. 존 위싱턴을 그린 유화가 한 점 남아 있는데 살결이 지나칠 정도로 희게 보인다. 밝은 빛깔의 눈에서는 매섭고 냉정한 통찰력이 느껴진다. 웨스트포인트 출신으로 포병으로 상급 훈련을 받았고 플로리다에서 세미놀 인디언과 싸웠으며 오클라호마에서 체로키를 강제 추방하는 데에도 참가했다. 최근에는 멕시코 전쟁의 격전지 부에나비스타에서 무용으로 표창을 받았다. 살티요에서 군정장관으로 잠시 복무했다. 위싱턴의 성품에 대해서는 거의 알려진 바가 없으나 냉정한 기질을 가진 노련한 군인이라는 평가다. 군대 내에서 왕래한 서신을 보면 장중한 영어로 가차 없이 의견을 쏟아 부었는데 필체는 내용과 어울리지 않게 섬세하다.

　　　　　　　　　　　　　*

　　위싱턴의 나바호 원정의 1차 목표는 군사적인 것이었다. 디네들에게 미군의 힘과 세력을 각인시키고 계속된 습격을 벌하고 빼앗긴 가축과 멕시코 노예를 되찾아오고, 나바호가 이번에 맺을 조약은 반드시 지키게 하는 것이었다. 편지에 단호하게 적었듯 위싱턴은 나바호가 궁극적으로 "땅을 경작해 정직한 생계를 꾸리는 법을 배우거나 아니면 파멸되어야 한다"고 생각했다. 위싱턴은 유목민이자 기마 생활을 하는 부족 나바호가 영구 주거지에 정착하여 푸에블로 인디언 같은 정주성 농사꾼이 되어야 한다고 주장했다. 그러나 이런 목표를 달성하기 전에 나바호가 "미국의 힘이 어느 정도인지 알아야" 한다고 위싱턴은 썼다.

　　위싱턴 대령은 그해 봄 나바호의 난폭한 행동에 놀라고 실망하기도 했다. 그가 보낸 군사 서신에서 점점 강도를 더해가는 분노를 느낄 수 있다. 그가 7월에 보고한 내용이다. "지난 3주 동안에도 주민이 살해당했고 가축을 많이 잃었습니다. 나바호의 숫자나 당당한 기세로 보아 그들을 압도하기 위해서는 훨씬 강력한 힘이 필요합니다." 인디언 관리관 제임스 캘훈은 인디언 문제 담당관에게 보낸 편지에 위싱턴 대령이 "이 지역에서 최근 문제를 일으킨 부족을 회유하지 않겠다"는 결심을 했다고 썼다. "인디언들은 산속의 안전한 후퇴로를 잘 알고 있고 우리가 그곳에 접근하는 법을 전혀 모른다는 사실을 이용하기 때문에 제대로 응징하기 전에는 멈추지 않을 것입니다."[110]

　　그리하여 이제 제대로 응징을 할 때가 되었다. 위싱턴 부대원은 대부분 미주리 사람들이었다. 그 가운데 일부는 3년 전 커니 장군과 함께 레븐워스 요새를 출발한 젊은 자원병들이었다. 미주리 사람들은 잠시도 쉬지 않고 수천 킬로미터를 행군했고 샌타페이를 정복한 뒤 멕시코의 가시투성이 덤불에서 전투를 경험하여 이제 억센 군인이 되었다. 정식 훈련은 받지 않았으나 경험으로 단련된 것이다. 처음에 입었던 닳아빠진 회색 바지와 푸른 모자를 아직까지 걸치고 있는 넝마 차림의 자원병 부대는 겉보기와는 달리 단련되고 훈련되고 기술을 갖춘 이들이었다. 시골 소년이 청년이 되었다. 현명하고 더 조심스럽고 덜 예민해졌다. 자기들의 편력을 자랑스러워했으며 거친 땅을 걸어서 행군한 것을 펠로폰네소스 전쟁 뒤 크세노폰이 만 명의 그리스인을 이끌고 행군한 것에 비유하곤 했다. 미주리 사람 가운데 500명은 멕시코에서 카미노레알을 따라 10월에 샌타페이로 돌아왔다. 그리고 캘리포니아로 갔다가 마침내 워싱턴 대령과 함께 77일 동안 대륙을 가로질러 행군해 뉴멕시코로 돌아온 것이다. 이렇게 해서 길고도 긴 이들의 행군에 다시 1,600킬로미터가 더해졌다. 몇 달 뒤 워싱턴 대령이 나바호 땅으로 행군하자고 제안했을 때, 미주리 자원병들한테 그 정도 거리는 산책에 지나지 않는 것처럼 여겨졌다.

8월의 맑은 아침, 집집마다 불을 피우고 아침 준비를 하고 샌타페이 주거지에 이산화탄소 연기가 나지막이 깔릴 때, 워싱턴 부대는 예메스 산을 향해 서쪽으로 나아갔다. 정규 보병 네 중대로 구성되었고 군인들 대부분이 1841년식 뇌관식 격발 장치를 단 전장총前裝銃으로 무장했다.[111] 수백 마리의 말과 노새가 탄약이 든 나무 상자와 온갖 군수품, 마직 천막, 석유 등 수십 개, 의료 장비, 500명이 한 달 동안 먹을 식량을 끌었다. 말 위에 올라탄 워싱턴 대령은 긴 푸른 재킷과 번쩍이는 놋쇠 버클이 달린 하얀 천 허리띠 차림이었고 산뜻한 군복은 금빛 장식 끈으로 장식했다. 워싱턴과 미주리 자원병들과 함께 계급이 높은 민간인 관리들도 있었다. 곧 뉴멕시코 지역 총독이 될 인디언 관리관 제임스 캘훈도 함께 있었다. 뿐만 아니라 원정대에는 멕시코인 자원병과 기마 민병대 몇 중대와 안내인, 감시원, 척후로 쓰려고 뽑은 푸에블로 인디언 55명도 있었다. 워싱턴 대령은 화포도 잘 갖추고 있었다. 곡사포 세 대와 6파운드 야포도 하나 있었는데 포신이 청동이고 바퀴가 달린 위협적인 대포로 인디언들이 '천둥마차'라 부르는 것이었다.

8월의 햇살이 샌그리디크리스토 산맥을 넘어와 이들의 등을 따뜻하게 데워주었다. 워싱턴 부대는 샌타페이 강의 서쪽으로 이어진 길을 따라 아구아프리아 거주지를 지났다. 수 마리의 노새가 힘겹게 끄는 천둥마차가 뒤쪽에서 끼익거리며 따라왔다.

*

워싱턴의 원정은 군사작전이기는 하였으나 2차적인 목적, 궁극적으로는 훨씬 더 중요한 다른 목적이 있었다. 나바호 지역을 조사하고 탐사하여 최초의 믿을 만한 지도를 만들어내는 것이다. 1849년에만 해도 나바호 땅은 미지의 땅이었다. 경계를 따라 이어진 좁은 지역만 알려져 있고 그것도 발길 닿는 대로 헤매다 그곳을 지나친 나이 많은 상인과 사냥꾼들의 머릿속에만 들어 있을 뿐 글로 남겨진 것은 없었다. 에스파냐인들이 나바호 땅으로 보복 습격을 가긴 했지만 구체적이거나 정확한 지도를 굳이 만들려 한 사람은 없었다. 나바호 땅은 뉴잉글랜드만큼이나 넓으면서도 길이라고는 하나도 없는 세계였다. 눈이 덮인 산지, 엄청난 하천, 자기들만의 명명법과 독특한 지리적 특성을 갖춘 하나의 세계였다. 너무나 광활하고 너무나 알려진 것이 없어 수 세기 동안 그곳에 얽힌 무수한 전설이 생겨났다. 끔찍한 괴물, 아름다운 사원, 난공불락의 성채 등이 나오는 전설들이었다. 이곳에 사는 사람들처럼 나바호 땅은 미국 정부 입장에서는 애만 타게 하는 수수께끼였으며 아직 완성되지 않은 지도 위에 백지 상태로 남아 있는 의문이었다.

그래서 웨스트포인트 출신이자 지형 기술대 소속인 젊은 장교 제임스 허비 심슨이 위싱턴의 부대에 배치되었다. 심슨이 맡은 임무는 엄청난 것이었다. 한 달 동안 탐사한 지역을 전부 측량하고 기록하는 일이었다. 기압계, 육분의, 주행거리계를 가지고 샌타페이를 출발한 심슨은 수 세기 동안 안개 속에 가려져 있던 세계에 구멍을 뚫고 거리, 온도를 측정하고 토양과 동물 표본을 채집하고 미국이 (적어도 이론적으로는) 정복한 이상한 세계에 관한 지식의 엄청난 공백을 메워야 했다. 심슨은 또 여행 내내 일지를 써야 했다. 펜과 잉크를 사용해 속기가 아닌 보통 글로 적은 이 독특한 글은 『나바호 원정: 군탐사 일지』라는 책으로 출간되어 서부 탐험 문학의 고전이 된다.

제임스 심슨 중위는 털이 많은 난쟁이 같은 사람이었다. "깜짝 놀랄 정도로 쥐처럼 생겼다"[112]고 한 역사가는 표현했다. 헌신적인 미국 감독교회 신도로, 서른여섯 살의 젊은 나이치고 짜증날 정도로 고루한 사람이었다. 뉴저지 출신으로 어렸을 때는 신동이었고 열다섯 살에 웨스트포인트에 입학했다. 어릴 때부터 공학적 재능을 보여 군복무 기간 대부분 플로리다 에버글레이즈에서 배수 사업 계획에 매달렸고 그 뒤에는 오대호 먼 구석에서 등대와 항구 개선 사업에 힘을 쏟았다. 샌타페이에 오기 전에는 미주리 서쪽으로 가본 적이 없었다. 심슨은 동부에 있고 싶어 했다. 남서부를 아주 싫어했던 것이다. "구역질 나는" 음식을 싫어했고 헐벗고 광활한 갈색 풍광을 싫어했고 지저분한 멕시코 마을을 싫어했고 어디에나 스며드는 고운 모래가 지긋지긋했다. 심슨은 뉴멕시코 지형의 "욕지기 나는 빛깔"이 "혐오감"을 일으킨다고 적었다. 버펄로에 새색시를 두고 떠나와야 했기 때문인지, 심슨의 관찰 내용 전반에서 토라져 징징거리는 기색이 뚜렷하게 느껴진다.

그러나 이렇듯 까다롭게 구는 이면에서 심슨 중위가 점점 강한 흥미를 느끼는 것을 읽을 수 있다. 완전히 낯선 풍광과, 마찬가지로 낯선 주민들에 서서히 매혹되어가는 것이다. 심슨은 자기도 모르게 자기가 싫어한다고 주장한 것 전부에 감탄한다. 딱딱하게 구워진 땅, 사막의 식물상, 동물상, 사람들의 기이한 관습 등. 물론 땅이 낯설어질수록 심슨은 오대호 주변의 낯익은 등대를 점점 더 그리워하게 된다. 그러나 그런 한편 그의 글에서는 점점 더 생기가 넘친다. 심슨은 나중에 군 기술관으로 화려한 이력을 쌓고 마침내는 명예 장군 지위까지 오른다. 그렇지만 이후의 그의 삶은, 그에게 우호적인 전기 작가의 말을 빌리면 "솔직히 말해 따분한 이야기다."[113] 뉴멕시코 지역은 심슨이 가장 싫어한 곳이었지만, 1849년 늦여름 그가 지워지지 않을 족적을 남긴 곳이기도 하다.

*

심슨이 엄청난 과업을 좀 더 쉽게 달성할 수 있었던 것은 원정대가 출발할 무렵에 우연하게도 샌타페이에 일류 탐험가 두 사람이 있었고 기꺼이 동반하겠다고 했기 때문이다. 다양한 재능을 가진 리처드와 에드워드 컨 형제는 필라델피아의 좋은 집안 출신으로, 에드워드('네드'라고 불렸다)는 원정대 화가이자 지도 제작자로 서진 팽창 역사에 이미 한 획을 그은 사람이었다. 네드는 프리몬트의 세 번째 원정 때 존 프리몬트, 키트 카슨과 동행했다. 그 뒤 새크라멘토 부근 요새에서 임시 사령관 역할을 하면서 1846~1847년 겨울 도너 일행이 시에라네바다 눈사태로 조난당하자 생존자를 구출하는 데 참가했다.

네드 컨은 키가 크고 호리호리한 스물다섯 살의 청년으로 붉은 곱슬머리와 그것에 어울리는 활달한 성격을 지녔다. 사진을 보면 얼굴이 일그러지고 우울해 보이지만 익살스러운 유머 감각을 가진 사람으로 끝없이 말장난을 하고 장난기가 넘쳤다. 네드는 간질 환자였다. 그런 탓에 "문명과 브랜디에서 멀리 떨어져" 조용히 서부를 여행하며 위안을 얻었던 듯하다. 네드 컨은 황무지에 있을 때 가장 행복해 보였고 연필과 물감통, 트랜싯과 경선의經線儀를 가지고 자기 경험을 상세하게 기록했다. 야외 사진술이 이제 막 발달하려던 시기라 원정 화가는 여전히 무척 중요한 직업이었다. 컨의 그림은 프리몬트의 보고서와 인기 잡지에 인쇄되어 대중들에게 미국 서부의 첫인상을 심어주었다.

형인 리처드 컨도 동생처럼 독신이고 필라델피아에서는 이름 있는 화가였다. 허드슨 강파Hudson River School(1825~1870년경 미국에서 활동한 풍경화가들 -옮긴이)에 영향을 받은 화가 리처드('딕'이라고 불렸다)는 프랭클린 인스티튜트라는 일류 학원에서 그림을 가르쳤다. 몇 차례 중요한 전시회도 열었다. 딕 컨도 과학에 관심이 있었다. 아마추어 식물학자이자 조류학자로 기술과학 잡지에 실을 삽화도 많이 그렸고 정확한 그림 솜씨 덕에 필라델피아 자연과학학회 회원 자격을 얻었다. 네드보다 덩치가 크고 긴 머리칼을 뒤로 넘겼으며 턱수염을 덥수룩하게 길렀고 전염성이 있는 장난꾸러기 같은 웃음을 지었다. 위생이나 깔끔함 따위에는 별 신경을 쓰지 않았다. 필라델피아에 사는 친구가 우편으로 뉴멕시코까지 빗을 보냈을 때 컨은 "그것을 사용하기를 싫어하는" 것을 인정하면서도 빗을 쓰면 "세뇨리타들 눈에 들 것"이라고 믿는다고 편지에 적었다.[114] 여행할 때 컨은 늘 플루트를 가지고 다녔고 위스키를 좋아했다. "도서관, 잔치판, 음악실, 잡학, 자연에 대한 사랑, 미술관"을 좋아한다고 말한 적도 있다.

딕 컨이 서부에서 하려 했던 독특한 일은 인디언 두개골을 수집하는 것이었다. 필라델피아에 있을 때 딕 컨은 새뮤얼 조지 모턴 박사와 친한 친구였다. 모턴 박사는 해부학 교수이자 저명한 자연 인류학자로 미국의 대표 과학자 가운데 한 사람이었다.[115] 모턴 박사는 1839년 『미국인의 두

개골*Crania Americana*』이라는 책을 써서 아메리칸 인디언은 별개의 인종이며 "문명화 능력"이 "코카서스나 몽골인종에 비했을 때 뚜렷이 열등하다"고 주장했다.

자기 주장을 입증하기 위해 모턴 박사는 여러 해 동안 아메리칸 인디언의 두개골을 수집해 비교했고 표본은 주로 무덤을 파헤쳐서 얻었다. 모턴 박사는 미국 전 지역에서 400개가 넘는 두개골을 수집했지만 그래도 갖추지 못한 것이 있었다. 새로 정복한 남서부에서 나온 표본이 하나도 없었던 것이다. 모턴 박사는 필라델피아 자연과학학회에서 컨을 적극적으로 후원했고 자기 집에서 일요일 오후마다 여는 모임에도 젊은 화가를 종종 초대했다. 아마 친목을 도모하는 이런 자리에서 컨은 모턴 박사의 납골당에 채워 넣을 좋은 두개골 몇 개를 가져오겠다고 약속했을 것이다.

제임스 심슨 중위와는 달리 리처드 컨은 뉴멕시코를 사랑했다. 부연 지평선, 뜻하지 않게 만나는 강렬한 색채, "높고 깎아지른 듯한 산"을 그리기를 좋아했다. 그러나 동부의 부유한 집안 출신이라 이곳의 가난에는 환멸을 느끼곤 했다. 유화든 수채화든 연필화든 아름다운 풍경화를 그릴 때 컨은 쇠락한 마을 풍경에서는 고개를 돌렸다. 그는 "뉴멕시코 마을에서는 먼 풍경이 가장 아름답다. 흙먼지와 비참함이 보이지 않기 때문이다"[116]라고 적었다.

*

컨 형제는 1849년 여름을 타오스에서 보냈다. 마구간에서 지내며 거의 죽을 뻔했던 혹독한 시련으로부터 몸을 회복하고 있었다. 프리몬트의 '네 번째 원정'이라 불리던 불운한 작전은 한겨울에 오늘날 콜로라도 남부에 있는 바위투성이 산맥 샌완 산맥을 넘는 것이었다. 프리몬트의 원정은 대실패였다. "이 땅에서 있었던 탐험 원정 가운데 가장 무모한 것으로 꼽힌다"[117]고 한 저명한 남서부 역사가는 말했다.

이 임무는 프리몬트가 타격을 입은 자신의 이력을 회복하기 위해 계획한 것이었다. 이태 전 캘리포니아에서 스티븐 워츠 커니와 프리몬트의 싸움은 완전히 교착 상태에 빠졌다. 프리몬트는 커니의 권위를 무시하고 명령대로 캘리포니아 지배권을 넘겨주지 않는 등 군대 명령체계에 뻔뻔스럽게도 불복했다. 심지어 커니의 장교 한 사람에게 결투를 신청하기도 했다. 프리몬트의 고집에 인내심을 잃은 커니는 마침내 프리몬트를 체포해 수갑을 채워 워싱턴 D.C.로 끌고 갔다. 프리몬트는 '반역, 불복종, 군기 교란 행동'이라는 죄목으로 법정에 섰다. 이 재판을 두고 언론도 광분했고 정치적 멜로드라마도 펼쳐졌다. 벤턴 상원의원은 이 일을 두고 격하게 불쾌감을 표시했다. 자기 사위가 육군과 해군 경쟁으로 인해 벌어진 십자포화 사이에 부당하게 끼었다고 주장했다. 결국 프리몬트는 세 가지 소인 모두에 유죄 판결을 받았다. 그러나 포크 대통령은 관대한 처분을 권고한 판결을 염두에 두고 프리몬트에게 다시 군으로 돌아가라고 명령했다. 프리몬트는 거절했다. 모욕당하고 의기소침하고 속이 쓰린 데다 건강도 좋지 않았던 프리몬트는 발끈하여 사직하고, 이후 명예를 회복하기 위한 적극적인 피해 복구에 들어갔다.

한편 커니 장군은 전선으로 돌아가 베라크루스에서 복무하고 멕시코시티 군정장관 역할을 유능하게 수행했다. 멕시코 전쟁 막바지의 몇 달 동안 미국이 멕시코시티를 점령했던 것이다. 그러나 커니는 황열병에 걸렸다. 멕시코에서는 좀 더 생생한 표현으로 구토병이라 부르는 병이었다. 커니는 미주리의 집으로 돌아와 임신한 아내 메리와 가족 곁에서 요양했다. 군사재판에 회부된 일에 대한 분노를 아직도 삭이지 못한 프리몬트가 결투를 벌이려고 세인트루이스에 있는 커니를 찾아갔으나 커니는 이미 죽음의 문턱에 가 있었다고 한다. 커니가 황열병으로 죽었는지 아니면 그로 인한 합병증으로 죽었는지는 분명하지 않다. 만약 전자라면 커니는 극심한 고통에 시달리며 죽음을 맞았을 것이다.[118] 황열병에 걸리면 눈 흰자위가 누렇게 되고 피부는 이상하게 빛을 내는 황금빛으로 변하며, 죽기 직전 몇 시간 동안은 눈과 잇몸에서 피를 흘리며 엄청난 내출혈로 인한 검은 토사물을 토해낸다.

얼마 전에 육군 소장으로 승진한 커니는 1848년 10월 31일 미주리 시골에 있는 친한 친구 메리웨더 클라크의 집에서 사망했다. 그의 나이 54세였다. 몇 주 전에 메리는 막내아들을 낳았다. 아들의 이름은 스티븐 워츠 커니라고 지었다.

복수할 대상이 땅에 묻히자 프리몬트는 네 번째 원정 계획을 세웠다. 늘 그러했듯 벤턴의 부추김을 받아 로키 산맥을 가로질러 세인트루이스와 태평양을 연결하는 대륙 횡단 철도를 놓을 길을 찾겠다고 결심했다. 이런 길이 가능하다는 것을 입증하는 유일한 방법은 한겨울에 그 길을 횡단하는 것이라고 프리몬트는 주장했다. 그는 자기가 적당한 경로를 찾을 것이며 로키 산맥의 눈이 극복할 수 없는 장애가 아니라는 것을 회의론자들에게 보여주겠다고 자신만만하게 선언했다.

프리몬트의 계획은 순전히 오만에서 비롯된 것이었다. 위도 39도선을 따라 깎아지른 샌완 산맥을 넘겠다는 것이다. 샌완 산맥은 해발 4,300미터가 넘고 겨울에는 매서운 눈보라가 몰아치는 곳이었다. 프리몬트는 그해 가을 벤트 교역소에서 원정대를 소집하면서 아칸소 강 위에 거대한 얼음 덩어리가 흘러내리는 것을 무시했다. 11월, 33명의 대원을 이끌고 프리몬트는 샌루이스 골짜기, 그리고 눈에 덮인 샌완 산맥을 향해 떠났다. 가는 길에 마주친 우호적인 인디언 부족의 엄숙한 예언을 비롯해 1848년 겨울이 유례없이 매서울 것이라는 온갖 조짐이 있었다. 프리몬트는 신경 쓰지 않았다.

카슨을 안내인으로 데려가고 싶었지만 그러지 못하게 되자 대신 빌 윌리엄스라는 베테랑 사냥꾼을 고용했다. 예순두 살의 산사람으로 최근에 인디언과 싸우다 팔에 총을 맞아 생긴 상처에서 회복되어가는 중이었다. 윌리엄스는 호감이 가는 괴짜로 로키 산맥에서 많은 경험을 했다. 전에는 감리교 순회 설교사였고 도박과 술판, 기이하고 소름 끼치는 식습관으로 이름을 날렸다(그는 태중의 송아지 다리를 날로 먹는 것을 특히 좋아했다). 윌리엄스는 샌완 산맥을 "속속들이," "프리몬트가 자기 집 정원을 아는 것보다 더 잘" 안다고 주장했다. 윌리엄스는 카슨과 친구였다. 두 사람은 사냥할 때 수천 킬로미터를 함께 다니곤 했다. 같은 시대에 살았던 사람의 말에 따르면 윌리엄스는 "날카롭고 마른 늙은 시골뜨기 얼굴"을 가졌고 "우는지 웃는지 알 수 없는 징징거리는 목소리"로 말했다고 한다. 윌리엄스의 총은 "경쾌하게 발사되었고 소리만 나고 성과가 없는 일이 없었다."[119] 윌리엄스는 말뚝처럼 말랐고 붉은 턱수염은 기름기로 번들거렸다. 길을 갈 때 혼자 중얼거리는 버릇이 있었다.

윌리엄스가 산에 대해 해박하다는 사실은 부인할 수 없지만 (실제로 로키 산맥의 여러 봉우리와 시내에 그의 이름이 붙어 있다) 키트 카슨 같은 날카로운 판단력과 본능적 조심성은 갖추지 못했다고 한다. 카슨은 재앙을 피하는 기이한 육감 같은 걸 가진 듯했다. 이 불운한 원정에 카슨이 없다는 것은 무척이나 안타까운 일이 될 것이다.

네드와 딕 컨은 프리몬트의 독특한 카리스마에 사로잡혀 각각 원정 지도 제작자와 화가로 일할 계약을 맺었다. 심지어 존경받는 필라델피아 의사인 형 벤을 원정대 의료진으로 불러오기까지 했다. 컨 형제들은 프리몬트를 믿었기 때문에 로키 산맥의 엄청난 눈보라 속으로 파고 들어가면서도 이 원정이 얼마나 어리석은 것인지 깨닫지 못했다. 몇 주 후에야 의심이 들기 시작했다. 프리몬트의 무모한 욕망에 대해 나중에 딕 컨은 이렇게 적었다. "성급함, 자만, 자신감으로 눈먼 고집을 부리며 그는 계속 나아갔다." 11월이 12월이 되고 눈은 계속 내렸다. 몇 주 동안 이들은 꿈쩍도 할 수 없었다. "우리는 모두 눈사나이처럼 보였다. 몇 센티미터나 되는 고드름이 콧수염과 턱수염에 매달렸다."[120] 어느 밤에는 네드의 양말이 완전히 꽁꽁 얼어버려 다리에서 칼로 벗겨내어야 했다.

12월 말 이들의 상황은 더욱 절박해졌다. 굶주린 노새들이 서로의 갈기와 가죽 굴레를 뜯어 먹더니 한 치 앞이 보이지 않는 눈보라 속에서 쓰러졌다. 먹을 것이라곤 죽어가는 짐승들밖에 없었고 날씨가 개기를 기다렸지만 그런 날은 오지 않았다. 벤 컨의 일기에는 12월 18일 아침에 눈을 떠보니 침낭 위에 눈이 20센티미터나 쌓여 있었다는 내용이 적혀 있다. "나는 딕에게 이 원정은 실패라고 말했다. 우리가 살아서 사람 사는 곳에 되돌아갈 수 있다면 그것만으로도 천만다행이라고 했다."[121] 마침내 프리몬트도 이 원정에 희망이 없다는 것을 인정했지만 이미 너무 늦었다. 사람들이 동사하기 시작했고 노새도 다 먹어버린 뒤라 온갖 이상한 곳에서 단백질을 구해야 했다. 딕 컨은 일기에 이렇게 적었다. "힘이 없어 움직일 수가 없다. 우리는 살, 달팽이, 지렁이를 찾았다. 하나도 없었다." 네드 컨은 나중에 "점점 잠에 빠져들었다…… 거의 하루 종일 불가에 멍하게 앉아 있으면 행복하고 만족스러웠다…… 언제 죽음이 찾아오든 상관없었다. 죽음을 기다리고 있었고 그래서 내 일을 전부 내팽개쳤다."[122] 키트 카슨과 타오스의 다른 주민들이 서둘러 구조대를 꾸렸고 마침내 구조대에 발견되었을 때 원정대원 33명 가운데 11명이 굶주림이나 추위로 죽은 뒤였다. 도너 일행 참사 때와 마찬가지로 죽은 사람 상당수는 식량으로 쓰인 것이 분명했다.

동상에 걸린 생존자 스물두 명이 타오스로 돌아왔고 그중 몇은 키트 카슨의 집에 머물렀다. 프리몬트도 너무나 지쳐 들것에 실려 카슨의 집으로 옮겨졌다. 카슨과 호세파는 프리몬트가 건강을 회복할 때까지 간호하며 핫초콜릿을 마시게 했고 프리몬트에게서 산에서 있었던 참혹한 일을 들었다. 언제나 충직한 카슨은 기질적으로 예전 상관을 이렇다 저렇다 비판할 수가 없었고 오랜 친구 빌 윌리엄스의 판단을 두고도 함부로 말하지 않았다. 그러나 카슨은 나중에 특유의 비꼬는 태도로, 무척이나 기이한 식습관을 가진 윌리엄스가 인육이라고 해서 거절하지는 않았을 것이라고 암시했다. "먹을 것이 없을 때는 아무도 빌 윌리엄스 앞을 지나가지 않으려 했다"[123]고 카슨은 말했다.

프리몬트는 그러나 이 대실패나 자기가 산으로 끌고 들어간 열한 명의 죽음에 대한 책임을 인정하지 않으려 했다. 실제로 그가 쓴 편지에서도 한 점의 후회가 보이지 않는다. 대신 모든 책임을 윌리엄스에게 돌렸고 원정대원들 다수를 겁쟁이이자 무력자라고 비난했다. 기운과 자기애적 자부심을 회복한 프리몬트는 이번에는 잘 닦인 남쪽 길을 따라 캘리포니아로 떠나기로 결정한다. 힐라 강을 따라 콜로라도로 가는 길로, 1846년에 커니 장군과 키트 카슨이 택했던 길이다. 샌완을 관통하는 철도는 없을 것이다. 결국 철로는 훨씬 남쪽을 지나가야 할 것이다.

컨 형제들은 고사했다. 존 찰스 프리몬트라는 사람과 그의 허영심은 이제 지긋지긋했다. 형제들은 로키 산맥의 눈이 녹을 때까지 타오스에서 기다렸다. 그리고 나서 3월에 벤 컨과 빌 윌리엄스는 샌완 산맥으로 돌아갔다. 리오그란데 발원지 가까운 곳에 값비싼 비품들을 숨겨두고 왔기 때문이었다. 의료 장비, 지형 계측 도구, 미술 용구 등등. 두 사람은 은닉처를 찾는 데에 성공했으나 도둑 떼를 만나고 말았다. 정확히 어떤 일이 있었는지는 밝혀지지 않았으나 유트 인디언들에게 살해된 듯하다. 유트 인디언들이 원정대의 장비 몇 점을 가지고 있는 것이 나중에 발견되었던 것이다.

한 기록에 따르면 윌리엄스는 "나무에 기대어 똑바로 앉은 채로 발견되었다. 온몸이 꽁꽁 얼고 눈에 반쯤 덮여 있었"으며 "유트 총알이 몸을 관통했다." 벤 컨의 시체는 발견되지 않았다.

네드와 딕 컨은 형이 살해당했을지 모른다는 사실에 충격을 받았고 프리몬트를 더더욱 증오하게 되었다. 이들은 어쨌든 타오스에서 건강을 회복했다. 네드가 필라델피아에 있는 누이에게 보낸 편지를 보면 한동안 "말을 기르기에 최고 좋은 시설을 갖춘 스위트룸"에서 지냈다고 한다. "이 마을에서 구할 수 있는 방 가운데 가장 좋은 편이고 이따금 당나귀가 찾아오니 사교 장소로도 좋다."[124] 초여름, 빈털터리 신세였던 형제들은 샌타페이까지 110킬로미터를 걸어가 일자리를 구했다. 네드는 샌타페이를 "푸른 나무 몇 그루밖에 없는 황갈색의 마을로, 반원 모양으로 둘러싼 홍옥수紅玉髓 빛깔의 언덕 안에 있다. 그것뿐이고 아무것도 없다"고 묘사했다. 그러나 네드와 딕은 이 이상한 주도와 여섯 채의 가톨릭교회를 스케치하기 시작했다. 운 좋게도 컨 형제는 바로 심슨 중위를 만나게 되었고 중위는 두 사람을 화가이자 삽화가로 고용했다. 곧 두 사람은 또 한차례 황무지로 원정을 떠나게 되었다. 이번에는 제발 행운이 따르기를, 두 사람은 빌었다.

*

위싱턴 대령과 부하들은 샌타페이 강을 따라 계속 서쪽으로 행군한 뒤 남쪽으로 방향을 돌려 드넓은 리오그란데 골짜기 깊숙이 들어갔다. 짐을 실은 짐승들은 놀라기도 잘하고 고집을 부렸다. 처음 길을 떠났을 때는 으레 그렇다. "노새 대부분이 거칠어서 문제가 많다." 딕 컨이 일기에 적었다. 원정대는 리오갈리스테오의 건조한 모래둑을 건너 인디언 800명이 사는 오래된 주거지 산토도밍고 푸에블로를 지나갔다.

딕 컨은 산토도밍고 주변의 리오그란데 골짜기가 어찌나 "아름답고 풍요로운지" 감탄했다. "추수기라 인디언들이 밀단을 머리에 이고 탈곡장으로 나르며 신나는 노래를 불렀다"고 컨은 적었다. 산토도밍고 인디언들은 친절했고 군인들을 반갑게 맞았다. 심슨 중위는 푸에블로 여성이 토르티야 같은 것을 만드는 걸 보았다. 여자는 한 장을 주며 먹으라고 했다. 심슨은 워낙 먹을 것에 까다로운 사람이라 여인의 "얼굴에서 땀이 줄줄 흘러내리는 것"을 보고 입맛이 떨어졌지만 마지못해 갓 구운 납작한 빵을 맛보았다. "무척 배가 고팠지만 뱃속에 욕지기가 치미는 것은 어쩔 수 없었다"[125]고 심슨은 적었다.

위싱턴 부대는 이튿날 산토도밍고를 떠나 말을 타고 진흙탕인 리오그란데를 건넜다. 그러다가 보급품 마차 두 대가 진창에 깊이 빠지기도 했다. 심슨이 보기에 "경작이 절대 불가능한" 건조한 땅을 가로질러 북서쪽으로 41킬로미터를 더 가 예메스 푸에블로라고 불리는 인디언 부락에 도착했다. 심슨 중위는 이곳에 별 인상을 받지 못했다. "다 부서져가는 염소 우리가 있고" "보기 흉한 모습"의 부락이라고 적었다. 로마 가톨릭교회는 축 늘어진 어도비 건물로 "무관심과 습기의 영향이 합해져 쇠락해가는 모습이 뚜렷"했다. 곰팡내 나는 교회 안에서는 무수히 많은 제비가 "아무런 거리낌이 없는 듯" 서까래 사이에서 날다 내려앉았다. 신기하게도 해골과 뼈 무더기가 설교단 뒤에 놓여 있었다. 그러나 심슨은 제단 뒤쪽에 걸린 커다란 그림에 감탄했다. 샌디에이고(예수의 열두 제자 가운데 한 명인 성 야곱을 히스패닉식으로 부르는 이름 ─옮긴이)가 십자가를 지고 있는 장면을 그린 그림이었다. "지금은 상당히 손상되었지만 진정한 예술가의 손길이 느껴진다"[126]고 심슨은 적었다. "진정한 재능을 타고난 사람만이 이 그림에서 느껴지는 아름답고 빛나는 슬픔을 표현해낼 수 있을 것이다."

예메스 부락 주변은 살구와 복숭아나무 천지였고 예메스 강을 따라

"금빛 옥수수와 밀이 자라는 땅"이 펼쳐져 있었다. 심슨은 야영지에서 멀지 않은 곳에서 회색 늑대가 "우리를 보고 마지못해 피하는" 모습을 보았다. 이상하게도 부락에서 멀지 않은 곳에 강을 따라 사람이 살지 않는 빈집과 빈 공동주택 수십 채, 구리 제련용 가마까지 있었다. 안내인의 말에 따르면 이 어도비 건물들에는 "한때 멕시코인들이 살았으나 나바호를 피해 떠나버렸다"고 했다. 가톨릭 신부 비센테 가르시아가 나바호 습격자들의 손에 죽은 지 채 한 달도 되지 않았다고 한다.

이들이 얼마나 불안한 삶을 살고 있는지가 빤히 보였다. 예메스는 나바호 전쟁의 전선에 자리하고 있었다. 몇 세기 동안 힘이 없는 이 부락은 나바호에게 철저히 유린당해왔다. 16세기 후반 나바호는 예메스 인구를 거의 소멸시켰고 17세기 예메스 상당수가 이 지역을 완전히 떠나 멀리 떨어진 좀 더 안전한 곳에 재정착했다. 남은 예메스 인디언들은 나바호와 결탁하거나 흡수되었고 결국 결혼으로 인척관계를 맺었다.[127] 이들 사이의 후손은 나바호 안에서 마이 디시기즈느라는 독립적인 무리를 이루었다.

워싱턴 대령은 부락 바로 북쪽에서 야영했다. 추수기가 시작될 무렵이라 예메스 사람들은 푸른 옥수수 춤을 추며 축하를 하고 있었다. 워싱턴의 부하 대부분은 야영지에서 나와 건물 옥상에서 의식을 지켜보았다. 심슨도 일기에 춤추는 사람들의 동작을 세세하게 적어놓았다. 깃털이 달린 머리 장식, 조롱박 딸랑이, 거북이 등딱지, 영양 발, 여우 가죽으로 만든 의상 등 열정과 볼거리가 넘쳤지만 중위는 예메스 춤에서도 역시나 별다른 인상을 받지 못했다. "춤 동작이 다른 인디언들과 크게 다를 것이 없었다"고 심슨은 무시하듯 말했다.

예메스 지도자인 오스타는 심슨에게 부락을 구경시켜주었고 의식에 쓰는 키바 한 곳을 보여주기도 했다. 어둡고 둥근 방으로 창문이 없고 지붕의 연기 구멍을 통해 들어가야 한다. 키바의 벽에는 칠면조, 사슴, 여우,

늑대 그림이 그려져 있었다. 두 사람은 예메스 종교에 대해 이야기를 나누었다. 오스타는 자기들은 로마 가톨릭의 교리를 받아들였지만 고대로부터 내려온 믿음을 고수해왔다는 것을 분명히 했다. "가톨릭 교리는 강요된 것이고 자기들은 이해하지 못한다고 그는 말했다"고 심슨은 기록했다.

오스타는 예메스나 페코스 인디언들은 자기들이 아스텍 문명 황제 몬테수마의 후손이라고 믿는다고 했다. 그리고 언젠가는 "동쪽에서 온 사람들"에 의해 에스파냐인, 나바호 같은 적들의 핍박에서 구원될 날이 오고 예전의 영광을 되찾으리라고 믿는다고 했다. 예메스 인디언들 사이에 "그 사람들이 왔다는 믿음이 점점 굳어진다"고 오스타는 덧붙였다. 커니 장군과 미국인들이 그 사람들이라는 것이다. 이런 듣기 좋은 말 때문인지는 몰라도 오스타는 심슨을 비롯한 워싱턴 부대원들에게 깊은 인상을 주었다. 워싱턴 원정에 동반하자는 제안을 받고 오스타는 기쁘게 자기 부족의 적 나바호 땅 한가운데를 습격하는 이 원정에 참가한다. 예메스 부락을 떠나기 전에 딕 컨은 전투 의상을 완전히 갖추고 수채 초상화 모델로 서달라고 오스타를 설득했다. "오스타는 푸에블로 인디언 가운데 가장 멋있고 지적으로 뛰어난 사람이다. 쾌활하고 스스럼없이 친절하게 대해 우리 사이에 아주 인기가 높다"[128]고 심슨은 결론을 내렸다.

*

8월 22일, 서늘한 아침에 예메스 부락을 뒤로하고 워싱턴 부대원 400명은 예메스 화산 뒤쪽으로 기이하게 뻗어 있는 거칠고도 아름다운 땅으로 나아간다. 길이 점점 좁아지고 산, 작은 협곡으로 이루어진 불모지, 그 사이 짐승과 신화 속의 생물을 떠올리게 하는 웅장한 거암巨巖이 곳곳에 박힌 알칼리 토양의 평지가 있는 미로 같은 땅이 나왔다. 짐마차는 더 이상 앞으로 나아갈 수가 없었다. 천천히 서쪽으로 가면 갈수록 점점 더 수수께끼 같은 환상적인 곳이었다.

심슨은 일기를 쓰면서 이 이상한 풍광을 묘사할 적당할 문구를 찾느라 고심한다. 여러 차례 이곳을 "부서진 땅"이라 불렀다. 당대의 지질학 용어를 빌리기도 했는데 "암재질岩滓質의 퇴적물"이니 "부서지기 쉬운 사암"이니 "연소 시 재가 되는 온도가 서로 다른 점토질 바위" 같은 것을 찾으며 위안을 얻는 듯했다. 때로는 성서를 인용하기도 했다. 이사야서와 시편에 나오는 가나안의 소금기 있는 건조 지역을 들며 "이런 불모의 저주를 받은 것은 이 땅에 사는 사람들이 사악하기 때문"이라고 말하기도 했다. 이 땅 대부분은 "불모의 황무지"라고 그는 단언했다.[129]

그러나 심슨조차도 이 땅의 아름다움에 동요하지 않을 수 없었다. 심슨은 특히 행군하기에 좋은 날씨에 매혹되었다. 낮에는 뜨겁고 건조하고, 밤이면 하늘에 별이 가득하고 서늘하고 상쾌했다. 이따금 "가는 빗줄기"가 쏟아져 오후의 먼지를 가라앉혀주었다. 심슨은 처음으로 석화된 숲을 보았다. "이걸 보면 예전에는 이곳에 지금보다 나무가 더 많았다는 것을 알 수 있지 않은가?" 하고 심슨은 생각했다. 어느 날 아침에는 천막에 들어온 벌새를 보고 기뻐했다. "잠깐 동안 내 앞에서 두어 뼘 거리에 머물더니 사라져버려 다시 볼 수 없었다."[130] 심슨은 심지어 그답지 않게 시적인 감상에 젖기도 한다. 8월 25일 아침 막사를 걷은 지 얼마 되지 않아 수평경(육분의에 부착된 렌즈 옮긴이)으로 뒤를 돌아보고 카베손 봉의 장엄한 자태를 본다. 완만하게 기복하는 푸에르코 골짜기 위에 600미터 높이로 홀로 우뚝 솟은 화산성 바위산이다. 그는 이렇게 적었다. "아침 해가 금빛 햇살을 동쪽 기슭에 비추고 나머지 부분은 부드러운 여명에 싸여 있는 모습을 보고, 이렇게 아름답고 장엄한 광경은 처음 본다는 생각을 했다."

같은 광경을 보고 딕 컨도 영감을 받아 세로로 홈이 팬 카베손 봉우리에 여명이 찾아드는 광경을 수채화로 그렸다. 카베손 봉 주변에 수 세기 동안 살아온 나바호는 그것을 '내려오는 검은 바위'라고 불렀고 거대하고 사악한 거인이자 나쁜 신의 우두머리인 예잇소의 머리가 굳어 생긴 것이라고 믿었다. 나바호 탄생 설화에 등장하는 전투에서 위대한 전사인 전쟁의 신 살인자 괴물이 예잇소의 머리를 베었다.

원정대는 리오푸에르코에 다다랐으나 심슨은 리오rio(강)라는 이름을 너무 관대하게 붙여주었다고 생각했다. 물은 거의 없고 "여기저기 웅덩이 몇 개가 있을 뿐이며 물은 역겨운 녹색에 맛도 짠맛이 돌았다." 푸에르코 강바닥은 찰흙이 가득해 강을 건너는 동안 무거운 곡사포를 지고 가던 노새 한 마리가 발을 헛디뎌 물길에 쓰러졌다. 노새는 신음을 하며 뒤집힌 딱정벌레처럼 네 발을 공중에서 무력하게 버둥거렸다. "가엾기도 하고 우습기도 한 광경이었다"[131]고 심슨은 적었다.

*

천천히, 꾸준히 이틀 더 행군한 끝에 워싱턴 부대는 대륙 분수계(북아메리카의 분수계를 이루는 알래스카에서 멕시코까지 이어진 산줄기 _옮긴이)를 넘었다. 8월 26일에는 차코 건곡에 다다랐고 곧 심슨이 '대단한 폐허'라고 부른 것과 마주하게 된다. 안내인 역할을 하던 푸에블로 인디언들은 다른 이름으로 불렀다. 누군가는 '몬테수마의 부락'이라고 했다. 다른 사람은 쥐들의 푸에블로라고 했다. 결국 심슨은 그것을 푸에블로 핀타도, 곧 '채색된 마을'이라 칭했다.

핀타도는 차코 협곡에 있는 아홉 채의 '거대한 집' 가운데 가장 동쪽에 있는 것이고 미국 서부에서 가장 장대한 선사 유적이다. 워싱턴이 이 기이한 곳으로 원정대를 끌고 오려고 군이 의도한 것은 아니었지만 이왕 이렇게 되었으니 심슨과 컨 형제에게는 엄청난 기회가 된 셈이다. 이들은 1000년경에 번성하였으나 지금은 사라진 아나사지 문명의 석조 유적을 처음으로 묘사하고 조사한 미국인이 된다.

'높은 기대'를 품고 심슨, 딕 컨과 멕시코인 호위대 몇 명이 폐허를 조사하기 시작했다. 조사자들에게는 평생에 한 번 올까 말까 한 기회이자 군사원정의 지루한 일정에서 벗어날 수 있는 반가운 일이었다. 그러나 시간이 많지 않다는 것을 알았다. 워싱턴 부대는 계속 진군하고 있었고 심슨 무리가 따라올 때까지 기다려주지 않을 것이었다. 위험한 나바호 지역에 들어와 있으니 군대가 지켜줄 수 있는 범위에서 너무 멀리 벗어나고 싶지는 않았다. 그러나 지금은 어쩔 수가 없었다. 폐허가 된 문명에 매혹된 그들은 도저히 그냥 지나칠 수가 없었다.

그래서 심슨 일행은 엄청나게 빠른 속도로 일했다. 측량을 하고, 스케치를 하고, 유물을 수집하고, 암벽화를 살피고, 땅을 파보고, 방위와 천문 계측을 했다. 거대한 유적을 하나씩 살피며 사흘 동안 바쁘게 움직였다. 이 구조물에서 저 구조물로 옮겨갈 때마다 전에 본 것보다 더 크고 더 장려하게 느껴졌다. 돌과 목재로 만든 거대한 집은 반원형에 여러 층으로 된 주거지로 방이 수백 개가 넘었고 그 가운데 몇 채는 "거의 완벽한 상태로 보존"되어 있었다. 집단 주거지 대부분은 건곡 북쪽에 있는 거대한 사암벽에 기대어 지은 것이었다. 건물 가운데 가장 큰 것은 푸에블로 보니토라 불리는 것으로 방이 700개가 넘었으며 4층이고 남북으로 뻗은 축을 따라 거의 완벽하게 정확히 지어졌다.[132] 정북 방향에서 15분(0.25도) 이상 벗어나지 않았다. 심슨은 이 건물들을 보고 감탄했고 "설계가 웅장하고 건축 기술이 뛰어나다"고 했다. 이 건물들은 "오늘날 인디언들이나 뉴멕시코인들보다 훨씬 뛰어난 건축 능력을 보인다"고 생각했다.

딕 컨은 생애 최고의 시간을 보내고 있었다. 그날 마지막 빛이 지평선 너머로 사라질 때까지 미친 듯이 수채화를 그리고 스케치를 했다. 소란스러운 군대와 떨어져 기울어진 성벽 아래에서 야영을 하며 이 황량한 곳에 혼자 있는 것이 좋았다. 그는 전성기에 이 공공주택 단지가 어떤 모습이었을지 상상하며 수채화로 그렸다. 컨은 일기에 이렇게 적었다. "지금은 늑대, 도마뱀, 토끼만 살고 있다. 안마당과 광장에 밝은 빛깔의 들꽃이 가득 피어 있다. 누가 이 건물들을 지었는지 아무도 모른다…… 그러나 아주 오래전에 이곳에 살았던 민족이 지었음은 분명하다. 에스파냐인들의 양식과는 전혀 다르기 때문이다."[133] 컨과 심슨 중위는 더할 수 없이 행복했다. 마법의 세계에서 뛰어노는 어린아이들 같았다. 건곡에 있는 중요한 건물 대부분의 평면도를 그렸고 푸에블로 보니토에 있는 방 하나의 회벽에 자기들 이름을 새겨 넣었다.

그러나 심슨은 이 엄청난 미로 같은 유적을 제대로 다 감상하기란 불가능하다는 걸 깨달았다. 나바호가 매복하고 있을까 봐 두려워 결국 심슨은 장비와 관찰 수첩을 꾸려 서둘러 군대를 따라가자는 명령을 내렸다. 그는 "시간이 허락했다면 더 오래 머무르며 과거의 유물을 파보았을 것이다. 그러나 군대가 우리보다 벌써 몇 킬로미터 앞서갔을 터이니 떠나지 않을 수 없었다." 상황이 "우리 욕구를 충족시키도록 허락하지 않는다"[134]고 적었다.

*

워싱턴 원정 무렵에만 해도 아나사지에 대해 알려진 것은 아무것도 없었다. 심슨 중위도 믿기지 않을 정도로 거대한 폐허를 보았으나 당연히 이것에 대해 아무런 지식이 없었다. 예메스 추장 오스타는 차코 도시는 자기들의 조상인 아스텍 황제 몬테수마가 건설한 것이라고 말했다. 그때 널리 퍼져 있던 신화를 되풀이한 것인데 심슨도 일리가 있다고 생각했다. 그러나 사실 차코 사람들은 메소아메리카(오늘날 멕시코, 온두라스, 엘살바도르 등이 있는 중앙아메리카 지역으로 고대문명이 발달했다 옮긴이)의 아스텍 문명의 선조들과 틀림없이 교류는 했을 테지만 아스텍 문명과 직접적인 관계는 없었다. 차코 사람들은 950년경에 두드러지게 번성했는데 이때는 아스텍이 중앙아메리카를 지배하기 훨씬 전이다. 차코 사람들의 힘과 부는 뛰어난 터키석 가공 기술에서 나온 것이었다. 터키석은 그 지역에서 의식용으로 아주 귀중하게 생각하는 보석이다. 샌타페이 가까이에 있는 세리요스 언덕에서 캐낸 터키석은 물러서 다루기 힘든데, 차코 사람들은 이 보석을 연마하고 모양을 만들고 마무리하는 기술이 뛰어나서 장사를 잘할 수 있었고 덕분에 엄청난 부를 축적했다.

짧은 기간 동안, 1세기도 안 되는 동안 차코 건곡 사람들은 급작스러운 문명의 발달을 이루었다. 북아메리카 역사에서 비슷한 예를 찾아보기 힘든 급속한 문화적 발전이었다. 고고학자들은 그래서 차코 현상이라는 말까지 만들었다.[135] 차코 아나사지는 빠른 속도로 중앙집권 사회를 만들고 농업을 강화했으며 협곡을 따라 '거대 저택'을 짓고 인구를 집중시켰다. 복잡한 관개수로와 댐을 만들었다. 중심지에서 바깥쪽으로 뻗어나가는 칼날처럼 곧은 도로를 만들었다. 멀리 뻗은 메사 꼭대기에 '등대'를 세웠고 그곳에서 봉화를 올려 수백 킬로미터에 걸쳐 뻗은 아나사지 마을에 소식을 전달했다. 가공품과 의식도 점점 아름답고 복잡해졌다. 60킬로미터 남짓 떨어진 산에서 판더로사 소나무 수천 그루를 베어 끌고 와 이 엄청난 건물들을 지었다. 곧 강력한 힘을 가진 사제단이 발달했다. 관측소를 지었기 때문에 이 예언자들은 천체의 움직임을 놀랄 정도로 정확하게 관측할 수 있었다.

북아메리카에서 이렇게 빛을 발한 문화는 없었다.[136] 그런데 1150년 무렵에, 느닷없이 꽃핀 것처럼 차코 문화는 빠른 속도로 이울었다. 쇠락의 원인은 환경 파괴와 관련이 있는 듯하다. 1085년과 1095년에 찾아온 지독한 가뭄 때문이기도 했고, 생산성이 적은 사막 지역에 인구가 밀집해서 살았기 때문이기도 했다. 차코의 융성은 기상학적 이변에 근거한 것이었다. 이들은 100년을 주기로 한 이상 습윤기에 살았고, 그 짧은 기간 동안 차코 협곡에서 경작, 사냥, 벌목을 지나치게 했다. 몇 세대 지나지 않아 헐벗은 땅이 침식되고 표토는 유실되고 배수로는 소금기와 미사로 막혀버렸다. 옥수수와 콩을 기를 물을 공급하던 강은 말라버렸다. 1129년 무렵에 시작된 세 번째 대가뭄이 최후의 일격이 되었다.

환경의 격변은 자연스럽게 사회적 격변으로 이어졌다. 죽음의 고통 속에서 차코 협곡은 더 이상 행복한 곳이 아니었다. 사람들은 굶주렸다. 곧 거대한 집은 요새가 되었고, 벽이 생겨 1층 창문을 가로막았고, 밤이면 사람들은 더 높은 층에 숨었고 사소한 위험의 기미만 보여도 사다리를 걷어버렸다. 고고학자들은 사회적 불안, 주술, 의식으로 카니발리즘을 행한 증거까지 찾아냈다. 마침내 차코 아나사지는 대규모로 마을을 떠나기 시작했다. 사람들은 아름다운 장식용 그릇, 샌들, 옷가지, 식품 저장고에 잔뜩 비축한 말린 식량도 그대로 두고 거대한 공동주택 단지를 떠나버렸다.

그러나 차코인들이 '사라진' 것은 아니었다. 남서쪽으로, 사방으로 흩어져 안전하고 물이 있는 곳이면 어디에나 재정착했다. 푸에블로 인디언은 이들의 후손이다. 오스타와 예메스 인디언들은 아스텍 혈통이 아니라 차코 혈통이며 주니, 호피, 아코마, 타오스 등 뉴멕시코 지역 전체에 여기저기 퍼져 있는 수십 개의 푸에블로 부족들도 마찬가지다. 당시의 푸에블로 건축물은 차코의 거대 주택처럼 기술적으로 정교하지는 않더라도 놀라울 정도로 비슷하다. 여러 층으로 된 공동주택이며 계단식 지붕, 지하 키바를 갖추고 있는 등. 푸에블로 인디언의 암벽화나 종교 의식, 도기 형태

등을 보아도 뚜렷한 문화적 유사성을 느낄 수 있다. 차코 아나사지는 디아스포라를 겪기는 했으나 잘 살아남았다. 흩어져 소규모 정착지에서 다시 싹튼 아나사지의 후손들은 차코 협곡에서 마지막 소중한 교훈을 얻었다. 사막에서 밀집해 사는 것의 위험을 알게 된 것이다. 척박한 환경에서 문명은 흩어져야만 살아남는다.

흥미롭게도 차코 현상이 내파할 무렵 거의 동시에 나바호가 이 지역에 들어왔다. 몇 세기에 걸쳐 알래스카와 캐나다 북서부에서 로키 산맥 등줄기를 따라 천천히 남쪽으로 내려온 것이다. 나바호 유목 전사들은 흩어진 문명의 본보기 같은 존재였다. 유연하고 적응력이 뛰어나고 어느 한 장소나 생활양식에 속박되기를 거부하는 나바호는 계절에 따라 사냥감을 쫓아 혹은 자기 마음 내키는 대로 자유롭게 돌아다녔다.

처음으로 차코 협곡 폐허를 보았을 때 나바호는 틀림없이 충격을 받았을 것이다. 차코의 모든 것이 그들의 삶과 정반대였다. 나바호는 차코 문화가 자기들이 본 어떤 문화보다 더 진보했다는 사실을 알아차렸을 것이다. 그런 한편 뭔가 끔찍한 일이 벌어졌으며 이 유령 같은 도시 안에 파괴의 씨앗이 있다는 것을 직감적으로 알아차렸다. 나바호는 거대한 집 안에 들어가지 않았다. 악과 죽음의 장소라고 믿었기 때문이다. 나바호는 절대로 이런 식으로, 도시를 이루며 영구 주거지에 모여 답답한 환경에 갇혀 살지는 않을 것이다. 나바호는 언제나 탈출구를 남길 것이다.

시기를 정확하게 알 수는 없지만 두 문화가 서로 만났을 가능성도 있다. 아나사지가 이곳을 떠날 무렵에 나바호가 몰려 내려왔고, 잠시 동안 서로 직접 접촉했을 가능성 말이다. 나바호가 왔기 때문에 차코 문화가 더 빠른 속도로 해체되었을 수도 있다. 전쟁을 벌였거나 아니면 자원을 두고 경쟁을 벌였을지도 모른다. 아나사지는 나바호 말로 '우리 적의 조상'이라는 뜻이다(그래서 오늘날 푸에블로 인디언들은 아나사지라는 말을 싫어하고 '푸에블로 조상'이라는 호칭을 선호한다). 나바호와 아나사지의 관계가 어떠했든 간에 아나사지가 떠난 빈 공간을 나바호가 채웠다. 나바호는 이 지역의 주인으로 남아 무너져가는 바위 도시 가운데서, 폐허에 얽힌 이야기를 자기들의 신화에 결합하지만 그 폐허를 건드리지는 않으면서 방랑하는 삶을 살아갈 것이다.

심슨과 딕 컨이 이곳을 돌아다닐 때에는 나바호가 거의 500년 동안이나 차코 협곡의 실질적인 관리자였다. 차코에 대한 초기 지식의 상당 부분은 나바호의 관점에서 나온 것이었다. 차코라는 말도 나바호 말 '체코'를 에스파냐어로 음차한 것이다. 체코는 '협곡'을 가리키며 원래는 '바위틈'을 뜻한다. 심슨이 사람들과 폐허를 살피고 있을 때에도 나바호 정찰병이 멀리에서 이들을 지켜보고 있었다. 이들이 무얼 하려는 건지 궁금해하며, 구레나룻을 기른 조그만 사람이 마법사가 아닌가 생각했을 것이다.[137]

32. 위대한 지도자의 비극적 죽음

워싱턴 대령 부대는 오소리 샘이라고 불리는 곳 근방에 있는 황량한 모래폭풍 지대에서 야영을 했다. 전망은 압도적이었다. 북쪽에 장엄한 십록이 하늘로 뻗어 있었다. 그러나 야영지로는 좋지 않은 곳이었다. 불을 피울 땔감이라고는 가시덤불 몇 줄기밖에 없었다. 기술자들이 땅에 구덩이를 깊게 파서 물을 좀 찾아냈지만 강알칼리성이었고 딕 컨의 말에 따르면 "상한 달걀 맛이 났다." 워싱턴 대령은 말과 노새에게 먹일 풀이나 꼴을 찾을 수 없자 부하들에게 근방의 나바호 밭에서 아직 덜 자란 푸른 옥수수를 베어 오라고 명령했다.

당연히 그 근방에 살던 나바호들은 옥수수를 훔쳐가고 옥수수 밭을 짓밟은 것을 적대적 행동으로 받아들였다. 곧 나바호 무리가 워싱턴 대령에게 불만을 제기하러 야영지로 들어왔다. 이들은 말과 노새 열다섯 마리와 양 몇 마리를 끌고 왔는데, 워싱턴 대령이 도둑맞은 재산을 되받아가려고 이곳에 왔다는 말을 전해들었기 때문이다. 이 사람들은 나르보나가 보낸 사절로 이들이 가져온 가축 대부분도 나르보나 소유의 것이었다. 워싱턴은 짐승들을 받아들였지만 옥수수 밭에 대한 이의 제기에는 아무 말이 없었다. 야영지로 들어온 원주민 가운데는 여자들도 있었는데, 심슨의 기록에 따르면 "담요, 각반, 모카신 차림이었다. 담요를 허리 언저리에서 띠

로 묶었다." 심슨은 이 여자들이 "남자처럼 말 위에 앉았다"[138]는 사실에
좀 충격을 받은 듯하다. 한 여자는 "가슴에 아기를 안고 있었는데 등이 널
빤지에 묶여 있었고 널빤지 위쪽에는 궂은 날씨로부터 아이의 머리를 보
호하려고 단 버드나무 줄기로 짠 차양 같은 게 있었다."

이튿날인 8월 30일 아침 워싱턴 부대는 천막을 걷고 다시 서쪽으로
나아갔다. 이번에는 24킬로미터 정도 나아갔다. 컨은 자기들이 가는 동안
"주위에 무수히 많은 인디언이 있었다"고 기록했다. 인디언들이 점점 화를
내고 불안해하는 것이 뚜렷이 느껴졌다. 대부분은 창, 작살, 활로 무장한
전사들이었다. 심슨은 이들이 "막강해 보이는 무리"라고 생각했고 "헬멧
모양의 모자에는 독수리 깃털이 빼곡히 꽂혀 있었다"고 했다. 전사들 가운
데 몇몇은 "거의 벌거벗은 차림이었다. 한 사람은 허리에 두른 천 말고는
아무것도 걸치지 않았다. 그런 데다 온몸에 회칠을 해서 마치 유령처럼 보
였다."

그날 한낮이 되자 나바호들의 수가 수백 명으로 늘어났고 앞쪽에서
달려가며 엄청난 먼지구름을 일으켰다. 워싱턴 대령은 자기들과 함께 요
란스럽게 달리는 전사들에 신경이 쓰이기 시작했고 결국 포병들에게 곡사
포 두 대를 노새 등에서 내리라고 명령하고 공격 준비를 시켰다. 심슨 중
위는 그날 어쩐지 예감이 좋지 않았다. "검고 불길한 구름"이 멀리 보이는
추스카 산맥 봉우리 위에 떠 있는 것을 보았고 "날카로운 번개가 산맥을
가로질러 번뜩이는 것을 뚜렷이" 보았다.[139] 뇌운이 점점 커지더니 빗줄기
가 쏟아졌다. 워싱턴은 행군을 멈추고 심한 우박우가 멎을 때까지 기다려
야 했다.

워싱턴은 그날 투니차 강 북쪽 지류 부근, 아나사지 그릇 조각이 흩어
진 땅에서 야영을 했다. 가까이 있는 추스카 강 유역에 잘 자란 옥수수가
물결치는 "광활하고 풍성한 밭"이 있었다고 심슨은 기록했다. "이 땅에서

본 어떤 밭보다 곡식이 잘 자랐다." 배수로가 없는 땅이지만 부드러운 흙 안으로 스며 들어오는 물 덕에 잘 자랐다. 고랑을 만들지 않고 옥수수를 빽빽하게 깊이 심었는데, 여러 세기 동안 나바호가 사용해온 물을 아끼는 경작 방법이다.

풍성한 작물에 눈독을 들인 워싱턴 대령은 또다시 부하들에게 나바호 밭에서 옥수수를 가져오라고 명령을 내렸다. 나바호가 부대들을 막으려고 하자 워싱턴은 "명령을 실행"할 더 많은 병력을 보냈다. 워싱턴은 어차피 나바호 때문에 하게 된 원정이니 그 비용을 나바호가 미국 정부에 갚아주어야 한다며 옥수수 훔친 것을 정당화했다. 이런 궤변에 나바호는 더욱더 분개했지만 우두커니 서서 미군이 자기들의 겨울 식량을 강탈해가는 걸 지켜볼 수밖에 없었다.

야영지 주변에 긴장감이 감돌았다. 성난 나바호 수백 명, 어쩌면 거의 1,000명에 달하는 사람들이 야영지를 둘러싸고 이쪽저쪽으로 말을 달리며 격앙하여 몰려들었다. 워싱턴은 대표 몇 명을 캠프로 불러 대화를 하고 했다. 대표자들이 모이자 대령은 에스파냐어 통역관을 통해 추스카 지역을 대표하는 추장을 최대한 많이 소집해오라고 말했다. 대령은 자기 부대가 이 지역에 들어온 것은 계속되는 습격과 절도에 대해 나바호를 벌하기 위해서라고 했다. 또 나바호 추장들이 내일 돌아와 평화조약에 조인한다면 미국은 나바호와 친구가 될 것이라고 말했다. 대표들은 이튿날 정오에 다시 만나는 것에 동의했고 노령의 나르보나도 올 것이라고 했다. 이들이 떠나기 전에 리처드 컨은 나바호 우두머리 한 사람이 발끈하여 이해할 수 없다는 듯 워싱턴 대령에게 이렇게 묻는 소리를 들었다. "우리가 친구라면 왜 우리 옥수수를 가져갑니까? 화나지만 시키는 대로 하는 수밖에 없군요."[140]

　　　　　　　　　　　　　　*

　　이튿날 정오 나바호 수백 명이 워싱턴의 막사로 왔다. 전체적으로 "빨강, 파랑, 하얀색으로 멋지게 장식하고 손에 장총을 들고 있었"으며 "매우 위풍당당한 모습"이었다고 심슨은 생각했다.[141] 모어드는 군중 가운데 원로 세 사람이 앞으로 나와 자기들의 에스파냐어 이름을 말했다. 아르출레타, 호세 라르고, 그리고 나르보나였다.

　　모든 사람의 눈이 나르보나에게 쏠렸다. 나바호 가운데 가장 유명한 사람. 여든이 넘었지만 아직도 풍채가 당당했다. 심슨은 그가 "무척 나이가 많고 체구가 크며 엄숙하고 생각에 잠긴 듯한 얼굴이다. 여러 장교들이 말했듯이 (이런 비유가 용인된다면) 워싱턴 대통령과 닮은 모습이었다"[142]고 묘사했다. 그날 나르보나는 대담한 기하학 문양으로 염색한 족장들이 입는 멋진 양모 담요를 둘렀다. 딕과 네드 컨은 함께 나르보나를 수채화로 그렸다. 엄숙한 위엄이 느껴지는 초상이었다.

　　나르보나는 관절염이 심해 말에서 내리는 것을 거들어주어야 했고 들것을 타고 회담장으로 갔다. 호의를 표하기 위해 나르보나는 워싱턴에게 수백 마리에 달하는 가축을 더 주겠다고 했다. 나르보나는 새로운 사람들과 평화롭게 지내는 게 옳다고 생각한다고 했고, 뉴멕시코인들과는 오랫동안 싸워왔고 서로 많은 피해를 준 것이 사실이지만, 자기들 추스카 나바호는 미국인들과는 싸운 적이 없다고 했다. 또 자기는 평화를 주창하지만 자기 부족에 몇몇 성급한 젊은이들, 도둑들이 있고 이들의 행동까지 전부 막을 수는 없다고 했다. 나르보나는 자기는 나바호 민족 전체의 대표자가 아니며, 그런 권위를 가진 사람은 아무도 없다는 것과 나바호 사람들은 여러 다른 부족으로 이루어져 있고 저마다 각각 독립적으로 움직이며 서로 다른 지역을 차지한다는 것을 분명히 말했다.

"전쟁으로 찢긴 땅의 신."
제임스 헨리 칼턴 준장. 뉴멕시코 사령관이자 나바호를 강제 이주시킨 장본인.

"대령에게 많은 기대를 걸고 있소. 이곳에서도 워싱턴에서도."
나바호 작전 야전사령관으로 활약한 키트 카슨 대령.

꽤나 이상한 친구들.
1865년 샌타페이 홀에서의 프리메이슨 모임. 카슨(가운데)이 칼턴(오른쪽)과 맨 앞에 나란히 앉아 있다.

"어떤 부대도 이 안으로 들어가서는 안 된다."
캐니언드셰이의 거대한 사암 절벽.

미국 남서부의 마사다.
1863~1864년 겨울, 굶주린 나바호는 캐니언드셰이 깊은 곳에 있는 요새 바위 위로 피신한다.

"내 목숨 말고는 잃을 것이 없다."
나바호 지도자 마누엘리토. 나르보나의 사위로 미군에 끝까지 저항했다.

"가혹함이 가장 인도적인 처사다."
보스케레돈도 보호구역에서 미군 병사 하나가 나바호 포로의 수를 세고 있다.

"이 땅은 우리를 달가이 여기지 않습니다."
나바호 지도자 바르본시토. 열정적인 웅변으로
셔먼이 보스케레돈도 실험을 포기하게 만들었다.

"사실을 말했다고 생각하오."
나바호들의 운명을 결정한 윌리엄 티컴서 셔먼 장군.

"친구여, 안녕."
1868년 동부 여행을 하던 때의 키트 카슨. 사망하기 몇 달 전의 모습.

"사라진 과거에 속한 율리시즈처럼 시대에 뒤진 사람."
타오스에 있는 키트 카슨과 호세파 카슨의 무덤.

「싸우는 덫 사냥꾼」의 표지.
허구화된 키트 카슨이 등장하는 수십 권의 선정적인 모험소설
가운데 하나. 1847년 출간.

그 자리에 있던 나바호 가운데 한 사람은 성급한 젊은이였고 아마 도둑이라고도 부를 만한 자였다. 바로 나르보나의 사위였는데 자부심이 강하고 건장하고 낯빛이 검었고 마누엘리토라는 에스파냐 이름으로 알려져 있었다. 마누엘리토는 나바호 가운데서 빠른 속도로 부상하고 있는 용맹한 전사였고, 자기 장인을 사랑하고 존경했지만 나르보나가 평화를 주장하는 것에는 의문을 품었다. 젊은 혈기가 불타는 사람이었다. 마누엘리토는 키가 크고 무뚝뚝한 표정에 이글거리는 검은 눈을 가졌다. 나르보나가 백인들에게 지나치게 양보한다고 생각했고 새로운 정복자도 나바호를 압도할 수는 없으리라고 생각했다. 말 위에 올라앉은 채로 마누엘리토는 제임스 캘훈 인디언 관리관이 워싱턴 대령 옆에서 토론을 이어가는 것을 자세히 지켜보며 귀를 기울였다.

캘 훈: 저자들에게 당신들은 미국의 사법권 안에 들어왔으므로 미국의 법률을 존중해야 한다고 말하시오.
통역관: 알겠다고 합니다.
캘 훈: 협정을 맺었으니 저들의 친구는 미국의 친구요 저들의 적은 미국의 적이라고 말하시오. 미국의 친구 모두와 평화롭게 지내기를 바라는지?
통역관: 그러고 싶다고 합니다.[143]

나르보나와 다른 지도자 두 명은 캘훈과 워싱턴 대령이 제안한 것 전부에 동의하지만 한 가지만은 동의할 수 없다고 했다. 워싱턴은 나르보나에게 캐니언드셰이에 있는 나바호 요새까지 같이 가자고 했다. 그곳에서 나바호 민족 전체 대표자가 모이는 더 큰 회합을 열겠다는 것이다. 그러나 나르보나는 거절했다. '산 너머'에 있는 나바호와 자기는 아무런 관련이 없으며 건강이 좋지 않아 그렇게 긴 여행은 할 수 없다고 말했다. 워싱턴이 계속 압박을 가하자 나르보나는 자기 대신 젊은 추장 두 명을 캐니언드 셰이로 보내겠다고 약속했다.

　모든 사람이 만족해하는 가운데 회합이 마무리되었고 잠시 동안은 나바호와 미국 사이의 문제가 희망적으로 보였다. 그런데 그때 뉴멕시코 민병대원 하나가 나바호 전사들이 타고 온 말 가운데 한 마리를 지목하며 자기 것이라고 주장했다. 민병대원은 원주민들이 몇 달 전에 자기 말을 훔쳐 갔는데 바로 이 말이 확실하다며 돌려달라고 했다. 나바호는 그 말이 훔친 말이라는 사실을 반박하지는 않았지만 너무 많은 사람 손을 거쳐왔기 때문에 진짜 주인이 누군지 확인할 수가 없다고 했다. 일종의 공소시효 만료 같은 상태라는 것이다. 잠시 동안 드잡이가 있었고 서로 고성이 오갔다.

　워싱턴 대령은 무슨 일이 벌어졌는지 듣고서는 바로 뉴멕시코인 편을 들었다. 대령은 나바호에게 말을 내주라고 했다. 심슨에 의하면 그러자 나바호들이 "이의를 제기했다." 분위기가 술렁거렸다. 워싱턴 대령이 온갖 추상적 이야기를 떠들고 난 뒤에 협상은 마침내 나바호가 뚜렷이, 열렬하게 이해하는 구체적인 주제에 다다른 것이다.[144] 그 주제란 바로 '말'이었다. 긴장이 팽팽한 대치 상황이 되었다.

　"말을 돌려주지 않으면 발포하겠다!" 워싱턴 대령이 통역관을 통해 위협했다.

　그때 말 도둑으로 몰린 사람은 이미 언덕 쪽으로 달아난 뒤였다. 물론 문제의 그 말을 타고 달아났다. 워싱턴은 다른 방도가 없자 보복의 뜻으로 아무 말이나 하나 잡으라고 호위대 장교 토레스 중위에게 명령했다. 토레스가 말을 뺏으려고 말을 타고 있는 나바호 무리에게 다가가자 인디언들은 무슨 일인지 바로 직감하고 순식간에 말 머리를 돌려 달아났다. 심슨의 표현에 따르면 "허둥지둥 전속력으로 달아났다."

　그 순간 워싱턴 대령이 명령했다. "발포!"

인디언들을 향해 총알이 쏟아졌다. 회합장 주위에 포진하고 있던 사격수들이 전장총을 발포한 것이다. 한편 포병들은 6파운드 야전포, 천둥마차의 거대한 청동 포신을 돌렸고 세 대의 대포가 지축을 뒤흔들었다. 워싱턴은 기병들에게 달아나는 나바호를 쫓아가라고 명령했다. 그러나 나바호들은 이미 사방으로 흩어져 멀리 있는 골짜기로 사라져버렸다.

연기가 걷히고 나자 워싱턴 대령은 자기 부하들 가운데는 부상병이 한 명도 없다는 것을 확인했다. 심슨은 "혼란 중에" 노새 몇 마리를 잃었음을 안타까운 어조로 전했다. 들판에는 쓰러진 나바호 일곱 명 말고는 아무도 없었다. 몇몇은 중상을 입었고 몇몇은 목숨을 잃었다.

워싱턴이 자세히 살펴보니 풀밭에서 신음하는 사람 가운데 한 명이 바로 나르보나였다. 위대한 족장이 피 웅덩이에 쓰러져 있었다. 천둥마차에서 나온 파편이 그의 몸을 찢었고 온몸에 너덧 군데 큰 상처가 있었다.

몇 분이 지나자 나르보나는 더 이상 움직이지 않았다.

지도자의 죽음도 나바호에게는 크나큰 모욕이었지만 그 뒤에 있었던 일은 더할 수 없는 치욕이었다. 뉴멕시코 사람이 노인의 시체로 다가가 몸을 숙이더니 날카로운 칼로 이마를 긁었다.[145]

딕 컨의 일기를 보면, 나르보나가 공격을 유발하는 어떤 행동을 했다는 이야기는 전혀 없다. 그러나 딕 컨은 이 일에 대해 도덕적인 분노를 전혀 느끼지 않았다. 이 사건은 나바호와 미국 정부 사이의 역사에서 가장 결정적인 순간 가운데 하나였다. 컨은 그러나 그 순간에 나르보나의 머리를 챙길 생각을 하지 못한 것만 두고 크게 한탄하고 있었다. 필라델피아에 있는 자기 친구이자 후원자, 두개골 연구가 새뮤얼 조지 모턴에게 주면 좋아할 선물이었다.

"나르보나는 나바호의 추장이고 현명한 사람이자 위대한 전사입니다." 컨은 1년 뒤 모턴 박사에게 이렇게 편지를 썼다. "체구가 거대했습니다. 198센티미터는 되는 것 같더군요. 죽었을 때 거의 아흔이었습니다. 나르보나의 두개골을 확보하지 못해 무척이나 안타까웠습니다. 내가 본 인디언 가운데 가장 두상이 멋졌거든요."[146]

33. 죽음의 매듭, 시작된 복수

나바호의 위대한 지도자가 죽었으나 장례식은 없었다. 나바호는 장례식을 하지 않았다. 누군가가 죽으면, 그것이 나르보나 같은 위대한 인물이라고 하더라도 영혼이 최대한 빨리 지하세계로 갈 수 있게 보내주는 일을 가장 우선시했다. 시체 주위에 머무르면서 경의를 표하는 것 따위는 하고 싶어 하지 않았다. 직계 가족이 시체를 처리하고 나르보나의 많은 재산을 나누는 따위 성가신 일을 처리한다. 나르보나를 아는 수천 명의 나바호, 직접은 몰라도 나르보나가 어떤 사람인지 아는 또 다른 수천 명의 나바호들은 무척이나 슬퍼할 터이지만 공개적으로 애도를 하지는 않았다.

워싱턴 대령의 부대에 살해당한 나르보나의 시체는 추스카 산맥 기슭, 나르보나 무리들의 호간이 모여 있는 곳으로 옮겨졌다(나바호들 사이에 전해오는 이야기 가운데는 나르보나가 부상을 입고 바로 죽지 않았다는 말도 있다. 워싱턴 부대의 손에 치명상을 입고 머리 가죽도 벗겨졌지만 집으로 돌아올 때까지 숨이 끊어지지 않고 붙어 있었다는 것이다. 그래서 집에 와서 아내들과 자식들, 손자들에게 마지막 인사를 할 수 있었다고 한다). 호간 밖에서 가족들은 시체를 매장할 준비를 한다. 무척 불쾌한 일이기 때문에 빨리, 신중하게, 불길한 징조에 신경을 쓰면서 처리한다.

죽음과 관련된 일을 혐오하지만 오래전부터 전해오는 절차에 따라 시체를 바르게 다루는 것이 중요하다는 것도 알았다. 그러지 않으면 나르보나의 영이 죽음의 속박을 뚫고 돌아와 이들을 계속 괴롭힐 수 있다. 밤에 호간 주위를 배회하고, 어둠 속에서 휘파람을 불고, 사람들에게 흙덩이를 던져 악몽을 꾸게 하고, 사랑하는 사람들을 미치게 하거나 이상한 병에 걸려 기운이 없어지고 죽게 만든다. 시체 가루를 사람의 머리에 던질 수도 있다. 그러면 그 일을 당한 사람의 머리에는 눈에 잘 보이지도 않을 정도의 작은 혹이 날 뿐이지만 아주 끔찍한 일이 일어나게 된다. 나바호들이 생각하기에 좋은 영혼이란 없었다. 살아생전에 그 사람이 아무리 다정하고 친절했더라도 마찬가지다.

나르보나가 노환으로 죽었다면, 그래서 자는 도중에 평온하게 죽었다면 가족들이 그렇게 조심스럽게 굴 필요도 없을 것이다. 자연사한 노인들에게서는 영이 나오지 않는다고 믿었기 때문이다(사산한 아기나 첫울음을 터뜨리기 전에 죽은 아기도 마찬가지다). 그러나 나르보나는 자기 뜻과 다르게 죽었고, 사실상 살해당하고 머리 가죽까지 벗겨졌기 때문에 나르보나의 유령이 분노하고 복수심에 불탈 것을 염려하는 것도 당연했다. 당연히 나르보나는 미국인들에게 분노하겠지만 유령은 자기 호간과 친숙한 세계에서 멀리 벗어나는 일이 드물기 때문에 가족들이 그의 분노를 감당해야 했다. 가족들은 정확하게 매장 절차를 밟지 않으면 성난 유령이 찾아올 거라고 두려워했다.

나르보나의 죽음에서 유일하게 다행스러운 일은 그 일이 집 밖에서 일어났다는 것이다. 호간 안에서 죽었다면, 어떤 이유로 죽었건 간에 시체를 호간 바닥에 바로 묻거나 아니면 북쪽 벽에 구멍을 뚫고 시체를 꺼내야 했다. 그뿐이 아니었다. 그런 다음 호간을 부수어야 했다. 부서뜨리고 불에 태우지 않으면 그 호간은 영원히 주술에 걸리게 된다.[147]

나르보나가 살아 있을 때 몇몇 나바호들은 나르보나가 마법사가 아닌
가 생각했다.[148] 나르보나는 때로 그런 헛소문을 들으며 살아야 했다. 이런
생각은 나르보나가 긴 생애 동안 한 어떤 행동이나 말에서 비롯된 것이 아
니라, 나르보나가 나바호 땅에서 가장 부유한 사람 가운데 하나라는 단순
한 사실에서 나온 것이다. 나르보나는 가축도 많고, 곡식도 많고, 보석, 노
예도 많았다. 몇몇 나바호는 부를 삐딱한 시선으로 보았다. 부를 부러워하
기는 했으나, 특히 가난한 디네들 사이에는 부자가 되는 유일한 방법은 주
술을 배우고 무덤을 파헤쳐 그 안의 보물을 훔쳐내는 것뿐이라는 말이 공
공연히 떠돌았다.

그래서 부유한 사람들은 이런 의심을 상쇄하기 위해 계속 선심을 쓰
고 배고픈 사람 수백 명이 참석하는 정성스럽고 돈 많이 드는 의례를 베푸
는 등 애를 써야 했다. 부자들이 공동체적 책임감을 가지고 호사스러운 잔
치와 치유 모임(나바호 삶의 공적 박동이자 정치적 활력이 되는 의례 모임)에
자금을 대는 것은 경제적 평등을 가져오는 일종의 과세 역할을 했다.[149] 단
순히 관대함을 장려하는 관습인 것 같지만 그 이면에는 질투하는 사람들
에게 자기들이 마법사가 아니라는 것을 확인시킬 필요가 있었다.

나바호 사이에는 오래된 표현이 있다. "친척들을 제대로 대접하면 부
자가 될 수 없다."[150] 나르보나는 평생 자기 친척들을 잘 대접하려고 최선
을 다했지만 자신이 가느다란 줄 위에서 줄타기를 하고 있다는 것을 알았
을 것이다. 나르보나가 죽고 난 뒤 가족들은 나르보나의 부와 관련된 사회
적 의무 때문에 더욱 신경을 써야 했고 매장을 제대로 하기 위해 조심해야
했다.

*

시체를 직접 만지는 일은 아마 나르보나의 노예들이 했을 것이다.[151] 죽은 사람의 살갗을 직접 만지는 것은 사람들이 가장 꺼리는 일이다. 노예들이 피 묻은 옷을 벗기고 조심스레 불에 태워 없앴다. 비록 아주 적은 양이라고 할지라도 사람의 피를 부주의하게 내버려두면 마법사가 사악한 용도로 쓸 수 있다고 생각했기 때문이다. 다음으로 시체를 씻기고 옥수수 꽃가루를 뿌렸다.

그다음 가장 좋은 옷을 입혔다. 축복의식이나 예이비체이(겨울에 눈, 귀, 마비 증상 등을 겪는 환자를 치료하는 9일 동안의 치유의식 옮긴이) 같은 의식 때 입던 옷이다. 반들거리는 사슴 가죽 각반에 사슴 가죽 웃옷을 입히고 피처럼 붉은색과 한밤처럼 검은색으로 된 화려한 줄무늬 담요를 걸쳤다. 팔에는 쩔렁거리는 은팔찌를 채우고 고운 터키석 목걸이를 걸었다. 은장식이 된 허리띠, 윤이 나는 산호와 자개 구슬 목걸이도 잊지 않았다.

그러고 나서 머리 가죽이 벗겨진 머리를 조심스레 들어 올려 깃털 모자를 씌워 전사처럼 보이게 만들었다. 그런 다음 몇 겹으로 된 양모 담요 위에 누이고 긴 활과 화살이 가득 든 화살통을 옆에 두었다. 다른 귀중품, 주물, 고급 그릇, 담배 파이프 따위도 같이 놓았을 것이다. 나르보나를 담요로 단단히 감싼 뒤 버펄로 가죽으로 다시 한 번 감쌌다. 거칠고 얼크러진 털이 몸 쪽으로 가게 덮어야 한다. 말총을 꼬아 만든 끈으로 시체를 묶는데 끈을 단단히 죄어 나바호가 '죽음의 매듭'이라 부르는 복잡한 형태의 매듭을 짓는다.

늦은 오후에 나르보나의 아들 둘이 의식에서 자기가 맡은 역할을 했다. 두 사람은 머리를 풀어헤치고 몸에는 물에 적신 잿빛 재를 얇게 발랐다. 그다음 시체를 들어 올려 나르보나가 가장 좋아하는 말 두 마리(잿빛 종마와 팔로미노(갈기와 꼬리가 하얀색이고 몸이 연한 갈색인 미국 남서부산 말 옮긴이))의 양가죽 안장 위에 가로로 올려놓았다. 아들 가운데 한 사람이 말 두 마리를 천천히 끌고 목적지까지 에둘러 가고 다른 아들은 옆에서 따라가면서 버펄로 가죽 관이 땅에 떨어지지 않게 지켜본다.

마침내 메사 바위라는 곳에 도착했고 그곳에서 사암 사이에 있는 깊은 틈을 찾았다. 나바호는 죽은 사람을 땅에 묻지 않는다. 땅이 바위투성이라 파기 힘든 까닭도 있을 것이다. 디네는 시체를 높은 장대나 나무 위에 매달아 새 먹이가 되게 하여 죽은 사람의 영혼이 말 그대로 하늘로 날아가게 하는, 평원 인디언의 관습을 따르지도 않는다. 대신 높은 곳에 있는 굴이나 갈라진 바위틈 등, 붉은 바위로 이루어진 땅에 무수히 많은 틈새에 시체를 감춰둔다. 지금 나르보나처럼 단단하게 싼 꾸러미를 구멍투성이의 땅에 조심스럽게 숨겨두는 것이다. 그 꾸러미 안에서 썩어가는 해골처럼 건조하고 단단한 천연의 지하 무덤인 셈이다.

나바호는 돌무더기도 묘비도 세우지 않고 어떤 표시도 하지 않는다. 죽은 사람이 어디에서 쉬고 있는지 아무에게도 알리지 않으려 한다. 가죽 떠돌이나 다른 부족의 적이 무덤을 훼손할 수도 있기 때문이다. 나바호들은 시체 매장하는 일을 아주 열심히 조직적으로 비밀스럽게 수행한다.

나르보나의 아들들은 시체를 밧줄에 묶어 시체가 바닥에 닿을 때까지 조심스럽게 바위틈 아래로 내려 보냈다. 향나무 가지와 서미사 덤불을 아래로 던져 시체를 감추고 모래를 잔뜩 뿌린다. 그러고 나서 온갖 모양과 크기의 돌로 바위틈을 덮어 그 자리를 자연스럽고 표 나지 않게 만든다.

두 아들은 발자국을 지우면서 팔로미노와 종마를 끌고 북쪽으로 갔다. 나르보나의 영혼이 '껍데기'를 벗어던지고 북쪽으로 날아갈 것이기 때문이다. 두 사람은 낮은 언덕에 올라 말 다리를 묶고 단단히 매어두었다. 말 머리가 정북쪽을 향하고 있는지 확인했다.

그리고 해가 지는 순간 나르보나의 아들들은 그곳에서 두 말을 죽였다. 먼저 목을 딴 다음 방망이로 두드려 죽였을 것이다. 이것은 오래된 나바호 관습이었다. 매장을 맡은 사람들은 죽은 사람이 아끼던 말 몇 마리를 매장지 바로 옆에서 죽인다.[152] 죽은 사람에게 경의를 표하고 동시에 죽은 사람이 영원으로 갈 때 타고 갈 수 있게 하기 위해서였다. 나르보나의 아들들은 당연히 자기 아버지가 당당한 모습으로 떠나기를 바랐다.

긴 여행을 행복하고 편안하게 해주는 것이 사랑하는 사람이 죽었을 때 남은 사람들이 해줄 수 있는 최선의 일이었다. 사후세계는 별로 살기 좋지 못한 곳, 황량한 곳이라고 생각했기 때문이다. 사후세계에는 기대할 만한 것이 아무것도 없었다.[153] 창조주의 곁으로 행복하게 돌아갈 수 있는 것도 아니고 영광의 밝은 빛 같은 것도 없었다. 그런 반면 나바호들한테는 기독교에서 말하는 지옥의 개념 같은 것도 없었다. 지옥불과 고통이 기다리고 있다거나 성난 신이 지상에서 한 일을 두고 심판을 하리라고 생각하지 않았다.

나바호들에게 영혼의 세계는 영혼이 결국 당도하게 되고 결코 벗어날 수 없는 단조롭고 음울한 영역이었다. 윤회의 희망이나 재생의 기대 같은 것은 없었다. 일단 그곳에 가면 영원히 머물러야 했다.

사후세계는 종교적 개념이 아니라 머나먼 북쪽 어딘가에 있는 실제 장소였다. 땅 밑 깊은 곳에 있다고들 했다. 나바호들은 오래전에 자기들이 바로 이런 땅속 세계에서 나왔다고 믿었다. 네 개의 지하세계 가운데 하나에서 자기들이 울음소리를 내는 곤충 종족으로 진화했다고 생각했다.

물론 나바호들은 실제로 북쪽에서 왔다. 자기들이 캐나다에서 남서쪽으로 이주했다고는 믿지 않고 (나바호들은 명백한 언어적·문화적 증거와 DNA 조사 결과가 있는데도 불구하고 오늘날까지도 이 이론을 잘 받아들이지 않는다) 북쪽에 가까운 친척이 있으나 오래전에 갈라져 나왔다는 이야기를 담은 여러 어두운 전설을 이야기한다. 나바호는 무엇이든 북쪽과 밀접한 관련이 있는 것은 두려워하며 그쪽에 가까운 친척이 살고 있다는 사실을 불안하게 여겼다.

1839년 시카고에서 열린 세계박람회에 초대된 나바호 대표단에 얽힌 재미있는 이야기가 있다.[154] 이들은 이곳저곳을 돌아다니며 구경하다가 캐나다 전시관에 들어섰다. 아사파스카 인디언들의 전시회였는데 나바호들은 놀랍게도 묘하게 친숙해 보이는 캐나다인이 하는 말을 거의 다 알아들을 수 있었다. 서로의 말을 얼추 알아들을 수 있었지만 아사파스카인들은 나바호를 반기지 않았다. "우리는 오래전에 갈라섰소. 우리가 다시 만나면 이 세계가 멸망할 것이라고 하오." 아사파스카들이 경고했다. 나바호 대표단도 마찬가지로 당황했고 시카고에 3주 더 머물렀지만 아사파스카 전시관에는 얼씬도 하지 않았다.

정확히 캐나다는 아니더라도 그래도 지하세계는 어딘가 그 불길한 북쪽에 있었다. 그곳에 가려면 나르보나의 영혼은 좁고 구불구불한 산길을 따라 기나긴 길을 지나야 할 것이다. 그 길이 끝날 무렵이 되면 주름진 모래언덕이 나오는데 그 아래에 죽은 친족들이 살아 있을 때의 모습 그대로 서서 그를 맞을 것이다. 그곳에서부터 나흘 더 가야 하는 우울한 길을 친척들이 인도한다. 사후세계의 문 앞을 지키고 있는 문지기들은 나르보나를 빈틈없이 시험하여 그가 정말 죽었는지 살았는지를 확인한다.

*

나르보나의 아들들은 노인이 벌써 길을 떠났다고 믿었다.

"이제 우리를 떠나 멀리 가셨습니다. 혼자서 먼 길을 떠나셨습니다" 하고 아들들은 노래를 불렀다.

말을 죽이고 땅에 버려둔 다음 안장과 고삐를 갈가리 찢었다.[155] 지나가는 사람 누군가가 발견하고 쓰지 못하게 하기 위해서다. 오래된 관습대로 이렇게 망가뜨린 물건을 나무 꼭대기에 올려두었을 수도 있다.

마찬가지로 매장에 쓰려고 가져온 도구가 있으면 도끼건 뒤지개건 삽이건 다 부수어 바위 사이에 뿌렸다. 나바호들은 공을 들여 장례와 관계된 흔적을 모두 없애 마치 아무 일도 없었던 것처럼 만든다. 괜히 나무막대기 같은 것을 부러뜨리거나 그 밖에 장례에 쓰지 않은 물건을 이유 없이 망가뜨리거나 밤에 장작을 패는 일 등은 금기다. 장례 행위를 불경하게 모방하는 것으로 간주될까 저어해서다. 또 두드리고 부수는 소리가 크게 나서 주변에 떠돌아다니는 영의 신경을 거스를지 모르기 때문이기도 하다.

나르보나의 아들들은 이제 달리기 시작했다. 나쁜 영이 따라잡지 못하게 수풀을 넘어 길이 아닌 곳으로 마구 달렸다. 그러고는 해질녘에 메사 바위가 내려다보이는 아늑한 곳에 모닥불을 피웠다. 이곳에서 나흘 밤을 보내며 단식하고 노래를 불러야 한다.[156] 낮에도 같은 곳에서 메사를 지켜보며 아버지를 생각하는데 절대 말을 해서는 안 된다. 서로 손짓만으로 대화한다.

두 사람은 계속 신경을 곤두세우고 힘든 시간을 보냈을 것이다. 대규모의 외국 병력, 자기 아버지를 죽인 사람들이 나바호 땅 깊숙이 들어가고 있다는 사실을 알고 있으니 말이다. 두 사람은 워싱턴 대령의 부대가 추스카 산맥을 향해 달려가면서 일으킨 먼지구름을 보았을 것이다. 나르보나의 아들들은 증오로 불타고 있었을 것이며 침략자들, 빌라가나들에 대항해 싸워야 하는 게 아닐까 생각했을 것이다. 그들의 땅이 공격을 당했는데 두 사람은 이곳에서 바위를 지켜보며 말없이 앉아 있어야 했다.

그렇다고 해서 매장 의식을 생략할 수는 없었다. 두 사람은 서로 단 한 순간도 떨어지지 않았다. 나쁜 힘이 '두 사람 사이에' 들어오면 안 되기 때문이다. 의식이 끝나기 전까지는 영혼이 감염될 수도 있는 아주 큰 위험에 노출되어 있다고 느꼈고 서로 힘을 잃지 않게 도와야 했다. 심지어 둘 중 한 사람이 용변을 보러 갈 때도 나머지 한 사람이 따라갔다.

나흘 밤을 보내고 나르보나의 영혼이 지하세계에 다다르면 아버지는 자기들의 노래와 기도를 들을 수 없게 된다. 그러니 다음 날 아침 두 아들은 집으로 돌아갈 것이다.

리오투니차 북쪽 강가, 마을에서 한참 떨어진 곳에서 두 사람은 돌무더기를 보고 웃음을 지었다. 장례를 치르러 떠나기 전에 아내들에게 새 옷을 가져와 이곳에 돌무더기를 만들고 감추어두라고 말했던 것이다. 마침내 더럽고 죽음에 물든 옷을 벗어버릴 수 있게 되어 두 사람은 안도했다.

아들들은 돌무더기 옆에 한증막을 세웠다. 그리고 모닥불을 피운 다음 숯에 강돌을 달구었다. 그런 다음 한증막 안에 들어가 벌겋게 달구어진 돌을 흙바닥 가운데 만든 작은 구덩이에 넣었다. 돌 위에 강물을 몇 국자 부으면 쉭쉭 소리가 나며 증기가 올라온다. 하루 종일 두 사람은 뜨거운 열기 속에 앉아 한증을 했다. 죽음의 기운을 모두 씻어내 다시 깨끗한 몸으로 돌아오기 위해서였다.

이튿날 아침 두 사람은 낡은 옷을 땅에 묻고 아내들이 갖다놓은 새 각반과 웃옷으로 갈아입었다. 몸을 깨끗이 했고, 불쾌하지만 반드시 해야 할 일을 다 마친 두 사람은 강을 건너 아침밥을 짓는 연기가 피어오르는 자기들의 호간으로 돌아가 가족들과 어울려 먹고 마시고 쉬게 된다. 추스카 산지의 나바호들이 다 그랬듯 이들의 마음에서 슬픔은 지워지고 다른 감정이 솟아올랐다. 그것은 복수였다.

34. 눈이 없는 사람들과의 약속

　　나르보나의 아들들이 아버지를 묻는 동안 워싱턴 원정대는 북서쪽으로 나바호 땅의 지리적 · 은유적 중심, 캐니언드셰이라고 불리는 사암 미로를 향해 나아갔다.

　　이 웅대한 미궁을 지나간 미국인은 아무도 없었다. 에스파냐 탐험가들이 남긴 기록도 부분적일 뿐이다. 탐험가들은 그곳을 "무시무시한 협곡"이자 "외경을 느끼게 하는 장엄한 곳"이라고 불길하게 표현했다. 사람들은 나바호들이 협곡 안 후미진 곳에 거대한 성채를 세워 남서부의 지브롤터 같은 난공불락의 자연 요새를 만들었다고 믿었다. 이 요새는 15층 높이나 되고 복잡하게 연결된 사다리를 통해서만 올라갈 수 있다고 했다. 나바호를 제압하려면 협곡 끝까지 파고 들어가 거대한 보루를 파괴해야만 한다고 했다. 샌타페이에서 어떤 군대도 성공한 적이 없는 일이었다. 워싱턴 원정대에게 캐니언드셰이는 범접할 수 없는 분위기를 풍기는 곳이었고 따라서 그만큼 매혹적인 곳이었다.

　　캐니언드셰이Canyon de Chelly라는 이름은 프랑스식으로 들리지만 원래 프랑스어도 에스파냐어도 아닌 체기(바위 협곡)라는 나바호 말에서 나온 것이다.[157] 바위 협곡의 협곡이라는 뜻이니 사실 동어반복이다. 여러 세기 동안 에스파냐 탐험가들은 낯선 나바호 단어의 발음을 비슷하게 음차

하려고 했고 이는 여러 문서에 다양한 철자로 나온다. Chelli, Chelle, Dechilli, Chegui 등등. 그러다가 마침내 Chelly가 되었고 이게 가장 널리 쓰이는 표기가 되었다.

무어라고 불리든 간에 이 협곡(실제로는 몇 개의 협곡이 죽 이어진 것으로 구불구불한 길을 전부 합하면 거의 160킬로미터나 된다)은 미국 서부에서 가장 장려한 경관 가운데 하나로 꼽힌다. 그랜드캐니언처럼 깊지는 않지만, 규모가 작아도 신비롭기는 마찬가지다.

뿐만 아니라 이곳은 사람의 숨결이 살아 있는 황무지였다. 세찬 강줄기가 흐르는 게 아니라 모랫바닥 아래에 부드러운 시내가 스며들어 흐르기 때문에 오래전부터 사람이 살았다. 농사도 짓고 가축도 기르고 무수히 많은 골짜기와 후미진 구석에 집을 짓고 모여 살았다. 1600년경 나바호가 이곳에 살기 전 2,000년이 넘는 기간 동안에는 다양한 인디언들이 캐니언드셰이에 살았다. 특히 아나사지가 대표적이다. 긴 협곡 여기저기에 폐가가 있고 그 가운데는 위험스럽게 드높은 암봉 위에 세운 것도 많다. 세로로 홈이 파인 깎아지른 듯한 절벽이 충적지 바닥에서 300미터 높이로 솟은 곳도 있다. 그리고 빛나는 금빛 암벽 위 곳곳에서 고대인들이 색칠하고 쪼고 긁어서 그린 그림을 볼 수 있다.

제임스 심슨은 미국인으로는 처음으로 캐니언드셰이를 지도에 담고 묘사하게 되리라는 기대에 부풀었다. '이름난 나바호 요새'를 연구하고 싶어 했고 그곳에 얽힌 신화의 허구성을 폭로하고 싶었다. 샌타페이에 오래 머무르며 드셰이에 관한 이야기를 많이 들은 컨 형제도 마찬가지로 들떴다. 에스파냐인이건 미국인이건 드셰이를 그린 화가는 아무도 없었고 뉴멕시코에 사는 그 누구도 이 협곡이 실제로 어떻게 생겼는지 전혀 모르는 듯했다. 심슨과 함께 차코에서 신비로운 폐허를 만났던 리처드 컨은 몇 주만에 또 다른 전인미답의 비경을 향해 가게 되어 얼마나 행운인지 모른다고 생각했다. 물감통, 목탄, 스케치북이 든 짐 상자를 끌고 가며 컨은 하루 빨리 그림을 그릴 수 있게 되기를 고대했다.

존 워싱턴은 나바호 요새를 찾아 필요하다면 점령할 계획이었다. 그 러고 나서 회담을 하러 나온 디네 지도자들과 조약을 맺을 생각이었다. 워 싱턴은 자기는 전쟁이 아니라 평화를 위해 왔다고 주장했다. 최근에 나르 보나를 죽인 일 때문에 나바호의 환대를 받기는 어려울 것이라는 생각은 추호도 못하는 듯했다. 워싱턴은 나바호의 죽음에 대해 일언반구도 없었 고 안타까워하는 기색도 전혀 없었다. 샌타페이에 돌아와 작성한 무미건 조한 원정 보고서에서는 나바호 지도자의 죽음이 잘된 일이라고 단호하게 선언했다. 워싱턴은 이렇게 적었다. '벌판에 쓰러진 적 가운데 나바호의 우두머리인 나르보나도 있었다. 지난 30년 동안 뉴멕시코 주민들에게 눈 엣가시 같았던 사람이다."

워싱턴은 자기들이 한 실수를 깨닫지 못했다. 디네와의 첫 만남에서 가장 존경받는 나바호를 죽인 (게다가 시체를 훼손하기까지 한) 실수 말이다. 그 사람이야말로 미국과 나바호 사이에 평화를 가져올 수 있는 유일한 사 람이었을지 모른다. 워싱턴은 기회를 놓쳤을 뿐 아니라 그랬다는 사실조 차 몰랐다. 순식간에 기회는 사라졌다. 나바호 한 사람이 행군 중인 워싱 턴 원정대에게 다가와 통역관을 통해 나르보나의 죽음 때문에 나바호 사 이에서 큰 동요가 일고 있다고 전했다. 그 사람은 자기 사촌도 나르보나가 죽은 그 자리에 있다가 총에 맞아 상처를 입고 죽어가고 있다고 말했다. 그는 이렇게 말했다. "겨우 말 한 마리 때문에 그렇게 많은 사람이 죽고 가 장 위대한 전사를 잃었다는 사실이 무척 안타깝소."[158]

나르보나가 죽은 뒤 분개한 젊은 전사들이 득세했다. 오만한 이방인 들을 환대해야겠다는 생각은 눈곱만큼도 없는 마누엘리토 같은 젊은이들 이었다. 평화를 확립하겠다는 워싱턴의 임무는 결국 정반대의 결과를 가져온 것이다. 해묵은 전쟁에 새로운 전선이 생겼고 이 싸움은 10년 남짓 계속 이어질 것이다. 나바호와 멕시코인들 사이의 오래된 갈등은 점점 증폭되기만 했다. 이제 나바호들은 빌라가나들과도 반목하게 되었다.

워싱턴 부대는 원정 초기에 자기들이 어떤 사고를 쳤는지도 모른 채로 쾌활하게 캐니언드셰이를 향해 진군했다. 예상했던 대로 심슨 중위는 바싹 마르고 건곡투성이인 추스카밸리를 지나가며 혐오감을 느꼈다. 일기를 보면 심슨이 불쾌해하며 콧잔등에 주름살을 만드는 게 느껴질 정도다. 심슨은 "이 땅은 광활하고 헐벗고 황량한 불모지다"[159]라고 했다. 모든 것이 "죽었고 생명이 없다. 땅은 온통 단조롭고 누런 황갈색이다"라고 했으며, 이 땅은 "저주받았다"고 단언했다.

이런 황막한 땅에서 아름다움을 느끼지 못하는 것은 심슨만이 아니었다. 대부분 영국계 미국인들의 감성에 사막은 낯설고 꺼려지는 곳이었다. 이들은 대부분 직업은 농사꾼이 아니더라도 기질적으로는 그랬다. 이들 생각에 아름다운 땅이란 가치 있는 땅이었고 가치 있는 땅이란 사용할 수 있는 땅이었다. 동부에서 온 사람들은 아름다운 경치에 대해 좀 더 낭만적인 생각을 갖고 있다고 하더라도 유럽 낭만주의자들에게서 비롯되어 허드슨 강 유파 등과 같은 뉴잉글랜드 예술가들에게 이어진 미학에서 벗어나지 못했다. 그러니 초록색과 파란색, 산에 흐르는 시냇물, 쏟아지는 폭포, 돛단배, 살진 암소가 가득한 꽃핀 풀밭 같은 것에서만 아름다움을 찾곤 했던 것이다.

그러나 이곳 경치는 매서운 용광로 불길 속에서 만들어진 혼란과 최후 같은 곳, 저주받은 땅이었다. 대평원을 그때는 '대사막Great American Desert'이라고 불렀는데 대평원이 사막이라면 이 황량한 곳은 지옥 자체였다. 그 규모가 사람을 공간적으로뿐 아니라 시간적으로도 압도했다. 창조의 공포 속에 인간의 존재가 있었다는 생각을 꺾어놓는, 엄청난 시간의 간

극을 느끼게 하는 것이다. 신실한 감독교회 교도이자 (후에 집사가 된다) 창조주가 머지않은 과거에 이 세상을 6일 만에 창조했다고 굳게 믿는 심슨은 이 땅의 존재 자체를 이해할 수가 없었다. 더더군다나 아름답다고는 말할 수 없었다. 그가 보고 느낀 것은 마음을 어지럽힐 뿐이었다.

컨 형제의 스케치와 석판화에서도 나바호 땅을 어떻게 그려야 할지 혼란스러워하는 듯 어색함이 느껴진다. 비율과 균형이 맞지 않을 때도 많고 시야가 좁고 초목도 동부에서나 볼 수 있는 모양새로 그렸다. 펜실베이니아에서 온 화가들은 이 낯선 땅을 그리는 일을 좋아했다. 하지만 무한히 매력적인 것은 분명했지만 숭고하게 느껴지지는 않았다. 그로부터 몇 년이 지나서야 열정적인 미국인들, 작가, 사진가, 화가들이 나바호 땅과 남서부의 사막을 그만의 독특한 아름다움을 지닌 곳으로 찬양하기 시작한다. 심슨의 세대에만 해도 '황갈색'은 시골에 어울리는 색깔이 아니라고 생각했다. 아마도 그 땅을 있는 그대로 바라볼 수 있게 하는 시각적 감각 기관이 없는 것 같았다. 그저 이 땅에서 이 땅이 될 수 없는 것, 곧 자기들이 떠나온 푸르고 그림 같은 경치, 사람들이 살고 있는 경작 가능한 농지만을 찾으려 한 것이다.

그때 원정대는 드넓은 사막 골짜기에서 나와 추스카 산맥으로 올라섰다. 3,000미터 높이로 들쭉날쭉 솟은 산맥으로 소나무, 미송, 사시나무 아래 풀밭에서 말코손바닥사슴이 풀을 뜯었다. 갑자기 전혀 다른 세계에 들어선 것 같았다. 심슨이 반가운 기색으로 반응할 수 있는 그런 곳이었다. 중위는 사막에서는 조금만 고도가 달라져도 식물상과 동물상이 엄청나게 바뀐다는 것을 알게 되었다. 습기가 많아지면 온통 초록색이 되었다(그 정도가 하도 심해 오늘날 식물학자들은 추스카 산맥처럼 산에만 오롯이 존재하는 생태계를 '하늘 섬'이라고 부른다).

원정대는 빠른 속도로 흐르는 맑은 시내 옆에서 야영을 하며 "맑고 깨끗한 물"¹⁶⁰을 마셨고 회색 곰을 보고 좋아했다. 심슨 중위는 "높이 솟은 소나무와 전나무, 떡갈나무, 사시나무, 버드나무"를 보고 가슴 설레어 했다. "시냇가에는 열매가 맺힌 홉 덩굴이 자랐다. 온갖 빛깔과 향기를 풍기는 꽃이 사방에 피어 있었다. 거의 아흔 종이나 많고 그중에는 들장미도 있었다." 심슨은 "미국을 떠난 뒤로 처음으로 풍요롭고 나무도 잘 자라고 물도 풍족한 땅"을 보게 되어 놀란 한편 마음이 편해지기도 했다.

그러나 추스카 산맥을 가로지르려면 몇 세대 전에 에스파냐, 멕시코 원정대가 힘겹게 지나갔던 바위투성이 길을 따라 올라가야 했다. 사실 이 엄청난 산맥을 넘으려면 그 길로 가는 수밖에 없었다. 이 좁고 구불구불한 길을 디네는 몇 세기 동안 대로를 달리듯 들락거렸던 것이다. 워싱턴 대령은 "이렇게 만만치 않은 길은 처음 보았다"고 말했다. 포병들과 짐승들이 좁은 길로 곡사포를 끌고 가느라 애를 썼다. 군인들은 위험에 노출되었다는 것을 알고 높은 언덕 위에서 나바호가 공격하지 않을까 두려워하며 앞으로 나아갔다. 리처드 컨은 "싸움을 예상했다…… 한 굽이 한 굽이 돌 때마다 지나가는 사람들 머리 위로 돌이 떨어질지 몰랐다"¹⁶¹고 적었다. 심슨은 워싱턴의 척후 역할을 하던 푸에블로 인디언들이 공격이 있을까 어찌나 두려워했는지 약초 주머니를 뒤져 전사 약초를 "가슴 위에 문질렀다. 심장을 크고 용감하게 만들기 위해서라고 했다"고 전했다. 이따금 나바호 파수가 높은 곳에서 내려다보는 것이 보였지만 걱정과 달리 공격은 없었다.

나바호들은 이곳을 나르보나와 깊은 연관이 있는 곳으로 생각했다. 이곳이 바로 '나르보나 산길'이라 불리는 곳, 1835년에 위대한 지도자와 전사들이 매복하고 있다가 멕시코 부대 1,000명을 상대로 대승을 거둔 곳이었다.

심슨 중위는 이곳에 얽힌 나바호 역사에 대해서는 전혀 몰랐다. 그러나 이곳도 이름을 붙일 만한 두드러진 장소라고 생각했다. 그래서 일기에 이 좁은 길을 '워싱턴 산길'이라고 불러 지휘관에게 영원한 영광을 돌리기로 했다고 적었다.[162] 심슨은 동부에 있는 상관에게 바칠 공식 지도에도 그 이름을 적었다.

새로 이름을 붙이는 것이 정복의 첫 단계라면 심슨이 날린 한 방의 영향은 지속되었다. 새로 붙인 이름이 계속 남아 추스카 산맥의 깊은 틈새, 나르보나가 오래전에 족적을 남긴 그곳은 오늘날에도 워싱턴 산길이라고 불린다. 나바호들도 그 아이러니를 잘 알고 있다.

심슨은 그곳에만 새로 이름을 붙인 게 아니었다. 심슨은 남쪽에 있는 거대한 봉우리를 한참 바라보았다. 나바호들이 푸른 구슬 산이라고 부르는 산이었다. 오래되고 우락부락하고 위엄 있어 보였기 때문인지 심슨은 재커리 테일러를 떠올렸다. 멕시코 전쟁에서 공을 세워 국가적 영웅이 되었고 1848년 대통령 선거에서 쉽게 당선되어 제임스 포크의 후임자가 된 사람이다. 그때 백악관을 차지하고 있던 '늙은 졸속주의자'도 모르는 사이에, 이름 없는 지형학자가 서부의 봉우리에 그의 이름을 붙이기로 했다. 테일러 산이라는 이름이 심슨의 지도에 적혔고 오늘날까지도 그대로 남아 있다.

*

추스카 산맥을 넘은 워싱턴 원정대는 며칠 동안 나바호를 한 사람도 보지 못했다. 그러나 조금 전까지만 해도 그곳에 있었던 흔적을 볼 수 있었다. 나바호는 감쪽같이 사라지는 재주가 있었고 숨을 곳이 무수히 많은 지역에서 살았다. 눈에 보이지 않는 동굴, 양쪽이 절벽인 협곡, 사암 위에 난 잘 보이지 않는 길을 통해 올라갈 수 있는 높은 메사 등. 나바호는 원정대가 다가온다는 경고를 들었고 흔적도 없이 숨어버렸다. 나바호와 그들의 물건이 어떻게 그렇게 순식간에 감쪽같이 사라졌는지 무서운 생각마저들었다. 전사들, 여자, 아이들, 가축들까지 모두 사라졌다. 텅 빈 호간과 여기저기 흩어진 양의 똥 말고는 아무것도 없었다.

"무수히 많은 가축, 주로 양 떼의 흔적이 길 위에 보였다. 우리가 지나간 길이 이 땅의 가장 중요한 대로일지도 모른다는 생각이 들었다."[163] 심슨 중위는 이렇게 적었다. 그는 "완전히 흩어져서 쉴 새 없이 이동하는" 나바호의 삶의 방식에 적이 놀랐다. 나바호들이 나르보나가 어떻게 죽었는지 듣고 미군의 진군을 두려워해 몸을 피하는 것이 최선이라고 여겼으리라는 생각은 하지 못했다.

그러나 밤이면 나바호 몇 명이 눈에 보이거나 소리가 들리고 기척이느껴졌다. 미국인들은 나바호들이 자기들을 감시하고 있다는 것을 알았고 나바호의 눈길을 느낄 수 있을 정도였다. 몇 번이나 밤중에 노새가 쥐도새도 모르게 사라졌다. 가축 문제에 있어 디네들은 정말 구제불능이었다. 미군이 이곳으로 들어오게 된 발단도 가축 절도였고, 나르보나가 죽은 것도 훔친 말 때문이었다. 그러나 그 유혹은 견디기 힘들었다. 나바호들은 워싱턴의 파수병 바로 앞에서도 계속 가축을 훔쳐갔다.

나바호는 미국인들의 가축을 훔치는 것에 대해 일말의 가책도 느끼지 않았다. 침략자들에게 분개할 이유가 얼마든지 있었던 것이다. 대표적으로 워싱턴 부대는 어딜 가든 나바호 밭이나 멜론 밭에서 맘껏 배를 채웠고 옥수수 밭에 짐승을 풀어놓아 디네의 겨울 식량을 먹어치우고 온통 짓밟아놓았다. 심슨은 어느 날 밤 부대가 밭 바로 옆에서 야영을 했다며 "짐승들 먹일 풀이 얼마든지 있었고 우리도 잘 익은 옥수수를 즐겼다"고 적었다. 나바호의 관점에서 보면 진짜 도둑은 빌라가나들이었다.

사흘 동안 꿋꿋이 나아간 끝에 워싱턴 부대는 숲이 우거진 산지에서 나와 고운 모래로 뒤덮인 캐니언드셰이의 입구에 다다랐다. 협곡 입구는 가장자리 벽이 사람 키 높이를 조금 넘을 정도이고 부드러운 모래가 덮인 바닥은 넓고 평평했다. 그러나 앞을 내다보면 폐소공포증 같은 것을 느꼈을 것이다. 굽이를 돌 때마다 양쪽 벽이 점점 접혀 들어오고 절벽이 높아졌기 때문이다.

협곡을 따라 물이 흐르긴 했으나 대부분은 지하수였고 모래 위로 스며 나온 물은 몇 센티미터밖에 되지 않았다. 축축한 진창길인 데다가 어떤 곳은 말 어깨까지 잠길 정도로 깊어서 아주 조심해야 했다(오늘날에도 캐니언드셰이는 위험한 유사流砂로 유명하다. 짐말이 이런 수렁에 빠지면 윈치로 감아 올려야 하는데 그러다 보면 말이 공포에 질려 다리를 부러뜨리기 일쑤고 결국 죽여야 한다). 물을 찾기 위해 목마른 사람들이 진흙에 150센티미터 깊이의 구덩이를 팠고 탁한 갈색 물을 양동이로 퍼올렸다. 천으로 수차례 거르고 나자 겨우 마실 수 있을 정도로 맑은 물이 되었다.

협곡으로 깊이 들어간 원정대는 암봉과 절벽에 돌출한 곳마다 나바호가 있어 자기들을 지켜본다는 것을 깨달았다. "적이 우리 주위를 맴돈다"고 심슨은 적었다. 그러나 아무도 몸을 드러내지는 않았다. 협곡이 넓어지는 곳에서 군인들은 옥수수 밭과 복숭아 밭 주위에 호간이 모여 있는 것을 보았다. 그러나 그곳에 사는 사람들은 아무도 밖으로 나오려 하지 않았다. 이들을 끌어내기 위해 워싱턴은 길에 있는 호간들에 불을 붙이라고 명령했다. 이 일 때문에 그러지 않아도 의심 많은 나바호들은 평화군이라는 사람들이 사실은 전쟁을 벌이려 한다고 확신하게 되었다. 심슨은 불타오르는 호간의 모습에 전율했다. 그는 "적의 집이 하나둘 연기와 불꽃을 내며 타오르고 그 안에 사는 자들이 놀라 허둥지둥 달아나는 모습을 보니 신이 났다"[164]고 적었다.

어쨌든 불을 붙인 효과가 있었다. 이튿날 아침 나바호 두 사람이 야영지로 와서 대화를 하겠다고 했다. 둘 중 한 사람은 마르티네스라는 에스파냐 이름으로 통했고 담요로 만든 거대한 푸른 코트를 입었으며 어색하게도 자기가 "나바호의 으뜸 추장"이라고 했다. 스스로 자기를 그렇게 불렀거나 아니면 적어도 워싱턴의 통역관이 그런 직함을 붙였을 때 굳이 사양하지는 않은 모양이었다. 워싱턴 대령은 그답게 무뚝뚝했다.

> 워싱턴: 그와 부하들이 평화를 원하는가?
> 통역관: 그렇다고 합니다.
> 워싱턴: 추장에게 그들이 내놓아야 하는 훔쳐간 재산이 양 1,070마리, 노새 34마리, 말 19마리, 소 78마리라고 말하라. 언제 추장들이 여기 나와 조약을 맺을 수 있는가?
> 통역관: 내일모레라고 합니다.
> 워싱턴: 조약을 맺지 않으면 파멸을 맞을 것이라고 말하라.
> 통역관: 약속한 대로 하겠다고 합니다.[165]

마르티네스 '추장'과 일행은 대령에게 과장된 감정으로 작별인사를 했고 이틀 뒤에 돌아오겠다고 약속하며 협곡의 보이지 않는 구석으로 사라졌다.

그 뒤 멕시코인 포로 하나가 워싱턴 대령을 찾아왔다. 서른 살 먹은 청년으로 17년 전에 나바호들에게 납치되었다고 했다. 어렸을 때 샌타페이 외곽 들판에서 양을 치고 있는데 나바호가 서쪽에서 튀어나와 자기와 양 떼들을 쓸어 데리고 갔다고 했다.

워싱턴은 당연히 이 사람이 미국인들에게 자기를 다시 데려가달라고 부탁하러 왔겠거니 생각했다. 자기를 납치해간 인디언들에게서 마침내 해방될 수 있으리라고 믿고 찾아왔으리라 생각한 것이다. 원정대에 끼어 있던 멕시코인 자원병 몇 명이 젊은이를 알아보았고 다시 가족들에게 데려가려 했다. 그러나 믿기지 않게도, 또 실망스럽고 못마땅하게도 멕시코인 젊은이는 자기는 이교도의 땅에서 야만인으로서 계속 살아가겠다고 말했다. 이제 이곳이 자기 집이라고 주장했다. 밝고 혈기 넘치고 말투나 태도나 옷차림이나 나바호로 태어난 사람 같았다. 에스파냐어도 더듬거렸고 강세가 특이했다.

"그는 자기 민족에게로 돌아가고 싶어 하지 않았다. 심지어 샌타페이에 사는 친구들의 안부조차 묻지 않았다." 심슨의 글에는 놀란 기색이 묻어난다.

*

이런 일이 있는 동안 심슨 중위는 계속 산만하게 어깨 너머로 협곡을 응시했다. 한시라도 빨리 탐사하고 싶었던 것이다. 워싱턴의 따분한 협상에는 아무런 관심이 없었다. 심슨은 사실 사람에는 별로 흥미가 없었다. 눈앞에 지질학적 수수께끼가 펼쳐져 있을 때는 더더군다나 그랬다. 그리하여 9월 8일, 회담이 시작되려면 하루 이틀 남아 있었으므로 심슨 중위는 미국인으로는 처음으로 캐니언드셰이를 탐사하러 동쪽으로 출발한다. 컨 형제를 데리고 갔고 호위대 60명도 함께 갔다.

협곡 안으로 몇 킬로미터 들어가자 "양쪽 절벽이 깎아지른 듯 솟았다. 거의 완벽한 수직이었고 마치 사람의 손으로 조각한 것 같았…… 뉴욕시 세관처럼 정밀한 구조물이었다."[166] "불규칙한 붉은 사암"이 무수한 면으로 나뉘어 좁게 이어지며 머리 위로 솟았고 덩어리 하나하나가 "불완전한 지층으로 갈라지고 나뉜 것"을 보고 감탄했다. 거대한 바위판이 한낮의 열기를 머금고 있어 해가 절벽 너머로 넘어가고 난 뒤에도 협곡 안의 복숭아 밭과 옥수수 밭은 지속적인 온실 효과를 누릴 수 있었다. 금빛과 분홍빛이 도는 사암 위에 마녀의 손가락처럼 구부러진 갈색 줄이 거대한 벽을 타고 내려오는 곳도 있었다.

리처드 컨은 바로 스케치를 하기 시작해 캐니언드셰이를 담은 최초의 것으로 알려진 그림을 그렸다. 멋진 그림은 아닐지 모르나 천연 미로에 감도는 장엄함을 잘 포착해냈다. 컨은 무수히 많은 기이한 암괴, 계속되는 침식 작용의 폭력을 보여주는 부서진 절벽으로 가득한 협곡의 웅장한 비밀, 속삭임, 엄청난 분노에 멍해졌다. "유명한 암벽은 굽이를 돌아설 때마다 점점 더 거칠어진다"[167]고 컨은 말했다. 심슨도 마찬가지로 경탄하며 "이곳을 찾는 사람의 감탄을 이끌어내고 지질학자들의 관심을 끌 놀라운 자연 풍광을 보고 무척 기뻤다"고 썼다.

이들은 협곡 안으로 14킬로미터 들어가며 암석 표본을 수집하고 측량을 하고 스케치를 했다. 그러나 심슨은 더 가면 안 된다는 걸 깨달았다. 워싱턴 대령이 이튿날까지 돌아오라고 했기 때문이다. 그러나 중위는 이미 "나바호 성채에 관한 소문"은 사실이 아닐 거라는 생각을 하고 있었다. 아직 160킬로미터나 되는 협곡의 초입 부분만 탐사했을 뿐이니 그런 말을 하기는 성급했지만 아무튼 그의 추측은 옳았다. "캐니언드셰이의 비밀은 이제 십중팔구는 풀렸다고 할 수 있다"[168]고 심슨은 자신 있게 주장했다. "협곡에 거대한 요새가 있다는 개념은 깨졌다."

그러나 사방에 석조 건물이 보이는 것은 사실이었다. 요새는 아니지만 암벽이 높은, 이상한 곳에 만들어진 범접하기 어려워 보이는 집들이었다. 이 건물 안에는 사람이 살지 않는 것처럼 보였다(실제로 그곳에 사는 나바호들은 그 안에 절대 들어가지 않았다. 그곳에 살던 사람들의 영혼을 존경하는 뜻이기도 했고 바위틈이나 비밀 동굴 같은 가까운 곳에 묻었을 시체를 두려워했기 때문이기도 했다). 중위는 이 폐가를 지은 사람들이 자기와 리처드 컨이 2주일 전에 차코 협곡에서 살폈던 웅대한 푸에블로 공동주택을 지은 인디언들일 것이라고 생각했는데 옳은 추측이었다. 심슨은 이렇게 썼다. "협곡 바닥에서 150미터 높이에 있는 바위 시렁 위에서 조그만 푸에블로 폐허를 보았는데 차코 폐허에서 본 것과 구조나 양식이 비슷했다."

그러나 심슨은 오늘날 나바호가 절벽 위에 푸에블로처럼 생긴 집을 지은 사람들의 직계 후손이라고 잘못 짐작했다. 그래서 중위는 협곡 여기저기에 날림으로 지은 것처럼 보이는 간단한 나바호 집을 헐뜯었다. 심슨은 호간을 대단하게 여기지 않았다. "공예 기술은 보존했는데 어떻게 해서 건축 기술은 퇴보했는지?" 심슨은 그것이 의문이었다. "이렇게 보잘것없는 흙집에서 사는 민족이 세계에서 가장 훌륭한 담요를 만들어낼 수 있다니 정말 이상하게 느껴진다."[169]

"옛날 사람(미국 남서부에서 선사시대의 독특한 도기와 주거문화를 발달시켰던 인디언들을 'ancient ones' 라고도 부르고 아나사지라고도 부른다. 바스켓메이커라고 부르는 문화도 여기에 속한다 - 옮긴이)"들은 다른 흔적도 남겼다. 수백 년 전에 아나사지는 협곡 절벽에 희미하게 갈라진 틈과 구불구불한 균열을 손과 발로 디디며 올라가는 길을 무수히 많이 만들어두었다. 나바호가 1600년대 초 처음 이곳에 와서 이 아찔한 길을 이용했고 길을 넓혀놓았다. 지금은 깎아지른 절벽 표면에 수백 미터 위 꼭대기까지 이어지는, 도무지 사람이 타고 갈 수 있을 것처럼 보이지 않는 길이 사방에 나 있다. 심슨은 높은 바위 시렁 위에 나바호 두 사람이 있는 것을 보았다. 그런데 두 사람이 "거의 수직인 암벽을 무용수처럼 날렵하고 능수능란하게 내려오는"[170] 모습을 보고 깜짝 놀랐다. 심슨은 인간 게들이 암벽을 재빠르게 내려오는 모습을 보고 "이렇게 놀라운 곡예는 처음 봤다"고 생각했다. 나바호들은 대체적으로 미국인들을 피했지만 한번은 한 여자가 나타나서 군인들 앞에 담요 몇 장을 펼쳐놓은 일이 있었다. 담요를 펼치자 나바호가 소중히 여기는 복숭아 밭에서 따온 잘 익은 복숭아가 가득 있었고 군인들은 무척이나 반가워했다.

암벽에는 수천 개가 넘는 헤아릴 수 없이 많은 암벽화와 그림 문자가 새겨져 있었다. 도무지 있을 법하지 않은 곳에서도 발견되었다. 1,000년이 넘는 세월 동안 협곡은 화가들의 캔버스 역할을 했다. 바스켓메이커, 아나사지, 호피, 나바호 등. 그림은 아주 혼란스럽다.[171] 뱀, 번개, 정교한 뇌문雷紋, 나선무늬 등. 동굴 천장에 별자리를 정성스럽게 새긴 것도 있다. 기이한 동물들이 모인 동물원도 있다. 날아가는 머리 없는 새, 피리를 부는 곱사등이 동물, 곤충 더듬이가 있는 사람, 발굽 대신 집게발이 있는 영양, 머리가 새 모양인 사람, 개구리 인간, 거북이 인간 등. 화살을 맞은 남자, 거대한 남근이 달린 남자, 왼쪽 귀에 이상한 혹 같은 게 튀어나온 외계인 같은 사람. 외음부가 부풀어 오른 채로 앉아 아기를 낳는 여자. 사방에 손자국이 나 있어 고대인들이 다 함께 벽에서 손짓하는 듯했다. 어떤 곳에는 그림이 하도 빽빽이 들어차 있어 마치 열띤 대화가 한창인 듯했다. 이런 곳 가운데 하나에 나중에 신문 바위라는 이름이 붙는다. 고고학자들이 보기에 고대인들이 소식을 읽으러 오는 모임 장소처럼 여겨졌기 때문이다. 쪼아 새긴 그림도 있지만 대부분은 피, 오줌, 칠면조 알 흰자로 만든 고착제를 섞은 광물 염료로 벽에 그린 것이다.

이들이 돌아선 곳 바로 앞에 있던 협곡은 캐니언델무에르토(죽음의 협곡)라는 이름으로 알려진 또 하나의 장려한 볼거리인데, 여기에 갔다면 벽에 그려진 진기한 그림을 볼 수 있었을 것이다.[172] 이 그림은 오늘날에도 남아 있는데 챙이 평평한 모자를 쓰고 긴 창과 머스킷 총을 들고 얼룩말을 타고 전투를 하러 달려가는 에스파냐 기병 부대가 사실적으로 그려져 있다. 이 험악하게 보이는 인물들은 망토에 십자가가 뚜렷이 새겨져 있어 마치 요한계시록에 나오는 기병대 같다.

이 무시무시한 그림은 디네가 40여 년 전에 겪은 끔찍한 일을 기억하기 위해 그려놓은 것이다. 에스파냐군이 나바호들이 사는 곳을 성공적으로 침략한 유일한 사건이었다. 1805년 1월 500명쯤 되는 군인들이 샌타페이에서 진격해와 협곡의 구불구불한 길을 무섭게 휩쓸며 나바호 전사 수십 명을 죽이고 포로들을 잡아갔다. 캐니언델무에르토에서, 이 그림이 그려진 곳과 멀지 않은 곳에서 에스파냐군은 나바호 노파가 날카로운 목소리로 이상한 독설을 내뱉는 소리를 듣고 깜짝 놀랐다. "눈 없는 자들이 저기 간다! 눈이 멀 것이다!"

이상하게 생각한 군인 하나가 경사면을 올라갔는데 절벽 위 움푹 들어간 곳에 100명이 넘는 여자와 아이들이 모여 있었다(나르보나를 비롯한 전사들은 다른 곳에서 싸우는 중이었다). 나바호들은 오래된 발 디딜 자리를 디뎌가며 여기까지 기어올라 숨어 있었던 것이다. 큰 소리를 낸 사람은 전에 에스파냐인의 노예가 된 적이 있었던 할머니였다. 다른 사람과 같이 숨어 있다가 안전하다고 생각해서 조심성을 잃고 증오해 마지않는 적들에게 저주를 퍼부은 것이다.

정찰병은 아래에 있는 동료들을 불렀고 나바호들이 꼼짝없이 갇혔다고 말했다. 다른 군인 하나가 이들을 포로로 잡으려고 가파른 암벽을 올라왔다. 그가 동굴 입구에 올라서자 나바호 여자 하나가 그를 껴안고 벼랑으로 뛰어내렸다. 두 사람은 그렇게 부둥켜안은 채로 수백 미터 나락으로 떨어져 죽었다.

협곡 아래에 있는 군인들의 눈에 나바호들이 보이지는 않았지만 이들이 어디에 있는지는 정확히 알았기 때문에 동굴 천장을 겨냥해 총을 쏘아대기 시작했다. 몇 시간 동안 쉬지 않고 낡은 머스킷 총과 화승총을 쏘아댔다. 총탄을 수천 발 넘게 소진했다. 결국 동굴에 있던 사람 모두 죽고 노인 한 명만 살아남아 이 이야기를 다른 나바호들에게 전해주었다. 150년

이 더 지난 뒤에도 이때 죽은 사람들의 뼈가 동굴 바닥에 남아 있었다. 나바호 옷가지 조각과 총알과 함께.

오늘날 이곳은 학살 동굴이라는 이름으로 알려져 있다. 그러나 나바호들은 자기들만의 이름으로 그곳을 부른다. 두 사람이 떨어진 곳이라고.

*

위싱턴 대령은 몰랐지만 나바호와 조약을 맺는다는 것 자체가 우스꽝스러운 일이었다. 마르티네스라고 하는 사람은 디네의 으뜸 추장이 아니었다. 그런 이름이 어울릴 만한 사람은 나르보나 한 명뿐이었고 나르보나라고 하더라도 그런 명칭은 과장된 것이었다. 나바호들이 바라는 것은 빌라가나들이 최대한 빨리 이곳을 떠나는 것이었고, 종이에 뭐라 쓰기만 하면 미국인들이 떠난다고 하니 기꺼이 하란 대로 할 것이었다.

종이가 뭐지? 나바호 대부분은 종이를 본 적도 없다. 펜도 글도 마찬가지다. 개인의 토지소유권이나 법률이나 규칙이나 정치적 권위를 가진 대표 따위의 개념이 전혀 없었다. 나바호의 관습은 미국과 너무나 달라 미국이 정말로 원하는 게 뭔지 나바호는 전혀 이해할 수가 없었다. 나바호의 세계에서는 아무것도 달라지지 않을 것이다. 미국인들이 이곳을 떠나 돌아가면, 뉴멕시코인들을 상대로 한 습격을 평상시처럼 계속할 것이다.

그래서 약속한 날에 마르티네스와 또 한 명의 나바호 '추장' 차피토네라는 사람이 약속한 대로 나타나 위싱턴 대령의 조약을 들었다. 좀 떨어진 곳에서 100명의 나바호 전사들이 창과 두꺼운 사슴 가죽 방패를 들고 경계를 늦추지 않고 기다렸다. 우두머리들은 젊은 포로 네 명과 뉴멕시코인들로부터 훔쳤다고 인정한 양 104마리를 끌고 왔다. 그러고는 나중에 더 많이 갖다주겠다고 약속했다.

워싱턴은 미리 조약문을 써놓았다. 고상한 이상으로 가득하고 몇 가지 강경한 요구 사항이 들어 있는 두툼한 문서였다. 조약 내용 중에는 이런 것이 있었다. "조약 당사자들 사이의 적대 행위를 중단하고 영구한 평화와 우정을 존속할 것이다…… 미국 정부는 나바호와의 무역과 교역을 통제할 독점권이 있다…… 미국 시민이 나바호 인디언을 죽이거나 물건을 뺏거나 다른 방식으로 학대하면 체포되어 재판을 받을 것이다…… 나바호 인디언은 모든 미국인, 멕시코인 포로와 훔쳐간 재산을 10월 9일까지 양도한다."[173]

그러나 3년 전의 도니펀 조약과 마찬가지로 이 조약도 쓰레기나 다름 없었다. 여러 장애를 뚫고 서둘러 통과시켰지만 양쪽 사람들이 서로 의사소통하는 데 얼마나 많은 어려움이 있었을지 빤한 일이다. 문화적 이해가 전혀 없는 데다 영어에서 에스파냐어로, 나바호 말로 통역되면서 얼마나 의미가 바뀌었을지. 미국인의 입장에서 보면 마르티네스와 차피토네의 모든 면이 불분명하고 불확실하게 느껴졌을 것이다. 에둘러 말하는 대화 방식, 누구의 이름도 소리 내어 말하지 않으려 하는 태도, 그 어느 누구도 손으로 가리키지 않고 단지 입술만 내밀어 가리키는 이상한 버릇 등.[174] 이 이상한 인디언들은 악수조차 하지 않으려 했다(워싱턴은 그 이유를 전혀 짐작하지 못했을 것이다. 나바호는 이 이방인들이 마법사라고 생각했고 그들이 가까이 다가와 시체 가루를 자기들 얼굴에 뿌릴까 봐 두려워했다. 오늘날에도 나바호들은 아는 사람이 아니면 악수를 하지 않는다. 악수를 하더라도 백인들의 성에는 차지 않는 '축 늘어진 생선' 같은 뜨뜻미지근한 악수를 많이 한다).

그런 한편 나바호들은 자기들이 아는 세계의 관계를 무너뜨리는 이야기를 높은 목소리로 떠들어대는 워싱턴 대령이 정말 이상하다고 느꼈을 것이다. 나바호는 추상적인 개념을 잘 받아들이지 않는다. 그들은 아주 실질적인 사람들로 눈앞에 있는 문제를 다루기를 좋아한다. 이들의 언어에도 그런 경향이 있다. 나바호 언어는 동작이나 구체적 사물 사이의 위치 관계 변화 같은 것을 정확하게 전달하는 반면 시간 개념은 무척 모호하다.[175] 같은 문장에서 오늘 있었던 일을 이야기하다가 아무렇지도 않게 수천 년 전에 있었던 부족 전설로 이야기가 이어질 수도 있다. 그러니 워싱턴 대령이 말하는 기한이라든가 사법권, 오늘부터 유효한 법적 권위 같은 것은 디네에게는 도무지 알 수 없는 이야기였을 것이다.

그래도 이들은 동의했다. 달리 어찌할 수 있었겠는가? 워싱턴은 트집 잡을 틈을 전혀 주지 않았다. 캐니언드셰이의 빛나는 황토색 바위 아래에서 마르티네스와 차피토네는 문서 맨 아래 J. M. 워싱턴의 이름 옆에 어색하게 'X'를 그려 넣었다.

그 과정을 지켜보던 제임스 심슨은 "완전한 조약이 맺어져 나바호가 미국 정부의 사법권 안에 들어오게 된 것"에 만족하는 듯했다. 중위는 나바호가 자기들이 무엇에 동의했는지 알고 있다고 믿었으며 그대로 따르리라고 낙관했다. 만약 그러지 않는다고 하더라도 이 조약은 냉정한 의미에서 중요한 전략적 가치가 있다고 생각했다.

심슨은 복잡하지만 익숙하게 들리는 법률 용어로 이렇게 표현했다. 조약 문서가 존재한다는 사실에 "사람들은 안도할 것이고 혹시 앞으로 나바호를 강압해야 할 일이 생기더라도 그것은 합법적인 보복일 뿐이며 그들 스스로 초래한 것임을 전 세계에 입증할 수 있게 되었다."[176]

35. 피와 천둥

1849년 10월, 워싱턴 원정대가 마시 요새 병영으로 돌아오고 몇 주가 지난 뒤, 제임스 M. 화이트라는 상인이 가족과 함께 샌타페이 통로를 따라 서쪽으로 가고 있었다. 화이트 가족은 프랜시스 재비어 오브리라는 유명한 상인과 함께 미주리에서 출발했다. 오브리는 물건을 가득 실은 대상 행렬을 이끌고 있었다. 샌타페이까지 240킬로미터밖에 남지 않았기 때문에 화이트는 느린 대상 행렬에서 떨어져 나와 아내 앤과 갓난 딸과 함께 마차를 타고 앞서가기로 했다. 가장 위험한 인디언 지역은 벗어났다고 생각한 화이트는, 일주일 뒤에 샌타페이에서 다시 만나자며 '바위 지점'이라는 유명한 정거장에서 오브리와 긴 마차 행렬에 작별을 고했다.

프랜시스 재비어 오브리는 이 길에서 이름난 인물이었다.[177] 옹골찬 프랑스계 캐나다인으로 강렬한 검은 눈과 짙은 턱수염을 가졌고 샌타페이 무역으로 큰돈을 벌었다. 이 길에 대해서라면 한 뼘 한 뼘 구석구석 다 알았고 자기 친구 제임스 화이트가 앞서 나간다고 했을 때 전혀 말릴 생각이 없었다. 화이트도 이 길에서는 베테랑이었고 샌타페이와 엘파소에서도 사업을 했다. 때 이른 추위가 찾아오는 바람에 부인과 아기를 빨리 따뜻한 호텔로 보내고 싶었다. 화이트는 식구들과 흑인 하녀 한 명과 함께 있었고 오브리가 호위대 삼아 화이트네 두 번째 마차에 무장한 남자 세 명을 태워 보냈다.

오브리는 1년 전에 전국적으로 이름을 날렸다. 최단시간 샌타페이 통로 횡단 기록을 깨뜨린 것이다. 1848년 9월 오브리는 샌타페이에서 미주리 인디펜던스까지 거의 1,300킬로미터를 쉬지 않고 달려 5일하고 16시간 만에 도착했다. 가는 길에 말 여러 마리를 잃었지만 대신 자신이 세운 종전 기록 8일을 깨겠다며 내기에 건 돈 1,000달러를 받았다. 이런 성과를 달성할 수 있었던 것은 수백 킬로미터마다 역참에 새 말을 대기시켜놓고 갈아탔기 때문이다. 말이 동쪽으로 달리는 동안 오브리는 몇 번이고 졸았지만 몸을 안장에 뱃대끈으로 꽁꽁 묶어놨기 때문에 말에서 떨어지지 않을 수 있었다. 1848년 9월 17일 밤 10시, 오브리와 마지막 말이 비틀거리며 인디펜던스로 들어왔다. 호텔에 모여 있던 그의 후원자들이 바로 오브리를 알아보고 안장에서 내리게 했다. 닷새가 넘는 동안 계속 말에 타고 있어 살이 쓸린 탓에 안장은 피로 흠뻑 젖어 있었다. 오브리는 너무 지쳐 거의 정신이 나간 상태였고 속삭이는 소리밖에는 낼 수 없었다. 오브리는 햄과 달걀을 주문하고 위층 침실로 인도되었다.[178]

오브리의 1,300킬로미터 질주는 전국적인 뉴스가 되었고 대륙 횡단 철도 부설 이전 마지막 시대에 새로운 이동의 장을 연다. 그 무렵이 횡단 철도를 놓을 계획을 짜고 경로를 정할 때다. 오브리의 예가 보여주듯 대평원을 가로지르는 것은 흔한 일이 되었다. 거대한 짐마차가 엄청난 규모의 물류를 담당하고 있었으나 수소가 끄는 마차의 속도는 지루할 만큼 느렸다. 그러나 오브리의 기록으로 샌타페이 통로에 대한 두려움이 어느 정도 사라졌고 서부로 가고 싶다는 막연한 야망을 품고 있었으나 자신이 없었던 사람들도 자극을 받았다. 커니가 남서부를 정복한 지 몇 년 지나지 않았는데 이 대로는 벌써 잘 닦인 길이 되었다. 보급소도 제대로 갖춰졌고 정거장이나 역참의 이름도 사람들에게 익숙해졌다. 스위즐로 시내, 협의회 숲, 다이아몬드 샘, 포니 바위, 미루나무 갈림길 등. 뉴멕시코는 여전히 미주리에서 먼 곳이었지만 한 사람이 엿새 만에 가로지를 수 있다고 하니 예전처럼 불가능한 모험으로 여겨지지는 않았다.

그러나 오브리 때문에 너무 쉽게 여겨지는 면도 있었다. 사람들은 이 여행이 아직도 얼마나 위험한지, 특히 서쪽 끝부분, 물이 귀하고 인디언 공격 가능성이 높은 뜨거운 황무지가 얼마나 위험한지 망각하는 듯했다. 해마다 정착민이 인디언에게 살해당하거나 납치되거나 가혹한 고문을 겪었다. 샌타페이 통로에서는 인디언들의 잔인함에 대한 이야기를 늘 들을 수 있었다. 인종적 증오감까지는 아니더라도 무지에서 비롯된 과장된 이야기가 대다수였지만 여러 평원 인디언들이 포로나 시체의 사지를 자르는 전사 의식을 치렀다는 것은 확인된 사실이다. 평원 인디언 연구자 한 사람은 "대개 이런 행위는 자신이 잃은 것에 대한 원한 때문이거나 더 위대한 전사('죽이기 힘든 자')가 되살아올지 모른다는 미신적 두려움 때문이었다"고 적었다. 평원 인디언들이 백인 개척민에게 특별히 분노를 품은 것 같지는 않았다. 사실 가장 잔인한 분노는 오랜 적인 다른 부족들 몫이었다.

그런데도 이 문제에 대해 가장 잘 알고 있는 사람들조차 평원 인디언이 백인들을 죽이려 한다고 생각했다. 순회 법정을 돌며 여러 해 동안 변호사이자 판사로 일해온 윌리엄 데이비스는 평원 인디언을 성서에 나오는 이스마엘족에 비유했다. "이들은 백인이라면 남녀노소 할 것 없이 모두 공격한다. 평원 인디언에게 잡혀간 포로가 수백 명이고 대부분은 여자와 아이들이다. 대부분은 평생을 인디언들과 함께 보내며 아주 비참한 삶을 살아간다."[179]

이런 끔찍한 이야기가 샌타페이 통로에서는 심심찮게 들렸다. 제임스 화이트도 틀림없이 들었을 테지만 신경 쓰지 않고 오브리 짐마차 행렬을 떠나 가족들과 즐겁게 샌타페이로 달렸다.

*

그 순간 키트 카슨은 라야도 시냇가에 있는 새로 마련한 목장에서 열심히 일하고 있었다. 타오스에서 동쪽으로 80킬로미터쯤 떨어져 있고 샌타페이 통로에서도 멀지 않은 곳이었다. 10월이라 옥수수는 추수가 끝났지만 호박, 콩, 고추는 아직 자라고 있었다. 샌그리디크리스토 산맥에서 흘러내린 차가운 물을 시내로부터 흡수한 배수로가 밭에 물기를 공급했다. 북쪽을 향한 산맥 암벽에는 눈이 쌓였다. 멀리 들판에서는 소, 양, 말, 노새 떼가 푸른 그라마풀을 뜯었다. 땅 위 다른 곳에는 여러 종류의 헛간, 창고, 대장간, 도축장, 밤에 늑대가 공격하지 못하게 개잎갈나무 막대기를 철사로 엮어 만든 우리 여러 개가 뒤죽박죽 흩어져 있었다. 한가운데에는 집이 있었는데, 대강 다듬은 판데로사 통나무로 만든 오두막으로 카슨이 어릴 적에 살던 미주리 집을 떠올리게 했다. 인디언이 침입하지 못하도록 여러 건물들 전부를 높은 어도비 벽으로 둘러쌌다.

서른아홉 살의 크리스토퍼 카슨은 이제 농부가 되겠다고 결심했다. 여행하기에는 너무 나이가 들었고 미군을 안내하는 힘들고 긴장감 넘치는 일에도 지쳤다. 카슨은 목장 경영 일을 좋아했고 곧 빠져들었다. 새벽에 들판에 나가 해질녘까지 일했다. 땅을 개간하고 쟁기질하고 작물을 심고, 양을 번식시키고 털을 깎고, 여기저기를 수리하고 개선하고, 새로운 세계를 차근차근 만들어가는 중이었다. 건초를 베어 묶어 정부 관리에게 마초로 팔았다. 소나무 통나무를 켜서 목재로 만들었고 어도비 벽돌을 빚어 햇볕에 말렸다. 채소를 가꾸고 짐승을 도축하고 가죽을 무두질하고 노새 발굽을 입히고 고기를 저장했다. 일이 끝도 없이 많았다.

카슨은 이 일들을 좋아하기는 했으나 정착하는 삶은 사실 그의 기질에 맞지 않았다. 그는 언제나 떠돌이였다. 어렸을 때 도망을 나와 대상에 끼었고, 덫사냥을 하고 사냥도 했으며, 길잡이, 안내인 역할도 했고, 군인도 했고, 대륙 횡단 전령 일도 했다. 모두 서부에서 쉴 새 없이 움직이는 일이었다. 미주리를 떠난 이래로 단 한순간도 한자리에 머무르지 않았다.

타오스가 이론적으로는 그의 집이었으나 그는 내내 집에 돌아가지 못했다. 이 문제는 그의 삶에서 지금까지도 그랬고 앞으로도 계속 이어질 주제였다. 정착하여 노동을 하며 살고 싶고, 아내와 함께 가정을 꾸리고 싶으나 계속 더 큰 일이 일어나 떠나야만 했다. 호세파와 결혼한 지 6년이 지났지만 집에 머물렀던 기간은 몇 달밖에 되지 않았다. 카슨은 전에도 몇 차례 타오스 근처에서 농장을 하려고 했지만 늘 무슨 일이 일어났고, 예상치 못한 중요한 국가적 임무도 부여받으면서 계획이 어긋나곤 했다.

1847년 여름 커니 장군에게 전달할 전문을 지니고 워싱턴을 출발한 카슨은 캘리포니아로 급히 갔으나 이 일을 또 하라는 명령을 받았다. 중요한 전문을 가지고 다시 워싱턴으로 가라는 것이었다. 충직한 군인처럼 그 임무를 받아들였으나 그 여행으로 카슨 자신도 가족도 희생해야 했다. 멕시코 전쟁이 시작된 이래로 카슨은 거의 2만 6,000킬로미터를 여행했으며, 그중 상당 부분은 노새를 타고 이동했다.

호세파는 남편이 집을 비우는 것을 싫어했다. 남편이 보고 싶기도 했지만 그것만이 아니었다. 호세파는 여러 해 동안 카슨이 무얼 하는지도 정확하게 몰랐을 뿐 아니라, 멕시코 사람인 까닭에 카슨처럼 미국에 대한 애국심을 느끼지도 않았다. 카슨의 명성은 호세파에게 아무런 의미도 없었다. 타오스의 하라미요 가족들 사이에 전해지는 이야기에 따르면 호세파는 매양 집을 떠나 있고 자기 민족을 정복한 군대를 위해 일한답시고 돈도 별로 벌어오지 못하는 남편을 원망했다고 하는데 충분히 이해할 만한 일이었다.

그래서 카슨은 다시 정착하려고 했다. 이번에는 반드시 그래야만 한다고 생각했다. 카슨은 아버지가 되었던 것이다. 그해 봄 스물두 살이 된 호세파가 첫 번째 아이를 낳았는데 아들이었다. 호세파의 죽은 형부이자 이태 전 집에서 끔찍하게 살해된 찰스 벤트 총독의 이름을 따서 찰스라고 이름 지었다. 미숙아로 태어난 찰스가 몸이 허약하고 많이 아프곤 해서 호세파는 첫 여름 동안 타오스의 집에 머물러 있기로 했고 키트는 땅을 개간하고 새 목장을 꾸몄다.

농장 일을 시작하면서 카슨은 유명한 타오스 사냥꾼 루션 보나파르트 맥스웰이라는 사람과 동업했다.[180] 맥스웰은 일리노이 태생이고 뚱뚱하고 건장하고 피부가 까무잡잡한 사람으로 희극배우처럼 콧수염을 길렀다. 프리몬트의 1, 2, 3차 원정에 동반하여 카슨하고 잘 아는 사이였다. 결혼을 잘한 덕에 뉴멕시코 북동부에 델라웨어 주보다도 더 큰 땅을 경영하고 있었다. 곧 6,900제곱킬로미터가 넘는 방대한 부동산을 갖게 되어 미국에서 가장 넓은 땅을 소유한 사람이 될 것이었다. 그 자체로 하나의 왕국이라 불릴 만했고 전혀 개척되지 않은 땅이었다. 울퉁불퉁한 고원에서 드넓고 푸른 골짜기로 시내와 강이 흘러들어 장래가 기대되는 땅이었다. 토지 양도 지도를 보면 시머론 강과 퍼거토리 강 사이의 광활하고 텅 빈 대지가 단순히 '방목지'라고만 표시되어 있다. 맥스웰이 그 지역 전체를 지배했으며 이 처녀지에서 가장 좋은 땅을 카슨을 비롯한 지인 몇 명에게 개발하라고 내주었다.

맥스웰은 야심차고 진지하게 웃는 사람으로 손님들에게 턱없이 손이 크지만 자기 밑에서 일하는 노동자들에게는 채찍질을 하기도 했다. 그는 "드넓은 땅의 왕"이라고 어떤 동시대 사람이 말했다. "그는 그 지역을 완전히 장악하고 있었고 인디언이나 멕시코인들이 자기 명령에 따르게 만들었다."[181] 그를 만나본 군인 한 사람은 그의 "호의와 굳은 의지"를 잊을 수 없었다. 목장 일은 그에게 잘 맞았다. 그는 식견이 있는 목축업자로 더 나은 품종을 사들이고 혈통을 개선하는 데 관심을 쏟았다. 당시의 작가 한 사람은 맥스웰의 말, 소, 닭, 개조차도 "언제나 같은 모양이었다. 구할 수 있는 것 중에 최고 품종을 골랐으니 말이다"라고 전한다.

맥스웰과 카슨은 이 드넓은 대지에서 새로 목장을 시작하자는 이야기를 오래전부터 해왔다. 그해, 1849년 봄 카슨은 사냥과 안내인 일을 하면서 모은 1,000달러를 맥스웰의 사업에 투자했다. 이 사업이 서부에서 영국계 미국인이 벌인 최초의 대규모 목축 사업이라고 기록되었으니 맥스웰과 카슨은 실질적으로 미국인 최초의 카우보이인 셈이다(물론 히스패닉 바케로(카우보이)는 남서부 전역에서 몇 세대 전부터 목장을 운영해왔다). 이 말이 사실인지는 알 수 없고 증명하기도 불가능하지만 어쨌든 카슨이 서부에서 다양한 일을 하면서 종종 그랬듯이 이번에도 자기 시대보다 한 발 앞서갔다는 것만은 사실이다.

"우리는 오랫동안 방랑하는 삶을 살았다. 지금이야말로 가정을 꾸릴 때가 되었다. 우리도 나이가 들었다. 그래서 집을 짓고 개간을 하고 풍요로운 삶을 살 준비를 했다"[182]고 카슨은 자서전에서 술회했다.

라야도밸리는 정착지로는 놀랄 만큼 넓은 땅이었다. 샌그리디크리스토 산맥이 끝나고 끝없는 평원이 시작되는 곳, 높은 들판과 맑은 하늘이 무한히 뻗은 광활한 땅이다. 말코손바닥사슴과 사슴, 이따금 회색 곰이 풀로 뒤덮인 산기슭에 어슬렁거렸고 차가운 시내에서 숭어가 튀어올랐다. 라야도라는 이름은 에스파냐어로 '줄무늬가 있는'이라는 뜻으로 이 지역에서 돌아다니는 평원 인디언 부족 가운데 일부가 얼굴에 문신으로 새기는 화려한 무늬에서 나온 말이라고 한다. 라야도는 1800년대 초반에 살았던 유명한 코만치 추장의 이름이기도 하다.

카슨의 목장은 샌타페이 통로에서 멀지 않은 곳에 있었다. 젊었을 때 카슨은 바로 이 길을 따라 이곳에 왔다. 카슨의 아버지는 이 길 반대쪽 끝 동쪽으로 1,600킬로미터 더 간 곳에 있는 새로 개척한 삼림 지대에서 농사를 지었다. 그때는 그곳이 변경이었다. 이제 그 아들이 똑같은 일을 되풀이하는 것이다. 미국의 영토가 꾸준히 서쪽으로 확장되어가면서 무수히 많은 개척민 가족들이 세대를 이어 이런 삶을 되풀이했다.

인디언들도 과거나 지금이나 이 삶의 일부였다. 카슨이 미주리에 대해 가지고 있는 첫 번째 기억은 들판에서 파수 노릇을 하던 사람들이 머스킷 총을 들고 주위를 순찰하며 인디언이 공격해오지 않나 감시하던 모습이었다. 어릴 때부터 카슨의 머릿속에는 작은 두려움이 각인되어 있었다. 그런 면에서 라야도밸리는 미주리와 다를 것이 없었다. 위험한 곳이었다. 적대적인 인디언 부족 여럿이 이곳 고원 목초지에 살며 사냥했다. 유트, 아파치도 정기적으로 지나갔고 코만치, 카이오와, 사이엔도 그랬다. 지난해 여름 유트 습격자들이 쏜 총에 맥스웰은 목을 맞았다. 맥스웰을 급히 샌타페이로 데려가 "극히 까다롭고 고통스러운 수술"[183]을 해서 총알을 제거하지 않았다면 아마 죽었을 것이다.

이런 공격이 심심치 않게 일어났으므로 카슨은 늘 경계해야 했다. 라야도에서 카슨은 가축을 밤낮으로 지킬 파수를 두었다.

*

오브리의 짐마차 행렬과 헤어지고 며칠 뒤 제임스 화이트 무리는 샌타페이 통로 근처 바위 시내와 숫돌 지류 사이에서 야영을 하다가 적대적인 인디언들을 만났다. 인디언들은 선물을 내놓으라고 했다. 화이트는 자존심이 강하고 고집이 센 사람인 데다가 자기 팀이 무장이 잘되어 있다고 생각해서 노상강도들에게 아무것도 줄 수 없다고 했다. 화이트 일행 가운데는 아내와 딸, 하녀 말고 세 사람이 더 있었다. 로베르거라는 독일인, 이름이 알려지지 않은 미국인, 멕시코인 일꾼 한 명이었다. 잠시 뒤 같은 인디언들이 다시 찾아왔다. 이번에는 수가 훨씬 더 많았다. 거의 100명은 되는 것 같았다. 그런데도 화이트는 요지부동이었다. 아무것도 내놓지 않았다. 화이트는 장총에 장전하고 인디언들을 야영지에서 몰아내려고 했다. 그러나 빗줄기처럼 화살이 쏟아졌다. 화이트의 멕시코인 친구가 화살에 맞아 불타오르는 모닥불 위로 쓰러졌다. 여행자들은 달아나려 했으나 멀리 가지 못했다. 곧 화이트와 다른 두 남자가 화살에 맞아 고슴도치처럼 되었다. 인디언들은 앤 화이트와 딸, 하녀를 잡아 평원 너머로 사라졌다.

그러나 인디언들 몇몇은 남아서 화이트의 마차 근방에 숨어 있었다. 이들이 잘 쓰는 책략인데 길 옆 수풀에 숨어 있다가 혹 뒤따라올지 모르는 다음 여행자를 습격하려는 것이다. 곧 멕시코인들이 길을 따라 내려왔다. 시체와 뒤집어진 마차를 보고 멕시코인들은 화이트의 짐을 뒤져 돈이 될 만한 것은 모두 챙겼다. 그때 인디언들이 덤벼들었다. 다툼 끝에 멕시코인들은 달아났으나 그 가운데 한 어린 소년이 화살에 맞아 쓰러졌다. 소년이 죽었다고 생각한 약탈자들은 재빨리 노획품을 챙겨 달아났다.

말발굽 소리가 멀리 사라지고 나자 멕시코 소년은 몸을 일으켰다. 겁에 질리고 방향 감각을 잃은 소년은 길을 따라 걷기 시작했다. 화살이 팔뼈에 깊이 박혔지만 걸을 수는 있었다. 그날 늦게 미국인 짐마차를 만났고 샌타페이로 갈 수 있었다. 소년은 샌타페이 관리들에게 이 사건을 자세히 전달했다.

조사단으로 군대가 파견되었고 곧 화이트 무리의 시체를 찾아 확인했다. 버려진 마차는 조각조각 나 있었다. 몸체가 부서졌고 안에 있던 물건은 여기저기 흩어져 있었다. 어떤 부족의 소행인지 분명하지 않았다. 시체의 머리 가죽을 벗기거나 훼손하지도 않아 평원 인디언들의 소행치고는 독특했다. 군인들은 시체를 길옆에 묻고 늑대가 파헤치지 못하도록 바위로 덮었다. 프랜시스 오브리는 이 참사 소식을 듣고 곧 그 지역에 있는 친구들에게 전갈을 보냈다. 앤 화이트를 되찾아오는 사람에게 1,000달러의 보상금을 주겠다는 것이었다.

*

한동안 키트 카슨은 변화를 감지했다. 한때 무궁무진하게 여겨졌던 서부가 눈앞에서 사그라지고 있었다. 타오스 너머 산지에서 단 몇 년 사이에 회색 곰의 수가 크게 줄어들었다. 평원을 누비며 이동하는 버펄로 무리도 새로 밀려들어오는 이민자들 때문에 빠르게 감소했다. 많은 사람들이 단지 재미로 버펄로를 사냥하고 초원에서 썩도록 사체를 내버려두곤 했다. 서부 전역에서 인디언들은 오래전부터 사냥하던 땅이 점점 새로운 정착민들의 차지가 되어간다는 걸 알았다. 천연두를 비롯한 유럽에서 들어온 질병에 면역력이 없어 몰살을 당한 부족도 많았다. 사방에 농장이 들어서고 타오스와 샌타페이의 좁은 흙길에도 사람들이 넘쳐났다. 카슨은 문명의 덩굴손이 뻗쳐 들어오는 것을 보았다. 그는 미국을 떠났는데 그 미국이 그를 따라오고 있었다.

이론적, 법적으로는 이미 따라잡은 셈이었다. 카슨이 어렸을 때 미주리를 떠나 들어섰던 이곳 서부 전체가 이제 미국 땅이 되었으니 말이다. 1848년 2월 과달루페 이달고 조약을 체결함으로써 멕시코 전쟁은 공식적으로 끝이 났고 미국은 310만 제곱킬로미터의 영토를 새로 획득하게 되었다. 국토가 66퍼센트 이상이나 늘어난 것이다. 포크는 1,500만 달러라는 푼돈을 주기로 약속하고 그 대가로 취임할 때부터 그가 바라던 것, 광활하게 대륙 전체에 뻗어 태평양에 인접한 땅을 얻었다. 미국이 최초로 벌인 국외 침략 전쟁에서 1만 3,000명이 넘는 미국인이 희생되었다. 군인 대비 사상자 수를 따지면 미국 군 역사상 최고다.[184] 멕시코인들의 희생은 훨씬 컸다. 2만 5,000명 정도가 죽었다고 한다. 이 승리는 멕시코 전쟁의 어두운 제국주의적 면모를 무시할 수 없었던 미국 지도자들이 굳게 말을 삼가고 속으로만 번민하는 가운데 이룬 것이었다. 회의론자이면서 전쟁에 참가하기도 한 사람 가운데 대표격인 율리시스 S. 그랜트는 멕시코 전쟁을 "강한 나라가 약한 나라를 상대로 벌인 극히 부당한 전쟁 가운데 하나"라고 말했다. 처음에는 (노예제를 확대하기 위한 방법으로) 전쟁을 확고하게 지지했던 사우스캐롤라이나 상원의원 존 C. 캘훈조차도 의문을 제기했다. 그는 상원에서 이렇게 발언했다. "이 행위로 미국은 오랫동안 회복하지 못할 것이다. 이 일로 현재와 미래 사이에 장막이 드리워졌으며 이 장막을 걷을 수 있을 것 같지 않다."[185]

조약 협상을 위해 멕시코시티에 파견되었던 미국 사절 니컬러스 트리스트는 멕시코 관료들과 마주 앉아 멕시코 영토의 거의 절반을 떼어가겠다는 조약을 마무리 지으며 죄책감을 숨기려 애썼던 일을 훗날 회상했다. "그 순간 멕시코인들이 내 마음을 들여다볼 수 있었다면 미국인으로서 강한 죄책감을 느낀다는 것을 알았을 것이다…… 그 자리에서 그렇게 말할 수는 없었지만 올바른 생각을 가진 미국인이라면 당연히 수치스럽게 여길 일이며, 나도 그랬다. 진심으로 강렬하게 부끄러움을 느꼈다."[186]

그런데 벌써 이 거대한 땅을 획득한 성과가 눈에 보이는 듯했다. 문서의 잉크가 마르기도 전에 캘리포니아에서 금광이 발견되었고 사람들이 몰려가기 시작했다. 금맥 발견 소식을 유포하는 데 키트 카슨이 한 역할을 했을 가능성도 있다. 1848년 워싱턴으로 가는 두 번째 대륙 횡단 여행 때 카슨의 행낭에는 시에라네바다에서 사금이 발견되었음을 알리는 첫 번째 소식이 들어 있었다는 기록이 있다. 순식간에 사람들과 물건의 대탈주가 시작되었다. 샌타페이 통로, 오리건 통로, 그 지류들에는 결심을 굳힌 사람들로 가득했다. 이들은 포티나이너Forty-Niner(1849년에 금광을 찾아 캘리포니아로 이주한 사람)라는 이름으로 불렸는데 캘리포니아에 가진 것 전부를 건 사람들이다.

카슨이 보기에 서부는 믿을 수 없는 사람들로 빠르게 채워지고 있었다. 범죄자, 사기꾼, 광신도, 기회주의자, 도둑, 영토를 확장하려 하는 사람 등. 그렇지만 자기 자신이 서부에서 프리몬트의 길잡이 노릇을 하면서 이런 변화를 가져오는 데 중요한 촉매 역할을 했다는 사실은 깨닫지 못하는 듯했다. 어떻게 보면 카슨은 자기도 모르게 자기가 싫어하는 그런 사람들을 서부로 이끌어 와서 스스로 보금자리를 더럽힌 셈이다.

카슨의 손길이 닿는 모든 것이 퇴락한 듯이 느껴졌다. 한때 그가 덫을 놓아 잡았던 비버는 멸종 직전이었다. 함께 살아왔던 인디언들은 전염병 때문에 수가 크게 줄었다. 그가 사랑하던, 사람의 손이 닿지 않은 태고의 황야는 지형학자들이 들이대는 장비 앞에 파헤쳐졌다. 산사람들이 해마다 모여 벌이던 모임은 옛날이야기가 되었다. 심지어 영원할 것 같던 벤트 교역소마저 이제 사라지고 없었다. 1849년 8월 어느 날 찰스의 동생 윌리엄은 새로 시작할 때가 되었다는 결론을 내렸다. 거대한 교역소를 정부에 팔고 싶지는 않고, 인디언들의 손에 들어가 파괴되고 황폐해지는 것도 바라지 않았기에 더욱 극적인 해결을 보기로 했다. 미로처럼 복잡한 방들을 화약통으로 가득 채우고 이 기이하고 장려한 성을 산산조각으로 부숴버렸다.[187] 설사 아직 미련이 남아 있었더라도 벤트 교역소의 파괴로 한 시대가 막을 내렸음을 요란하게 선언한 셈이다.

줄어든 미지의 세계에서 카슨은 시대착오적 인물, 사슴 가죽을 입은 기인이며, 그에게는 사랑받는 상징이라는 역할 말고 다른 어떤 역할은 남아 있지 않았다. 그러나 그는 사랑받았다. 그를 만난 사람 누구나 그에게 설명할 수 없는 애정을 느꼈다. 조지 럭스턴이라는 영국 작가는 미국 점령 직후 서부를 지나갔는데 카슨이라는 인물의 대조적인 면에 끌렸다. 말이 없고 소박한 한편 전설적인 지위를 가진 인물이었다. 럭스턴은 이렇게 썼다. "키가 작고 체구도 작지만 근육은 철사처럼 질겼다. 밝은 낯빛, 차분하고 지적인 용모, 키트를 만나본 사람은 이 부드러운 사람이 인디언과의 싸움에서 악마의 화신처럼 굴었으리라는 생각은 전혀 할 수 없을 것이다."[188]

그때 젊은 육군 중위였던 윌리엄 티컴서 셔먼은 캘리포니아에서 카슨을 잠깐 만났는데 그의 용모를 보고 비슷한 반응을 보였다. "조그맣고 어깨가 구부정하고 얼굴에는 주근깨가 있고 눈빛은 푸르고 부드러운 이 사람을 보고 어찌나 놀랐는지 모른다. 특별한 용기나 대담성을 드러내는 구석은 전혀 없었다. 말수가 적었고 질문을 하면 단음절로 대답했다."[189] 그러나 셔먼은 이렇게 덧붙였다. "카슨의 성실함은 말 그대로 완벽하다. 인디언들도 그걸 알아서 군인이나 아니면 대통령이라 하더라도 카슨만큼 믿음을 주지는 못할 것이다."

"카슨의 목소리는 여자처럼 부드럽고 다정했다." 조지 브루어튼은 대륙 횡단 여행 도중에 카슨과 함께한 뒤 《하퍼스 먼슬리Harper's Monthly》라는 잡지에 통찰력이 느껴지는 글을 썼다. "수백 차례 위험을 마주했던 영웅, 백인이 거의 존재하지도 않는 황야에서 평생을 보낸 사람은 자연의 신사였다."[190] 다른 사람들, 특히 여자들은 카슨의 겸손함을 당황스러울 정도의 어색함으로 느꼈다. "그는 투박하고…… 고독한 사람이다." 샌타페이에 살았던 백인 여성 매리언 슬론은 이렇게 회상했다. "대단한 용사이며 무척 친절하지만 그의 얼굴 앞에는 수줍음이 베일처럼 드리워 있다."[191]

그러나 대부분의 사람들은 그 베일 너머에서 무언가를 보았다. 그랬기 때문에 카슨의 명성이 그토록 널리 퍼질 수 있었을 것이다. 강, 호수, 오솔길, 길, 산봉우리에 그의 이름이 붙었다. 네바다의 한 조그만 전초지였으나 준*주도가 되고 결국 주도가 된 도시의 이름은 카슨 시다. 1년 전에 진수된 멋진 증기선도 키트 카슨이라는 이름을 달고 미시시피와 미주리 강을 따라 힘차게 달리고 있었다.

카슨은 자기에게 쏠리는 관심에 대해 잘 몰랐다. 드높아가는 명성으로 돈벌이를 해볼 생각을 했다 하더라도 장사를 벌일 재주가 없었고 그 때문에 카슨은 더욱 진품이 되어갔다. 그는 머나먼 뉴멕시코에 접하기 힘든 존재로 남아 있었고 1849년 여름까지는 계속 이동하고 있어서 그를 만나 본 기자도 거의 없었다. 그에 대한 정보가 희귀하면 할수록 사람들의 관심은 더욱 높아만 갔다. 신화는 접근이 불가능할 때 만들어지는 것이기 때문이다.

사람들은 카슨의 과묵함이 빚어낸 공백을 메우고 변경의 영웅이 지니고 있을 법한 가치를 그에게 투사했다. 잡지나 신문 기자들은 그를 실제보다 더 키가 크고 더 힘도 세고 더 기세 좋고 언변도 좋은 사람으로 부풀리곤 했다. 한번은 카슨이 오리건 통로 위에서 아칸소에서 온 사람을 만났다. 그 사람은 유명한 카슨이 가까운 데 있다는 이야기를 들었기에 이렇게 물었다. "이보시오, 당신이 키트 카슨이오?"[192] 카슨이 그렇다고 대답하자 남자는 의심스럽다는 듯 카슨을 뜯어보았다. 아칸소 사람은 마침내 이렇게 말했다. "이봐요, 당신은 내가 찾는 키트 카슨이 아닌데요."

대중 소설가들이 키트 카슨이라는 인물을 제멋대로 허구화하기 시작한 것도 당연한 일이었다. 그해, 1849년 『키트 카슨: 황금 사냥꾼들의 왕자『Kit Carson : The Prince of the Gold Hunters』가 출간되었다. 카슨을 무모한 싸움꾼 주인공으로 등장시킨 최초의 통속소설이었다. 찰스 애버릴이라는 통속소설가가 쓴 변변찮은 소설 속에서 카슨은 인디언을 수십 명씩 살해하고 인디언에게 납치된 아가씨를 구출한다. 카슨은 한 번도 싸움에 진 적이 없고, "스라소니 같은 눈과 흔들림 없는 침착함"을 가진 사람이고 "널리 알려졌으나 거의 드러나지 않은"[193] 위대한 영웅으로 등장한다. 카슨의 작은 체구가 애버릴의 책에서는 초인적인 규모로 부풀려졌다. "엄청난 체구", "거대한 팔"과 "막대한 힘"을 가졌고 가슴은 "철벽처럼" 튼튼했다. 온갖 우여곡절이 다 있는데 그 가운데 들불, 보물이 가득한 동굴, 사악하고 욕심 많은 삼촌에게 쫓겨 서쪽으로 온 순진한 하버드 대학생, 인디언에게 잡혀갔다가 카슨이 동지 가운데 한 사람에게 횃불을 자기 손목에 대어 손을 묶은 밧줄을 태우게 한 뒤 가까스로 탈출한 일 등등이 있다.

애버릴의 이 25센트짜리 소설은 '피와 천둥'이라는 장르에 속한다. 현대 서부 소설의 전신으로 속도가 빠르고 손에 땀을 쥐게 하는 장면과 머리카락이 쭈뼛 서게 만드는 아슬아슬한 순간으로 가득하다. 애버릴은 이 책이 "사실에 바탕"했다고 주장하였으나 애버릴은 키트 카슨에 대해 알아보려는 최소한의 노력도 하지 않았고 이름을 사용하는 것에 동의를 구하지도 않았다. 실제 일이라고 주장한 것 가운데 하나는 카슨이 혼자서 캘리포니아의 금광을 '발견'했다는 것이다.

그러나 『키트 카슨: 황금 사냥꾼들의 왕자』는 큰 성공을 거두었고 베스트셀러가 되었다. 더 중요한 것은 다른 많은 작가들이 곧 애버릴의 형식을 흉내 내었다는 것이다. 뒤이어 출간된 키트 카슨이 등장하는 과장된 스릴러, 통속소설, 아동전기의 첫 장을 애버릴이 연 셈이다. 70권이 넘는 책에서 키트 카슨은 복수하는 사람, 구원자, 승마의 명수, 인디언 사냥꾼, 로키 산맥의 네스토르(트로이 전쟁 때 그리스군의 현명하고 나이 든 영웅 옮긴이), 행복한 전사, 초원의 기사, 모험 대장으로 등장했다. 카슨은 액션 영웅이 되었다. 이 선정적인 작품들은 카슨을 19세기에 어떤 미국인도 경험하지 못한 명성의 최고 단계로 쏘아 올렸다.

　미국을 이토록 극적으로 바꾸어놓은, 자명한 운명의 격동을 상징하는 영웅적 인물에 미국 전체가 얼마나 목말라 있었는지는 말하지 않아도 빤한 일이다. 물론 다른 주권국가에게서 영토를 빼앗아오는 것이 미국의 숭고한 최고 원칙에 반하는 것이라고 생각한 미국인들도 많았다. 수천 년 동안 이 땅에 살아온 원주민들(이들도 사람일지 모르는데)의 땅을 빼앗는 것과 마찬가지로 말이다. 실제로 전국적인 흥분감에 찬물을 끼얹는 회의론도 만만치 않게 있었다. 어쩌면 사람들은 특이한, 그러나 한편으로 평범하기 그지없는 미국인이 이미 서부에 살고 있었고 미국의 성공을 도우며 정복이라는 복잡한 주제를 단순화한다는 사실에서 위안을 얻었을 것이다.

　서부 개척 시대 그 어떤 인물보다도 키트 카슨이야말로 이 역할에 딱 들어맞았다. 정직하고 겸손하고 불가에서 얼굴을 찡그리고 여자들 사이에서 말이 없고 생각이 뚜렷하고 동작이 재빠르고 약간 외톨이 같은 사람. 그는 서부극 영웅의 원형이었다. 카우보이 모자와 철조망이 등장하기 전에, 와일드 웨스트 쇼(1883년 버펄로 빌이 미국 순회공연을 하면서 인기를 끈 쇼로 카우보이나 인디언의 야생마 타기 묘기 등을 보여준다 옮긴이)가 생겨나기 전에, 콜트 6연발총이 오케이 목장에 걸리기 전에(오케이 목장의 유명한 결투는 1881년에 벌어졌다 옮긴이), 자연의 신사, 화려한 상투어구의 원조가 여기 있었다.

　카슨은 이런 것 전부를 싫어했다. 그의 동의도 구하지 않고, 돈 한푼도 주지 않고, 그를 캐리커처로 만들고 있었다.

*

　10월 말, 화이트 무리의 시체가 발견되고 일주일쯤 지난 뒤에 푸에블로 인디언 무리가 샌타페이 통로 동쪽 평원에 있는 히카리야 아파치 야영지에 들렀다가 백인 여성과 아기를 보았다고 보고했다. 포로인 것이 분명했고 상태가 무척 안 좋았다고 했다. 이 소식이 샌타페이에 전해지자 윌리엄 그리어 소령이 이끄는 용기병 중대가 타오스에서 급파되었다. 이들이 맡은 임무는 인디언들을 쫓아가 앤 화이트와 딸을 구해 오는 것이었다. 기병대는 동쪽으로 달려 타오스 협곡을 지나 라야도에 있는 카슨의 목장으로 갔다. 그리어 소령은 카슨을 설득하여 구출 작전에 함께 나서게 했다.

　카슨은 히카리야 부족을 잘 알았다. 목장을 만든 뒤로 여러 차례 거래를 했다. 히카리야는 아파치에서 갈라져 나온 부족으로 뉴멕시코 북쪽에서 떠돌아다니는 숙련된 전사 무리다. 아파치처럼 아사파스카어 계통의 언어를 쓰고 민족적, 언어적으로 나바호와 가깝지만 나바호와 우호적인 관계는 아니었다. 히카리야는 동지가 별로 없었다. 히카리야는 규모가 더 크고 무장도 잘되어 있고 응집력이 있는 다른 전사 부족들, 특히 히카리야의 영역에 줄곧 침범해오는 코만치의 기세에 억눌려 있었다.

　한마디로 궁지에 몰린 부족이었다. 더 큰 부족들 틈바구니에 끼어 좁은 땅에서 살았다. 몇 년 뒤 히카리야의 대변인은 부족 사람 전부가 공포에 질린 듯했던 이 암울한 시기를 회상했다. "무슨 소리만 들려도, 고함 소리만 나도 모두 놀라 수풀로 달아났다. 평원에 나가더라도 두려워서 머무르지 못했다"[194]고 그는 말했다.

　이 부족의 이름은 촘촘한 밀짚 바구니를 짜는 재주에서 비롯된 것이다. 히카리야는 에스파냐어로 '작은 바구니'라는 뜻이다.[195] 이름만 들어도 이들이 떠돌이 생활을 한다는 것을 알 수 있다. 히카리야는 수렵채집 생활을 했고 강가를 따라 다니며 나무열매, 뿌리, 씨앗, 견과, 야생 식물을 땄다. 이렇게 모은 식량을 담을 가볍고도 운반하기 쉬운 수단이 필요했고 따라서 바구니는 이들 문화의 중요한 일부가 되었다. 히카리야의 바구니는 어찌나 촘촘하게 짜였는지 액체도 담을 수 있다고 한다. 어떤 군대 기록에 따르면 히카리야 전사들이 라야도 지역에서 젖소 한 떼를 훔쳐갔는데, 군인들이 쫓아가 보니 우유가 가득 담긴 바구니 수십 개가 나무에 매달려 있었다고 한다. 이 보고서를 쓴 장교는 비웃는 듯한 어조로 이렇게 적었다. "대규모 낙농업을 벌일 계획이었던 것이 분명했다." 히카리야는 사냥에도 뛰어났다. 말코손바닥사슴, 사슴, 영양, 야생 양을 쫓았고 산토끼, 다람쥐, 비버 같은 작은 동물도 잡았다. 이따금 버펄로 사냥을 하러 초원에서 이동하기도 했지만 멀리 나갔다가는 코만치의 공격을 받을 수 있기 때문에 아주 조심스러웠다.

코만치는 코만치대로 새로운 압박에 대응하느라 그러는 것이었다. 텍사스 개척이 빠른 속도로 진행되며 점점 서쪽으로 밀려나게 되었고, 대평원 버펄로 무리가 떼죽음을 당한 데다가 오클라호마의 인디언 보호구역에 동부 부족들이 새로 이주해 들어왔다. 그런 까닭에 코만치가 최근 히카리야에 대한 공격 강도를 높인 것이다. 오래된 경계가 사라졌고 전통적으로 드넓은 영역에서 살아가던 유목 부족들이 이제 전과 달리 서로 부대끼게 되었다. 미국의 확장으로 복잡한 연쇄작용이 일어나 엄청난 사회적 변화를 가져왔다. 이 광활한 남서부 땅도 한계가 있었다.

미국이 뉴멕시코를 점령한 뒤로 안 그래도 줄어든 히카리야의 영역에 새로운 이주민까지 들어오면서 히카리야의 사냥터는 점점 줄어들었다. 압박감을 느끼게 되자 히카리야는 습격 쪽으로 고개를 돌렸다. 농업에는 한계가 있었고 사냥감은 점점 줄어들었다. 당연히 이들은 분노했고 맥스웰의 라야도 목축 사업 같은 새로운 정착지를 괴롭히기 시작했다. 이 땅은 몇 세기 동안 그들의 땅이었던 것이다. 히카리야 탄생 설화에 따르면 히카리야의 조상은 이곳에서 멀지 않은 곳, 이들이 '지구의 중심 근처'라고 부르는 곳에서 나타났다. 1700년대 초반 에스파냐군이 '라 히카리야'라고 불리던 산맥 너머 황무지를 탐사하기 시작했고 그 가운데에 주둔지를 세울 계획을 잠시 검토했으나 실현 불가능하다며 포기했다. 너무 먼 데다가 호전적인 아파치가 들끓었기 때문이다.

그러나 한 세기 반이 지난 지금 한때 강성했던 히카리야 부족은 크게 줄어들었다. 인구가 1,000명이 넘지 않았고 어쩌면 500명 정도밖에 되지 않을 것이었다. 규모나 세력이 같은 아사파스카 일족인 나바호의 20분의 1도 되지 않았다. 상황은 절박했다. 나바호는 이미 상당히 축적한 부를 더 늘리기 위해 가축을 훔쳤지만 히카리야는 살아남기 위해 훔쳤다. 미국 점령 이후 3년 동안 히카리야는 뉴멕시코 북동부의 목장에서 수천 마리의 양을 쓸어갔다. 카슨은 제임스 화이트 무리의 학살과 앤 화이트, 딸, 하인 납치의 배후에 히카리야가 있다는 말을 들었을 때 놀라지 않았다. 여러 해 전부터 히카리야의 범죄 행위로 이 지역이 뜨겁게 달아오르고 있었던 것이다. 타오스에 주둔하는 중위 한 사람은 1849년 여름 히카리야가 "산지 전역에서 도둑질을 하고 있다"고 보고했다. 조지 A. 맥길 대령은 그때 히카리야가 "골칫거리"이고 "교정 불능"이라며 '멸종하기 전에는 절도와 살인을 멈추지 않을 것'이라고 암울하게 예언했다.

찰스 벤트는 총독일 때 히카리야 아파치가 뉴멕시코의 삶에 "커다란 방해물"이라고 말했다. 그는 히카리야는 "게으르고 비겁한 사람들"이며 "멕시코인들의 물건을 훔쳐서 생계를 꾸린다. 이들이 사는 지역에 사냥감이 거의 없고 다른 인디언들이 무서워서 버펄로가 다니는 평원에는 나가지 못하기 때문이다"[196]라고 적기도 했다.

샌타페이에서 내린 이런 평가가 정확하든 아니든 키트 카슨에게 히카리야 아파치는 구체적인 문제였다. 목축 사업에서 성공하려면 히카리야와 협상을 해야 했고 계속 관계가 변해가는 주변 다른 부족들의 상황을 알아야 했다. 히카리야는 라야도에 종종 들러 카슨이나 동료들이 '저녁 방문'이라 부르는 것을 하곤 했다. 음식, 담배 따위의 선물을 원했고 충분히 겁을 줄 만한 규모로 몰려와서 방문할 때마다 공격 위협을 느끼게 했다.

히카리야를 대할 때 카슨은 산사람 노릇을 하며 익힌 변경의 외교술을 동원했다. 아주 실용적인 외교술이었다. 카슨은 부족들끼리 평화협정을 맺고 계속해서 동맹관계를 새로이 하는 것이 중요하다는 것을 알았다. 그러나 자기를 공격하는 무리에게는 주저하지 않고 반격했다. 인디언들이 보편적으로 실천하는 신속한 복수의 원칙을 카슨도 따랐다. 당하고 나서 되갚아주지 않으면 약하다는 증거로 해석되어 더 대담한 공격이 뒤따를 것이기 때문이다.

몇 달 전에 찰스 팬코스트라는 사람이 잠시 카슨을 방문했다. 펜실베이니아 사람으로 캘리포니아의 금광에 가기 위해 샌타페이 통로를 따라 여행하는 참이었다. 팬코스트는 일기에 카슨이 목장에서 하는 일을 생생하게 기록했고 히카리야 아파치 때문에 겪는 괴로움을 전했다. 팬코스트는 카슨을 모카신과 사슴 가죽 옷을 입은 "로키 산맥 사냥꾼"[197]으로 묘사했다. 어깨까지 내려오는 머리카락에 햇볕을 가리기 위해 솜브레로를 썼다. 카슨이 팬코스트를 반갑게 맞이하긴 했지만 팬코스트는 "유명한 산사람"이 어찌나 말수가 적고 겸손한지 적이 놀랐다. 팬코스트는 카슨의 이야기를 들어보려고 계속 부추겼다. 결국 카슨은 경계를 늦추었고 두 사람은 늦은 밤까지 모닥불가에 둘러앉아 카슨의 모험 이야기를 나누었다. 팬코스트가 간청하자 카슨은 오래된 상처 몇 개를 보여주기도 했다.

카슨은 목장 일에 몰두해 있었는데 팬코스트는 목장이 "전혀 멋있지가 않다"고 했다. 카슨은 아파치의 습격으로부터 가축을 보호하는 일이 얼마나 어려운지 이야기했다. 찾아오는 인디언은 모두 친절하게 대하고 아낌없이 선물을 주곤 했는데 단 한 번은 습격자들을 쫓는 것을 도와달라고 미군에게 요청해야 했다. "인디언들이 사는 곳을 잘 알고 있었기 때문에 가혹하게 벌할 수 있었다. 결국 인디언들은 카슨과 사이좋게 지내는 것이 최선이라는 걸 알게 되었다. 이제 카슨은 그 인디언들과 사이좋게 지내며 고기도 자주 주었다. 그들도 카슨의 가축을 훔쳐가지 않는다. 다른 목장에서는 계속 훔쳐가지만."[198]

언젠가 카슨이 가족을 라야도로 데려왔다. 찰스 벤트의 딸 테레시나 벤트도 카슨네와 같이 살고 있었는데 몇 년 뒤 인디언 부족과 만났던 무시무시한 기억을 떠올렸다. 카슨이 일 때문에 집을 떠나 있을 때 인디언 무리(아마 히카리야 아파치였을 것이다)가 나타나 먹을 것을 달라고 했다. "우리 여자들 모두 요리를 하기 시작했다. 커피, 고기 등 있는 것을 전부 내놓았다"고 테레시나는 회상했다.

전사들 가운데 추장이 나를 보더니 나를 사가서 아내로 삼겠다고 했다. 그는 말을 주겠다고 했다. 열 마리, 열다섯 마리, 스무 마리까지 올렸다. 우리는 그 사람을 화나지 않게 하려고 친절하게 대했다. 아, 얼마나 무서웠던지! 음식이 담긴 접시를 부엌에서 가져와 나르는데 눈물이 뺨을 타고 흘렀다. 추장은 그걸 보고 웃었다. 그는 반드시 나를 사겠다고 했고 식사를 다하고 나자 기다리겠다고 했다. 그러고 나서 그들은 우리 집이 보이는 곳에서 야영 준비를 했다. 해가 서쪽 언덕에 닿을 때까지 내가 나오지 않으면 강제로 데려가겠다는 것이다. 우리는 총알을 준비했다. 포위 공격에 대비하고 있었는데, 해가 서쪽 언덕에 닿는 그 순간 카슨 이모부와 군인들이 언덕을 올라오는 것이 보였다. 인디언들은 그들을 보고 가버렸다. 그러고 나서 나는 더 울었다. 정말로 안도했기 때문이다. 더러운 추장을 따라가고 싶지는 않았다.

*

윌리엄 그리어 소령과 키트 카슨은 용기병 중대와 함께 라야도 목장을 떠나 60킬로미터쯤 달려 화이트 학살이 있었던 장소로 갔다. 화이트 무리가 살해당한 지 몇 주가 지났지만 히카리야들이 떠난 뒤의 상태가 거의 그대로 보존되어 있었다. 구술한 자서전에서 카슨은 "부서진 마차, 끊어진 마구를 보았다. 가지고 갈 수 없는 것은 인디언들이 모조리 망가뜨렸다"고 했다.

카슨은 그 장면을 자세히 살폈고 끝없는 평원을 내다보며 히카리야들이 어느 방향으로 갔는지 알려줄 만한 단서를 찾았다. 추적은 카슨의 가장 뛰어난 재능 가운데 하나였다. 다른 기술에서는 카슨과 어깨를 겨루거나 더 나은 산사람도 많았지만 "흔적을 읽는 것"만큼은 카슨을 따라올 사람이 없었다. 볼 줄만 안다면 땅에는 이야기가 있었다. 땅에 난 희미한 흔적, 풀잎 하나하나를 살피고, 쫓아가려는 말이 흘린 똥을 분석하면서, 전문 추적꾼은 아주 파편적인 사실에서 이야기를 이끌어낸다. 땅이 살짝 들어간 곳, 머나먼 모닥불에서 불어온 조그만 재 한 점, 나무 사이에 걸린 거미줄이 끊긴 모양 등을 살피기도 한다. 촐라 선인장의 부러진 가지를 알아차리고 잘린 자리에서 나오는 끈적거리는 액체를 살피기도 한다. 액체의 양과 끈적거리는 정도를 보면 누군가, 무엇인가가 여기를 지나간 지 얼마나 되었는지 가늠할 수 있다.

11월 초였다. 하늘은 무거운 잿빛이고 차가운 겨울 입김이 불어왔다. 흔적을 읽을 수가 없었다. 카슨은 "이렇게 따라가기 힘든 자취는 처음이었다"고 말했다. 인디언들이 지나간 지 벌써 몇 주일이 지났을 뿐 아니라 가벼운 눈이 내려 흔적이 더 불분명해졌다. 카슨은 히카리야가 흔적을 없애기 위해 매일 아침 야영지에서 떠날 때마다 여러 무리로 갔다는 것을 깨달았다. 작은 무리들이 나뉘어 초원을 사방으로 달린 다음 저녁에야 약속한 장소에서 다시 모이곤 했다. 이 복잡하게 얽힌 길을 연결하는 것은 느리고도 힘든 일이었다. 단서를 잃고 추적을 포기할 뻔한 것이 몇 차례인지 모른다. 그러나 어느 날 이들은 히카리야 야영지 흔적에 도달했고 카슨은 용기를 얻었다. 풀밭 위에 여자 옷가지 한 점이 놓여 있던 것이다.

며칠 뒤 이들은 또 다른 야영지에 도달했다. 여기에도 여자 옷이 있었다. 카슨은 앤 화이트가 일부러 자기 물건을 흘린 것이라고 생각했다. 자기를 구하러 오는 사람이 따라올 수 있게 자취를 남긴 것이다. 이 물건을 보자 카슨은 더욱 기운이 났다. 카슨 특유의 축소화법으로 말하기를 "그 물건을 보고 다시 기운을 차릴 수 있었다."

그리어 소령과 카슨은 12일 동안 발자국을 쫓아 동쪽으로 갔다. 거의 텍사스 경계 근처까지 다다랐을 때였다. 가시 돋친 메스키트, 유카, 촐라 선인장이 펼쳐져 스테이크트플레인스의 언저리에 다다랐음을 알았다. 그때 카슨은 지평선에서 연기가 피어오르는 것을 보았다. 캐나디언 강둑과 튜컴캐리 산을 따라 펼쳐진, 히카리야 아파치 수백 명의 야영지였다. 하얀 늑대라는 유명한 추장이 이들의 우두머리였다. 야영지에 다가갈수록 그리어와 부하들이 넓게 퍼져 의사소통이 제대로 되지 않았다. 카슨은 공격 신호를 보내고 느린 구보로 야영지를 향해 나아갔다. 그러나 그리어는 카슨의 신호와 반대되는 명령을 내렸다. 부하들에게 기다리라고 한 것이다. 그리어는 히카리야에 회유적 태도로 접근해 하얀 늑대와 교섭을 요구하는 게 최선이라고 생각했다. 카슨은 자기 혼자 히카리야 야영지를 향해 출격했다는 걸 깨닫고 갑자기 말 머리를 돌려야 했다.

카슨은 기다리겠다는 그리어의 결정에 강력하게 반대했다. 앤 화이트가 살아 있고 야영지 어딘가에 잡혀 있다면 히카리야는 싸우지 않고는 순순히 앤 화이트를 내주지 않을 것이다. 최선의 방법은 기습공격을 해서 대응할 시간을 주지 않는 것이라고 카슨은 생각했다. 그러나 지금 소중한 시간이 헛되이 흘러가고 있었다. 히카리야가 결국 그리어와 부하들을 발견했고 서둘러 짐을 꾸리기 시작했다. 기습공격은 물 건너갔다. 몇 분이 더 지나갔는데 용기병들은 아직도 빤히 바라보고만 있었다. 히카리야 한 사람이 장총을 들어 수백 미터 거리에서 그리어의 가슴을 쏘았다. 그 먼 거리에서 가슴을 맞히다니 대단한 명사수였다. 그러나 거리가 너무 멀어 타격을 입히지는 못했다. 총알은 그리어의 옷을 뚫고 들어가 한동안 숨을 쉴 수 없게 했지만 가슴에는 상처 없이 멍만 약간 들었을 뿐이었다.

충격에서 회복하고 난 뒤 그리어 소령은 마침내 공격 명령을 내렸다. 그러나 카슨은 "명령이 너무 늦어 효력이 없었다"[199]고 주장했다. 용기병이 야영지에 다다랐을 때쯤 히카리야는 벌써 사방으로 흩어져버렸다. "야영지에는 단 한 사람만 남아 있었다. 그는 강물로 뛰어들어 헤엄을 치다가 총에 맞았다"고 카슨은 회상했다. 용기병 부대는 달아나는 히카리야를 쫓아가 한 사람을 죽이고 몇 사람을 포로로 잡았다.

그때 카슨은 무언가를 보았다. 야영지에서 180미터쯤 떨어진 곳, 단단한 땅 위에 누군가가 쓰러져 있었다. 그곳으로 달려가 보니 안타깝게도 미국인 여자의 시체였다. 앤 화이트는 화살 한 발에 심장을 맞은 상태였다. "몸이 아주 따뜻했다. 죽은 지 5분도 채 되지 않았다."[200] 카슨이 말했다. 정황을 살펴보니 자기를 구하러 온 사람들이 가까이 왔다는 것을 알고 달아나려고 했던 것 같았다. 카슨은 이렇게 전했다. "달아나려고 하는 와중에 화살을 맞고 죽은 것이 분명했다."

카슨은 앤 화이트의 얼굴을 살폈다. 학대를 당한 기색이 뚜렷했다. "수척한 모습이었다. 나쁜 병에 걸렸고 얼굴에는 평생 슬픔을 겪은 듯한 고통이 서려 있었다"고 카슨은 나중에 친구에게 말했다. 아마 전사들이 돌아가며 강간했으리라고 카슨은 말했다. "부족의 매춘부 취급을 받았을 것이다." 추적대에 속해 있었던 군인 한 사람은 나중에 이렇게 적었다. 화이트 부인은 "연약하고 가냘프고 매우 아름다운 여자였다. 그러나 그런 취급을 받아 완전히 망가진 상태였다. 온몸이 멍과 상처투성이였다. 이미 죽었지만 그녀가 얼마나 절망적이었는지 알 수 있었다. 그녀의 시체 앞에서 우리는 복수를 맹세했다." 카슨은 앤 화이트가 이미 가망이 없는 상태였으리라고 생각했다. "아마 오래 살지 못했을 것이다. 그녀가 죽은 것을 안타까워할 필요는 없을 것 같았다. 이 땅에 사는 것보다 하늘나라, 하느님 곁에서 더욱 행복할 것이다."

대놓고 드러내지는 않았지만 카슨은 그리어 소령에게 단단히 화가 났다. 카슨은 "도착하자마자 바로 인디언들을 공격했다면" 앤 화이트를 구할 수 있었을 것이라고 확신했다. 사람들은 앤 화이트를 들판에 묻고 히카리야들이 야영지에 두고 간 다양한 물건을 주워 모으기 시작했다. 군인 하나가 화이트 가족이 미주리에서 가져온 것으로 보이는 책 한 권을 발견했다. 키트 카슨이 주인공으로 등장하는 싸구려 소설이었다. 틀림없이 찰스 애버릴의 선정주의 소설 『키트 카슨: 황금 사냥꾼들의 왕자』였을 것이다. 카슨은 그 책을 읽을 수 없었으나, 훗날 모닥불가에 둘러앉아 군인 한 사람이 읽어주는 몇 구절을 들을 수 있었다. "키트 카슨! 그의 입술, 긍지가 넘치는 그 결연한 입술이 앙다문 이 사이에서 바위처럼 단단하게 눌렸고 카슨은 자기 손을 뼈까지 그을려버리는 불길에 가져다댔다!"[201]

키트 카슨이 처음으로 자기의 신화와 맞닥뜨린 순간이었다. "나를 인디언을 수백 명씩 죽인 대단한 영웅으로 만드는 그런 종류의 책을 그때 처음으로 보았다"[202]라고 카슨은 말했다. 처음에는 자극적인 소설에 약간 재미를 느끼는 듯했으나 곧 앤 화이트를 떠올렸다. 앤 화이트가 포로가 되어 비참하게 지내는 동안 이 책을 읽었을 것을 상상했다. 애버릴의 소설에서 키트 카슨은 납치된 여자를 발견하고 구해낸다. 보스턴에 있는 절망에 빠진 여자의 부모에게, 서부를 다 뒤져서라도 그녀를 구하겠다고 맹세한 것을 지킨 것이다. 그러나 지금 키트 카슨은 비극을 막지 못했다. 애버릴의 소설을 읽고 앤 화이트가 헛된 희망을 품지는 않았을까 카슨은 걱정했다. "화이트 부인이 내가 가까이 산다는 것을 알았을 테니, 그 책을 읽고 내가 나타나 구해주기를 바랐을지 모른다는 생각을 종종 했다." 앤 화이트의 딸과 하인은 발견되지 않았다.

이 사건은 키트 카슨을 내내 괴롭혔다. 그는 10년 뒤 "그렇게 존경받는 부인의 목숨을 구하지 못한 것이 무척이나 안타까웠다"[203]고 적었다. 카슨은 자기의 명성이 점점 드높아지는 것이 뜻하는 바 때문에 괴로워하며, 찰스 애버릴의 책에 있는 내용은 전부 거짓이라고 말했다. 나중에 한 친구가 그 책 한 권을 주겠다고 하자 카슨은 "그 빌어먹을 물건을 태워버리겠다"[204]고 으름장을 놓았다.

《샌타페이 뉴멕시칸Santa Fe New Mexican》은 1849년 11월 28일 화이트 가족의 비극적인 최후를 보도했다. 기사는 우울한 어조로 이렇게 말한다. "고故 J. M. 화이트의 부인이 인디언들의 화살에 맞아 마침내 고통에서 벗어났다." 편집장은 더 나아가 이렇게 주장했다. 이 살인 사건과 "화이트 씨의 살해"에 "매섭고 즉각적인 보복을 가해야 한다. 이 지역 주변에 사는 부족들이 제한된 지역 밖으로 나오지 못하게 해야 하고 괴멸될 때까지 옴짝달싹 못하게 만들어야 한다. 인디언들과 조약을 맺어 평화를 유지하겠다는 생각은 어리석기 그지없다. 전적으로 항복하게 만들어야 한다."

제3부
살인자 괴물의 재림

용감한 인디언이었다.
더 나은 운명을 맞을 수 있었는데
잘못된 길에 발을 들여놨다.
—키트 카슨

36. 두려움의 시대

말 두 마리가 준비를 마쳤고 기수들도 준비가 되었다. 말들은 콧구멍을 벌렁거리며 사막의 공기를 들이마셨고 기대감에 발을 굴렀다. 내기에 건 물건도 다 나왔다. 500명가량 되는 나바호 구경꾼이 미군 주둔지 밖, 흙으로 된 트랙 양옆에 자리 잡았다. 나바호들은 화려한 무늬의 담요를 입고 축제 분위기에 들떠 응원을 했으며 이따금 가벼운 욕설도 터져나왔다.

하루 종일 흥분감에 들떠 있었다. 아침부터 나바호는 암벽 사이의 땅에서 줄지어 나왔다. 전사들뿐 아니라 여자와 아이들까지 가장 좋은 옷을 차려입고 군인들과 맞바꿀 세라페와 보석을 챙겨서 말을 타거나 걸어서 왔다. 나바호는 군인들을 "이마에서 무언가가 튀어나온 사람"이라고 부르기도 했는데 군대에서 지급한 모자에 챙이 튀어나와 있기 때문이다.[1] 정오 무렵부터 물물교환을 하고 게임을 하고 먹고 마셨지만 이날 행사의 하이라이트인 경마는 오후에 있었다. 나바호는 트랙의 모습을 보고 감탄했다. 나바호는 열렬한 도박꾼들일 뿐 아니라 기마술에 대해 자긍심을 지닌 부족이었다. 경마에 대한 열정이 그들의 피를 타고 흘렀다.

이날 오후의 마지막 경주가 있을 참이었다. 가장 중요한 경주, 가장 큰 판돈을 걸고 가장 빠른 말을 겨루는 경기였다. "양쪽에서 앞선 어떤 경주

때보다 더 크게 물건을 걸었다"[2]고 구경꾼 한 사람이 회상했다. "인디언들 몇몇은 좋은 말을 타고 있었고 다들 잘 차려입었다. 모두 경마를 구경하러 온 것이지 적대적인 의도를 품은 것처럼 보이지는 않았다."

돈 대신에 물건으로 내기를 걸었다. 인디언들은 멋진 담요와 은제품을 걸었고 군인들은 베이컨 통, 당밀 통 등 주둔지 보급창에서 가져온 미국 정부 재산을 내기에 걸었다. 불법적인 행동이지만 요새 사령관이 오락 목적으로 눈감아주었다. 군인들 대부분은 요새 문에서 지켜보고 있었지만 일부는 인디언 인파에 어울렸다. 종일 위스키 통(나바호들은 커다란 술통을 '속이 빈 나무'라고 부르기도 했다)[3]이 계속 돌아갔고 군인이건 인디언이건 모두 거나하게 취해 있었다.

1861년 초가을, 인디언 지역에 청명하고 서늘한 날이 찾아왔다. 대기에 가을 기운이 완연했다. 셔미사는 화려한 노란빛으로 물들었고 먼 동쪽 현무암 지대에 넓고 웅장하게 솟은 테일러 산 위의 사시나무도 막 잎 색깔을 바꾸기 시작했다. 미루나무의 얇은 마른 잎이 바람에 부드럽게 흔들리며 오페라 관객 수천 명이 장갑 낀 손을 마주치듯 박수를 쳐댔다.

폰틀러로이 요새는 미군이 나바호 땅에 세운 여러 요새 가운데 하나였다. 1849년 워싱턴 원정대가 수집한 정보와 군대 지형학자 제임스 심슨이 짜맞춰 만든 지도에 근거해서 세운 이 요새는 곰 샘이라는 아름다운 곳에 있었다. 주니 산맥 가운데 있는 오래된 회합 장소이자 나르보나가 1846년 알릭잰더 도니펀을 만나 나바호와 미국 정부 사이의 최초 조약에 서명한 곳이기도 하다. 요새에 주둔하던 군의관 F. E. 캐버노라는 아일랜드인 의사에게 그가 무적이라고 주장하는 서러브레드 경주마가 한 마리 있었다. 캐버노는 여름 내내 이 말을 경주에 내보냈고 한 번도 진 적이 없었다. 오늘 경주를 위해 군인들은 챔피언 경주마를 잘 돌보고 훈련시켜 최상의 컨디션이 되도록 했다. 이 최고의 말을 탈 기수는 유연하고 몸집이 작은 뉴멕시코인 중위 라파엘 오르티스였다. 그는 안장 위에 있을 때 편안했으며 경주에 나가면 맹렬하게 다퉜다.

나바호에게도 최고의 말이 있었다. 신경질적인 밤색 말로 경주에서 기질을 발휘했다. 나바호 약초 치료사가 오늘의 승리를 위해 말 모양으로 된 주물 앞에서 노래를 부르며 복잡한 의식을 올렸다는 소문이 돌았다. 몸이 가볍고 반사가 빠른 어린 나바호 소년이 그날 그 말을 타기로 했다. 그러나 그 말이 누구 것인지에 대해서는 이야기가 엇갈린다. 미국인들이 권총알이라고 부르는 덩치 큰 나바호 사나이의 것이라는 이야기도 있고, 나르보나의 사위이며 부족의 주요 지도자로 부상한 용감하고 호전적인 마누엘리토라는 이야기도 있다.[4]

마누엘리토는 말을 아주 잘 탔으며 품종에 관심이 많았고 최고의 말을 소유할 수 있을 만큼 부유했다. 그날 마누엘리토가 실제로 요새에 와서 자기 말이 경주하는 것을 보며 한순간의 평화를 즐겼다면 무척 특기할 만한 일이었을 것이다. 그랬더라도 아마 자기 신분을 드러내지 않았을 가능성이 높다. 마누엘리토는 미국을 불구대천의 원수로 여겼기 때문이다. 마누엘리토만은 지속적으로, 강경하게, 무조건적으로, 전쟁을 주장했다. 나바호 사람들 사이에서는 하스틴 치일하지니, 곧 검은 잡초라는 이름으로 불리는 마누엘리토는 미국인이라면 모조리 증오했다. 미국인이 나의 가축을 죽였다. 나의 장인도 죽였다. 나바호 땅 중심에 요새를 세웠다. 미국인들의 요구에 마누엘리토는 언제나 노골적인 분노로 대응했다. 그들의 땅에서 빌라가나를 몰아내야 한다고 소리 높여 외쳤다.

*

마누엘리토는 끝없이 애썼다. 지난 몇 해, 1858년, 1859년, 1860년은 특히 격렬한 해였다. 그리고 마누엘리토는 언제나 격동의 중심에 있었다. 그는 꾸준히, 굴하지 않고, 한 걸음도 물러서지 말라고 동지들을 종용했다. 도니편 조약은 낙관과 선의 속에서 맺어졌으나 종이가 아까울 정도로 아무 소용이 없었고 3년 뒤의 워싱턴 조약도 마찬가지였다. 오래된 전쟁은 아직도 진행 중이었다. 양을 훔치는 디네는 달라진 것이 없었고 뉴멕시코인도 마찬가지로 나바호 땅에 침범해 들어와 아이들을 잡아가고 물건을 빼앗았다.

그러나 지난 몇 년 동안 전쟁은 다른 양상으로 변했다. 규모가 전혀 다른 싸움이 된 것이다. 디네는 사방이 적이었다. 나바호는 뉴멕시코인뿐 아니라 유트, 코만치, 아파치 등 오래된 적, 그리고 점점 더 맹렬하게 보복해 오는 새로운 적 미군으로부터 끝없이 공격을 받았다. 나바호는 마치 늑대들에 둘러싸인 것 같았다. 자연조차 그들에게 등을 돌렸다. 여러 계절 동안 나바호 땅이 혹심한 가뭄으로 타들어갔다. 사람들은 굶어죽었고 먹을 것을 얻기 위해 아이들을 팔았고 자기들끼리 싸웠다. 나바호 사회는 붕괴 직전까지 몰렸다. 약초 치료사는 신과의 교감을 잃었고 오래된 의식은 효험이 없었다. 디네는 나락에 빠졌다. 의심과 투쟁의 나날이었고 나바호는 오늘날까지도 이때를 나혼조드nahondzod, '두려움의 시대'라고 부른다.

샌타페이의 미군 사령관들은 아무리 둔감한 사람이라고 할지라도 나바호와 뉴멕시코 사이의 전쟁은 쌍방에서 자초한 것임을 알았다. 양쪽 모두 상대에게 불만이 있을 수밖에 없는 것이다. 그러나 미국은 언제나 뉴멕시코 편을 들었고 나바호가 조약을 위반하였다고 '응징'했으며 히스패닉 민병대와 어중이떠중이 자경대가 서쪽으로 진군할 때는 고개를 다른 데로 돌렸다. 마누엘리토의 입장에서는 미국인이 가장 큰 문제였다. 미국만 아니었다면 디네는 뉴멕시코와의 싸움에서 버텨나갈 수 있었을 것이다. 그러나 미국 정부가 버티고 서서, 눈이 하나밖에 없는 심판관 노릇을 하겠다고 고집했다.

　일관성이 없는 것도 문제였다. 해마다 나바호는 누구를 상대로 해야 할지 헷갈렸다. 나바호가 보기에 워싱턴에 있는 위대한 백인 아버지는 변덕스럽고 불안정했다. 계속 새로운 사절을 보내니 말이다. 미국이 뉴멕시코를 점령한 이래로 수도 없이 많은 사령관이 오고갔다. 커니, 도니펀, 프라이스, 워싱턴, 빌, 먼로, 섬너, 갈런드, 보너빌, 폰틀러로이, 그리고 현재 군정장관인 에드워드 캔비 대령까지. 이 사람들은 '나바호 문제'를 각자 다른 방식으로 다루었고 식견이나 호전성도 저마다 달랐다. 그러나 나바호 문제는 혼란의 도가니, 고르디우스의 매듭(프리기아의 고르디우스 왕이 묶어놓은 복잡하게 얽힌 매듭으로 풀기 어려운 문제를 가리키는 말 -옮긴이)이었다. 9군관구라고도 하는 뉴멕시코를 군인들이 아주 힘든 주둔지, 지저분한 곳, 수렁으로 생각했기 때문이기도 했다. 이 지역에는 헤아릴 수 없이 문제가 많아 군인들이 나가떨어졌다. 이곳을 중요하게 여기는 사람도 없었고 갈등을 해결하기는커녕 나바호를 제대로 이해하고 갈등의 본질을 파악할 수 있을 만큼 오래 머물고 싶어 하는 사람도 없었다.

　미국 지도자들은 변화무쌍했지만 이들이 강조하는 주제는 늘 똑같았다. 나바호는 떠돌아다니기를 그만두고 정착하여 개인이 소유한 땅에서 경작하며 농사일에만 전념해야 한다. 읍을 이루고 살아야 하고 기독교로 개종하면 더욱 좋고 뚜렷한 경계를 지켜야 한다. 나바호 민족 전체를 대변하고 모든 범죄에 책임질 추장 한 사람을 선출해야 한다. 다시 말해 디네는 지금의 존재(반유목 무리가 부정형으로 이어진 형태)를 포기하고 단일한 정치적 실체가 되어야 한다는 것이다. 시간이 흐르면서 이런 요구를 내세우는 미국 지도자들의 어조가 점점 더 강경해졌다. 이렇게 하지 않으면 나바호는 괴멸될 수밖에 없다는 것이다.

　1850년대 중반 미국과 나바호의 관계에서 희망적인 면은 딱 한 가지

뿐이었다. 몇 년 동안 유능한 사람이 나바호 인디언 관리관 일을 맡았다는 사실이다.[5] 헨리 린 도지라는 위스콘신에서 온 통찰력 있는 젊은이로 이 지역에서 여러 해 동안 산 인물이었다. 도지는 1849년 워싱턴 원정대를 따라 나바호 땅에 들어갔을 때 처음 디네를 만났다. 대부분 인디언 관리관은 자기가 맡은 일을 한직이라고만 생각했고 하나같이 무척 부패했다. 그러나 도지는 열정을 갖고 자기 일에 임했고 그에 걸맞는 호기심도 있었다. 1853년 이 임무를 맡게 되자 도지는 바로 사무실을 디네 땅 깊숙한 곳으로 옮기고 나바호 말을 배웠다. 호위병 없이 돌아다니며 우두머리들 전부와 사귀었고 밤노래나 다른 의식에도 참여했다. 대장장이를 데려와 나바호들에게 야금술을 가르쳤고, 자기 돈을 들여 호미, 도끼를 마차에 가득 실어 갖다주었으며, 평화협상단을 수차례 샌타페이로 인도했고, 나바호 땅에 학교와 방앗간을 세울 수 있도록 로비했다. 그는 나바호들과 사랑에 빠졌다. 나바호 여자와 결혼했다고도 한다. 나바호는 그를 '붉은 소매'라고 불렀고 친구로 생각했다. 도지는 나바호를 이해하려고 애쓴 최초의 빌라가나였다.

도지의 4년 임기는 1인 외교의 힘이 어느 정도인지 보여주었다. 도지가 관리관일 때 나바호는 전반적으로 평화를 유지했고 습격이 있었다는 보고도 드물었다. 잠시 동안이지만 나바호에 대한 이야기의 어조도 달라졌다. 하버드에서 공부한 법률가이자 순회 판사인 윌리엄 데이비스는 작가로서도 이름을 좀 알렸는데 도지와 다른 평화 사절과 함께 1855년 나바호 땅을 깊숙이 여행한 뒤 이런 이론을 내놓았다. 디네가 사라진 이스라엘 부족(성경에 나오는 이스라엘의 12지파 가운데 10지파가 역사 속에서 사라졌고 이들의 후손이 누구인지를 두고 여러 이론이 나왔으나 구체적인 증거는 찾을 수 없다 옮긴이)의 후손일지도 모른다는 것이다(그것은 당대에 유행하던 인류학적 주제였다). "여러 면에서 나바호는 미국에서 가장 흥미로운 인디언 부족이다." 데이비스는 1856년 출간된 뉴멕시코에 대한 균형 잡힌 연구서 『엘 그링고』에 이렇게 썼다. "'여성의 권리'라는 오늘날의 주장이 나바호들 사이에서는 이미 아주 공정하게 실현되고 있다. 여자들은 회의에 참석하고 토의를 이끌기도 한다. 나바호는 기질이 온유하고 사람을 죽이는 일은 거의 하지 않는다." 나바호가 "인디언들 가운데 우월한 민족"[6]이라고 데이비스는 결론을 내렸다.

헨리 도지가 쉴 새 없이 나바호의 편에서 옹호를 하자 나바호를 교정 불능의 살인자로 보던 평판도 수그러들었다. 그러나 1857년 짧은 평화기가 갑자기 막을 내리고 만다. 주니 산맥에서 사냥을 하던 붉은 소매가 살해당한 것이다. 아파치 인디언의 소행이라고 전해진다.

도지가 이루어놓은 모든 것이 순식간에 무너졌다. 디네와 미국인 사이의 관계는 그 뒤로 다시 회복되지 않았다.

*

빌라가나와 나바호 사이의 갈등은 1858년 봄 임계점에 다다랐다. 마누엘리토가 디파이언스 요새 가까이에 있는 땅에서 자기 소 떼가 풀을 뜯게 하겠다고 고집했다. 디파이언스 요새는 나바호의 붉은 바위 땅 깊숙한 곳에, 오늘날 애리조나와 뉴멕시코 경계 위에 있었다. 1851년 이 요새를 세울 때부터 미국인들은 그 이름이 암시하듯(Defiance는 도전이라는 뜻) 나바호를 자극하고 도발하는 곳으로 삼을 생각이었고 실제로 그런 역할을 했다. 미군들이 마누엘리토에게 미국 국유지에서 가축을 내보내라고 명령했으나 마누엘리토는 거절했다. "여기 물은 내 것이지 당신들 것이 아니요. 풀도 마찬가지요. 이 풀이 자라나는 땅도 내 것이지 당신들 것이 아니요"[7]라고 말했다고 한다. 5월 29일 미군이 들판으로 나아가 마누엘리토의 소 떼 전부를 쏘아죽이고 (모두 60마리 정도였다고 한다) 시체가 들판 위에서 썩도록 내버려두었다.

소 떼가 죽고 한 달 뒤 이름이 알려지지 않은 나바호가 군인들과 물물교환을 하자고 디파이언스 요새에 들어왔다. 아무도 보지 않을 때 나바호는 몸을 돌려 미국 사령관 윌리엄 브룩스 소령의 10대 흑인 노예의 등에 화살을 쏘았다. 나바호가 흔적도 없이 달아나는 동안 화살에 맞은 짐이라는 소년은 자기 힘으로 화살을 뽑으려 했다. 그러나 화살대가 부러지고 화살촉이 몸속 깊이 박히고 말았다. 짐은 며칠 뒤 죽었다. 브룩스 소령은 이 사건을 자신에 대한 공격으로 해석하고 (아마도 그의 해석이 옳을 것이다) 당장 살인자를 내놓지 않으면 나바호를 섬멸하겠다고 위협했다.[8] 몇 주 뒤 나바호들이 미군이 시키는 대로 범인이라는 사람의 시체를 끌고 왔다. 그러나 군위관은 시체를 부검한 뒤 디네가 사기를 치려 한다고 결론을 내렸다. 시체는 멕시코인이고 용모도 살인자와 전혀 달랐다.

그 뒤 상황이 아주 격렬해졌다. 미군이 마누엘리토를 잡으러 나바호 땅을 여러 차례 급습했다. 그러나 나바호 로브 로이(1671~1734, 스코틀랜드의 무법자, 의적 로버트 맥그리거의 별칭 -옮긴이)나 되는 듯 마누엘리토의 모습은 볼 수가 없었다. 그는 언제나 군인들보다 몇 발 앞서 나가 있는 듯했다. 1860년 4월, 마누엘리토는 나바호 전사 1,000명을 규합해 디파이언스 요새에 전면공격을 감행했다.[9] 주로 활로 무장하고 동이 트기 전에 기습해 요새 건물 몇 채를 점령했으며 미군 한 명을 사살하고 많은 부상자를 냈다. 승리에 가까운 전과를 거두었으나 미국의 정책은 전혀 바뀌지 않았다. 이 일로 마누엘리토는 나바호 사이에서 탁월한 전사로서 명성을 굳혔다.

어떤 기록이나 사진을 보더라도 마누엘리토는 그렇게 보인다. 검은잡초는 키가 크고 피부색이 검고 위협적인 분위기를 뚜렷하게 풍긴다. 다른 사람을, 나바호들까지도 어쩐지 긴장하게 만드는 그런 사람이었다. 어깨가 넓고 가슴 근육이 발달했으며 상체가 길고 가늘었다. 가슴 왼쪽에는 코만치와의 싸움에서 입은 총상으로 생긴 흉터가 있었다. 늘 자신만만한 태도였다. 그는 나바호의 진짜 부자 가운데 하나였으니 그럴 만도 했다. 양 수천 마리가 있고, 자식도 여럿 있고, 아내가 적어도 둘 있었다. 한 사람은 나르보나의 딸이고 또 한 사람은 습격 때 훔쳐온 후아니타라는 멕시코 여자였다. 턱에는 숱 적은 수염이 듬성듬성 났고 이목구비가 뚜렷하고 약간 동양인 같은 용모 때문에 마치 몽골 족장처럼 보였다. 마누엘리토를 찍은 사진을 보면 하나같이 모든 것을 집어삼킬 듯한 분노로 찌푸린 얼굴이다. 오늘날 나바호 학교에서 가르치는 전기에서 검은 잡초는 이렇게 묘사된다. "분노의 불길이 가슴속에 타올랐고, 그는 그 불길을 꺼뜨리려 하지 않았다."[10]

마누엘리토는 1818년 '팔짱 긴 씨족'의 비타니의 아들로 태어났고 오늘날 유타 주에 속하는 곰 귀Bear's Ear라는 곳에서 자라났다. 태어난 곳이 유트 인디언들이 떠돌아다니는 산지와 가까웠기 때문에 나바호, 유트, 에스파냐어에 모두 능통했다. 어렸을 때에도 그는 오만하게 젠체하며 다녀 사람들의 눈길을 끌었다. 친구들은 습격에 나가본 적도 없으면서 우두머리처럼 걷는다며 그를 놀렸다.

어린 마누엘리토는 이렇게 대답했다. "지금 우두머리처럼 걸어야 나중에 내가 우두머리가 되었을 때 어떻게 행동할지 아니까 그러는 거야."[11]

1835년, 열일곱 살 때 마누엘리토는 처음으로 큰 전투에 참가했다. 나르보나의 지휘 아래 구리 산길에 매복하고 있다가 멕시코 침략군에 맞서 싸운 전투였다. 마누엘리토는 전투모를 쓰고 사슴 가죽 방패를 들고 모카신 바닥에 뱀을 그렸다. 화살촉을 방울뱀 피와 유카 잎 즙으로 만든 독에 담갔다. 전투 도중에 푸에블로 인디언을 공격해 백병전을 벌이다 죽여 이름을 알렸다. 마누엘리토는 적의 머리 가죽을 벗기고 거기에서 힘을 빨아들여 '진정한 전사'가 되기 위해 피가 흐르는 가죽을 씹었다.[12] 그날 일로 그는 하시케 나바, 곧 성난 전사라는 별명을 얻었다.

마누엘리토는 나르보나의 딸과 결혼해 위대한 나르보나의 무리와 함께 살았다. 젊었을 때 나르보나와 함께 샌타페이로 가서 그가 총독궁에서 멕시코 지도자들과 협의하는 것을 보았다. 『나바호 전기』의 한 기록을 보면 샌타페이에 머무르는 동안 마누엘리토는 뜻밖에 재미있는 일을 경험했다고 한다. "마누엘리토가 대낮에 바깥에 나갔을 때 소심한 시민들이 위풍당당한 젊은 나바호의 모습을 보고 자기도 모르게 깜짝 놀라는 모습을 보고 마누엘리토는 혼자 웃었다. 그는 험악하고 무게감 있는 표정을 짓고 이쪽도 저쪽도 돌아보지 않았다. 자기 모습이 사람들에게 충격을 주는 걸 느꼈고 지나가는 사람들을 겁주면서 즐거워했다. 그는 나중에 이렇게 비웃었다. '조그만 멕시코인들, 토끼처럼 달아나더군!'"[13]

성인이 되자 마누엘리토는 자기 장인이 평화를 이루려고 애쓰는 것이 순진하고 잘못된 생각이며 결국 부족에 해가 된다고 생각했다. 나르보나와 도니펀이 최초의 조약을 맺을 때 그도 곰 샘에 있었고 존 워싱턴의 부하들이 나르보나를 죽였을 때도 그 자리에 있었다.

이런 일들을 겪으며 마누엘리토는 외교가 결국 어떤 결과를 가져오는지 알았다. 그는 자기 세계가 줄어드는 걸 느꼈다. 양보의 정치를 펼치며 자기 민족의 긍지가 꺾이는 것을 지켜보았다. 그래서 이제 그는 자기 동포들을 부추겼다. 더 이상은 안 된다.

*

마누엘리토는 절대주의자였으나 다른 나바호들은 유연하게 순응할 생각이 있었다. 미국 요새에 자주 찾아가 물물교환도 하고 술도 마셨고 미군이 던져주는 하찮은 부스러기들도 챙겼다. 나바호 여자들 가운데 군인에게 몸을 파는 사람도 있었다. 어떤 나바호는 매국노 노릇을 했다. 스파이 노릇을 하고 군 원정대를 자기 고향으로 안내하기도 했다. 특히 교활하기로 이름난 나바호 변절자는 산도발이었는데 그가 어찌나 능수능란하게 양다리를 걸쳤던지 그의 무리는 디네 아나아이, 곧 '적敵 나바호'라는 이름을 얻었다. 오늘날까지도 그의 후손들에게 이런 비난이 따라다닌다.

마누엘리토의 주장과 달리 미국인들이라고 전부 나쁜 것은 아니었다. 가뭄이 찾아오자 요새 사령관들은 관용 정책을 펼쳤고 (혹은 적어도 습격을 자제하기로 했고) 굶주리는 나바호에게 식량을 나누어주었다. "나바호와 싸우는 편보다 먹이는 편이 더 쉽다"는 것이 새로운 구호로 등장했다. 군인들이 요새 정문에서 몰려든 나바호에게 고기와 밀가루를 나누어주었다. 배급일은 축제 같은 날, 환호가 울려 퍼지는 날이 되었다. 폰틀러로이 요새에 있던 대위 한 사람은 나바호에게서 새로이 "친밀한 감정"을 느꼈다. 나바호와 군인들은 자연스레 이날을 경마로 장식하자는 생각을 하게 되었다. 열띤 경주가 잠정적인 데탕트를 상징하는 듯했다.

이제 그 순간이 되었다. 이날의 대단원의 막이 오른 것이다.[14] 라파엘 오르티스와 나바호 소년은 출발선에 말 머리를 나란히 했다. 요새의 전통대로 경주자들은 총성이 울리기를 기다리지 않았다. 대신 신호 없이 자율적으로 출발하는 방식을 택했는데 상대방이 먼저 출발했다고 시작하면 누구라도 재출발을 요구할 수 있는 방식이다. 세 번이나 나바호 소년이 되돌아와야 했고, 마침내 네 번째에 두 경주자가 평평한 흙길을 치고 달려 나갔다. 술에 취한 군중은 기쁨의 환성을 터뜨렸다.

처음에는 두 말이 나란히 달렸으나 첫 펄롱(경마에서 주로 쓰는 길이의 단위 옮긴이)이 끝날 무렵 밤색 말에 문제가 발생했다. 나바호 기수가 말을 잘 제어하지 못했고 곧 완전히 트랙에서 벗어났다. 오르티스는 계속 달렸고 서러브레드 말이 가볍게 결승선을 넘었다.

나바호들은 충격을 받았고 분노했다. 밤색 말을 살펴보고 부정 행위가 있었다고 했다. 굴레에 칼질이 되어 있었다는 것이다. 누군가가 고의로 마구를 손상시켰다며 나바호는 재경기를 요구했다.

그러나 군인들은 거절했다. 캐버노 박사의 서러브레드 말이 정정당당하게 이겼다고 주장했다. 군인들은 내기에 건 물건을 가져가고 캐버노의 말과 함께 연병장을 행진하며 승리를 마음껏 뽐냈다. 참가자 한 사람은 이렇게 말했다. "북소리가 둥둥 울리고 피리, 바이올린이 재재거리는 소리에 맞춰 이긴 팀의 행렬이 환호성과 함성을 지르며 나아갔다."[15]

나바호는 부루퉁해서 자기들 야영지로 돌아갔다. 미국인들이 이곳에 온 뒤 여러 차례 그랬듯이 이번에도 자기들이 속았다고 느꼈다. 앞으로 어떻게 해야 할지를 두고 여러 말이 오갔다. 대부분은 손실을 감수하고 집으로 돌아가자고 했다. 그러나 과격파 무리, 군인들처럼 술기운이 오른 이들은 다른 생각을 했다. 이들은 분기하여 요새로 달려갔다. 위병소로 요란하게 달려가며 욕설과 잘 들리지 않는 위협을 내뱉으며 내기에 건 물건을 돌려달라고 했다. 그때 문 안쪽에서 장총 소리가 오후의 공기를 꿰뚫었다. 폰틀러로이 요새는 혼란에 빠졌다.

*

폰틀러로이 요새를 담당하고 있는 장교, 마누엘 차베스 대령은 이 지역에서 존경받는 전설적인 인디언 사냥꾼이었다. 키트 카슨의 명성에 버금갈 정도였다. 키가 작고 옹골차고 기질이 사나우며 황갈색 피부에 주름진 얼굴, 숱 많은 턱수염, 어깨를 스치는 칠흑같이 검은 머리카락을 지녔다. 마흔세 살의 차베스는 뉴멕시코 식민 1세대로 거슬러 올라가는 유서 깊은 가문 출신으로, 그의 포르투갈인, 에스파냐인 조상들은 무어인을 이베리아 반도에서 쫓아낸 결정적인 전투에서 명성을 얻었다.[16]

마누엘 안토니오 차베스는 앨버커키 근처 숲 지역에서 태어났고 세볼레타라는 조그만 개척지에서 자랐다. 세볼레타는 나바호 땅 경계의 분쟁 지역에 있었고 1804년 나르보나가 젊었을 때 엄청난 포위 공격을 벌여 거의 쑥대밭으로 만든 바로 그 외떨어진 마을이다. 젊었을 때 차베스는 여행을 많이 했다. 세인트루이스, 뉴올리언스, 뉴욕 시, 쿠바까지 다녀왔다. 그러나 대부분의 기간에는 뉴멕시코 국경 지방의 황야에서 목장을 하고 이따금 노예사냥도 하고 호출이 있으면 지역 민병대 대위로도 일했다. 그는 사랑받는 전설적인 인물이었고 그 지역에서 가장 총애받는 사람이었다. 전장에서 용맹을 떨쳐 '작은 사자'라는 별명을 얻었다. 아이러니하게도 작은 사자의 명성은 주로 나바호와 싸우며 얻은 것이었다. 그는 거의 평생을 디네 가까이에 살았고 이들의 공격 속에서 자랐으며 이들을 쫓아가 죽였다. 차베스의 친척들 가운데 인디언의 손에 죽은 사람이 200명이 넘었고 그 가운데는 친조카 두 명도 있었다. 대부분은 나바호의 손에 죽었다.

차베스도 나바호와의 충돌에서 거의 죽을 뻔했다.[17] 1834년의 일이다. 겨우 열여섯 살이었는데 남다른 용기를 보여 뉴멕시코에서 유명인이 되었다. 형 호세가 나바호 땅으로 노예사냥을 가기로 했는데 성인식의 일환으로 어린 마누엘도 같이 데리고 갔다(세볼레타 사람들은 나바호 땅과 지리적으로 가까운 점을 이용해서 전문적으로 노예사냥을 했고 지역 경제에서 노예사냥이 차지하는 비중도 상당했다). 무장이 잘된 소규모 무리는 세볼레타를 출발해 디네타 깊숙이 들어가 경계하지 않고 있는 여자나 아이를 찾아다녔다. 놀랍게도 단 한 사람도 보이지 않았다. 이상하게도 이 땅 전체에서 사람이 깡그리 사라진 것 같았다. 그러나 캐니언드셰이 가장자리에 와서 거대한 협곡 안쪽을 들여다보고 그 까닭을 알았다. 나바호 수천 명이 모랫바닥에 모여 거대한 춤 의식에 몰두하고 있었다. 말은 모두 협곡 좁은 길에 모여 있었다. 적의 수가 엄청나게 많은 것을 보고 호세는 몹시 위험한 상황이라는 것을 깨달았다. 그는 말 머리를 돌려 이곳을 떠나자고 했다.

그러나 너무 늦었다. 디네 파수병이 이들을 발견했고 곧 수백 명의 전사가 나타났다. 나바호들은 이 나카이스(나바호는 뉴멕시코인을 이렇게 불렀다) 침략자들이 노예사냥을 하러 왔다는 걸 알았다. 전사들은 당연히 매섭게 공격했다. 차베스 무리에게 화살이 비 오듯 쏟아졌다. 어린 마누엘은 의식을 잃을 때까지 최선을 다해 싸웠다. 나바호는 차베스 일행이 모두 죽었다고 생각하고 공격을 멈추었다. 전사들은 차베스 무리의 총과 물건을 챙겨서 위풍당당하게 협곡으로 돌아갔다.

몇 시간 뒤 마누엘은 정신을 차렸으나 화살에 맞은 상처가 일곱 군데나 되었다. 방향 감각도 잃었고 출혈로 체력도 바닥이 나 있었다. 형을 비롯해 함께 온 사람 전부가 죽었다. 마누엘은 자기가 처한 상황을 헤아려보았다. 집에서 320킬로미터 넘게 떨어진 곳, 잘 알지도 못하는 적의 땅에 있었고 겨우 열여섯 살인 데다가 무기도 없으며 수천 명의 나바호가 가까운 곳에 있었다. 마누엘은 땅을 얕게 파고 자기 형을 묻고는 남남동쪽으로 터덜터덜 걷기 시작했다. 황량한 사막을 이틀 동안 걸어 익숙한 곳에 다다랐다. 나중에 폰틀러로이 요새 자리가 되는 곰 샘이었다. 차가운 샘물에 상처를 씻고 프리클리페어선인장의 시큼한 줄기를 빨아먹으며 허기를 달랬다. 열이 나고 화살에 맞은 상처가 뜨겁게 부풀어 올랐지만 어떻게든 기운을 내어 다시 걸었다. 때로 정신을 잃고 환각에 빠져들었지만 며칠 뒤 마침내 비틀거리며 세볼레타에 들어왔다. 원정대의 유일한 생존자였다.

차베스는 그 뒤 1847년 타오스 반란 진압 작전에서 미군과 함께 싸워 두각을 나타냈다. 그러나 차베스는 자원병일 뿐 직업군인은 아니었다.

1861년에 그는 중요한 미군 요새 지휘권을 맡았다. 차베스가 아무리 뛰어난 사람이라고 하더라도 지역 자원병한테 이런 지위를 주는 것은 이례적인 일이었다. 그러나 때가 이례적인 시대였다. 동쪽에서 남북전쟁이 시작되었다. 섬터 요새(사우스캐롤라이나 찰스 항에 있는 해안 요새로 이곳에서 남북전쟁이 발발하였다 옮긴이) 소식이 마침내 뉴멕시코까지 전해지자 군인들은 계속 이 지역을 떠나 재배치를 받기 위해 동쪽으로 이동했다. 그래서 정규군 대신에 폰틀러로이 요새 같은 전초지를 채우고 치안을 유지할 뉴멕시코 자원병을 서둘러 모집했다.

새로 보충된 히스패닉 군인들이 인력 문제를 일시적으로 해결하기는 했지만 이들이 나바호 땅에 있다는 것은 그다지 바람직한 일은 아니었다. 미군은 뉴멕시코와 나바호의 갈등에서 적어도 객관적인 입장이라고 주장할 수는 있었다. 하지만 뉴멕시코인이라면 그럴 수도 없었다. 이들의 나바호에 대한 증오는 개인적이고 뿌리 깊은 것이며 도무지 달랠 수가 없는 것이었다. 나바호들도 마찬가지 생각이었다. 두 무리는 오래전부터 적대감에 사로잡혀 있어 미국 남서부의 유대인과 아랍인, 터키인과 그리스인이라 할 만했다. 뉴멕시코인과 나바호는 서로를 깊이 증오했고 이미 그 관계가 확고히 고착되어 있었다.

뉴멕시코인을 선발하여 미군 군복을 입히고 좋은 무기를 제공하고 폰틀러로이 요새 같은 폭발 직전의 장소에 배치하는 것은 여우에게 닭장을 지키라는 것과 마찬가지였다. 극적인 일이 터지는 것은 시간문제였다. 더더군다나 마누엘 차베스 같은 사나운 싸움꾼이 지휘권을 쥐고 있다면.

*

총소리가 폰틀러로이 요새 연병장을 뒤흔들며 머나먼 협곡에 메아리쳤다. 놀란 군인들은 무기를 쥐고 혼란 속에서 허둥댔다. 누군가는 이렇게 표현했다. "모든 사람이 무장하러 달려갔다. 중대가 잘 정렬되지 않았으나 다들 자기가 있을 만하다고 생각하는 곳으로 갔다." 전하는 말에 따르면 술 취한 나바호 한 사람이 요새 입구를 지키는 보초병을 지나 안으로 들어가려고 했다는 것이다. 보초병이 총을 쏘아 그 자리에서 나바호를 죽였다.

요새 밖 들판에 수백 명의 나바호가 사격을 하러 모여들었다. 누가 명령을 내리는지 불분명했다. 자발적으로 움직이는지도 몰랐다. 아무튼 군인들은 총을 겨누고 나바호 무리를 향해 발포하기 시작했다. 달아나는 인디언들 등에 총알이 박혔다. 두셋씩 나바호가 쓰러졌다. 다른 군인들은 인디언들을 쫓아가 총검으로 찔러 쓰러뜨렸다. 전사들뿐 아니라 여자와 아이들도 가차 없이 당했다.

이 일을 목격했던 니컬러스 호트 대위는 나중에 미국 의회에서 열린 조사위원회에서 이 끔찍한 장면을 이렇게 묘사했다. "군인이 어린아이 둘과 여자 하나를 죽이려는 것을 보았습니다. 그에게 당장 멈추라고 소리를 질렀지요. 그는 나를 돌아보았으나 명령에 따르지 않았습니다. 나는 최대한 빨리 달려갔으나 이미 죄 없는 어린아이 둘을 죽이고 여자에게 치명상을 입힌 뒤였습니다."[18]

분노한 호트는 그 군인을 체포하고 탄띠를 내놓으라고 명령했다.

혼란 속에서 마누엘 차베스 대령은 자기 권위를 내세웠다. 그러나 군인들을 자제시키지 않고 오히려 공격 강도를 높였다. 포병 상사에게 곡사포를 가져와 발포하라고 명령한 것이다. 호트 대위는 포병 상사가 "자기가 받은 명령을 이해하지 못하는 척했다. 불법이라고 생각했기 때문이다. 그러나 일직 사관에게 욕설과 위협을 들었다. 명령을 따르지 않으면 문제가 생길 터라 시킨 대로 하지 않을 수 없었다"고 전했다.

대포알이 원호를 그리며 들판 너머에서 폭발했고 사방으로 유산탄이 흩어졌다. 나바호들이 비명을 지르며 아래쪽 골짜기로 정신없이 흩어졌다. 대량 학살이었다. 스무 명이 넘는 인디언, 많은 여자와 아이들이 들판에 쓰러졌다. 상처를 입은 사람은 훨씬 더 많았고 112명이 포로가 되었다.

포격이 가라앉고 나자 호트 대위는 나바호 어린아이를 죽인 군인을 오르티스 중위(캐버노 박사의 서러브레드 말 기수를 했던 그 중위와 동일인일 것이다) 앞에 데려왔다. 자기가 본 잔학 행위를 오르티스에게 말하고 왜 이 사람을 무장해제하고 체포했는지 설명했다. 오르티스는 자기 권총을 꺼내 공이치기를 당기고 호트에게 겨누며 소리쳤다. "저자에게 무기를 돌려주지 않으면 널 쏘겠다! 빌어먹을!"[19]

호트 대위는 마지못해 시키는 대로 했지만 차베스 대위에게 오르티스의 행동을 보고했다. 호트는 작은 사자에게서도 만족스러운 반응을 보지 못했다. 오히려 차베스는 오르티스 중위가 "옳은 일을 했"으며 두 아이를 죽인 군인도 책망이 아니라 "칭찬"을 들어야 한다고 생각했다. 이 일은 흐지부지되었다.

나중에 일이 걷잡을 수 없게 되었다는 것을 깨달은 차베스는 피해 수습을 하러 나섰다. 샌타페이 상관에게 보낸 보고서에서 나바호가 아무 이유 없이 "보초병을 공격"했다며 "매우 유감"으로 생각한다고 진술했다. 자기 부하들은 정당방위를 했을 뿐이라는 것이다. 차베스는 이 사건을 덮거나 아니면 적어도 소문이 퍼지는 것을 막으려고 몇 주 동안 요새에서 어떤 편지도 발송되지 못하게 했다.

그러나 이 일은 순전한 학살이었다. 샌타페이 관리들은 이 일을 알고 차베스의 폰틀러로이 요새 지휘권을 정지시켰다. 군법회의가 열리기까지 잠시 동안 차베스는 앨버커키에서 가택연금되었으며 키트 카슨이 예비 조사를 위해 파견되었다. 군대는 차베스 대령이 달아나는 나바호를 대량 학살한 것보다 국가 재산을 경마 내기에 내놓은 것을 눈감아준 사실을 더 중

죄로 여기는 듯했다.

재판은 결국 열리지 않았다. 내전의 전운이 지평선에 감돌고 위계질서가 계속 흐트러지는 가운데 폰틀러로이 요새 사건은 그냥 잊히고 말았다. 고소도 취하되고 게다가 작은 사자는 나바호의 '공격'에 강경한 태도를 취함으로써 대중의 칭찬을 한 몸에 받았던 것이다.

다시는 폰틀러로이 요새에서 경마가 열리지 않았다. 불안정한 정전停戰은 끝이 났다. 이 학살은 디네에게 엄청난 영향을 끼쳤고 이들을 '두려움의 시대' 속으로 더욱 깊이 침잠시켰다. 나바호는 점차 마누엘리토의 방식이 옳다고 느끼게 되었다. 게다가 미군은 남부연합군의 침략에 대비하기 위해 변경 요새를 비우고 속속 떠나갔던 것이다. 남군이 샌안토니오에서 진군해온다는 소문이 돌았다. 미국인들은 혼란스러워했다. 무언가가 이들을 갈라놓고 있었다. 마누엘리토와 전사들은 새로운 기회를 감지했다. 지금이야말로 공격할 때였다.

37. 피로 물든 리오그란데

2월 어느 일요일의 얼어붙을 듯한 아침, 두 군대가 드넓은 평원 양쪽에서 서로를 지켜보고 있었다.[20] 거센 바람이 진눈깨비를 바늘처럼 뿌렸다. 리오그란데 가장자리에서는 얼음이 녹았고 유령 같은 미루나무가 강둑을 따라 흔들렸다.

남부연합 기병대는 크레이그 요새 3킬로미터 코앞까지 다가와 멈췄다. 사령관 헨리 홉킨스 시블리 준장은 쌍안경으로 보루를 살폈다. 바람에 성조기가 휘날리는 것을 보았고 새로 토목공사를 해서 세운 총안이 있는 방벽을 살폈다. 연기가 흘러나오는 뉴멕시코 자원병들의 막사가 방벽 둘레 갈색 풀 위에 찢어진 앞치마처럼 흩어진 것도 보았다. 이 요새는 원래 인디언 공격을 막기 위해 세운 요새로서 크레이그라는 이름은 탈영병을 쫓다가 죽은 미군 장교 이름에서 나온 것이다. 요새는 샌타페이에서 240킬로미터 떨어진 리오그란데 서쪽 강둑에 모여 있는 수십 개의 어도비 건물로 이루어졌다. 거의 4,000명 가까운 군인들이 흙 성채 둘레에 자리 잡았다. 두꺼운 방벽을 따라 대포들이 남쪽 반란군을 향해 포신을 돌리고 위풍당당하게 줄지어 있었다.

시블리는 불쾌한 기분으로 쌍안경을 치웠다. 장군은 몸이 좋지 않고 말 위에 앉기도 힘들었다. 그는 밝혀지지 않은 병으로 고생하고 있었는데('복통'이라고 하는 사람도 있었다) 술을 좋아하는 습관 때문에 병이 더 심해진 것이 분명했다(군인들은 그를 '걸어 다니는 위스키 통'이라고 불렀다). 남군 장교 한 사람은 시블리 장군이 "아무런 정보 없이도" 전투에 뛰어든다고 했다. "위스키가 상당량 보급된다는 것만 알면 얼른 나섰다"는 것이다. 동료 한 사람은 후에 시블리의 "술 사랑이 가족, 고국, 신에 대한 사랑을 넘어섰다"고 말했다. 오랜 기간 동안 야전병원 신세를 지기도 했다. 몸이 불편했고 결정을 내릴 능력도 없었다.

그런데도 시블리 장군은 위엄 있는 존재였다. 낭만적이고 야심차고 술에 취하지 않았을 때는 서글서글한 사람이었다. 웨스트포인트 출신의 퇴역한 직업군인으로 멕시코 전쟁과 서부전선 양쪽에서 두각을 드러냈다. 발명가로도 널리 알려졌다. 원뿔 모양의 텐트 설계로 특허를 받기도 했는데, 평원 인디언의 티피를 본떠 만든 시블리 야전 텐트라는 것으로 북군, 남군 모두 많이 썼다. 발명가들이 흔히 그렇듯 시블리도 약간 몽상적이고 병참 계획을 세우는 데에는 능숙하지 않았다. 오죽하면 부하 한 사람이 시블리는 '내일 일은 내일 해결하면 된다'[21]는 식이라고 말했다.

시블리는 뉴멕시코를 속속들이 잘 알았다. 남군에 들어가기 전에 마지막으로 주둔했던 곳이 타오스였다. 그곳에서 용기병 부대를 지휘하고 나바호를 상대로 작전을 펼쳤다. 크레이그 요새도 잘 알았다. 아니 적어도 새로운 병력과 방벽으로 보강되기 전인 과거의 크레이그 요새는 잘 알았다. 시블리는 현재의 크레이그 요새는 정면 공격으로 함락하기에는 너무 강하다는 결론을 내렸다.

그러나 어떻게 해서든 요새를 차지해야지 안 그러면 뉴멕시코 작전 전체가 수포로 돌아갈 것이었다. 전부가 아니면 무였다. 머나먼 엘파소로부터 오는 보급품은 드문드문 도착했고 자기 부대는 샌안토니오에 있는 본거지, 훈련장으로부터 아주 멀리 떠나 있었다. 전진하려면 가면서 약탈하고 북군을 무찔러 보급품을 빼앗는 수밖에 없었다. 시블리는 크레이그 요새에는 굶주린 부대에게 절실히 필요한 식량, 탄약, 약품이 풍족하게 있다는 것을 알았다.

그것을 얻으려면 북군을 요새 밖으로 끌어내야만 했다. 무언가로 주의를 끌어 유인해낸 다음 크레이그 요새의 잘 갖춰진 포대 사정거리 밖에 있는 들판에서 싸워야 했다. 시블리는 북군 무기고와는 겨룰 수 없다는 걸 알았다. 북군은 12파운드짜리 나폴레옹 대포와 24파운드짜리 곡사포에다가 알 수 없는 새로운 대포들까지 갖추고 있었다. 그러나 시블리는 사방이 트인 들판에서는 대부분 기병인 2,500명의 자기 부대가 북부동맹보다 유리하다고 생각했다. 북군이 수는 더 많았으나 대부분 보병이었던 탓이다.

1862년 2월 16일이었다. 태양이 숲 위에 차가운 돌처럼 솟을 때, 시블리는 잠시 동안 안장 위에 삐걱거리며 앉아 있다가 몸을 돌려 어떻게 하면 좋을지 장교들과 의논했다. 북쪽으로 3킬로미터 떨어진 곳에서는 북군 사령관 에드워드 캔비 대령이 가장 아끼는 말 올드 채스 위에 앉아 불을 붙이지 않은 시가를 질겅거리고 있었다. 캔비는 키가 크고 말끔하게 면도를 한 켄터키 사람으로 냉정하고 말이 없고 귀가 엄청 크고 살집이 많았다. 그는 수십 년 동안 인디언들과 싸우며 단련된 군인이었고 최근 나타난 새로운 적에 대해 증오심을 품었다. 캔비는 남부연합군을 "오만하고 탐욕스러운 침략자"라고 불렀다.

캔비는 자신의 적을 너무나 잘 알았다. 캔비와 시블리는 웨스트포인트 동급생으로, 시블리의 결혼식 때 캔비가 신랑 들러리를 섰다. 결혼으로 인척관계를 맺기까지 했다. 두 사람의 아내가 사촌지간이었다. 뉴멕시코에서 두 사람은 함께 인디언과 싸웠고 이 지역의 척박한 상황을 두고 함께 한탄했다. 섬터 요새 소식이 뉴멕시코에 전해지자 시블리는 군대에서 나와 엘파소로 가며 캔비의 북군 지지자 동료들에게 이렇게 말했다. "친구들, 알지 모르겠지만 나는 자네들에게 최악의 적일세!"

이제 이들은 적이 되었다. 동부의 부대에서 멀리 떨어진 이 뜻밖의 전장에서 서로를 마주했다.

캔비 대령은 어찌나 말수가 적고 신중했던지 ("아무하고도 상의를 하지 않아!"라고 부하 한 사람이 투덜댔다) 뉴멕시코를 사수하기 위해 어떤 전략을 가지고 있는지, 전략이 있기는 한지 부하들조차 아무도 몰랐다. 북군 한 사람은 그를 두고 "키가 크고 곧고 옷차림이 허름하고 표정은 굳고 햇볕에 그을렸다. 입에 시가를 물고 있는데 절대 불은 붙이지 않는다. 초연한 태도를 지녔는데 타고난 것이기도 하겠지만 오랫동안 지휘관 자리에 머무르면서 다져진 것이 분명했다"고 표현했다. 퀘이커 교도 집안 출신이지만 열정적으로 군 생활을 했다. 플로리다에서 세미놀 인디언에 맞서 매섭게 싸웠고 멕시코 전쟁에서 윈필드 스콧 장군한테 포상을 받았으며 캘리포니아 몬테레이에서 윌리엄 티컴서 셔먼과 함께 복무했다. 머리가 좋지는 않지만 (웨스트포인트에서 31명 가운데 30등으로 졸업했다) 캔비의 지성에는 거북이처럼 꾸준한 일관성이 있어 대개는 결국 빛을 발했다. 캔비를 묘사하는 말들은 하나같이 신중하고 조용하고 때로 음울한 기질을 강조한다. 한 육군 장군은 후에 캔비가 "너무 겸손하고 과묵한 탓에 대중의 인정을 받을 만한데도 그러지 못했다"고 했다. 그러나 "그가 가는 곳 어디든 질서, 호의, 차분함이 그의 발걸음을 뒤따랐다"고 했다.

거의 아무런 자원 없이 캔비는 기적 같은 솜씨를 발휘하여 남군 공격에 대비해 크레이그 요새의 방비를 갖추었다. 보급품을 챙기고 요새를 강화할 시간이 한 달 남짓밖에 없었다. 겨우 이틀 전에 70대의 짐마차 행렬이 샌타페이에서 식량, 보급품, 탄약을 싣고 도착했고 이제 막 준비를 마쳐 옛 친구, 걸어 다니는 위스키 통과 맞설 준비가 되어 있었다.

그러나 사실은 겉보기만큼 강한 요새는 아니었다. 방벽을 따라 늘어선 커다란 대포는 사실 모형에 지나지 않았다.[22] 소나무 통나무를 잘라 검게 칠해 대포처럼 보이게 만든 것이다. 사람들은 그걸 "퀘이커 대포"라고 불렀는데 캔비의 종교적 배경에 경의를 표하는 뜻에서 그랬을 것이다.

캔비의 군사 4,000명도 겉보기처럼 막강하지는 않았다. 그 가운데 1,200명만이 정규군이었다. 나머지는 자원병이나 민병대로 대부분 이 지역에 사는 히스패닉 청년들이었다. 전투 경험이 부족할 뿐 아니라 싸우고자 하는 사기도 그만큼 부족했다. 그도 그럴 것이 이들은 작년에 낯설기 그지없는 사우스캐롤라이나라는 곳에서 발발한 '아메리카노'들의 전쟁에 관심도 별로 없고 이해관계도 얽혀 있지 않으니 말이다.

캔비는 에스파냐어를 쓰는 자원병들을 비관적인 눈길로 보았고 이들이 "쓸모없는 것 이하"라고 생각했다. 그는 뉴멕시코인이 탈영할 때마다 "우리 전력이 약화되는 것이 아니라 강화된다"고 했다. 캔비는 이들의 충성심을 의심했고 "멕시코 사람들은 미국 체제에 아무런 애정이 없고 오히려 미국인 전체에 대해 그동안 자제해왔지만 실은 강한 증오를 품고 있다"고 생각했다. 캔비가 이들의 군사적 능력을 낮게 평가하는 데에는 인종적 선입견이 개입했을 것이다. 멕시코 전쟁에 참전한 미군 육군 장교들 대부분이 그렇듯 캔비도 히스패닉 군인들은 조직적인 수비를 하는 것이 불가능하다고 생각했다. 그의 이런 걱정에는 현실적인 이유도 있었다. 뉴멕시코 시골 사람들은 무기에 익숙하지 않았고 대포 근처에는 기본 적도 없었으며 물론 영어도 전혀 못했다. 이런 까닭에 전투 와중에 미국 장교들이 이런저런 명령을 외치면 이들은 명령에 따르기는커녕 혼란스러워하며 달아날 가능성이 높았다. 캔비는 가능하면 자원병들이 직접 포화 속에서 움직이지 않아도 되도록 요새 안에 머무르거나 요새에서 멀리 벗어나지 못하게 할 참이었다.

두 부대가 평원에서 전선을 형성했다. 양쪽에서 척후병과 정찰대를 보냈고 각각 상대의 결의와 의향을 떠보기 위해 선제공격을 했다. 천천히, 잠정적으로, 반란군과 연방군 사이의 거리가 1킬로미터 안으로 좁혀졌다. 어찌나 가까운지 바람 방향이 바뀔 때마다 군 나팔 울리는 소리와 사람들의 고함소리가 들렸다.

그때 시블리 부대가 반란군의 함성을 질러댔다. 아무튼 최대한 그럴 듯하게 함성을 질렀다. 사실 이들은 텍사스에서 훈련을 받았고 동부에서는 싸워본 적이 없어 그 유명한 전쟁의 함성을 들어본 사람이 거의 없었다. 그런 것이 있다는 이야기는 들었지만. 반란군 대부분은 새총, 다람쥐잡이 총, 권총 따위의 변방에서 쓰는 무기밖에는 갖추지 못했다. 한 부대는 전부가 창병이었다. 그러나 이들은 젊고 전투 의지가 넘쳤으며 전쟁이 곧 끝나리라는 자신감에 가득했다. 장교 가운데 한 사람인 록브리지 소령은 크레이그 요새 위에 나부끼는 성조기를 보고 이렇게 허세를 부렸다. "저걸로 내 마누라 잠옷을 만들어줘야지!"[23]

*

뉴멕시코 자원병 1대대 지휘관은 다름 아닌 크리스토퍼 카슨이었다. 카슨은 그때 미군 대령이었다. 카슨의 8개 중대는 요새 가까운 곳 흙벽 그늘 아래 막사를 차리고 전투 준비를 했다. 캔비처럼 카슨도 적군 사령관을 잘 알았다. 전쟁 전에 카슨과 시블리는 타오스에서 함께 지냈다. 시블리의 주둔지가 카슨의 집에서 겨우 몇 킬로미터 거리에 있었다. 두 사람을 다 아는 군인이 말하기를 시블리가 여러 사람을 남부연합 대의에 설복시키려고 애썼으나 카슨은 설득할 생각도 하지 않았다고 한다. "시블리가 전도를 하려 하지는 않았을 것이다. 카슨은 남부와 북부 의견 양쪽을 모두 존중했으니 말이다."

카슨은 어떤 종류의 논쟁이나 다툼도 싫어해 자기 생각을 감추었다. 뉴멕시코에 사는 북부 지지자 한 사람은 이렇게 말했다. "키트는 북부 지지자였지만 나처럼 의견을 드러내지 않으려 했다."[24]

카슨은 앨버커키에서 입영했고 그곳에서 자원병들을 훈련시켰다. 정규군에 복무하는 것은 낯설고 어려운 일이었다. 처음에는 어설픈 모습도 보였다. 의례, 용어, 복장 규칙 따위는 그의 성정에 반하는 듯했다. 콜로라도에서 온 자원병 에드워드 윈쿠프는 "제복이 카슨에게 전혀 어울리지 않았다"고 회상했다. 카슨은 문맹이라 모욕을 당하기도 했다. 한번은 몇몇 군인이 병참에서 당밀 몇 통을 주문하는 청구서에 서명을 요구했다. 카슨은 당연히 서명을 했으나 나중에 부하들이 완전히 술에 취한 것을 발견했다. 당밀이 아니라 위스키 통을 주문하는 청구서였던 것이다. 카슨은 이 못된 장난에 모욕감을 느꼈고 그 뒤로는 부관이 내용을 소리 내어 읽고 난 뒤에만 청구서에 서명했다.

카슨이 이 일을 꾸민 사람들을 어떻게 처벌했는지에 대한 기록은 없지만 대체적으로 카슨은 부하들의 군기를 잡는 데 주저하지 않았다. 윈쿠프는 카슨이 "절대적인 완고함과 최고의 상식을 갖춘 사람"이며, "범죄자를 호되게 혼낼 줄 안다"고 말했다. "아름답고 부드러운 푸른 눈이 어떤 상황에서는 아주 끔찍하게 변한다. 마치 방울뱀이 덮치기 전에 경종을 울리듯이."[25]

윈쿠프는 앨버커키에서 카슨이 복무할 때 있었던 또 다른 일화를 전한다. 대령이 주둔지를 벗어나 있을 때의 일이다. 일요일 아침이었는데 미사를 드리러 가는 "화사하게 차려입은 아가씨들"로 가득한 배가 리오그란데를 가로질러 가고 있었다. 출발지에서 "거칠게 보이는 멕시코인 목동"이 배에 탔다. 사공은 정중하게 그 사람에게 배에 이미 사람이 너무 많이 타 전복 위험이 있으니 차례를 기다리라고 말했다. 남자는 거절했다. 윈쿠프는 카슨이 "다가와서 부드러운 태도로 남자에게 잘못을 지적했지만 소용이 없었다"[26]고 전한다. 이번에는 어조를 "단호하게" 바꾸었으나 남자는 "여전히 고집을 부렸다." 카슨은 갑자기 행동을 개시했다. "키트가 번개처럼 손에 들고 있던 칼집이 꽂힌 칼을 치켜들어 엄청난 힘으로 남자의 옆통수를 쳤다. 남자는 리오그란데의 탁한 물속으로 빠져 납처럼 가라앉았다." 그대로 두었다면 익사했을 것이다. 그러나 "순식간에 키트가 물에 뛰어들어 그를 끌어냈다."

카슨다운 행동이었다. 기사도를 발휘하더니 바로 그다음 순간에는 여자들을 모욕한 남자를 구출했다.

카슨은 에스파냐어에 능통하고 뉴멕시코의 오래된 가문 사이에서 존경을 받고 있어 자원병 지휘관으로 발탁되었다. 처음부터 카슨이 겪어야 했던 가장 큰 어려움은 부하들의 무관심을 극복하는 것이었다. 자원병을 선발하고 훈련에 참여시키기 위한 유일한 방법은 오래된 공포를 이끌어내는 것이었다. 뉴멕시코인들은 오래전부터 텍사스 사람들을 두려워하고 혐오했다. 그런데 루이지애나 출신인 시블리만 빼고 침략군은 거의 전부가 텍사스 사람이었다. 샌안토니오에서 뉴멕시코를 남부연합의 손에 넣겠다는 단 하나의 의도를 품고 이곳까지 진군해온 사람들이었다. '남부연합'이라는 단어는 카슨의 자원병들에게는 아무 의미도 없었다. 그러나 남쪽에서 침략해온다는 말에 이들은 본능적으로 반응했고 총을 쥐었다.

카슨 대령은 쌍안경으로 들판 너머 텍사스 사람들이 일으키는 먼지구름을 살피고 이들의 움직임을 관찰했다. 몇 달 동안 이들이 진군해온다는 소식을 들었고 부하들에게 다가오는 위협이 사실임을 확신시키려고 애썼다. 텍사스 사람들은 심하게 뻔뻔스러운 자들이라고, 타오스의 처가 사람들은 늘 말했다. 뉴멕시코에서는 텍사스 사람이 망태할아버지 대신이었다. 부모들은 아이들이 말을 듣지 않으면 테하노, 곧 텍사스 사람들이 와서 데려간다고 말하곤 했다.

이런 위협이 완전한 거짓말은 아니었다. '별 하나의 국민들(텍사스 주의 깃발에는 별 하나가 그려져 있어 텍사스 주는 론스타Lone Star라는 별명으로 불린다 -옮긴이)"은 오래전부터 뉴멕시코에 눈독을 들였다. 텍사스 사람들은 문서상으로, 실질적으로 뉴멕시코를 소유하고 싶어 했다. 뉴멕시코를 무척이나 경멸했고 말라붙은 땅을 가져봤자 쓸모가 없다고 생각했으면서도 뉴멕시코를 흡수하려는 욕망은 뿌리 깊기도 하고 희한하기도 한 것이었다. 이것은 리오그란데에 대한 뚜렷한 인식과 관련이 있었다. 1830년대 텍사스는 독립을 선언한 이래로 별 증거도 없이 텍사스 공화국의 영토가 콜로라도에 있는 리오그란데의 발원지까지 이어진다고 주장했다. 그러니 뉴멕시코 대부분과 준주도인 샌타페이는 마땅히 텍사스의 영토인 것이다. 1841년 텍사스 군대가 실제로 뉴멕시코를 침략했다. 텍사스군은 조급한 정복 작전을 펼쳤으나 바로 제압되어 멕시코시티 근처에 있는 성처럼 생긴 악명 높은 감옥에서 혹독한 수감 생활을 해야 했다. 그리고 1850년대, 뉴멕시코가 공식적으로 미국의 준주가 되었을 때, 텍사스 입법가들은 뉴멕시코에 새로 군 경계선을 긋고 뉴멕시코의 땅 일부는 론스타 공화국의 것이라고 주장했다. 물론 연방정부에서 이를 막았다.

그러나 텍사스 깊숙한 곳에서 뉴멕시코에 대한 열망은 여전히 불타오르고 있었다. 자기보다 못하다고 생각했던 사람에게 딱지를 맞은 경우 그 상처가 더 쓰라린 것과 마찬가지다. 시블리의 군대는 소망하는 바대로 '뉴멕시코군'이라는 이름을 달고 샌안토니오에서 이곳까지 행군했다. 그 와중에 천연두, 폐렴, 탈진, 아파치의 공격으로 거의 500명을 잃었다. 어떤 텍사스 사람은 절망하여 일기에 이렇게 적었다. "이곳 산은 인디언이 가득하다. 우리는 링컨 추종자보다 인디언이 더 두렵다"(텍사스 사람들은 인디언 말 도둑을 적어도 한 명은 붙잡아 죽일 수 있었다. 아파치 인디언이었는데 몸에 흙먼지가 어찌나 두껍게 덮여 있던지 "마치 뿔개구리처럼"[27] 보였다고 한다. 시체를 군의관들에게 주었더니 감탄하며 해부해 인류학적 호기심을 충족시켰다).[28] 꾸준히 서쪽으로 이동하며 텍사스인들은 히스패닉 마을을 휩쓸며 물건을 훔치고 이따금 그곳 여자들을 "착복"했다고 그 가운데 한 사람이 전했다.

이제 이들은 뉴멕시코 심장부에 들어와 오래된 주장을 되풀이했다. 시블리가 뉴멕시코 사람들의 분위기를 얼마나 잘못 짚었는지 놀라울 정도다. 그는 진심으로 이 지역 사람들이 자기들의 명분을 지지하고 "뜨겁고 열렬하게 협조"하리라고 기대했던 듯하다. 시블리는 히스패닉들의 지지가 자기를 튼튼하게 뒷받침한다고 착각했고 자기가 거느린 대군이 군수품을 쉽게 "현지에서 조달"할 수 있으리라고 생각했다. 텍사스인들이 빠른 시간 안에 크레이그 요새를 점령하고 이어 소코로, 앨버커키, 샌타페이를 점령할 수 있을 것이라고 믿었다.

그 다음 계획은 더 거창했다. 뉴멕시코만이 아니었다. 시블리 부대는 덴버로 나아가 콜로라도의 금광을 차지해 자금이 부족한 남군의 돈줄을 댈 계획이었다. 그 뒤에는 유타를 가로질러 태평양까지 가서 캘리포니아 채광 산업을 장악하고 캘리포니아에 흑인 노예제도를 도입할 것이다. 새크라멘토에 대규모 목화농장을! 로스앤젤레스에 노예시장을! 그리하여 남부연합의 철로가 남군이 장악한 찰스턴, 뉴올리언스, 휴스턴 항구와 서쪽의 샌디에이고 항을 연결할 수 있게 되는 것이다. 그러는 한편 시블리는 멕시코 소유인 소노라, 치와와, 바하캘리포니아까지 정복(혹은 매입)하기를 바랐다.

원대하기 그지없는 시블리 장군의 임무는 남부연합 수뇌부의 지지를 받고 있었다. 사실 지난해 시블리는 리치몬드로 가서 제퍼슨 데이비스 남부연합 대통령을 직접 만나 서부 정복 계획을 늘어놓았다. 군대 전체가 시블리의 낙관주의와 오만함의 기운에 물들어 있었다. "우리 상관들은 미쳤었다."[29] 텍사스 자원병 가운데 한 사람이 나중에 이렇게 적었다. "자기들이 승패의 열쇠를 쥐고 있다고 믿었고 어떤 작전을 펼쳐도 성급하다는 생각은 하지 않았다. 장군 이하 모든 사람이 승리를 확신했다."

카슨이 듣기에 이런 계획은 낯설지 않았을 것이다. 텍사스 사람들은 자기가 미국의 영광을 위해 이미 누비고 다닌 지역을 차지하려고 들었다. 카슨 자신이 닦은 길을 통해서. 이들의 계획은 마치 제국의 재생 같았다. 자명한 운명을 다시 되풀이하려는 것이었다. 남부연합의 자명한 운명.

그러나 캔비, 카슨, 4,000명의 군사가 크레이그 요새에서 막아서고 있었다. 시블리의 기이하고 독특한 모험이 첫 번째 진정한 장애물을 만난 것이다.

*

카슨이 양키 편에 뛰어든 까닭이 무엇인지는 뚜렷하지 않다. 카슨은 미주리 출신인데, 미주리는 남부의 연방 탈퇴 문제를 두고 의견이 분분한, 경계에 있는 주였다. 미주리 사람들은 열띤 토론과 싸움 끝에 노예제를 찬성하는 한편 북군을 지지하는 애매모호한 입장을 취하기로 가까스로 결정을 내렸다. 미주리에 있는 카슨의 친척 가운데도 남부 동조자가 많았고 카슨의 형제들도 남군에 들어가 싸우다 죽었다. 뉴멕시코는 토양이 척박하고 기후가 건조하여 남부처럼 노예제를 도입해 이익을 얻을 만큼 큰 규모의 농업을 벌일 만한 곳이 아니었으나 그래도 카슨은 주변에서 심심치 않게 흑인 노예를 보았다. 미주리에서도 그랬고 뉴멕시코도 마찬가지였다. 카슨은 노예제를 드러내놓고 비판하지 않았다(그렇다고 노예제를 찬성하는 것도 아니었다. 덫사냥을 하며 떠돌아다니는 동안 자유를 얻은 흑인이나 흑인 혼혈인과 사귀었고 그 가운데는 전설적인 산사람 짐 벡워스도 있었다).

아무튼 카슨이 노예 폐지론자가 아닌 것은 분명했다. 사실 카슨 자신도 노예를 거느리고 있었다. 인디언 노예들이었다. 카슨과 호세파는 나바호 하인 셋을 데리고 있었다. 후안이라는 소년, 후안 바우티스타라는 또 다른 소년, 마리아 돌로레스라는 10대 소녀가 있었다. 정확히 어떤 내용으로 계약을 맺고 일했는지는 알려지지 않았다(나중에 친척들은 카슨이 이들을 입양해 온전한 식구로 대접했다고 말했다).[30] 카슨은 이 세 나바호 아이들을 납치한 다른 인디언 부족에게서 사들였다. 카슨은 세 아이에게 가톨릭 세례를 받게 했다. "이 나라의 관습에 따라"라고 지역 교회 기록에는 나와 있다. 그리고 이들은 카슨 가족과 여러 해 동안 함께 살았다. 후안 카슨의 삶의 궤적은 뚜렷하지 않으나 카슨의 다른 자녀들과 함께 자유롭게 자랐고 나중에 뉴멕시코인 여성과 결혼한 것으로 보인다.

납치한 인디언을 노예로 삼는 것은 뉴멕시코에서 오래된 관습이었다. 이를 피언peon이라고 하는데 주로 히스패닉 노동자들이 부유한 자산가에게 빚을 졌을 때 빚 대신 노역하는 것을 부르는 말이다. 피언 제도는 지주 계급을 부유하게 만들어주는 한편, 문맹이고 힘이 없어 상황을 개선할 수 없는 대다수 시민들을 재정적 곤경의 굴레에 옭아매는 봉건적 제도다. 윌리엄 데이비스는 1850년대에 이 지역 연방 검사로 일할 때 이 제도를 면밀하게 조사하고 이렇게 밝혔다. "미 대륙에 존재하는 다른 노예제와 다를 바 없이 비열하고 억압적인 실질적 노예제다. 다른 이름으로 포장한 것에 불과하다."[31]

카슨도 그의 주위에 있는 다른 부유한 뉴멕시코인들도 노예제에 대해 양심의 가책 같은 것을 드러내지는 않았다. 실제로 1861년 뉴멕시코 지역 남부는 미국 연방에서 탈퇴하여 남부연합 주를 형성하였고 애리조나라는 이름을 붙였다. 투산과 메시야 읍을 중심으로 모인 인구 대부분은 리오그란데 유역에서 농장을 경영하는 히스패닉 지주거나 목장이나 광업을 시도

해보려고 서쪽으로 이주한 텍사스 출신 백인들이었다(키트의 형 모지스 카슨도 메시아에 정착해 살고 있었다). 애리조나 사람들은 리치몬드에 열렬한 충성을 바쳤고 북쪽의 뉴멕시코 형제들도 결국 반란군 편에 서기를 바랐다. 애리조나라는 새로운 지역을 지배하는 사람은 존 베일러라는 호전적이고 무자비한 사람이었다. 그는 남부 스타일의 흑인 노예제를 들여오는 한편 "아파치 전체와 다른 적대적 인디언을 몰살"시킨다는 정책을 공언하고 추진하는 사람이었다(그가 저지른 범죄 행위 가운데 특히 비열한 일은 독이 든 밀가루 한 포대를 인디언들에게 내주어 인디언 60명을 죽인 것이다).

뉴멕시코 지역에 사는 군인 대다수는 남부 사람이었다. 전쟁이 터졌다는 소식에 미군을 떠난 사람은 시블리만이 아니었다. 이 지역에 있던 장교 가운데 절반은 뉴멕시코를 떠나 남부 편에서 싸우러 갔다. 장교들은 사직하면 그만이었으나 계급이 낮은 병졸은 군대를 떠났다간 탈영병이 되었다(탈영은 최고 사형까지 받을 수 있는 범죄였다). 따라서 캔비의 부대에는 남부 출신 사병들이 많았다. 이들의 충성도와 전투 동기를 신뢰하기는 어려운 일이었다.

카슨도 그 가운데 한 사람, 북군의 푸른 군복을 입은 남군이 될 만도 했다. 그러나 그는 그렇게 하지 않았다. 카슨이 미 연방을 지지한 것은 단순 명백한 애국심, 이전에 자기를 고용했던 미 육군에 대한 충성심 때문일 가능성이 높다. 물론 예전 상관이자 친구인 존 C. 프리몬트에 대한 헌신의 발로이기도 하다. 1850년대 프리몬트는 잠깐 동안 새로 주가 된 캘리포니아 상원의원으로 복무했고 그때 광산과 목장 경영권을 차지해 엄청난 부자가 되었다. 프리몬트는 노예 폐지론자였고 장인 벤턴 상원의원(벤턴은 1858년 죽었다)처럼 확고한 연방주의자였다. 프리몬트는 새로 생긴 공화당의 첫 번째 대선 후보로 나섰을 때인 1856년 노예제 반대를 주요 강령으로 내걸고 선거운동을 했다. 남북전쟁이 발발하자 링컨 정부는 프리몬트를 장군으로 진급시키고 세인트루이스에 본부가 있는 광대한 지역, 서부군관구 사령관으로 임명한다. 뉴멕시코도 이 군관구에 포함되니 머나먼 곳에서 프리몬트는 다시 카슨의 상관이 된 셈이다.

프리몬트와 달리 카슨은 1850년대에 돈을 벌지도 못했고 정치적으로 두각을 나타내지도 않았으나 명성은 계속 드높아만 갔다. 카슨의 뜻과 달리 통속소설 출판업자들은 계속해서 싸구려 선정주의 소설을 쏟아냈다. 『로키 산 키트의 최후의 머리 가죽 사냥』『싸우는 덫 사냥꾼: 구출하러 나선 키트 카슨』『키트 카슨의 신부: 아파치의 꽃』 같은 소설이었다. 카슨의 모험을 바탕으로 했다고 하는 인기 연극이 동부 도시를 돌며 공연을 했다. 허먼 멜빌도 『모비 딕』에서 카슨을 언급했다. 카슨을 "기쁨을 주는 좋은 행동을 하는 억센 사람"이라고 하며 페르세우스, 헤라클레스, 성聖 게오르기우스(270?~303?, 로마의 군인으로 용을 퇴치한 전설로 유명하다 ─옮긴이), 힌두 신 비슈누에 비교한다. 군, 읍, 강에도 카슨의 이름이 붙었다. 늘씬한 쾌속 범선 '키트 카슨'이 혼 곶을 거쳐 보스턴과 샌프란시스코를 왕복하며 바다를 누비고 다녔다(카슨이 단 한 번 바다 여행을 했을 때 뱃멀미로 고생했던 것을 생각하면 재미있는 아이러니다).

1853년 캘리포니아 남부로 여행 갔을 때 카슨은 자신의 명성을 새로 실감했다. 카슨이 캘리포니아로 간 것은 기발하면서도 높은 이윤을 가져다준 사업 때문이었다. 뉴멕시코에서 6,000마리가 넘는 양을 사서, 늑대와 인디언들과 싸워가며 엄청난 규모의 양 떼를 캘리포니아까지 몰고 가 그곳의 금광 광부들에게 팔았던 것이다. 서부에서는 소 떼를 모는 정경이 더 익숙하기 때문에 양 떼 몰이는 어쩐지 우스꽝스럽게 여겨진다. 그러나 이 거래에서 카슨은 대략 7,000달러라는 큰돈을 벌었다.

샌프란시스코에 머무는 동안 빤히 쳐다보는 사람들 때문에 카슨은 진땀을 빼야 했다. 신문이 카슨이 온다는 소식을 먼저 알렸다. 거리에서 사람들이 그를 에워쌌다. 아무도 카슨을 알아보지 못할 때에도 카슨은 사람들이 자기 이야기를 하는 걸 들었다. 전하는 말에 따르면 식당이나 술집에서 "옆에 앉은 사람이 카슨 이야기를 입에 올리면 키트는 친구들에게 자기 정체를 밝히지 말라고 손짓을 하고는 묵묵히 식사만 하고 그 자리를 뜨곤 했다."

*

점점 높아가는 자기 명성의 고삐를 쥐고 싶었는지 카슨은 1856년 요점만 추린 수기를 구술했다. 그것을 받아쓴 사람이 누구인지는 알려져 있지 않다. 그 뒤 미주리 출신의 사업가 친구에게 원고를 동부로 가져가 그럴듯한 이야기로 각색해줄 작가를 물색해보라고 맡겼다. 워싱턴 어빙도 그 일에 관심을 가진 사람 가운데 하나였으나 포기했다. 결국 드위트 피터스라는 사람이 그 일을 맡았다. 그는 꽤나 공상적인 의사로 1859년 키트 카슨의 첫 번째 완전한 전기를 발표했다. 피터스의 책 『키트 카슨이 구술한 사실을 바탕으로 한, 로키 산맥의 네스토르 키트 카슨의 삶과 모험The Life and Adventures of Kit Carson, the Nestor of the Rocky Mountains, from Facts Narrated by Himself』은 통속 스릴러 소설만큼 심하지는 않았으나 그 역시 좀처럼 자제하기가 어려웠던 모양이다. 마침내 누군가가 카슨에게 그 책을 읽어주었을 때 카슨은 다만 이렇게 말했다. "피터스가 좀 도가 지나쳤군."

사실 이해할 만한 일이었다. 카슨의 삶 자체가 무모하게 과장된 삶이었으니 말이다. 무수히 많은 편력 가운데 하나만 들자면 카슨은 1853년 샌타페이 통로를 따라 동쪽으로 160킬로미터를 미친 듯이 달려간 일이 있었다. 웨더헤드와 브리부트라는 두 상인에게, 그들과 함께 여행 중인 사람들이 한적한 곳에서 그들을 살해하고 그들의 돈을 훔칠 계획이라는 것을 알려주기 위해서였다(공모자 가운데 한 사람이 일주일 전에 변심해서 타오스에 있는 술집에서 계략을 폭로했던 것이다). 카슨은 때맞춰 무리를 쫓아가 살인을 막을 수 있었다. 카슨은 수고의 대가로 아무것도 바라지 않았으나 이듬해 봄 웨더헤드와 브리부트가 그를 찾아와 아름다운 은제 권총 한 쌍을 선물했다. 카슨은 그 물건을 평생 소중히 간직했다.

1850년대 대부분의 기간에 카슨은 유트 부족의 인디언 관리관으로 일했다. 타오스에 있는 카슨의 집이 관리관 사무실이었다. 카슨은 라야도 강 근처에 있는 목장 일에서 거의 손을 떼고 호세파가 아이들을 키우는 것을 도우며 공무에 전념했다. 카슨과 호세파 사이에 아이가 넷 있었고 이냐시아 벤트가 아이들을 키우는 것도 거들었다. 어떤 면으로 보나 카슨은 헌신적인 아버지였다. 어른들보다도 아이들에게 더 쉽게 마음을 터놓았다. 아이들과 함께 있을 때는 충동적이기도 했다. 카슨 밑에서 일한 자원병 가운데 한 사람은 카슨이 "주머니에 사탕과 각설탕을 가득 채우고 인디언 담요 위에 드러눕곤 했다. 그러면 아이들이 카슨 몸 위에 올라타 주머니에서 사탕을 가져갔다. 카슨 대령은 이런 일에서 큰 즐거움을 느끼곤 했다."

마침내 카슨은 1840년대 내내 갈망하던 안정감을 얻었다. 공동체의 기둥이 되었고 지역 상류층의 일원이 되었으며 신실한 가톨릭 신자이자 가족의 부양자, 인디언들과의 사이에서 외교관 역할도 했다. 심지어 샌타페이를 토대로 하는 프리메이슨 집회 지부에 가입해 프리메이슨 회원도 되었다. 이 지역의 저명인사는 거의 대부분 프리메이슨 회원이었다. 거친 서부 사나이들이 우스꽝스러운 모자를 쓰고 어두컴컴한 방에서 주문을 외곤 했다.

카슨은 삶의 속도를 늦추었다. 이제 51세가 된 카슨에게서는 힘겨운 삶의 흔적이 드러나기 시작했다. 1860년에는 사고를 당해 거의 죽을 뻔했다. 콜로라도 남부 샌완 산맥에서 말코손바닥사슴 사냥을 할 때였다. 말을 타고 가파른 바위 비탈을 오르는데 말이 발을 헛디뎠다. 카슨은 고삐에 얽혀 산 아래로 굴러 떨어졌고 말이 카슨 위로 몇 차례 굴렀다. 그 와중에 어떤 상처를 입었는지는 분명하지 않지만 그 사고 뒤로 완전히 회복하지 못했다. 가슴팍에서 이상한 통증이 사라지질 않았다. 그는 안장 위의 삶을 끝내야겠다고 생각했다. 동부에서 온 기자에게 카슨은 쉰 살이 되었으니 "이제부터는 말을 타는 일을 피하고 언제나 마차로 여행하겠다"고 말했다.

그럼에도 불구하고 카슨은 한순간도 망설이지 않고 참전했다. 섬터 요새 소식이 타오스에 전해지자마자 카슨은 연방 지지자들과 함께 읍 광장을 행진하고, 남부 지지자들이 분개하며 비난하는 데에도 아랑곳하지 않고 읍내에 높이 솟은 미루나무 장대에 성조기를 올렸다고 한다. 미국 국기를 보호하기 위해 그들은 교대로 광장을 지켰다(이 일을 기념하기 위해 오늘날까지도 타오스 광장에는 밤낮 없이 성조기가 나부낀다).

카슨은 신속히 연방군에 입대했고, 결코 이 일을 후회하지 않았다.

*

1862년 2월 16일 오후, 크레이그 요새에서 상대의 전력을 지속적으로 탐색하며 전선이 형성되었다가 사라졌다 다시 생기기를 되풀이했다. 어느 쪽 사령관도 전장을 자기가 원하는 모양으로 만들 수가 없었다. 시블리는 캔비를 안전한 요새에서 끌어낼 수 없다는 것을 깨달았고, 캔비도 시블리가 전면공격을 감행할 만큼 어리석지 않다는 걸 알았다. 제대로 싸워보기도 전에 양쪽의 수가 모두 막혀버린 꼴이었다. 뜨뜻미지근한 소규모 접전에서 몇 명의 사상자를 내고 시블리는 더 나은 계획을 세워야겠다고 결론을 내렸다. 오늘은 싸워봐야 승산이 없다는 판단이었다. 시블리는 요새 남쪽 평원에서 총퇴각을 명령했고 남군은 리오그란데를 따라 몇 킬로미터 아래에 있는 막사로 후퇴했다.

그때 서쪽 치와와 쪽에서 먼지구름이 불어왔다. 거의 이틀 내내 바람이 울부짖었고 차가운 갈색 하늘에서 눈과 모래알이 날렸다. 가시거리가 45미터밖에 안 되었다. 고운 활석 가루가 사람과 짐승을 쪼아대고 천막과 소지품에도 기어들어갔다. 양쪽 군대 모두 웅크리고 들어앉아 비바람이 지나가기를 기다렸다. 텍사스 사람 하나는 싸락눈이 "어찌나 세게 내리치는지 얼굴 살갗이 벗겨질 지경이었다"[32]고 했다.

이 막간에 시블리의 부관 톰 그린 대령이 다른 공격 계획을 내놓았다. 군대를 이끌고 강 동쪽으로 건너가, 크레이그 요새를 지나쳐 북쪽으로 진군하자는 것이었다. 크레이그 요새와 그 사이에 있는 커다란 메사가 군대가 이동하는 것이 보이지 않게 가려줄 것이고 캔비의 장거리 포 포격도 막아줄 것이다. 그린은 그다음에 다시 강을 건너 서쪽 밸버디에 있는 중요한 여울을 점거하자고 했다. 크레이그 요새에서 상류 쪽으로 몇 시간 거리에 있는 이 여울은 연방군의 중요한 보급로이기 때문에 캔비를 틀림없이 요새 밖으로 끌어낼 수 있을 것이다. 그러면 그때 반군이 원하는 대로 연방군의 거대 화포와 방벽에서 멀리 떨어진 탁 트인 곳에서 교전을 벌일 수 있게 된다.

시블리는 이런 교대 약진 전략이 마음에 들었고 바로 동의했다. 가망성이 있는 계획이었으나 위험한 것이기도 했다. 앞서 나아가면 연방군이 자기와 보급선 사이에 있게 되는 위험한 위치가 된다. 군사적 사고의 원칙에 반대되는 배치다. 2월 18일 아침, 먼지폭풍이 걷힌 뒤 2,500명의 텍사스인은 얼음장 같은 리오그란데를 건너 그린이 말한 길을 따라갔다. 19일에는 모래투성이 건곡을 따라 힘겹게 메사 뒤를 걸었다. 병참 짐마차가 바퀴축까지 땅에 파묻혀 끙끙대며 따라왔다.

캔비 대령은 무슨 일이 벌어지고 있다는 것을 알아차리고 바로 키트 카슨과 자원병 몇 중대를 강 동안으로 보내어 고지를 점령하고 남군의 움직임을 주시하게 했다. 캔비는 시블리의 퇴각이 정교한 위장술이며 반군이 갑자기 기수를 돌려 다시 강을 건너 요새를 공격하지 않을까 염려했다. 그런 일이 있을 때 막을 카슨의 병력이 필요했다.

카슨은 아무 문제 없이 고지를 점령하고 그곳에서 시블리가 북쪽으로 이동하는 것을 볼 수 있었다. 카슨은 텍사스인들이 요새를 지나쳐 대신 밸버디 여울로 가려 한다고 옳게 추측했다. 그런 내용을 전령과 수기 신호를 통해 캔비에게 전달했다.

카슨은 또 한 가지를 확실하게 알 수 있었다. 텍사스인들과 짐승들은 18일에 리오그란데를 떠났으니 심한 갈증을 느낄 것이다. 암석 지형 때문에 강에 접근할 수 없을 것이고 앞으로 한동안은 다른 수원을 찾지 못할 것이다. 기병이 주축이 된 텍사스인들은 이제 매우 취약해졌다. 하루만 지나면 이들의 상황이 절박해질 것임을 카슨은 알았다. 남군의 말과 노새는 갈증 때문에 미쳐갈 것이다. 신경질적이고 불안해하면서 조금만 거슬리는 일이 있어도 뛰쳐나갈 것이다.

텍사스인들이 어떤 곤경에 처했는지를 알게 된 캔비 대령은 대담한 작전을 승인했다. 이 작전은 다재다능한 아일랜드이자 전에는 술집 주인이었던 제임스 '패디' 그레이든이라는 사람이 맡았다. 지난 몇 달 동안 그레이든은 '그레이든의 독립 첩보 회사'라는 이름의 정찰대를 스스로 조직하여 북군을 위해 정보를 수집해왔다. 그레이든은 다양한 계략과 변장에 능한 것으로 유명했고 한번은 사과 행상으로 변장하고 남군 막사에 들어갔다 오기도 했다.

그레이든은 편법으로 해결하는 방법을 찾아내는 데 재능이 있었고 한 남북전쟁 역사가의 말에 따르면 "극적인 효과로 널리 이름을 알린 사람"[33]이었다. 그레이든은 남군의 짐승들을 놀라게 해 궤주시킬 계획을 들고 왔다. 상자 두 개에 곡사포 탄환을 가득 채우고 도화선 두 개를 달았다. 그런 다음 노새 두 마리의 등에 상자를 단단히 동여맸다. 밤에 어둠을 틈타 노새 두 마리를 끌고 리오그란데를 건너 남군 막사에서 몇백 미터 거리까지 다가갔다. 텍사스인들이 불가에서 이야기하며 웃는 소리가 들릴 정도로 가까웠다. 그레이든은 야영지 주변에서 노새와 말들의 형상을 볼 수 있었다. 수백 마리의 짐승이 다리가 묶이거나 말뚝에 매여 있었다.

그레이든은 숨을 크게 들이쉬고는 도화선에 불을 붙였다. 그런 다음 큰 소리로 "이랴!" 하며 노새의 엉덩이를 쳤다. 노새는 반군 모닥불을 향해 자살 폭탄 공격을 하러 달렸다.

노새는 들판을 가로질렀고 등에 매달린 긴 도화선이 조금씩 타들어갔다. 그러나 노새들은 텍사스인 막사 가까이 가자 갑자기 걸음을 멈추었다. 아마도 낯선 냄새를 맡고 본능적으로 불안을 감지했는지도 모른다. 그 순간 노새는 발걸음을 돌려 다시 그레이든이 있는 쪽으로 달리기 시작했다. 계획이 이렇게 엉뚱하게 빗나가자 그레이든은 걸음아 날 살려라 하고 달리기 시작했다. 노새들은 쉽사리 주인을 따라잡았을 테지만 다행히 그전에 도화선이 다 타버렸다. 쾅! 쾅! 밤하늘이 빛으로 물들었다. 남군은 공포에 질려 고개를 들었다. 노새의 살점이 셔미사 들판에 흩어졌다.

놀랍게도 그레이든의 계획이 효과가 있었다. 폭발 소리에 짐승들이 궤주하기 시작했다. 갈증으로 제정신이 아닌 짐승들이 눈을 크게 뜨고 콧김을 내뿜으며 말뚝을 뽑고는 암석 지형 사이에 난 틈으로 달리기 시작했다. 강으로 내려가는 길이었는데 이곳에서 북군 병사들이 기다리고 있었다.

짐승들이 물을 충분히 마시고 난 뒤 북군은 쉽사리 짐승들을 모아 크레이그 요새로 끌고 갔다. 단 몇 분간의 불장난에 텍사스인들은 150마리가 넘는 소중한 말과 노새를 잃었다. 본거지에서 멀리 떨어진 침략군으로서는 회복할 수 없는 손실이었다.

밸버디는 리오그란데 굽이에 있는 고요한 곳으로 버드나무와 미루나무가 있는 작은 숲으로 덮여 있었다. 최근에 신비한 강의 진화 과정을 따라 강줄기가 바뀌어 새로운 길을 내어 흐르기 시작했다. 그래서 밸버디에서는 전에 강이 흐르던 물길의 모래 강바닥 옆으로 리오그란데가 흘렀다. 마치 뱀이 허물을 옆에 벗어놓은 것처럼 말이다. 이곳은 강둑이 완만하고 강이 넓고 얕아 수 세기 전부터 카미노레알에서 중요한 여울로 취급되었다. 어두운 빛깔의 화산암으로 이루어진 거대한 메사가 여울을 내려다보며 솟아 있었다.

밸버디Valverde는 에스파냐어로 '푸른 골짜기'라는 뜻이며 식민 시대에는 중요한 마을이었다. 그러나 1800년대 초반 어려운 시기가 닥쳤다. 계속되는 나바호와 아파치의 공격으로 정착민들이 이곳을 등지기 시작했다. 밸버디는 유령의 도시가 되었다. 벽이 기울고 갈라지고 지붕은 내려앉고 구운 어도비 벽돌은 무너져 본래 모습대로 흙으로 돌아가고 있었다.

키트 카슨은 밸버디를 잘 알았고 아마 싫어했을 것이다. 멕시코 전쟁 동안에 커니 장군을 만난 곳이 밸버디였으며, 여기서 장군이 막무가내로 카슨을 캘리포니아로 돌려보냈던 것이다. 이제 폐허가 된 이 마을이 카슨의 삶에서 다시 중요한 자취를 남기려는 참이다. 이번에는 카슨이 주인공이 되어 남북전쟁의 서쪽 끝 전장인 이곳에 선 것이다.

2월 21일 춥고 흐린 아침, 텍사스인들은 메사 뒤쪽에 쳤던 천막을 걷고 밸버디를 향해 진군했다. 시블리 장군은 그때 지휘를 할 수 있는 상황이 아니었다. 또다시 '복통' 혹은 숙취가 시작되어 병상에 누운 것이다. 텍사스인들은 이렇게 절박한 순간에 장군이 아무 쓸모가 없는 것을 보고 분개했다. 어떤 사람은 시블리를 "파렴치한 겁쟁이이며 남부연합의 수치"라고 했다.

시블리의 부관 톰 그린 대령이 사태를 수습해야 했다. 전투가 임박했음을 감지한 그린은 부하들을 독려했다. "여기에서 무너지려고 이렇게 먼 길을 온 것이 아니다. 이기거나 아니면 전장에서 죽어야 한다!"[34]

아침 8시 텍사스 선봉대가 밸버디 동쪽 강둑을 선점했다. 곧 크레이그 요새에서 북군이 서쪽 강둑에 도착해 남군이 여울을 차지하지 못하게 막으려 했다. 열띤 화포 공격이 시작되었다. 북군이 우세한 것 같았다. 북군 가운데는 알릭잰더 매크레이 대위라는 사람이 있었는데 건장한 포병으로 노스캐롤라이나 출신이지만 "주州가 아니라 국가에 충성을 바쳤다"[35]고 밸버디 역사가 존 테일러는 전한다. 매크레이의 6연발 곡사포 포대가 강 건너 텍사스 진지를 두들겼고 포탄이 남군 포대 주변의 바싹 마른 그라마 풀에 불을 붙였다. 늦은 오전 오락가락하는 눈발 속에서 싸우며 북군 부대는 얼음처럼 차가운 강을 건너 동쪽 숲까지 적을 몰고 갔다.

미루나무에 뜨거운 포탄이 박혔다. 텍사스인들은 북군의 공격을 막아낼 수 있었으나 사상자도 상당히 발생했다. 어떤 북군 군인의 말에 따르면 "기병대가 완전히 무너졌고 말과 군인들이 들판에 쓰러져 죽어갔다." 북군은 남군의 12파운드 대포를 빼앗았다. "카우보이 스타일로" 올가미로 붙들어 북군 포대로 끌고 왔다. 텍사스인 하나는 입에 상처를 입자 칼을 꺼내 "너덜너덜하게 달려 있는" 자기 혀를 스스로 잘라냈다.[36]

상황이 급박해지자 텍사스 창병 중대가 북군 진지를 공격하기로 했다. 2.7미터짜리 기다란 장대에 30센티미터짜리 날을 꽂고 축제에 쓰는 것 같은 붉은 삼각기까지 단 창을 든 장려한 기병 부대였다. 삼각기를 단 이유는 창에 찔린 적의 "피를 빨아들이기" 위해서라고 했다. 이들 기병들은 멕시코 전쟁 동안에 창병이 얼마나 놀라운 위력을 발휘했는가를 보고 창술을 특별히 연마했다. 이들은 말을 타고 전에 강이 흘렀던 강바닥에 숨어 전투 준비를 했다. 나팔 소리가 울리고, 50명이 넘는 현대의 기사들이 모래 강둑 아래에서부터 느닷없이 뛰쳐나와 300미터 떨어진 곳에 있는 북군 보병대를 향해 돌진했다.

연방군은 텍사스인들이 100미터 거리 앞에 다가올 때까지 차분히 기다렸다. 그때 장교 한 사람이 외쳤다. "텍사스인들이다! 뜨거운 맛을 보여 줘라!" 북군은 일제사격을 한 차례, 두 차례 퍼부어 달려드는 창병을 풀 베듯 쓰러뜨렸다. 곧 전장에 말과 사람이 뒤엉킨 채 피를 흘렸다. 북군 참전병 한 사람은 이렇게 적었다. "텍사스인들이 쓰러지는 모습이 재미있었다. 긴 창을 높이 든 사나운 자들이 다가왔다. 그러나 우리 쪽으로 오는 사이에 우리는 재장전했고 한바탕 퍼부었다. 두 번째 일제사격 뒤에는 남은 사람이 몇 없었다. 한 사람은 달아났다. 다른 사람들은 총알을 맞거나 총검에 찔렸다."

단 몇 분 동안이었으나 텍사스인의 공격은 (남북전쟁에서 유일한 창 공격으로 알려져 있다) 처참한 살육으로 끝났다. 기병 50명 전부가 죽거나 부상당했다. 텍사스인들은 후에 이 교전을 신화화했다. 그린 대령은 "전투 역사상 가장 용감하고 맹렬한 돌격이었다"[37]고 했다. 그러나 살아남은 창병들은 신식 화포 앞에서 자기들의 무기가 무력하다는 걸 깨달았다. 이들은 화도 나고 수치스럽기도 해서 한때 아꼈던 창을 모두 모아 불을 붙였다. 그러고는 총으로 다시 무장했다.

*

키트 카슨 대령은 오전 중반에 밸버디에서 소모적인 총격전이 벌어졌다는 소식을 듣고 자원병들을 이끌고 11킬로미터 거리에 있는 여울로 달려가 명령을 기다렸다. 카슨은 자기 부대가 리오그란데 서쪽 강둑에서 기다리는 편이 좋겠다고 생각했다. 그는 풋내기 병사들이 전투 지역에서 약간 떨어진 곳에 머무르며 상대적으로 차분한 상태에서 교전을 관찰할 수 있으면 싸워야 할 때 겁을 먹고 달아나는 일이 줄어들 것이라고 캔비에게 말했다. 캔비도 그 말에 일리가 있다고 생각했다. 그래서 카슨은 한 시간 동안 부하들과 함께 서쪽 강둑에 머무르며 지켜보았다.

강 동쪽에서는 총격전이 정오를 넘어 계속되었다. 북군은 오전의 기세를 잃은 것 같았고 한동안 전투가 교착 상태에 머물렀다. 그때 캔비가 전세를 뒤집을 계획을 생각해냈다. 알렉잰더 매크레이의 포대를 왼쪽 돌쩌귀로 삼아 병력 대부분을 오른쪽으로 이동시켜 거대한 문을 닫듯이 남군을 가두어 종사縱射 포격을 하겠다는 전략이었다.

캔비는 카슨에게 이 '문'의 오른쪽 중심 역할을 하기 위해 강을 건너와 전투에 적극적으로 참가하라고 명령했다. 강 건너 동떨어진 곳에서 기다린 작전이 효과가 있는 듯했다. 전장 이곳저곳에 있는 여러 자원병 부대 및 민병대와 달리 카슨의 부하들은 이미 정신적으로 전투에 빠져 있었고 자기들 차례가 되었을 때 꽁무니를 빼지 않았다. 카슨은 500미터 정도 전진했고 계획대로 오른쪽으로 방향을 돌렸다. 그러면서 텍사스인들이 북군의 24파운드 곡사포를 손에 넣기 위해 감행한 일제 돌격을 성공적으로 막아냈다. 카슨은 이 교전을 이렇게 표현했다. "적 부대 선봉이 오른쪽으로 70미터 거리에 왔을 때 우리 종대가 일제사격을 퍼부어 적을 사방으로 흩어놓았다. 동시에 24파운드 대포알이 그들 가운데 떨어져 최후의 일격을 가했다."

그러는 동안 카슨은 차분하고 흔들림이 없었다. 캔비는 공식 보고서에서 카슨의 "열의와 정력"을 칭찬했다. 카슨은 자원병 대열 앞뒤로 움직이며 소리쳤다. "피르메, 무차초스, 피르메Firme, muchachos, firme(침착하게, 제군들, 침착하게)." 자원병들은 카슨의 기대에 훌륭하게 부응했다. 종대가

"언덕 근처에 있는 숲을 쓸어버리러 계속 나아갔다"고 카슨은 말했다. 캔비가 바란 대로 종사 위치가 되었다. 길게 늘어선 적의 대열에 치명적인 포격을 퍼부을 수 있는 위치에 온 것이다. 카슨의 부대에 속해 있던 라파엘 차콘 대위는 나중에 이렇게 적었다. 자원병들이 "용기백배하여 싸웠고 피와 불길 속에서 미친 듯이 적을 몰아냈다…… 적이 달아났고 언덕에서 사라졌다."**38**

그러나 왼쪽에서는 북군들이 공포에 사로잡혀 허둥지둥했다. 톰 그린과 텍사스인들이 전투의 함성을 지르며 알릭잰더 매크레이의 포대를 공격한 것이다. 1,000명이 넘는 남군 보병이 "맹렬한 열기" 속에서 돌격했다. 광란의 질주였다. 반란군들은 나중에 누군가가 말했듯 "쏟아지는 화포가 우리 모두를 한 사람도 남김없이 죽일 것"이라는 생각을 하며 무작정 돌진했다.

물론 북군의 첫 공격도 엄청났다. 남군 장교 한 사람은 자기 부하들이 "포도탄과 머스킷 총탄의 폭풍 속으로" 달려 들어갔다고 회상했다. 그러나 북군은 남군의 분노의 맹습에 대비할 준비가 되어 있지 않았고 뉴멕시코 자원병들은 마른 강바닥 뒤에 숨은 남군 대포에서 날아오는 '밥맛없는 산탄' 앞에서 주춤했다. 텍사스인들의 2차 돌격, 뒤이은 3차 돌격에 전열이 무너지고 여러 부대가 강 쪽으로 달아났다. 북군 병사 한 사람은 이렇게 불평했다. "포화가 쏟아지는 속에서도 적들은 미친 듯이 결연하게 우리 쪽으로 달려왔다(텍사스인들은 나중에 그들이 '미친 듯이 결연'했던 것은 목이 너무 말랐기 때문임을 인정했다. 많은 사람들이 갈증으로 죽을 지경이었고 목숨을 걸고라도 강으로 가려 했던 것이다)."

맹렬한 포화 속에서 북군 사상자가 늘어갔다. 캔비가 전황을 점검하고 불이 붙지 않은 시가를 씹는 동안 그가 타고 있던 사랑하는 전투마 올드 채스가 총에 맞았다.

매크레이의 6연발 포좌에 있던 군인들이 최대한 막으려 애썼으나 결국 텍사스인들이 포대까지 오고 말았다. 열띤 백병전이 벌어졌다. 반군은 수렵용 칼, 총 개머리판, 권총을 가지고 덤벼 곧 북군 포대를 압도했다. 매크레이 대위는 대포를 지키려다가 죽고 말았다. 어떤 기록에 따르면 매크레이와 텍사스인이 곡사포를 두고 싸우다가 동시에 죽어 두 사람의 피가 "포신 위에서 섞였다"고 한다. 머리가 빨리 돌아가는 어떤 북군 포병은 대포를 빼앗기는 걸 막을 수가 없다는 것을 깨닫고 텍사스인들에게 포탄 더미는 빼앗기지 않으려고 자기 탄약 상자에 불을 붙여 탄약을 (그리고 그 주변에 있던 모든 사람을) 산산조각 내버렸다.

　　캔비는 자기 말 시체 옆에 멍하니 서서 점점 깊어지는 우울함 속에서 전세를 지켜보았다. 최고의 포대가 적에게 둘러싸인 것을 알았다. 아마 가까스로 죽음을 면해 간이 콩알만 해졌기 때문인지, 지나친 위험을 무릅썼다는 생각이 들었다(당대의 기록을 보면 캔비가 나중에 "부상병들을 돌아보고 눈물을 흘렸다"고 한다. 평생을 전장에서 보낸 야전사령관치고 캔비는 자기 사상병을 보고 특이할 정도로 민감한 반응을 보였다). 5시쯤 캔비는 총퇴각을 명령한다. 서쪽 강변으로 건너가 황급히 크레이그 요새로 돌아가라는 명령이었다.

　　키트 카슨과 자원병들은 캔비의 명령에 아연실색했다. 북군의 오른편에서 싸우던 그들이 보기에는 전세가 유리했던 것이다. 이들은 승리가 눈앞에 있다고 느꼈다. 카슨과 함께 싸우던 라파엘 차콘 대위는 "퇴각하라는 신호를 이해할 수가 없었다. 우리는 적지를 뚫었고 우리의 공격으로 전투에 승리했다고 생각했다."[39]

　　그러나 명령은 명령인지라 카슨은 군사를 다시 강으로 불러들였고 질서정연하게 강을 건널 수 있도록 살폈다. 자원병들이 허우적거리며 강을 건너는 동안 텍사스인들이 "우리 대포로 우리에게 포탄을 뿌렸다. 그러나 사정거리가 짧아 피해는 없었다"고 차콘은 기억했다.

강 다른 쪽에서는 북군이 허둥지둥 달아나듯 퇴각하고 있었다. "사람이라기보다는 겁에 질린 야생마 떼 같았다"고 그 광경을 지켜본 텍사스인은 말했다. "우리는 강둑으로 올라가 적에게 맹렬한 포화를 뿌렸다. 강에서 죽은 사람 수는 엄청났다. 산탄총을 쏘기 시작했고 엄청난 사상자를 냈다." 어찌나 많은 북군 병사가 총에 맞고 강에 쓰러졌는지, 남군 한 사람은 이렇게 표현했다. "리오그란데가 양키의 피로 물들었다."

그랬음에도 불구하고 해가 지자 목이 탄 텍사스인들은 강으로 내려와 갈증이 풀릴 때까지 물을 마셨다.

38. 글로리에타 전투

　　이튿날 아침, 싸늘한 겨울 해가 고원 위로 떠올라 시체가 널브러진 사막의 전장을 비추었다. 차가운 갈색 강 양쪽에 사람과 짐승의 시체가 뒤섞여 있었다. 사망자를 매장하기 위해 휴전을 선언했다. 고요한 아침, 부상자의 비명소리가 강 위아래에서 들렸고 군의관들이 들판에서 부지런히 움직였다.

　　밸버디에서 벌어진 하루 동안의 전투는 남군의 승리로 끝났다. 적어도 전술적으로는 그랬다. 그들이 뜻한 대로 캔비를 요새에서 끌어내 전투를 벌인 것이다. 연방군을 전장에서 몰아냈고 늦은 오후 필사적인 돌격을 감행해 알릭잰더 매크레이의 포대에서 대포 여섯 대를 모두 탈취했다. 전투 와중에 발생한 사상자도 남부연합이 적었다. 캔비 군은 사망, 부상, 실종자가 263명이라고 보고했으나 시블리 군은 다 합해 200명 정도였다.

　　그러나 시블리 군은 가장 중요한 전략적 목표를 달성하지 못했다. 크레이그 요새를 손에 넣지 못했던 것이다. 캔비 병력은 다시 안전하게 방벽 뒤에 들어앉았고 탄약고와 식량이 가득한 창고도 그대로라 훗날을 기약할 수 있었다. 북군은 의약품도 풍부했고 몸을 데울 땔감도 넉넉했고 몇 달을 버틸 수 있을 만큼의 식량이 있었다.

　　전날 밤에만 해도 몇몇 군인들이 수치스럽게 전장을 떠났다며 캔비를 변절자라고 비난했다. 면전에서 그렇게 말하는 사람도 있었다. 그러나 아침이 되어 정신이 명료해지자 캔비가 후퇴를 명령한 이유가 와닿기 시작했다. 때맞추어 서둘러 요새로 돌아오지 않았다면 매크레이의 포대 공격에 성공해 사기충천한 텍사스인들이 연방군을 앞질러 요새로 쳐들어올 수도 있었던 것이다. 캔비의 보수적인 태도가 비난을 받기도 했지만 결국 성과가 있었던 셈이다. 캔비는 크레이그 요새를 수비하기 위해 불리한 상황에서 전장을 떠났다. 실제로 의미 있는 가장 중요한 목표물은 크레이그 요새이기 때문이다.

강가에서 야영하는 '승리한' 남군은 굶주리고 춥고 탄약도 거의 다 떨어졌다. 게다가 말도 심각하게 부족했다. 패디 그레이든의 자살폭탄 공격이 유발한 궤주, 대실패로 끝난 창기병 공격, 전투 도중에 발생한 기병 사상 등으로 텍사스인들은 모두 350마리의 말과 노새를 잃었다. 전투 전에 남군은 대부분이 기병이었다. 텍사스인들은 자기들의 마술을 특히 긍지로 여겼다. 그러나 거의 하룻밤 사이에 시블리의 기병대는 실질적으로 보병대로 바뀌어 있었다.

그래도 텍사스인들은 밸버디 승리로 사기가 높았고 작전 완수를 낙관했다. 시블리의 장교 한 사람은 이렇게 말했다. "군인들과 말을 먹일 수만 있다면 우리가 뉴멕시코를 정복하리란 것은 의심할 바가 없다. 우리는 곧 이 지역에서 남부의 신념을 실현할 것이다."[40]

좀처럼 모습을 드러내지 않는 시블리 장군도 그날 아침 병상에서 나와 자기가 지휘하지 못했던 용감한 부대의 승리를 축하했다. 부하들은 사령관이 너무나 비겁한 것에 당혹해했고 열띤 전투의 현장에서 쏙 빠져 있었던 것에 분개했다. 사람들은 목소리를 낮춰 시블리 같은 루이지애나 사람이 아니라 진짜 텍사스인이 작전 지휘를 해야 한다고들 수군댔다. 시블리가 오랜 친구 캔비와 공모해서 일부러 전투에서 져주는 게 아니냐고 비난하는 사람도 있었다. 누군가는 이렇게 말했다. "그에게 지휘권을 맡겨서는 절대로 안 되는 일이었다. 그는 '존 발리 콘(술을 의인화해서 부르는 말 – 옮긴이)'과 친분이 너무 두텁다."[41]

시블리는 숙취에서 깨어난 뒤 우스꽝스러운 일을 한 건 했다. 백기를 든 부관을 보내 캔비 대령에게 저항을 그만두고 요새를 내놓으라고 요구한 것이다. 두터운 방벽 뒤에 무장도 잘되어 있고 식량도 넉넉한 북군 3,500명이 버티고 있는 상황에서 말이다. 시블리는 전투로 요새를 빼앗을 수 없다면 옛 친구 캔비가 아마도 그냥 내어주지 않을까 하는 허황된 생각을 했던 모양이다. 캔비는 정중하면서도 단호하게 거절했다.

시블리는 분개하는 척하며 기진맥진한 병력을 규합하여 강을 따라 앨버커키로 진군했다. 크레이그 요새에서 더 멀어진 것이다. 쇠똥을 연료로 쓰며 북쪽으로 나아가면서 굶주린 군대는 리오그란데를 따라 있는 조그만 마을을 집어삼키고 식량을 깡그리 쓸어갔다. 마침내 반란군은 우호적인 주민들의 지원 가운데 "현지에서 식량을 조달"한다는 원래의 (순진하기 짝이 없는) 계획을 저버렸다. 이제 이들은 노략질하는 부대가 되었다.

시블리는 앨버커키가 북군의 주요 보급처라는 것을 알았다. 그래서 탄약과 식량이 가득한 "약속의 땅"에 곧 도달할 것이라고 부하들을 독려했다. 그러나 앨버커키 외곽에 다다랐을 때 시블리는 세 개의 거대한 연기기둥이 읍내 위로 솟는 것을 보고 풀이 죽었다. 캔비가 빠른 말로 전령을 앞서 보내 북군 병참 장교에게 앨버커키 병참이 반란 손에 들어가게 하느니 차라리 불에 태우라고 지시한 것이다.

앨버커키는 이미 유령 마을이 되어 있었다. 주민 대부분은 북군의 공격을 피하기 위해 언덕으로 도망갔다. 남편이 자원병들을 훈련시키는 동안 앨버커키에 머물고 있던 호세파 카슨은 아이들과 하인들을 데리고 타오스로 몸을 피했다. 그녀는 타오스에 가서 물건과 재산을 감춰두었다. 몇

466

해 뒤 셔먼이 현지조달을 해가며 '바다를 향한 행군(1864년 남북전쟁 때 북군 윌리엄 티컴서 셔먼 소장이 조지아 주에서 벌인 서배너 작전을 부르는 말 ―옮긴이)'을 할 때 조지아 여자들이 그렇게 했듯이. 카슨의 아들 키트 주니어는 몇 해 뒤 자기 어머니가 "귀중품을 어릴 때부터 키워온 신실한 나바호 하녀의 옷가지에 숨겼다"(아마 마리아 돌로레스일 것이다)고 회상했다.

시블리의 부하들은 당당하게 앨버커키에 입성했고 북군 병참을 차지하지 못해 실망하기는 했으나 거기에 굴하지 않고, 불안해하는 마을 사람들에게 필요한 것을 구걸하거나 빌리거나 강탈했다. 이곳 점령이 장기적으로 성공하려면 반드시 주민들의 지지를 얻어야 하는데 게걸스러운 군인들은 주민들을 공포로 몰아넣고 있었다. 이 사실을 어렴풋이 인지한 시블리는 뉴멕시코 사람들에게 용서이자 동시에 위협을 담은 선언문을 공포했다. "북군에 자원한 사람들은 교활한 관리들에게 속은 것이다. 그러나 2월 21일 밸버디에서 우리가 얻은 대승리는 우리의 힘과 능력을 입증한다."[42] 그는 더 나아가 "무기를 버린 시민, 또는 앞으로 열흘 안에 무기를 버리는 시민은 모두 불문곡직하고 전적으로 사면한다. 믿음을 갖고 집으로 일터로 돌아오고 뒷일은 염려하지 말라"고 덧붙였다.

반군은 주도로 빠르게 나아갔다. 3월 13일 눈 내리는 날 시블리 부대는 샌타페이에 무혈 입성했고 광장에 별과 막대기로 이루어진 남군 깃발과 텍사스 깃발을 올렸다. 앨버커키처럼 샌타페이도 거의 비어 있었다. 히스패닉 주민들은 텍사스인들과 뒤얽힐 것이 두려워 이미 몸을 피한 상태였다. 캔비의 아내 루이자 호킨스 캔비를 비롯한 북군의 아내들 대부분만이 전쟁이 발발하자 부상병 치료를 거들기 위해 샌타페이에 머물고 있었다. 그러나 지역 정부는 110킬로미터 동쪽에 있는 라스베이거스로 본거지를 옮겼다(커니 장군이 1846년 뉴멕시코에 들어와 지붕 위에서 연설을 한 바로 그 작은 고원 마을이다).

샌타페이를 점령하자 군대의 사기가 높아졌다. 텍사스인들이 몇 세대 동안 탐내오던 목표물을 손에 넣은 것이다. 그러나 굶주림을 달래는 데는 별 도움이 되지 못했다. 반란군은 마시 요새에 있던 북군 보급품 대부분이 못쓰게 되었고 나머지는 라스베이거스 너머 샌타페이 통로를 따라 40킬로미터 거리에 있는 유니언 요새로 옮겨졌다는 것을 알고 낙담했다. 남군의 침략에 대비해 북군은 뉴멕시코 북동부 평원 가장자리에 있는 유니언 요새의 방비를 강화했다. 새로 강화된 요새에 주둔한 장교 한 사람은 유니언 요새가 난공불락이라고 생각했고 "텍사스 전체가 다 덤벼도 뺏을 수 없다!"고 자신했다.

시블리 군대는 두 채의 고립된 요새 사이에 갇혔다. 남쪽에는 크레이그 요새, 동쪽에는 유니언 요새가 있었다. 시블리는 이 두 요새가 단단히 쥐고 있는 보급품을 차지하지 않고는 이 지역을 제대로 점령할 수도 콜로라도의 금광으로 진군할 수도 없다는 걸 알았다. 뉴멕시코를 점령하겠다는 원대한 계획은 눈부시게 실현되고 있는 듯했다. 무엇보다도 주도를 함락했고, 전투에 패한 적도 없다. 그러나 시블리 군대는 안에서부터 말라들어가고 있었다.

캔비도 그걸 알았다. 캔비 대령은 샌타페이에서 240킬로미터나 떨어진 크레이그 요새에 들어앉아 여전히 꿈쩍 않고 있었다. 캔비는 이 지역 수비전이 소모전으로 돌아선 것에 만족했다. 캔비의 계획은 단순한 만큼 잔인했다. 크레이그 요새에 계속 머물러 있겠다는 계획이었다. 크레이그 요새는 텍사스에서 이어지는 남군의 보급선을 차단할 수 있도록 전략적 요충지에 배치한 요새였다. 이곳에서 캔비는 침략군이 샌타페이에서 승리의 겉껍질이나 빨아 먹도록 내버려둘 것이다. 그러는 동안 남군은 천천히, 그러나 틀림없이 굶주려 갈 것이다. 간헐적으로 캔비는 게릴라 부대를 파견해 시블리의 진군을 막고 측면을 공략할 것이다. 그러나 카슨의 부대를 비롯한 대부분의 병력은 안에 붙들어놓고 기다릴 참이었다.

그러는 한편 캔비는 멀고 먼 캘리포니아와 덴버에 지원군을 요청했다. 덴버에서는 북군 지지자들이 1859년 파익스 봉 골드러시 때 콜로라도로 물밀듯이 몰려간 광부들로 이루어진 상당한 규모의 자원병 부대를 모집했다. 캔비는 오합지졸 지원군('파익스 봉 사람들'이라고 불렸다)이 3월 중순에 유니언 요새에 도착하리라고 예측했다. 이들이 도착하면 캔비는 마침내 크레이그 요새에서 나와 콜로라도인들과 합세하여 기운이 빠져 있을 시블리 군대를 이 지역에서 완전히 몰아낼 계획이었다.

*

콜로라도 자원병들이 오고 있었다. 그것도 기록적인 속도로 오고 있었다. 이들이 덴버 시에서부터 휘몰아치는 눈보라 속에서 평원과 산길을 지나 640킬로미터에 달하는 길을 이동한 것은 남북전쟁에서 가장 두드러지는 장거리 이동으로 꼽힌다.

거의 1,000명 정도 되는 콜로라도인들은 북군이 밸버디에서 패전했다는 소식을 들었을 때 이미 뉴멕시코를 향해 오는 길이었다. 그 소식을 듣고 원래도 빨랐던 속도가 하루에 64킬로미터로 더욱 빨라졌다. 뒤이어 반군이 앨버커키를, 또 샌타페이까지 점령했다는 소식이 들렸다. 속도는 더 빨라졌다. 콜로라도인들은 무슨 수를 써서라도 텍사스인들보다 먼저 유니언 요새에 도착해야 한다는 걸 알았다. 그래서 파익스 봉 사람들은 밤낮을 가리지 않고 행군했다. 신발이 닳아 없어지고 짐말이 지쳐 마구를 쓴 채로 쓰러질 때까지 나아갔다. 행군의 끝 무렵, 한 일병의 말을 빌리면 "속도에 날개를 달기 위해" 자원병들은 불필요한 물건을 모두 버렸다. 이들의 속도는 정말 놀랄 만했다. 36시간 동안 쉬지 않고 148킬로미터를 가기도 했다.

이 전력질주를 이끌던 장교 가운데 존 밀턴 시빙턴 소령이 있었다. 곧 미국 서부에서 가장 악명 높은 사람이 될 대단한 사람이었다. 오하이오 출신으로 마흔 살이던 시빙턴은 일종의 근육적 기독교(빅토리아 시대 열정적인 행동주의와 정력적인 남성성을 강조한 기독교 운동 옮긴이)를 표방하는 감리교 목사였다. 말코손바닥사슴 수컷 같은 체구를 가진 그는 거의 195센티미터에 달하는 키에 몸무게가 120킬로그램이나 나갔다. 그를 잘 아는 군인 한 사람은 목이 굵고 가슴이 나무통 같은 시빙턴이야말로 군복이 가장 완벽하게 어울리는 인물이라고 말했다. 살이 늘어진 얼굴에 씨앗처럼 단단해 보이는 눈에서는 야망에 대한 갈망이 엿보였다.

시빙턴은 능력도 있고 지력도 있고 결단력도 있고 정력도 있었다. 또 확고한 노예 폐지론자로 탈출 노예 비밀 지원 조직을 적극적으로 후원하며 북군의 대의에 깊이 헌신했다. 용기도 넘칠 정도로 많았다. 한 전기 작가는 시빙턴이 "공포라는 감정은 전혀 몰랐다"고 적었다. 그러나 이 사람한테는 무언가 약간 "정상이 아닌" 데가 있었다. 광신자처럼 융통성이 없고 타협을 모르고 깔끔하고 극단적인 해법을 너무 쉽게 받아들였다. 그는 사람들을 짜증나게 만들었다. 시빙턴 목사는 캔자스에서 인디언들을 상대로 선교 활동을 하다가 1860년 콜로라도에 오자마자 산지의 광부 숙소 도처에서 발견한 악을 청소하는 일에 나섰다. 시빙턴은 호통치고 비난하고 실명을 거론하고 손가락질을 해댔고 유곽과 도박장에 비난의 눈초리를 보냈다. 난폭하고 무법천지인 서부를 돌아다니는 '순회 목사' 노릇을 하다 보니 자기 스스로를 목사일 뿐 아니라 악행을 근절하는 경관, 하느님의 뜻을 실행하는 사람으로 생각하게 되었다.

한번은 네브래스카 시에 있을 때, 버려진 교회에 문을 연 명백히 합법적인 술집의 술 저장고를 결딴낸 일이 있었다. 그걸 보고 어떤 사람이 충격을 받아 무슨 권한으로 다른 사람의 재산을 깡그리 없애냐고 묻자 시빙턴은 이렇게 대답했다. "전능하신 하느님의 권한으로!" 어떤 변경 개척지에서 마을 사람들이 화가 나서 그를 린치하려 한 일도 있었다. 그 뒤 일요일에 시빙턴은 권총 두 자루를 휘두르며 교회 설교단으로 밀고 올라갔다. 시빙턴은 권총을 흠정역 성서 옆에 두고는 선언했다. "하느님과 이 권총 두 자루의 은총으로, 오늘 이 자리에서 설교를 하겠소."[43]

이런 이야기를 들었으니 콜로라도 사람들은 시빙턴 가까이 가지 않으려 했다. 시빙턴에게서 성난 신의 뜨거운 입김을 느꼈다. 시빙턴을 좋아하지는 않더라도 적어도 두려워하고 존경하기는 했다. 시빙턴은 덴버와 프론트 산맥의 금광에서 고정 인물로 자리 잡았다. 시빙턴의 설교는 늘 지옥의 유황불을 중심으로 변주했고 목소리가 어찌나 우렁찬지 세 블록 떨어진 곳에서도 들렸다. 계속 순회하며 설교를 하는 한편 덴버에서 최초로 주일학교를 세웠다.

어딜 가든 사람들은 그를 '투쟁하는 목사'라고 불렀다.

콜로라도 준주 주지사가 1861년 북군 자원병을 모집하자 시빙턴은 바로 자원했다. 당연히 주지사는 그에게 군목 지위를 주었다. 그러나 시빙턴은 주저했다. 자기는 "기도하는 임무"가 아니라 "싸우는 임무"를 원한다는 것이었다. 그래서 그런 자리를 얻었다.

이제 투쟁하는 목사는 콜로라도 자원병 1대대 소령이 되어 말도 성격도 거친 광부 부대를 감시의 눈 아래 두고 이끌며 뉴멕시코로 달려가고 있었다.

콜로라도 자원병 전체 지휘관은 덴버 시 출신으로 완고하고 수염이 텁수룩한 법률가 존 포츠 슬라우였다. 시빙턴처럼 오하이오 태생이고 1857년 캔자스 주지사 자리에 지원했으나 낙마하고 콜로라도로 와서 광부들의 법정에서 판사로 일했다. 그는 걸출한 군인 집안의 후손이었다(독립전쟁 중에 그의 삼촌 가운데 한 사람은 조지 워싱턴 밑에서 대령으로 복무했다). 이런 내력 때문인지, 아니면 슬라우 자신은 군사 훈련이나 군복무 경험이 없기 때문인지, 사람들은 슬라우가 언제나 시비조이고 자기를 드러낼 기회를 만들기 위해 애쓴다고 느꼈다. 이유야 어찌 되었건 슬라우는 부하들과 잘 맞지 않았다. 군인들 대부분이 슬라우에게서 어쩐지 거리감을 느꼈고 폭력적이고 엄격한 군인이라고 보았다. 그냥 밥맛없어 하는 정도가 아니었다. 나중에 작전 중에 여러 차례 부하들이 그를 죽이려고 공모하기까지 했다.

3월 11일 얼어붙을 듯 추운 밤, 슬라우, 시빙턴 그리고 1,000명의 군인들이 유니언 요새 입구로 경쾌하게 진군해 들어왔다. 그곳을 불안하게 수비하던 소규모 뉴멕시코 자원병들은 안도의 한숨을 내쉬었다. 서부 남북전쟁 연구가 앨빈 조지피가 보기에 이들의 장거리 질주는 "서사시적인 업적"[44]이었다. 콜로라도 사람들은 13일 만에 무려 640킬로미터를 걸어온 것이다.

슬라우는 꾸물거리지 않고 바로 요새를 장악했다. 그때 요새 사령관은 웨스트포인트 출신의 경험 많은 대령이었는데 슬라우가 임명 절차의 애매한 허점 때문에 지위가 더 높은 것처럼 되어 있었다. 슬라우 대령은 유능한 선임자의 의견은 전혀 존중하지 않고 샌타페이로 진군해 적과 싸우겠다는 뜻을 밝혔다. 크레이그 요새에 있는 지위가 더 높은 캔비 대령의 명령과는 배치되는 생각이었다. 캔비는 자기가 두 연방군의 합류를 분명하게 지시할 때까지 콜로라도인들이 유니언 요새에 머물러 있기를 바랐다. 확실한 의사소통, 정확한 타이밍, 뚜렷한 명령체계가 필요한 복잡한 작전 행동을 펼칠 생각이었다.

그러나 슬라우는 자기가 먼저 영광을 누리고 싶은 충동을 억제할 수 없었다. 캔비의 분노를 돋우고 군법회의에 회부될 수도 있음에도 불구하고, 3월 22일 슬라우는 시빙턴과 부하들을 이끌고 요새를 떠나 샌타페이 통로를 따라 서쪽으로 진군했다.

*

샌타페이에 주둔하던 텍사스인들도 싸우고 싶어 몸이 근질근질했다. 첩자들이 연방군이 유니언 요새를 떠났음을 알려왔지만 다가오는 적군이 최근에 콜로라도에서 온 지원군이라는 사실은 몰랐다. 반군은 무장 상태가 빈약한 히스패닉 자원병을 상대로 쉬운 싸움을 하리라 기대했고 싸움에 열의가 없는 적군을 쉽게 무찌르고 나아가 유니언 요새를 점령할 수 있으리라 믿었다.

시블리 장군은 이번에도 지휘를 하지 않으려 했다. 또 한 번 전투를 피하는 재주를 부려 앨버커키의 본부에 남아 있었다. 대신 찰스 파이런 소령이 반군을 지휘했다. 파이런은 매우 공격적이고 현실적인 성향의 앨라배마 출신 군인으로 멕시코 전쟁에 참전했던 인물이다. 3월 24일, 텍사스인 400명으로 이루어진 파이런의 소규모 부대가 샌타페이를 출발해 곧 유명한 아파치 협곡에 들어섰다. 16년 전 마누엘 아르미호 총독이 커니 장군의 침략군에 대항하려 만 그곳이다.

3월 26일 서늘한 오후 협곡의 좁은 암벽 안에서 반군은 시빙턴 소령과 맞닥뜨렸다. 시빙턴은 400명가량의 보병과 기병을 이끌고 슬라우 병력의 전위대로 진군하던 참이었다.

샌타페이 통로의 오래된 마찻길에서 열띤 총격전이 벌어졌다. 콜로라도인들이 곧 우위를 점했다. 시빙턴은 쌍권총을 들고 앞서 나아갔다. 포대가 협곡 바닥에서 겨루는 동안 말에서 내린 양편 군인들이 가파른 암벽을 기어 올라가 바위와 피뇽 소나무 뒤에 자리를 잡았다. 서로 상대방보다 더 높은 위치를 차지하려고 했다. 콜로라도인의 진군을 막기 위해 텍사스인 들은 가파른 건곡 사이를 가로지르는 통나무 다리를 부서뜨렸다. 그러나 파익스 봉에서 온 사람들은 말에 박차를 가해 협곡을 뛰어넘었다.

늦은 오후 시빙턴 부하들은 반군을 협곡의 서쪽 입구 쪽으로 2.5킬로 미터 넘게 물리쳤다. 시빙턴의 명령에 따라 콜로라도인들은 칼을 빼들고 대담한 기병 돌격을 감행했다. 반군 한 사람은 그 모습을 보고 "날아드는 악마 떼처럼 보였다"고 했다. 한 텍사스인은 후일 아내에게 이런 편지를 써 보냈다. "마치 죽음을 향해 뛰어드는 것 같았어. 그렇지만 어떤 총과 칼 로도 막을 수가 없을 것 같더군. 우리가 양쪽에서 폭풍 속의 우박처럼 총 알을 쏟아 부었는데도 말이야."[45]

두 병력은 길 위에서 백병전을 벌였다. 북군이 텍사스인 포로를 어찌 나 많이 잡았는지 파이런 소령은 교전을 그만두고 후퇴해 지원을 구하기 로 했다.

협곡은 고요해졌다. 황혼이 판더로사 소나무 사이로 새어 들어올 때 시빙턴 소령과 부하들은 이곳에 남아 자기들이 이룬 조그만 전환점을 음 미할 수 있었다. 소규모 접전이었으나 서부 남북전쟁에서 북군 최초의 승 리를 이들이 아파치 협곡에서 이룬 것이다. 놀랍게도 이들은 반군 포로 71 명을 사로잡았고 나머지 텍사스인들을 전장에서 몰아냈다.

아파치 협곡의 전투는 더 큰 전투의 시작을 알리는 일제사격이자 날 카롭고 맹렬하게 목을 가다듬는 몸짓이었다. 북군이 이겼으나 그 반대의 결과가 나왔을 수도 있었다. 흥분 속에서 벌어진 교전이었고 신중한 캔비 라면 틀림없이 피했을 것이다. 실제로 며칠 뒤 전령을 통해 이 소식을 듣 고 캔비는 불같이 화를 냈다.

그러나 그날 전설이 탄생했다. 처음으로 참가한 전투에서 투쟁하는 목사는 대범하고 두려움을 모르는 지도자로 부상했다. 부하들은 존 시빙턴에게서 주일학교 교사답지 않은 모습을 발견했다. 한 사람은 시빙턴을 이렇게 묘사했다. "전투 중에 그는 전쟁의 화신 같았다. 가장 용감한 사람, 거인, 전장의 회오리바람이었고 군인들이 그를 사랑하게 만들고 죽음의 문턱까지 따라가게 만드는 독특한 자질을 지녔다."

*

이틀 뒤 텍사스 군인들과 콜로라도 군인들은 전열을 가다듬어 다시 충돌했다. 이번에는 동쪽으로 몇 킬로미터 이동한 곳에서 더 큰 규모로 맹렬하게 맞붙었다. 파이런의 소규모 분견대가 상관 윌리엄 스커리 대령의 병력과 규합했다. 스커리 대령은 멕시코 전쟁에 참전한 적이 있고 텍사스에서 법률가로 일했던 사람이다. 남군 병력은 이제 1,000명가량 되었다. 군수품을 실은 80대 정도 되는 짐마차를 협곡의 안전한 구석에 보관해두고 스커리는 북군을 맞으러 동쪽으로 나아갔다.

오전 늦게 스커리는 북군과 맞닥뜨렸다. 존 슬라우 대령이 지휘하는 군인 1,500명이 길을 따라 서쪽으로 오고 있었다. 전투는 글로리에타라고 불리는 소나무로 빽빽이 덮인 산길에서 벌어졌다. 샌타페이 통로에 속한 아름다운 길로 페코스 고대 유적에서 멀지 않은 곳이다. 진군나팔이 울려 퍼지고 바위투성이 들판에 매캐한 푸른 연기가 끓어오르고 포탄이 나무 꼭대기를 베어 쓰러뜨렸다. 아름다운 황록빛 황무지에서 잔혹한 전투가 종일 이어졌다. 남군이 슬라우 군을 몇 킬로미터 뒤로 몰아내 어도비 건물과 정착민의 목장 울타리가 있는 곳까지 밀고 갔다.

해질녘에도 싸움은 끝나지 않았다. 텍사스인들이 전장을 거의 차지했으나 콜로라도인들은 여전히 유니언 요새로 가는 길을 가로막고 버티고 있었다. 반군은 42명 사망, 61명 부상, 20명을 포로로 뺏겼다. 북군의 사상자 수는 이보다 약간 더 많았다.

　그날 가장 특기할 만한 일은 널리 미움받는 슬라우 대령을 향한 공격이었을 것이다. 전투의 열기 속에서 한 병사가 슬라우가 머나먼 후방에서만 맴도는 것에 역겨움을 느낀 나머지, 곡사포를 슬라우가 있는 쪽으로 돌려 발포한 사건이었다. 구릉이 온통 파편으로 뒤덮였으나 대령은 가까스로 목숨을 건졌다.

*

　양편 다 모르고 있었으나 사실상 글로리에타 전투는 전쟁을 종결시켰다. 뉴멕시코에서의 전쟁은 다 끝난 것이나 다름없었다. 양쪽의 야전사령관은 이 엄청난 사실을 그날 밤이 깊을 때까지 알지 못했다. 그리고 이들이 그 의미를 완전히 이해하려면 그 뒤로도 며칠이 더 걸릴 터였다.

　존 시빙턴이 이번에도 그 중심에 있었다.

　글로리에타 전투가 벌어진 날 아침, 동이 틀 무렵 시빙턴은 490명의 파견대와 함께 슬라우 대령에게서 떨어져 나왔다. 이들을 인도하는 안내인은 다름 아닌 마누엘 차베스였다. 그는 나바호 사냥꾼으로 이름을 알렸고 폰틀러로이 요새 학살을 주도한 일로 최근에 명색뿐인 징계를 받은 뒤 사면되었다. 조용히 산을 오르면서 차베스는 시빙턴 부대를 아파치 협곡으로 가는 지름길로 안내했다. 시빙턴은 적의 측면을 따라 몰래 나아가 후방에서 남군을 공격할 계획이었다. 오후 중반에 협곡 가장자리에 다다랐을 때 시빙턴 부대는 아래쪽으로 200미터 아래에 있는 골짜기를 내려다보았다. 남군이 오래된 목장을 차지하고 야영지로 삼은 곳이었다.

　"우리는 바로 적 위에 있습니다, 소령님."[46] 차베스가 속삭였다.

　시빙턴은 골짜기 바닥이 고요한 것에 놀랐다. 남군 막사는 완전히 버려진 것처럼 보였다. 스커리 부대는 전부 슬라우와 싸우러 동쪽으로 간 것이다.

그때 시빙턴은 쌍안경으로 무언가를 발견하고 군침을 흘렸다. 80대의 짐마차, 보급품을 가득 실은 남군 보급대가 바로 눈앞 협곡 아래에 고스란히 모여 있었던 것이다. 시빙턴은 이 광경이 도무지 믿기지 않았다. 이 귀중한 물건을 고작 100명 정도밖에 안 되는 군인들이 무심하게 지키고 있었다. 보급품을 지키는 군인 대부분은 앓거나 부상을 입은 상태였고 대포는 단 한 대뿐이었다. 그곳에서 멀지 않은 곳, 여기저기에 수백 마리의 말과 노새가 울 안에 갇혀 있었다. 협곡 암벽으로 둘러싸인 이곳에 남군의 희망과 꿈 전부가 모여 있었다. 반군이 유니언 요새뿐만 아니라 그 이상을 갈 수 있게 지탱해줄 식량, 탄약, 의약품, 담요, 그 밖의 온갖 필수품이 전부 여기에 있었다.

새로운 기회를 감지한 시빙턴은 계획을 급작스럽게 변경했다. 협곡으로 들어가 동쪽으로 가서 남군 후방을 공격하는 대신 남군에게 훨씬 더 큰 피해를 입힐 수 있는 일을 하기로 한 것이다. 이곳을 공격해 모조리 파괴할 것이다.

밧줄과 끈을 몸에 묶고 시빙턴의 부하들은 협곡 가장자리를 넘어 최대한 소리를 내지 않고 골짜기 아래로 내려갔다. 그러는 와중에 누군가가 바위를 떨어뜨렸고 조그만 산사태가 일어났다. 협곡에 있던 남군도 그 소리를 들었고 재빨리 한 대 있는 대포를 발포했다. 그러나 별 효력이 없었다. 시빙턴 군은 무사히 바닥에 다다랐고 대포를 빼앗아 화문을 막은 뒤 목장으로 쇄도해 들어갔다.

텍사스인들은 완전히 방심하고 있다가 급습을 당했다. 수백 명의 콜로라도 광부들이 메사 위에서 내려오는 모습을 보고 겁에 질린 남군은 대부분 달아났다. 나머지, 겨우 열일곱 명밖에 안 되는 군인들은 항복했다.

몇 분 만에 목장이 오롯이 북군 손에 들어왔다.

글로리에타 격전지로부터 땅을 흔드는 폭발 소리가 동쪽 멀리에서 울려 퍼졌다. 시빙턴은 교전이 얼마나 먼 곳에서 벌어지는지, 이쪽으로 오는 길인지 아닌지 알 수 없었다. 매복 가능성에 불안해진 시빙턴은 섬뜩한 명령을 내렸다. 스커리가 돌아오는 순간, 스커리의 전위대가 협곡에서 시야에 들어오는 순간 남군 포로 전부를 그 자리에서 총살하라는 명령이었다.

시빙턴의 부하 몇 명은 그 명령을 듣고 움찔했으나 시빙턴은 단호했다. 한 사람도 남김없이 죽여라.

텍사스 포로들도 그 명령을 들었고 두려움에 떨었다. 대부분은 아프거나 부상을 입었고 달아날 방도가 없었다. 남군 장교 한 사람은 시빙턴이 "인간적인 면은 모두 버렸다"[47]고 생각했다. 텍사스 군인 하비 홀콤은 무력한 포로들을 "개처럼 쏘아 죽이라"는 명령을 내린 시빙턴을 "비열한 겁쟁이"라고 생각했다.

시빙턴은 남군의 움직임을 살피기 위해 협곡에 감시병을 배치하고 눈앞의 주요 과제로 눈을 돌렸다. 남군 보급대를 파괴하는 일이었다. 부하들에게 80대의 짐마차를 가까이 모아놓고 모두 불에 태우라고 명령했다. 불길이 곧 타다닥 소리를 내며 타올랐고 굵고 검은 연기가 하늘 높이 솟아올랐다. 탄약 마차 하나가 열기 속에서 폭발하여 콜로라도인 한 사람이 중상을 입기도 했다. 어떤 것도 불길을 피하지 못했다. 천막, 밀가루, 성서, 마구, 침낭, 조리 도구, 커피, 옷, 연장, 위스키. 자기들 물건이 연기가 되어 날아가는 것을 보고 포로들의 희망도 무너졌다.

한편 시빙턴은 변태적인 즐거움을 느끼며 그 광경을 지켜보았다. 불길에서 뿜어 나오는 열기가 그의 얼굴을 붉게 물들였다. 이것은 장례용 모닥불이며 화장火葬이라고 그는 생각했을 것이다. 남군의 서부 계획이 모조리 잿더미로 변하고 있었다.

어떤 콜로라도 사람은 짐마차 행렬의 파괴를 좀 더 낭만적인 언어로 표현했다. "우리는 남군의 중추를 뚫었고 거기에서 생명의 피를 뽑아냈다."[48]

시빙턴은 곧 적군의 말과 노새로 고개를 돌렸다. 500~600마리가 목장 이곳저곳 울 안에 갇혀 있었다. 한순간도 망설임 없이 시빙턴은 부하들에게 말을 전부 죽이라고 명령한 뒤 탄환을 아껴야 하니 총검을 사용하라고 했다. 그 뒤 반시간 남짓 동안 협곡에는 겁에 질려 미친 듯 울부짖는 말들의 날카로운 울음소리, 칼에 찔린 짐승의 잦아드는 신음소리, 그리고 이 불쾌한 학살 임무에 도취된 사람들의 불안한 웃음소리가 울려 퍼졌다.

수기에서 시빙턴은 자기 부하들이 그날 1,100마리 짐승을 총검으로 죽였다고 뻐기듯 말했다. 과장된 숫자가 분명하다. 텍사스인들은 그 절반 정도라고 말한다. 시빙턴의 이런 과장은 그의 그릇된 오만함과 냉혹함을 그대로 보여주는 것이다.

텍사스인 포로들은 짐승들이 학살당하는 것을 보며 점점 더 큰 공포에 질렸다. 다음 차례는 자기들이라고 생각했다. 다행스럽게도 남군은 협곡에 나타나지 않았다. 만약 그랬다면 시빙턴은 틀림없이 사형을 집행했을 것이다.

*

남군은 무너졌다. 보급대가 완전히 파괴되어 이제 싸울 의지도 싸울 수단도 잃었다. 텍사스인들은 글로리에타 전장에서 후퇴하여 샌타페이에 다시 모여 대책을 의논했으나 뾰족한 수가 없었다.

글로리에타에서 생긴 부상병들이 샌타페이로 몰려왔다. 캔비 대령의 아내 루이자는 자기 집을 병원으로 바꾸었다. 루이자의 북군 친구들은 적군에게 자비를 베푼다며 비난했으나 루이자는 이렇게 말했을 뿐이다. "아군이건 적군이건 살릴 수 있는 사람은 살려야 해요. 다들 누군가 사랑하는 어머니의 자식일 테니." 텍사스 사람들은 루이자의 친절에 감동했다. 한 사람은 캔비 부인을 두고 이렇게 말했다. "기독교도 부인이 그녀의 남편이 잡은 남군보다 더 많은 남군 병사들의 마음을 사로잡았다."

시블리 장군이 사태를 온전히 파악하기까지는 일주일이 더 넘게 걸렸으나 이미 작전은 끝이 났다. 공식 군사 보고서에서 시블리는 처음에는 이 일을 최대한 좋게 포장하려 했다. 남군 상관에게 쾌활한 말투로 글로리에타의 전략적 성공을 거론하며 이렇게 적었다. "또다시 승리를 보고할 수 있게 되어 기쁘고 영광입니다." 그러나 편지 말미에서는 축소어법으로 구원 요청을 했다. "지원군이 필요합니다."

텍사스 주지사에게 보내는 편지는 훨씬 더 퉁명스럽다. "상황이 어려워졌습니다."[49] 그러나 시블리는 자존심 때문에 북군 때문에 상황이 어려워졌다는 사실은 인정하지 않았다. "적을 만날 때마다 무찔렀습니다. 그러나 이 척박한 땅이 우리를 쓰러뜨렸습니다"라고 주장했다. 시블리는 뉴멕시코를 혐오하며 "이 땅을 정복하느라고 우리가 쏟은 피와 부의 4분의 1 가치도 없는 땅"이라고 했다. 또한 "이 땅과 이곳 사람들에게 끈질기고 수그러들지 않는 염증을 느꼈다." 남부연합 치하의 서부라는 원대한 꿈은 사그라졌다.

시블리는 이미 뉴멕시코를 떠날 계획을 세우고 있었다. 그러나 그것은 후퇴가 아니라 "긴급 철수"라고 멋지게 표현했다.

한편 캔비는 활동을 개시했다. 4월 1일 1,200명의 병력을 이끌고 크레이그 요새를 나와 강을 따라 북쪽으로 갔다. 시블리가 뉴멕시코를 뜨기로 결심했다는 것은 모른 채 캔비는 콜로라도 자원병과 합세하여 시블리를 이 지역에서 몰아내려고 했다. 다만 키트 카슨과 뉴멕시코 자원병 10개

중대는 크레이그 요새에 남겨두었다. "최후까지" 이 요새를 사수하라는 말과 함께.

캔비는 복잡한 감정 속에서 북쪽으로 진군했다. 글로리에타 전투 승리 소식에 캔비는 안도하기도 하고 분개하기도 했다. 시빙턴의 공격으로 남군이 궁지에 몰린 것은 사실이었다. 그러나 슬라우 대령은 유니언 요새를 떠나지 말라는 캔비의 명령을 위반했다. 캔비는 슬라우 대령에게 여러 차례 성난 어조로 전문을 보내 콜로라도인의 성급한 행보로 지역 수비가 위험에 처했을 수도 있었다고 말했다. 어쩌면 캔비는 이미 시어진 포도 타령을 하고 있는 건지도 몰랐다. 슬라우와 파이크스 봉 광부들이 자기 것이 될 수 있었던 영광을 빼앗아 갔기 때문에 원망하는 것일 수도 있었다.

아무튼 캔비의 노한 편지를 받고 슬라우 대령은 자기가 군법회의에 회부되겠거니 하고 확신했다. 치욕스러운 일을 피하기 위해 슬라우는 퇴역하고 덴버로 달아났다. 시빙턴 소령이 슬라우를 대신해 콜로라도 1대대 사령관이 되었다(사실 슬라우가 퇴역한 데는 더 절박한 원인이 있었다. 글로리에타 전투에서 산탄을 맞을 뻔한 일이 있은 뒤 인기가 없는 대령은 부하들이 결국 자기를 죽이지 않을까 겁이 났던 것이다. 슬라우는 편지에서 이렇게 인정하기도 했다. "대령직에서 사임한 것은 군에 더 머물러 있다가는 암살을 당하지 않을까 생각했기 때문이오"[50]).

4월 9일 캔비는 앨버커키 외곽에 도달했고 무기력한 시블리 군이 얼마나 처절하게 굶주리고 있는지 실감할 수 있었다. 캔비는 앨버커키를 가볍게 공격하는 시늉을 했다. 그러나 이것은 시블리 군을 샌타페이에서 끌어내기 위한 책략이었다. 남군은 강가에 보관되어 있는 마지막 보급품을 지키러 올 수밖에 없기 때문이다. 계략이 들어맞았다. 시블리 군이 샌타페이를 완전히 비우고 앨버커키에 다다르자마자 캔비는 어두운 밤을 틈타 시빙턴과 콜로라도 1대대를 만나러 동쪽으로 빠져나갔다.

캔비는 리오그란데에서 한 발 물러나서 일부러 반군이 달아날 길을 열어준 것이다. 시블리는 그 뜻을 알아차렸고 4월 11일 남군은 남쪽으로 텍사스를 향해 나아갔다.

캔비는 콜로라도 부대와 합세하였으니 최후의 결전을 벌여 퇴각하는 시블리 부대를 쉽게 무찌를 수 있으리란 걸 알았다. 그러나 그러고 싶지 않았다. 캔비는 반군이 이 지역을 빠른 시간 안에 영원히 떠나기만을 바랐다. 또 전투를 벌이면 수백 명의 부상병 포로들이 생길 텐데 북군한테는 포로들을 먹일 여력도 수용할 막사도 없었다. 이 지역에는 그럴 만한 자원이 없었다.

그래서 캔비는 다시 전투를 벌이는 대신 시블리를 강을 따라 남쪽으로 "몰고" 가기로 했다. 시블리를 괴롭히고 불안하게 하고 잘 감시해서 이들이 최후의 발악을 하듯 카슨이 있는 크레이그 요새를 공격하지 않게 하려는 것이다. 시블리 군은 리오그란데 서안을 따라 행군했고 캔비는 동안을 따라 갔다. 160킬로미터가량 되는 길을 긴장감이 감도는 상태에서 어색하게 두 군대가 나란히 붙어 나아갔다. 밤마다 강을 사이에 두고 나란히 야영을 했다. 어찌나 가까운지 상대편이 부르는 노래와 소란 피우는 소리까지 들렸고 저녁식사 냄새도 맡을 수 있었다. 한 텍사스인은 이렇게 가까이에서 적이 피운 모닥불을 보는 것이 "대단하기도 하고 끔찍하기도 했다"고 했다.

캔비의 부하 대부분은 싸우지도 못하고 적을 몰고 가는 이런 불명예스러운 임무를 달가워하지 않았다. 콜로라도인 하나는 대령의 전략이 너무 인정 많다고 조롱했다. "우리는 불공정하게 텍사스인들의 약점을 이용하고 싶지는 않았다. 기사도에 어긋나는 일이다. 다만 저들이 우리의 허점을 노리지 않도록 하느님이 살펴주시길."[51]

4월 중순 시블리는 크레이그 요새 가까이에 오자 서쪽으로 160킬로미터를 돌아 말라붙은 산지로 가기로 결정을 내렸다. 카슨의 주둔군과 교전을 벌일 위험을 피하기 위해서였다. 어느 날 밤 텍사스인들은 몰래 마지막으로 불필요한 물건을 모두 불에 태우고 땅에 묻은 다음 사막 깊이 사라졌다.

이튿날 아침 캔비는 강 건너 텍사스인들이 야영지를 떠났고 아직도 모닥불이 희미한 연기를 내며 타는 것을 보고 깜짝 놀랐다. 캔비는 척후병을 보내 이들을 따라 산지로 가게 했는데 척후가 전한 보고는 암울했다. 사정없이 내리쬐는 태양 아래에서 텍사스인들은 갈증과 질병으로 죽어가고 있었다. 이들이 지나간 길에는 벗어놓은 옷가지, 망가진 마차, 버려진 무기, 짐승과 인간의 시체, 그리고 늑대에게 반쯤 잡아먹힌 군인들의 유골과 사지가 널려 있었다. 치욕스러운 행군이 이어졌고 한 텍사스인이 말하듯 "저마다 자기 목숨 보존하기에 바빴다." 원정을 시작한 이래로 텍사스군의 수는 거의 3분의 1이 줄었다. 작년에 샌안토니오에서 출발한 3,500명 가운데 500명 이상이 전투나 질병으로 죽었고 500명은 탈영하거나 항복했다.

시블리는 병상자 수송 마차에 타고 있었다. 이 지역을 떠나가던 남부 지지자 아내들을 접대한다고 또 술을 마신 것이었다. 장군은 모든 것을 잃었고 수치심마저 잃은 듯했다. 텍사스 오스틴에서 발간되는 한 일간지에는 이런 글이 실렸다. "시블리는 황무지에서 허깨비를 쫓고 있었다."[52] 시블리의 작전은 아수라장이 되었고 명성은 실추되었으며 미래는 불투명하고 부하들은 노골적으로 그를 혐오했다.

딱한 광경이었다. 어찌나 딱했던지 콜로라도인들 가운데에도 다시는 뉴멕시코에 발을 들여놓지 못하게 될 적을 가엾게 여기는 사람이 있었다.

가엾은 자들! 이곳의 기후와 미국 연방군이 이들을 딱하게 파멸시켰다. 그들은 처음에 크레이그 요새를 공격했던 병력의 겨우 3분의 1 남짓밖에 안 되는 수를 이끌고 산지로 달아나고 있다. 많은 이들이 땅에 누워 단잠에 빠졌다. 이들의 잘못도 함께 묻히기를. 잘못을 저질렀다 하더라도 이들은 우리의 형제이니 자연히 이들의 용감함에 한 방울의 눈물이 맺힌다. 우리가 아니라도 그들을 기억하고 사랑할 사람이 틀림없이 있으리라. 어떤 대의라도 그것을 위해 목숨을 바친다면 신성한 것이다. 적어도 그들에게는 그러하리라.[53]

39. 제임스 헨리 칼턴의 두 번째 등장

텍사스인들은 떠났지만 전쟁은 아직 끝나지 않았다. 반가운 고요가 찾아왔으나 뉴멕시코인들은 군대가 남군 침략군을 전방에서 몰아내는 데 몰두하는 동안 후방에서는 나바호가 공격하고 있었다는 것을 깨달았다. 마누엘리토를 비롯한 전사들은 왜 두 빌라가나 군대가 서로 싸우는지 이해하지 못했다. 그들은 연방 탈퇴라던가 주권州權, 저 멀리 스테이크트플레인스 너머 동쪽에 존재하는 습윤하고 초목이 무성한 땅에서 행해지는 노예제라는 문제를 전혀 이해하지 못했을 것이다.

그러나 디네는 이 싸움에서 기회를 감지했다. 미군 요새 대부분은 비어 있었고 살진 가축들은 리오그란데를 따라 여전히 풀을 뜯고 있었다. 힘의 진공 상태를 파악하고 더욱 대담해진 데다가 폰틀러로이 요새 학살로 분노한 디네 전사들은 가뭄이 들었던 1862년 내내 아무 거칠 것 없이 약탈을 했다. 전직 인디언 관리관이었던 준주 사무관 윌리엄 아니는 1862년 뉴멕시코에서 인디언들에게 약탈당한 재산이 25만 달러에 달한다고 추산했다. 그해 3만 마리가 넘는 양을 나바호에게 빼앗겼다. 뉴멕시코 인디언 감독관 제임스 콜린스는 나바호가 자행한 살인 기록이 "끔찍한 지경이다. 단지 몇 명만 죽은 것이 아니다. 지난 18개월 동안 사망자 수가 거의 300명에 육박한다"[54]고 했다.

무슨 조치를 취해야 했다. 이 지역 사람들은 여느 때보다 높은 소리로 보복을 외쳤다. 《샌타페이 가제트Santa Fe Gazette》는 전면전을 요구하며 독자들에게 "지난 몇 달 내내 성소의 종이 학살당한 시민들의 장례를 알리며 울어댔다"고 일깨웠다.

에드워드 캔비 대령도 그만의 느릿느릿하고 꼼꼼한 방식으로 이 문제에 관심을 돌렸다. 1862년 늦봄 캔비는 이전과 다른 나바호 공격 작전을 세우기 시작했다. 야심차고 결정적인 계획, 디네 땅에서 일부를 떼어내어 서쪽 멀리에 진정한 나바호 보호구역을 만들겠다는 계획이었다. 오늘날 애리조나 북동부에 있는 리틀 콜로라도 강 유역 어디쯤이 될 것이다. 캔비가 보기에 이제 적당히 대처할 때는 지나갔다. 이번에야말로 궁극적인 해결책, 최후의 결전이 될 것이다. 대령은 워싱턴에 있는 상관에게 보내는 글에서 이렇게 밝혔다. "나바호의 절멸 아니면 정착지에서 아주 멀리 떨어진 곳으로 이주시켜 식민지화하여 뉴멕시코 준주 주민들로부터 떼어놓는 것 말고 다른 대안은 없습니다."[55]

캔비의 계획은 결실을 맺지 못했다. 적어도 그가 계획한 대로 되지는 않았다. 역사는 다른 방향으로 움직였다. 에드워드 캔비는 무엇보다도 현실적인 사람이라 그가 계획했던 작전이 아무리 무자비하게 펼쳐졌다 하더라도 실제로 벌어진 일보다는 나바호나 다른 사람들에게 훨씬 나은 결과를 가져왔을 것이다. 그러나 1862년 여름 캔비는 장군으로 진급하고 동부에서 복무하도록 소환된다. 느리지만 분별 있는 캔비가 혼란스러운 전시 워싱턴에서 꼭 필요했던 탓이다. 그해 가을 캔비를 대신해 다른 직업군인이 그 임무를 맡는다. 서부에서 만만치 않은 지위를 차지하고 있고 나바호 문제에 대해 자기만의 확고한 생각을 가진 사람이었다.

제임스 헨리 칼턴James Henry Carleton 준장의 독특한 성품을 어떻게 묘사할 수 있을까? 현학자, 철두철미한 사람, 모든 일을 다 고려하는 사람, 완벽주의 때문에 후회를 모르는 사람. 한편 탁월한 능력과 엄격한 윤리성, 세련된 태도를 갖춘 나재나능한 상교이기도 했다. 탐구심이 상하지만 지나치게 논리적인 지성을 가진 군인이었다. 다른 곳, 다른 시대에 태어났더라면, 다른 직업을 가졌더라면 제임스 칼턴은 훌륭한 태도를 갖춘 위대한 사람이 되었을 것이다. 하지만 1862년 늦여름 뉴멕시코에 등장한 탓에 미국 정부와 아메리칸 인디언 사이의 길고 처절한 관계에서 가장 비극적인 충돌이 일어나게 되었다.

많은 사람들이 그랬듯 그를 악당이자 악마라고 치부해버리면 쉬울 것이다. 그러나 칼턴은 알려진 것보다 훨씬 더 복잡 미묘한 사람이었다. 전적으로 매력 없는 사람은 아니었다. 무척 점잖고 친절하다고 느끼는 사람이 많았다. 친구한테는 지나치다 싶을 정도로 변함이 없었다. 취미나 관심사가 신기할 정도로 다양했는데 등산도 하고, 희귀한 종자 수집도 하고, 독서도 왕성하게 했다. 왈츠에도 소질이 있었다. 대학에 다니지는 않았지만 오더본, 롱펠로 등 과학과 문학 분야의 저명인사들을 알았다. 스미스소니언 학회에 고고학적 폐허에 대해 권위 있는 논문을 기고하기도 했다. 그것 역시 그가 무척 좋아하는 분야였다. 멕시코 전쟁에서 가장 중요한 전투라 할 수 있는 부에나비스타 전투에 대해 최초로 포괄적인 책을 써내기도 했다. 칼턴은 부에나비스타 전투에서 재커리 테일러 장군 밑에서 두드러지게 활약했다.

웨스트포인트 출신이 아닌 것에 대한 자의식 때문인지 칼턴은 심오한 군사학, 자연사 등 당대 상류층 출신 군인에게 어울리는 분야에서 앞서 나감으로써 자기보다 배경이 좋은 동료들을 따라잡는 것을 평생의 목표로 삼았다. 동기가 무엇이었든 간에 칼턴은 늘 흥미로운 분야나 특이한 오락거리를 파고들었다. 한 예를 들면 칼턴은 러시아 기병 코사크의 기마 전술에 관해서는 미국 최고의 전문가였다. 펜실베이니아 칼라일 병영에 있을 때 그 문제를 정식으로 연구했던 것이다. 쉬지 않고 서부를 여행하는 동안에는 이따금 독특한 광물이나 식물·동물 표본을 하버드 대학으로 보냈다. 배 설계에도 재능이 있었다. 특히 매키노 보트(바닥이 평평하고 이물은 뾰족하고 고물은 네모진 돛단배로 모피 무역 시대에 미국 내륙에서 쓰였다-옮긴이) 만드는 것을 좋아했다. 그가 본 업무 외에 가장 몰두하던 취미는 운석일 것이다. 애리조나에 있을 때 칼턴은 중요한 운석을 발견했다. 우주 금속으로 이루어진 287킬로그램짜리 운석이었다. "불카누스(로마 신화에 나오는 불과 대장장이의 신-옮긴이)가 버린 물건"을 칼턴은 샌프란시스코까지 끌고 왔다(오늘날까지도 칼턴 운석이라는 이름으로 알려져 있다).

마흔여덟 살의 칼턴은 뉴잉글랜드 출신 칼뱅교도였고 자세가 마치 가로등 기둥 같았다. 몸동작은 활기차고 절도가 있었으며 그런 태도에서 군건한 직업윤리를 느낄 수 있었다. 햇볕에 탄 주름진 얼굴 양편에 양고기 모양 구레나룻을 길러 깔끔하게 다듬었고 용모에서 시어도어 루스벨트처럼 지적인 호전성이 드러났다. 초상 사진을 보면 튀어나온 턱을 굳게 다물고 이를 앙다물었으며 늑대 같은 두 눈은 마치 다른 세상에 빠져 있는 듯 어딘가 멀리를 향하고 있다. 칼턴은 자기 목소리를 좋아해서 말도 많이 했다. 고향 메인 주의 완고한 억양으로 날카로울 정도로 정확하게 발음했다.

그렇다고 칼턴이 비천한 태생은 아니었다. 오히려 칼턴은 집안 좋고 존경받는 장교였고 변경군의 최상위에 속해 있었다. 칼턴은 모든 사람을 다 아는 듯했다. 율리시스 S. 그랜트, 윌리엄 셔먼, 존 C. 프리몬트, 조지 매클렐런, 조지 크룩 등 영웅들은 전부 다 알았다. 칼턴의 아내 소피아는 존 갈런드 장군의 조카였다. 젊었을 때 칼턴 장교는 레븐워스 요새에서 위대한 스티븐 워츠 커니 장군 밑에서 위풍당당한 용기병으로 훈련받았다. 칼턴이 의식적으로 흉내 내려 하는 사람이 바로 평원의 교양 있는 군인이자 학자 커니 장군이었다.

용기병으로 오래 복무하는 동안 칼턴은 서부 전역을 누비고 다녔다. 오클라호마에서 유타, 캘리포니아까지. 그러면서 무수히 많은 인디언 부족을 다루어보았다. 그러나 오랫동안 머무른 곳은 뉴멕시코뿐이었다. 1850년대에는 5년 동안 뉴멕시코의 여러 요새에 주둔하며 인디언을 쫓고 이주민 행렬을 보호하고 남서부의 독특한 문제를 해결하는 일에 두각을 나타냈다. 그 기간 동안 칼턴은 장엄한 폐허를 제외한 이 지역의 모든 것을 혐오하는 듯 보였다. 한번은 역겹다는 말투로 이런 글을 썼다. 뉴멕시코 주민들은 "자기들 옥수수 밭과 관개수로 말고는 아무것도 모른다." "모든 사람이 누더기, 먼지, 더러움을 좋아한다. 키엔 사베*quien sabe*(알게 뭐야)라는 표현이 모든 사람들의 얼굴에 새겨져 있는 듯하다."⁵⁶

칼턴은 나바호 문제가 뉴멕시코의 절망적인 퇴보의 가장 큰 원인이라고 생각했다. 나바호 전쟁으로 자원이 고갈되고 어떤 사업도 가망성이 없고 여행은 안전하지 못하고 종속의 사슬이 되풀이되며 지역 사람들은 영원한 절망감에서 벗어나지 못하는 것이었다. 동부에서 벌어진 남북전쟁 배후에 있는 문제가 노예제였다면 이곳에 내재하는 문제 역시 노예제였다. 뉴잉글랜드 노예 폐지주 출신인 칼뱅교도로서 칼턴은 인간을 노예로 삼는다는 개념을 도무지 용인할 수 없었다. 그가 '거대한 악'이라고 부르는 문제를 해결하지 않고서 뉴멕시코의 발전을 바랄 수는 없었다.

칼턴은 5년 동안 뉴멕시코를 떠나 있으면서 '나바호 문제'를 어떻게 풀 것인가를 두고 오랫동안 고심했다. 이제 좋든 싫든 간에 뉴멕시코는 제임스 헨리 칼턴의 두 번째 등장을 경험하게 될 것이다.

칼턴은 캘리포니아에서 이곳까지 1,500명의 군인과 광부 자원병 부대를 이끌고 행군했다. 원래는 캔비가 텍사스 침략군을 몰아내는 것을 도우러 온 것이다. 그러나 리오그란데에 도달했을 무렵 전쟁은 이미 마무리 단계에 접어들어 있었다. 칼턴과 캘리포니아 부대는 뉴멕시코 남부 지역에서 남부연합 지지자들을 성공적으로 몰아냈다. 계엄령을 선포하고 투산, 메시야 등 주요 남부 도시를 연방 소유로 돌려놓았다. 그러나 칼턴과 부하들은 진짜 전투의 영광을 놓친 것에 대해 쓰라린 실망감을 맛보았다.

1862년 9월 칼턴은 제9군 사령관으로 임명되어 샌타페이로 갔다.

그 뒤 4년 동안 칼턴은 독재자로 뉴멕시코에 군림한다. 그러나 그는 독특한 독재자였다. 사회개혁에 대한 열정을 품은 청교도주의 선생이자 엄격한 군인이었다. 쓰디쓴 대구 간유를 나누어주며 '다 너희를 위한 것이다'라고 하는 식이었다. 칼턴은 어떤 면에서 유토피아주의자였고 기독교 이상주의자였다. 칼턴은 지평선 너머에서 완벽한 세상을 보았으나 거기에 도달하기 위해 맞닥뜨려야 하는 현실의 공포는 미처 상상하지 못했다. 남서부 인디언 전쟁 역사가 C. L. 소니셴은 칼턴이 "전쟁으로 찢기고 혼란스러운 땅에서 신 노릇을 할 필요가 없었다면 그의 신념과 조직력이 더 나은 곳에 쓰일 수 있었을 것이다. 그는 지성과 통찰력, 실천력, 잘하고 싶은 불타는 야망을 지녔다. 그의 문제는 실수를 인정하거나 한 발 물러설 줄 모른다는 것이었다"[57] 라고 말했다.

*

칼턴을 애초에 서부로 이끈 것은 인디언, 사라져가는 그들의 관습과 세계에 대한 열렬한 관심이었다.

1814년 젊은 나이에 세상을 뜬 선장의 아들로 태어난 제임스 헨리는 메인 주 페놉스코트 만에 있는 캐스틴이라는 안개 낀 해안 마을에서 자랐다.[58] 집안은 가난했으나 진한 양키 혈통의 피를 물려받았고 어머니는 유서 깊은 청교도 가문인 펠프스 집안 출신이었다. 칼턴가家는 1660년대부터 뉴잉글랜드에서 살아왔다. 어머니 쪽이나 아버지 쪽이나 제명題銘(문장에 새기는 좌우명 ―옮긴이)이나 문장紋章, 뛰어난 가계를 자랑할 만했다.

킬턴의 유년 시절은 메인 동부 역사에서 위태로운 시기였다. 1812년 전쟁 중에 영국군이 페놉스코트 강 동쪽 메인 주 대부분을 점령하고 이 지역을 뉴브런즈윅에 병합시켰다. 그 지역 대부분은 진드등이 창궐하는 미지의 황무지였고 제대로 조사된 바도 없어 독립전쟁 이래로 계속 영토 분쟁이 있던 곳이다. 미국 충성파들 대부분이 그랬듯 칼턴 가족도 영국령 무스 섬에 있던 집에서 추방을 당했다. 유년 시절 내내 국경 분쟁으로 일촉즉발의 상태였고 전쟁의 먹구름이 늘 가까이에 있었다(이곳의 국경은 1842년이 되어서야 확정된다). 변경에서 쓰라리고 길고 불안한 분쟁을 겪어야만 했던 어린 시절의 이런 불쾌한 경험 때문에 칼턴이 후에 나바호 문제를 깔끔하고 완전하게 매듭짓고자 하는 조급한 충동을 느꼈으리라고 추측하는 사람도 있다. 기질 때문이든 경험 때문이든 칼턴은 사회적 혼란을 혐오하는 사람이었다.

국경 분쟁과 아버지의 이른 죽음을 제외하면 (존 칼턴이 죽었을 때 제임스 칼턴은 열다섯 살이었다) 제임스 헨리의 어린 시절은 행복했던 것 같다. 칼턴은 '바다 양키'로 자라나며 페놉스코트 강과 바위투성이 해안가에서 여름을 보냈다. 배를 가지고 씨름하고 조개를 잡고 연어 낚시를 했다. 그의 친구 데이비드 바커〔나중에 '메인 주의 로버트 번스(1759~1796, 스코틀랜드 시인 ―옮긴이)'로 알려진 사람이다〕는 칼턴과 함께 보낸 유년 시절에 관한 시를 써서 당시의 분위기를 전한다.

이렇게 행복한 삶을 살 때

발이 서성대고 가슴이 뛸 때

피로를 몰랐다.

그때 우리는 헤엄치고 낚시하고 배를 탔다.

오래된 켄두스키그 강에서.[59]

　그러나 이런 청년 시절에도 칼턴은 서부 변경에 대한 막연한 갈망을 품고 있었고 자기 운명이 거기 있음을 직감했다. 정식 교육은 제대로 받지 못했으나 소설가가 되고자 하는 야망을 품었고 당대에 작가가 되려는 사람들 대부분이 그랬듯 워싱턴 어빙, 제임스 페니모어 쿠퍼 등 변경을 주요 주제로 삼은 작가들에게 끌렸다. 칼턴은 쉴 새 없이 편지를 써댔는데, 특히 뛰어난 작가들에게 조언을 구하는 편지를 쓰는 버릇이 있었던 듯하다. 스물네 살 때 칼턴은 찰스 디킨스에게 편지를 보내 자신의 문학적 야심을 털어놓고 서부의 '원주민'들에 대한 이야기를 쓰고 싶다는 갈망을 밝혔다. 미국에서 성공할 수 없다면 영국으로 건너가 그곳에서 재능을 시험해보고 싶다고도 적었다. 그러면서 약간 건방지게도 런던에 가면 친구로서 위대한 소설가를 찾아가도 되겠냐고 물었다.

　놀랍게도 디킨스가 답장을 보냈다.

　1839년 3월 27일 날짜가 적힌 편지는 꽤 길었다. 편지에서 디킨스는 무슨 일이 있더라도 미국에 머무르며 글을 쓰라고 열렬히 조언했다. "그 수가 줄어듦에 따라 점점 더 흥미로운 대상이 되어가는 아메리칸 인디언의 관습과 역사와 관련된 좋은 이야기는, 특히 군이 상술한 것과 같은 이야기는 틀림없이 미국 대도시 사람들에게 지지와 인기를 얻을 수 있으리라고 생각합니다."[60] "네 일을 그만두지 말거라"라는 약간 화를 내는 듯한 분위기가 느껴지는 아버지 같은 친절한 말투로 디킨스는 아주 상식적인 조언을 한다. "군이 꿈꾸는 길로 나아갈 만한 자질을 갖추었다는 확신을 먼저 가져야 합니다…… 섣불리 낯선 곳으로 가기 전에 자기 나라에서 무언가를 이루려고 노력하세요." 마지막으로 디킨스는 칼턴이 런던에 왔을 때 친구로 방문할 수도 있고 그렇지 않을 수도 있다고 덧붙인다. 그것은 자기가 답할 수 있는 문제가 아니라는 것이다. "만나본 적도 없고 어떤 생각을 하고 어떤 감정을 가시고 있는지 내가 전혀 모르는 사람을 열정적인 편지 한 통에 표현된 내용만 가지고 친구라고 부른다는 것은 그 단어를 모욕하는 일이 될 것입니다."

아이러니하게도 디킨스의 편지가 증기선을 타고 대서양을 가로지르는 동안 젊은 칼턴은 이 유명한 소설가의 모국 사람들과 싸울 준비를 하고 있었다. 수천 명의 메인 젊은이들과 함께 칼턴은 민병대에 들어가 점점 세력이 강해지는 영국-캐나다군을 상대로 아루스투크 전쟁이라고 불리게 될 전쟁에 참전한다. 이 전쟁은 북동부 국경 분쟁의 마지막 장이었다. 결국 무혈로 끝났으나 칼턴은 이때 처음으로 군 생활을 맛보게 된다.

그해 칼턴은 정규군에 입대해 펜실베이니아 칼라일에 있는 기병학교에서 훈련을 받는다. 1840년에는 헨리에타 트레이시 로링이라는 아름다운 갈색 곱슬머리를 가진 보스턴 명문가의 여자와 결혼하지만 두 사람의 결혼 생활은 겨우 1년밖에 지속되지 못했다. 1841년 헨리에타는 남편과 함께 아칸소 강가에 있는 깁슨 요새에 주둔할 때 말라리아로 추정되는 병에 걸려 사망했다. 시신은 매사추세츠로 보내어 케임브리지에 묻었다.

아내를 잃고 슬픔에 잠긴 칼턴은 군 생활에 몸을 바쳤다. 성마른 성격과 군사 의례를 문자 그대로 지키려는 지나친 열정 때문에 군대 내에서 곧잘 분란을 일으키곤 했다. 그런 일로 일시정직과 재배치를 받은 적도 있었다. 그는 상대하기 힘든 사람, 무슨 일이 있어도 물러날 줄 모르는 사람이었다.

디킨스와 주고받은 편지에서 밝혔던 대로 칼턴은 아메리칸 인디언들에게 매혹되었고 평원에서 경험한 일을 일지 여러 권에 면밀히 기록했다. 이 일지는 나중에 책으로 출간되었다. 카운실블러프스 근처에 있는 그로건 요새에서 지낼 때 칼턴은 한 평원 인디언 부족과 인터뷰를 하며 무척 흥미를 느꼈다. 이들은 적의 사체 말린 것을 갈아 행운의 가루라고 부르며 약봉지에 보관하는 기이한 관습이 있었다. 그가 만난 포타와토미 전사 한 사람은 적의 심장을 먹었다. "힘차게 솟구칠 수 있소. 그 사람처럼. 강한 약이오." 전사가 칼턴에게 이렇게 말했다고 한다.

1843년 10월 미주리 강에서 칼턴은 서부에서 네발짐승을 연구하고 스케치하며 여행하던 제임스 오더본을 만나 사귀었다. 위대한 자연과학자 오더본은 일기에서 칼턴을 "좋은 벗이고 완벽한 신사"[61]라고 칭했고 최근에 연구한 오리건 날다람쥐 그림에 서명을 해서 선물했다. 칼턴은 답례로 오더본에게 곰 가죽과 말코손바닥사슴 뿔 한 세트를 주었다.

젊은 시절 변경에서 군 생활을 하던 시기가 칼턴에게는 가장 행복한 나날이었다. 여러 모험을 했지만 특히 커니 장군이 이끄는 용기병과 함께 레븐워스 요새에서 로키 산맥 사우스패스까지 3,200킬로미터가 넘는 길을 행군한 일이 기억에 남았다. 젊은 장교는 이 원정 한 걸음 한 걸음이 너무 좋았다. 칼턴의 일지는 변경 군대의 삶에 대한 찬가로 넘쳐난다. 어떤 구절에서는 "푸른 풀밭 위에 길게 늘어선 하얀 천막, 하늘로 날아가는 푸른 연기, 자기 일에 열중하는 군인들의 건장한 몸…… 순수한 자연에 둘러싸여…… 어떤 쟁기도 들어가 본 적이 없는 땅 위에서, 어떤 도끼도 상처 입히지 않은 숲에서……" 하며 읊어대기도 했다. 긴 원정 뒤 레븐워스 요새로 돌아온 칼턴은 자기 머릿속에는 다시 그 길로 돌아가고자 하는 생각밖에 없다고 적었다. "든든하고 유쾌한 동료들"과 함께, "불에 구운 버펄로 갈비, 사슴 구이, 커피, 함께 나누는 파이프, 그에 곁들이는 이야기, 농담과 노래"를 즐길 수 있게 "다시 말에 올라 길을 떠나고 싶은 조바심으로 가슴이 두방망이질했다."[62]

그러나 그가 사랑한 원시 그대로의 초원에도 큰 변화가 일어나기 시작했다. 그는 오리건 통로에서 엄청난 흙먼지를 일으키는 짐마차 행렬을 보고 놀랐다. 너무나 많은 이주민이 희망에 부풀어 서쪽으로 몰려가고 있었다. "그곳에 뼈를 묻고 다시는 돌아가지 않겠나는 결심을 하고 산을 넘어갔다." 일지 한 구절을 보면 칼턴이 터덜거리며 가는 끝없는 짐마차 행렬을 보고 민족적인 (심지어 인종적인) 자긍심에 가슴이 부풀어 오른 것을 느낄 수 있다. "저들이 가는 모습을 보라. 선두가 컬럼비아 골짜기에 다다랐을 무렵에는 진정한 앵글로색슨 무리가 대서양에서 태평양까지 드넓은 강물을 이루며 퍼져 있을 것이다. 3노트의 고른 물살로 흐르는, 여행하는 사람들이 이루는 잔잔한 강이다."[63]

*

멕시코 전쟁이 터져 칼턴의 개척지 이상도 갑작스레 끝이 났다. 칼턴은 곧이어 몬테레이에서 재커리 테일러 장군 밑에서 싸웠다. 아주 다른 적을 상대로 펼친 전혀 다른 싸움이었다. 커니 장군 밑에서 갈고닦은 가볍고 유연한 용기병 전술은 아무 소용이 없었다. 칼턴이 경험한 작전 대부분은 격렬하고 집중적으로 펼쳐졌고 중포重砲가 판도를 이끌었다.

칼턴은 부에나비스타 전투에 참가했고 후에 이 전투에 대해 글을 썼는데, 이 전투가 전쟁의 전환점이 되었다. 아마 가장 중요한 전환점이라 할 수 있을 것이다. 1847년 2월 살티요 근방 산길에서 벌어진 이틀 동안의 살인적인 전투에서 5,000명의 테일러 군은 불사조 같은 외다리 장군 안토니오 로페스 데 산타안나가 이끄는 1만 4,000명의 멕시코군을 상대로 완승을 거두었다. 칼턴의 전투 기록을 보면 전투가 벌어진 날 아침은 "유난히 맑고 청명했다"고 되어 있다. 햇살 때문에 "광이 나게 닦은 멕시코 무기가 반짝이는 다이아몬드로 뒤덮인 것 같았다…… 헤아릴 수 없이 많은 창의 숲에서 삼각기도 펄럭이며 빛났다."[64] 칼턴은 산길에 기묘한 적막이 감돌다가 느닷없이 전투의 시작을 알리는 일제사격이 광포하게 터져나온 것을 생생하게 회고한다. "머스킷 총의 날카로운 총성, 라이플의 둔탁한 응수, 울부짖는 나팔 소리가 산꼭대기에서 싸우는 군인들의 함성과 뒤섞였다. 총알이 우리 사이의 땅을 치는 소리, 공중으로 찢어지는 소리를 내며 날아가는 소리. 노인이 될 때까지 이 모든 소리가 우리 기억에서 떠나지 않을 것이다."

무뚝뚝한 테일러 장군은 전투의 열기 속에서 어찌나 냉정하게 행동했던지 조그만 대포알이 자기 쪽으로 돌진하는 것을 보고 태연하게 등자를 밟고 일어서 대포알이 자기 엉덩이와 안장 사이로 지나가게 했다는 유명한 이야기가 있다. 이 이야기는 허구일 가능성이 높지만 장군은 전투 중에 태평하게 젊은 포병 브랙스턴 브래그에게 명령을 내렸고 이 일 때문에 실제로 유명세를 떨쳤다. 냉담한 목소리로 웅얼거리며 테일러는 포병에게 곡사포에 대포알을 좀 더 넣으라고 했다. "아마 포도(대포에 쇳덩이를 여러 개 넣는 포도탄을 가리키는 말 -옮긴이)를 좀 더 넣어야 할 것 같군, 브래그 대위."

부에나비스타 전투에서 이름을 알린 포수가 또 한 명 있는데 존 M. 워싱턴이라는 젊은 장교였다. 그는 몇 년 뒤 포격술을 의문의 여지가 있는 일에 사용하게 된다. 그가 바로 나바호 1차 원정 때 늙은 나르보나와 달아나는 나바호들을 향해 뜬금없는 포격을 한 사람이다.

부에나비스타에서 패주하고 산타안나의 맹렬한 조국 수호도 종장에 접어든다. 불타오르는 야영지 모닥불을 뒤로하고 산타안나와 넝마가 된 군인들은 치욕 속에 멕시코시티로 후퇴했고 피할 수 없는 미국의 맹공에 대비했다. 군대에서 산타안나의 애국심을 도마에 올리자 산타안나는 코르크 의족을 머리 위로 휘둘렀다고 한다.

부에나비스타에서 싸운 장교 대부분, 존 울, 제퍼슨 데이비스, 앞서 말한 브랙스턴 브래그까지 모두 빠르게 승진했고 힘겨운 전투에서 얻은 교훈을 남북전쟁 전장에서 유감없이 발휘한다. 사령관이었던 재거리 테일러는 부에나비스타 전투 승리로 전국적인 영웅이 되었고 "포도를 좀 더"라는 슬로건을 걸고 정곡을 찌르는 유세를 펼쳐 백악관에 입성하게 된다.

이 전투로 제임스 칼턴의 진로도 확정되었다. 유능한 젊은 중위는 무용으로 표창을 받았고 두 계급 진급하여 소령이 되었다. 그는 중병에 걸려 (아마 이질이었을 것이다) 병가를 받고 워싱턴으로 갔다. 워싱턴과 보스턴에서 요양하는 동안 칼턴은 전쟁 경험에 대해 글을 쓰는 한편 소피아 갈런드 울프에게 구애하여 재혼에 성공했다. 칼턴의 책 『부에나비스타 전투』는 1848년 하퍼브라더스 출판사에서 출간되었는데 대중언론으로부터 호평을 받았으며 국방부와 테일러 대통령도 이 책을 숙독했다. 책은 약간 미문調美文調로 쓰이기는 하였으나 전반적으로 명료하고 간결한 전투 기록이다. 하지만 때로 터무니없는 과장에 빠지기도 한다. 칼턴의 과장 섞인 결론은 이렇다. "모든 정황을 고려해볼 때 부에나비스타 전투는 이 대륙에서 벌어진 전투 가운데 가장 위대한 싸움으로 간주될 것이다. 뿐만 아니라 모든 시대 모든 나라의 역사를 통틀어 이 전투를 능가할 것이 있을지 의문이다."[65]

*

칼턴이 멕시코 전쟁을 영광스럽게 포장하기는 하였으나 칼턴 자신에게 멕시코 전쟁은 짧은 막간일 뿐이었다. 거의 내내 인디언과 싸우고 통제하고 연구하면서 보낸 칼턴의 생애에서 잠깐의 일탈이었다. 칼턴은 변경의 용기병으로 보냈던, 자기가 사랑하는 삶으로 기쁘게 돌아갔고 곧 뉴멕시코에 주둔하게 되었다. 그곳에서 1850년대 초반 칼턴 소령은 키트 카슨과 뜻밖의 우정을 맺게 된다.

두 사람이 처음 만난 것은 1851년 여름 샌타페이 통로를 따라 여행하던 카슨이 일을 당했을 때였다. 카슨은 이제 열여섯 살이 된 딸 애덜라인을 뉴멕시코로 데려오기 위해 미주리에 갔다가 돌아오는 길이었다. 카슨과 애덜라인은 열 명 남짓 되는 소규모 무리와 함께 여행했다. 그 가운데는 멕시코인 일꾼, 카슨의 조카 수전과 남편 제시 넬슨도 있었다.

캔자스 서부 어딘가에서 이들은 적대적인 샤이엔 인디언 마을 사람들과 불편하게 마주쳤다. 카슨은 남쪽 샤이엔들을 잘 알았기 때문에 처음에는 문제가 없을 것이라고 생각했다. 카슨의 두 번째 아내도 샤이엔이었다. 또 샤이엔은 벤트 일가와 혈연적으로도 그렇고 친밀한 사이였다. 그러나 카슨은 몰랐지만 이들 무리는 최근에 미 육군 부대에게 '체벌'을 당했다. 술에 취한 미군 장교가 사소한 잘못을 저질렀다고 공개적으로 샤이엔 한 사람을 매질했다. 대부분 평원 인디언 부족이 그렇듯 이 사람이 속한 무리도 전투 밖에서 벌어지는 이런 식의 신체적 폭력을 용인하지 않았고 체벌을 용서할 수 없는 모욕으로 받아들였다(며칠 뒤 카슨은 이 소식을 듣고 그 일이 문화적으로 어떤 의미를 지니는지 이해했다. 자서전에서 카슨은 그런 짓을 저지른 사람을 경멸조로 조소했다. "그의 손끝에서 용기가 빠져나가고 있었던 모양이다. 인디언들을 자기 마음대로 한 것을 보니 용기 따위는 버리고 싶었나 보다"[66]).

아무튼 간에 모욕당한 인디언과 그의 무리는 복수에 나섰다. 첫 번째 마주치는 백인을 상대로 보복하려 했는데 카슨 무리가 그 대상이 되었다.

카슨이 그런 일이 있었는지조차 모른다는 사실은 전혀 문제가 되지 않았다. 부족의 윤리가 그러했고 카슨도 그것을 너무나 잘 알고 있었다. 덫 사냥꾼이나 프리몬트의 안내인 역할을 할 때 자기도 그 원칙에 따라 행동했던 것이다. 이제 카슨은 자기가 평생 지키며 살아온 복수의 관례에 당할 처지가 되었다.

처음부터 무언가 큰 문제가 있음을 삼지한 카슨은 냉성을 유지하며 인디언들을 야영지로 초대해 담배를 권했다. 그곳에서 샤이엔들은 자기들끼리 이야기를 하기 시작했다. 카슨이 자기네 말을 안다는 사실은 몰랐다. 카슨은 자서전에 기록하기를 샤이엔들이 그 자리에서 자기를 죽일 계획을 짜고 있었다고 한다(카슨과 함께 여행하던 다른 사람들도 포로로 잡는 게 아니라 죽일 작정이었다). "내가 담배를 피우며 긴장을 늦추고 있을 때 칼로 쉽게 죽일 수 있을 것이라고 그들이 말하는 것을 알아들었다." 카슨은 이렇게 적었다. "나와 함께 있는 멕시코인들도 버펄로 죽이듯이 손쉽게 죽일 수 있었다."**67**

카슨은 바로 끼어들어 손님들을 노려보며 말했다. "왜 내 머리 가죽을 원하는지 모르겠소. 당신들에게 아무런 해도 끼치지 않았고 친구로 맞았는데. 이제 나가주시오!"**68** 카슨은 샤이엔 말로 이들에게 말했다고 한다.

인디언들은 뻘쭘해서 어찌할 바를 모르고 서로 마주 보았다. 제시 넬슨의 말에 따르면 인디언들이 활시위를 당기고 총을 겨누었고 샤이엔 전사 하나는 토마호크로 카슨을 위협하며 잠시 동안 팽팽한 긴장감이 감돌았다고 한다. 그러다가 샤이엔들이 불가에서 일어나 자기들 말이 있는 곳으로 슬금슬금 가버렸다.

카슨은 그들의 등에 대고 외쳤다. "다시 오면 그때는 쏘겠소."

카슨은 천막을 걷고 해가 질 때까지 길을 따라 서쪽으로 갔다. 사방이 어두워지자 전령 한 사람에게 가장 빠른 말을 타고 라야도 목장 근처에 있는 소규모 미군 주둔지에 가서 도움을 청하라고 했다. 전령은 어둠 속으로 달려 나갔다. 이튿날 아침 카슨은 수백 명의 샤이엔들이 자기들을 쫓아오는 것을 보고 분개했다. 샤이엔들의 얼굴에서는 적의를 뚜렷이 읽을 수 있었다.

카슨은 샤이엔들과 또 한차례 무뚝뚝한 대화를 시도했다. "말 탄 사람을 앞서 보냈소." 전령이 이미 멀리 가서 샤이엔들이 따라잡을 수 없으리라 확신했기 때문이다. "나는 군대에 친구가 많소. 우리를 죽이면 군인들이 누구 소행인지 알고 찾아내 우리의 죽음에 복수할 것이오."[69]

경고 효과가 있는 듯했다. 샤이엔들은 흩어졌으나 거리를 두고 계속 카슨을 따라왔다.

며칠 뒤 제임스 헨리 칼턴 소령이 이끄는 무장이 잘된 소규모 용기병 파견대가 길을 따라 달려왔다. 카슨을 돕기 위해 땀투성이가 된 채 150킬로미터 남짓을 달려온 것이다. 그리하여 두 사람은 첫 만남을 갖게 된다. 깔끔하고 오만한 용기병과 전국적으로 유명한 시골뜨기의 만남이었다. 카슨은 크게 안도하며 겁에 질린 혼혈 딸을 옆에 두고 약간 수줍은 듯 평원에 서 있었다. 첫 만남에서 칼턴은 카슨과 애덜라인을 비롯한 일행의 목숨을 구했다고 할 수 있다. 카슨은 진심으로 영원히 잊지 못할 은혜를 입었다고 생각했다.

두 사람은 어울리지 않는 짝이었다. 서부의 기이한 짝패, 이들은 어쩌면 카슨과 프리몬트보다도 더 어울리지 않는 듯했다. 그러나 이제 확고하게 도장이 찍혔다. 두 사람은 평생 우정을 이어갈 것이었다.

*

몇 달 뒤 칼턴 소령은 페코스 강을 탐사하러 남부로 내려갈 일이 있었다. 따분하게 들리는 임무였으나 칼턴에게는 운명의 여행이었다. 나바호들에게도 마찬가지였다.

그때 뉴멕시코에서 (리오그란데 다음으로) 두 번째로 길고 두 번째로 중요한 강의 유로流路는 일종의 미스터리로 여겨졌다. 산지에 있는 페코스 상류는 투명하고 숭어 떼가 헤엄친다. 페코스는 샌타페이 뒤쪽에 있는 샌그리디크리스토 황무지에서 흘러나와 동쪽으로 흘러 페코스 폐허와 그 강을 토대로 생활하는 몇몇 멕시코 마을을 거쳐 간다. 그 뒤 강은 남쪽으로 진로를 돌려 직선으로 흘러가며 붉은 메사 바위와 버드나무가 빽빽이 자라는 모래평원을 지나가면서 점점 수온이 높아지고 유속이 느려지고 알칼리 도가 높아진다.

페코스 강의 유로는 안톤치코 읍까지는 알려져 있지만 그 뒤에는 어떻게 되는지 몰랐다. 적어도 지도 위에는 나타나 있지 않다. 어떤 사람은 페코스 강을 '사라진 강'이라고 불렀다. 사실은 남쪽, 가시투성이의 황무지 지역으로 흘러가서 모르는 것이지만 말이다.

1852년 2월 칼턴은 용기병 파견대와 함께 페코스 강이 어디로 가는지 정확히 파악하고 하류 어딘가에 군 요새를 지을 만한 곳이 있는지 알아보러 떠난다.

칼턴과 부하들은 페코스 강을 따라 따분하기 그지없는 160킬로미터가량 되는 길을 간다. 메스키트와 촐라 선인장이 자라는 황막한 땅이었고 이따금 동쪽 풀밭에서 버펄로가 보였다. 단단한 누런 흙땅을 가로지르는 동안 무정한 하늘은 이상한 날씨, 느닷없는 비바람, 한결같은 바람을 선사했다. 텍사스 국경에서 멀지 않은 곳, 모든 것을 집어삼킬 듯한 불모지 스테이크트플레인스 가까이에 왔을 때였다. 스테이크트플레인스는 어찌나 광활하고 특징이 없는지 초기 에스파냐 탐험가들이 1리그(4.8킬로미터 옮긴이)를 갈 때마다 땅에 말뚝을 하나씩 박아 넣었다고 한다. 테세우스(아테네의 왕으로 아리아드네가 준 실 꾸러미를 들고 미궁에 들어가 괴물인 미노타우로스를 죽이고 실을 따라 다시 나올 수 있었다 옮긴이)처럼 그 말뚝을 보고 돌아오는 길을 찾기 위해서였다(스테이크트플레인스는 말뚝을 박은 평원이라는 뜻 옮긴이).

칼턴은 곧 기운이 솟는 걸 느꼈다. 강이 펼쳐져 넓은 골짜기가 나왔다. 강둑에는 은빛 미루나무가 수 킬로미터에 걸쳐 뻗어 있었다. 사슴과 영양, 야생 칠면조가 울창한 숲 사이에서 바람처럼 움직였다. 골짜기에서 그의 눈길을 끄는 곳이 있었는데, 강의 급격한 굽이 부분에 있는 초콜릿색의 토양이었다. 오리, 비버가 있고 물고기가 많이 잡힐 듯한 깊은 웅덩이였다. 주위의 온통 황량한 땅에 비하면 이곳은 오아시스나 다름없었다.

이곳은 오래전부터 남부 평원에 사는 인디언들의 회합 장소였다. 코만치, 카이오와, 메스칼레로 아파치, 때로 에스파냐인 버펄로 사냥꾼들도 계절에 따라 이곳에 모여 큰 나무 그늘 아래에서 물물교환을 하고 담배를 피우고 술을 마셨다. 구불구불한 강줄기 사이에 갇힌 울창한 미루나무 숲이 둥그스름한 모습으로 자라고 있어 에스파냐인들은 오래전부터 이곳을 보스케레돈도라고 불렀다. 둥근 숲이라는 뜻이다.

칼턴은 이곳에 마음을 빼앗겼다. 마음속으로 관개가 잘된 농장, 집, 예배당, 뾰족지붕의 교회까지도 그려볼 수 있었다. 동부에서 살 때 문명의 상징이라고 여겼던 것들이다. 칼턴은 토양을 살폈고 아주 훌륭하다고 했다. 미주리밸리의 검은 부식토를 능가하지는 않더라도 그것과 견줄 만하다는 것이다. 바싹 말라 힘없이 바람에 흔들리는 해바라기 줄기가 말에 탄 사람 머리보다 더 높다는 것에도 주목했다. 주변에는 그라마풀이 무성하고 튼튼하게 자랐고 목재 공급량도 무한할 것 같았다. 부하 한 사람이 통통한 칠면조 한 마리를 쏘아 잡았는데 칼턴은 이것도 아주 "맛이 좋았다"고 했다.

칼턴은 보스케레돈도가 "강력한 기병 주둔지를 세우기에 가장 탁월한 장소"라고 보고했다. 그러나 칼턴은 이곳의 쓰임새에 대해 더 큰 계획을 품고 있었다. 신이 난 칼턴은 미루나무를 베어 굵은 장대 하나를 만든 다음 땅에 박아 요새를 세우기에 적절하다고 생각하는 지점을 표시했다.

둥근 숲이, 혹은 그곳에 얽힌 계획이 칼턴의 머릿속을 떠나지 않았다. 여러 해 동안 칼턴은 이곳에 대해 떠들었으나 아무도 귀 기울이지 않았다. 칼턴은 보스케레돈도가 너무나 먼 곳에, 척박한 코만치 땅 깊숙이 고립되어 있는 것은 사실이지만, 에덴 같은 이 땅을 활용해야 한다고 상관들을 부지런히 설득했다. 칼턴의 개인적 이상을 이룰 곳, 아직 예측하지 못한 문제를 해결할 씨앗, 무언가 대단한 것을 실현할 장소로 칼턴은 이곳을 지목했다.

*

제임스 칼턴이 뉴멕시코에서 군 생활을 하는 5년 동안 키트 카슨과의 우정은 더욱 깊어졌다. 두 사람 다 기혼자이고 가족이 늘어갔고 둘 다 나쁜 버릇에 탐닉하지 않았다. 두 사람은 같이 술을 마시거나 도박을 하지는 않았으나 새로 생긴 샌타페이 홀에서 프리메이슨 동지로 자주 만났다. 카슨은 진심으로 칼턴을 좋아했던 것 같고, 칼턴이 대단한 에너지의 원천이라고 생각했다. 프리몬트에게도 그러했듯 카슨은 칼턴의 박식함, 높은 정규군 지위, 그리고 동부에 있는 사람들과의 관계에 깊은 인상을 받았다.

그런 한편 칼턴은 카슨이 자기 취향보다는 약간 거칠다고 느꼈다. 적어도 처음에는 그랬다. 칼턴은 신문에 실린 카슨의 재능이 심한 과장이 아닌가 의심했다. 하지만 소령의 생각도 곧 바뀌었다. 1854년 봄 칼턴은 카슨이 그의 경력에서 가장 유명한 과업 하나를 이루는 모습을 직접 본 것이다. 제 눈으로 보았으니 틀림없는 사실이었고 칼턴은 이 일로 키트 카슨에 대한 존경심을 굳혔다.

그해 5월 말 칼턴은 히카리야 아파치가 훔쳐간 말을 되찾기 위해 서둘러 꾸린 작전을 수행하는 데 길잡이로 카슨을 고용했다. 그해 봄 히카리야 아파치는 유난히 문제를 많이 일으켰다. 칼턴과 카슨은 용기병 몇 중대와 함께 타오스를 출발해 북쪽으로 콜로라도를 향해 갔고 가파른 샌그리디크리스토 산맥을 건넜다. 평원 가장자리에 다다랐을 때 카슨이 희미한 자취를 발견했다. 1849년 앤 화이트와 아기를 뒤쫓을 때 따라갔던 자취만큼이나 희미한 것이었다.

이때만 해도 카슨은 그다지 낙관하지 않았다. 자취가 차갑게 식어 있었고 히카리야들은 남서부에서 가장 뒤쫓기 힘든 부족이었기 때문이다. 그러나 길에 버려진 물건 몇 개를 발견하고 히카리야가 지나간 흔적이 틀림없다는 확신을 가졌다. 며칠 동안 꾸준히 자취를 살피며 나아가자 마침내 온기가 남아 있는 자취를 발견했다.

어느 날 아침식사 뒤 카슨은 칼턴 소령에게 오늘 히카리야를 따라잡을 것이라고 자신 있게 말했다. 게다가 정확히 오후 2시라는 말을 덧붙였다. 칼턴은 카슨이 이렇듯 구체적으로 말하는 게 도무지 미덥지 않았다. 그래서 믿을 수 없다고 말했으나 카슨은 자기 예상이 맞을 거라고 되풀이했다.

그래서 칼턴이 내기를 하자고 했다. 자기들이 쫓는 인디언들이 히카리야가 맞다면, 그리고 용기병 부대가 무탈하게 2시에 그들을 따라잡게 된다면 카슨에게 뉴욕에서 파는 최고급 비버 펠트 모자를 사주겠다는 것이었다. 카슨에게는 구미가 당기는 제안이었다. 비버 모자가 무척 귀한 것이기도 했지만 비버 사냥을 수년 동안 했음에도 불구하고 카슨은 추위에 떨며 고생한 노력의 최종 산물인 그 모자를 한 번도 가져본 적이 없었기 때문이다.

두 사람은 내기에 합의했다.

그날 오후 칼턴 일행은 라톤 산지에 있는 풀로 이루어진 천연 원형 극장 안에서 야영하는 히카리야를 발견했다. 샌타페이 통로에서 멀지 않은 곳이었다. 칼턴은 시계를 보고 낮게 욕설을 내뱉었다. 정확히 2시 7분이었다. 칼턴은 입이 떡 벌어지게 놀랐고 나중에 한 치의 망설임도 없이 "키트 카슨이 이 세상 백인 가운데 최고의 추적자라는 명성은 지당한 것이다"[70] 라고 적었다. 용기병 부대가 공격했고 히카리야 인디언 대부분은 달아났으나 뺏긴 말 40마리와 상당한 약탈품을 되찾는 데 성공했다.

카슨은 7분 차이로 자기가 내기에 졌다고 말했으나 칼턴은 그 정도면 정확한 것이나 다름없다고 했다. 칼턴은 우편으로 뉴욕에 있는 일류 남성 용품 가게에서 비버 펠트 모자를 주문했다. 몇 달 뒤 모자가 타오스에 도착했을 때 카슨은 웃음을 감추지 못했다.

안쪽 밴드에 금박으로 이런 글씨가 박혀 있었다. 2시 정각에, 키트 카슨. 칼턴 소령으로부터.

40. 보스케레돈도 실험의 시작

　　제임스 칼턴과 카슨은 성품이 극명하게 대조적이었다. 그러나 한 가지 면에서는 기이할 정도로 비슷했다. 타오스 친구처럼 칼턴도 예상을 벗어난 머나먼 곳, 중요한 일이 일어나는 곳에 나타나서 역사의 한구석을 장식하는 특이한 재주가 있었던 것이다.

　　한 예를 들자면 1859년 칼턴은 서부 정착 역사에서 가장 암울하고 많은 논란을 일으킨 사건에서 중추적인 조사자 역할을 하게 된다. 칼턴은 평생 용기병으로 복무하면서 변경 인디언 부족들과 싸우고 연구하는 데 헌신했으나 이때 서부의 또 다른 중요한 부족과 맞닥뜨리게 된다. 유타에서 뻗어나가고 있던 모르몬 교도들이다.

　　그해 봄, 캘리포니아 남부 로스앤젤레스 북쪽에 있는 테혼 요새에 주둔해 있을 때 칼턴은 용기병 파견대를 이끌고 유타 남서부로 가서 1년 남짓 전에 있었던 사건을 조사하라는 명령을 받는다. 큰 규모의 아칸소 이주민 행렬이 캘리포니아로 가는 길에 유타를 거쳐 가다가 마운틴메도스라고 불리는 외지고 아름다운 정거지에서 감쪽같이 사라진 일이었다. 아칸소인 지도자 한 사람의 이름을 따 팬처 무리라고 알려진 짐마차 행렬은 120명이 넘는 남자, 여자, 아이들로 이루어져 있었다. 이들이 학살되었으리라고 짐작은 하지만 (파이우트 인디언의 손에, 혹은 모르몬 교 개척민에 의해, 혹은 양쪽에게) 정확한 사실은 밝혀지지 않았다. 공식 조사가 한 번도 이루어지지 않았고 숫자만 놓고 보더라도 미국 이주민 행렬이 당한 최악의 범죄인데 처벌을 받은 사람은 아무도 없었다.

마운틴메도스는 아주 외떨어진 곳이라 칼턴과 용기병 부대가 그곳까지 가는 데 수 주일이 걸렸다. 올드스패니시 통로를 따라 동쪽으로 가며 시에라네바다 산맥 남쪽을 넘고 모하비 사막을 가로지르는 등 힘겨운 여정이었다. 5월 말 유타에 있는 사건 현장에 도달해 조사를 시작하자 최악의 보고가 사실이라는 게 드러났다. 칼턴은 그 지역을 넷으로 나누어 부하들에게 조사하도록 했다. 흙을 체로 쳐가며 한 뼘 한 뼘 면밀하게 살폈다. 끔찍한 사실이 드러났다. 아주 어린 아이들 대부분은 살아남았지만 (17명의 어린 생존자들을 그 지역에 사는 모르몬 교 가정에서 나누어 맡았다) 남자, 여자, 청소년들은 대부분 직사거리에서 머리에 총을 맞아 죽었다.

칼턴이 군대 상관들에게 한 끔찍한 보고가 마운틴메도스 학살로 알려진 비극에 대한 최초의 믿을 만한 기록이다.[71] 또한 오늘날까지도 논란의 불씨로 남은 문서이기도 하다. 이때 즈음이면 관록 있는 제임스 칼턴은 살상에 무뎌졌을 터이지만 그래도 학살 장면을 보고 충격을 숨길 수가 없었다. 그는 이렇게 썼다. "끔찍해서 보기 힘들었다. 여자 머리카락이 흩어지거나 덩어리져 산쑥 수풀에 걸려 있거나 이곳저곳에 널려 있었다. 어린아이들의 옷가지와 여자 옷 조각이 수풀에, 또 여기저기에 흩어져 있었다. 그리고 그 사이에, 이곳저곳 사방으로, 적어도 반경 1.6킬로미터는 되는 거리에서 죽은 사람의 해골과 뼈가 흩어져 번득였다."[72]

칼턴은 그 지역 개척민들과 면담을 했다. 탐정 일이 그에게는 잘 맞았고 무척 잘해냈다. 마운틴메도스에서 멀지 않은 곳에 사는 모르몬 교도들은 파이우트 인디언들이 이들을 학살했다고 주장했다. 그러나 칼턴은 전국 언론이 그러했듯 그 말을 믿지 않았다. 팬처 무리는 무장이 잘되어 있었고 경험 많은 인디언 사냥꾼들이 이끌고 있었으며 파이우트 인디언은 무서운 전사로 알려져 있는 이들이 아니었다. 뿐만 아니라 학살 생존자인 아이들은 자기를 공격한 사람들 가운데 인디언 차림을 하고 칠을 한 백인들이 있었다고 했다.

목격자들을 반대 심문하고 사건 현장을 면밀히 조사한 끝에 칼턴은 적어도 자기가 보기에는 충분히 납득할 만하게 사건을 확정지을 수 있었다. 파이우트의 역할은 미미했고 그 지역 모르몬 교도들이 이 일 전체를 구상하고 실행했던 것이다. 솔트레이크의 고위 종교 지도자들의 (어쩌면 바로 브리검 영의) 승인을 얻었음이 분명하다고 여겨졌다. 유타에서는 학살 전 몇 달 동안 긴장감이 팽배해 있었다. 미군이 라라미 요새에서 출발해 솔트레이크 시를 점령하러 온다고 믿을 만한 근거가 충분히 있었다. 전면전이 임박한 듯했다. 일부다처제를 시행하는 후기성도(예수 그리스도 후기 성도 교회가 1830년 미국에서 설립된 이 종교의 정식 이름이고 모르몬 교는 외부 사람들이 부르는 별명이다 -옮긴이)들은 뉴욕 주 북부, 일리노이, 미주리에서 있었던 박해의 역사를 회상하며 극도의 격앙 상태에 있었고 무장을 하고 침범해오는 이교도에 저항할 준비를 하고 있었다.

그때 팬처 무리 짐마차 행렬이 온 것이다. 모르몬 교도들이 보기에 이 이주민들은 그냥 이교도가 아니었다. 아칸소에서 온 사람들이었는데, 1년 전 아칸소에서 유명한 선지자 팔리 프랫이 살해당한 일이 있었다. 모르몬 교 신앙에는 '피의 속죄' 라는 교리가 있다. 교회가 위협당할 때에는 이교도를 죽이는 것을 허가하는 교의다. 그러나 모르몬 율법은 그들이 여덟 살이 안 된 아이로 정의하는, '죄가 없는 사람' 들을 죽이는 것은 금했다.

아마 그래서 어린아이들은 학살에서 살아남았으리라고 칼턴은 추정했다. 학살 당일, 울부짖는 어린아이들은 살해당한 부모의 피에 옷이 젖은 채로 그곳에 사는 모르몬들의 집으로 보내져 같이 살게 되었다. 바로 그 아이들을 고아로 만든 사람들과 함께 살게 된 것이다. 이 '양부모'들은 뻔뻔스럽게도 미국 정부에 무려 2,000달러나 되는 비용을 청구했다. 파이우트 인디언들로부터 이 가엾은 아이들을 데려오려고 '몸값'으로 그만한 액수를 지불했다는 것이다.

이 범죄가 이렇게 이어진 것을 알고 칼턴은 마침내 폭발한다. "부모를 살해하고 재산을 강탈한 자들, 무자비한 인간의 모습을 한 악마들이 이 가엾은 아이들을 데리고 있었다며 돈을 요구하기까지 했다. 악마 같은 뻔뻔스러움이나 후안무치함에 이들을 따라올 자가 있을까?"[73]

마운틴메도스에 오래 머물면 머물수록 칼턴은 점점 구역질이 났다. 살인자들은 희생자들을 묻어주지도 않았다. "시체는 늑대에게 찢기고 살점이 뼈에서 떨어져 나갔다."

칼턴 부하들은 거의 40구의 시체를 거둬 묻었다. 그들이 찾을 수 있었던 건 그게 전부였다. 이 자리를 표시하기 위해 붉은 개잎갈나무 몇 그루를 베어 거대한 십자가를 만들었다. 십자가 가로대에 칼턴은 이렇게 새기게 했다. "복수는 내가 할 일, 내가 보복하리라, 하고 주님께서 말씀하시다 (로마서 12장 19절에 나오는 말 ―옮긴이)."

그러고 나서 칼턴은 돌무덤을 쌓고 두툼한 화강암 석판을 땅에 묻었다. 그 위에는 이렇게 새겼다. "1857년 9월 초 아칸소에서 와서 학살되어 쓰러진 남자, 여자, 아이들 120명이 여기 묻히다."

칼턴이 수행한 마운틴메도스 임무는 평생 칼턴을 떠나지 않고 괴롭힌다. 그의 글에서는 새로운 분노가 느껴지고, 어조에는 예언적인 말투가 뒤섞이곤 했다. 서부는 그가 상상했던 것보다 훨씬 거칠고 난폭한 곳이었다. 그의 논리정연한 감성으로 받아들이기에는 너무 혼란스럽고 갈등이 많고 복잡한 부족 간의 충돌이 얽혀 있었던 것이다.

칼턴이 작성한 장문의 군보고서는 의회에서 재인쇄되어 전국 언론에 실렸다. 그의 글은 모르몬 교회에 대한 신랄한 비난으로 가득했다. "이들은 국가의 궤양이다."[74] 그는 이렇게 적었다. "뜸만 가지고는 치료할 수 없는 궤양이다. 철저하고 완전하게 도려내어야 한다." 캘리포니아로 귀대한 뒤 칼턴은 친구와 대화를 나누며 한술 더 떴다. "당장 이 악마를 똑바로 대면해야 할 거야. 딱 1년만 기한을 주고, 1년이 지난 뒤에도 우리 땅을 떠나지 않고 더럽히고 있다면 그자들을 안개의 자식으로 만들어야 해."

이태 동안 칼턴이 세운 묘비는 길을 가는 사람들에게 생경하고 뚜렷하게 경고를 보냈다. 그러나 1861년 브리검 영이 추종자들과 함께 마운틴메도스에 와서 칼턴의 십자가와 돌무덤을 없애버리라고 명령했다. 추종자들이 바윗돌을 하나씩 들어내며 무덤을 무너뜨리는 동안 모르몬 교 선지자는 이렇게 말했다. "복수는 내가 할 일, 내가 보복했다."

*

마운틴메도스에서 있었던 일에 충격을 받고 테혼 요새로 돌아온 칼턴은 그곳에 3년 더 머무르면서 특히 복잡다단하고 피로 물든 캘리포니아의 인디언 관계에 몰두했다. 골드러시가 시작된 지 10년 정도밖에 되지 않았지만 벌써 많은 인디언 부족이 사라지고 있었다. 질병, 주거지 상실, 이들을 절멸시키려고 하는 백인 민병대 때문에 수가 급감했다. 황금에 눈이 멀고 땅에 굶주린 백인 미국인 이주민들이 엄청난 규모로 유입해오며 캘리포니아에서는 모든 일이 빠른 속도로 진행되었다. 인디언 문제도 마찬가지였다. 그리하여 나중에는 자명한 순리가 될 원주민들의 급격한 소멸 과정에서 캘리포니아가 특히 앞서갔던 것이다. 캘리포니아 인디언들의 상황은 서부 전역 아메리칸 인디언이 곧 겪게 될 소멸의 전조였다. 곰깃발 국가에서 인디언들이 처한 상황이 어찌나 처절했던지, 인디언들이 얼마나 빠른 속도로 사라져갔던지 관료들 사이에서도 위기에 처한 부족들을 전과 다른 태도로 대하는 이들이 생겨났다. 기독교적 박애주의라 불릴 만한 태도였다.

새로운 개념이 생겨났다. 캘리포니아의 인디언 부족을 멸종시키는 대신 백인 사회로부터 물리적으로 격리시키자는 것이다. 물이 풍부한 강 유역, 경작이 가능한 지역에 경계를 뚜렷하게 구획 짓고 그곳에 인디언들을 이주시켜야 한다. 그곳에서 농경과 목축의 기초를 가르쳐주어야 한다. 정부에서는 인색하게 굴지 말고 근대적인 농기구, 튼실한 가축, 좋은 종자를 공급해 이들이 떠돌아다니는 대신 정착하고 자급자족하는 농부가 되어 정직하게 생계를 꾸리면서 키부츠 같은 곳에 모여 살게 해야 한다. 이 공동 농장을 군대 요새가 가까이에서 수비하여 인디언들이 백인 사회로 흘러들어가는 것도 막고 나쁜 마음을 먹은 백인이 인디언 땅에 들어가 알코올 따위의 사회악을 전파하는 것도 막아야 한다.

새로운 정책은 아파르트헤이트와 다름없는 것이었다. 당대의 인종주의에 바탕을 둔 것이기도 하지만 인디언 전체가 절멸 위기에 놓여 있다는 인도주의적 우려도 이런 생각을 부추겼다. 칼턴은 이들이 "안개의 자식들"이 되어간다는 표현으로 경종을 울렸다.

칼턴이 복무하는 테혼 요새는 이러한 새로운 농업적 이상을 실험하는 최초의 실험실이었다. 이런 실험은 후에 아메리칸 인디언 보호구역 제도로 발전하게 된다. 테혼 요새에 만들어진 농장은 에드워드 피츠제럴드 빌의 머릿속에서 나온 것이다. 빌은 카슨과 샌파스퀄 전투에 참전하고 나중에 카슨이 워싱턴까지 최초의 대륙 횡단 여행을 할 때 동행하여 이름을 알린 다재다능한 해군 장교다(미국 서부에 낙타 부대를 도입하자는, 결국 실패로 끝난 계획을 추진한 바로 그 사람이다). 1850년대 빌은 캘리포니아 최초의 인디언 문제 감독관으로 임명되었다. 진보적인 생각을 가졌던 빌은 자기 눈앞에서 느린 속도로 펼쳐지는 인종 학살에 충격을 받았다. 그는 캘리포니아 인디언이 "수렵, 어로지에서 쫓겨나고 야생동물처럼 쫓기며 올가미에 묶였고 처참하게 망가진 터전을 떠나야 했다"[75]고 한탄했다.

그래서 빌은 테혼 요새 가까이에 있는 강 하류에 괜찮은 땅 200제곱킬로미터를 따로 떼어놓고 3,000명 가까운 인디언들을 설득해 그곳에 정착하도록 했다(에미지아노 부족을 비롯해 샌와킨밸리 남쪽에 살던 여러 터전 잃은 부족들이었다). 빌은 에스파냐 선교 제도에서 아이디어를 얻었다고 했다. 이 제도는 여러 세기 동안 수천 명의 캘리포니아 인디언을 농업에 종사하도록 한 (노예로 만들었다고 하는 사람도 있다) 제도다. 빌은 이렇게 주장했다. "몇몇 가난한 성직자들이 이룬 일을 강성한 대국 미국이 이루지 못할 이유가 없다."[76]

캘리포니아 언론은 빌의 선견지명을 칭찬하고 시에라네바다 산맥 위아래로 비슷한 보호구역-공동체의 네트워크를 만들자고 했다. "캘리포니아 전역의 인디언 부족 전체가 멸종할 것이다. 그것을 막으려면 한 군데 모아 공동체를 조직하고 스스로의 노동으로 생계를 꾸리도록 만들어야 한다. 그러면 지금 같은 퇴보된 상태로부터 진보할 수 있을 것이다."[77]《캘리포니아 알타California Alta》사설에 실린 문구다.

1854년 봄 빌은 테혼 농장에서 날마다 40대의 쟁기로 땅을 갈게 했다. 어린 인디언 소년들이 쟁기를 몰았는데 약간만 훈련을 시키자 "어찌나 재주와 기술이 좋은지 평생 이 일만 해온 것처럼 보였다"고 빌은 생각했다. 인디언들은 2제곱킬로미터에는 보리를 심고 0.8제곱킬로미터에는 옥수수를 심었다. 배수로를 파고, 축사를 세우고, 집도 지었다. 빌의 이상이 실현되었고 몇 해 동안 테혼 농장은 가망성을 보였다.

그러나 이 실험에는 돈이 많이 들었다. 빌은 처음에 정부에 50만 달러를 요청했고 계속해서 더 달라고 했다. 워싱턴 관료들이 보기에는 지나친 금액이었다. 캘리포니아 언론들은 점점 늘어가는 비용에는 움찔하였으나 그래도 빌의 사업을 지지했다. 《캘리포니아 알타》는 테혼 농장이나 이런 다른 농장 덕에 인디언들이 "반야만주의, 나태함, 지적 무능함, 도덕적 타락의 상태에서 벗어나 문명, 기독교, 근면, 미덕, 검약, 사회적·가정적 행복, 공적 유능함의 상태로 변모할 수 있다"[78]고 주장했다.

테혼 농장은 결국 실패했다. 첫째는 감독관 빌이 보호구역을 만드는 땅에 주인이 있을지 모른다는 점을 신중하게 살피지 못했기 때문이다. 이전에 이 땅을 불하받은 히스패닉 사람들이 땅의 소유권을 주장한 것이다. 둘째로 심혈을 기울인 계획이 막 성과를 거둘 즈음 빌이 해고당했다(파벌 싸움에 밀렸기 때문이다). 어쨌든 빌은 야심찬 계획을 시도했고 잠시 동안이나마 농업 자급자족 프로젝트에 가능성이 있다는 것을 입증했다.

*

제임스 칼턴은 테혼에서 실험한 아이디어에 영향을 받았다. 1862년 초가을 새로 준장으로 진급하여 뉴멕시코에 오자마자 칼턴은 테혼 모델을 나바호 문제에 적용했다. 칼턴은 남군 침략 때문에 조성된 불안감과 텍사스인들이 다시 쳐들어올지 모른다는 두려움을 진정시킬 방법을 찾았다. 이 지역 전체가 이미 전시체제에 들어가 있고 사회 전체가 긴장하고 흥분한 상태인데 이렇게 솟구치는 힘을 무언가 유용한 쪽으로 쏟아 붓는 게 좋지 않은가? 칼턴은 바로 계엄 상태를 선포하고 야간 통행금지와 통행증 발급을 의무화하고 자신의 권위를 나바호 문제를 해결하는 데 집중시켰다. 칼턴은 강박에 가까운 집중력을 발휘하며 미국이 "모든 것을 바로잡을 것"이라고 한 커니의 오래전 약속을 실현하기로 결심했다.

"이번에 이곳에 와서, 신의 축복 아래 이 문제를 영원히 해결할 계획을 펼치는 것이 나의 직업적 사명이자 주민들과 정부에 대한 의무다. 나바호 인디언들은 이미 오래전에 대화로 문제를 해결할 단계를 넘어섰다. 채찍질로 다스려 우리를 두려워하게 만들어 주민들을 죽이고 훔치는 일을 그만두게 해야 한다."[79] 칼턴은 이렇게 적었다. 칼턴은 윌리엄 아니의 추정치를 인용하며 1862년에만 나바호가 히스패닉과 백인 농장에서 양 3만 마리 이상을 훔쳐 25만 달러의 손해를 입혔다고 했다. "오래전부터 이 지역을 괴롭혀온 최대의 악을 제거하기 위해 새로운 처방을 해야 한다"고 그는 결론지었다.

칼턴 대장의 '새로운 처방'은 테혼 실험을 더 큰 규모로 재개하는 것이다. 이번에는 1850년대 페코스 강 유역을 탐사할 때 그를 매혹시켰던 보스케레돈도를 무대로 할 것이다. 이 생각은 제우스 머리에서 아테나가 튀어나오듯 그의 머리에서 완전한 상태로 나왔다. 마치 평생 그 문제를 고심해왔던 것처럼. 그는 보스케레돈도가 그의 '대작품'이 될 것이라며 바로 이 일에 착수했다. 1862년 10월 31일, 샌타페이에 도착한 지 채 몇 주도 되지 않아 보스케에 새로 군 초소를 세우라는 명령을 내렸고 섬너 요새라는 이름을 붙였다.

일단의 장교가 보스케레돈도를 탐사하러 파견되었으나 이 외딴곳이 요새로도 인디언 보호구역으로도 적절하지 않다고 보고했다. 푸른 오아시스가 쾌적하기는 하나 "가축이 풀을 뜯을 수 있는 곳에서 너무 멀리 떨어져 있다"는 것이다. "건축 자재도 먼 곳에서 가지고 와야 한다. 주위의 골짜기 상당 부분은 봄철 홍수에 침수될 위험이 있다."

가장 큰 문제는 페코스 강둑에 쌓인 하얀 가루에서 떨어져 나온 흰 결정이 물에 섞여 있어 물이 알칼리성이고 맛이 씁쓸하다는 것이다. "페코스 강물은 몸에 좋지 않은 광물질을 많이 함유하고 있다"[80]고 보고서는 단언했다.

칼턴은 부정적인 보고서를 읽고 격노했다. 칼턴은 장교들이 제기한 여러 가지 일리 있는 우려를 무시하고 계획을 계속 추진했다. 11월에는 섬너 요새 건설을 명령했고 나바호를 정복하고 이들을 그가 사랑하는 둥근 숲으로 보낼 전쟁 계획을 세우기 시작했다.

"나바호와 평화 상태를 유지하는 것은 이들이 보스케레돈도 땅으로 이동한다는 전제조건에서만 가능하다. 그곳에서 푸에블로 인니언처럼 농경민족이 되고 유목 생활을 그만두어야 한다. 완전한 복종이 아니면 소멸뿐이다."[81] 칼턴의 최종 결론은 마운틴메도스 보고서에서 실린 모르몬 교도 상황에 대한 평가와 섬뜩할 정도로 흡사하다. "뜸만 가지고는 치료할 수 없는 궤양이다. 완전하고 철저히 제거해야만 한다."

나바호 관련 계획에 대해 글을 쓸 때 칼턴은 꽤나 열정적이다. 보스케레돈도는 "두 대양 사이에서 가장 아름다운 전원"이라고 했다. 1만 2,000명에 달하는 민족을 고향에서 강제로 추방하는 것은 처음에는 잔인하게 여겨질 테지만 결국에는 "가혹함이 가장 인도적인 처사"가 될 것이라고 했다. 디네가 페코스 강 유역에 재정착하면 좋은 일들이 있을 것이다. 칼턴의 계획은 나바호를 한데 모아 "그들 땅의 언덕과 은신처에서 먼 곳으로 데려가 친절하게 대해주는 것이다. 아이들에게 읽고 쓰는 법을 가르치고, 평화를 가르치고, 기독교의 진실을 가르친다. 아이들은 곧 새로운 습관, 새로운 생각, 새로운 생활 방식을 습득할 것이다. 나이 든 인디언들은 곧 죽을 것이고 그들이 죽고 나면 그들에게 잠재한 살인과 강도짓에 대한 갈망도 사라질 것이다. 어린아이들이 그 자리를 차지하게 되면, 차츰차츰 행복하고 만족스럽게 살아가게 되리라. 나바호 전쟁은 오직 옛날의 일로만 기억될 것이다."[82] 10년이 채 되기 전에 나바호는 "뉴멕시코의, 어쩌면 미국 전체의 인디언 부족 가운데 가장 행복하게 정착한 이들이 될 것"이라고 그는 예언했다.

칼턴의 낙관주의는 순진하면서도 이상하게 전염성이 있었다. 지역 지도자 거의 대부분이 칼턴의 신조 아래 결집했다. 칼턴 장군은 거창한 말로 오래된 갈등에 새로운 개념을 덧대었다. 칼턴이 오기 전에는 나바호 전쟁에 관한 어휘는 거의 전적으로 처벌 원칙을 중심으로 했다. 구약에서 말하는 의미대로의 징벌이다. 군대는 나바호를 '응징'하고 '위압'하기 위해서, '정부의 힘과 제재'를 느끼게 하기 위해 존재하는 것이었다. 그러나 이제 노블레스 오블리주의 개념, 백인의 의무라는 개념이 담론에 포함되었다. 칼턴은 나바호를 벌하는 대신 가르치고, 일종의 거친 사랑을 베풀어 "행복하고 만족스럽게" 살게 만들자고 제안한다.

테혼 모델을 나바호 갈등에 적용하려는 시도는 애초부터 강제적인 시도, 둥근 구멍에 네모난 못을 박아 넣는 것과 같았다. 칼턴은 두 상황 사이의 뚜렷한 차이를 알아차리지 못하는 듯했다. 알아차렸더라도 무시했을 것이다. 테혼으로 이주한 인디언들은 대부분 호전적이지 않고 사냥 수렵 생활을 했고 자기들이 원래 살던 터전에서 멀지 않은 테혼에서 농경 생활을 하겠다고 '자발적으로' 동의한 사람들이었다. 여러 세대 동안 에스파냐 선교집단과 가까이 살았고, 집약농업 방식, 농장 경영에 적합한 밀집 주거 따위가 이들에게는 낯설지 않았다. 뿐만 아니라 이들은 소규모의 힘없는 여러 부족이 모인 집단이었고 뚜렷한 공통의 과거도 뚜렷한 공통의 미래도 없고 인구가 빠른 속도로 줄어가던 와중이었다. 이들은 빌의 실험에 참가한들 잃을 것도 없었고, 아마 크게 얻은 것도 없을 것이다.

나바호는 전혀 달랐다. 이들은 넓은 지역에 퍼져 사는 민족이고, 부유했고, 자기네 방식을 고집했고, 변화에 개방적이었으나 자기들이 원하는 대로만 변화했다. 나바호는 농사도 지었으나 양을 사랑하는 반유목민이라 테혼에서 시도한 밀집 방식을 절대로 좋아하지 않을 것이다. 차코 협곡에서 아나사지가 어떤 종말을 맞았는지 보았기 때문에 밀집 사회를 극도로 경계했다.

가장 큰 차이는 디네의 강력한 힘일 것이다. 태혼에 모인 부족들처럼 나바호도 정치 조직은 없었으나 대신 확고하고 결집력 있는 문화적 중심이 있어 그 힘이 사방으로 뻗쳤다. 공통의 언어와 신앙 체계, 풍부한 신화로 물든 뚜렷한 정체성을 지닌 문화였다. 자긍심이 강한 디네는 쉽사리 강제하여 움직일 수 있는 사람들이 아니었고 안전히 새로운 삶을 시작하게 한다는 건 더더군다나 어려운 일이었다.

뿐만 아니라 보스케레돈도는 나바호 땅에서 거의 650킬로미터 떨어진 곳에 초원으로 둘러싸여 있어 나바호가 잘 알고 사랑하는 장엄한 붉은 바위의 세계와는 완전히 동떨어진 곳이었다. 칼턴의 계획은 그러니 1830년대 이후로는 없었던 규모의 강제 이주를 하겠다는 것이었다. 1830년대에는 미국 남동부의 체로키 인디언이 강제 이주를 당하여 오클라호마까지 가는 처절한 '눈물의 길Trail of Tears'을 겪어야 했다. 나바호를 몰아 보스케레돈도 농장에 집어넣으려면 싸울 수밖에 없었다. 디네는 결코 자기네 땅을 자발적으로 떠나지 않을 것이다.

역사적으로 보아 전망이 밝지 않은 계획이었다. 오래전부터 나바호와의 싸움은 언제나 힘겹고 결국 별다른 성과가 없는 일이었다. 마치 수은 방울을 주워 모으려 하는 것과 같았다. 에스파냐인들은 전력을 다했으나 디네를 제대로 응징할 수 없었고 멕시코인들도 마찬가지였다. 미국인들도 거의 20년 동안 이곳을 지배했지만 별 효과를 보지 못했다. 메인 주에서 온 양고기 구레나룻 선생이 대체 무슨 근거로 자기는 할 수 있다고 생각한 걸까?

칼턴은 평생 인디언들을 쫓았고 이 일을 어떻게 하면 더 잘할 수 있을까 고심해왔다. 칼턴은 나바호를 무릎 꿇리려면 어떻게 해야 하는지 나름의 생각이 있었다. 다른 방식의 전쟁을 해야 했다. 지속적인 게릴라 전법과 사정없는 초토화 전술을 병행해야 했다. 추적하고 굶주리게 만들어 항복하게 하고, 작물을 불태우고 가축을 죽이고, 적막한 산자락과 양쪽이 절벽인 협곡 안에 속속들이 숨은 사람들, 남녀노소를 가리지 않고 모두를 괴롭혀야 했다. 커니 시대의, 거추장스러운 옷을 차려입은 용기병 부대는 나바호를 상대로 아무런 힘이 없다는 것을 칼턴은 알았다. 칼턴은 전통적인 기마부대는 도착하기 며칠 전에 벌써 '산속의 늑대들'에게 발각될 것이라고 했다.

대신 칼턴 대장은 부하들을 몰래 이동하게 할 것이다. "인디언은 사슴보다도 더 주의 깊게 경계한다. 솜씨 좋게 사냥해야 한다. 우연히 맞닥뜨리는 일은 있을 수 없다. 이들은 자기가 더 힘이 셀 때가 아니면 적 앞에 모습을 드러내지 않는다."[83] 칼턴은 러시아 기병 코사크 연구에서 많은 것을 배웠고 현대 미국 기병대도 서부에서 인디언들과 싸울 때 러시아 엘리트 부대의 방식 일부를 차용해야 한다고 강력히 주장했다. 칼턴은 코사크처럼 자기 부대도 언제나 가벼운 군장으로 이동하고 밤낮으로 적을 쫓아야 한다고 했다. "큰 소리와 연기를 내거나, 낮에 무기가 햇빛에 번뜩이게 하거나, 밤에 모닥불을 피우고 이야기를 하며 편히 자거나, 대규모로 이동하면 안 된다. 소규모로 눈에 뜨이지 않게 적의 은신처로 이동해 참을성 있게 적이 올 때까지 기다려야 한다. 혹은 뚜렷한 목표를 가지고 여러 날 동안 적의 자취를 쫓아야 한다."

나바호와 싸울 때는 핵심 전략도 바꿔야 했다. 이제는 재빠르게 응징하고 떠나는 게 목표가 아니었다. 한 해 내내 지속적으로 괴롭히고 사정없이 압박을 가해 사기를 떨어뜨리는 것이다. "지금의 목표는 산에 돌아다니는 늑대만큼이나 신뢰할 수 없는 민족에게 숨 돌릴 틈 없이 압박을 가하는 것이다."

*

나바호를 그들의 땅에서 몰아내려는 칼턴의 열정에는 감추어진 또 하나의 동기가 있었다. 금 냄새를 맡은 것이다.

아마도 캘리포니아에 있을 때 다른 사람들이 엄청난 부를 축적하는 것을 너무 많이 보았기 때문인지 몰랐다. 어쩌면 지질학적 지식이 충분해서 지형을 대략 살피기만 해도 금이 있다는 걸 알아낼 수 있다고 자신했는지도 몰랐다. 혹은 그저 상상의 날개를 펼쳤을 수도 있다. 아무튼 장군은 별다른 근거도 없이 나바호 땅에는 이 땅의 두 번째 금맥이 묻혀 있다고 굳게 믿었다.

실상은 이랬다. 제임스 칼턴은 뉴멕시코의 상태에 당혹해했다. 뉴멕시코에는 부도 영예도 없고, 워싱턴에서도 하찮게 취급되어 준주 상태인 뉴멕시코를 주로 승격시키고자 하는 사람은 아무도 없었다. 의회에서도 인디언 문제에다가 전반적인 미개 상태까지 겹친 뉴멕시코는 국가 예산만 까먹는 곳이라 치부하는 분위기였다. 여러 해 동안 의회에서는 이 지역을 멕시코에 돌려주자는 제안을 진지하게 고려했다. 이런 무의미한 땅에 뭐 하러 피와 돈을 쏟는가?

칼턴은 뉴멕시코의 미개함을 부끄러워하는 한편, 다른 동료들이 동부 남북전쟁의 주요 전장에서 영광을 얻는 것을 보고 부러웠을 것이다. 군대에서 두각을 나타내려면 뉴멕시코에서 무언가 멋들어진 일을 해내야만 했다. 무언가 높은 가격표를 붙일 수 있을 만한 일. 이미 남북전쟁으로 머리가 무거운 워싱턴의 회의론자들에게 자신의 야심찬 계획이 들어간 비용만큼의 가치가 있다고 설득하려면 매혹적인 명분을 제시해야 했다.

만약 뉴멕시코 땅 밑에 가치가 있다면? 콜로라도와 캘리포니아에서도 금맥이 발견되었는데 이곳이라고 없을 게 뭔가? 전혀 터무니없는 생각은 아니었다. 이 지역의 척박한 지형, 휴화산과 하늘을 찌르는 산과 이 세상 것이 아닌 듯한 원추형 화산을 보면 무언가 값진 보물이 그 아래에 있을 것 같다. 사실 여러 세기 전부터 뉴멕시코에서 사람들은 땅을 파보았다. 처음에 코로나도를 이곳으로 이끈 신화 속의 일곱 도시는 나타나지 않았지만 힐라 유역에 은이 다량 묻혀 있었고 오르티스 산맥에서는 석탄과 터키석 광층이 발견되었고 다량의 구리가 매장된 곳이 주름진 땅과 배수로 여기저기에 있었다.

그러나 칼턴이 가장 큰 관심을 둔 것은 금이었다. 칼턴은 뉴멕시코에 금이 있다고 확신했다. 헨리 핼릭 장군에게 "캘리포니아만큼, 아니 그 이상으로 광물자원이 풍부한 땅이 리오그란데에서 북서쪽으로 네바다까지 뻗어 있습니다"라고 말하기도 했다. 즉 나바호 땅에 있다는 것이다. 칼턴은 "풍성한 지역······ 엄청난 광물 왕국입니다. 신이 우리를 축복하시어 금이 바로 발아래 묻혀 있어 캐내기만 하면 됩니다"라고 말했다.

칼턴이 이런 주장의 근거를 어디에서 얻었는지는 분명하지 않다. 단지 그랬으면 하고 바란 것처럼 보인다. 핵심은 이렇다. 나바호 땅에 금이 "있을지도" 모른다. 안전한 지질 탐사를 위해, 광맥을 발견한 뒤에 광부들이 안전하게 이동하기 위해, 디네를 반드시 몰아내야 한다. 칼턴은 상관에게 자기가 뉴멕시코에 온 이래로 한 일 가운데 "인디언들을 몰아내 주민들이 농지를 확보할 뿐 아니라······ 이 땅에 귀금속 광맥과 광상이 있다면 찾을 수 있게끔 한" 성과가 있다고 말했다.

핼릭 장군에게 보낸 다른 편지에서는 한술 더 떴다. 힐라 강에서 "이 나라에서 가장 큰 금광"이 발견되었다고 주장한 것이다. 이 발견의 가치가 어찌나 큰지 황량한 준주에 대한 국가적 시각을 되돌리는 계기가 될 것이며 동부에서 진행 중인 남북전쟁을 승리로 이끌게 할 돈줄이 되어줄 것이라 했다. "뉴멕시코를 국가 예산만 까먹는 곳이라고 멸시하지 마십시오.

여기 들인 돈은 모두 다시 거둘 수 있습니다."[84]

　칼턴은 지위가 지위니만큼 자기가 직접 금을 찾아나서는 것은 모양새가 좋지 않다는 것을 알았다. 그러나 광맥 발견 소식이 전국에 퍼져 광부들이 떼로 몰려오기 전에 나바호 땅으로 가서 부를 쓸어 모으라고 친구나 부하들을 부추겼다. 칼턴은 J. G. 워커라는 대위에게 이런 편지를 보냈다. "다른 사람들이 돈을 벌게 도와봐야 나 자신이 부자가 되는 것만큼 기쁘지는 않겠지. 그러나 거의 비슷한 정도의 기쁨을 얻을 걸세. 부를 얻을 수 있는 적당한 곳, 적당한 때를 맞추지 못하는 게 원래 내 타고난 운이니까."

*

　칼턴은 사금을 일고 앉아 있는 것이 위엄 있는 장군에게 어울리지 않는 일이라고 생각했듯 직접 나바호와 전장에서 싸우는 것도 반드시 필요한 일도 옳은 일도 아니라고 생각했다. 이런 면에서 칼턴은 독특한 사람이었다. 치밀하게 조종하는 사람, 머릿속에 온갖 세부 사항이 다 들어 있는 사람이며 온 정신과 마음을 나바호 계획에 다 쏟아 부었고 이 일의 성공 여하에 군 경력 전체를 걸었으면서도 현장에서 세부 사항을 지휘하거나 자기가 이루려 하는 역사적 사건을 직접 보고 싶은 생각은 털끝만큼도 없었다. 칼턴은 안전한 후방 샌타페이 본부에서 전쟁을 지휘하고 힘겨운 전투는 야전사령관에게 맡긴 부재 정복자가 되려 했다.

　칼턴의 야전사령관이 누가 될 것인가에는 의문의 여지가 없었다. 키트 카슨이었다. 두 사람은 물론 친구였고 다양한 작전을 함께했다. 그러나 사실 칼턴에게는 카슨이 절실하게 필요했다. 16년 전에 커니 장군이 그랬고 그전에 프리몬트가 그러했듯이. 칼턴은 카슨의 추적 기술, 이 지역 주민 사이에서의 인기, 나바호와 복잡다단한 나바호 땅에 대한 지식, 이 지역 다른 부족 사이에서 얻은 좋은 평판 따위가 필요했다. 밸버디에서 카슨은 자기가 단순히 탁월한 길잡이만이 아니라는 것을 입증했다. 전장 지휘관으로서도 능력이 있었던 것이다. 게다가 카슨의 명성은 칼턴의 계획에 국가적 정당성을 부여하고 전설적인 광휘를 덧입히는 효과가 있었다.

칼턴은 카슨이 이 작전에 가장 적합한 사람, 신이 내려준 사람이나 다름없다고 보았고 주저 없이 유능한 카슨에게 나바호 정복을 맡겼다. 칼턴은 젊었을 때 꿈꾸던 작가는 되지 못할 테지만 디킨스가 조언한 대로 서부로 건너왔고 이제 높은 지위에서 역사를 창조함으로써 역사를 쓸 수 있게 되었다. 현실의 키트 카슨이 그 주인공이 될 것이다. 칼턴은 어떤 편지에 이렇게 쏟아 부었다. "카슨 대령의 전 세계적인 명성이 그에게 기대하는 모든 성취를 보장해준다. 그를 유명하게 만든 특별한 기술과 뛰어난 용기를 실제로 사용하여 모두 이루어낼 것이다."

*

임박한 나바호 전쟁의 준비운동 삼아, 칼턴은 카슨에게 뉴멕시코 자원병 1대대 소속 5중대를 이끌고 집중작전을 펼쳐 메스칼레로라고 불리는, 규모는 작지만 성가신 아파치 일족을 한데 모으라는 명령을 내렸다. 메스칼레로는 유목 사냥 수렵 부족으로 뉴멕시코 남쪽 새크라멘토와 시에라블랑코 산맥 근처에 모여 살며 인구는 500명 남짓이었다. 이들의 이름은 이들이 주식으로 삼는 물렁한 섬유질의 메스칼이라는 식물에서 딴 것이다. 그러나 얌전히 뿌리나 캐며 사는 게 아니라 매서운 전투와 습격 기술로 유명했다. 뉴멕시코 남부의 주요 도로에서 텍사스 침공 때문에 혼란한 틈을 타 짐마차 행렬과 농장을 전보다 훨씬 극심하게 공격해 인구에 비해 과도한 범죄를 저질렀다. 메스칼레로 문제도 규모만 작을 뿐 나바호 문제와 유사했다.

칼턴 대령은 신성한 보스케레돈도로 보낼 첫 번째 부족으로 메스칼레로를 낙점했다. '대작품'의 첫 번째 실험 참가자, 실질적 실험용 쥐로 삼을 생각이었다. 칼턴은 카슨 대령에게 메스칼레로를 추격해 그들이 완전히 항복할 때까지 공격의 끈을 늦추지 말라고 명령했다. 겨울이 오기 전에 모두 보스케레돈도로 이주시켜야 했다. 메스칼레로들에게는 보스케레돈도가 아주 낯선 곳은 아니었다. 그들의 터전 중심에서 아주 멀지는 않았고 (160킬로미터도 채 떨어져 있지 않았다) 메스칼레로는 오래전부터 보스케레돈도의 그늘진 강둑을 여름 회합 장소로 사용해왔다.

칼턴은 나바호 작전의 전 단계 작전이 "전부가 아니면 무"의 기획이 되어야 한다고 했고 가차 없이 전투에 임하라고 카슨 대령에게 지시했다. 메스칼레로가 "냉엄한 현실을 깨달아야 한다"며, 그는 카슨에게 냉혹한 명령을 내렸다. "이 부족 남자는 발견 즉시 사살하시오. 여자와 아이들은 죽이지 말고 포로로 삼으시오. 인디언들이 백기를 들고 평화 교섭을 하려 하면, 대령은 변절과 범죄를 벌하러 파견된 사람일 뿐 평화협정을 맺을 권한이 없으며 발견 즉시 사살하러 온 것이라고 말하시오."[85]

카슨은 칼턴의 즉각사살 방침에 놀랐고 복종을 거부했다. 카슨은 100명이 넘는 도망해온 메스칼레로 전사들의 항복을 받아주었다. 아무튼 카슨은 메스칼레로 아파치를 빠른 시간 안에 정복했다. 작전은 한 달 안에 실질적으로 끝났다. 1862년 11월 카슨은 패배한 지도자 다섯 명을 샌타페이로 보내 칼턴 대장과 협상하게 했다. 그 가운데 한 사람인 카데테라는 우두머리는 대표 자격으로 무조건 항복 의사를 밝혔다. 카데테는 에스파냐어와 자기네 언어를 뒤섞어 뜨거운 어조로 말했다. "당신들은 우리보다 강합니다. 당신들 무기는 우리 것보다 낫습니다. 우리는 지쳤습니다. 식량도, 생계수단도 없습니다. 당신네 군대가 사방에 있습니다. 젊은 군인들이 우리 샘과 수원을 모두 차지했습니다. 당신들이 최후의 보루에서 우리를 몰아냈고 우리는 더 싸울 용기가 없습니다. 원하는 대로 하십시오. 그러나 우리가 용감한 사람들이라는 것은 잊지 마십시오."[86]

칼턴은 부족 전체에게 보스케레돈도로 갈 것을 명령했다. 사실 보스케는 이들이 좋아하는 곳 가운데 하나이니 추방은 아니었다. 이들의 가슴을 쓰리게 한 것은 유배 장소가 아니라, 그곳에서 따라야 할 생활양식이었다. 칼턴은 떠돌아다니는 수렵 채집 생활은 끝이 났다고 말했다. 농부가 되어야 한다고 했는데 이들에게는 헤아릴 수 없이 불쾌한 운명이었다. 나바호와 달리 메스칼레로 아파치는 농경을 경멸했고 일종의 노예 생활이라고 생각했다. 자유로운 산사람들의 존엄한 삶보다 훨씬 미천하고 답답하고 좀스러운 일이라고 여긴 것이다.

그러나 칼턴 대장은 다른 선택권을 주지 않았다. 11월 말 항복한 메스칼레로 아파치는 얼마 되지 않은 가재도구를 등에 지고 산에서 나와 페코스 강가에 있는 새로운 터전으로 향했다. 자신의 계획이 이렇게 빨리 실현된 것에 반색하며 칼턴은 워싱턴에 있는 상관 로렌조 토머스 군무국장에게 멋들어진 편지를 써서 보냈다. "오래전부터 두려움의 대상이 되던 살인자 강도 부족이 장래가 기대되는 상태로 변모했다는 소식에 기뻐하실 줄 압니다."

*

카슨은 메스칼레로 작전에서 돌아오자마자 칼턴이 지체 없이 나바호를 추적하기를 바란다는 것을 알았다. 무자비한 작전의 실체를 직접 경험하고 돌아온 카슨은 임무를 거절했다. 메스칼레로 작전이 완전히 성공했다 하더라도 카슨은 전혀 기쁨을 느끼지 못했다. 카슨은 남군을 물리치기 위해 입대했지 인디언과 싸우려고 입대한 것이 아니었다. 카슨은 호세파와 아이들이 있는 타오스의 집으로 돌아가고 싶었다. 몸도 좋지 않았다. 샌완 산맥에서 있었던 승마 사고가 아직도 그를 괴롭혔다. 가슴에 이상한 통증을 느꼈고 말 위에 앉아 있기가 힘들었다. 카슨은 나바호와의 싸움은 메스칼레로 검거보다 훨씬 힘들고 춥고 쓰라리고 엄청난 일일 것임을 알았고 참가하고 싶은 생각이 없었다.

카슨은 1863년 2월 3일자로 사직서를 보냈다. 군복무를 하고 밸버디에서 텍사스인과 싸우면서 자신이 "조상들이 세운 정부에 대한 헌신"을 입증했다고 카슨은 적었다. 만약 텍사스인들이 뉴멕시코로 다시 쳐들어온다면 칼턴 대장 아래에서 "자랑스럽고 기쁘게" 싸우겠다고 확언했다. 그러나 "현재 나의 의무감과 행복은 저에게 집과 식구들에게 돌아가라고 하는 듯합니다. 장군께서 사의를 받아주시리라고 믿습니다…… 우리의 공적 관계가 끊어지게 된 것은 유감이지만 칼턴 장군님 밑에서 복무했다는 것을 평생 영광이자 행복으로 여길 것입니다."[87]

카슨이 칼턴의 인디언 정책의 기본 틀에 반대했기 때문은 아니었다. 오히려 유트 부족을 상대로 인디언 관리관으로 일할 때 카슨은 원주민 보호구역을 설치하는 것이 현명하다는 생각을 하게 되었다. 인디언들 자신을 위해 물리적 격리가 필요하다고 생각한 것이다.

카슨은 서부의 인디언 문제 대부분은 그가 딱 잘라 말하듯 "백인의 침범" 때문에 일어난 일이라고 생각했다. 유트나 다른 부족들이 정착지를 습격하는 것은 그들이 절망적인 상태이기 때문이었다. "굶주려서 절박한 필요에서 저지르는" 일이라고 카슨은 주장했다. 백인 이주민이 인디언 사냥터를 점점 잠식해오고 있었다. 카슨은 유트와 히카리야 아파치의 상황을 이렇게 구술하여 보고했다. "사냥감이 줄어들고 있다. 개척민이 상당수를 죽였고 상당수는 이 땅을 떠났다…… 그래서 사냥으로 생계를 유지할 수가 없다."[88]

동시에 카슨은 백인 미국인 이주의 물결을 막을 수도 없다고 생각했다. 역사가 톰 던리가 지적했듯 카슨은 미국의 서부 팽창의 온당성을 의심해본 적이 한 번도 없었다. 사실 그 움직임이 일어나는 데 카슨 자신이 프리몬트와 다른 몇몇 사람과 함께 누구보다도 큰 영향을 미쳤다. 백인들이 이곳에 와 있다. 이것은 되돌릴 수 없는 사실이었다. 그리고 이들의 존재가 서부 인디언들의 전통적 삶을 위험에 처하게 했다. 원주민들은 변화해야지 그러지 않으면 모두 사라질 것이라고 카슨은 믿었다. 카슨은 이렇게 예언했다. "지금 그대로 놓아둔다면 몇 해 지나지 않아 완전히 소멸하고 말 것이다."

그리하여 테혼 모델을 따라 카슨은 1850년대 내내 백인이나 히스패닉 정착지에서 멀리 떨어진 곳에 유트를 비롯한 부족의 보호구역을 지정하자는 주장을 열렬히 옹호해왔다. 이 보호구역에서 농경과 축산 기술을 배우고 그들의 전통을 유지할 수 있게 하자는 것이다. 카슨의 표현을 빌리면 인디언들은 "자기들끼리 살게 해야 한다." 카슨은 백인과 뒤섞이면서 인디언들의 문화가 망가지고 있다고 진심으로 믿었다. "인디언들이 마을에 오지 못하게 막아야 한다. 정착지에 올 때마다 인디언들은 피해를 입는다." 인디언들은 백인과 교류하며 "대개 미덕보다는 악덕을 배운다"[89]는 것이다. 가장 큰 문제는 술일 것이다. 카슨은 술 때문에 한때 자긍심이 넘쳤던 인디언들의 정신이 완전히 망가진 것을 보았다. "강한 음료에 중독되고" 곧 "퇴락한 부족이 된다"고 카슨은 말했다.

그러나 카슨은 가능하다면 보호구역을 그 부족이 조상 대대로 살아온 땅 안에, 아니면 적어도 근방에 만드는 게 좋다고 생각했다. "보호구역을 지정할 때에는 그 부족이 바라는 바를 어느 정도 존중해주는 것이 최선이다."[90] 미국인들은, 특히 벼락경기가 한창인 서부의 미국인들은 쉴 새 없이 움직였다. 뿌리 없이, 끝없이 부를 좇아서 바람을 따라 떠돌아다니는 듯했다. 앞으로 나아가려는 충동, 특히 서쪽으로 나아가려는 충동은 백인 미국인들의 특징이었다. 그러나 카슨은 인디언 문화를 잘 알았기에 유목 부족들조차도 고향 땅의 익숙한 지형지물을 중요한 상징적 존재로 여긴다는 것을 알았다. 그들은 땅을 신성하게 여겼고 그 땅에서 벗어나면 엄청난 불안을 느꼈다. 고향 땅은 실질적으로 아주 중요한 존재였고 의식과 예식에서도 땅은 부족의 집단정체성의 핵심이자 우주관의 중심을 차지했다.

나바호도 물론 그랬다. 나바호가 끊임없이 움직이는 것은 사실이었지만 이들은 국지적 유목민이었다. 자기가 살던 곳에서 멀리 벗어나는 일은 드물었다. 성스러운 네 산이 이루는 경계 밖으로 나가는 것을 금기시했다. 카슨은 조상 대대로 살아온 땅에서 나바호를 들어내어 수백 킬로미터 떨어진 땅으로 옮긴다면 이 부족의 정신을 철저히 짓밟을 위험이 있고 보호구역의 성공 가능성도 희박해진다는 것을 알았다.

그러나 경험과 개인적 친분 관계로 보면 카슨이 디네를 멀리 떨어진 보호구역으로 보내고 싶어 할 만도 했다. 카슨은 백인이지만 결혼을 통해 히스패닉 사회와 깊은 관계를 맺어 처가 쪽의 편견과 관점을 상당 부분 받아들였을 것이다. 에스파냐어로 대화하며 한 지붕 아래 여러 친척들과 함께 살았으니 생각이 히스패닉화되는 것도 당연한 일이었다. 카슨이 뉴멕시코에서 지낸 동안 히스패닉들은 한결같이 나바호를 공공의 적 1순위로 꼽았다. 그럴 만한 이유가 충분했다. 나바호 전쟁은 "언제나 존재해왔던 세습 전쟁"[91]이라고 카슨은 말했다.

인디언 관리관으로 일하며 카슨은 유트의 친구이자 후원자가 되었는데 유트도 나바호를 최대의 적으로 간주했다. 오래전부터 카슨은 타오스 푸에블로 인디언들과 가까이 지냈는데 이들에게도 나바호는 숙적이었다. 간단히 말해 부족적 충성심 때문에라도 카슨은 디네에게 선입견을 가질 수밖에 없었다. 카슨은 평생 충성주의자였고 어떤 상황에서도 자기와 결탁한 사람이나 무리에 대한 충절을 저버린 일이 없었다. 그러니 이번에도 칼턴이 내준 기회를 기꺼이 받아들일 것으로 예상되었다. 자기 부족의 골칫거리를 제거하고, 친구들의 적을 무너뜨릴 기회 말이다.

그러나 카슨은 거절했다. 그저 피곤했기 때문이었다. 투지가 별로 남아 있지 않았다. 카슨은 평온한 가정생활을 누리고 싶었다.

그러나 제임스 헨리 칼턴은 거절하기 쉽지 않은 사람이었다. 스티븐 워츠 커니가 그랬던 것처럼. 칼턴은 카슨의 사의를 거부하고 계속 설득했다. 특히 완고한 성격을 동원해 각고의 노력을 기울이며 이런 말로 설득했다. 애국자로서, 군인으로서, 친구로서, 이 기회를 놓쳐서는 안 될 것이다. 이 일은 카슨에게 생애 최고의 업적이 될 것이다. 뉴멕시코 사람 모두가 그에게 기대를 걸고 있다고.

41. 일반 명령 15번

작전은 차분하게 시작되었다. 샌타페이, 로스피노스, 리오그란데에서 군대가 조금씩 모여들어 천천히 서쪽 나바호 땅을 향해 나아가기 시작했다. 서두르는 것처럼 보이지도 않았고 주기적으로 디네 땅에 노예사냥을 갈 때 으레 보이는 활기, 흥분감, 함성도 없었고 복수심에 불타는 것처럼 보이지도 않았다. 군인들은 엄숙하고 질서 있는 목적의식을 가지고 움직였고 기운을 아끼는 듯 보였다. 이번에는 다른 때처럼 보복을 위해 잠깐 출동했다가 전리품과 노예 몇을 잡아 보잘것없는 승리를 챙기러 떠나는 것이 아님을 알았다. 이번에는 오랫동안 멀리 떠나 있을 것이며, 민족 전체의 사기를 꺾어 넘어뜨릴 때까지, 1만 2,000명의 민족이 자기들이 가진 모든 것을 포기하도록 만들 때까지 돌아오지 않을 것임을 알았다.

1863년 7월 초였다. 날마다 태양은 찌르는 듯 밝게 빛났고 타는 듯한 더위 아래 강가에서 작물이 영글었다. 흙탕물이 도랑과 수로를 따라 조금씩 흘러 콩과 옥수수 줄기의 갈증을 달래주었다. 시에스타(낮잠)가 필요한 계절이었다. 리오그란데에 사는 사람들은 불에 달구어진 듯한 정오 무렵이면 멍한 상태가 되어 도마뱀처럼 현관 그늘 밑에 숨거나 나무 아래에서 빈둥거렸다. 양 떼도 흔들리는 미루나무 그늘 아래 모여 있었다. 이제 사람들은 낮잠에서 깨어 격려의 말을 외쳤다. 몇몇은 땀에 찌그러진 솜브레로를 살짝 들고 서쪽으로 나아가는 군인들에게 인사했다.

키트 카슨 대령은 대열 맨 앞에 있었다. 칼턴이 무슨 말로 카슨을 설득했는지는 뚜렷하지 않지만 아무튼 성과가 있었다. 불안하게, 여전히 주저하는 태도로 카슨은 자기 평생에서 가장 야심찬 임무를 맡고 출정했다.

카슨 휘하에는 전부 합해 거의 1,000명의 군사가 있었다. 미 육군 장교, 뉴멕시코 자원병, 여러 푸에블로 부족에서 차출한 외인부대, 유트족에서 선발한 척후대까지 있었다. 카슨은 특히 유트 전사들을 자랑스럽게 여겼다. 대부분은 인디언 관리관으로 일할 때 개인적으로 알고 지내던 이들이었다. 이들을 고용한 것은 카슨의 아이디어였다. 카슨은 유트가 디네에게 깊은 증오심을 품고 있어 전투 동기가 강할 테고 이들이 빌라가나 부대의 공식 원군으로 나선 것을 보면 나바호의 사기가 떨어지리라고 예측했다. 카슨은 칼턴에게 이런 편지를 보냈다. "유트는 매우 용감하고 궁술, 추적술도 뛰어나며 전장에서 매우 활력적입니다. 나바호는 오래전부터 유트를 두려워했습니다. 유트 인디언 100명이 그 두 배에 달하는 정규군보다 더 큰 역할을 해내리라고 믿습니다."[92] 결국 카슨의 생각을 받아들여 칼턴은 유트 전사 중에서 최고만 고용할 것을 조건으로 내걸었다. "최고가 아니면 고용하지 않을 것이다. 우리는 철저한 작전을 펼칠 것이고 그것을 해낼 수 있는 사람이 필요하다." 칼턴이 말했다.

카슨은 백인이나 히스패닉 동료보다 유트와 함께 다니는 것을 더 좋아했다. 그리하여 7월 7일 길게 늘어선 부대를 이끌고 리오그란데를 떠날 때 카슨은 가장 신임하는 유트 전사들과 함께 선봉에서 갔다. 그 가운데 유트 전사 지도자 카니아체라는 사람도 있었다. 카슨은 푸른 군복을 입고 있어 덥기도 하고 불편했고 가슴에 잦은 통증을 느꼈으며 눈앞에 있는 힘겹고 까다로운 정복 전쟁 생각으로 마음이 어두웠을 것이다. 카슨은 쉰셋이었고 세월의 흔적을 감출 수 없었다. 이번에는 타오스를 떠나오기가 특히 힘들었다. 메스칼레로 작전 뒤 짧은 휴가 기간 동안 그가 사랑하는 산기슭에서, 돈페르난도 강이 눈 녹은 물을 싣고 빠르게 흐르는 마을의 집에서 행복한 봄을 보냈던 것이다. 카슨 일가는 아직도 불어나는 중이었다. 호세파가 여섯째 아이를 임신했다.

카슨 부대는 일렬종대로 라구나와 아코마 푸에블로를 지나 디네 땅 깊숙이 들어갔다. 카슨은 나바호 옥수수와 밀밭에 말을 풀어놓았고 짐승들이 먹고 남은 것은 모두 없앴다. 마침내 나바호 땅 깊이 세운 버려진 전초지 디파이언스 요새에 도달했다. 이곳에서 카슨 부대는 마누엘리토의 분노를 자아내곤 하던 망가진 건물들을 보수했다. 디파이언스 요새와 자매 초소 윈게이트 요새가 긴 작전 동안 카슨의 본부 역할을 할 것이다. 이곳에 주둔하며 나바호를 무릎 꿇리기 위해 무수히 많은 습격을 감행할 것이다. 카슨 부하들은 오랜 시간을 들여 요새를 재정비했고 마침내 준비가 완료되었을 때 카슨은 칼턴의 전임자 이름을 따서 캔비 요새라고 새로 이름을 붙였다. 캔비는 남군 침략을 막았을 뿐 아니라 지금 벌어지는 나바호 전쟁의 토대를 닦기도 한 사람이었다.

7월 20일 카슨이 캔비 요새에 있을 때 중요하기도 하고 독단적이기도 한 최종 시한에 다다랐다. 여섯 달 전에 칼턴 장군이 샌타페이의 총독궁에서 나바호 지도자 18명과 교섭을 벌일 때 정한 시한이었다. 디네 지도자들은 카슨의 메스칼레로 검거 소식에 무척 놀랐고 다음 차례는 자기들일 거라고 염려했다. 회담 중에 칼턴은 나바호 대표들에게 극도로 공격적인 태도를 취했다. 지도자들에게 부족 전체가 완전히 항복하고 자발적으로 보스케레돈도로 이주하겠다는 확답을 가지고 7월 20일까지 샌타페이로 돌아오라고 말했다. 그날까지 지도자들이 나타나지 않으면 지금까지와는 비교도 할 수 없는 전쟁을 벌여 강제로 이주시키겠다고 경고했다.

에스파냐어 통역관을 통해 칼턴은 나바호 지도자들에게 말했다. "우리는 당신들의 약속을 믿지 않는다. 말만이 아니라 실제로 보여주기 전에는 평화란 없다. 샌타페이로 (7월 20일까지) 돌아오지 않으면 전쟁을 선택한 것으로 알겠다. 그날 이후로 모든 나바호는 적으로 간주될 것이고 그에 따라 처리될 것이다. 그날이 지나면 지금 열려 있는 문은 닫힐 것이다."[93]

그 최종 시한이 지나갔으나 지도자들 가운데 단 한 사람도 나타나지 않았다. 칼턴에게는 그것으로 충분했다. 기독교적 양심을 충족시킬 명분을 얻었으니 이제 전면전을 펼칠 구실이 생긴 것이다. 공격적인 것이 아니라 외교적으로 정당화된 작전, 뚜렷한 경고를 보냈음에도 귀를 기울이지 않은 나바호들에게 대항하는, 어떤 면에서 필요불가결한 작전을 벌일 구실이었다.

다시 말해 앞으로 벌어질 침략은 모두 나바호의 책임이라는 것이다. "결과는 그들에게 달려 있었다"라고 칼턴은 나중에 표현했다.

칼턴은 일반 명령 15번이라는 무미건조하고 규범적으로 들리는 이름으로 전쟁을 선포했다. 문서의 내용은 이렇듯 냉정했다. "오랜 기간 동안 나바호 인디언은 뉴멕시코 사람들을 살해하고 물건을 약탈했다. 따라서 크리스토퍼 카슨 대령에게 군 병력을 이끌고 당장 나바호 땅으로 나아가 그곳에서 나바호 부족 사람들을 상대로 맹렬한 전쟁을 수행할 것을 명령한다."[94]

칼턴은 "탁월한 원정 사령관" 카슨을 전적으로 신뢰했고 "의약품, 식량, 탈것, 화력 등 기본 필수품을 확보"하기 위해 보급품을 재량대로 살 수 있는 전권을 주었다. 그런 한편 성질 급한 장군은 작전의 핵심 사항을 전부, 그것도 최대한 빨리 알고 싶어 했다. 카슨이 리오그란데를 떠나 나바호 땅 황무지로 들어서자마자 칼턴은 카슨 군의 소식에 목말라 했고 먼 곳에서 그들을 조종하려는 충동을 억누르기가 힘들었다. 그래서 쉴 새 없이 카슨을 자극하는 편지를 써댔다. 까다로운 질책과 시시콜콜한 제안을 기계로 쓴 것처럼 깔끔하고 면도날처럼 정확한 필체로 썼다.

카슨 대령이 한동안 편지를 보내지 않은 것에 발끈하여 칼턴은 작전 초기에 정기적으로 최신 정보를 구체적으로 적어 보내라고 요구하는 편지를 보냈다. 칼턴의 말투는 매서웠다. "잘 알아두시오. 대령이 벌인 작전을 구체적으로 기록해 매주 보고문을 보내시오. 파괴된 작물의 규모와 위치, 생포한 가축에 대해 전부 보고하시오. 언제, 어디에서, 누가, 무엇을, 얼마나 처리했는지. 사살한 나바호와 생포한 여자, 아이들의 정확한 수를 보고하시오. 반드시 제때에 보급품을 요청하시오. 시간의 가치는 쉽게 헤아릴 수 없는 것이오. 전력을 다하시오."[95]

카슨에게 압박감을 주는 것만으로도 부족하다고 생각했는지 칼턴은 이런 말로 편지를 마무리했다. "대령에게 많은 기대를 걸고 있소. 이곳에서도 워싱턴에서도."[96]

*

카슨의 행보에 영광스러운 일이란 아무것도 없었다. 대단한 교전도, 전장도, 뚜렷한 승리도 없었다. 미군이 침략해오자 나바호는 늘 하던 대로 했다. 흩어지고 사라지고 수천 개의 은신처, 구석에 숨어들어 쥐 죽은 듯이 지냈다. 그러니 싸울 상대가 없는 카슨의 작전은 어쩔 수 없이 지루한 소모전이 되었다. 1863년 여름과 가을에 카슨이 가한 압박은 점증적이고 누적적이고 가혹하고 인정사정없었다.

목표는 단순할 만큼 뚜렷했다. 나바호가 쓰라린 굶주림을 맛보게 하는 것이다. 상대가 절대 받아들이지 않을 조건을 받아들일 수밖에 없게 하는 방법은 바로 굶기는 것이라는 이론에 따른 것이었다. 카슨은 '초토화'

라는 표현을 한 번도 쓰지 않았으나 실체가 그랬다. 서부에서 이 작전을 체계적으로 사용한 것은 이때가 최초였다. 셔먼이 남부로 쳐들어가 초토화 작전을 쓴 것도 이때로부터 1년 남짓 지난 뒤였다. 전쟁에 어떤 장엄함이나 위엄이 있다고 생각하는 사람도 이 전쟁에서는 그런 면을 찾지 못할 것이다.

8월 5일 카슨은 캔비 요새를 떠나 처음으로 정찰에 나선다. '작열하는 태양' 아래에서 27일 동안 나바호와 호피 땅이 맞붙은 메사 지역을 가로질러 가는, 거의 800킬로미터에 이르는 힘겨운 행군이었다. 가는 길에 카슨은 여남은 명의 나바호를 생포하고 비슷한 수를 사살했다. 그러나 카슨은 디네에게 '뚜렷한 피해'를 입히는 데 실패했고 군사적 가치도 거의 없는 원정이라고 생각했다. 자기가 맡은 임무가 얼마나 불가능한 작전인지 다시금 되새기게 하는 계기가 된 것 말고는.

나바호를 볼 수도 없는데 어떻게 나바호를 항복하게 만들겠는가? 이곳은 유령의 땅이었다. 어딜 가든 최근에 사람이 살았던 흔적이 있었다. 깜부기불, 물렁한 짐승 변, 나무에 걸려 있는 물건들. 그러나 사람은 한 명도 없었다. 한 주 한 주가 흘렀으나 카슨은 여전히 부아만 돋는 숨바꼭질을 하고 있었다. 긴 원정길은 먼지투성이였고 목은 바싹 타들어갔다. "기온이 인내의 한계를 넘어섰다"[97]고 한 병사는 적었다. 누가 보기에도 젊은 사람에게나 걸맞은 일이었다. 전설적이지만 소득이 없었던 이 카슨의 원정에 동반했던 상사 한 사람은 이렇게 말했다. "카슨이 피로와 수면 부족으로 안장 위에서 휘청거리는 것을 보았다. 그러면서도 나바호를 만나길 기대하며 계속 앞으로 나아갔다."

대개는 고작 말 한 마리, 염소 몇 마리, 길 잃은 짐승들밖에 만나지 못했다. 카슨은 예외 없이 짐승들을 잡아 사용하거나 쏘아 죽이게 했다. 나바호 전쟁 참가자 한 사람은 멀리 메사 위에 백마 한 마리가 있는 것을 보았다. 동료 한 사람이 날카로운 벼랑을 기어 올라가 가엾은 짐승을 처리했다. "우리는 눈을 크게 뜨고 뛰는 가슴을 진정시키며 동료가 하는 일을 지켜보았다. 그는 말에게 다가가 발걸음을 멈추었고 곧 총성이 울렸다. 등에 총을 맞은 가엾은 나바호 조랑말은 곧 자기 선조들이 간 곳으로 따라갔다. 끝이었다."[98] 그는 일기에 이렇게 적었다.

나바호를 맞닥뜨리지 못해 쇠설한 카슨은 군대의 움식임을 은폐하기 위한 노력을 두 배로 강화했다. 뉴멕시코 자원병 한 사람은 "기습을 하기 위해 카슨은 행군 중에 절대 불을 피우지 않았다"고 말했다. "조심스럽게 나아갔다⋯⋯ 어찌나 신중했던지 군인들은 그를 비겁하다고 비난하기도 했다."[99] 카슨은 점점 더 소규모 부대를 이끌고 나아갔다. 디네를 기습해서 밖으로 몰아내려고 한 것이다. 카슨은 동이 트기 전에 일어나 유트 척후병을 이끌고 본대는 다른 장교에게 맡기고 떠났다. 몰래 추적했고 운이 좋으면 소규모의 별 소득 없는 전투를 벌일 수 있었다. 다른 병사들이 쫓아와 보면 카슨 대령과 유트 전사들은 벌써 전투를 끝낸 상태였다. 소접전은 금세 끝이 났다.

에번 에버레트 대위는 이 작전 중에 기록된 일기 가운데 오늘날까지 남아 있는 유일한 일기의 저자로 추정되는 사람으로, 카슨의 새벽 공격을 이렇게 기록했다. 8월 28일 아침, "서른 명가량의 무리가 인디언 마을을 경유해 가려고 출발했다. 3시경에 막사로 돌아왔는데 쏘아 죽인 인디언의 머리 가죽 하나를 가지고 돌아왔다. 모양새로 보아 머리 가죽의 주인은 체구가 장대한 사람이었음이 분명하다."[100]

이 출정 가운데 나바호 작전 최초의 사상자이자 놀랍게도 유일한 사상자가 발생했다. 이유는 분명하지 않으나, 용감하지만 지나치게 무모한 젊은 장교 조지프 커밍스 소령이 혼자서 행렬을 훨씬 앞서서 적막한 협곡으로 들어갔던 것이다. 몇 시간 뒤, 6킬로미터 더 간 곳에서 소령의 시체가 발견되었다. 배에 소총으로 상처를 입었다. 총알이 척수를 관통한 것 같았다. 칼턴에게 보낸 보고서에서 카슨은 커밍스에게 별다른 동정심을 표하지 않았다. 소령은 카슨이 특히 혐오하는 부주의하고 허세스럽고 결국 무의미한 그런 행동을 보였다. "커밍스 소령은 명령을 무시하고 협곡 안으로 나아갔습니다." 그러다가 "숨어 있는 인디언에게" 살해당했다고 보고서에 무미건조하게 적었다. 결국 소령은 "분명한 명령을 어겼"고 "무모한 행동의 결과로"[101] 죽음을 당한 것이다. 이유는 알 수 없으나 커밍스는 엄청나게 많은 현금을 지니고 있었다. 4,200달러가 고스란히 그의 몸에서 발견되었다.

싸울 나바호가 없자 카슨은 부하들을 나바호의 밀밭, 옥수수 밭, 멜론 밭에 풀어놓았다. 카슨은 이 사악한 일에 몸을 던졌다. 카슨의 진짜 재능은 약탈이 아니라 추적에 있었지만 일단 파괴에 초점을 맞추고 나자 사악한 창의성이 드러났다. 카슨은 모든 것을 다 생각하는 듯했다. 부하들에게 항아리나 바구니도 발견하는 족족 부수라고 명령했다. 식량을 운반하거나 저장할 수단을 빼앗기 위해서였다. 저장소를 파헤쳐 약탈했으며 짐승을 발견하면 모조리 죽이거나 빼앗았다. 카슨은 유트 전사들에게 나바호 땅에서 알려진 샘이나 소금못은 모두 지키게 했고 한번은 바윗덩어리로 물을 막아 물길을 돌릴 수 있는지도 실험해보았다.

카슨이 칼턴 대장을 위해 부관에게 구술하는 주별 보고서는 대부분 꾸준히 벌어지는 파괴 기록이었다. 이 기록을 보면 멍해질 지경이다. 단조롭고 따분하기가 이루 말할 수 없어 카슨이 이런 암울한 일을 하면서 아무런 즐거움을 느끼지 못했듯 그 일을 보고하면서도 마찬가지 심정이었음을 알 수 있다. 따분하기는 하나 카슨의 보고를 보면 작물 파괴가 점증적으로 진행되고 있다는 것만은 확실했다.

카슨의 8월 일지에 있는 내용이다. "약 28만 제곱미터의 옥수수를 파괴했다.""밀(약 6만 제곱미터)을 짐승에게 먹이고 옥수수(약 20만 제곱미터)를 파괴했다.""9일 막사를 떠난 지 얼마 되지 않아 옥수수 5만 제곱미터를 파괴했다.""모키에서 서쪽으로 19킬로미터 가서 그곳에 있는 약 4,000제곱미터의 밭에서 옥수수를 짐승들에게 먹였다.""16일 행군 도중에 옥수수 20만 제곱미터를 파괴했다.""막사에서 8킬로미터 떨어진 곳에서 잘 자란 옥수수 4만 제곱미터를 발견해 파괴했다. 16킬로미터 더 가 야영지에서 옥수수 밭을 찾아 짐승들에게 먹였다.""짐승들이 먹고 남은 곡물은 짐승들에게 실어 나르게 하거나 명령에 따라 파괴했다.""오전 10시 40만 제곱미터 이상 되는 잘 여문 옥수수 밭이 있는 거대 저지에 도착했다. 파괴하기 위해 여기에서 야영하기로 했다."

기타 등등, 기타 등등. 결국 카슨의 부하들은 수백만 제곱미터에 달하는 막대한 작물을 못쓰게 만들고 불태웠다. 카슨의 어림으로 거의 900톤에 달하는 분량이다. 대부분 다 여물어 추수 직전이었다. 이런 일소 작전의 영향은 시간 차이를 두고 나타날 것이다. 가을이 되어 나바호가 추위와 함께 찾아든 굶주림에 직면하게 되었을 때에야 효과가 나타날 것이다.

카슨은 기다리기만 하면 되었다. 8월 일지의 어느 부분에서 자기 손으로 밭을 모조리 베고 불태워 못쓰게 만든 그 부족의 운명에 대해 생각하는 부분이 나온다. "이들은 비축 식량이 없고 내 명령에 따라 파괴한 곡물에 전적으로 의존한다"[102]고 카슨은 기쁨도 후회도 느낄 수 없는 어조로 적었다. 이 피해 때문에 이들은 "실질적으로 굶주릴 것이고 밖으로 나와 보스케레돈도로 이주할 수밖에 없을 것이다"라고 카슨은 예측했다.

*

사실 소규모의 나바호가 실제로 이주를 받아들이기 위해 캔비 요새로 왔었다. 그러나 불운하게도 마침 카슨이 정찰을 떠나고 없을 때였다. 8월 26일 나바호 네 명이 요새 밖에 나타났다. 목격자의 말에 따르면 "백기를 들고" 왔고 "평화를 요청하러 왔다고 했다. 75명에서 100명 정도 되는 자기네 부족 혹은 씨족이 요새 밖에 있으며 화해하기를 바란다고 했다."

그러나 카슨이 없을 때 대신 초소 사령관 임무를 맡은 고압적인 소령 토머스 J. 블레이크니가 칼턴의 요구 사항에 굴복하러 온 첫 번째 나바호 무리를 받아들일 천금의 기회를 날려버리고 만다. 사면과 우호적 태도를 보이는 대신 블레이크니는 디네 사절을 무례하게 대했다. 먼저 이들을 투옥한 다음 "쓰레기와 죽은 개"를 묻는 일을 시켰다. 그다음 적어도 한 사람을 총살했고 두 사람은 다음 차례는 자기라고 생각해 달아났다.

그래서 카슨이 오랜 정찰을 마치고 8월 31일 돌아왔을 때 요새에는 나바호 사절 가운데 한 사람밖에 남아 있지 않았다. 카슨은 그를 만났고 '작은 발'이라는 이름의 일흔 살쯤 되어 보이는, 겁에 잔뜩 질린 이 노인의 말을 믿었다. 카슨은 작은 발을 딱하게 여겼고 그를 따르는 사람을 데리고 12일 안에 요새로 돌아오라고 했다. 그러나 카슨 대령은 요새에서 있었던 일을 고려할 때 그들이 돌아오리라고 기대하기는 힘들다는 것을 알았다. 카슨은 칼턴에게 이렇게 보고했다. "제가 알기로 이들 인디언은 백기를 들고 왔습니다. 내가 돌아올 때까지 이들을 잘 대접하지 않았다는 사실이 안타깝습니다. 사절들을 어떻게 취급했는지를 생각하면 이들이 요새 주둔군의 선의를 믿지 않는다고 해도 나무랄 수는 없을 것입니다. 이제 이들에게 뜻을 전달할 수단이 단 하나밖에 남지 않았다는 사실, 총을 가지고 그렇게 할 수밖에 없다는 사실이 더욱 한탄스럽습니다."[103]

카슨은 자기가 최초의 무리와 교섭할 수 있었다면 칼턴의 계획을 자세히 설명해주고 식량과 다른 선물로 이들의 마음을 살 수 있었을 것이라고 확고히 믿었다. 이 일이 잘 진행된다면 연쇄작용을 일으켜 대규모 항복을 이끌어낼 수 있을 것이고 길고 긴 작전이 필요 없어질 수도 있었다. 그러나 카슨은 이제 정반대의 상황을 마주하게 되었다. 달아난 사절 둘은 자기네 무리들, 그리고 만나는 다른 무리들에게 항복하지 마라, 그러면 죽음을 당하거나 학대당할 것이라고 말할 게 분명했다. 이 전쟁은 사실상 섬멸전이라고 말할 것이었다.

카슨에게는 장점도 많았으나 사령관으로 한 가지 치명적인 결함이 있었다. 아직도 군대 규율에 익숙하지 않아 제대로 규율을 잡지 못했다. 휘하 부하들을 완전히 장악하지 못했기에 블레이크니가 보여준 어처구니없는 잔인함은 안타깝게도 예외가 아니라 오히려 일반적인 행태였다. 사실상 카슨이 거느린 장교 대부분이 빠릿빠릿하지가 못했다. 툭하면 자기들이 무능하고 제어하기 어려운 무리라는 것을 온몸으로 보여주었다. 과로에 시달리고 급여는 빈약한 데다 술주정뱅이도 부지기수였고 상당수는 아일랜드, 잉글랜드, 네덜란드 같은 곳에서 막 건너온 이민자였다. 그들은 캘리포니아에서 금을 캐거나 동부에서 반란군과 싸우는 것 대신 사막 황무지에서 보람 없는 일을 한다는 것에 불만이었다. 칼턴 대장조차도 그 장교들 대부분을 제 손으로 선발했으면서도 "훌륭한 장교가 부족하여 무척 당혹스럽다"는 사실을 인정했다.

『나바호 일제검거』라는 책에서 로런스 켈리는 카슨 부대를 세세하게 연구했다. 나바호 작전에 복무한 장교 가운데 거의 절반이 군법회의에 회부되거나 불명예 제대했다고 한다. 켈리는 "살인, 알코올 중독, 횡령, 성적 일탈, 탈영, 무능"[104] 따위가 죄목이었다고 밝혔다.

데이비드 매칼리스터 중위는 캔비 요새에서 일직 사관일 때 사병과 잠자리를 하다가 발각되었다. 에번 에버레트 대위는 "술에 취해 어떤 의무도 제대로 수행할 수 없다"는 이유로 군법회의에 회부되었다. 스티븐 코일 중위와 윌리엄 모티머 중위는 사병들 앞에서 "불명예스러운 싸움"을 벌여

피까지 흘렸다는 이유로 강제 사직했다. 존 코필드는 사병을 살해한 죄로 기소되어 군법정에서 유죄판결을 받았다. 부군위관 제임스 H. 프렌티스는 "병원 위스키와 와인 대부분을 훔쳐 사용한 죄"로 기소되었다. 니컬러스 호트 중위는 "지독히 취해서 품행이 좋지 않은 여자와 잠자리를 했다"는 것이 드러났다. 다른 장교는 부하들에게 매춘부를 구해주었다는 것이 밝혀졌는데, 그는 진지하게 자기가 "뉴멕시코 최고의 포주"라고 큰소리를 쳤다고 한다. 온갖 잡다한 징계 기록은 끝도 없이 이어진다. 이 얼간이 부대에 군기 문제가 심각했음을 보여주는 우울한 자료다.

카슨은 블레이크니의 처사를 조사했다. 군의관은 진료 후 평판이 좋지 않은 이 장교가 "신경 쇠약"과 심한 소화불량을 앓고 있다고 주장했고 블레이크니는 곧 해임되었다. 카슨은 블레이크니 사건을 칼턴에게 보고했고 장군은 바로 무뚝뚝한 답장을 보냈다. "내가 항복을 원하는 인디언을 해치지 않기를 바란다고 생각한 것은 옳소. 포로가 된 인디언을 죽이는 것도 허락하지 마시오." 그러나 이런 사소한 실패 때문에 눈앞의 중요한 임무 수행을 지연시키지 말라고 했다. 또 나중에 대화를 바라는 나바호를 만나더라도 강경한 어조를 늦추어서는 안 된다고 했다. 칼턴은 나바호들에게 이렇게 말하라고 카슨에게 다시 주지시켰다. "당신들이 우리를 너무 많이 속였고 너무 오랫동안 강도질을 하고 살인을 저질러 이대로 놓아둘 수가 없다…… 몇 해가 걸리더라도 이 전쟁을 끝까지 수행할 것이다. 당신들이 사라지거나 이주할 때까지. 이 문제에 대해서는 더 이상 논할 여지가 없다."[105]

*

그해 가을, 카슨은 두 차례 더 야심찬 원정을 떠나지만 이것 역시 실패에 가까웠다. 엄청난 수의 노새와 말이 쓰러졌고 일부는 눈에 보이지 않는 나바호 도둑들이 밤에 교묘하게 훔쳐갔다. 유트족 전사들은 칼턴 대장이 작전 도중에 획득한 전리품이나 노예를 가져가는 것을 허락하지 않으리라는 걸 알게 되자 떠나버렸다. 한번은 카슨이 위대한 전사 마누엘리토를 거의 잡을 뻔한 일이 있었다. 아니면 적어도 호피 인디언들이 마누엘리토라고 일러준 사람을 잡을 뻔했다. 그러나 그는 사라졌고 나바호 땅 여기저기에 감추어놓은 비밀 저장고의 옥수수를 먹으며 자기 무리들과 함께 살았다.

11월 말 소규모 출정이 계속 있었으나 별 성과가 없었다. 카슨은 지쳤고 부끄러움도 느꼈다. 카슨은 실패에 익숙한 사람이 아니었다. 더더군다나 이런 대규모 실패는 경험해본 일이 없었다. 칼턴에게 보낸 편지를 보면 실망감이 점점 깊어가는 걸 느낄 수 있다. 카슨은 장군에게 말의 상태가 좋지 않아 겨우내 작전을 계속하기는 어렵다고 생각한다며 '날씨가 좋아질 때까지' 기다렸다가 "대규모 작전"을 다시 시작하는 게 현명하다고 했다. 어떻게 보면 포기하는 것처럼 들렸다.

사실 그랬다. 적어도 당분간은. 카슨은 12월 15일부터 두 달 동안 휴가를 보내달라고 공식 요청했다. 카슨은 산달이 가까워진 호세파를 보고 싶었다. 전장에서 카슨은 시간이 날 때마다 편지를 보냈다. 그 가운데 하나가 아직 남아 있다.

사랑하는 아내에게

내 걱정은 하지 마오. 하느님의 도움으로 다시 만날 테니. 무엇보다도 아이들 돌보느라 너무 지치지 않기를 바라오. 아이들에게 내 이름으로 입맞춤을 해주오. 건강하게 돌아가 죽을 때까지 당신 곁에 있을 수 있게 해달라고 언제나 하느님께 빌고 있소.

    – 당신을 사랑하며 편지만 보내는 게 아니라 직접 만나고 싶은 남편이

카슨은 휴가 요청을 할 때 호세파의 출산에 대한 염려를 직접 거론하지는 않았다. 칼턴에게 "중요한 개인적 용무"가 있다고만 했다. 아무튼 간에 칼턴은 카슨의 요청을 거절하며 이렇게 주장했다. "나에게는 휴가를 줄 권한이 없소."[106] 또 나바호에 대한 압박을 겨울이라고 늦추어서는 안 된다고 했다. "눈이 깊이 쌓였을 때야말로 나바호에게 강한 타격을 미칠 적기요." 칼턴은 딱딱한 어조로 이렇게 덧붙이며 편지를 마무리했다. "더 이상 휴가 요청은 하지 마시오."

그러나 칼턴은 카슨 대령에게 포상을 줄 생각은 있다고 했다. "나바호 100명을 포로로 확보한다면"[107] 잠깐 집에 다녀올 수 있게 해주겠다고 대장이 말했다. 칼턴의 성품에 깊이 뿌리박힌 아버지처럼 굴려는 짜증나는 태도가 잘 드러난 제안이다. 네 임무를 다하라, 그러면 가서 아내를 만날 수 있다.

한 가지 조건이 더 있었다. 끝없이 출정을 했지만 카슨은 나바호 땅의 요새, 캐니언드셰이에만은 발을 들여놓지 않았다. 9월에 협곡의 서쪽 입구에 잠시 머무른 일이 있었으나 안에 들어가기를 고집스레 거부했다. 아마도 심연의 규모에 기가 눌린 듯했다. 카슨은 캐니언드셰이가 "방대하고" "난공불락"이라고 생각했다. 아니면 협곡을 가로지르는 작전을 펼치려면 엄청난 병참 업무가 필요할 터라 엄두를 못 내었을 수도 있다. 전쟁 중에 어떤 군대도 이곳을 가로지르지 못했다. 어쩌면 딕슨 S. 마일스라는 미군 대령이 1858년 협곡 일부를 탐사한 뒤 이렇게 불길한 말을 남긴 것을 알고 있었을지도 모른다. "어떤 부대도 이 안으로 들어가서는 안 된다." 이유가

무엇이었든 캐니언드셰이는 카슨에게는 두려운 존재였다.

그런데 칼턴이 새로운 생각을 해냈다. 카슨이 휴가를 가려면 100명의 포로를 생포해야 하는데, 한겨울에 캐니언드셰이에 들어서 처음부터 끝까지 횡단하며 그렇게 해야 한다는 조건이었다.

42. 나바호의 항복

　　나바호들은 카슨이 캐니언드셰이로 오리라는 걸 알았다. 아마 카슨 자신보다 먼저 알았을 것이다. 아니면 적어도 카슨이 오리라고 가정했을 것이다. 오래전부터 쳐들어온 적이란 적은 모두 거대한 골짜기 안으로 들어왔으나 대개는 끝없는 미로에 당혹해서 거의 아무런 피해도 입히지 못하고 슬금슬금 돌아가곤 했다. 1805년 "두 사람이 떨어진 곳" 학살은 기이한 예외라서 나바호들도 그 일은 거의 입에 올리지 않았다. 나쁜 주술이나 금기 위반 때문에 빚어진 비극으로 생각했다.

　　디네는 언제나 캐니언드셰이를 자기들 최후의 보루이자 성소, 완전히 안전하다고 느낄 수 있는 유일한 곳으로 여겨왔다. 바깥세상이 혼란에 빠졌을 때에도, 역병이나 매서운 적에 시달림을 당할 때에도, 이들은 언제나 이곳으로 돌아와 헤아릴 수 없이 많은 주름 사이에 몸을 숨겼다.

　　캐니언드셰이의 바닥에는 복숭아나무 3,000그루가 있었다. 옹이 지고 벌레 구멍으로 뒤덮인 복숭아나무들이 한겨울 유령처럼 서서 메마른 나뭇가지를 바람에 흔들고 있었다. 이 과수밭은 나바호의 자랑이었다. 뉴멕시코에 에스파냐인이 도착했을 무렵부터 있었던 나무 그루터기에 접붙여 만든 것이다. 여기에 열리는 즙 많은 열매로 해마다 가을이면 복잡한 의식을 치르러 이곳으로 몰려드는 수백 명의 씨족 사람들을 먹일 수 있었다. 사람들은 아흐레 밤 동안 의식 노래를 부르며 심신을 새로이 하고 자기들 그림자가 수백 미터 높이의 벽에 어른거리는 것을 보았다. 이들의 입과 손가락은 새콤달콤한 복숭아 즙으로 끈적거렸다.

드셰이는 풍요로운 곳일 뿐 아니라 백인이 범접할 수 없게 초자연적인 힘이 보호해주는 곳이라고 디네는 믿었다. 예이(나바호 신화 속의 신을 가리키는 말 - 옮긴이) 신 넷이 협곡 깊은 곳에 살았고 위대한 나바호 여신 거미 여인도 이곳에 살았다. 거미 여인은 정겨운 쭈그렁 할머니로 신비스럽고도 현명한 신이었다. 거미 여인은 나바호 여인들에게 베 짜는 재능을 주었고 그런 한편 자기가 사랑하는 사람들에게 무해하고 교훈을 주는 장난을 치는 것도 좋아했다. 거미 여인은 협곡 바닥에서 270미터 높이로 솟은 뾰족한 봉우리 위에 살고 있는데 오늘날까지 이 봉우리는 거미 바위라는 이름으로 불린다. 거미 여인은 틀림없이 드높은 곳에서 나바호들을 굽어보며 그녀의 영역에 침범해 들어오려 하는 적을 물리칠 것이다.

지난여름 키트 카슨이 처음 나바호 땅 습격을 시작했을 때 캐니언드셰이 근방에 사는 디네는 공격에 대비하기 시작했다. 협곡 안쪽으로 몇 킬로미터 들어간 곳, 옆으로 뻗은 골짜기 두 개가 교차하는 지점에 사암으로 된 거대한 모루 같은 바위가 있었다. 나바호들은 모두 이곳을 잘 알고 있고 요새 바위라고 불렀는데 높이가 거의 240미터나 되고 수 세기 동안 침식되어 생긴 가느다란 돌다리로 협곡 벽과 연결되어 있었다. 도시 경관에 비유하면 뉴욕에 있는 플랫아이언 빌딩의 초안이 자연에 있는 것 같았다. 얄팍한 쐐기 모양의 거암이 가파른 각도로 교차하는 세 개의 길이 만나는 지점에 솟아 있다. 요새 바위를 지나치는 사람은 누구나 위협까지는 아니더라도 장엄하다고 느낄 것이다. 그러나 그 가파른 암벽 정상의 평평한 땅까지 올라갈 수 있는 길이 있다고 생각할 사람은 아무도 없으리라.

그런데 그런 길이 있었다. 오래전 아나사지가 암벽 위에 손발 디딜 자리를 거의 보이지 않게 새겨놓았다. 꼭대기에는 100명이 넘는 사람이 야영을 할 수 있을 만한 넓은 공간이 있었다. 동굴과 틈새가 여럿 있어 숨을 곳도 많았다. 지표면 위에 우묵한 데가 많아 빗물을 받을 저수지 역할을 했다. 요새 바위 위에서는 사방 모두가 안전했다. 협곡 바닥에서는 위가 보이지 않았고 협곡 양쪽 가장자리도 너무 멀어 화살 사정거리 밖이었다.

아나사지가 요새 바위를 적으로부터 숨기 위한 비밀 은신처로 사용한 것이 분명했다. 이제 나바호들도 그렇게 하려 했다.

나바호 구전 역사에 따르면 디네는 그해 늦여름 요새 바위 아래에서 만나 어떻게 할지를 의논했다고 한다. "두려움이 나바호 사이에 감돌았다. 적으로부터 위험을 느꼈다."[108] 1973년에 기록된 구전 역사를 들려준 여남은 명 가운데 하나인 아키나브 버뱅크는 이렇게 생생하게 전했다. "그때 적이 우리 땅으로 들어와 우리를 찾아내 죽이려 하고 있었다."

여자들은 식량과 물품을 비축했다. 훈제 양고기, 피뇽 열매, 야생 감자, 주니퍼 열매, 말린 곡물, 말린 복숭아, 담요, 온갖 종류의 물그릇 등. 그러는 동안 남자들은 아나사지가 만든 오래된 디딜 자리를 더 깊게 파서 아이들과 노인들도 쉽게 올라갈 수 있게 했다. 바위가 흔들려 위험한 곳은 든든한 나무다리를 대어 버틸 수 있게 했다. 역사가 데이비드 로버츠에게 구술한 바에 따르면 나바호들은 그때 마지막 부분, 정상 가까운 현기증 나는 곳에는 판데로사 소나무 통나무 두 개를 놓아 사다리로 삼았다고 한다. 40킬로미터가량 떨어진 루카추카이 산맥에 있는 숲에서부터 끌고 온 통나무였다. 나무껍질에 홈을 파서 사다리 가로장 구실을 하게 했다.

몇 주에 걸쳐 진행된 위험하기도 하고 야심차기도 한 공동작업이었다. 요새 바위는 언제나 난공불락의 장소였으나 이런 노력을 통해, 로버츠의 표현을 빌리면, "솟아오른 지느러미"는 "최고의 은신처, 궁극적인 피난처"[109]가 되었다.

위로 올라가는 길이 안전하다고 생각되자 나바호들은 물건과 식량을 꼭대기로 옮기기 시작했다. 오랜 포위 기간 동안 버티는 데 필요하다고 생각한 것은 뭐든지 가지고 올라갔다. 겨울이 다가오자 사람들이 모여들기 시작했다. "군인들이 떠날 때까지 안전한 곳에 있으면 된다. 우리한테는 시간이 있다."[110] 테디 드레이퍼라는 나바호 이야기꾼은 할머니에게 전해 들은 이야기를 들려주었다. "가축은 거의 다 죽여 고기를 손질해라. 추워지고 있으니 이제 떠나야 한다. 눈이 오기 전에 꼭대기에 가 있어야 한다. 남자들이 길을 손보았다. 사다리를 놓았다. 마음을 굳게 먹고 스스로를 지킬 준비를 해라."

12월 어느 날, 눈이 내리기 시작할 때 300명의 남자, 여자, 아이들이 아마도 파수꾼으로부터 빌라가나 군대가 오고 있다는 소식을 듣고는 꼭대기로 올라갔고 사다리와 다리를 치웠다. 악이 자기들 발 아래로 지나가기를 바라면서 조용하게 몇 달을 지낼 생각이었다. 그리고 그래야만 한다면 최후의 항전을 벌일 생각이었다. 마사다 바위 요새에서 로마군에 저항하다가 최후를 맞은 유대인들처럼(이스라엘 왕국에서 예루살렘이 함락된 뒤 유대인 반란군이 마사다에서 로마군에 2년 동안 저항하다 73년 마침내 요새가 함락될 지경이 되자 집단자살했다 옮긴이).

전하는 말에 따르면 마누엘리토도 요새 바위에 있었다고 한다. 그러나 믿기 힘든 일이다. 그때 그가 그랜드캐니언에 있었다는 말도 있고 나바호 산에 있었다는 말도 있고 모뉴먼트밸리에 있었다는 말도 있다. 다시 말해 마누엘리토는 사방에 있었고 또 어디에도 없었다. 마치 유령처럼 도처에 존재할 수 있었던 것은 명성과 부 덕분이었다. 사방에 떠돌아다니며 저항하는 마누엘리토는 사람들의 기운을 돋우는 외침이었으며 희망의 근원이었다.

12월이 지나고 1월이 되자 요새 바위 위에 있던 나바호 300명은 불기 없는 야영지에 살며 체온을 유지하기 위해 담요로 몸을 감쌌다. 미군이 눈에 띄었고 금세 당도하리라는 소식이 전해졌다. 화살을 만들고 창을 갈고 협곡 아래에서 불길한 소리가 들려오지 않는지 귀를 세우고 있었다.

그리고 기다렸다.

*

키트 카슨 대령은 1864년 1월 6일 춥고 흐린 아침, 캔비 요새를 출발했다. 눈이 15센티미터 넘게 쌓였다. 카슨 휘하 500명 가까운 군인이 천천히 움직였고 수소들이 무거운 짐마차를 끄느라 끙끙댔다. 대부분 보병이었고 눈이 군화 아래에서 자박자박 소리를 냈다. 군인들은 담요 또는 세라페를 두르거나 모직 외투를 단단히 채워 입었고 곱은 손을 주머니 깊숙이 찔렀다. 새해를 집에서 멀리 떨어진 이런 황량한 곳, 신이 버린 황무지에서 맞게 되어 불만이 많았다. 시간을 보내기 위해 자기들끼리 전투가를 지었다. 이 엉터리 노래를 겨울의 고요 속에서 우렁차게 소리 높여 불렀다.

대열을 정돈하라, 용맹한 병사들아, 한 줄로 서라.
키트 카슨이 야만스러운 적을 무찌르러 간다.
밤에 모여 눈 덮인 높은 언덕을 넘어 나아간다.
처음에는 응징하고
다음에는 교화하리
겁 없는 나바호들을.[111]

카슨 대령은 말을 타고 행렬 앞뒤로 왔다 갔다 했다. 굳은 결심으로 입을 굳게 다물었다. 며칠 전 카슨은 칼턴에게 "캐니언드셰이에 가는 데 필요한 모든 준비를 마쳤다"고 말했고 칼턴이 오래전부터 주장해온 원정이 마침내 이루어지게 되었다는 것을 알면 반가워하리라고 믿는다고 전했다. "장군이 확신하셔도 되는 일 가운데 하나는, 제가 돌아올 때에는 이 협곡에 관련된 비밀은 모두 사라지리라는 것입니다. 끈기와 열정을 가지고 완전히 탐험하겠습니다."[112] 카슨은 칼턴에게 이렇게 공언했다.

카슨은 자기 부대를 둘로 나누었다. 사병 375명과 장교 14명으로 이루어진 더 큰 분대를 끌고 카슨은 협곡 서쪽 입구로 들어갈 것이고, 앨버트 파이퍼 대위가 이끄는 뉴멕시코 자원병 100명 정도로 이루어진 작은 분대는 동쪽 입구로 들어갈 계획이었다. 칼턴 대령의 생각에 많은 영향을 받은 이 작전은 일종의 협공 작전이다. 두 분대가 협곡을 반대방향에서 가로질러 가운데 어딘가에서 만나는 것이다. 협곡 양쪽을 막아 이곳 사람들이 달아나지 못하게 할 것이다. 칼턴은 이 방법이 최대의 충격 효과를 줄 수 있는 전략이라고 생각했다. 칼턴은 캐니언드셰이가 나바호들에게 어떤 상징적 의미가 있는지 알았다. 카슨이 그곳을 휩쓸고 지나가 난공불락의 요새라는 아우라를 무너뜨릴 수만 있다면, 설령 적의 사상자 수가 많지 않다고 하더라도 나바호의 사기를 떨어뜨리는 데 큰 역할을 할 것이라고 생각했다. 다시 말해 이 작전은 순수하게 군사적인 것이라기보다는 사회심리적인 것이었다. 칼턴은 민족의 정신을 꿰뚫고 들어가 나바호 전체의 투지를 무너뜨리고자 했다.

그러나 눈은 카슨이 미처 예상하지 못한 것이었다. 3일 동안 행군하면 갈 수 있는 거리인데 6일이 걸렸고 이미 약하고 지친 소들이 쓰러지기 시작했다. 가는 길에 수소 27마리가 죽었다. 커다란 몸뚱이가 눈보라에 쓰러져 발을 공중에 든 채로 곧 단단하게 얼어붙었다.

1월 12일 카슨은 협곡 입구에 도착했다. 오늘날 애리조나 주 친리 읍 근방이다. 카슨은 바로 정찰대를 사방으로 보냈다. 협곡 바닥과 양쪽 가장

자리 쪽으로도 보냈다. 안드레스 에레라 상사는 50명의 분견대를 이끌고 곁가지 협곡으로 탈출하려던 나바호 무리를 잡았다. 에레라는 공격을 시도했고 곧 웅장한 황갈색 암벽에 총성이 메아리쳤다. 에레라 부대는 나바호 전사 11명을 죽이고 여자 둘, 아이 둘, 염소와 양 130마리를 사로잡았다. 캐니언드셰이 전투가 마침내 시작된 것이다.

이튿날 아침 카슨은 남쪽 가장자리를 더 샅샅이 조사하기 시작했다. 며칠 뒤에 펼칠 대규모 돌격을 준비하기 위해서였다. 가장자리를 따라 몇 킬로미터를 나아가며 텅 빈 심연을 내려다보았다. 수수께끼 같은 경관을 보며 저격수나 매복조가 숨어 있기에 적합한 지형이라는 것을 걱정할 수밖에 없었다. 대규모 부대를 끌고 협곡 안으로 들어간다는 생각은 카슨의 산사람 본능에 반하는 일이었고 그의 신중한 성격과도 어긋났다. 협곡은 마치 덫처럼 보였다.

카슨은 앨버트 파이퍼와 부하들이 어디에 있을까도 염려되었다. 파이퍼는 지금쯤 협곡 동쪽 입구에 도착했을 것이고 서쪽으로 행군을 시작했을 것이다. 카슨과 부하들은 남쪽 가장자리를 따라 협곡을 살폈다. 그러나 그들은 파이퍼 부대를 볼 수 없었다.

*

앨버트 파이퍼 대위는 다채롭고 어찌 보면 비극적인 인물이었다. 애주가였으나 카슨의 장교 가운데에서는 그나마 가장 능력 있는 사람이었다. 순한 푸른 눈과 건장한 체구를 가졌다. 네덜란드 이민자로 뉴멕시코에 한동안 살았고 카슨처럼 그 지역 여자와 결혼했다. 파이퍼는 성품이 차분했으나 긴장 상황에서는 전혀 달랐다. 전투가 벌어질 가능성이 있을 때면 파이퍼는 이유 없는 분노에 휩싸여 네덜란드어로 거친 욕을 내뱉었고 그를 지켜본 누군가의 말에 따르면 "서부에서 가장 필사적으로 용감한 싸움꾼"으로 변해 있었다.

파이퍼 대위는 몇 달 전에 당한 끔찍한 사고의 충격에서 벗어나지 못한 상태였다. 아파치 땅에서 카슨과 함께 메스칼레로 검거 작전을 벌일 때였다. 파이퍼는 피부병을 앓고 있었던 듯하다. 술 때문에 병이 더 심해졌고 카슨은 그걸 두고 계속 잔소리를 했다. "언제쯤 정신을 차리려고 하나?" 카슨은 파이퍼에게 편지를 보내 이렇게 꾸지람을 했다. "잠시 동안이라도 술을 끊어볼 수 없는가? 얼굴이 나을 때까지만이라도? 내가 다음에 자네를 보았을 때도 얼굴이 그대로면 가만두지 않겠네."[113]

피부병을 고치기 위해 파이퍼는 주둔하고 있는 요새에서 멀지 않은 광천에 주기적으로 몸을 담갔다. 어느 맑은 날 파이퍼가 아내와 함께 온천에서 목욕을 하고 있을 때 아파치 무리가 공격했다. 파이퍼는 활에 맞아 중상을 입었고 아내는 죽었다. 반쯤 벌거벗은 채로 파이퍼는 겨우 막사로 돌아왔다. 그러는 와중에 햇볕에 심한 화상을 입었다. 아내의 죽음으로 파이퍼는 완전히 다른 사람이 되었다고 한다. 인디언들에게 뿌리 깊은 증오를 품게 된 것이다.

파이퍼 대위와 100명의 사병은 1월 11일, 카슨이 서쪽 입구에 들어서기 하루 전에 무사히 캐니언드셰이의 동쪽 입구에 다다랐다. 짐이 가볍고 대부분 말을 타고 있어 빠른 속도로 움직일 수 있었다. 파이퍼는 꾸물거리지 않았다. 바로 협곡 안으로 들어서 가장자리가 얼어붙은 시내를 따라갔고 시내는 깊은 골짜기가 되었다. 거기에서부터 파이퍼는 서쪽을 향해 나아갔다.

그러나 사실 파이퍼는 엉뚱한 협곡에 들어선 것이었다. 어째서인지 캐니언드셰이의 간선을 지나쳐 캐니언델무에르토로 들어선 것이다. 델무에르토는 복잡하게 얽힌 드셰이 협곡의 지선이지만 이곳 역시 웅장하기는 마찬가지였다.

파이퍼는 곡괭이를 든 공병대를 앞세워 얼음과 눈 사이로 길을 내며 계속 나아갔다. 아주 힘든 길이었다. 특히 무거운 짐을 진 노새 한 마리가 갑자기 얼음 속으로 빠졌고 "완전히 둘로 찢어졌다." 굽이를 돌 때마다 여러 조각으로 나뉜 암벽은 더욱 웅대해졌고 으스스한 적막이 이들을 짓눌렀다. 어떤 사람들은 사암 절벽에 자기 이름이나 U.S.A.라는 글자를 새겨넣었다. 이 글자가 오늘날까지도 남아 있다. 군인들은 넋을 잃을 정도로 거대한 바위와 반쯤 가려진 폐허, 벽에 장식된 암각화를 보며 자기도 모르게 입이 벌어졌다. 그러나 넋을 잃고 보던 이들도 곧 사방에 나바호 전사들이 있다는 것을 깨닫고 정신을 차렸다. 나바호는 절벽 위에서, 바위틈 사이에서 미군들의 한 걸음 한 걸음을 지켜보고 있었다. 몇몇은 모습을 드러내고 "쿠거처럼 암봉 위에서 뛰어다니며 야유를 보내고 욕설을 퍼부으며 자기들이 아는 온갖 에스파냐어를 동원해 우리들에게 복수하겠다고 위협했다"[114]고 파이퍼는 적었다.

군인들은 그 와중에 나바호 여자와 아이들 8명을 생포했다. 이들은 파이퍼가 갑자기 동쪽에서 나타난 것에 깜짝 놀란 듯했다. 군인들이 다른 쪽, 카슨이 오는 쪽에서 오리라 예상했던 것이다. 파이퍼는 이들이 극도로 겁에 질렸고 굶주린 것을 알 수 있었다. "거의 굶주리고 있었다. 먹지도 못하고 옷도 헐벗었다"[115]고 파이퍼는 나중에 적었다. 또 다른 곳에서 굶어죽은 것으로 보이는 얼어붙은 나바호 시체 몇 구를 발견했다. 나바호가 절박한 상황이며 카슨이 오랫동안 추진해온 작물과 가축 파괴 작전이 미국인들이 생각한 것보다도 더 심각한 타격을 입혔음을 보여주는 또 다른 증거였다.

캐니언델무에르토 안으로 깊이 들어가자 높은 암벽 위에서 움직이며 저항하는 나바호들이 점점 더 많아졌다. 몇몇은 미국인들에게 엉덩이를 까보였고 몇몇은 이들을 막다른 골목이나 곁가지 협곡으로 유인하려 했으나 실패했다. 이제 협곡 양쪽 가장자리에 나바호들이 보였다. "우리에게 함성을 지르고 욕을 하고 화살을 쏘고 바위를 굴렸다."

파이퍼 대위는 참을 만큼 참았다고 생각했다. 부하들에게 발포 명령을 내렸다. "충실한 라이플로 몇 차례 사격을 하자 인디언들이 흩어졌고 안전하게 이동할 수 있었다." 일제사격으로 "남자 둘과 군인들에게 바윗돌과 나무토막을 끈덕지게 집어던지던 여자 한 명을 죽였다."[116]

이튿날인 1월 12일 파이퍼와 부하들은 요새 바위를 지나쳤으나 그 위에 나바호 300명이 숨어 있는 줄은 전혀 몰랐다. 파이퍼의 보고에도 그런 내용은 없었다. 그러나 나바호의 구전 역사에는 파이퍼의 군인들이 협곡을 누비며 지나가는 광경이 거암 위에 모인 난민들에게 잊히지 않는 인상을 남겼다고 전해진다. 테디 드레이퍼는 할머니에게 들은 이야기를 책으로 냈는데 거기에는 이런 구절이 있다. "군인들이 지나갈 때까지 조용히 있으라는 지시를 받았다. 내가 있는 곳에서는 군인들이 아주 조그맣게 보이긴 했으나 무기도 잘 갖추고 말도 튼튼해 보였다. 우리 바로 아래 교차점에서 군인들이 야영을 했지만 우리 남자들은 공격하지 않았다."[117]

드레이퍼는 이들의 지도자, 다가이라는 부유한 추장이 더 많은 수의 빌라가나 군인들이 "협곡 입구에 있으며 이들을 이끄는 사람은 비이 키치이(키트 카슨)라는 순수한 백인"[118]이라고 알려주었기 때문에 전사들이 싸우지 않고 자제하고 있었다고 전한다.

스산한 겨울 해가 협곡 암벽 뒤로 넘어가자 미국인들은 오래된 호간을 부숴 땔감으로 썼다. 모닥불이 타오르고 군인들은 침낭 안으로 들어갔다. 그날 밤 요새 바위 위에 있던 나바호들은 끝없이 야유하는 소리를 질러 잠자는 군인들을 괴롭히고 싶은 유혹을 참지 못했다. 파이퍼는 이렇게 적었다. "우리가 야영한 곳에서 모닥불 연기가 하늘로 솟았고 그곳, 내 머리 위에 수많은 인디언들이 있었다. 그러나 너무 높아 인디언들이 까마귀 크기로밖에 보이지 않았다. 공격하기에 너무 거리가 멀어 말로 떠드는 것 말고는 어떤 피해도 입힐 수 없었다."[119]

파이퍼 분대는 이튿날 아침 일찍 출발하여 매서운 추위 속에서 계속 전진했다. 굽이를 돌 때마다 파이퍼는 카슨 부대가 보이기를 기대했다. 이 제는 틀림없이 카슨 부대가 보일 때가 되었다고 생각했는데 이상하게도 보이지 않았다. 가면서 계속 나바호 포로를 잡았고 (다 합해서 19명이었다) 캐니언델무에르토 끝까지 가서 캐니언드세이 본선과 만나는 지점에 다다랐다. 그제야, 더 거대한 협곡을 보고서야 파이퍼는 자신의 실수를 깨달았다. 달리 어찌할 바를 몰라 파이퍼는 계속 서쪽으로 갔다.

요새 바위 위에 모여 있던 300명의 나바호는 당분간은 안전했다. 위협이 사라졌다. 그러나 몇 주 뒤면 카슨이 보낸 무장이 잘된 부대가 돌아와 이 요새를 포위할 것이다. 돌아온 군인들은 발포했고 암벽 중간쯤 우묵한 곳에서 돌을 던져 자기 위치를 드러낸 스무 명가량의 전사들을 죽이거나 부상을 입혔다. 그 전투 뒤 미군은 요새 바위 아래에 있는 세일리 시내 옆에서 야영하며 포위된 나바호들이 굶주림에 지쳐 항복하기를 기다렸다. 그러나 군인들은 몰랐지만 바위 위의 나바호들은 이미 갈증으로 천천히 죽어가고 있었다. 눈이 녹아버렸고 천연 저수지도 말라버렸다.

그래서 1864년 2월 어느 달 밝은 밤, 요새 바위에 숨어 있던 난민들은 나바호 구전 역사에 자주 등장하는 작전을 펼친다. 발끝을 디디며 올라가는 위험한 길을 따라 세일리 시내까지 죽 이어진 인간 띠를 만들었다. 시내를 지키던 미군 파수 몇몇은 잠들어 있었다. 몇몇 전사들이 시내 위쪽으로 6미터 높이에 있는 암벽의 평평한 곳으로 기어가서는 유카 줄기로 만든 밧줄에 묶은 호리병을 밑으로 내려 보내 차가운 시냇물에 담갔다. 잠든 미군들 바로 옆에서 밤새도록 호리병에 물을 채웠다. 물이 담긴 병은 연달

아 손에서 손으로 전달돼 가파른 암벽 위 정상에 도달했다. 새벽 무렵에는 물통이 전부 다 찼다.[120]

이 전설적인 업적, 캐니언드셰이 근방에 사는 나바호들이 오늘날까지도 틀림없는 사실이라고 주장하는 이 작전 덕에 요새 바위 위에 있던 300명의 피난민들은 포위 공격을 버텨내고 카슨의 손아귀에서 벗어날 수 있었다. 이들은 끝까지 잡히지 않았다.

*

카슨은 1월 13일 하루 종일 남쪽 가장자리를 따라 캐니언드셰이 전체를 정찰했다. 옆으로 뻗은 길을 따라 협곡 안으로 들어간 사람들의 자취 몇을 보았지만 무시했다. 카슨은 깊은 심연 안으로 내려가는 것에는 아무런 관심이 없는 듯했다. 호기심 때문에라도, 아니면 적어도 들어가 봤다는 말이라도 하기 위해서 들어갈 법도 한데 그러지 않았다. 카슨의 조심스러움은 많은 사람들이 이야기하는 군사적 신중함의 증표일 수도 있지만 몇몇이 짐작하듯 카슨이 그곳을 불길하게 여겼기 때문일 수도 있다. 젊었을 때 카슨은 미신적인 태도를 많이 보였고 이상한 육감과 징조를 중요시했다. 카슨은 드넓은 곳에서 살아온 사람이라 본능적으로 사람이 많은 장소나 답답한 곳을 피했다. 아마도 그런 기질 때문에 대부분 사람, 특히 칼턴이 가장 중요하게 여긴 이 작전을 지금껏 최대한 미뤄왔을 것이다. 아마 그래서 마침내 이곳에 이르고도 안으로 들어갈 생각은 하지 않고 가장자리를 따라서만 움직였을 것이다. 캐니언드셰이는 카슨을 위압했다.

카슨은 파이퍼 분대가 어디에 있는지 의아해했다. 그는 "파이퍼 대위 부대의 안전 때문에 전전긍긍했다." 오후가 되어 날이 흐려지자 카슨의 불안감은 가중되었다. 그러나 해질 무렵, 카슨이 협곡의 넓은 입구 서쪽에 있는 베이스캠프로 돌아왔을 때 파이퍼 부대가 그곳에서 자기를 기다리는 것을 보고 크게 놀라고 안도했다. 두 사람은 서로 포옹했고 기록을 비교하며 불가에서 함께 커피를 마셨다. 두 부대의 합류가 정확히 계획한 대로 되지는 않았지만 그래도 어쨌든 성공하기는 했다. 게다가 사상자가 한 명도 나오지 않았다.

그때 좋은 소식이 또 하나 들려왔다. 나바호 한 무리가 백기를 들고 막사로 찾아와 항복한 것이다. 지치고 굶주리고 추위에 시달린 사람들은 이 전쟁을 그만하고 싶다고 했다. 이들의 대변인이 50명 남짓 되는 자기 무리 사람들 모두 보스케레돈도로 가겠다고 카슨에게 말했다.

딱한 사람들이었다. 카슨은 이들에게 먹을 것과 마실 것을 주고 친절하게 대접했다. 그러나 함께 앉아 협의를 하는 자리에서는 가차 없는 태도를 보였다. "내일 정오까지 돌아오지 않으면 내 부하들이 쫓아가서 죽일 것이다."[121]

이튿날 아침 카슨이 말한 시간이 되기 훨씬 전에 60명의 망명자가 협곡에서 터벅터벅 걸어나왔다. 그들은 완전히 항복하겠다고 말했고 카슨이 시키는 대로 어디든 갈 준비가 되었다고 했다. 카슨은 이들에게 먹을 것과 담요를 주게 했다. 그런 다음 이들의 대변인이 하는 말을 들었다.

"당신네 군인들이 한 일 때문에 우리는 모두 굶주리고 있습니다. 여자와 아이들 여럿이 벌써 굶어 죽었습니다. 오래전에 항복하고 싶었으나 이 전쟁이 섬멸전이라고 생각해 그러지 못했습니다."[122] 나바호 한 사람이 말했다.

카슨이 그렇지 않다는 것을 거듭 확인해주자 이들은 "적잖이 놀란 것 같았고 기뻐했다." 카슨은 계속해서 보스케레돈도가 어떤 곳인지, 왜 미국 정부가 그곳으로 이주하라고 하는지를 설명했다. "정부는 당신들의 복지를 향상시키고자 하오. 당신들을 궤멸시키려는 것이 아니라 구하려 하는 것이오. 당신들이 그걸 바라기만 한다면 말이오."

이 말을 듣자 웅크려 모여 있던 나바호들은 자기네 땅 더 깊이 들어가 더 많은 사람들이 나오도록 설득하겠다며, 자기 민족이 사방으로 수백 킬로미터까지 흩어져 굶주리고 있고 싸울 의지도 없이 겁에 질려 있다고 했다. 이들은 죽음을 당하지 않으리라는 걸 알면 기꺼이 항복할 것이었다.

카슨은 굶주림이 자신의 최대 협력자라는 것을 깨달았다. 60명의 비참한 몰골을 보며 카슨은 또 다른 8,000명, 1만 명, 아니 1만 2,000명의 모습을 그려보았다. 카슨은 이제야 자기가 한 일의 영향이 어느 정도였는지를 깨달았다. 자기들이 이 민족을 얼마나 처참한 궁지에 몰아넣었는지를 처음으로 본 것이다. '초토화'가 의미하는 바가 바로 자기 눈앞에 있었다.

카슨이 기뻐할 까닭은 없었다. 다만 약간의 안도감을 느꼈을 뿐이다. 나바호 부족이 항복하기까지는 아직도 멀었지만 그 추운 날 아침 드디어 무슨 일이 일어났다. 처음으로 디네 무리 일부가 자발적으로 항복해온 것이다. 마침내 카슨은 나바호들과 "총을 가지고 이들에게 뜻을 전달할 수밖에 없"는 게 아니라 직접 얼굴을 맞대고 이야기를 할 수 있게 된 것이다.

카슨은 다시 가서 다른 사람들을 설득하겠다는 이들의 약속을 믿었다. 자기 민족을 위해 자발적으로 사절 노릇을 하겠다고 하니 수차례의 군사 원정보다 전세를 돌리는 데에 훨씬 더 큰 효과를 미칠 것이다. 카슨은 이들에게 최대한 많은 사람들을 데리고 일주일 안에 캔비 요새로 돌아오라고 했다. 카슨은 그곳에 가서 직접 그들을 맞을 것이고, 아무도 다치지 않으리란 것을 자기가 보장하겠다고 했다.

*

이튿날 카슨은 캔비 요새로 돌아갈 채비를 했다. 거기에서 최대한 순조롭고 따뜻하게 포로들을 맞이하고 싶었다. 카슨은 지금은 신중한 외교 활동이 가장 중요한 때라는 것을 알았다. 몇 달 전 블레이크니 소령의 잔인한 명령 아래 벌어진 일이 되풀이되어서는 안 되었다.

카슨은 소규모 분대만을 이끌고 떠나고 부대 대부분은 앨버트 파이퍼와 아서 케어리의 손에 맡겼다. 이들에게 협곡에 머무르며 승리를 굳히라고 지시했다. 처음으로 나바호 60명이 항복해오자 카슨의 전망도 완전히 달라졌다. 싸움의 끝이 보이는 듯했다. 다시 조급증을 느끼며 카슨은 부하들에게 더욱 가차 없이 모든 기회를 이용하라고 했다. 갑자기 카슨도 믿음을 갖게 된 듯했다. 카슨이 하는 말이 마치 칼턴의 목소리처럼 들렸다. "지금이야말로 작전에 더욱 박차를 가할 때다."

카슨은 케어리와 파이퍼에게 이번에는 협곡 중심 줄기를 따라 나아가라고 명령했다. 그리고 모든 것을 파괴하라고 했다. 호간, 수풀, 짐승, 곡식 저장소 등. 초토화 작전을 계속 수행하되 이번에는 나바호의 성소 한가운데에서 자행하라는 말이었다. 항복해오는 디네는 모두 친절하게 맞되 저항하는 사람이나 달아나는 사람은 즉시 사살하라고 했다.

이 일을 수행하는 한편 케어리와 파이퍼는 정찰과 탐사도 약간 했고 심지어 화가를 데려와 스케치하고 지도를 그리게 했다. 협곡의 동쪽 끝까지 나아가서 이들은 카슨이 칼턴에게 약속한 바를 달성했다. "……이 협곡에 관련된 비밀은 모두 사라질 것입니다."

카슨은 이 임무를 파이퍼와 케어리에게 맡길 수 있게 된 것이 특히 기뻤다. 이제 자기가 직접 협곡에 들어가지 않아도 되는 것이다. 다른 사령관이라면 전시에 캐니언드셰이를 횡단한 최초의 미국인이 될 기회를 덥석 물었을 것이다. 당연히 직접 군대를 이끌고 이런 영광스러운 역사적 임무를 완수하겠다고 고집했으리라. 그러나 카슨은 부하들에게 그 영광을 돌리기로 했다. 카슨의 이름은 캐니언드셰이와 연관되어 오랫동안 남겠지만 정작 카슨 자신은 그 안에 한 번도 발을 들여놓은 적이 없다.

그러나 떠나기 전에 카슨은 악마 같은 아이디어를 낸다. 순전히 공격적인 행동 하나를 더 했던 것이다. 아마 칼턴이 제안했을 터이지만 실제 명령을 내린 사람은 카슨이었다. 카슨은 장교들에게 캐니언드셰이에 있는 복숭아나무를 모조리 베어버리라고 명령했다.

파이퍼와 케어리는 곧 매서운 겨울 날씨 속에 과수밭을 파괴하는 일이 실행 불가능하다는 사실을 알게 된다. 그러나 카슨 부하들은 여름까지 명령을 충실하게 완수한다. 그 유명한 과수밭이 톱과 횃불 속에 스러졌다. 수천 그루의 복숭아나무, 디네의 자랑이 난도질당했다.

이 일이 나바호의 마음속에 어떤 영향을 미쳤는지는 헤아리기 힘들다. 오래전부터 가꾸어온 대규모의 과수밭을 모두 파괴해버린 일은 최고로 치사한 공격이었다. 마치 이렇게 말하는 것 같았다. "너희들의 존재 전체, 너희들이 가진 것 모두를 영원히 모욕할 것이다." 나바호는 이 일로 카슨을 결코 용서하지 않을 것이다.

*

카슨은 서둘러 캔비 요새로 돌아갔다. 1월 말이 되자 나바호들이 찾아오기 시작했다. 처음에는 두셋씩, 조금 지나자 10여 명씩, 나중에는 수십 명씩 몰려왔다. 캐니언드셰이에서 카슨을 만난 나바호 60명이 항복하는 편이 낫다고 선전한 탓이다. 그들은 수천 명 이상이 더 올 것이라고 말했다. "끊임없이 들어오고 있습니다. 이 행렬이 계속 이어져 이 지역에 있는 마지막 인디언까지 보스케레돈도를 향해 떠날 것이라고 믿습니다."[123] 카슨은 칼턴에게 이렇게 써 보냈다.

카슨은 앉아서 캐니언드셰이 작전 보고문을 불러주었다. 그런데 부관이 카슨의 구술을 약간 부풀리고 치장한 듯하다. "우리는 지금껏 알려지지 않은 요새를 완전히 탐사했습니다. 아무리 접근 불가능하고 위협적인 곳이라 하더라도 이 부대의 추적을 벗어날 수는 없다는 것을 인디언들에게 보여주었습니다. 또 그들 다수에게 정부의 태도가 자비롭다는 사실을 뚜렷이 확인시켰습니다." 카슨은 이렇게 선언했고 캐니언드셰이 작전의 전과를 확인했다. "사살 23명. 생포 34명. 항복 200명. 양과 염소 200마리 포획."124

그러는 동안 물꼬가 터졌다. 1864년 2월 첫 주까지 800명이 넘는 나바호가 캔비 요새에 도착했다. 몇 주 만에 그 수가 2,500명으로 늘었고 수천 명이 더 오고 있었다.《위클리 뉴멕시칸Weekly New Mexican》의 기자는 보스케 이주를 기다리는 포로들을 보며 "서광이 비치기 시작했다…… 칼턴이 많은 성과를 이루었다"고 전했다.《샌타페이 가제트》는 "지금 이 순간 (캔비 요새 주변의) 언덕 사이와 요새 반경 500미터 안에서 수백 개의 모닥불이 반짝인다. 이 모닥불은 날마다 엄청난 수로 속속 도착하고 있는 평화로운 나바호들이 피운 불이다. 반가운 징조다."125

사실 이런 난민의 물결은 군에서 감당할 수 있는 것 이상이었다. 캔비 요새와 윈게이트 요새에는 이 엄청난 인구를 먹일 식량이 없었다. 카슨은 칼턴에게 나바호들이 굶주릴지 모른다는 우려를 급히 알렸고 빈약한 군량으로는 부족하다고 전했다. "인디언들이 요새에 있을 때나 보스케레돈도로 가는 길에 먹을 양식을 충분히 주는 것이 적절하다고 정중하게 제안합니다." 카슨은 이렇게 주장했다. "이곳에 있을 때 정부가 그들에게 우호적인 의도를 품고 있음을 확신시켜야 합니다. 그렇지 않으면 우리 약속을 신뢰하지 못하고 떠나갈 것입니다."

그러나 카슨은 최악의 상황을 보기까지 캔비 요새에 머물러 있지는 않았다. 장군이 할당한 100명의 포로를 차고 넘치게 채웠으니 휴가를 받아 집에 갈 수 있게 된 것이다. 2월 첫 주에 카슨은 최초 253명의 포로를 호송하러 떠났다. 이들의 정복자이자 후원자인 카슨이 리오그린데까지 무사히 이들을 인도했다. 그곳에서 카슨은 북쪽으로 기수를 돌려 샌타페이로 갔고 무장 호위병이 포로들을 이끌고 나머지 480킬로미터를 더 가 페코스에 있는 칼턴의 보호구역으로 갔다.

샌타페이에서 카슨은 신처럼 대접받았다. 사람들이 샌타페이의 흙길에서 그에게 인사를 하고 끌어안았다. 축하객이 광장에 몰려들었다. 6개월이라는 짧은 기간 동안, 거의 300년 가까운 역사 동안 어떤 야전사령관도 해내지 못한 일을 해낸 것이다.

칼턴 장군도 카슨을 과할 정도로 치하했다. 카슨의 성공을 "로키 산맥의 요새에 깃든 야만인들과 싸우며 보낸 오랜 삶 가운데서도 최고의 업적"[126]이라고 추앙했다. 워싱턴에 있는 상관들에게 보낸 열정적인 보고문에서 칼턴은 캐니언드셰이가 "까마득한 옛날부터 나바호 부족 최대의 요새"였으며 "(존) 워싱턴 대령을 비롯한 여러 사령관이 그곳을 통과하려 시도했으나 결국 발걸음을 돌렸다. 최초의 성공은 카슨 대령 몫으로 남아 있었다"는 사실을 강조했다.

게다가 엄청난 수의 나바호가 캔비 요새로 몰려오는 것을 보고 칼턴은 잔뜩 고무되었다. 나바호 포로는 이제 4,000명이 되었고 계속 늘어나는 추세였다. 칼턴은 "공격 중지"를 선언했다. 2월 27일 장군은 워싱턴의 상관들에게 자신감 넘치는 편지를 보냈다. "나바호 전쟁이 끝났음이 분명합니다." 늘 그렇듯 카슨은 대중의 추앙을 부담스러워했고 캐니언드셰이를 관통하는 역사적 위업을 이룬 사람은 케어리와 파이퍼라는 사실을 서둘러 일깨워주었다.

사실 카슨은 자신의 승리를 그대로 받아들일 생각이 있었다고 하더라도 그걸 만끽할 상황이 아니었다. 거의 탈진 상태였고 통증이 점점 심해졌다. 그때 카슨은 모르고 있었으나 가슴속에서 무언가가 자라나고 있었고 그게 서서히 그를 죽음으로 몰아가고 있었다. 몇 해 전 샌완 산맥에서 승마 사고를 당한 뒤 대동맥에 동맥류가 생겨났다. 조그만 혹이 점점 부풀어 올랐다. 그게 터지기라도 하면 치명적이었다. 카슨은 무언가 문제가 있음을 알았다. 톰 던리가 묘사했듯 "기지로도 용기로도 능가할 수 없는 적이 그를 쫓아오고 있었다."[127]

카슨은 나바호 전쟁을 그만두고 싶었다. "건강 상태가 경고를 보낸다. 이제 더 이상은 나라를 위해 일할 수가 없다."[128] 샌타페이에서 그를 찬미하는 사람들의 손에서 벗어나자마자 카슨은 호세파를 만나러 집으로 달려갔다.

43. 먼 길

그들은 몸에 걸친 낡은 옷 말고는 아무것도 가진 것이 없었다. 한 줄로 수 킬로미터에 걸쳐 늘어선 채 고원사막 지대에 거세게 몰아치는 봄눈 사이로 터벅터벅 걸었다. 나바호 땅에서 벗어나기도 전에 고향에 대한 그리움으로 눈물이 솟았다. 언제나 고통을 껴안고 살았던 사람들이지만 이제 새로운 고통과 슬픔이 가득했다. 그러나 많은 사람들의 얼굴에는 희미한 희망 역시 감돌았다. 이들은 어디를 가더라도 지난해 동안 겪은, 극도의 공포에 시달리며 보낸 비참한 삶보다는 더 낫겠거니 하고 생각했다. 이들은 자기들이 어디로 가는지도 잘 몰랐고 그곳에 어떤 삶이 기다리고 있는지도 몰랐다. 그저 동쪽을 향해서 계속 걸을 뿐이었다.

동쪽은 희망의 방향이었다. 나바호 호간은 아침 해를 맞기 위해 동쪽을 향해 지어진다. 그러나 동쪽은 빌라가나들이 온 방향이기도 했다. 그건 역설이기도 했고 경고이기도 했다. 디네들은 자기들이 기억할 수 있는 한 언제나 성스러운 네 산이 이루는 경계를 떠나서는 안 된다는 말을 들어왔다. 그곳을 벗어나면 의식도 아무런 효험을 발휘하지 못했다. 고대로부터 내려온 노래도 무의미해지고 최고의 약초 치료사도 영험을 잃었다. 난민들은 나바호 땅 밖으로 줄줄이 나가, 아코마와 라구나 푸에블로를 지나 리오그란데를 넘어갔고 해가 뜨는 땅에 이렇게 가까이 다가가는 것에 대해 두려움을 느끼기 시작했다.

잠시 동안은 고개를 돌려 친숙한 푸른 구슬 산(테일러 산)이 갈색 평원 위로 당당한 어깨를 벌리고 아직도 눈을 덮은 채로 솟은 모습을 보며 마음을 달랠 수 있었다. 그러나 하루 이틀 지나자 산이 흐릿해지기 시작했다. 대담한 푸른색이 점점 희미해지더니 마침내 시야에서 완전히 사라졌다. 그때부터 나바호들은 메사를 오르고 비탈길을 내려가고 평원을 느릿느릿 지나갔다. 더 이상 나바호 땅의 흔적을 볼 수 없었다. 그런데도 끝없이 동쪽으로 갔다.

대부분은 나바호라는 것 말고 아무런 죄도 없는 사람들이었다. 습격을 주도한 과격한 젊은이들은 아주 일부에 지나지 않았다. 그러나 몇몇이 저지른 비행의 대가를 많은 사람들이 치러야 했다. 가장 악명 높은 몇몇이 일으킨 문제 때문에 디네 전체가 고통을 겪어야 했다. 가장 가난한 나바호가 가장 먼저 항복했다. 아프고 약하고 버틸 재간이 없는 자들이었다. 그들에게는 아무것도 없었다. 건강도, 가축도, 나라도 없었다.

마누엘리토 같은 사람은 행렬에 없었다. 마누엘리토는 부자였다. 먹고 살 양이 있고 재산이 있어 나바호 땅을 누비고 다니며 저항할 수 있었다. "나는 여기 머물 것이다." 마누엘리토는 사절을 통해 항복을 종용한 군 정찰병에게 이렇게 말했다. "내 목숨 말고는 잃을 것이 없다. 언제라도 와서 내 목숨을 가져가도 좋다."[129] 마누엘리토는 강하고 도전적인 사람, 자긍심이 넘치는 사람이었다. 또 그에게는 마침내 저항을 포기하고 상상도 못할 운명을 맞게 된 가난한 사람들과 다른 점이 있었다. 배를 채울 음식이 아직 있었던 것이다.

이제는 이들한테도 식량이란 것이 있었다. 빌라가나가 준 배급식량도 식량이라면 말이다. 베이컨 냄새를 맡고 나바호들은 구역질을 했다. 커피

콩은 있었으나 콩을 갈 도구가 없었다. 날마다 밀가루를 받았으나 아무 쓸모가 없었다. 나바호들 대부분은 밀가루를 본 적도 없었고 어떻게 해야 할지도 몰랐다. 그래서 날로 입 안에 털어넣었고 그러면 곧 배가 아팠다.

칼턴 장군은 포로들에게 "기독교적 친절"을 베풀라고 부하들에게 명령했고 포로들을 최대한 빨리 안전하게 보스케레돈도로 이주시켜 다시 싸울 필요가 없게 하는 것이 목표라는 점을 주지시켰다. 호위병들이 학대한다면 나바호는 도망가 자기 땅으로 돌아갈 것이고 그러면 다시 전쟁이 시작될 것이다. 칼턴은 나바호는 "미국이 보호해야 할 사람들, 곧 자기 나라를 버렸으니 이제 강력한 기독교 국가가 부양해야 할 사람들"[130]이라고 말했다.

원칙은 친절이었을지 모르나 난민 후송 과정에서 혼란이 증대되면 언제나 그렇듯 최선의 의도는 사라지고 말았다. 군대 통솔은 혼란으로 빠져들었다. 군인들은 여자들을 강간하고 식량을 나누어주지 않았고 노인들을 죽음으로 몰아넣었다. 잔인한 호위병들은 행렬을 따라잡지 못하는 사람을 총으로 쏘고 그 자리에서 썩게 내버려두기도 했다. 나바호의 숙적들, 주니, 예메스, 뉴멕시코인 등이 무력한 이주민들을 괴롭히고 밤사이 여자와 아이들을 훔쳐가는 것도 모른 척했다. 이런 노예사냥이 횡행하자 미군 장교 한 사람은 호위대에 명령을 내렸다. "극도로 경계하지 않으면 인디언 아이들을 훔쳐가 파는 일이 벌어질 것이다."

수백 명의 나바호가 질병, 추위, 피로로 쓰러졌다. 뉴멕시코의 변덕스러운 날씨가 고통을 더했다. 3월 21일 거의 1,000명 가까운 이주민들 위에 눈보라가 쏟아졌다. 군 병참 장교는 눈보라에 대비를 하지 않았다. 땔감도 담요도 넉넉하게 준비하지 않은 것이다. 인디언들 대부분은 거의 벌거벗은 상태였고 곧 동상에 걸렸다. 이 불행한 무리가 보스케에 도달하기까지 길 위에서 110명이 목숨을 잃었다.

*

　이 모든 불행을 초래한 제임스 칼턴 장군이 강제 이주가 일어나는 현장을 직접 보았다는 기록은 전혀 없다. 칼턴은 대개 샌타페이 본부에 머무르며 쉴 새 없이 펜만 놀렸다. 그러나 자기가 통치하는 넓은 준주 전역에 걸쳐 벌어지는 대탈주에 대한 최신 정보와 세부 사항을 끝없이 보고받았다. 칼턴은 이 행군이 아름다운 메타포, "자명한 운명"의 필연적인 최종 단계를 압축해 보여주는 이미지라고 생각했다. 앵글로색슨의 서진 이주 물결과 대치되는 동진 이주인 것이다.

　"민족 전체가 조상들의 땅으로부터 집단으로 이주하는 광경은 무척 애처롭다." 칼턴은 이렇게 적었다. "여러 해 동안 그토록 용맹하게 우리와 싸워왔는데. 그들의 산과 웅대한 협곡을 영웅적으로 지켜왔는데. 그러나 결국 그들도 우리 민족의 한없는 진보 앞에 무릎을 꿇을 수밖에 없는 운명을 맞았다."[131]

　칼턴은 나바호 작전의 경과에 어찌나 만족했던지 그해 늦여름 그답지 않게 휴가까지 떠났다. 오래전부터 샌타페이 위로 우뚝 솟은 거대한 민둥산 볼디 봉을 오르고 싶어 했다. 높이가 3,600미터가 넘고 산양과 곰 말고는 아무도 얼씬하지 못하는 볼디 봉은 많은 사람들이 뉴멕시코에서 가장 높은 봉우리라고 잘못 알고 있었다. 이렇듯 매력적인데도 어떤 백인도 정상에 오르지 못했다고 한다. 적어도 칼턴은 그렇게 알고 있었다.

　그래서 8월 어느 날 장군은 친구 몇과 함께 장엄한 산을 향해 떠나 며칠 만에 정상에 다다랐다. 정상 가까이에는 오늘날 캐서린 호수라고 불리는 차갑고 푸른 호수가 있다. 볼디 봉의 이끼에 덮인 바위 위에서, 야생화가 자라는 높은 초원에서 칼턴은 서쪽을 바라보았고 나바호 땅을 볼 수 있었다. 한눈에 새로 정복한 영역 전부가 보였다. 칼턴은 금이 있으리라고 철석같이 믿는 깔쭉깔쭉한 구릉과 메사를 보았다(몇 달 뒤에 칼턴은 앨버트 게이스 베네딕트라는 사업가이자 광맥 조사가에게 자기 이름으로 "모든 암층, 광층, 금이 함유된 석영 광맥"을 탐사할 대행 권한을 준다).

아마 칼턴이 쌍안경으로 제대로 찾기만 했으면 나바호 난민들이 보스케의 새 집을 향해 걸어가며 흙먼지를 피워 올리는 "애처로운 광경"도 볼 수 있었을 것이다. 그러나 칼턴은 산들바람이 불어오는 볼디 봉의 정상에 그리 오래 머물지 않았다. 다만 정복의 정점에 오른 미국 정복군 장군이 할 만한 일을 하나 하고 내려왔다. 칼턴은 정상에 성조기를 꽂았다.

*

잠시 동안 칼턴은 정말로 세계의 정상에 선 듯했다. 뉴멕시코 주민들은 그를 사랑했다. 그를 "남서부의 구원자"라고 불렀다. 링컨 대통령도 그의 수고를 치하했다. 준주지사는 칼턴의 영예를 위해 "기도하고 감사하는" 특별일을 제정했다. 신문은 그를 로마의 신이라고 칭송했다.

"그를 보라!" 한 논설위원이 약간은 경박스럽게 이렇게 적었다. "군인 망토가 토가처럼 그의 몸에 우아하게 드리웠고, 입은 굳게 다물었으며, 얼굴은 주피터 같다. 칼턴은 이 땅을 지배한다."[132]

장군은 추가로 수천 명의 나바호가 캔비 요새와 윈게이트 요새에 모여 동쪽으로 떠날 준비를 한다는 소식을 듣고 기뻐했다. 나바호족 거의 전체가 항복했다. 또는 곧 항복할 것이다. 나바호들의 이주는 대략 3주 정도 걸렸지만 날씨, 땅 상태, 경로에 따라 조금씩 달랐다. 한차례의 이주가 아니라 여러 단계로 이루어진 이주였고 볼썽사나운 행렬이 몇 달 동안 계속 이어졌다. 전체적으로 보면 성서에나 나올 만한 대규모 강제 이주였다. 미국 역사에서 최대 규모 가운데 하나이고, 체로키족의 눈물의 길에 버금가는 규모였다. 1864년에서 1865년까지 거의 9,000명의 나바호가 보스케레돈도로 이주한다. 그리고 약 500명이 길 위에서 죽었다.

이 대규모 강제 이주를 일컫는 나바호들만의 이름이 있다. 축소어법을 썼으나 오히려 더 절절하다. 바로 '먼 길Long Walk'이다.

나바호들에게는 이 행군의 마지막 부분인 황무지가 가장 힘겨운 여정이었다. 마지막 몇 킬로미터 동안에 땅은 점점 메말라가고 점점 평평해지고 점점 고향과 다른 곳이 되었다. 햇살에 달구어진 흙이 발아래에서 부서졌고, 고도가 나바호 땅보다 수백 미터는 더 낮은 황량한 땅에 식물이라고는 촐라 선인장, 메스키트, 크리오소트뿐이었다. 특징 없는 땅에는 아무도 살지 않았다. 이따금 멀리에서 페커리돼지나 가지뿔영양이 열기로 생긴 아지랑이 속에서 어른거릴 뿐. 마침내 나바호들은 페코스 골짜기 안쪽으로 들어왔고, 마치 환영처럼 보스케가 보였다. 반짝이는 커다란 푸른 땅덩어리로, 섬너 요새라는 새로 지은 어도비 요새가 그 옆을 지키고 있었다.

처음에는 그다지 끔찍한 곳은 아니라는 생각이 들었다. 그늘이 있고 강도 꽤 컸고 땔감도 많고 공간도 넓었다. 감옥처럼 여겨지지는 않았다. 울타리도 방벽도 없고 감시탑도 차꼬를 찬 포로도 없었다. 디네의 움직임을 통제하는 것은 '초소'밖에 없었다. 여기저기에 띄엄띄엄 전략적으로 배치한 소규모 막사를 그렇게 불렀다. 둘레는 또 얼마나 컸던가. 나바호들은 보호구역이 강 양쪽으로 눈으로 볼 수 있는 곳 끝까지 뻗은 거대한 땅덩이라고 들었다. 실제로 면적이 100제곱킬로미터 정도였으니 델라웨어 주와 비슷한 크기다. 이 낯선 땅의 면적만은 적어도 비슷하게 친숙했던 셈이다. 규모 면에서는 거의 나바호다웠다.

도착한 지 며칠 되지 않아 디네는 강 동쪽에 11킬로미터 길이의 중심 수로와 옆으로 뻗은 수로 여럿을 파는 일에 투입되었다. 칼턴이 파종지로 계획한 수 제곱킬로미터의 땅에 물을 대기 위해서였다. 다른 나바호들은 홍수를 막기 위해 9킬로미터 상류에 공병대를 도와 댐을 지었고, 또 다른 사람들은 군인들이 섬너 요새 안에 어도비 벽돌 건물을 세우는 일을 도왔다. 막사, 영내 매점, 장교 숙소, 감옥 등. 나바호들은 이 일이 빌라가나에게 자기들을 지배할 더 강력하고 호사스러운 본부를 만들어주는 것이라는 사실을 모르지 않았다.

칼턴은 첫 여름에 풍작을 거두어 나바호들이 자급자족으로 살아갈 수 있기를 바랐다. 뜻밖에도 나바호들은 이 일에 즐겁게 매진했다. 나바호들은 자기들이 무슨 일을 하는지, 왜 하는지 잘 알았다. 농업은 이들이 잘 알고 사랑하는 일이었다. 밀, 수수, 쌀, 순무 등을 심었고 나바호의 주식인 옥수수를 가장 많이 심었다. 7월이 되자 강가 옥수수 밭에 옥수수가 크고 싱싱하게 자랐다. 굵은 옥수숫대가 눈부시게 바람에 흔들렸다. 칼턴은 옥수수 이야기를 듣고 헤아릴 수 없는 뿌듯함을 느꼈고 상관들에게 추수가 끝나면 "나바호들이 아메리칸 인디언들 가운데 가장 부유하고 윤택한 무리가 될 것이 분명합니다"라고 적어 보냈다.

*

키트 카슨은 타오스에서 짧고 달콤한 휴가를 즐겼다. 겨울에 호세파가 여섯째 아기를 낳았다. 딸이었고 레베카라고 이름 지었다. 두 달 동안 집에서 지낸 뒤, 1864년 봄 카슨은 나바호들의 집단 항복을 지켜보기 위해 캔비 요새로 돌아갔다. 그 뒤 5월에는 보스케의 '감독관'이라는 새로운 직책에 지원했다.

카슨의 능력과는 잘 맞지도 않고 표도 안 나는 관리직이었지만 카슨은 그 자리를 따내려고 물밑작업까지 했다. 나바호 작전 마무리 단계에서 쓴 보고서에 카슨은 "인디언들과 친숙한 사람, 그들에 대해 잘 알고 그들도 잘 아는 사람, 그들이 믿는 사람"이 보호구역을 맡아야 한다고 썼다. 감독관은 "인디언들에게 필요한 것을 제공해주고, 분쟁을 조정하고, 인디언들과 그들과 제한적으로 교류하는 시민들 사이를 잘 중재해야 하며, 인디언들에게 노동을 가르치고 지시해야 한다. 인디언들이 어려움에 처했을 때 실질적인 조언과 도움을 구할 수 있는 사람이어야 한다."[133] 카슨은 아버지 같은 인물, 다정하지만 엄한 사람, 나바호들이 "느끼지 못하게 그들을 재훈련"할 수 있는 사람이 그 자리에 있어야 한다고 생각했다. 나바호가 "문명 생활의 습관이나 관습을 받아들이도록 성급하게 강요해서는 안 된다"고 주장했고 그런 한편 "퇴보하도록 내버려두어"서도 안 된다고 했다. 결국 감독관은 꾸준히 모범을 보여 "예전의 삶을 잊어버리고 새로운 삶에 적응하도록 가르쳐야" 한다는 말이다.

카슨은 그 자리에 임명되었고 가능성이 보이던 초기에 보스케레돈도 감독관으로 일했다. 나바호들이 첫 작물을 심고 적어도 어느 정도 희망을 품고 새로운 삶을 시작하려 할 때다. 카슨은 우호적이고 공정한 지도자의 모습을 보여주었다. 나바호들은 그에게 외경심을 품었다. 그들의 위대한 전쟁의 신 살인자 괴물처럼 키트 카슨은 전설적인 일을 해냈다. 어떤 나바호도 신이 아닌 사람이 그런 일을 해낼 수 있으리라고는 생각하지 못했다. 나바호들이 보기에는 마치 카슨이 마법의 올가미를 자기들에게 던져 모조리 잡아끈 것 같았다. 그래서 두려움과 존경이 섞인 마음으로 그들은 카슨에게 새로운 이름을 붙였다. '밧줄을 던지는 사람'이라고.

1864년 여름 동안 옥수수는 크고 풍성하게 자랐고 카슨은 디네를 위해 쉴 새 없이 일했다. 더 많은 물품과 의약품을 달라고 탄원하고, 군인들을 격려하고, 나바호의 불만에 귀를 기울였다. 카슨은 보스케 계획이 한순간에 실패로 돌아갈 수 있다는 것을 알았고 최초 몇 달이 불안한 실험의 성패를 결정지으리라는 것을 직감했다. 혹시라도 카슨이 믿음을 저버리지는 않는지 나바호들이 늘 주의 깊게 지켜보고 있다는 것도 의식했다. 카슨은 칼턴에게 이렇게 적어 보냈다. "아무리 사소한 것이라 할지라도 모든 약속을 충실하게 구체적으로 지키는 것이 극히 중요합니다. 그러지 않으면 안 그래도 의심이 가득한 인디언들이 불안감을 느낄 것이고 불신이 빠른 속도로 퍼질 것입니다."[134]

의도는 좋았으나 밧줄 던지는 사람은 새로운 직책에 잘 맞지 않았다. 카슨은 여러 재주가 있었으나 관리직만은 도무지 적성이 아니었다. 카슨은 곧 자기 지위를 싫어하게 되었고 규칙과 충돌했고 사방에 만연한 비효율과 부패에 분개했다. 나바호 땅에서 작전을 펼칠 때 그랬듯이 호세파가 너무나 보고 싶었다. 두 사람은 아직도 너무나 먼 곳에 있었다. 보스케는 타오스의 집에서 300킬로미터 넘게 떨어진 곳이었다. 카슨은 책상 앞에 앉아서 읽을 수 없는 서류를 뒤적이며, 재정적으로 여유가 없고 전쟁에 시달리는 정부가 잘 들어줄 턱이 없는 식량과 장비 요청을 하면서 석 달 동안 고통스럽게 애썼다. 자기가 싫어하고 능력도 안 닿는 일에 이렇게 매인 기분이 든 것은 마구 제조업자의 도제였을 때 이래로 처음이었다. 그 자리는 "내가 차지할 만한 자리가 아니"[135]라고 카슨은 적었다.

카슨은 칼턴에게 "저에게는 인디언 문제에 관한 실질적 권력도 통제력도 없습니다. 도의적인 것 말고는"이라고 불평했다. 이 일에는 미묘한 정치력이 필요했는데 그것은 카슨의 능력 밖이었다. 카슨은 군이나 민간 권위자와 자주 부딪혔다. 특히 섬너 요새 사령관과 충돌이 잦았다. "요구를 해야 할 입장인데 명령을 하게 됩니다." 카슨은 이렇게 투덜댔다. "이 자리가 군에서 저 정도 직위에 있는 장교에게 맞는 자리라고 생각하지 않습니다." 여름 내내 카슨은 여러 차례 사임하려 했으나 칼턴이 받아들이지 않았다. "당신을 당신 계급보다 낮은 지위에 임명할 의향은 전혀 없소"라고 칼턴은 말했다.

카슨이 이 일을 싫어한 이유 중 하나는 보스케의 장기적 성공 가능성에 대한 회의에서 나온 것이 분명했다. 벌써 칼턴의 장대한 실험은 균열을 보이기 시작했다.

우선 나바호는 보호구역을 함께 나눠 쓰고 있는 메스칼레로 아파치와 사이가 좋지 않았다. 칼턴이 두 부족을 한데 모아놓은 것은 잘못된 전제에 근거한 것이었다. 두 부족이 아사파스카 계열 친척이라 언어도 비슷하니 쉽게 어울릴 것이라 생각했다. 그러나 실제로 두 부족 간의 증오는 몇 세기 전부터 내려온 뿌리 깊은 것이었다. 자연히 나바호와 메스칼레로는 걸핏하면 싸움을 벌였고 무장 경비병이 지속적으로 감시해야 했다. 두 부족의 끝없는 싸움이 카슨에게는 끝없는 두통을 일으켰다.

또 메스칼레로는 나바호가 밤에 자기네 무덤을 파서 손톱, 발톱, 머리카락을 잘라간다고 했다. 그것을 디네 약초 치료사가 강력한 주술용 부적으로 쓴다는 것이다. "한밤의 약탈 때문에 심각한 불만이 계속 터져 나왔다"[136]고 보스케 역사가 제럴드 톰슨은 기록했다.

거기에 더해 주거 문제가 있었다. 칼턴 대장은 나바호에게 푸에블로 인디언 주거지처럼 아파트 같은 건물을 짓고 살라고 했다. 칼턴은 밀집 주거를 주요 목표 가운데 하나로 삼았다. 한곳에 모아놓으면 감시하고 통제하고 가르치고 개종하기도 쉽기 때문이다. 칼턴은 보스케레돈도의 모든 세부 사항을 속속들이 그려보았고 아파트 기본 설계까지 직접 관여했다. 화단에다가 멋진 안마당까지 계획하고 "세상에 어떤 인디언 마을도 아름다움에 있어 이것을 따라올 수 없을 것이다"라고 말했다.

그러나 카슨이 나바호들을 데리고 칼턴이 계획한 아파트 건설을 시작하려 했을 때 나바호들은 떨떠름해했다. 이들은 이런 식으로는 살 수도 없고 살지도 않을 것이라 했다. 그들의 기질에 반하는 일이었다. 그 건물의 어떤 방에서 누군가가 죽으면 건물 전체를 버려야 할 터였다. 이들은 호간을 짓고 싶었다. 호간을 지을 목재가 충분하지 않다면 차라리 땅을 파서 만든 원시적인 흙집에서 살 것이고 그것도 너른 땅 여기저기에 퍼져 살 것이다.

푸에블로 형태로 살지 않겠다는 거부감이 너무 강해서 엄청난 고집쟁이 칼턴도 결국 포기해야 했다. 칼턴은 군이 오두막에서 살겠다면 그래도 되지만 대신 한 줄로 다닥다닥 붙여서 질서정연하게 지으라고 말했다. 감독관 카슨은 나바호에게 누군가가 죽으면 죽은 사람의 가족들은 악령이 머무는 집을 비우고 줄 끝에 새로 집을 지으면 된다고 말했다. 이 원칙이 한동안은 지켜지는 듯했지만 사실 나바호들은 바둑판 모양으로 집을 짓고 사는 것을 전혀 좋아하지 않았다. 아무렇게나 흩어져 사는 게 이들의 성정에 맞았다. 시간이 흐르자 이들은 다시 예전의 유목민 생활양식으로 돌아가서 보호구역의 황무지 안에서 모계사회를 이루며 소규모 씨족끼리 함께 계속 움직이며 살았다. 그러나 예전처럼 대규모 양 떼를 먹이기 위해서 이동하는 게 아니라 아무 뜻 없이 그냥 돌아다니는 것이었다. 이들은 움직이기 위해서 움직이는 것처럼 보였다. 언제나 그렇게 살아왔으니 말이다.

나바호들은 칼턴의 다른 '문명화' 계획도 완고하게 거부했다. 샌타페이의 장 밥티스트 라미 주교의 도움을 받아 칼턴은 신부가 상주하는 교회를 설립했고 나바호들에게 읽기, 쓰기, 수학을 가르칠 학교도 세웠다 그러나 나바호는 기독교적 우주관을 이해할 수가 없었다. 무수히 많은 여성 신을 지닌 나바호에게는 남성 유일신주의가 위험스럽게 여겨졌고, 멀고도 먼 땅에 사는 선택받은 민족의 이야기에서 아무 의미도 찾을 수 없었다. 영성체나 고해성사 같은 의식은 기이하게만 느껴졌다.

한편 초등학교는 성과가 있는 듯했다. 적어도 처음에는 그랬다. 나바호 부모들은 아이들을 무더기로 학교에 보냈다. 그러나 사실은 칼턴이 출석한 학생들에게 식권을 하나씩 주었기 때문이다. 이 포상이 사라지자 아이들은 더 이상 학교에 오지 않았다. 나바호는 종이나 칠판에 쓴 이상한 표시가 무슨 소용이 있는지 납득하지 못했다. 대부분의 부모들도 교육 목적에 의심을 품었고 아이들에게 백인들의 사상을 심어주려는 시도에 본능적으로 저항했다.

내내 아이들의 미래를 강조해온 터라 칼턴에게는 학교의 실패가 심각한 걸림돌이었다. 어른들이야 이미 포기했다. 나이 든 사람들에게는 나바호 땅에서 가져온 전통적인 삶, 그의 표현에 따르면 "떠돌아다니며 게으른 삶을 살고자 하는 야만적 욕망"이 너무 깊이 뿌리박혀 있어 바꾸기가 힘들었다. 그러나 이 "광활한 부족 감화소"에서 아이들은 바뀔 수 있으며 정부는 그렇게 만들 책임을 지고 있다고 생각했다. 칼턴은 인디언 젊은이를 "문명화"하는 문제에 있어서는 곧잘 감상주의에 빠지곤 했다. 아이들의 미래에 대한 낙관이 그들 부모의 퇴락한 관습에 대한 혐오감만큼이나 강력했다.

칼턴은 아이들을 가엾게 여겼고 특히 카슨의 초토화 작전 때 고아가 된 아이들을 염려했다. 뉴멕시코 수도회인 로레토 수녀회에서 새로 고아원을 설립했을 때 칼턴은 나바호 아이를 처음으로 직접 그곳에 데려갔다. 어린 여자아이였다. 수녀들은 그 아이에게 칼턴의 성을 따서 메리 칼턴이라는 이름을 붙여주었다.[137]

*

다른 무수히 많은 문제가 생겨났고 감독관 카슨은 쉴 틈이 없었다. 나바호 수백 명이 페코스 강의 알칼리성 물을 마신 탓에 이질을 비롯한 장질환에 걸렸다. 그 물 말고는 다른 마실 물이 없었지만 그 물에 독성이 있고 나쁜 영혼이 깃들어 있다고 생각하는 나바호들도 있었다.

미군들도 그 물을 싫어했다. 한 병사는 아내에게 보낸 편지에 이렇게 적었다. "페코스 강은 거대한 평원을 가로질러 굽이굽이 흐르는 작은 시냇물인데 물맛이 끔찍해. 사방 80킬로미터 안에 마실 물이라곤 그것밖에 없는데, 알칼리가 가득해 마치 피마자유 같아. 물을 떠서 약간 데운 다음에 보통 비누를 가지고 몸을 씻잖아? 그런데 씻으면 씻을수록 점점 더 더러워져."

땔감 부족은 나쁜 물보다도 더 심각한 문제였을 것이다. 몇 달 지나지 않아 섬너 요새의 여러 건물을 짓는다고 보스케의 큰 나무들이 모두 잘려나갔다. 이제 나바호들은 땔감을 모으러 더 멀리까지 가야 했다. 그것도 화력이 좋지 않은 메스키트 덤불밖에는 없었다. 메스키트는 뿌리가 깊이 박혀 있어 땅에서 힘들게 파내어야 했는데 대개는 맨손으로 그 일을 했다. 나중에 군인 특별임무대와 인디언들은 북쪽으로 30~50킬로미터 더 올라가 피뇽 소나무를 베어 강물을 따라 흘려보냈다.

식량 배급 남용을 막기 위해 군대에서 날마다 종이 식권을 나누어주었지만 나바호는 종이에 찍힌 모양을 위조해 가짜 식권을 수천 장 만들어냈다. 위조를 막기 위해 군대에서는 금속 토큰을 만들었다. 그러나 보스케에서 최근에 미국인들로부터 대장장이 기술을 배운 젊은 나바호 대장장이들이 토큰을 위조하는 데 탁월한 솜씨를 보여주었다. 결국 군대에서는 나바호의 복제 기술을 넘어서는 복잡한 무늬가 있는 동전을 워싱턴에 요청해야 했다.

또 매독이 보호구역과 군 초소 전체에 만연했다. 식권 한 장이나 옥수수 가루 한 통이면 나바호 소녀를 마음대로 할 수 있다는 것을 알게 된 군인들이 질병을 마구 퍼뜨렸다. 어디에서나 이 질병의 증상을 볼 수 있었다. 이상한 발진, 머리가 군데군데 빠지는 것, 실명, 갑자기 정신을 잃고 착란을 일으키는 등. 매독으로 인한 상처가 어찌나 흔한지 말에 앉기 힘들어

하는 군인이 태반이었다. 섬너 요새 군인들은 대부분 캘리포니아 제1기병대 소속이었는데 이 대대가 남북전쟁 중 어떤 부대보다 성병 감염률이 높았다. 군의관이 매해 사병 가운데 거의 50퍼센트를 치료했다고 한다.

한 장교는 나바호 여자들이 "정절에 대한 개념이 전혀 없으며" 이들이 "최대한 초소에 가까이 오지 못하게 해야 한다"고 적었다. 그러나 그의 권고는 아무런 소용이 없었다. 몇몇 나바호 부모들은 먹을 것을 구하기 위해 어린 딸들에게 (열두세 살 정도밖에 안 된 아이들까지도) 몸을 팔게 했다. 군인 막사에 드나들던 나바호 여자 가운데 여럿이 임신을 했다. 제럴드 톰슨의 기록에 따르면 이들 가운데 상당수가 빌라가나 군인의 아이를 가진 것을 수치스럽게 여기고 "조악한 방법으로 낙태를 시도하다가 목숨을 잃었다."[138]

나바호들을 끝없이 괴롭히는 또 다른 걱정거리는 코만치 인디언들의 습격 위협이었다. 보스케레돈도는 코만치 땅 가장자리에 있었는데 나바호의 숙적 코만치는 이 보호구역이 얼마나 공격에 취약한지 알고 바로 공격을 시작했다. 코만치는 동이 트기 전에 몰려와 양, 말, 여자, 아이들을 훔쳐갔다. 칼턴이 나바호들의 무장을 허락하지 않았기 때문에 나바호는 스스로를 보호할 수단이 전혀 없었다.

기이한 운명의 뒤바뀜이었다. 이제 나바호들은 자기들이 뉴멕시코인들에게 위풍당당하게 가하던 위협의 희생자가 되었다. 섬너 요새 군인들이 이따금 코만치 습격자들을 쫓아가기도 했으나 별 성과가 없었다. 문제가 너무 심각해지자 늦여름 칼턴 대장은 코만치를 상대로 대규모 군사원정 계획을 세우기 시작했다.

유일하게 잘되어가는 것은 수염을 늘어뜨리고 여름 햇살 아래 익어가는 옥수수뿐인 듯했다. 배수가 되는 거대한 밭, 그 안에 깃든 풍작에 대한 기대만이 보스케레돈도를 무너지지 않게 지켜주었다. 그곳에 칼턴의 '대작품'의 자부심과 미래(만약 그런 것이 있다면)가 있었다.

*

추수 몇 주 전 작물을 살피던 군인이 무언가 이상한 것을 발견했다. 솜털로 뒤덮인 꾸물꾸물 기어가는 작은 벌레가 줄기에 들끓었다. 그는 이삭 하나를 벗겨보고 문제를 깨달았다. 옥수수 알이 자라지 못해 거의 보이지 않을 지경이었다. 수염에는 윤기가 없고 이삭은 썩어 있었다. 군인은 긴 고랑을 따라 내려가며 이 이름 모를 게걸스러운 해충이 밭 전체를 모조리 먹어버린 것을 확인한 뒤 '빌어먹을 벌레가 이삭의 낱알 전부를 먹어버린 것 같다'[139]고 칼턴 장군에게 보고했다.

이 사태가 이렇게 충격적이고 치명적이었던 것은 벌레가 옥수수 껍질 안쪽 보이지 않는 곳을 파먹어서 그 피해가 겉으로는 전혀 드러나지 않았기 때문이다. 줄기가 겉보기에 건강하고 굵게 자라는 동안 이삭은 천천히 안쪽에서 파괴되고 있었다.

조사 결과 이 벌레는 거세미(밤나방과에 속하는 나방의 유충-옮긴이)로 판명되었다. 재앙이었다. 군대 농학자는 이 벌레가 어디에서 왔는지 알 수 없었고 나바호들도 마찬가지였다. 구약에 나오는 재앙이 이들에게 닥친 것 같았다. 거세미는 미국 다른 지역에서는 드물지 않지만 서부에서는 한 번도 문제가 된 일이 없었다. 갑자기, 때맞추어, 대규모 단일농법을 처음 시작하면서 나타난 것 같았다.

칼턴은 거세미 소식을 듣고 광분했다. 군인들에게 밭으로 가서 손으로 옥수수 하나하나를 헤집으며 벌레를 모두 잡으라고 명령했다. 절박감에서 나온, 수고스럽기만 할 뿐 실질적으로 현실성이 없는 생각이었다. 칼턴은 부하들에게 밭 군데군데에 당밀 냄비를 놓아두라고도 했다. 달콤하고 끈적끈적한 당밀로 거세미 알을 낳는 나방을 꼬여 당밀에 빠져 죽게 만들겠다는 생각이었다.

'신의 천벌'[140]이라고 할 만한 이 일을 막기 위해 칼턴은 생각해낼 수 있는 모든 방법을 총동원했다. 그러나 아무 소용이 없었다. 12제곱킬로미터가 넘는 밭의 옥수수가 모조리 망가졌다. 첫 번째 실험은 실패로 돌아갔다. 이제 겨울이 눈앞에 다가왔고, 나바호들은 굶어 죽기 직전이었다.

44. 생애 마지막 전투

키트 카슨은 거세미 충해의 여파를 겪을 필
요가 없었다. 1864년 9월 중순 보호구역 감독관 임기가 끝났기 때문이다.
보스케에서 지낸 지 겨우 석 달밖에 안 되었지만 더 중대한 임무에 차출되
었다. 어떻게 보면 카슨 생애에서 가장 큰 임무라고도 할 수 있을 것이다.
칼턴 대장이 동쪽 텍사스 평원으로 가서 코만치를 상대로 대규모 원정 공
격을 하라고 명령을 내렸다.

그해에 코만치는 동맹관계에 있는 카이오와와 함께 전례 없는 파괴
행위를 일삼았다. 보스케에 있는 나바호를 끝없이 괴롭히는 한편 샌타페
이 통로를 따라 이동하는 이주민 짐마차 행렬과 군용 짐마차를 습격했다.
그때 뉴멕시코에서 복무하던 캘리포니아 자원병 조지 H. 페티스 대위의
보고에 따르면 이들 "남부 평원의 지배자들"은 "거대한 축제를 벌였
다…… 이 계절 내내 단 한 주도 범죄 없이 넘어간 주가 없었다."[141]

코만치는 대놓고 미국 백인들을 목표로 삼았다. 캔자스 서쪽에 있는
월넛크리크라는 곳에서 코만치 부대가 짐마차 행렬을 급습해 백인 10명을
살해하고 남자아이 둘의 머리 가죽을 산 채로 벗겼다. 8월에는 남서부 캔
자스를 가로지르던 행렬을 이끌던 백인 5명을 살해했다. 살아남은 히스패
닉 몇 명이 뉴멕시코로 돌아와 이렇게 보고했다. 공격 뒤에 코만치가 "이

길을 지나가는 백인은 모조리 죽일 것"이라고 공언했다는 것이다. 코만치는 심지어 칼턴 장군이 군대를 보내면 장군을 죽이겠다고도 위협했다. 뉴멕시코에서 복무하던 대령 한 사람은 이렇게 적었다. "이 길에서 지금 벌어지는 상황보다 더 심각한 것은 상상할 수조차 없을 것이다."[142]

코만치가 더욱 난폭해진 것은 남북전쟁의 영향 때문이었을 가능성이 있다. 군 당국에서는 믿을 만한 증거를 근거로 하여, 텍사스 남군이 북군 보급로를 차단하기 위해 코만치더러 짐마차를 공격하라고 부추겼다고 생각했다. 텍사스인이 문제의 근원이든 아니든 1864년 늦여름 무렵 코만치는 우편 업무를 중단시켜 칼턴이 동부의 상관들과 교신할 수 없게 만들었다. 칼턴은 안달이 났다. "정부에서 보급품을 받는 데 차질이 생겼다."[143]

칼턴은 남북전쟁이 한창일 때 대규모 군관구를 운용하려면 코만치 공격을 차단할 조치를 취해야만 한다는 것을 알았다. 이 일에 카슨만 한 적임자가 또 있을까? 카슨은 메스칼레로와 나바호를 상대로 승리를 거두었다. 코만치를 상대로도 마찬가지가 아니겠는가?

그래서 칼턴은 카슨에게 다음 임무를 맡겼다. "이곳에서 인디언 문제에 있어 많은 성과를 올릴 수 있었던 것은 많은 부분 (사실상 전적으로) 대령의 덕이오"라고 추어올렸다. 이제 카슨은 코만치에게로 관심을 돌려 "겨울이 오기 전에 이 악한 야만인들을 벌하는 일"에 최선을 다해야 한다고 했다.

사실 카슨은 그때 전장에 나갈 만한 몸 상태가 아니었다. 통증이 쉴 틈 없이 밀려왔다. 그를 아는 사람들은 카슨의 겉모습이 두드러지게 달라졌다고 말했다. 몸무게도 줄었고 시력이 점점 나빠지고 있었다. 건포도처럼 쭈그러들고 속에서부터 말라가는 듯했다. 가까운 친구는 "그의 얼굴이 수척하고 고통으로 일그러져 보인다"고 했다. 병이 "그에게 찰싹 달라붙은 듯했다."[144]

카슨은 코만치를 상대로 한 작전은 위험할 뿐 아니라 무척 힘겨우리라는 것을 알았다. 카슨은 여러 해에 걸쳐 코만치와 몇 차례 교전을 해보았고 코만치의 무용을 높이 평가했다. 코만치는 1700년대 무렵 남부 평원에 도착했고 쇼쇼니 언어를 쓰는 민족으로 복잡한 전사 사회를 발달시켰으며 대규모로 모여 싸우는 것으로 유명했다. 1846년 서부 정복 이래로 코만치는 끝없이 문제를 일으켰지만 미군이 코만치 땅으로 보복 공격을 하러 간 것은 단 한 차례뿐이었고 규모도 그다지 크지 않았다. 이 원정은 실패로 끝났다.

카슨과 관련된 여러 과장된 이야기 가운데 가장 생생하게 전해지는 이야기도 코만치와 만났을 때 벌어진 일이다. 1830년대 언젠가 카슨이 벤트 교역소 동쪽 평원에서 버펄로 사냥을 하다가 말을 탄 코만치 무리에게 포위되었다. 카슨은 노새에 탄 채로 자기 노새 목을 칼로 베었다. 노새는 땅에 쓰러져 바로 죽었다. 카슨은 사체를 방책 삼아 장총을 들고 끝없이 돌격해오는 코만치에 맞섰다. 그러나 전부 다 쏘아 맞힐 수는 없었다.코만치 전사 몇이 위험할 정도로 가까이 다가왔다. 그러나 노새의 피 냄새를 맡은 말들이 겁에 질려 멈춰 서고는 더 나아가지 않으려 했다. 마침내 코만치는 포기하고 초원 너머로 말을 타고 가버렸다.

이 이야기가 사실인지 아닌지는 알 수 없지만[145] (카슨의 자서전에는 이 일에 대한 언급이 없다) 많은 사람의 입에 오르내렸고 다들 사실로 믿었다. 이 이야기에서 한 가지 알 수 있는 사실이 있다. 남서부에 살며 여행한 많은 사람들이 그랬듯 카슨도 코만치와 싸우다가 목숨을 잃을 뻔한 일이 있었다는 것이다.

아마 블랙푸트를 제외하면 코만치가 아메리칸 인디언 부족 가운데 가장 사나울 것이라고 카슨은 생각했다. 제더다이어 스미스와 벤트 형제 가운데 막내인 로버트 벤트를 죽인 것도 코만치였다. 그 밖에도 수십 년 동안 카슨이 알던 사람 여럿을 죽였다. 카슨은 코만치 손에 죽는 것보다 그들 손에 잡히는 것이 더 끔찍하다는 것도 알았다. 코만치는 생각만 해도 끔찍한 고문을 가한다.

그런데도 카슨은 망설임 없이 이 임무를 받들었다. 어찌 보면 지당한 일이었다. 카슨은 의무감 때문에 칼턴 대장의 요청을 받아들일 수밖에 없었다. 그뿐이 아니었다. 보스케레돈도에서 석 달 동안 지내면서 카슨은 이제 이 지역 최대의 위협이 코만치라고 확신했다. 코만치는 힘겹게 하루하루 살아가고 스스로를 방어할 수단이 전혀 없는 보스케 주민들이 공격하여 카슨의 불안한 계획이 결국 실패로 돌아갈 위험에 처하게 했다. 그런 한편 샌타페이 통로에서 약탈을 벌여 보호구역 주민들이 생계를 잇는 데 반드시 필요한 보급품마저 차단해버렸다. 이제는 코만치를 응징하는 것 말고 다른 방법이 없었다.

카슨이 느끼기에 인디언 전쟁은 이렇게 하여 점점 자가증식하는 악순환이 되어가는 것 같았다. 싸우고 나면 또 다른 싸움이 기다리고 있었다. 나바호와 메스칼레로가 보호구역에서 안전하게 지내게 하려면 이들의 적을 쫓아가야 했다. 이전에 거둔 두 건의 승리를 유지하기 위해 세 번째 승리를 거머쥐지 않으면 안 되는 형국이다.

*

1864년 11월 12일 카슨은 75명의 유트 척후병을 포함한 400명의 군사를 이끌고 뉴멕시코를 떠나 텍사스 팬핸들 평원으로 갔다. 기병 2중대, 보병 1중대, 12파운드 곡사포 두 대를 갖춘 무장이 잘된 부대였다. 카슨은 아끼는 경주마를 타고 두꺼운 모직 코트를 입었다.

나바호 전쟁 때와 달리 칼턴 장군은 카슨에게 작전 지휘권을 폭넓게 주었다. 칼턴은 여자나 아이를 죽이는 것은 원하지 않음을 분명히 했다. 적어도 "일부러 이유 없이" 죽이는 일은 없어야 한다고 했다. 그것 말고는 이기든 지든 카슨의 몫이라는 것이었다. 전략에 관해서도 칼턴은 별말이 없었다. "대령이 인디언들이 어디에 있는지, 그들이 어떤 범죄를 저질렀는지, 어떻게 그들을 벌할지 안다."[146] 칼턴은 카슨이 화평을 맺기를 바라지 않았다. "내가 인디언들과 담배를 함께 나누어 피우는 것에 의미를 두지 않음을 알 것이오. 우리를 두려워하게끔 만들지 않으면 지속적인 평화를 누릴 수 없소." 칼턴은 이렇게 적어 보냈다. 그러면서 칼턴은 인디언들과 맺는 협정은 모두 "보이기 위한 연극에 지나지 않는다"고 했다.

원정 시기도 신중히 고려했다. 코만치는 여름과 초가을에는 흩어져서 소규모로 평원을 돌아다니며 버펄로 사냥을 하거나 훔칠 거리를 찾는다. 그러나 11월 중순이 되면 모여서 몇몇 시내와 강을 중심으로 뻗은 넓은 마을에 집을 짓고 겨울을 날 준비를 한다. 바로 이때 한곳에서 잡아야 한다는 것이다. 마을에 있을 때 "쉽사리 따라잡을 수 있다"고 칼턴은 말했다. "가족과 저장한 식량 때문에" 빨리 이동할 수 없기 때문이다. 곧 쉬운 사냥감이 되리라는 것이다.

카슨 부대는 거의 2주일 동안 캐나디안 강줄기를 따라 동쪽으로 행군했다. 춥지만 견딜 수 없을 정도는 아니었다. 밤마다 막사를 치고 자리에 누우면 유트가 전쟁의 춤을 추었다. "이들이 울부짖는 소리가 거의 참기 힘들 정도였다. 밤마다 거의 동이 틀 때까지 계속되었다."[147] 조지 페티스 대위가 쓴 이 글은 뒤에 책으로 출간되었는데 이 원정에 관한 최고의 기록이다.

스테이크트플레인스를 가로질러 가면서 이들은 1849년 카슨이 앤 화이트의 아직 식지 않은 사체를 발견한 지점을 지나갔다. 카슨은 그 슬픈 날의 이야기를 자기와 나란히 말을 달리는 장교들에게 들려주었는데 페티스의 말에 따르면 "생생하게" 사건을 전했다고 한다. 실질적으로 그리고 상징적으로도 카슨은 같은 지점에 와 있었고 앞으로 일어날 일에 대해 불길한 예감을 느꼈다. 행군 중 어느 밤, 유트가 춤추고 전쟁 노래를 울부짖는 동안 카슨은 곡사포가 하늘을 뒤흔들고 엄청난 유혈 사태가 벌어지는 꿈을 꾸었다. 이튿날 아침 일어났을 때 카슨은 전투가 임박했음을 느꼈다.

그의 예감은 옳았다. 11월 24일, 링컨 대통령이 새로이 전국적인 휴일로 공포한 '추수감사절'이었다. 날씨는 맑고 서늘했으며, 페티스의 묘사에 따르면 대기는 "정화되었고 전기가 흐르는 듯했다." 그날 아침 카슨의 유트 척후가 코만치 주거지를 발견했다. 표백한 버펄로 가죽으로 만든 티피가 황갈색 평야 위에서 눈부시게 하얗게 빛났다. 척후가 오후에 돌아와 카슨에게 코만치와 카이오와 수백 명이 기거하는 거대한 주거지가 캐나디안 강 남쪽 강둑에 뻗어 있다고 보고했다. 카슨은 장교들에게 "우리가 찾는 인디언들을 쉽게 찾을 것 같군"하고 말했다.

그날 밤 카슨은 야간 행군을 명했다. 몇 시간 동안 군인들은 어둠 속에서 앞으로 나아갔다. 말을 하거나 담배를 피우거나 불필요한 소리를 내는 것을 금했다. 자정쯤 이들은 울퉁불퉁한 캐나디안 강둑에 다다랐고 최근에 코만치와 카이오와 말이 남긴 깊은 발자국을 발견했다. 겨울 하늘에 첫 동이 틀 때까지 고요 속에서 기다렸다. 부하들을 규합하며 카슨은 두꺼운 외투를 벗어 나중에 되찾을 생각으로 풀숲에 던졌다. 다시 행군을 시작했다. 깃털 장식을 하고 전투를 위해 몸에 색칠을 한 유트 전사들이 선봉을 이끌었다.

*

무성하게 자란 풀과 강둑에 걸린 유목 때문에 곡사포를 끌고 오는 포병들의 속도가 느려졌고 이들은 부대 맨 뒤로 뒤처졌다. 카슨은 윌리엄 매클리브 소령에게 기병대 1중대를 이끌고 티피 200여 개로 이루어진 조금 더 작은 카이오와 마을을 공격하게 했다. 강 하류 쪽에 있는 커다란 코만치 주거지의 변두리 마을 같은 곳이었다. 매클리브가 이 마을을 공격하자 작은 산이라는 이름의 추장이 이끄는 카이오와 전사들은 여자와 아이들이 흩어져 숨을 때까지만 수비하다가 물러섰다.

카슨 부대는 마을을 휩쓸었다. 티피 안에는 "수백 점의 잘 손질된 버펄로 가죽을 비롯해 장물이 가득했다"고 페티스는 말했다. 마을이 완전히 텅 빈 것은 아니었다. 강철웃옷이라는 이름의 추장은 마을을 떠나기를 거부했고 자기 티피 문가에서 총에 맞았다. 다른 곳에서 유트 전사들이 티피 안에 웅크리고 있는 카이오와 노인 네 명을 발견했다. 유트는 도끼로 이들의 머리를 쪼개버렸다.

군인들은 카이오와 무리에 미군 포로가 적어도 세 명은 있었다는 것을 알게 되었다. 콜로라도 여자 하나와 아이 둘이었는데 최근에 캔자스를 통과하던 짐마차를 공격하여 납치한 것이었다. 포로들을 찾지는 못했으나 군인들은 마을을 샅샅이 뒤져 미국 여자의 옷과 아이들 옷가지, 백인 가족 사진을 발견했다. 그러고는 빼앗은 물건을 제외한 모든 것에 불을 질렀다. 그 가운데는 정부 짐마차 행렬에서 훔쳐낸 미군 병상자 수송마차와 짐마차 한 대도 있었다. 곧 마을이 불길에 휩싸였다.

혼란 속에서 카이오와 기마부대는 지원군을 얻기 위해 강 하류로 달려가 코만치 마을로 갔다. 곧 수백 명의 전사가 평원 위에 집결했다. 말 탄 전사들은 이쪽저쪽으로 돌격했다. 간헐적으로, 매클리브의 표현을 따르면 "격렬한 공격"을 벌였다. 페티스는 전사들이 "자기 몸을 완전히 말 옆쪽으로 기울이고 전속력으로 달리며 이따금 말 아래쪽에서 화살을 날렸다"[148]고 했다. 매클리브는 수적으로 크게 불리해졌고 자기가 쉴 수 있는 것보다 훨씬 더 많은 양을 베어 물었다는 것을 깨달았다. 이제 방어 자세를 취해야 했다.

강에서 몇백 미터 떨어진 멀지 않은 곳에 어도비월스라는 오래되고 버려진 요새가 있었다. 벤트 형제가 여러 해 전에 광활한 제국의 위성 전초지 삼아 세운 것으로 코만치와 무역할 때 안전지대로 삼았었다(코만치는 아라파호나 샤이엔 같은 평원 인디언 부족과 적대관계라 벤트 교역소 근처에서 야영할 수가 없었다). 어도비월스는 다 쓰러져가는 폐허에 지나지 않았다. 방벽은 기울고 주저앉았다. 그래도 이 평원에서는 유명한 건물이었고 여행객들이 아무 특징 없는 황무지를 지날 때 자기 위치를 파악할 수 있게 도와주는 표지물이었다. 카슨은 매클리브 중대에 합류하여 이 오래된 요새를 기지로 삼기로 했다. 벤트를 위해 일할 때부터 잘 알던 곳이었고 버펄로 사냥꾼이었던 젊은 시절의 기념물이기도 했다. 무너져가는 드높은 벽 안쪽에 말을 모아두었고 군의관이 서둘러 야전병원을 마련했다. 폐허 사방에 펼쳐진 키 큰 풀숲 안 여기저기에 병사들이 흩어져 숨어 있게 했다.

그때 쌍안경으로 지평선을 살피던 카슨은 끔찍한 광경을 보았다. 카이오와 뒤로 훨씬 더 큰 무리의 인디언들이 모여들고 있었다. 1만 4,000명, 어쩌면 그 이상의 전사들, 코만치 전사들이 말을 타고 모여 대규모 공격 준비를 했다.

카슨은 뒤처졌던 곡사포들이 당도한 것을 보고 안도했다. 포대에게 어도비월스 바깥쪽 울퉁불퉁한 언덕을 차지하고 발포 준비를 하라고 지시했다. 그러고 나서 집결하는 전사들을 흩어놓기 위해 포병들에게 명령을 내렸다. "저 너머에 모인 무리에 몇 방 쏴줘."[149]

"1호 발사! 2호 발사!" 한 쌍의 곡사포가 터졌고 코만치와 카이오와는 놀라 등자 위에서 몸을 바싹 일으켰다. 첫 번째 포탄이 하늘로 포물선을 그리며 날아갔다. 대포알은 목표 지점을 빗나가서 터졌다. 전사들은 말 머리를 돌려 달아났다. 네 번째 발포 무렵 전사들은 모두 사정거리 밖으로 달아났다.

곡사포 덕택에 눈앞의 위험은 지나갔다. "다시 집결하지 못할 것이다." 카슨은 페티스에게 이렇게 말했다. 소강 상태가 되자 카슨은 부하들에게 어도비월스에 모여 쉬면서 식사를 하라고 했다. 장장 20시간 만의 일이었다.

*

군인들은 육포와 건빵만으로 빈약한 식사를 했다. "적어도 한 계절 동안은 굶주림을 면할 수 있겠군." 누군가가 말했다. 점심식사 뒤 카슨은 하류로 내려가 코만치 마을을 하나씩 공격할 계획을 세웠다. 그때 금빛 들판 위에서 무시무시한 광경을 보았다. 카슨의 생각이 틀렸다. 코만치와 카이오와 동맹 부대가 다시 집결하고 있었다. 이번에는 수가 더 늘었다. 어도비월스 안에서 상황을 지켜보며 카슨의 불안감은 깊어졌다. 3,000명의 기마 전사가 코만치 마을에서 나와 모인 것이다.

몇 분 만에 카슨은 지금까지 서부 역사상 원주민 전사 부대 가운데 가장 큰 부대와의 교전을 눈앞에 두게 되었다. 이렇게 많은 전사가 모인 것은 본 일이 없었다. 그의 군대보다 열 배나 많은 대부대였다.

코만치 용사들은 전투를 위해 채색하고 카슨이 보기에 "일급 말"로 보이는 말을 탔고 대부분 활과 창으로 무장했으며 소총을 든 사람도 많았다. 물밀듯이 어도비월스를 향해 달려왔다가 돌아갔고 다시 공격했다. 말 목 아래에서 활을 쏘아댔고 접근 각도를 계속 바꾸었다. 몇 시간 동안 전장에는 섬뜩한 울부짖는 소리의 합창이 울려 퍼졌다. 코만치, 카이오와, 유트가 "악마처럼 내뱉는" 전쟁의 함성이 뒤섞였다고 페티스는 표현했다. 전사들이 돌격해올 때마다 카슨의 군대는 점점 더 안전한 폐허 안으로 물러섰다. 그들은 카빈총을 미친 듯이 난사하고 곡사포를 꾸준히 쏘아 올리며 현위치를 사수했다.

인디언들은 계속 몰려왔다. 카슨은 이렇게 적었다. "다른 방향에서 반복적으로 공격해왔고 그럴 때마다 큰 피해를 입고 퇴각했다."[150]

대포알 하나가 어떤 전사가 타고 있는 말을 관통하고는 (말은 죽었지만 전사는 죽지 않았다) 100미터가량 계속 날아가 폭발했다. 카이오와 추장인 작은 산이 타고 있던 말도 총에 맞았으나 작은 산은 땅에 떨어진 채로 전사들을 계속 독려했다. 전사들은 곡사포 사정거리 안에 들어올 때면 대포알의 목표물이 되지 않도록 신중하게 흩어져서 소규모로 공격했다. 다른 전사들은 말에서 내려 키 큰 풀 안에 드러누워 싸웠다. "사격술이 어찌나 뛰어난지 우리 모두 바싹 긴장했다"고 페티스는 적었다.

싸움의 경과를 지켜보던 카슨은 점점 걱정이 깊어갔다. 코만치와 카이오와는 말벌처럼 흥분해 달려들었다. 카슨이 나중에 말하기를 이들은 "내가 이전에 한 번도 본 적이 없는 대담함과 용감함을 보여주었다."

뉴멕시코 자원병 젊은이 하나는 폐허 바깥쪽 풀밭에 포복하여 사격하다가 방울뱀에게 손을 물렸다. 병원으로 옮겨진 그에게 의사가 상처를 닦고 위스키 한 잔을 주었다. 정신이 몽롱해진 뉴멕시코인은 다시 싸움터로 돌아갔고 달려드는 코만치 한 사람을 쏘아 죽였다. 죽은 전사의 동료들이 말 머리를 돌려 시체를 거두러 오기 전에 뉴멕시코인은 들판으로 나아가 머리 가죽을 벗겼다. 놀랍게도 이날 머리 가죽을 벗긴 사람은 그 사람 하나뿐이었다.

전장에서는 우스운 일도 벌어졌다. 몇 달 전 카이오와 전사 하나가 어떻게 해서 군나팔 하나를 손에 넣었고 부는 법을 연습했다. 카슨 기병대 나팔이 "전진" 소리를 내면 말 탄 사람들 무리 안에서 먼지구름에 가려 보이지 않는 카이오와가 "후퇴" 소리를 냈다. 카슨 부하들이 이 두 번째 나팔 소리가 어디에서 들려오는지 알아내기 전까지 엄청난 혼란이 있었다.

전투는 오후까지 치열하게 이어졌다. 인디언 사상자가 엄청났다. 카슨은 "대단한 살육"이라고 평했다. 그러나 미국인 부상자는 여남은 명밖에 되지 않았다. 어느 정도는 방어 기지로 탁월했던 어도비월스 덕분이었고 또 한편은 적의 맹공 속에서도 침착성을 잃지 않은 카슨의 공이었다. 하루 종일 카슨은 부하들에게 침착함을 유지하라고 독려했고 전장에 나와 있는 전사들은 무시하고 한 물결 한 물결씩 밀려오는 전사들에 집중하라고 했다. 약점을 보이면, 단 한시라도 머뭇거리면, 코만치가 순식간에 인해전술로 밀고 들어올 것이었다.

그러나 가장 큰 역할을 한 것은 곡사포였다. 곡사포가 없었다면 "살아남아 이 이야기를 전할 사람이 거의 없었을 것"이라고 카슨은 말했다. 카슨의 전기 작가 에드윈 새빈은 "대포 두 대가 없었다면 추수감사절 전투로 호세파는 과부가 되었을 것"[151]이라고 했다.

오후 내내 전사들은 사방에서 몰려왔다. 화력에서 일시적인 우세를 보이고 있긴 했지만 카슨은 자기들이 무한히 버틸 수는 없다는 것을 알았다. 그러나 인디언들은 무한히 밀려올 기세였다.

*

그때 카슨은 매우 현명한 행동을 했다. 퇴각한 것이다. 장교들 몇몇은 앞으로 나아가 계획대로 코만치 마을을 습격하자고 했다. 그러나 카슨은 그런 행동은 자살 행위까지는 아니더라도 무모하다고 판단했다. "당시에는 더 이상 인디언들을 벌하기가 불가능했다"[152]고 카슨은 공식 보고서에 완곡하게 표현했다.

그러나 더 솔직하게 말하면 나중에 친구에게 말했듯 카슨은 "이 싸움에서 인디언들에게 호되게 당했다."

퇴각하는 일도 쉽지 않았다. 어도비월스를 떠나 강쪽으로 내려가 마치 지네처럼 보기 흉하게 서쪽으로 꾸물꾸물 뒷걸음질 치면서 스스로를 방어해야 했다. 카슨 부대는 길게 한 줄로 집결했다. 말을 가운데 두고 산병散兵이 측면을 수비하고 곡사포는 발포 준비를 한 채로 후위에서 밀고 갔다.

카이오와와 코만치는 기세를 늦추지 않았다. 오히려 카슨의 말을 빌리면 "그날 중에서도 가장 치열한 공세를 펼쳤다." 늦은 오후 내내 행렬이 캐나디안 강을 따라 느릿느릿 가는 동안 카슨은 "인디언들이 필사적으로 공격해왔기 때문에 한동안은 후위의 안전이 극히 염려되었다."[153] 코만치가 강을 따라 들불을 놓고 연기를 장막 삼아 카슨 부대 측면을 공략했다. 연기와 열기가 너무 강해서 카슨 부대는 골짜기에서 나와 적어도 적의 모습은 볼 수 있는 강둑을 따라 행군해야 했다.

해질녘 다시 포대를 가동했다. 포탄이 어슴푸레한 하늘을 날아갔고 마침내 전사들이 주춤하기 시작했다. 백인 군대에게 따끔한 맛을 보여준 것에 만족한 전사들은 캐나디안 강을 따라 자기 마을, 가족들에게로 돌아갔다.

*

어도비월스 전투는 키트 카슨의 생애 마지막 전투였다. 전체적으로 보아 패배라고 할 수 있었다. 코만치-카이오와 동맹은 확실하게 카슨을 전장에서 몰아냈다. 까딱했다가는 카슨 부대가 대규모 참사를 당했을 수도 있었던 전투였다. 커스터(조지 암스트롱 커스터 준장은 1876년 리틀빅혼에서 앉은황소 시팅불과 미친말 크레이지호스가 이끄는 수와 샤이엔 전사에게 대패하고 사망한다 -옮긴이)가 12년 뒤 빅혼에서 벌인 최후의 격전을 능가하는 대실패가 되었을 뻔했다.

그러나 카슨 부하들에게는 너무 다행인 것이 그는 명예에 눈먼 사람이 아니었다. 조심스럽고 신중한 판단력을 갖춘 카슨의 군인 정신이 조지 암스트롱 커스터의 그것과 얼마나 다른지 알 수 있다. 카슨은 성공의 1차 정의는 생존이라고 생각했다. 수적으로 열 배나 불리했고, 전장과 기지 사이의 거리가 400킬로미터가 넘었다. 승산이 높지 않았다.

그런데도 사상자 수는 놀라울 정도로 적었다. 그날 겨우 3명이 죽었고 부상자는 21명이었다. 그런 한편 카이오와와 코만치는 100명이 넘는 전사를 잃었고 부상자도 200명은 되었을 것이며 작은 산의 마을은 완전히 쑥대밭이 되었다. 카슨의 한 전기 작가는 이 전투가 평원에서 말하는 전통적인 의미의 "일격"이라고 보았다. "정확하게 인디언들이 생각하는 방식으로 얻은"[154] 승리라는 것이다. "적의 영역에 들어와 타격을 가하고 최대한 피해 없이 달아나는 방식"이었다.

칼턴 대장은 전투 소식을 듣고는 어도비월스 전투를 "눈부신 전과"라고까지 칭하며 "그토록 위협적인 적을 맞닥뜨리고 물리친 카슨의 탁월한 솜씨"를 칭찬했다. 장군은 이 전투로 카슨이 "나라를 위해 일하여 획득한 월계관에 푸른 잎 하나를 더했다"고 말했다.[155]

누가 보기에도 지나치게 낙관적인 평가였다. 그러나 어도비월스가 패배였다고 하더라도 카슨에게는 적어도 받아들일 만한 패배였다. 카슨은 11월 마지막 주 추위 속에서 비틀거리며 뉴멕시코의 집으로 돌아갔다. 혼란스러운 후퇴 와중에 캐나디안 강가 풀숲에 던져놓은 외투를 까맣게 잊고 초토화한 카이오와 마을에서 가져온 버펄로 가죽으로 몸을 감싼 채였다. 코만치와 카이오와가 되돌아올까 봐 밤에도 쉬지 않고 행군했다. 카슨은 이튿날 위험이 사라졌다고 판단하고 마침내 지친 몸을 좀 쉬기로 하고 부하들에게 야영 준비를 지시했다. 나흘 동안 줄곧 안장에 앉아 있어 말 상태가 엉망이었다. 안장을 벗기자 말의 피부도 같이 벗겨졌다.

*

나흘 뒤 멀리 남부 평원 위 또 다른 곳에서 미군 부대가 평원 인디언 마을을 습격했다. 검은 솥이라는 추장이 이끄는 샤이엔 무리가 콜로라도 남동부 샌드크리크 물가에서 겨울 숙소를 마련하고 있었다. 벤트 교역소가 있던 자리에서 멀지 않은 곳이다. 검은 솥이 화평의 뜻을 밝히고 협상에 적극적으로 응했기 때문에 미군 당국에서 그해 겨울 보호를 약속했고 마을에 세울 성조기까지 주었다.

그러나 11월 29일 콜로라도 자원병 병력이 이 평원에 나타났다. 지휘관은 존 시빙턴 대령, 글로리에타 전투에서 이름을 알렸던 전직 목사였다. 아무런 이유도 없이 시빙턴은 새벽에 검은 솥의 마을을 급습했고 성조기도, 인디언들이 절박하게 흔드는 다양한 흰 천 쪼가리도 모두 무시했다.[156] 학살은 끔찍하다는 말만으로는 표현할 수 없을 정도였다. 150명이 넘는 샤이엔, 대부분 여자와 아이들이 피를 흘리며 죽었다. 인디언 전쟁 전체에서 최악의 잔혹 행위로 간주되는 학살이었다. 시빙턴이 아이들까지 죽이는 것을 두고 누군가가 의문을 제기하자 "투쟁하는 목사"는 이렇게 대답했다. "서캐에서는 이가 나오지."

시빙턴은 위풍당당하게 덴버로 돌아왔다. 극장에서 시빙턴 부하들은 환호하는 관중들 앞에서 전리품 퍼레이드를 벌였다. 머리 가죽, 손가락, 음낭으로 만든 담배쌈지, 샤이엔 여자의 외음부로 만든 지갑 등. 덴버 신문은 콜로라도 자원병의 영광스러운 승리를 칭찬했다. "후대는 나를 위대한 인디언 사냥꾼으로 칭송할 것이다'라며 시빙턴은 흐뭇해했고 이렇게 덧붙였다. "나는 키트 카슨을 능가했다."

어도비월스에서 돌아온 카슨은 이 학살 소식을 듣고 아연실색했다. 카슨은 샤이엔을 잘 알았고 이번에 희생된 사람들 여럿과 아는 사이였다. 나중에 카슨은 군 조사관 제임스 러슬링 대령과 대화를 나누며 이 학살을 마구 비난했다. 러슬링은 아메리칸 인디언들에 대해 동정심이 전혀 없는 사람이었으나 카슨의 열변을 말투까지 그대로 충실하게 기록해놓았다. "시빙턴 개자식과 더러운 사냥개들이 샌드크리크에서 벌인 일을 생각해봐요."[157] 카슨은 이렇게 말했다.

여자들을 쏘고 죄 없는 아이들 머리를 날려버렸소. 이런 군인이 기독교도라고? 그래요? 그리고 인디언들이 야만인이라고? 우리도 만들고 그들도 만드신 하느님 아버지가 이걸 보고 어떻게 생각하시겠소? 내 말 들어보시오. 나도 적대적인 인디언들은 당신만큼이나 싫어하오. 그런 인디언들하고는 나도 다른 사람만큼이나 열심히 싸웠소. 하지만 난 지금까지 여자나 아이는 한 번도 겨눈 일이 없소. 그런 사람을 경멸하오. 나는 누구보다도 인디언들을 많이 만나보았고 그들이 잘못했건 아니건 가엾게 여기지 않을 수가 없소. 그들은 한때 이 땅 전체를 차지하고 있었소. 평원이며 산이며 버펄로며 모조리. 이제 그들한테는 아무것도 없소. 그들은 곧 사라지고 말 거요.

45. 부족들의 상황

칼턴 장군은 1864년 흉작으로 충격까지 받았다. 그래서 식량과 보급품을 보스케에 보내는 일에 미친 듯이 몰두했다. 이 기독교도 장군은 성격적인 결함이 많았지만 양심까지 아주 없지는 않았다. 칼턴은 뭔가 과감한 수단을 강구하지 않으면 자기가 수천 명을 죽음으로 몰고 갈 수도 있다는 것을 깨달았다. 그는 "이 인디언들의 생사가 내손에 달렸다. 헐벗고 굶주려 쓰러지는 것을 두고 볼 수는 없다"고 적었다. 관련자들을 직접 설득하고 편지를 보내는 등 쉴 사이 없이 움직여서 수천 톤의 긴급 식량을 보스케로 보내는 데 성공했다. 실험 전체가 위험에 처했음을 깨달은 칼턴은 워싱턴의 로렌조 토머스 군무국장에게 더 많은 식량과 물품을 호소하는 편지를 보냈다. 칼턴은 나바호가 "우리가 그들의 천부인권을 빼앗고 죽도록 내버려두었다고 우리를 비난할 것입니다. 필그림(1620년 메이플라워호를 타고 영국을 떠나 매사추세츠 플리머스에 식민지를 개척한 청교도들-옮긴이)들이 플리머스 해안에 상륙한 이래로 여러 부족이 같은 운명을 맞았습니다. 잘잘못은 덮어두고 부디 이들을 가엾게 여겨 한 번만이라도 인간답게 대해주십시오"[158]라고 썼다.

칼턴은 양 4,000마리를 주문했고 이 고기를 어떻게 효율적으로 이용할 것인지까지 시시콜콜 지시를 내렸다. "짐승 전체, 푸주한이 머리와 내장이라고 부르는 것까지 모두 사용하라."¹⁵⁹ 보스케의 사령관에게 보낸 편지다. 양고기로 스튜, 수프, 선지 소시지, 해기스(양 내장을 잘게 썰어 위장에 넣고 끓인 스코틀랜드 요리 -옮긴이)까지 만들라고 했다. 나바호는 전통적으로 수프를 먹지 않는다는 말을 듣고는 그럼 먹는 법을 배워야 한다고 고집했다. 수프가 그들을 구해줄 수단이니 일상적 의식이 되어야 한다고 했다. 칼턴의 말을 빌리면 "종교처럼 심어주어야" 했다.

그런 한편 보스케레돈도의 장교들에게 나바호의 사기를 북돋도록 애써야 한다고 했다. "어쩔 수 없는 일에 불평하지 말고 자부심을 가지라고 말하라. 남자건 여자건 좌절하지 말고 열심히 일하고 내년에 크게 농사를 지으라고 말하라. 신이 우리의 수고에 미소를 보낸다면, 단 한 번에 영원히 빈곤 상태를 뛰어넘을 것이고 자급할 수 있으리라고 말하라."¹⁶⁰

샌타페이 본부에서 칼턴은 계속해서 가속페달을 밟았다. 1만 2,000그루가 넘는 나무를 심으라고 지시했으며 베이컨 기름 한 방울까지도 아끼고 재사용하라고 명령했다. 옷감 1만 3,000마, 담요 7,000장, 물레 20대, 제분기 50대, 바늘과 실 수천 개를 요청했다. 들개가 말썽이라는 소식을 듣고 "돌아다니는 개는 모조리 사살하라"고 공포했다. 농장이 좀 더 효율적으로 돌아가도록 하기 위해 거대한 청동 종을 주문했다. 세인트루이스에서 주조한 450킬로그램이 넘는 종을 울려서 나바호를 일터에 나가게 하고 때를 알렸다. 북부 공장에서 쓰는 기적이나 남부 농장에서 쓰는 노예 나팔과 비슷한 것이었다. 보스케를 개선하려는 칼턴의 아이디어는 넘쳐났다. 칼턴은 주체할 수가 없는 모양이었다. "세부적인 지시를 내리는 것을 양해하기 바라네."¹⁶¹ 자기가 닦달하는 장교에게 칼턴이 적어 보낸 편지다. "불안감이 너무 크기 때문이네. 내 머릿속에 떠오르는 아이디어는 모두 자네에게 보낼 터이고 자네도 인디언들을 위해 한시도 쉬지 않는 내 마음을 그대로 따라주길 바라네."

*

칼턴은 마누엘리토를 찾아 항복하도록 구슬리는 (혹은 강제하는) 일에
점점 몰두했다. 살아 있는 나바호 가운데 가장 유명한 자를 붙잡을 수만
있으면, 모든 저항이 끝났다는 상징적인 의미가 될 것이며 보스케레돈도
계획의 승리를 뜻할 것이었다. 1865년 2월 칼턴 장군은 나바호 전령을 디
네 땅으로 보내 마누엘리토가 보호구역으로 이주하도록 설득하려 했다.
마누엘리토는 100명 가까운 전사 무리를 이끌고 숨어 있었고 거느린 말과
양의 수는 점점 줄어갔다. 그러나 전령이 주니 교역소 근방에서 그를 만났
을 때 마누엘리토는 보스케레돈도에 가지 않을 것임을 다시 분명히 말했
다. "나의 신과 어머니가 이곳 서쪽에 살고 있다. 나는 그들을 떠나지 않을
것이다. 결코 내가 태어난 추스카 산맥에서 멀리 떠나지 않을 것이다."¹⁶²

마누엘리토가 계속 저항한다는 말을 듣고 칼턴은 윈게이트 요새 사령
관에게 명료한 전갈을 보냈다. "마누엘리토를 잡으라. 단단히 결박하라.
그를 잡거나 죽이는 것이 그가 지배하는 사람들에게 자비를 베푸는 일이
다. 되도록 생포하기를 바란다. 탈출하려고 하면 총살하라."¹⁶³

그러나 몇 달 뒤 마누엘리토는 몰래 보스케레돈도로 와서 그곳 상황
이 어떤지 자기 눈으로 살핀다. 자기 민족 사람들은 거의 알아볼 수도 없
는 상태였다. 모든 사람이 둔하고 우울하고 전반적으로 충격과 좌절 상태
에 빠져 있었다. 나바호들 사이에서 보스케레돈도는 흐웰테라는 이름으로
알려져 있었다. 에스파냐어인 푸에르테, 곧 요새를 잘못 발음한 것이다.
이 단어는 이제 나바호 언어에서 "시련의 장소"와 동의어로 쓰였다. 천연
두나 이질 같은 질병이 만연했지만 나바호는 누구에게 치료를 부탁해야
할지 몰랐다. 전통적인 치료사는 자기가 잘 아는 약초를 구할 수 없어 점
점 무력해져갔고 군 병원은 공포의 장소였다. 추장 한 사람은 "그곳에 간

사람은 아무도 돌아오지 않았다"고 말했다.

이번에도 흉작이었다. 폭풍과 홍수 때문이었다. 순무는 썩어들어 갔다. 밭에서는 농기구가 진흙에 파묻혔고 배급 식량 가운데 일부에는 횟가루와 쥐똥이 섞여 있었다. 나바호 아이들은 목장과 외양간 바닥을 기어다니며 똥을 뒤져 소화 안 된 옥수수 알을 골라 먹었다.

마누엘리토는 다른 추장들과 의논했다. 캐니언드셰이 출신인 키가 작고 구레나룻을 기른 약초 치료사 바르본시토와도 이야기를 나누었다. 바르본시토는 보스케에 있는 나바호 가운데 지도자로 부상한 사람이었다. 바르본시토는 여러 면에서 마누엘리토와 정반대되는 사람이었다. 차분하고 사려 깊었으며 호리호리하고 마른 체구에 조그맣고 날랜 손을 가졌다. 외교적 수완을 타고났으며 대중 앞에서 달변이었다. 마누엘리토의 옛 친구로 1860년 4월 초 나바호가 디파이언스 요새를 공격해 거의 함락했을 때 함께 싸웠다. 바르본시토는 옛 동료에게 흐웰테의 사람들에게는 미래가 없다고 분명히 말했다. "여기서 내가 가진 거라곤 이 몸뚱이 하나뿐이라오. 가축도 없고, 아무것도 없소. 이곳에서는 위대한 아버지가 멀리 있는 듯 느껴지오."

마누엘리토는 자기 민족 사람들의 처절한 상태에 질겁했다. 칼턴이 "통행증 없이 보호구역 밖에서 발견된 남자 인디언은 모두 사살하라"[164]는 명령을 내렸음에도 불구하고 마누엘리토는 어둠을 틈타 나바호 땅으로 돌아갔다. 마누엘리토는 고향 후미진 곳으로 더 깊숙이 들어갔고 조용히 지내려고 애썼다. 그러나 그의 피난 생활은 그와 추종자들을 차츰 조여오고 있었다. 식량은 부족하고 그를 찾는 첩자들은 사방에 널렸다. 그는 계속 버틸 수 없다는 것을 알았다.

그러는 동안 나바호와 함께 보호구역에 살던 메스칼레로 아파치 400
명은 인내심의 한계에 다다랐다. 수적으로 나바호에게 스무 배나 열세라
특히 비참하게 지낼 수밖에 없었다. 메스칼레로는 아이들을 칼턴의 학교
에 보내지 않았고 옥수수 파종을 완전히 포기했다. 디네와 달리 메스칼레
로는 농업 전통이 없어 작물을 기르는 데 필요한 노동이 (처음에는 새로운
것이라 흥미를 보이긴 했으나) 자기들 기품에 걸맞지 않는 일이라고 여겼다.
기본적으로 이들은 칼턴이 그들에게 바라는 삶을 이해하지 못했고, 마지
못해 따르더라도 그런 삶을 혐오했다.

보스케레돈도에서 어느 날 위대한 메스칼레로 추장 카데테가 존 크레
모니 대위와 메스칼레로의 생각에 관해 이야기를 나누었다. 카데테는 솔
직하게 조목조목 자기 부족 사람들이 백인의 생활 방식을 경멸한다는 사
실을 설명했다. "당신들은 우리 아이들이 책에서 배우길 바라지요. 당신들
이 책에서 배워 저렇게 큰 집도 지을 수 있고 바다를 가로질러 항해할 수
도 있고 멀리 있는 사람과 이야기도 할 수 있고 그 밖에 놀라운 일들을 할
수 있는 거라고 말하지요." 카데테의 말을 크레모니는 1868년 《오버랜드
먼슬리Overland Monthly》에 옮겨 적었다.

우리 생각을 말씀드리지요. 당신들은 어릴 때부터 열심히 일합니다. 어른이
되면 큰 집도 짓고 큰 마을도 세우고 그런 큰일을 하지요. 그리고 이 모든 걸
이루고 난 다음에 그대로 남겨두고 죽습니다. 우리는 그런 걸 노예살이라고
봅니다. 옹알이를 할 때부터 죽을 때까지 노예 신세인 것이지요. 하지만 우리
는 바람처럼 자유롭습니다. 멕시코인들이나 다른 이들이 우리를 대신해 일하
지요. 우리에게 필요한 것은 많지 않고 쉽게 얻을 수 있습니다. 우리는 노예가

되지 않을 겁니다. 우리 아이들을 학교에 보내지도 않을 거요. 고작해야 당신네들처럼 되는 법밖에는 배우지 못할 테니.[165]

크레모니는 카데테의 주장을 논박하려 했으나 "언뜻 그럴듯해 보이는 주장이 틀릴 수도 있다고 추장을 설득하기란 절대 불가능"하다는 걸 알았다. 메스칼레로가 보스케를 증오하는 마음이 너무나 확고한 데다 일상생활을 영위하기를 완강히 거부하는 탓에 교화가 불가능해 보였다.

1865년 11월 초 어느 아침, 섬너 요새 군인들은 기상하자마자 메스칼레로 부족 전체가 보호구역에서 달아났다는 사실을 알았다. 인디언들은 치밀하게 야반도주를 계획하여 사방으로 흩어진 뒤에 고향 산지에서 다시 모이기로 했다. 탈출에 성공하기 위해서, 그리고 마지막으로 미운 공동 거주인들을 모욕하기 위해, 메스칼레로는 나바호의 말 200여 마리를 가지고 달아났다. 군 보초병은 쫓아갈 생각도 하지 않았고 칼턴도 이 일에 당황하였으나 추적하지 않았다.

메스칼레로 아파치는 다시는 둥근 숲으로 돌아오지 않았다.

*

샌타페이와 워싱턴 양쪽의 관리들은 점점 보스케레돈도 실험을 비극적이고 돈이 많이 드는 실수로 보게 되었다. 칼턴은 거의 1년에 100만 달러를 쓰고 있었으나 딱하게도 나바호는 자급자족 상태로 한 발도 나아가지 못했다. 이곳은 저주받은 것처럼 보였다. 보스케에서는 끝없이 나쁜 소식만 들려오는 듯했다. 괴혈병 발생, 홍역, 홍수, 코만치의 습격, 도주자, 흥작 등. 요새 군의관의 보고에 따르면 알칼리성 물에 이제 "짐승과 식물 불순물까지 가득"[166]했다. 섬너 요새에 주둔하는 군인들은 이곳을 철저히 증오했고 보스케레돈도를 최악의 주둔지로 여겼다.

　나바호가 다른 지역으로 이주해야 한다는 생각이 점점 널리 퍼졌다. 어쩌면 그들의 고향 땅으로 가야 할지 모른다. 하지만 앤드루 잭슨 이래로 모든 인디언들의 처리장이 된 오클라호마 어딘가라면 더 좋을 것이다. 페코스 강 유역은 척박한 토양에 더러운 물까지 가망이 없었다. 이곳은 말 그대로 나바호들을 죽이고 있었다. 비판의 소리를 가장 드높인 사람은 뉴멕시코 인디언 문제 감독관인 마이클 스텍 박사였을 것이다. 스텍은 초기에는 보스케를 지지했으나 점점 칼턴의 정책이 "끔찍하게 잘못"된 것임을 깨달았다. 스텍은 언론에서 칼턴에 대한 공격 수위를 높였고 자기주장을 펼치러 워싱턴까지 다녀왔다. 그곳에서 스텍은 칼턴 장군이 나바호 수천 명의 죽음을 초래할 것이라고 말했다. 스텍은 좀 더 합리적으로 옛 나바호 땅 안에 있는 리틀 콜로라도 강 유역에 나바호 보호구역을 만들자고 제안했다. 1860년에 캔비 장군이 생각했던 것도 그와 비슷했다. 스텍은 캔비의 원래 계획이 "전쟁으로 좌절되지 않았다면 나바호들이 오늘날 국고에 엄청난 짐을 지우는 대신 평화롭게 자급자족하며 살고 있으리라고 확신한다"고 했다.

　1865년 초 새로 감독관으로 임명된 A. 볼드윈 노턴은 이 지역을 살핀 뒤에 확실한 문구로 자기 판단을 밝혔다. "그들이 이 보호구역에 머무른다면 강제로 붙들어놓는 것이지 자발적으로 있는 것이 아니다. 빨리 이곳을 버리고 인디언들을 이주시켜야 한다."

　그러나 칼턴은 자기 숙원사업에 대한 어떤 비난도 받아들이지 않았다. 그는 보스케에 거의 광적으로 집착했다. 윌리엄 셔먼 장군은 칼턴이 "그 문제에 대해 반쯤 미쳤다"고 했다. 칼턴은 뉴멕시코의 미래는 그의 실험의 장기적 성공과 미국 정부에 "이 강력한 부족을 붙들어둘 의지와 능력이 있는지"의 여부에 달려 있다고 했다. 이제 칼턴은 실질적으로 독재자가 되어 뉴멕시코 전체에 계엄 상태를 유지하여 반대 의견을 억압했다. 처음 계엄을 선포할 때 구실이 되었던 텍사스의 재침략 가능성이 사라졌는데도 꿈쩍하지 않았다. 칼턴은 오만함 때문에 점점 많은 적을 만들었고 언론 역시 그를 공격하고 조롱했다.《샌타페이 위클리 뉴멕시칸Santa Fe Weekly New Mexican》은 칼턴을 "이 지역의 저주, 걸림돌"이라고 불렀고,《샌타페이 가제트》의 한 풍자가는 비현실적인 보스케 실험을 조롱하는 시를 썼다.

> 아름다운 칼터니아, 꽃 같은 자부심으로 차려입고
> 페코스 강물이 힘찬 물살로 달려갈 때
> 이곳에서 포로가 된 부족은 슬프지 않고 행복하네.
> 정직한 노동으로 기나긴 날을 보내네.
> 이해관계에 묶여, 족쇄에 묶여
> 한때 떠돌아다니던 인디언들 방랑하는 마음을 다잡고
> 뜻을 굽히고 성실한 노동을 하며
> 미개척 토지에서 부를 거두네.

*

1865년 4월 리와 그랜트가 애퍼매톡스에서 정전협정에 조인하고 남북전쟁은 끝이 났다. 워싱턴의 분위기도 급변했다. 정치 지도자들은 4년 동안 전쟁의 비참함과 황폐함에 매달렸는데 서쪽에서 또 다른 전쟁이 벌어지고 있다는 사실을 깨달았다. 두 달 뒤 위스콘신 상원의원이자, 아메리칸 인디언 정책이라는 머리가 여럿 달린 골칫거리를 조사하는 위원회 의장인 제임스 R. 둘리틀이 의회 시찰단을 끌고 남서부로 왔다. 샌드크리크에서 시빙턴이 벌인 학살을 조사하는 것이 주목적이었고 걷잡을 수 없이 커진 보스케레돈도 사태도 살필 계획이었다.

둘리틀 상원의원은 오랜 시간 키트 카슨과 독대를 했고 카슨의 집에
서 하룻밤 묵기까지 했다. 저녁식사 뒤 상원의원은 옛날 덫사냥 하던 시절
이야기를 들려달라고 졸랐다. 한참 부추겨야 하기는 했지만 카슨이 들려
준 이야기는 역시 실망스럽지 않았다. 둘리틀은 같이 온 사람들 전부 "새
벽이 될 때까지 자지 않고" 회색 곰 등이 나오는 이야기를 들었다고 말했
다. 이 상원의원은 카슨에게 홀딱 빠졌다. "곰 사냥꾼이자 인디언과 싸운
사람으로만 알고 있다면, 참으로 겸손하고 말투나 말씨가 거의 여자 같은
사람이 우리에게 어떤 인상을 남겼는지 상상하기 어려울 것이다."[167] 그는
나중에 이렇게 적었다.

이후 의회 속기사가 카슨의 말투처럼 들리지 않는 고상한 문장으로
기록한 공식 회담에서 카슨은 인디언 문제에 대해 할 말이 많았다. 둘리틀
은 카슨의 말 한 마디 한 마디에 귀를 기울였고, 둘리틀 위원회가 나중에
발간한 방대한 보고서 『인디언 부족들의 상황: 연합특별위원회보고서』에
카슨의 생각이 뚜렷하게 반영되었다. 이 책은 오늘날 서부 연구의 고전이
다. "저는 1826년 이곳에 왔습니다." 카슨은 겸손하게 말을 시작했다. "그
뒤로 인디언 부족들과 우호적인 관계에서나 적대적인 관계에서나 아주 잘
알게 되었습니다."[168]

인디언 문제에 대한 카슨의 생각은 지난 몇 해 동안 많이 바뀌었다. 지
금은 문제의 대부분이 "백인의 침해" 때문에 일어났다고 믿는 듯했다. 카
슨은 시빙턴과 샌드크리크 학살에 대해 강하게 비난했다. 냉혹한 대량 학
살일 뿐 아니라 콜로라도 주민들을 더 안전하게 하지도 못했던 것이다. 오
히려 남부 평원 인디언 사이에서 연쇄작용을 일으켜 전 지역이 전쟁에 돌
입할 위기에 처했다(둘리틀은 그 말에 동의했고 곧 내무장관에게 시빙턴의 공
격이 "기만적이고 잔인하고 비열한 학살이며 전적으로 우리 쪽에 책임이 있는 사

건"이라고 보고했다). 건강이 악화되어 군복무를 계속할 수 없게 되자 카슨은 남부 평원 인디언들의 외교관 역할을 하는 데 더 관심을 쏟는 듯했다. 그는 "그들이 받은 처우를 생각해보면 마땅히 샤이엔과 아라파호와 평화를 유지하기 위해 최선을 다해야 할 것입니다"라고 말했다.

보스케레돈도에 대해서는 높이 평가하지도 않았지만 그렇다고 대안을 찾지도 못했다. 뉴멕시코인과 나바호 사이의 갈등은 "해묵은 전쟁"이며 "끝없이 서로 훔치고 빼앗기며" "언제나 있어온 것"[169]이라고 했다. 칼턴의 보스케레돈도 보호구역은 적어도 해묵은 폭력의 순환을 끊기는 했다. 그러나 "내일 그들을 고향 땅으로 다시 돌려보낸다면 한 달이 채 되지 않아 다시 적대 행위가 시작될 것입니다"라고 카슨은 말했다.

카슨은 이어서 다른 부족들에 대해서도 의견을 내놓았다. 코만치, 히카리야, 그리고 그가 특히 아끼는 유트. 그러면서 인디언 민족 전체가 "주로 백인과의 교류 때문에" 빠른 속도로 소멸되어가고 있다는 우려를 분명하게 밝혔다. 그렇다고 달리 갈 곳도 없었다. 백인 정착민이 사방에 있었고 점점 좁혀 들어왔다. "문명이 그들을 포위했습니다."

둘리틀은 칼턴이 나바호를 보스케에 붙들어놓은 것에 반대하는 뉴멕시코인들이 왜 그렇게 많은지 물었다. 비난의 목소리가 높아지는 진짜 이유가 무엇인지? 카슨의 솔직한 대답에 둘리틀은 새로운 사실을 알게 되었다. 뉴멕시코 노예상인들이 노예를 구하지 못해 시장에 내놓을 물건이 없기 때문이라는 것이다. "전처럼 뉴멕시코인들이 나바호를 약탈할 수가 없기 때문입니다." 카슨이 말했다.

둘리틀은 그러나 카슨의 집에도 호세파의 집안일을 돕는 나바호 하인들이 있는 것을 보았다. 둘리틀은 아마 다른 식구들과 다를 바 없이 집 안을 돌아다니는 나바호 소년 후안 카슨도 보았을 것이다. 앞으로 몇 주 더 지내며 상원의원은 뉴멕시코 지역 전체에서 노예나 일꾼으로 일하는 나바호가 수천 명 있다는 사실을 알게 된다. 나바호 전체 인구의 거의 3분의 1에 달하는 수다. 샌타페이에만 해도 에스파냐인과 백인 가정에서 일하는 나바호 하인이 500명이 넘었다. 그것은 뉴멕시코의 추악한 비밀이었다. 둘리틀은 노예제도라는 악을 몰아내기 위해 치열한 전쟁을 막 마친 미국의 서부에서 여러 사악한 형태의 노예제가 여전히 횡행하고 있다는 불편한 진실을 받아들이지 않을 수 없었다.

*

의회 파견단은 제임스 칼턴 장군을 조사하러 샌타페이로 갔다. 장군은 인디언 문제에 관한 자기 이론을 떠벌리고 의회 보좌관들에게 산더미 같은 문서와 개인 서신 사본을 내어줄 수 있게 되어 기뻤다. 칼턴은 보스케 실험을 고집스레 옹호하며 나바호들을 "아주 친절하게" 대하고 있다고 주장했다. 시간이 흐르면 농업과 정착 사회에 익숙해져 "자기들의 생활 방식의 사악함"을 깨닫게 될 것이라 했다.

칼턴은 "광대한 바다 위의 섬과 같아 백인의 잠식으로부터 안전"한 보호구역만이 인디언을 구하는 유일한 방법이라고 말했다. 아직까지는 나바호를 개종하는 데 성공하지 못하였으나 여전히 이들을 변화시키는 데 기독교가 큰 역할을 하리라고 믿었다. '민족 특유의 타락성은 인간의 힘을 넘어서는 힘으로부터 치유받을 수 있을 것'이라고 칼턴은 둘리틀에게 보낸 추가 조사 보고서에 적었다.

그러나 칼턴은 아메리칸 인디언의 미래에 대해 낙관하지는 않았다. 보호구역 덕에 그 과정이 늦춰질 수는 있겠지만 결국 신성한 적자생존의 싸움에서 소멸하는 것이 그들의 운명이라고 했다. '정해진 때가 오면 하느님이 (짐승들의 경우도 그렇듯이) 한 민족을 지구상에서 사라지게 하고 다른 민족에 자리를 내어주실 것입니다. 우리는 하느님이 계획한 위대한 순환이 이루어지는 것을 볼 수 있을 것입니다. 그러나 그 심오한 이유는 미처 헤아리지 못할 것입니다. 매머드, 마스토돈, 육상느림보 같은 종도 한때 지구에 살았으나 사라졌습니다. 미국의 홍인종도 사라지고 있습니다!"[170]

둘리틀은 칼턴에게 깊은 인상을 받았으나 별달리 매력을 느끼지는 못했다. 그러나 뉴멕시코에서 지내는 동안 상원의원은 보스케레돈도의 심각한 문제에 대해 귀가 따갑도록 많은 이야기를 들었던 터라, 떠나기 전 그곳을 방문했다. 그는 충격적인 상황을 목격하고는 내무성에 따로 보스케를 조사할 것을 권했다. 이윽고 내무성에서 조사대가 파견된다.

민간에서나 군 내부에서나 칼턴을 비난하는 목소리가 점점 높아갔다. 재정 문제, 정실주의, 시민 자유권 침해 등이 제기되었다. 사람들은 칼턴의 고압적인 태도와 참기 힘든 설교에 지쳤다. 비난은 그가 특히 사랑하는 보스케에 집중되었다. 끝없이 들어가는 돈, 흉작, 부당한 죽음 등.

그리하여 1866년 9월 장군은 이듬해 초봄에 전출하라는 통고를 받았다. 칼턴은 항의했고 이 문제를 심의회에 회부할 것을 요청하였으나 그랜트 장군이 요청을 거절했다. 뉴멕시코는 기쁨에 들떴고 《위클리 뉴멕시칸》은 "너무 오래 우리를 지배했던 칼턴이라는 자"[171]가 쫓겨나게 되었다며 환호했다. 두 달 뒤 보호구역 관리 업무는 공식적으로 군에서 내무성 산하 인디언국으로 이관되었다.

칼턴은 루이지애나에서 새로운 직위에 임명되었으나 여전히 나바호가 보스케레돈도에 정착해야 한다고 열렬히 주장했다. 이 실험에 너무나 많은 노력을 쏟아 부어 이곳을 떠나면서도 도저히 손에서 놓을 수가 없었던 것이다. 서글프게도 보스케레돈도는 그의 필생의 업이었다. 그는 죽는 날까지도 자기가 저지른 참사를 깨닫지 못한 듯하다. 3,000명의 나바호가, 보스케레돈도에 갇혀 있던 나바호 가운데 3분의 1이 바로 그곳에서 죽었는데도 말이다.

칼턴은 또 하나의 명백한 사실을 인정하지 않았다. 나바호 땅에서 금이 발견되지 않았다는 것.

*

설계자가 떠났으나 비참한 삶은 1년 더 계속되었다. 칼턴이 전출 명령을 받은 그 주에 마누엘리토가 부상당하고 굶주린 상태로 나바호 땅 가장자리에 있는 윈게이트 요새로 비틀비틀 걸어와 항복했다. 마누엘리토와 스무 명 남짓 되는 초췌한 추종자들 무리는 나무열매와 팔밀라 뿌리로 연명해왔다. 마누엘리토는 한쪽 팔에 총상을 입었는데 상처에 염증이 생겨 힘없이 축 늘어져 있었다. 이들은 곧 보스케레돈도로 옮겨졌다. 위대한 나바호 지도자 가운데 마지막 인물이 항복한 것이다.

1868년 봄 나바호는 아예 파종을 거부했다. 배수로는 말라버렸고 밭은 텅 빈 채였다. 디네는 포기한 것이다. 이들은 배급소 주변에 모여 하루를 보냈다. 누군가의 말에 따르면 "자석 주위에 달라붙은 쇳가루처럼"[172] 그날의 배급을 기다리며 모여 있었다.

5월 말 보호구역에 중요한 빌라가나가 온다는 소문이 돌았다. 워싱턴이라고 불리는 곳에서 오는 사람으로 "위대한 백인 아버지"와 직접 아는 사이라고 했다. 나바호 약초 치료사 바르본시토는 이 지도자가 나바호의 미래에 관한 중대한 결정을 내릴 거라는 소식을 들었다.

나바호의 운명이 그의 손에 달린 것이다.

46. 카슨, 연옥을 건너다

　　같은 주, 키트 카슨은 그곳에서 320킬로미터 떨어진 곳, 병원 진료실 흙바닥 위에 놓인 버펄로 가죽 침상에 누워 있었다. 상체를 반쯤 일으킨 어정쩡한 자세였는데 그래야 숨을 좀 더 편히 쉴 수 있었다. 지난 며칠 동안 카슨은 각혈을 했다. 카슨의 주치의 헨리 틸턴 박사가 말하길 피 섞인 가래가 병의 마지막 단계라고 했다. 동맥류가 기관지로 흘러들어가고 있다는 것이었다. 카슨은 컥컥거리며 기침을 할 때마다 두려움 반 호기심 반으로 뱉어낸 것을 살피며 자기에게 시간이 얼마나 남았는지를 가늠했다.

　　카슨은 라이언 요새라는 황량한 곳에 와 있었다. 아칸소 강가 콜로라도 준주 남동부에 있는 군부대로 벤트 교역소가 있는 곳에서 멀지 않았다. 라이언 요새에 주둔하는 젊은 군의관 틸턴 박사는 카슨을 종일 가까이에서 지켜보기 위해 카슨을 이곳으로 데려왔다. 방 하나짜리 석조 건물 밖에는 벌써 봄이 왔다. 강을 따라 자란 미루나무에서 푸른 새잎이 돋았다. 로키 산맥의 눈이 녹아내려 물이 불어난 아칸소 강이 겨우 몇백 미터 떨어진 곳에서 세차게 흘렀다.

　　카슨은 목 아랫부분을 누를 때마다 무언가 불룩하게 부풀어 오른 것이 점점 커지는 걸 느꼈다. 가슴 위쪽이 답답했고 심장 박동이 종종 빨라졌고 때로 숨이 막히는 것 같기도 했다. 숨을 쉴 때마다 기침 발작이 일었다. 기침을 가라앉히기 위해 야생체리 시럽에 섞은 아편 한 병을 먹었고 심장 박동을 고르게 하기 위해 베라트럼이라는 근육이완제도 마셨다.[173] 통증이 너무 심해지면 틸턴 박사가 카슨 옆에 무릎을 꿇고 앉아 클로로포름 마취제를 놓아주었다. 의사는 클로로포름 때문에 죽을 수도 있다고 경고했지만 어느 정도의 용량이 치사량인지 정확히 알기가 어려웠다.

카슨은 상관없다고 했다. 틸턴 박사는 훗날 이렇게 적었다. "카슨은 자신을 고통에 시달리게 내버려두지 말라고 사정했다. 통증을 줄이려다가 죽는다고 하더라도 숨이 막혀 죽는 것보다는 훨씬 나을 것이라고도 했다."[174]

"난 어떻게 해야 하나요? 의사 선생 없이는 버틸 수가 없어요." 카슨이 말했다. 틸턴 박사는 그의 곁을 떠나지 않겠다고 약속했다. "제가 돌봐드릴게요." 카슨이 웃으며 답했다. "내가 오래 살 거라고는 생각하지 않겠죠." 그러고는 가슴을 두드리며 "이것만 아니라면 백 살까지는 살았을 거요"라고 덧붙였다.

지난 몇 주, 잠시 통증이 가라앉으면 카슨은 주로 자기 이야기를 들으며 보냈다. 틸턴 박사한테 『키트 카슨이 구술한 사실을 바탕으로 한, 로키산맥의 네스토르 키트 카슨의 삶과 모험』이 한 권 있었다. 이 책은 카슨의 첫 번째 전기로 1859년 드위트 피터스가 쓴 것이다. 틸턴 박사가 몇 구절을 읽어주면 카슨은 버펄로 가죽 위에 조용히 드러누워, 때로 파이프담배를 피우며, 옛 생각에 빠져들었다. 피터스의 책은 심한 과장과 선정적인 문구로 가득했다. 카슨은 늘 "피터스가 좀 도가 지나쳤어"라고 말하곤 했다. 그러나 지금은 개의치 않았다. 카슨은 젊은 의사를 좋아하게 되었고 둘이 함께 나누는 소박한 재미를 즐겼다.

"주인공을 청중으로 두고 피터스의 책을 읽었다…… 가끔 카슨은 파란만장한 자기 삶에서 있었던 일들을 회상하며 몇 마디 보태기도 했다. 손에 땀을 쥐게 하는 장면과 아슬아슬한 탈출 장면을 읽으며, 이렇게 많은 일을 해낸 겸손하지만 위엄 있는 조그만 남자를 보는 일은 참 멋졌다."[175] 틸턴 박사의 글이다.

충만한 삶을 살았지만 카슨은 자기에게 남은 것이 거의 없다는 것을 알았다. 지난주에 카슨은 유언장을 작성하며 자기 재산이 9,000달러 정도 된다고 어림했다. 그러나 대부분 다른 사람에게 빌려준 돈이었다. 사실 카슨은 가난뱅이였고 자식들 때문에 마음이 무거웠다. 살아 있는 자식이 일곱이었다. 아들 셋에 딸 넷. 막내 호세피타는 태어난 지 겨우 열하루밖에 되지 않았다.

카슨의 아이들은 행복하고 씩씩했으나, 카슨이 부끄럽게 인정하듯 매우 제멋대로였다. 카슨은 엄한 데라고는 거의 없는 사람이었고 나중에야 그걸 후회했다. 몇 해 전 셔먼 장군이 서부 시찰을 하러 왔다가 카슨의 집을 방문했을 때 셔먼은 카슨의 아이들이 "멕시코 야생마처럼 거칠고 방종하다"고 느꼈다. "옷도 제대로 갖춰 입지 않고 소란을 피우며 방 안을 뛰어다닌다"[176]고 했다. 카슨은 셔먼에게 아이들의 교육 문제에 대한 고민을 털어놓았다. 뉴멕시코의 학교는 형편없었고 그렇다고 동부로 유학 보낼 형편도 되지 못했다. "아이들을 제대로 키우지 못한 것 같아 걱정입니다."[177] 카슨은 셔먼에게 이렇게 말했다.

아이들은 겨우 8킬로미터 떨어진 곳에 있었지만 카슨을 찾아오기란 쉽지 않았다. 카슨 가족은 한 해 전부터 복스빌이라는 조그만 마을에 있는 방 세 개짜리 집에서 살았다. 복스빌은 퍼거토리(연옥) 강이 아칸소 강과 합류하는 곳 가까이에 있는 마을이다. 라이언 요새에 오려면 물살이 빠르고 살을 에는 이 차가운 강 두 개를 건너야 했다. 건너기 쉽지 않은 위험한 길이었다. 게다가 카슨은 식구들 보기를 고통스러워했다. 아이들이 자신의 이런 모습을 기억하기를 바라지 않았다.

그러나 어느 날 아들 둘이 찾아왔다. 큰아들인 열네 살 윌리엄과 일곱 살 찰스였다. 아이들은 아버지가 죽기 전 마지막으로 아버지를 한 번 보고 싶어 했다.

카슨은 일어나 앉아 최선을 다해 아들들을 맞았으나 곧 기진맥진했다. 카슨은 아이들이 떠나기 전 선물로 라이언 요새 영내 매점에서 새 모자를 사주었다.[178] 아이들은 어색하게 아버지와 작별 인사를 하고 아칸소 강을 건넜다. 어린 찰스는 아버지의 선물을 자랑스럽게 여겼고 멋들어지게 머리에 쓰고 갔다.

그러나 아이들이 서쪽으로 몇 킬로미터 더 가 마차로 퍼거토리 강을 건너는 동안 돌풍이 불어와 찰스의 머리에서 모자를 낚아채 갔다. 차가운 강물 위에 떨어진 모자는 물맴이처럼 강물 위를 빙빙 돌며 아래로 멀리 떠 내려갔다.

*

죽음을 눈앞에 둔 가난뱅이였지만 크리스토퍼 카슨은 마침내 장군이 되었다는 사실에서 작은 위안을 얻었다. 아마 미국 역사상 유일한 문맹 장군일 것이다. 3년 전 링컨 대통령이 카슨의 명예 준장 진급을 승인했다. 충분히 얻을 만한 명예였으나 큰 의미는 없었다. 그에게 '명예'라는 것은 돈을 많이 버는 일도 권한이 높아지는 일도 아니었다. 단지 사람들이 그를 '장군'이라고 부르게 되었다는 뜻일 뿐이었다. 사람들은 기꺼이 그 호칭을 사용했다. 그러나 카슨은 좀 당황스러웠다. 누군가가 실수로 그를 '대령'이라고 불렀을 때 카슨은 이렇게 대답했다. "아, 그냥 키트라고 부르게."[179] 카슨은 자기가 군에서 진급한 것을 벗들과 순전한 운의 탓으로 돌렸다. "내운 말일세, 그게 골치 아픈 일이지. 그것 때문에 성직만큼이나 나한테 걸 맞지 않은 자리에 있게 된 걸세."[180]

카슨 장군은 어도비월스 전투 이래로 3년 반 동안 거의 쉴 새 없이 여기저기를 돌아다녔다. 유니언 요새, 갈런드 요새, 이제는 라이언 요새까지, 쓸쓸한 군 전초지를 순회했다. 여러 평원 인디언들과의 협상을 이끌었고 세인트루이스로 가서 존 포프 장군과 셔먼 장군과 대담했다. 말년에 늙은 전사는 지금까지 해본 일이 없는 새로운 역할을 자처했다. 중재자의 역할이었다. 건강 때문에 말을 타고 이동할 수가 없어 대개 군 병상자 호송마차를 타고 여행했다. "이제 늙고 망가져서 내 몸도 제대로 가누지 못하네."[181] 카슨은 친척에게 이런 편지를 보냈다.

가장 최근에 한 여행은 1868년 늦겨울과 초봄에 걸쳐 워싱턴에 다녀온 일이다. 그곳에서 유트를 위한 영구 보호구역을 정하는 조약을 중재했다. 카슨처럼 건강이 좋지 않은 사람에게는 특히 힘든 여정이라 틸턴 박사는 여행에 반대했다. 카슨은 임신 7개월이던 호세파를 두고 발걸음이 떨어지지 않았지만 카슨을 '키트 아버지'라고 부르는 우라이 추장을 비롯한 유트 지도자들이 협상에서 자기들 편이 되어달라고 설득했다. 게다가 카슨은 동부의 저명한 의사들을 찾아가 확진을 받고 싶었고 만약 치료법이 있다면 구해볼 생각이었다.

장군은 역마차를 갈아타며 캔자스까지 갔고 캔자스에서 기차를 타고 워싱턴으로 갔다. 조약은 금방 마무리되었고 카슨은 유트들을 데리고 수도를 돌아다녔다. 터키탕에도 갔고 백악관에서 앤드루 잭슨 대통령을 예방하기도 했고 남북전쟁 때문에 건축이 잠시 중단되었던 워싱턴 기념탑을 입을 떡 벌리고 올려다보기도 했다. 어딜 가든 사람들이 '장군' 곁에 몰려들었으나 사람들도 이제는 좀 더 조심했다. 카슨이 어떤 상태인지 빤히 보였던 것이다.

이번만은 카슨도 사람들의 관심을 즐기는 듯했다. 자기의 유명세를 받아들이게 되었고 이제 재미도 느꼈다. 싸구려 소설의 허풍과 싸우는 일은 오래전에 포기했다. 이미지가 실제 모습보다 훨씬 더 컸다. 그러니 그걸 즐겨서 안 될 게 뭔가? 최근 출간된 통속소설 한 권을 건네받자 카슨은 안경을 끼고 잠시 동안 표지를 살폈다. 카슨이 팔로 아름답고 풍만한 아가씨의 가느다란 허리를 감싸 안고 있고 사방에 지금 막 죽은 인디언 시체가 무수히 널려 있는 그림이었다.

카슨은 책을 내려놓더니 말했다. "여러분, 이게 사실일지도 모르겠지만 저는 전혀 기억이 나지 않는군요."[182] 카슨은 한 눈을 찡긋했다.

미 전쟁성에서 카슨은 필 셰리든 장군과 윌리엄 셔먼 장군을 만났다. 셔먼은 여러 부족과 조약을 맺기 위해 특수 임무를 띠고 서부로 갈 준비를 하던 차였다. 여러 중요한 계획이 있었지만 무엇보다 뉴멕시코로 가서 보스케레돈도를 폐쇄하는 일을 검토할 계획이었다. 워싱턴 방문 동안 셔먼은 나바호 문제를 카슨과 의논했을 것이다. 두 사람은 오랜 친구였고 둘 다 역사적으로 중요한 자취를 남긴 초토화 작전을 펼쳤다.

카슨은 점차 보스케가 얼마나 심각한 실패인지 깨닫게 되었다. 유트 보호구역을 그들의 고향 땅 안에 성공적으로 만들고 나서 아마 나바호도 고향으로 돌려보내는 것이 현명하다고 생각했을지 모르겠다. 셔먼의 서부 여행에 동행했고 일기를 남긴 작가 한 사람은 카슨이 셔먼에게 이렇게 말했다고 적었다. "장군, 인디언의 주신主神은 우리가 인디언 땅을 차지하기를 바라지 않는다는 생각이 듭니다. 그들에게 아직 살려는 의지가 남아 있을 때 그들을 데리고 돌아갈 수 있게 해주십시오."[183] 카슨이 자기 생각을 완전히 바꾸었다는 게 흥미롭지만 이 인용문이 과연 신빙성이 있는지는 의심스럽다. 도무지 카슨 말투처럼 들리질 않는다.

어느 날 카슨은 유명한 남북전쟁 사진가 매슈 브래디의 워싱턴 스튜

디오에 앉아 초상사진 몇 장을 찍었다. 사진을 보면 카슨은 멋진 검은 정장을 입었다. 위엄 있고 나이 든 정치가처럼 보인다. 머리카락과 콧수염은 약간 세었고 얼굴은 수척하고 눈빛은 통증으로 굳어 있다. 자세가 자연스럽지 않게 경직된 것이 카메라 셔터를 누를 때까지 자세를 유지하느라 마지막 남은 힘까지 쥐어짜고 있는 듯하다.

워싱턴에 머무르는 동안 카슨은 옛 상관 존 C. 프리몬트를 만났다. 프리몬트는 재정적으로 곤경에 처했고 수상쩍은 거래 관계로 명성이 바랬으나 여전히 공화당에서 중요한 위치에 있었다. 프리몬트는 친애하는 안내인을 다시 만나게 되어 무척 기뻤으나 그가 "병으로 많이 변한" 것을 보고 놀랐다. 프리몬트는 뉴욕에 있는 전문가 루이스 앨버트 세이어 박사의 이름을 알려주면서 바로 진료 예약을 하라고 했다.

카슨은 기차를 타고 맨해튼으로 갔고 유트 추장 몇 명과 함께 브로드웨이에 있는 메트로폴리탄 호텔에 묵었다. 세이어 박사한테서도 좋은 소리는 들을 수 없었다. 콜로라도에서 틸턴 박사에게 받은 진단, 대동맥 동맥류가 맞다고 했다. 언제 죽을지 알 수 없고 손쓸 방법이 없다고 했다. 세이어 박사는 충분히 쉬고 마음을 편하게 갖고 술을 입에 대지 않으면 죽음을 조금이나마 늦출 수 있다고 했다(동맥류의 원인에 대해 이야기했는지는 분명하지 않지만 카슨이 생각하는 것처럼 승마 사고 때문에 발병했을 가능성은 없다. 고혈압이 원인일 가능성이 높고, 매독 증상 가운데 하나이기도 하다. 덫사냥 일을 할 때 매독에 걸렸을 수도 있을 것이다).[184]

세이어 박사를 만나고 심란한 마음으로 카슨은 메트로폴리탄 호텔로 돌아왔다. 어느 날 밤 카슨은 자기가 죽는 꿈을 꾸었다. 숨이 떠나가고 침대가 공중에 뜨면서 하늘로 가는 것 같았다. 카슨은 식은땀을 흘리며 잠에서 깼다. 유트 추장 한 사람이 카슨의 머리를 감싸 안고 있었다. "예수님을 부르더군요."[185] 추장이 말했다. 카슨은 자기 신앙을 겉으로 드러내지 않는 사람이었으므로 자기가 예수의 이름을 불렀다는 게 이상했다. "하지만 지금 나를 도울 수 있는 사람은 그분뿐이니까." 카슨이 말했다.

카슨은 두 개의 최종 시한을 맞춰야 한다는 생각에 마음이 바빴다. 살아서 집으로 돌아가 호세파를 만나야 했고, 그것도 호세파가 출산하기 전에 도착해야만 했다. 그러나 뉴욕을 떠나기 전에 마지막으로 만나야 할 사람이 있었다. 제시 벤턴 프리몬트가 카슨을 만나러 허드슨 강가에 있는 집을 떠나 맨해튼 메디슨 광장에 있는 친구 집에 와 있었던 것이다. 카슨은 기운이 하나도 없어 부축해주는 사람 어깨에 기대지 않고는 서 있을 수도 없었다. "아직 살아 있소!" 카슨은 제시에게 말했다. 두 사람은 포옹하고 옛날 일을 회상했다. 그러나 몇 분 지나지 않아 카슨은 숨을 헐떡였다. "내가 여기에서 죽으면 호세파도 죽고 말 거요." 카슨은 제시에게 말했다. "집에 가야겠소. 갈 수 있으리라고 생각해요."[186]

카슨은 보스턴으로 가서 다른 의사 한 사람을 더 만난 듯하다. 그곳에서 유니언 퍼시픽 열차를 타고 와이오밍 샤이엔으로 갔고 역마차를 타고 덴버로 갔다. 몸이 안 좋아 그곳에서 잠시 머무르며 호텔에서 쉬어야 했다. 날마다 그의 회복을 비는 사람들이 창가에 모여들어 그 자리를 떠나지 않고 지켰다. 사흘 뒤 조금 몸이 회복되자 장군은 호텔을 나서며 직물 상자 위에 올라서서 덴버 시민들에게 기도해주어 고맙다고 인사했다. 집으로 돌아올 때는 거의 지붕 없는 마차를 타고 왔다. 카슨은 담요를 몸에 둘둘 말고 뒷자리에 누워 있었다. 호세파가 마차를 타고 와 4월 11일 콜로라도의 작은 마을 라훈타에서 그를 맞았다. 두 사람은 방 세 개짜리 집으로 서둘러 돌아갔다.

이틀 뒤 호세파는 딸을 낳았다. 카슨은 엄마의 이름을 따서 호세피타라고 이름 지었다.

*

카슨은 대륙 횡단 여행 뒤 몸이 너무 약해져서 갓난 딸을 안아보기도 힘들었다. 그 뒤 2주 동안을 자기 집 바닥, 담요로 만든 침상 위에서 누워 보냈고 아편 때문에 몽롱해져 있을 때도 많았다. 틸턴 박사는 여행 때문에 그가 이 지경이 되었다고 생각했다. 그는 동맥류가 "빠른 속도로 진행되었고 종양이 미주신경과 기관을 눌러 기관지에 자꾸 발작을 일으켜 특히 고통을 준다"[187]고 적었다.

호세파도 몸이 좋지 않았다. 출산 뒤 감염이 있었는지 산욕열에 시달렸다. 열이 떨어지지 않았다. 호세파를 보러 왔을 때 틸턴 박사는 호세파를 "전에는 매우 아름다웠을" 여인이라고만 했다. 병이 그녀의 아름다움을 모두 빼앗아버린 것이다.

4월 27일 저녁, 호세파는 몸이 좀 나아졌는지 간신히 자리에서 일어나 아이들과 놀아줄 수 있었다. 열세 살이던 테레시나가 엄마에게 왔고 몇 분 동안 호세파는 딸의 머리를 빗어주었다. 그런데 갑자기 정신력이 바닥으로 툭 떨어지는 듯했다. "크리스토발, 이리 좀 와줘요!" 호세파가 외쳤다. 카슨은 다른 방에 있던 침상에서 일어나 비틀거리며 최대한 빨리 호세파에게 갔다.

호세파의 눈은 초점을 잃었다. "너무 아파요." 호세파가 말했다. 그러고는 바로 카슨의 품 안에서 숨을 거두고 말았다.

호세파는 집에서 450미터 떨어진 정원에 묻혔다. 퍼거토리 강둑 근처였다. 카슨은 비탄에 잠겼다. "어머니가 돌아가신 뒤 아버지는 그저 사그라져가는 것처럼 보였다."[188] 찰스 카슨은 몇 해 뒤 이렇게 회상했다.

카슨은 타오스에 있는 이냐시아 벤트에게 편지를 보내 이곳으로 와서 어머니 잃은 아이들을 돌보아달라고 부탁했다. 이냐시아가 오자마자 카슨은 피를 토하기 시작했고 틸턴 박사는 강물이 더 불기 전에 요새로 건너오라고 했다.

*

5월 23일 오후, 카슨은 기운을 되찾았다. 그는 틸턴 박사에게 배가 고프다고 했다. 지금까지 먹던 묽은 국과 건더기 없는 죽 대신 뭔가 든든한 걸 먹고 싶다고 했다. 옛날에 먹던 커다란 버펄로 스테이크를 겉만 살짝 익혀서 예전에 즐기던 것처럼 붉은 고추 한 접시를 곁들여 먹고 싶었다. 그리고 커피도 큰 잔으로 한 잔. 그걸 먹고 나서 사기 담뱃대로 담배 한 대를 피우고 싶다고 했다.

틸턴 박사는 카슨의 주문대로 준비했고 곧 장군은 원하던 것을 먹을 수 있었다. 그는 바닥에 깔린 버펄로 가죽 위에 드러누워 양껏 먹고 피웠다. 그러고 나서 오후 4시 25분, 격렬하게 기침을 하기 시작했고 입에서 피가 쏟아져 나왔다. 동맥류가 터진 것이다. 카슨은 소리쳤다. "의사 선생, 콤파드레, 아디오스*compadre, adios*(친구여, 안녕)!"[189]

틸턴 박사는 카슨의 옆으로 달려갔다. "나는 손으로 그의 이마를 받쳤다. 죽음이 빠른 속도로 그를 덮쳤다."

다른 친구들이 방 안에 들어섰다. 틸턴은 고개를 저었다. "장군이 세상을 뜨셨습니다."[190]

카슨의 시신은 아칸소 강을 건너고 퍼거토리 강을 건너 호세파 곁에 묻혔다. 호세파의 장례 때 뒤집어진 흙이 아직 그대로였다. 두 사람은 25년 동안 결혼 생활을 했고, 한 달 차이로 세상을 떠났다. 라이언 요새에서 영결 나팔이 울렸고 조기가 게양되었다.

나흘 뒤 덴버에서 발간되는 《로키 마운틴 뉴스*Rocky Mountain News*》는 다음과 같이 카슨의 부고를 실었다. "광활한 평원에서, 눈 덮인 산지에서, 강에서, 호수에서, 바다에서, 그는 처음으로 길을 냈다. 그를 이끄는 본능은 타고난 기사도였다. 그의 마음속에는 필요할 때면 구름 속의 번개처럼 솟아나는 용기가 있었다."[191]

살인자 괴물이 말했다.
"어떤 것은 그대로 내버려두어야 한다.
그리고 어쩌면 어떤 적들이 남아 있는 게 결국 우리에게는 더 나을 것이다."

—나바호 탄생 설화 「디네 바하네Diné Bahane」에서

아름다움 가운데 우리는 걷는다

5월 말 어느 맑은 아침, 키트 카슨이 죽은 그 주에 수천 명의 디네가 보스케레돈도 평원에 모였다. 페코스 강에서 조금 떨어진, 탁 트인 단단하고 밝은 땅이었다. 그들 사이에서 노랫소리가 울려 퍼졌다. 사람들의 기운이 모이면서 노랫소리가 차츰 높아졌다. 나바호들은 돌을 딱딱 치기 시작했다. 뚜렷한 박동이 사람들 사이에 울렸다.

돌 두드리는 소리에 섬녀 요새 군인들은 당황했다. 처음에는 반란의 조짐이 아닌가 걱정해서 배급소 지붕으로 올라가 살펴보았다. 그곳에서 군인들은 이상한 광경을 목격했다.

나바호는 지름이 몇 킬로미터 되는 거대한 원을 만들었다. 어찌나 큰지 원 둘레에 서 있는 사람이 원 반대편에 있는 사람을 보면 조그만 점처럼 보일 정도였다. 그들은 조금씩, 보조를 맞추어가며 원을 좁히기 시작했다. 그러더니 앞으로 나아가며 계속 노래를 부르고 돌멩이를 맞부딪혔다. 천천히 들판 위에서 원이 줄어들기 시작했다. 거대한 올가미처럼 점점 좁혀졌다.

잠시 후 원 가운데에서 몸을 일으킨 어린 코요테 한 마리가 공포에 질려 달리기 시작했다. 원이 좁혀 들어오자 코요테는 우왕좌왕 미친 듯이 뛰다가 결국 달아날 길이 없다는 걸 알았다. 사람으로 이루어진 울타리에 갇힌 것이다.

공포 때문인지 본능적으로 죽은 척하는 것인지 코요테는 바닥에 엎드렸다. 그때 몸집이 작고 턱수염을 기른 캐니언드셰이 출신 약초 치료사 바르본시토가 원 안으로 들어가 덜덜 떨고 있는 짐승에게 다가갔다. 몇몇 사람들이 그를 도와 코요테를 붙들었다. 바르본시토는 약 가방을 열어 자개 구슬 하나를 꺼냈다. 조심스럽게 하얀 구슬을 코요테의 입에 넣더니 그 위에서 주문을 외었다.

노래와 돌 두드리는 소리가 멈추고, 침묵 속에서 원을 이룬 사람들이 천천히 뒷걸음질을 쳤다. 거대한 올가미가 다시 열리고 있었다.

바르본시토는 주의 깊게 코요테가 어떤 방향으로 달리는지 살폈다. 이 의식의 목적이 바로 그것이었다. 고대부터 내려온 의식이었다. 극한 상황에 몰렸을 때에만, 부족의 미래와 관련된 징조를 찾기 위해 나바호 약초 치료사가 거행하는 의식이었다.

갑자기 바르본시토와 다른 사람들이 뒤로 물러섰고 코요테가 벌떡 일어섰다. 코요테는 처음에는 당황한 듯하더니 갑자기 바르본시토가 바라는 방향으로 몸을 돌렸다. 그러고는 촐라 선인장과 메스키트 수풀을 가로질러 뛰어가 인간의 고리로부터 탈출했다.

코요테는 서쪽을 향해 뛰어나갔다.[1]

*

며칠 뒤, 1868년 5월 28일 윌리엄 셔먼 장군이 대평화위원회 소속 측근을 이끌고 보스케레돈도에 도착했다. 셔먼 장군은 마차에서 내려 활기차게 보호구역을 돌아보며 보는 것마다 마음에 새겼다. 이제 마흔여덟 살인 셔먼은 혈색 좋고 우락부락하고 자신감 넘치는 인물로, 인간의 비참함에 관해서는 모조리 섭렵하여 웬만한 것에는 마음이 흔들리지 않는 사람처럼 무감한 태도로 시찰했다.

그는 자기 친구 키트 카슨이 닷새 전에 죽었다는 사실을 알고 있었을 것이다. 뉴멕시코 사람 모두 그 소식을 들었고 뉴멕시코 전역에 조기가 내걸렸다. 셔먼은 카슨의 죽음으로 한 시대가 끝났고 새로운 시대가 시작되었음을 알았다. "키트 카슨은 그 시대에 가장 유용한 사람의 좋은 본보기였다."[2] 셔먼은 나중에 이런 글을 적었다. "그러나 오늘날에는 사라진 과거에 속하는 황금양털의 이아손이나 트로이의 오디세우스, 오대호의 라 살르 기사(프랑스 탐험가로 오대호 지역을 탐험했다 -옮긴이), 켄터키의 대니얼 분처럼 시대에 뒤처진 사람이다."

카슨은 나바호를 이곳에 모으는 데 기여했지만 이제 셔먼은 자기 친구가 한 일을 되돌릴 권력을 갖고 있었다. 그는 엄청난 권한을 부여받았고 그 권한을 행사하는 데 주저함이 없었다. 나바호 여자들은 보호구역을 돌아보는 셔먼의 옷자락을 붙들었다. 나바호들은 위대하고 강력한 사람의 모습을 보기 위해 어딜 가든 앞다투어 몰려들었다.

셔먼은 마음이 약한 사람도 인디언 편을 드는 사람도 아니었지만 이 보호구역이 참담한 실패라는 것은 확실히 알 수 있었다. 나바호들은 절망에 빠져 있었고 농장은 휴경 상태였다. "보스케는 황무지 사막 한가운데에 있는 풀밭에 지나지 않는다는 것을 알았다."[3] 셔먼은 이렇게 적었다. "나바호들은 절대빈곤과 좌절 상태에 빠져 있었다."

셔먼 장군은 위원회 위원들과 함께 보스케레돈도에 있는 한 건물에서 나바호 우두머리 몇몇을 만났다. 이들의 대표는 바르본시토와 마누엘리토였다. 에스파냐 통역관 두 사람이 회담을 통역했고 군 속기사가 내용을 빠짐없이 기록했다.

셔먼 장군이 일어나서 먼저 입을 열었다. "오늘 위원회가 이곳에 온 것은 여러분의 상태에 대해 전부 알기 위해서입니다. 칼턴 장군은 여러분을 농부로 만들기 위해 이곳으로 이주시켰습니다. 그러나 여기 와서 보니 농장도 없고 가축도 없고, 4년 전과 다를 바 없이 가난하군요. 지금까지 무얼 했으며 이 보호구역에 대해 어떻게 생각하는지 알고 싶습니다."[4]

바르본시토가 일어서서 나바호를 대신해 대답했다. 빌라가나가 한 사람의 지도자, 부족 전체의 대표자를 왜 이렇게 중요시하는지 디네도 마침내 깨닫게 된 것이다. 이들은 바르본시토를 가장 언변이 좋은 대변인으로 여겼다. 그는 본질적으로 침착하고 차분한 사람이었다. 그러나 그의 말씨와 몸짓에서는 뚜렷한 열정이 느껴졌다. 말을 할 때는 긴 구레나룻이 곤두서고 조그만 손이 움직였다. 그는 한참 동안 말을 이었고 셔먼은 끼어들지 않고 내버려두었다.

바르본시토는 셔먼 장군을 사람이 아니라 신으로 여긴다고 말했다. "제가 보기에는 장군이 전체를 신처럼 다스리는 것 같습니다. 지금 저는 장군에게 마치 영령을 대하듯 말하고 있습니다."[5]

약초 치료사는 말을 이었다. "우리는 이곳에서 다섯 겨울을 났습니다. 첫해에는 옥수수를 심었습니다. 낟알이 잘 영글었으나 벌레가 들어가 거의 전부를 망쳐버렸습니다. 이듬해도 마찬가지였습니다. 3년째에는 옥수수가 두 자 길이로 자랐는데 폭풍우가 몰려와 모든 걸 망쳐버렸습니다. 그래서 올해 우리는 아무도 씨를 뿌리지 않았습니다. 이제 조상들이 우리 땅 경계 밖으로 나가면 안 된다고 한 말이 무슨 뜻인지 알게 되었습니다. 이 땅은 우리를 달가이 여기지 않습니다. 우리가 여기에서 무엇을 하든 죽음만을 가져올 뿐입니다."

바르본시토는 이어서 셔먼에게 오클라호마에 있는 새로운 보호구역으로 이주하는 것을 꺼리는 까닭을 설명했다. 최근에 정부 관리들이 나바호들에게 그런 암시를 주었던 것이다. "우리 조상들은 우리 땅 말고 다른 땅에 사는 것을 생각조차 해보지 않았습니다. 저도 그러는 것은 옳지 않다고 생각합니다. 더 늙고 병들기 전에 내가 태어난 곳을 다시 보고 싶습니다. 장군이 우리를 고향 땅 말고 다른 곳으로 보내지 않기를 신께 기원합니다. 내 발밑으로 들어가 내 입으로 나온 이 희망을 당신께 전합니다."

셔먼이 바르본시토의 말에 감명을 받았음이 눈에 보였다. "당신이 당신 민족에 대해 이야기한 것을 들었고, 사실을 말했다고 생각하오." 셔먼은 바르본시토에게 이렇게 말했다. "누구나 자기가 태어나고 자란 땅을 사랑하게 마련이오. 우리는 옳은 일을 하고 싶소."

그리고 셔먼은 이렇게 덧붙여 바르본시토에게 처음으로 희망의 불씨를 심어주었다. "여기 지도가 있소. 당신이 지도를 볼 줄 안다면 몇 군데를 보여주고 싶소." 나바호 땅의 지도였다. 바르본시토는 네 개의 성스러운 산과 다른 지표를 바로 알아보았다.

셔먼은 이렇게 덧붙였다. "동의한다면 교역 목적이 아니면 그 밖으로 나갈 수 없는 경계선을 만들 거요." 셔먼은 바르본시토에게 자기가 생각하는 경계선을 보여주었고 그 밖으로 나갔을 때의 끔찍한 결과에 대해 경고했다. "경계가 어디인지 분명히 알아야 하오. 그리고 더 이상 전쟁은 안 되오. 전쟁은 군대가 할 것이오. 당신들은 평화롭게 살아야 하오."

바르본시토는 기쁨을 감추기 힘들었다. 눈물이 솟아 콧수염을 타고 흘러내렸다. "장군의 말을 들으니 무척 기쁩니다. 우리는 어떤 명령이라도 기꺼이 따를 것입니다." 바르본시토가 말했다.

그러고는 셔먼에게 자기는 벌써 고향으로 갈 때 신을 모카신을 꿰매놓았다고 하며 다음과 같이 말했다. "오른쪽으로도 왼쪽으로도 가고 싶지 않습니다. 똑바로 우리 땅으로 가고 싶습니다!"[6]

*

며칠 뒤, 6월 1일 조약이 완결되었다. 나바호는 원래 자기네 땅보다 훨씬 좁은 새 보호구역 안에 살게 되었다. 성스러운 산 네 개는 모두 보호구역 밖에 있었다. 그래도 광활한 땅이었다. 거의 6만 5,000제곱킬로미터에 달하니 오하이오 주와 비슷한 크기였다. 바르본시토, 마누엘리토, 그 밖의 지도자들이 조약에 X 표시로 서명을 한 뒤, 셔먼은 나바호들에게 자유롭게 고향으로 돌아가라고 했다.

6월 18일이 출발일로 정해졌다. 군대가 먹을 것을 주고 보호해주며 나바호를 호위하기로 했다. 그러나 어떤 사람들은 한시바삐 가고 싶어 떠나기 전날 밤 고향 방향으로 15킬로미터 정도 갔다가 다시 되돌아왔다. 흥분감에 들떠서 도무지 주체할 수가 없었던 것이다.

이튿날 아침 여정이 시작되었다. 또 한차례의 대규모 집단 이주였으나 이번에는 자발적이고 즐거운 것이었다. 나바호 민족 전체가 집을 향해 거의 640킬로미터에 달하는 장정을 시작했다. 피난민 행렬이 16킬로미터 넘게 뻗었다. 그 가운데 어딘가에서 바르본시토가 새 모카신을 신고 걷고 있었다.

리오그란데에 다다라 푸른 구슬 산을 보았을 때, 나바호들은 주저앉아 울었다. 마누엘리토의 말에 따르면 "이게 정말 우리 산인가 의아했다. 우리는 땅과 이야기를 하고 싶은 심정이었다. 너무 행복해서였다."[7]

나바호들은 코요테가 달아난 방향으로 계속 걸었다. 아이들에게 그토록 많은 이야기를 들려주었던 그 땅을 향해.

이들은 행진하며 노래를 불렀다.

우리 앞에 아름다움이

우리 뒤에 아름다움이

우리 둘레에 아름다움이.

아름다움 가운데 우리는 걷는다.

아름다움으로 다듬어진 곳.

키트 카슨과 나바호

키트 카슨. 우리에게는 낯선 이름이지만 미국 사람들에게는 빌리 더 키드나 와이어트 어프만큼 친숙한 이름이다. 사실 키트 카슨은 서부 개척 시대 영웅 가운데서도 허구적으로나 역사적으로나 가장 중요한 위치를 차지하는 인물이다. 이 책의 저자인 햄튼 사이즈는 키트 카슨이 서부극 속 영웅의 원조라고 말한다. 그 시기, 텅 빈 황무지로만 여겨지던 서부에서 키트 카슨이 벌인 활약상이 동부에 전해지면서 키트 카슨을 주인공으로 한 싸구려 선정주의 소설이 연달아 나오기 시작했다. 이 책의 원제이기도 한, '피와 천둥blood and thunder'이라고 불리는 통속소설들이다. 이런 소설들은 무려 70편이 넘게 쏟아져 나왔고, 여기에서 키트 카슨은 미국의 격동과 팽창을 상징하는 국민적 액션 영웅으로 묘사되었다. 또한 영화사 사상 최초의 서부영화로 꼽히는 작품이 1903년작 무성영화 〈키트 카슨〉이라는 사실만 보아도 그의 상징적 위치를 짐작할 만하다.

그러나 실제 키트 카슨은 냉혈한 살인마도 초인적 힘을 가진 슈퍼 영웅도 아니었다. 사이즈에 따르면 카슨은 자기가 이렇게 허황된 모습으로 희화화되는 걸 매우 싫어했다고 한다(카슨은 문맹이어서 사실 이런 소설들을 직접 읽은 적이 한 번도 없다). 이런 통속소설 가운데, 표지에 키트 카슨이 가녀린 백인 여자를 한 팔로 안고 다른 한 팔로 단번에 인디언 일곱을 살해하는 그림이 그려진 책이 있었다. 오히려 카슨은 그걸 보고 한 눈을 찡긋하며 "여러분, 이게 사실일지도 모르겠지만 저는 전혀 기억이 나지 않는군요"라고 말할 줄 아는 유머 감각이 있고 겸손한 사람이었다고 한다.

통속소설들이 한껏 과장해놓았다고는 하나, 그 시기 자체가 실은 과장이 필요 없을 정도로 폭력과 긴장, 갈등이 첨예한 피와 천둥의 시대였다. 그리고 키트 카슨은 미국의 서진 팽창의 역사 속에서 격변하는 서부 역사의 각 장을 몸으로 대변하는 인물이었다. 그는 중요한 역사적 사건마다 핵심적 역할을 했다.

키트 카슨은 서부 개척민의 아들로 태어나 스무 살 때 덫사냥 일을 시작했다. 대공황과 비버 수 감소 등으로 사냥꾼들의 세기가 막을 내리자, 카슨은 과거의 경험을 바탕으로 지도 한 장 없는 미개척지에서 탐사자, 길 안내인 역할을 한다. 그러다가 서부 팽창의 도화선이 되는 프리몬트 원정대의 안내자 역할을 맡게 된다. 멕시코 전쟁 때는 프리몬트와 커니 장군 아래에서 중요한 역할을 하고 특히 샌파스퀄 전투 때 특사 임무를 띠고 전멸 위기에 몰린 커니의 서부군을 구해낸다. 남북전쟁 때는 자원군 대령으로 복무하며 밸버디 전투에서 용맹하게 싸웠다. 인디언 전쟁에서는 초토화 전술을 펼쳐 나바호 민족 전체를 고향 땅에서 몰아내 보스케레돈도 보호구역으로 가는 '먼 길'로 내보낸다.

그러나 카슨은 서진 팽창 이데올로기인 '자명한 운명' 같은 거창한 신념을 지닌 사람도 아니었고, 남북전쟁 때 북군에 가담했지만 북군의 대의에 공감해서 그런 것도 아니었다. 멕시코 전쟁 때 미국 편에서 싸웠지만 그 자신은 가톨릭 교도였고 아내도 히스패닉이었으며 멕시코인들과 가깝게 지냈다. 인디언들을 무수히 죽였지만 인디언을 미워하지 않았다. 카슨이 깊이 사랑했던 첫 번째 아내는 아라파호 인디언이었고 인디언 문제는 '백인의 침범' 때문에 일어난 것이라고 생각했다. 그의 인생을 들여다보면 볼수록 민족주의, 애국심, 신념 같은 이데올로기는 찾아볼 수 없고 모순적이고 이율배반적인 삶, 결함 많고 나약한 인간만이 보일 뿐이다. 그러나 그것이 그 시대였고 그것이 바로 인간일 것이다.

햄튼 사이즈는 카슨을 영웅도 악당도 아닌 인간으로 그리고자 했다. 이전 세대 역사가들이 '서부 팽창'을 영광스러운 역사로 보고 키트 카슨을 용감한 백인 영웅으로 그렸다면, 지난 수십 년 동안에는 백인들이 원주민들을 서부에서 몰아낸 잔혹하고 수치스러운 역사로 보는 시각이 우세했다. 사이즈는 중간 지점에서 균형을 시도했다. 이 책은 대중역사서이면서도 주관과 상상을 배제하고 동시대 기록을 폭넓게 인용하여 생동감과 현실성을 갖춘, 어느 한쪽으로 치우치지 않는 작품이 되었다.

이 책의 두 주인공은 키트 카슨과 나바호다. 시간이 흐르면서 나바호는 쇠락의 길을 걷고, 결국 '인도주의적 처사'라는 미명 아래 보스케레돈도의 보호구역으로 강제 이주하게 된다(이 여정을 나바호들은 '먼 길'이라고 부른다). 나바호들은 성스러운 네 산이 이루는 자기네 땅의 경계 밖으로 나가는 것을 철저히 금기시했다. 그런데 이 네 산이 보이지 않는 머나먼 곳으로 가게 된 것이다. 보스케레돈도 보호구역은 재앙이었다. 보스케레돈도는 나바호의 정신을 말살시키고 무수한 목숨을 앗아갔다. 그곳에서 나바호 3,000명, 곧 보스케에 갇힌 이들 중 3분의 1이 죽었다.

이 책의 에필로그는, 나바호가 마침내 보스케레돈도 보호구역을 떠나 자기네 땅으로 돌아가는 모습, 이제는 그곳을 떠날 때처럼 멀지 않은 길을 걸어 돌아가는 모습을 그린다. 성스러운 푸른 구슬 산이 눈앞에 나타나자 나바호들은 주저앉아 울었다. 1868년, 키트 카슨이 죽은 해와 같다. 이 장면이 주는 처연하고 아름다운 감동을 보면, 이 책이 균형 감각을 이루는

데 성공했다는 생각이 들 것이다. 또한 사이즈는 시각의 균형뿐 아니라 역사적 사실과 인간에 대한 관심 사이에서 균형을 잡는 데에도 성공했다. 이 책에서 역사적 인물들은 영웅이든 악당이든 신화화된 존재가 아니라 인간적 동기에 따라 움직이는, 인간미와 결함을 고루 갖춘 생생한 인물로 되살아난다.

■ 주

프롤로그 말발굽 소리

1. 드와이트 클라크Dwight Clarke, 『스티븐 워츠 커니: 서부의 군인Stephen Watts Kearny: Soldier of the West』, 144쪽.
2. 라스베이거스 공격 기록을 서부군 일기 여럿에서 볼 수 있다. 대표적으로 윌리엄 에모리 William Emory, 『에모리 중위 보고서Lieutenant Emory Reports』, 49쪽.
3. 나바호 습격 문화, 무기, 전투복 등에 대해 자세히 알아보려면 루스 언더힐Ruth Underhill, 『나바호The Navajos』, 76~78쪽; 클러콘Kluckhohn&라이튼Leighton, 『나바호The Navajo』, 34~41쪽 참조.
4. 에드워드 사피어Edward Sapir, 『나바호 연구서Navajo Texts』, 413쪽.
5. 린 베일리Lynn Bailey, 『먼 길The Long Walk』, 3쪽.

제1부 새로운 사람들

1. 스탠리 베스털Stanley Vestal, 『키트 카슨: 옛 서부의 행복한 전사Kit Carson: The Happy Warrior of the Old West』, 119쪽.
2. 조지 브루어튼George Brewerton, 『키트 카슨과 함께 길 위에서Overland with Kit Carson』, 64, 65쪽.
3. 루이스 개러드Lewis Garrard, 『와토야와 타오스 통로Wah-to-yah and the Taos Trail』, 181쪽.
4. 톰 던리Tom Dunlay, 『키트 카슨과 인디언들Kit Carson and the Indians』, 21쪽.
5. 같은 책, 341쪽.
6. 키트 카슨, 『키트 카슨의 자서전Kit Carson's Autobiography』, 52쪽.
7. 같은 책, 101쪽.
8. 같은 책, 95쪽.
9. 《캔자스시티 스타Kansas City Star》, 1952년 9월 13일자.
10. 셀마 길드Thelma Guild&하비 카터Harvey Carter, 『키트 카슨: 영웅의 본보기Kit Carson: A Pattern for Heroes』, 10쪽.
11. 키트 카슨, 『키트 카슨의 자서전』, 5쪽.
12. 같은 책, 4쪽.
13. 《캔자스시티 스타》, 1952년 9월 13일자.
14. 에드윈 새빈Edwin Sabin, 『키트 카슨의 나날Kit Carson Days』 1권, 12쪽.
15. 키트 카슨, 『키트 카슨의 자서전』, 5쪽.

16. 데이비드 래번더David Lavender, 『벤트 교역소Bent's Fort』, 98쪽.

17. 스탠리 베스털, 『키트 카슨: 옛 서부의 행복한 전사』, 49쪽.

18. 데이비드 래번더, 『벤트 교역소』, 81쪽.

19. 같은 책, 46쪽.

20. 스탠리 베스털, 『키트 카슨: 옛 서부의 행복한 전사』, 61쪽.

21. 워싱턴 어빙Washington Irving, 『보너빌 대위의 모험Adventures of Captain Bonneville』, 69쪽.

22. 스탠리 베스털, 『키트 카슨: 옛 서부의 행복한 전사』, 70쪽.

23. 키트 카슨, 『키트 카슨의 자서전』, 10쪽.

24. 스탠리 베스털, 『키트 카슨: 옛 서부의 행복한 전사』, 47쪽.

25. 레이먼드 프라이데이 로크Raymond Friday Locke, 『나바호 책The Book of the Navajo』, 164쪽; 루스 언더힐, 『나바호』, 4쪽.

26. 프랭크 맥니트Frank McNitt, 『나바호 전쟁Navajo Wars』, 6쪽.

27. 같은 책, 15쪽.

28. 이버슨Iverson, 『디네: 나바호 역사Diné: A History of the Navajos』, 28쪽.

29. 레이먼드 프라이데이 로크, 『나바호 책』, 182쪽.

30. 프랭크 맥니트, 『나바호 전쟁』, 28쪽.

31. 같은 책, 6쪽.

32. 같은 책, 90쪽.

33. 레이먼드 프라이데이 로크, 『나바호 책』, xi쪽.

34. 프레스턴Preston, 『땅에게 말하기Talking to the Ground』, 165~169쪽.

35. 클러콘 & 라이튼, 『나바호』, 313쪽.

36. 나바호 규범과 금기에 대한 탁월한 해석을 보려면 어니 불로Ernie Bulow, 『나바호 금기 Navajo Taboos』 참조.

37. 루스 언더힐, 『나바호』, 60쪽.

38. 데이비드 래번더, 『벤트 교역소』, 156쪽.

39. 루스 언더힐, 『나바호』, 38쪽.

40. 같은 책, 23쪽.

41. 나바호 말에서 영어로 번역된 것을 보려면 폴 졸브로드Paul Zolbrod의 『디네 바하네: 나바호 탄생 설화Diné Bahané: The Navajo Creation Story』 참조.

42. 프레스턴, 『땅에게 말하기』, 70쪽.

43. 레이먼드 프라이데이 로크, 『나바호 책』, 34쪽; 클러콘 & 라이튼, 『나바호』, 201쪽.

44. 루스 언더힐, 『나바호』, 79쪽.

45. 드와이트 클라크, 『스티븐 워츠 커니: 서부의 군인』, 110쪽.

46. 존 T. 휴즈John T. Hughes, 『도니펀 원정: 뉴멕시코 정복 이야기Doniphan's Expedition: Containing an Account of the Conquest of New Mexico』, 28쪽.

47. 같은 책, 29쪽.

48. 서부군 황야 장례식에 대해 자세한 설명을 보려면 제이콥 로빈슨Jacob Robinson, 『위대한 서부 스케치: 샌타페이 원정 일지Sketches of the Great West: A Journal of the Santa Fe Expedition』, 15쪽 참조.

49. 존 T. 휴즈, 『도니펀 원정: 뉴멕시코 정복 이야기』, 30쪽.

50. 드와이트 클라크, 『스티븐 워츠 커니: 서부의 군인』, 81쪽.

51. 같은 책, 66쪽.

52. 오로라 헌트Aurora Hunt, 『제임스 H. 칼턴 소장, 1814~1873Major General James H. Carleton, 1814~1873』, 93쪽.

53. 데이비드 래번더, 『벤트 교역소』, 166쪽.

54. 드와이트 클라크, 『스티븐 워츠 커니: 서부의 군인』, 38쪽.

55. 같은 책, 73쪽.

56. 존 T. 휴즈, 『도니펀 원정: 뉴멕시코 정복 이야기』, 102쪽.

57. 드와이트 클라크, 『스티븐 워츠 커니: 서부의 군인』, 391쪽.

58. 조지 깁슨George Gibson, 『커니와 도니펀 휘하에 있었던 군인의 일기Journal of a Soldier under Kearny and Doniphan』, 243쪽.

59. 드와이트 클라크, 『스티븐 워츠 커니: 서부의 군인』, 103쪽.

60. 같은 책, 75쪽.

61. 같은 책, 13쪽.

62. 같은 책, 17쪽.

63. 에드윈 새빈, 『키트 카슨의 나날』 1권, 258쪽.

64. 키트 카슨, 『키트 카슨의 자서전』, 42쪽.

65. 마크 시몬스Marc Simmons, 『키트 카슨과 세 아내Kit Carson and His Three Wives』, 14쪽.

66. 키트 카슨, 『키트 카슨의 자서전』, 43쪽.

67. 톰 던리, 『키트 카슨과 인디언들』, 71쪽.

68. 키트 카슨, 『키트 카슨의 자서전』, 43쪽.

69. 같은 책, 44쪽.

70. 《워싱턴 데일리 유니언Washington Daily Union》, 1847년 6월 15일자.

71. 마크 시몬스, 『키트 카슨과 세 아내』, 14쪽.

72. 데이비드 래번더, 『벤트 교역소』, 188쪽; 스탠리 베스털, 『키트 카슨: 옛 서부의 행복한 전사』, 128쪽 참조.

73. 스탠리 베스털, 『키트 카슨: 옛 서부의 행복한 전사』, 127쪽.

74. 같은 책, 127쪽.

75. 헨리 틸턴Henry Tilton, 『키트 카슨의 마지막 날들*The Last Days of Kit Carson*』, 5쪽.

76. 데이비드 래번더, 『벤트 교역소』, 60쪽.

77. 키트 카슨, 『키트 카슨의 자서전』, 65쪽.

78. 존 찰스 프리몬트John Charles Frémont, 『회고록*Memoirs of My Life*』, 74쪽.

79. 스탠리 베스털, 『키트 카슨: 옛 서부의 행복한 전사』, 132쪽.

80. 하비 카터, 『정겨운 키트*Dear Old Kit*』, 77쪽.

81. 평원 인디언의 몽상蒙喪에 대해 자세히 보려면 데이비드 래번더, 『벤트 교역소』, 200, 201쪽 참조.

82. 스탠리 베스털, 『키트 카슨: 옛 서부의 행복한 전사』, 179쪽.

83. 톰 던리, 『키트 카슨과 인디언들』, 76쪽.

84. 데이비드 래번더, 『벤트 교역소』, 220쪽; 스탠리 베스털, 『키트 카슨: 옛 서부의 행복한 전사』, 184쪽.

85. 마크 시몬스, 『키트 카슨과 세 아내』, 40쪽.

86. 같은 책, 47쪽.

87. 같은 책, 44쪽.

88. 나르보나의 삶을 탁월하게 그린 두 권짜리 책, 버지니아 호프만Virginia Hoffman의 『나바호 전기*Navajo Biographies*』에 많은 도움을 받았다(1권 17~35쪽).

89. 에드워드 사피어, 『나바호 연구서』, 279~281쪽; 레이먼드 프라이데이 로크, 『나바호 책』, 24쪽.

90. 클러콘&라이튼, 『나바호』, 203쪽.

91. 버지니아 호프만, 『나바호 전기』, 18쪽.

92. 같은 책. 월터 다이크Walter Dyk의 『올드맨해트의 아들*Son of Old Man Hat*』에서도 새벽에 달리기를 하고 얼음장 같은 물에 들어가는 것을 전통적인 전사의 수련 방식으로 설명하고 있다.

93. 레이먼드 프라이데이 로크, 『나바호 책』, 29쪽; 클러콘&라이튼, 『나바호』, 96쪽.

94. 프레스턴, 『땅에게 말하기』, 74쪽.

95. 버지니아 호프만, 『나바호 전기』, 20쪽.

96. 홀커 크로닉Halka Chronic, 『뉴멕시코 길가 지형*Roadside Geology of New Mexico*』; 로버트 줄리언Robert Julyan, 『뉴멕시코 지명*The Place Names of New Mexico*』; 도널드 바스Donald Baars, 『나바호 땅: 네 귀퉁이 지역의 지리와 자연사*A Geology and Natural History of the Four Corners Region*』.

97. 프레스턴, 『땅에게 말하기』, 37쪽; 클러콘&라이튼, 『나바호』, 182쪽.

98. 클러콘&라이트, 『나바호』, 311쪽.

99. 루스 언더힐, 『나바호』, 83쪽.

100. 버지니아 호프만, 『나바호 전기』, 20쪽.

101. 레이먼드 프라이데이 로크, 『나바호 책』, 161쪽.

102. 버지니아 호프만, 『나바호 전기』, 20쪽.

103. 레이먼드 프라이데이 로크, 『나바호 책』, 23쪽.

104. 클러콘&라이트, 『나바호』, 237쪽.

105. 신랑이 장모를 쳐다보는 것을 금하는 나바호 금기는 레이먼드 프라이데이 로크, 『나바호 책』, 22쪽: 루스 언더힐, 『나바호』, 9쪽에 잘 나와 있다.

106. 버지니아 호프만, 『나바호 전기』, 20쪽.

107. 레이먼드 프라이데이 로크, 『나바호 책』, 32쪽.

108. 마크 시몬스, 『남서부의 작은 사자The Little Lion of the Southwest』, 31쪽.

109. 같은 책, 31쪽.

110. 멕시코 전쟁의 원인에 대해 간략한 개론을 보려면 존 아이젠하워John Eisenhower, 『신을 멀리 떠나와So Far from God』 참조. 도널드 S. 프레이저Donald S. Frazier가 엮은 『미국과 멕시코 전쟁The United States and Mexico at War』에는 멕시코 전쟁에 대한 뛰어난 자료가 담겨 있어 많은 도움을 얻었다. 이 전쟁에 대한 생생한 구전 역사를 보려면 조지 윈스턴 스미스George Winston Smith와 찰스 B. 주다Charles B. Judah가 엮은 『백인들의 이야기Chronicles of the Gringos』 참조.

111. 존 시겐솔러John Seigenthaler, 『제임스 K. 포크James K. Polk』, 21쪽에 포크가 받은 수술이 처절하게 묘사되었다.

112. 같은 책, 21쪽.

113. 샘 W. 헤인스Sam W. Haynes, 『제임스 K. 포크와 팽창주의적 충동James K. Polk and the Expansionist Impulse』, 19쪽.

114. 존 T. 휴즈, 『도니펀 원정: 뉴멕시코 정복 이야기』, 131쪽.

115. 도널드 S. 프레이저, 『미국과 멕시코 전쟁』, 487쪽.

116. 버나드 드보토Bernard DeVoto, 『결단의 해: 1846년The Year of Decision : 1846』, 26쪽.

117. 같은 책, 38쪽.

118. 존 시겐솔러, 『제임스 K. 포크』, 131, 132쪽.

119. 같은 책, 214쪽.

120. 시어도어 루스벨트Theodore Roosevelt, 『토머스 H. 벤턴Thomas H. Benton』, 319쪽.

121. 여기 나온 묘사는 모두 시어도어 루스벨트의 토머스 하트 벤턴 전기에서 인용한 것이다. 47, 83, 221, 223, 235, 286쪽.

122. 같은 책, 297쪽.

123. 톰 채핀Tom Chaffin, 『길을 찾는 사람: 존 찰스 프리몬트와 미 제국의 항로*Pathfinder: John Charles Frémont and the Course of American Empire*』, 86쪽.

124. 스탠리 베스털, 『키트 카슨: 옛 서부의 행복한 전사』, 104쪽.

125. 데이비드 로버츠David Roberts, 『더 새로운 세계*A Newer World*』, 114쪽.

126. 존 찰스 프리몬트, 『회고록』, 74쪽.

127. 키트 카슨, 『키트 카슨의 자서전』, 66쪽.

128. 톰 채핀, 『길을 찾는 사람: 존 찰스 프리몬트와 미 제국의 항로』, 122쪽.

129. 헨리 워즈워스 롱펠로Henry Wadsworth Longfellow, 위 책 95쪽에서 재인용.

130. 제이콥 로빈슨, 『위대한 서부 스케치: 샌타페이 원정 일지』, 11쪽.

131. 같은 책, 11쪽.

132. 드와이트 클라크, 『스티븐 워츠 커니: 서부의 군인』, 117쪽.

133. 제이콥 로빈슨, 『위대한 서부 스케치: 샌타페이 원정 일지』, 10쪽.

134. 조지 깁슨, 『커니와 도니펀 휘하에 있었던 군인의 일기』, 112쪽.

135. 제이콥 로빈슨, 『위대한 서부 스케치: 샌타페이 원정 일지』, 12쪽

136. 수전 매거핀, 『샌타페이 통로를 따라 내려가 멕시코로, 수전 매거핀의 일기*Down the Santa Fe Trail and into Mexico, The Diary of Susan Magoffin*』, 43쪽.

137. 데이비드 래번더, 『벤트 교역소』, 141쪽.

138. 같은 책, 146, 147, 171, 254쪽.

139. 수전 매거핀, 『샌타페이 통로를 따라 내려가 멕시코로, 수전 매거핀의 일기』, 66쪽.

140. 같은 책, 66쪽.

141. 같은 책, 68쪽.

142. 같은 책, 68쪽.

143. 같은 책, 69쪽.

144. 같은 책, 69쪽.

145. 톰 채핀, 『길을 찾는 사람: 존 찰스 프리몬트와 미 제국의 항로』, 168쪽.

146. 같은 책, 180, 248쪽.

147. 같은 책, 199쪽.

148. 키트 카슨, 『키트 카슨의 자서전』, 79~81쪽.

149. 조지 브루어튼, 『키트 카슨과 함께 길 위에서』, 66쪽.

150. 데이비드 래번더, 『벤트 교역소』, 55쪽.

151. 같은 책, 118쪽.

152. 존 찰스 프리몬트, 『회고록』, 427쪽.

153. 존 찰스 프리몬트, 『로키 산맥 탐사 원정*The Exploring Expedition to the Rocky Mountains*』, 15쪽.

154. 존 찰스 프리몬트, 『회고록』, 374쪽.

155. 같은 책, 374쪽.

156. 같은 책, 374쪽.

157. 같은 책, 374쪽.

158. 키트 카슨, 『키트 카슨의 자서전』, 126, 127쪽.

159. 이 장은 버지니아 호프만, 『나바호 전기』, 17~35쪽; 프랭크 맥니트, 『나바호 전쟁』, 66~91
쪽에 나온 나르보나의 삶을 토대로 했다.

160. 클러콘 & 라이튼, 『나바호』, 155쪽.

161. 레이먼드 프라이데이 로크, 『나바호 책』, 7쪽.

162. 같은 책, 189쪽.

163. 토머스 제임스Thomas James, 『인디언과 멕시코인과 함께한 3년Three Years among the
Indians and Mexicans』, 164~166쪽.

164. 톰 채핀, 『길을 찾는 사람: 존 찰스 프리몬트와 미 제국의 항로』, 254쪽.

165. 같은 책, 283쪽.

166. 프리몬트가 가빌란 봉에서 벌인 우스꽝스러운 저항에 대해 보려면 조사이어 로이스Josiah
Royce, 『캘리포니아: 미국인 기질 연구California: A Study of the American
Character』, 44쪽; 버나드 드보토, 『결단의 해: 1846년』, 111~114쪽 참조.

167. 같은 책, 288쪽.

168. 존 찰스 프리몬트, 『회고록』, 460쪽.

169. 길레스피의 대단한 여정을 전기적으로 깊이 다룬 글을 보려면 워너 H. 마티Werner H.
Marti, 『운명의 전령Messenger of Destiny』, 1~49쪽 참조.

170. 존 찰스 프리몬트, 『회고록』, 488쪽.

171. 서부군이 라스베이거스에 들어선 장면의 묘사는 일기나 다른 기록에서 빌린 것이다. 주로
윌리엄 에모리, 조지 깁슨, 프랭크 에드워즈Frank Edwards, 제이콥 로빈슨, 존 T. 휴즈 등
의 글을 참고했다.

172. 수전 매거핀, 『샌타페이 통로를 따라 내려가 멕시코로, 수전 매거핀의 일기』, 92쪽.

173. 커니가 지붕 위에서 한 연설을 가장 충실하게 기록하여 여기 인용한 책은 윌리엄 에모리,
『에모리 중위 보고서』, 49~51쪽.

174. 윌리엄 에모리, 『에모리 중위 보고서』, 51쪽; 드와이트 클라크, 『스티븐 워츠 커니: 서부의
군인』, 135쪽.

175. 조사이어 그레그Josiah Gregg, 『대평원의 상업Commerce of the Prairies』, 200쪽.

176. 버지니아 호프만, 『나바호 전기』, 25쪽.

177. 조사이어 그레그, 『대평원의 상업』, 200쪽.

178. 프랭크 맥니트, 『나바호 전쟁』, 74쪽.

179. 같은 책, 74쪽.

180. 레이먼드 프라이데이 로크, 『나바호 책』, 192쪽.

181. 존 찰스 프리몬트, 『회고록』, 490쪽.

182. 키트 카슨, 『키트 카슨의 자서전』, 98쪽.

183. 같은 책, 78쪽.

184. 톰 채핀, 『길을 찾는 사람: 존 찰스 프리몬트와 미 제국의 항로』, 313쪽 참조.

185. 키트 카슨, 『키트 카슨의 자서전』, 97쪽.

186. 같은 책, 97쪽.

187. 존 찰스 프리몬트, 『회고록』, 492쪽.

188. 같은 책, 492쪽.

189. 같은 책, 492쪽.

190. 결국 중단된 아르미호의 아파치 협곡 수비에 대한 묘사는 그 자리에 있었던 군인들의 기록과 윌리엄 켈러허William Keleher의 『뉴멕시코의 혼란Turmoil in New Mexico』, 랠프 에머슨 트위첼Ralph Emerson Twitchell의 『샌타페이 정복 이야기The Story of the Conquest of Santa Fe』 등 1차 문헌을 참고했다.

191. 조지 럭스턴George Ruxton, 버나드 드보토, 『결단의 해: 1846년』, 276쪽에서 재인용.

192. 드와이트 클라크, 『스티븐 워츠 커니: 서부의 군인』, 105쪽.

193. 폴 호건Paul Horgan, 『거대한 강: 북아메리카 역사 속의 리오그란데Great River: The Rio Grande in North American History』, 720쪽.

194. 같은 책, 719쪽.

195. 윌리엄 켈러허, 『뉴멕시코의 혼란』, 10쪽.

196. 폴 호건, 『거대한 강: 북아메리카 역사 속의 리오그란데』, 720쪽.

197. 존 찰스 프리몬트, 『회고록』, 492쪽.

198. 키트 카슨, 『키트 카슨의 자서전』, 101쪽.

199. 같은 책, 100쪽.

200. 데이비드 로버츠, 『더 새로운 세계』, 161, 162쪽.

201. 키트 카슨, 『키트 카슨의 자서전』, 102쪽.

202. 같은 책, 104쪽.

203. 존 찰스 프리몬트, 『회고록』, 495쪽.

204. 버나드 드보토, 『결단의 해: 1846년』, 272쪽.

205. 존 T. 휴즈, 『도니펀 원정: 뉴멕시코 정복 이야기』, 105쪽.

206. 마크 시몬스, 『뉴멕시코: 역사적 해석New Mexico: An Interpretive History』, 124쪽.

207. 톰 채핀, 『길을 찾는 사람: 존 찰스 프리몬트와 미 제국의 항로』, 331쪽.

208. 조사이어 로이스, 『캘리포니아: 미국인 기질 연구』, 51, 52쪽.

209. 같은 책, 48쪽.

210. 존 찰스 프리몬트, 『회고록』, 520쪽.

211. 톰 던리, 『키트 카슨과 인디언들』, 120쪽.

212. 같은 책, 121쪽.

213. 톰 채핀, 『길을 찾는 사람: 존 찰스 프리몬트와 미 제국의 항로』, 354쪽.

214. 톰 던리, 『키트 카슨과 인디언들』, 121, 122쪽.

215. 데이비드 로버츠, 『더 새로운 세계』, 172쪽.

216. 톰 채핀, 『길을 찾는 사람: 존 찰스 프리몬트와 미 제국의 항로』, 354쪽.

217. 키트 카슨, 『키트 카슨의 자서전』, 108쪽.

218. 윌리엄 에모리, 『에모리 중위 보고서』, 55쪽.

219. 같은 책, 58쪽.

220. 조지 깁슨, 『커니와 도니펀 휘하에 있었던 군인의 일기』, 204쪽.

221. 윌리엄 에모리, 『에모리 중위 보고서』, 56쪽.

222. 프랭크 에드워즈, 『뉴멕시코 전투A Campaign in New Mexico』, 45쪽.

223. 조지 깁슨, 『커니와 도니펀 휘하에 있었던 군인의 일기』, 205쪽.

224. 존 T. 휴즈, 『도니펀 원정: 뉴멕시코 정복 이야기』, 91쪽.

225. 조지 깁슨, 『커니와 도니펀 휘하에 있었던 군인의 일기』, 205쪽 각주.

226. 폴 호건, 『거대한 강: 북아메리카 역사 속의 리오그란데』, 728쪽.

227. 윌리엄 켈러허, 『뉴멕시코의 혼란』, 15쪽.

228. 같은 책, 16쪽.

229. 조지 깁슨, 『커니와 도니펀 휘하에 있었던 군인의 일기』, 86쪽.

230. 윌리엄 에모리, 『에모리 중위 보고서』, 56쪽.

231. 엘리어트Elliott 중위, 《주간 기상나팔Weekly Reveille》, 1846년 9월 28일자. 조지 깁슨, 『커니와 도니펀 휘하에 있었던 군인의 일기』, 205쪽 각주에서 재인용.

232. 에드워드 사피어, 『나바호 연구서』, 331쪽.

233. 같은 책, 331쪽.

234. 같은 책, 331쪽.

235. 나바호 주거 문화에 대해 간략한 설명을 보려면 레이먼드 프라이데이 로크, 『나바호 책』, 16~19쪽; 클러콘&라이튼, 『나바호』, 109쪽 참조.

236. 레이먼드 프라이데이 로크, 『나바호 책』, 49쪽.

237. 군인들의 일기마다 끝없이 울려대는 종소리에 대한 이야기가 나온다. 프랭크 에드워즈, 『뉴멕시코 전투』, 64쪽; 폴 호건, 『거대한 강: 북아메리카 역사 속의 리오그란데』, 730쪽; 수전 매거핀, 『샌타페이 통로를 따라 내려가 멕시코로, 수전 매거핀의 일기』, 104쪽 등.

238. 수전 매거핀, 『샌타페이 통로를 따라 내려가 멕시코로, 수전 매거핀의 일기』, 124쪽.

239. 같은 책, 123쪽.

240. 같은 책, 95쪽.

241. 같은 책, 150쪽.

242. 같은 책, 120쪽.

243. 존 T. 휴즈, 『도니펀 원정: 뉴멕시코 정복 이야기』, 93쪽.

244. 필립 세인트 조지 쿡Philip St. George Cooke, 『뉴멕시코와 캘리포니아 정복*Conquest of New Mexico and California*』, 49, 50쪽.

245. 프랭크 에드워즈, 『뉴멕시코 전투』, 52쪽.

246. 조지 깁슨, 『커니와 도니펀 휘하에 있었던 군인의 일기』, 224쪽.

247. 프랭크 에드워즈, 『뉴멕시코 전투』, 52쪽.

248. 데이비드 래번더, 『벤트 교역소』, 131쪽.

249. 같은 책, 136쪽.

250. 버나드 드보토, 『결단의 해: 1846년』, 267쪽.

251. 프랭크 에드워즈, 『뉴멕시코 전투』, 76쪽.

252. 존 T. 휴즈, 『도니펀 원정: 뉴멕시코 정복 이야기』, 94쪽.

253. 수전 매거핀, 『샌타페이 통로를 따라 내려가 멕시코로, 수전 매거핀의 일기』, 125쪽.

254. 같은 책, 106쪽.

255. 버나드 드보토, 『결단의 해: 1846년』, 330쪽.

256. 수전 매거핀, 『샌타페이 통로를 따라 내려가 멕시코로, 수전 매거핀의 일기』, 114쪽.

257. 버나드 드보토, 『결단의 해: 1846년』, 332쪽.

258. 존 T. 휴즈, 『도니펀 원정: 뉴멕시코 정복 이야기』, 98쪽.

259. 조지 깁슨, 『커니와 도니펀 휘하에 있었던 군인의 일기』, 210쪽.

260. 수전 매거핀, 『샌타페이 통로를 따라 내려가 멕시코로, 수전 매거핀의 일기』, 140쪽.

261. 존 T. 휴즈, 『도니펀 원정: 뉴멕시코 정복 이야기』, 128쪽.

262. 수전 매거핀, 『샌타페이 통로를 따라 내려가 멕시코로, 수전 매거핀의 일기』, 110쪽.

263. 같은 책, 111쪽.

264. 쿱케Kupke, 『인디언과 천둥마차*The Indians and the Thunderwagon*』 참조.

265. 프랭크 맥니트, 『나바호 전쟁』, 110쪽.

제2부 분열된 나라

1. 프랭크 에드워즈, 『뉴멕시코 전투』, 70쪽.

2. 같은 책, 51쪽.

3. 조지 깁슨, 『커니와 도니펀 휘하에 있었던 군인의 일기』, 260쪽.

4. 같은 책, 230쪽.

5. 수전 매거핀, 『샌타페이 통로를 따라 내려가 멕시코로, 수전 매거핀의 일기』, 115쪽.

6. 찰스 벤트. 윌리엄 켈러허, 『뉴멕시코의 혼란』, 71쪽에서 재인용.

7. 레이먼드 프라이데이 로크, 『나바호 책』, 182쪽 참조.

8. 마크 시몬스, 『남서부의 작은 사자』, 35쪽.

9. 드와이트 클라크, 『스티븐 워츠 커니: 서부의 군인』, 169쪽.

10. 에드윈 새빈, 『키트 카슨의 나날』, 273쪽.

11. 드와이트 클라크, 『스티븐 워츠 커니: 서부의 군인』, 170쪽.

12. 키트 카슨, 『키트 카슨의 자서전』, 109쪽.

13. 존 T. 휴즈, 『도니편 원정: 뉴멕시코 정복 이야기』, 169쪽.

14. 제이콥 로빈슨, 『위대한 서부 스케치: 샌타페이 원정 일지』, 36쪽.

15. 같은 책, 35쪽.

16. 존 T. 휴즈, 『도니편 원정: 뉴멕시코 정복 이야기』, 175쪽.

17. 프랭크 맥니트, 『나바호 전쟁』, 108쪽.

18. 제이콥 로빈슨, 『위대한 서부 스케치: 샌타페이 원정 일지』, 36, 37쪽.

19. 버지니아 호프만, 『나바호 전기』, 29쪽; 레이먼드 프라이데이 로크, 『나바호 책』, 205쪽 참조.

20. 존 T. 휴즈, 『도니편 원정: 뉴멕시코 정복 이야기』, 170쪽.

21. 제이콥 로빈슨, 『위대한 서부 스케치: 샌타페이 원정 일지』, 38쪽.

22. 「리드 대위 보고서」. 존 T. 휴즈, 『도니편 원정: 뉴멕시코 정복 이야기』, 170~172쪽에서 재인용.

23. 윌리엄 에모리, 『에모리 중위 보고서』, 114쪽.

24. 데이비드 래번더, 『벤트 교역소』, 289쪽 참조.

25. 에드윈 새빈, 『키트 카슨의 나날』, 522쪽.

26. 윌리엄 에모리, 『에모리 중위 보고서』, 98쪽.

27. 드와이트 클라크, 『일지 원문The Original Journals』, 90, 91쪽.

28. 드와이트 클라크, 『스티븐 워츠 커니: 서부의 군인』, 185쪽.

29. 윌리엄 에모리, 『에모리 중위 보고서』, 108쪽.

30. 드와이트 클라크, 『일지 원문』, 106쪽.

31. 윌리엄 에모리, 『에모리 중위 보고서』, 155쪽.

32. 드와이트 클라크, 『일지 원문』, 90쪽.

33. 같은 책, 108쪽.

34. 윌리엄 에모리, 『에모리 중위 보고서』, 138쪽.

35. 같은 책, 151쪽.

36. 에드윈 새빈, 『키트 카슨의 나날』, 526쪽.

37. 드와이트 클라크, 『일지 원문』, 96, 97쪽.

38. 드와이트 클라크, 『스티븐 위츠 커니: 서부의 군인』, 189쪽.

39. 윌리엄 에모리, 『에모리 중위 보고서』, 148쪽.

40. 스탠리 베스털, 『키트 카슨: 옛 서부의 행복한 전사』, 234쪽.

41. 키트 카슨, 『키트 카슨의 자서전』, 111쪽.

42. 드와이트 클라크, 『스티븐 위츠 커니: 서부의 군인』, 200쪽.

43. 같은 책, 202쪽.

44. 존 T. 휴즈, 『도니펀 원정: 뉴멕시코 정복 이야기』, 177쪽.

45. 같은 책, 178쪽.

46. 프랭크 맥니트, 『나바호 전쟁』, 118쪽.

47. 같은 책, 122쪽.

48. 샌파스퀄 전투에 대한 설명의 출처는 다음과 같다. 존리드 로리첸Jonreed Lauritzen, 『샌파스퀄 전투The Battle of San Pasqual』; 피터 프라이스Peter Price, 『1846년 12월 6일 샌파스퀄 전투 그리고 캘리포니아를 차지하기 위한 싸움The Battle of San Pasqual Dec. 6, 1846&the Struggle for California』; 윌리엄 에모리, 『에모리 중위 보고서』; 드와이트 클라크, 『일지 원문』; 워너 H. 마티, 『운명의 전령』; 드와이트 클라크, 『스티븐 위츠 커니: 서부의 군인』; 키트 카슨, 『키트 카슨의 자서전』.

49. 드와이트 클라크, 『스티븐 위츠 커니: 서부의 군인』, 203쪽.

50. 키트 카슨, 『키트 카슨의 자서전』, 112쪽.

51. 드와이트 클라크, 『스티븐 위츠 커니: 서부의 군인』, 208쪽.

52. 윌리엄 에모리, 『에모리 중위 보고서』, 153쪽.

53. 드와이트 클라크, 『스티븐 위츠 커니: 서부의 군인』, 208쪽.

54. 워너 H. 마티, 『운명의 전령』, 97쪽.

55. 에드윈 새빈, 『키트 카슨의 나날』, 531쪽.

56. 드와이트 클라크, 『스티븐 위츠 커니: 서부의 군인』, 216쪽.

57. 윌리엄 에모리, 『에모리 중위 보고서』, 170쪽.

58. 키트 카슨, 『키트 카슨의 자서전』, 115쪽.

59. 윌리엄 에모리, 『에모리 중위 보고서』, 171쪽.

60. 드와이트 클라크, 『일지 원문』, 130쪽.

61. 윌리엄 에모리, 『에모리 중위 보고서』, 172쪽.

62. 에드윈 새빈, 『키트 카슨의 나날』, 537쪽.

63. 같은 책, 538쪽.

64. 버나드 드보토, 『결단의 해: 1846년』, 370쪽.

65. 노엘 거슨Noel Gerson, 『키트 카슨: 민중의 영웅이자 인간Kit Carson: Folk Hero and

Man』, 139, 140쪽.

66. 키트 카슨, 『키트 카슨의 자서전』, 116쪽.

67. 윌리엄 에모리, 『에모리 중위 보고서』, 173쪽.

68. 드와이트 클라크, 『스티븐 워츠 커니: 서부의 군인』, 228쪽.

69. 윌리엄 에모리, 『에모리 중위 보고서』, 175쪽.

70. 드와이트 클라크, 『스티븐 워츠 커니: 서부의 군인』, 235쪽.

71. 조지 깁슨, 『커니와 도니펀 휘하에 있었던 군인의 일기』, 242쪽; 프랭크 에드워즈, 『뉴멕시코 전투』, 48쪽에 이 구슬픈 행렬을 생생히 묘사해놓았다.

72. 마르티네스 신부의 음모와 영향에 대해 자세히 알아보려면 데이비드 J. 웨버David J. Weber, 『제국의 변방에서: 타오스의 로스 마르티네스 저택*On the Edge of Empire: The Taos Hacienda of Los Martinez*』; 안젤리코 차베스 수사Fray Angelico Chavez, 『그러나 시간과 변화가: 타오스 마르티네스 신부 이야기*But Time and Change: The Story of Padre Martinez of Taos, 1793~1867*』 참조.

73. 이 놀라운 현상에 대해 구체적이고 학술적으로 살핀 책은 스탠리 호즈Stanley Hordes, 『지구 끝까지: 뉴멕시코의 지하유대인 역사*To the End of the Earth: A History of the Crypto-Jews of New Mexico*』이다.

74. 뉴멕시코 참회자에 대한 뛰어난 연구가 여럿 있다. 마타 위글Marta Weigle, 『남서부의 참회자들*The Penitentes of the Southwest*』; 앨리스 헨더슨Alice Henderson, 『빛의 형제들: 남서부의 참회자들*Brothers of Light: The Penitentes of the Southwest*』; 토머스 스틸Thomas Steele&로위나 리베라Rowena Rivera, 『참회자와 극기: 결사와 회의, 1797~1947*Penitente Self-Government: Brotherhoods and Councils, 1797~1947*』.

75. 데이비드 래번더, 『벤트 교역소』, 107쪽 참조.

76. 데이비드 래번더, 『벤트 교역소』, 298쪽.

77. 타오스 학살에 대한 설명은 여러 문헌을 참조한 것이지만 특히 제임스 크러치필드James Crutchfield, 『타오스의 비극: 1847년 폭동*Tragedy at Taos: The Revolt of 1847*』; 존 듀런드John Durand, 『타오스 학살*The Taos Massacres*』; 마이클 맥니어니Michael McNierney, 『타오스 1847: 당대 기록으로 본 폭동*Taos 1847: The Revolt in Contemporary Accounts*』이 탁월하다.

78. 테레시나 벤트의 회고록은 정식 출간되지 않았지만 타오스의 벤트 서점에서 사본 한 부를 구할 수 있었다.

79. 같은 책.

80. 데이비드 래번더, 『벤트 교역소』, 64쪽.

81. 마이클 맥니어니, 『타오스 1847: 당대 기록으로 본 폭동』, 58쪽.

82. 타오스 푸에블로의 배경과 문화에 대해 폭넓은 내용을 담은 책을 보려면 존 보딘John

Bodine, 『타오스 푸에블로: 시대를 넘은 산책Taos Pueblo : A Walk through Time』 참조.

83. 스털링 프라이스 대령. 마이클 맥니어니, 『타오스 1847: 당대 기록으로 본 폭동』, 50쪽에서 재인용.

84. 폴 호건, 『거대한 강: 북아메리카 역사 속의 리오그란데』, 767쪽.

85. 마이클 맥니어니, 『타오스 1847: 당대 기록으로 본 폭동』, 67쪽.

86. 루이스 개러드, 『와토야와 타오스 통로』, 187쪽.

87. 같은 책, 194쪽.

88. 같은 책, 197쪽.

89. 같은 책, 198쪽.

90. 에드윈 새빈, 『키트 카슨의 나날』, 557쪽.

91. 같은 책, 567쪽.

92. 톰 채핀, 『길을 찾는 사람: 존 찰스 프리몬트와 미 제국의 항로』, 139쪽.

93. 토머스 하트 벤턴, 『30년 동안의 시각: 1820년에서 1850년까지 미국 정부 활동 역사Thirty Years View : A History of the Working of the American Government, 1820 to 1850』, 718쪽.

94. 같은 책, 718쪽.

95. 톰 던리, 『키트 카슨과 인디언들』, 60, 61쪽; 마크 시몬스, 『키트 카슨과 세 아내』, 77쪽.

96. 파멜라 헤어Pamela Herr&메리 리 스펜스Mary Lee Spence, 『제시 벤턴 프리몬트의 편지 The Letters of Jessie Benton Fremont』, xviii쪽.

97. 같은 책, 25쪽.

98. 같은 책, xxiii쪽.

99. 같은 책, xviii쪽.

100. 노엘 거슨, 『키트 카슨: 민중의 영웅이자 인간』, 143쪽.

101. 빌에 대한 묘사는 제럴드 톰슨Gerald Thompson, 『에드워드 F. 빌과 미국 서부Edward F. Beale and the American West』를 주로 참고했다.

102. 《워싱턴 유니언》, 1847년 6월 15일자. 예일 대학 바이네케 희귀본 필사본 도서관에서 열람했다.

103. 카슨이 제시 프리몬트를 방문한 일에 대한 묘사는 주로 파멜라 헤어, 『제시 벤턴 프리몬트 Jessie Benton Fremont』, 152, 153, 156쪽; 제시 프리몬트, 『의지와 길 이야기Will and the Way Stories』, 39~42쪽을 참고했다.

104. 존 시겐솔러, 『제임스 K. 포크』, 121쪽.

105. 같은 책, 103쪽.

106. 노엘 거슨, 『키트 카슨: 민중의 영웅이자 인간』, 144, 145쪽.

107. 같은 책, 144, 145쪽.

108. 윌리엄 켈러허, 『뉴멕시코의 혼란』, 52쪽.

109. 같은 책, 53쪽.

110. 윌리엄 켈러허, 『뉴멕시코의 혼란』, 45쪽.

111. 워싱턴 원정대의 장비와 무기에 대한 설명은 주로 제임스 허비 심슨James Hervey Simpson 중위의 『나바호 원정: 군탐사 일지*Navaho Expedition: Journal of a Military Reconnaissance*』에 부친 프랭크 맥니트의 서론 lxvi~lxix쪽을 참고했다.

112. 프랭크 맥니트, 『나바호 원정: 군탐사 일지』 서론, lx쪽.

113. 같은 책, lx쪽.

114. 데이비드 J. 웨버, 『리처드 컨: 극남서부 원정 화가*Richard Kern: Expeditionary Artist in the Far Southwest*』, 122쪽.

115. 톰 던리, 『키트 카슨과 인디언들』, 54쪽; 데이비드 J. 웨버, 『리처드 컨: 극남서부 원정 화가』, 24쪽 참조.

116. 데이비드 J. 웨버, 『리처드 컨: 극남서부 원정 화가』, 116쪽.

117. 프랭크 맥니트, 『나바호 원정: 군탐사 일지』 서론, xxxii쪽.

118. 황열병 말기 증상에 대해 자세히 알고 싶으면 몰리 크로스비Molly Crosby, 『미국 질병*American Plague*』 참조.

119. 스탠리 베스털, 『키트 카슨: 옛 서부의 행복한 전사』, 150쪽.

120. 데이비드 J. 웨버, 『리처드 컨: 극남서부 원정 화가』, 39쪽.

121. 데이비드 로버츠, 『더 새로운 세계』, 213쪽.

122. 데이비드 J. 웨버, 『리처드 컨: 극남서부 원정 화가』, 45쪽.

123. 버나드 드보토, 『결단의 해: 1846년』, 341쪽.

124. 데이비드 J. 웨버, 『리처드 컨: 극남서부 원정 화가』, 67쪽.

125. 프랭크 맥니트, 『나바호 원정: 군탐사 일지』, 10쪽.

126. 같은 책, 18쪽.

127. 같은 책, 15쪽 각주.

128. 같은 책, 24쪽.

129. 같은 책, 70쪽.

130. 같은 책, 25쪽.

131. 같은 책, 29쪽.

132. 프레스턴, 『땅에게 말하기』, 56쪽 참조.

133. 데이비드 J. 웨버, 『리처드 컨: 극남서부 원정 화가』, 88쪽.

134. 프랭크 맥니트, 『나바호 원정: 군탐사 일지』, 39, 47쪽.

135. 차코 현상에 대한 간략한 설명을 보려면 프레스턴, 『땅에게 말하기』, 56~58, 268~278쪽 참조.

136. 아나사지의 융성과 몰락에 대한 설명은 주로 제임스 저지James Judge, 『차코 협곡의 새로운 빛New Light on Chaco Canyon』; 데이비드 로버츠, 『옛사람들을 찾아서In Search of the Old Ones』; 프레스턴, 『땅에게 말하기』를 참고했다.

137. 프레스턴, 『땅에게 말하기』, 269쪽 참조.

138. 프랭크 맥니트, 『나바호 원정: 군탐사 일지』, 62쪽.

139. 같은 책, 63쪽.

140. 프랭크 맥니트, 『나바호 전쟁』, 143쪽.

141. 프랭크 맥니트, 『나바호 원정: 군탐사 일지』, 67쪽.

142. 같은 책, 63쪽.

143. 같은 책, 66쪽.

144. 루스 언더힐, 『나바호』, 99쪽 참조.

145. 프랭크 맥니트, 『나바호 전쟁』, 145쪽.

146. 데이비드 J. 웨버, 『리처드 컨: 극남서부 원정 화가』, 96쪽.

147. 에드워드 사피어, 『나바호 연구서』, 431쪽; 레이먼드 프라이데이 로크, 『나바호 책』, 15쪽.

148. 같은 책, 118, 247쪽.

149. 클러콘 & 라이튼, 『나바호』, 227쪽.

150. 레이먼드 프라이데이 로크, 『나바호 책』, 32쪽; 클러콘 & 라이튼, 『나바호』, 100쪽.

151. 레이먼드 프라이데이 로크, 『나바호 책』, 30쪽; 버지니아 호프만, 『나바호 전기』, 34쪽.

152. 에드워드 사피어, 『나바호 연구서』, 431쪽; 버지니아 호프만, 『나바호 전기』, 34쪽.

153. 레이먼드 프라이데이 로크, 『나바호 책』, 29쪽.

154. 같은 책, 10쪽.

155. 이 물건들은 망가진 뒤에는 "유령의 물건"으로 생각된다. 에드워드 사피어, 『나바호 연구서』, 431쪽 참조.

156. 같은 책, 431쪽.

157. 율리시스 S. 그랜트, 『캐니언드셰이: 그곳 사람들과 바위 예술Canyon de Chelly: Its People and Rock Art』, 3쪽.

158. 프랭크 맥니트, 『나바호 원정: 군탐사 일지』, 73쪽.

159. 같은 책, 70쪽.

160. 같은 책, 78쪽.

161. 데이비드 J. 웨버, 『리처드 컨: 극남서부 원정 화가』, 96쪽.

162. 프랭크 맥니트, 『나바호 원정: 군탐사 일지』, 75쪽.

163. 같은 책, 86쪽.

164. 같은 책, 86, 87쪽.

165. 같은 책, 88, 89쪽.

166. 같은 책, 93쪽.

167. 데이비드 J. 웨버, 『리처드 컨: 극남서부 원정 화가』, 102쪽.

168. 프랭크 맥니트, 『나바호 원정: 군탐사 일지』, 95쪽.

169. 같은 책, 96쪽.

170. 같은 책, 92쪽.

171. 율리시스 S. 그랜트, 『캐니언드세이: 그곳 사람들과 바위 예술』, 153~268쪽.

172. 1805년 학살에 대한 설명은 프랭크 맥니트, 『나바호 전쟁』; 율리시스 S. 그랜트, 『캐니언드
세이: 그곳 사람들과 바위 예술』, 84~89쪽; 루스 언더힐, 『나바호』, 72, 73쪽을 참고했다.

173. 프랭크 맥니트, 『나바호 전쟁』, 150, 151쪽.

174. 레이먼드 프라이데이 로크, 『나바호 책』, 25쪽.

175. 클러콘 & 라이튼, 『나바호』, 253~293쪽.

176. 프랭크 맥니트, 『나바호 원정: 군탐사 일지』, 100쪽.

177. 데이비드 데어리David Dary, 『샌타페이 통로: 역사, 전설, 문화*The Santa Fe Trail: Its
History, Legends, and Lore*』, 201쪽.

178. 같은 책, 207쪽.

179. 윌리엄 데이비스William Davis, 『엘 그링고*El Gringo*』, 251쪽.

180. 해리엇 프레이버거Harriet Freiberger, 『루션 맥스웰: 악당인가 몽상가인가*Lucien
Maxwell: Villain or Visionary*』; 로런스 R. 머피Lawrence R. Murphy, 「시머론 강의 정
복자Master of the Cimarron」.

181. 같은 책.

182. 키트 카슨, 『키트 카슨의 자서전』, 130쪽.

183. 로런스 R. 머피, 「라야도Rayado」 참조.

184. 존 아이젠하워, 『신을 멀리 떠나와』.

185. 버나드 드보토, 『결단의 해: 1846년』, 214쪽.

186. 로버트 드렉스터Robert Drexter, 『평화협정을 맺으며 죄책감을 느끼다: 니컬러스 P. 트리
스트의 전기*Guilty of Making Peace: A Biography of Nicholas P. Trist*』, 139쪽.

187. 윌리엄 벤트가 오래된 교역소를 파괴한 일에 대한 자세한 묘사를 보려면 데이비드 래번더,
『벤트 교역소』, 338, 339쪽 참조.

188. 조지 럭스턴, 『옛 서부에서*In the Old West*』, 286, 287쪽.

189. 톰 던리, 『키트 카슨과 인디언들』, 13쪽.

190. 조지 브루어튼, 『키트 카슨과 함께 길 위에서』, 38쪽.

191. 톰 던리, 『키트 카슨과 인디언들』, 191쪽.

192. 같은 책, 10쪽.

193. 찰스 애버릴Charles Averill, 『키트 카슨: 황금 사냥꾼들의 왕자』, 26쪽. 의회도서관에서 마

이크로필름으로 열람했다.

194. 버로니카 틸러Veronica Tiller, 『히카리야 아파치Jicarilla Apache』.

195. 같은 책, 5쪽.

196. 윌리엄 켈러허, 『뉴멕시코의 혼란』, 71쪽.

197. 톰 던리, 『키트 카슨과 인디언들』, 136, 137쪽.

198. 같은 책, 136, 137쪽.

199. 키트 카슨, 『키트 카슨의 자서전』, 133쪽.

200. 같은 책, 133쪽.

201. 찰스 애버릴, 『키트 카슨: 황금 사냥꾼들의 왕자』, 98쪽.

202. 키트 카슨, 『키트 카슨의 자서전』, 135쪽.

203. 같은 책, 135쪽.

204. 톰 던리, 『키트 카슨과 인디언들』, 140쪽.

제3부 살인자 괴물의 재림

1. 모리스 프링크Maurice Frink, 『디파이언스 요새와 나바호Fort Defiance and the Navajos』, 47쪽.

2. 니컬러스 호트Nicholas Hodt, 미국 『인디언 부족들의 상황: 연합특별위원회 보고서 Condition of the Indian Tribes: Report of the Joint Special Committee』, 314쪽에 기록된 니컬러스 호트의 증언.

3. 데이비드 래번더, 『벤트 교역소』, 156쪽 참조.

4. 레이먼드 프라이데이 로크, 『나바호 책』, 343쪽.

5. 헨리 린 도지라는 걸출한 인물에 대해 자세히 알아보려면 프랭크 맥니트, 『나바호 전쟁』, 267쪽: 루스 언더힐, 『나바호』, 103~111쪽 참조.

6. 윌리엄 데이비스, 『엘 그링고』, 411, 412쪽.

7. 버지니아 호프만, 『나바호 전기』, 99쪽 참조.

8. 브룩스가 노예를 공격한 일에 대해 자세히 보려면 프랭크 맥니트, 『나바호 전쟁』, 325쪽 참조.

9. 모리스 프링크, 『디파이언스 요새와 나바호』, 51쪽: 버지니아 호프만, 『나바호 전기』, 100쪽: 프랭크 맥니트, 『나바호 전쟁』, 380쪽 참조.

10. 버지니아 호프만, 『나바호 전기』, 93쪽.

11. 같은 책, 90쪽.

12. 같은 책, 91쪽.

13. 같은 책, 88쪽.

14. 폰틀러로이 요새 학살에 대해 자세히 보려면 프랭크 맥니트, 『나바호 전쟁』, 422쪽: 마크 시몬스, 『남서부의 작은 사자』, 165쪽: 마크 시몬스, 「폰틀러로이 요새의 말 경주: 나바호 전쟁

의 한 사건Horse Race at Fort Fauntleroy: An Incident of the Navajo War」,《라 가세타 *La Gaceta*》 5(3) (1970) 참조.

15. 니컬러스 호트, 『인디언 부족들의 상황: 연합특별위원회 보고서』, 314쪽에 기록된 니컬러스 호트의 증언.

16. 마누엘 차베스의 일생에 대한 약술은 마크 시몬스, 『남서부의 작은 사자』에서 빌린 것이다.

17. 같은 책, 38~42쪽.

18. 니컬러스 호트, 『인디언 부족들의 상황: 연합특별위원회 보고서』, 314쪽에 기록된 니컬러스 호트의 증언.

19. 같은 책, 314쪽.

20. 밸버디 전투에 대한 묘사는 주로 다음 책을 참조했다. 존 테일러John Taylor, 『피로 물든 밸버디: 리오그란데 유역에서 벌어진 남북전쟁 전투Bloody Valverde: A Civil War Battle on the Rio Grande』; 맥스 헤이먼Max Heyman, 『신중한 군인: E.R.S. 캔비 소장 전기Prudent Soldier: A Biography of Major General E.R.S. Canby』; 앨빈 조지피Alvin Josephy, 『미국 서부의 남북전쟁The Civil War in the American West』; 찰스 캐럴Charles Carroll&린 세바스천Lynne Sebastian 엮음, 『크레이그 요새: 카미노레알의 미군 요새Fort Craig: The United States Fort on the Camino Real』; 마틴 홀Martin Hall, 『시블리의 뉴멕시코 전투 Sibley's New Mexico Campaign』.

21. 마틴 홀, 『시블리의 뉴멕시코 전투』, 38쪽.

22. 존 테일러, 『피로 물든 밸버디: 리오그란데 유역에서 벌어진 남북전쟁 전투』, 105쪽.

23. 같은 책, 25쪽.

24. 톰 던리, 『키트 카슨과 인디언들』, 229쪽.

25. 같은 책, 232쪽.

26. 같은 책, 233쪽.

27. 도널드 S. 프레이저, 「긴 행군과 부족한 식량Long Marches and Short Rations」; 찰스 캐럴 &린 세바스천 엮음, 『크레이그 요새: 카미노레알의 미군 요새』, 102쪽.

28. 마틴 홀, 『시블리의 뉴멕시코 전투』, 40쪽.

29. 에드윈 새빈, 『키트 카슨의 나날』, 687쪽.

30. 톰 던리, 『키트 카슨과 인디언들』, 201쪽.

31. 윌리엄 데이비스, 『엘 그링고』, 232쪽.

32. 앨빈 조지피, 『미국 서부의 남북전쟁』, 60쪽.

33. 제리 톰슨Jerry Thompson, 『사막 호랑이: 패디 그레이든 대위와 극남서부의 남북전쟁 Desert Tiger: Captain Paddy Graydon and the Civil War in the Far Southwest』.

34. 존 테일러, 『피로 물든 밸버디: 리오그란데 유역에서 벌어진 남북전쟁 전투』, 39쪽.

35. 같은 책, 50쪽.

36. 앨빈 조지피, 『미국 서부의 남북전쟁』, 69쪽.

37. 존 테일러, 『피로 물든 밸버디: 리오그란데 유역에서 벌어진 남북전쟁 전투』, 70쪽.

38. 재클린 메케타Jacqueline Meketa, 『명예로운 유산: 라파엘 차콘의 삶Legacy of Honor: The Life of Rafael Chacon』, 175쪽.

39. 같은 책, 338쪽.

40. 마틴 홀, 『시블리의 뉴멕시코 전투』, 74쪽.

41. 에드링턴Edrington&존 테일러, 『글로리에타 산길 전투The Battle of Glorieta Pass』, 115쪽.

42. 마틴 홀, 『시블리의 뉴멕시코 전투』, 81쪽.

43. 레지널드 크레이그Reginald Craig, 『투쟁하는 목사The Fighting Parson』, 40쪽.

44. 앨빈 조지피, 『미국 서부의 남북전쟁』, 77쪽.

45. 같은 책, 80쪽.

46. 마크 시몬스, 『남서부의 작은 사자』, 184쪽.

47. 에드링턴 & 존 테일러, 『글로리에타 산길 전투』, 95쪽.

48. 같은 책, 89쪽.

49. 앨빈 조지피, 『미국 서부의 남북전쟁』, 85쪽.

50. 에드링턴 & 존 테일러, 『글로리에타 산길 전투』, 107쪽.

51. 마틴 홀, 『시블리의 뉴멕시코 전투』, 132쪽.

52. 같은 책, 150쪽.

53. 같은 책, 135쪽.

54. 제럴드 톰슨, 『육군과 나바호: 보스케레돈도 보호구역 실험, 1863~1868The Army and the Navajo: The Bosque Redondo Reservation Experiment, 1863~1868』, 10쪽.

55. 톰 던리, 『키트 카슨과 인디언들』, 267쪽.

56. 오로라 헌트, 『제임스 H. 칼턴 소장, 1814~1873』, 146쪽.

57. C. L. 소니센C. L. Sonnichsen, 『메스칼레로 아파치The Mescalero Apaches』, 97쪽.

58. 칼턴의 삶에 대한 약술은 오로라 헌트, 『제임스 H. 칼턴 소장, 1814~1873』에서 따왔다.

59. 데이비드 바커David Barker의 시는 같은 책 28쪽에서 재인용.

60. 찰스 디킨스Charles Dickens가 제임스 헨리 칼턴에게 보낸 편지는 같은 책 31쪽에 전문이 들어 있다.

61. 같은 책, 71쪽.

62. 같은 책, 85쪽.

63. 같은 책, 91쪽.

64. 제임스 헨리 칼턴, 『부에나비스타 전투The Battle of Buena Vista』, 56쪽.

65. 같은 책, 158쪽.

66. 키트 카슨, 『키트 카슨의 자서전』, 142쪽.

67. 같은 책, 143쪽.

68. 같은 책, 143쪽.

69. 같은 책, 144쪽.

70. 톰 던리, 『키트 카슨과 인디언들』, 168쪽.

71. 이 학살에 대해 자세히 알고 싶으면 윌 배글리Will Bagley, 『예언자의 피Blood of the Prophets』; 샐리 덴턴Sally Denton, 『미국의 학살American Massacre』; J. P. 던J. P. Dunn, 『산속의 학살Massacres of the Mountains』 참조.

72. 제임스 헨리 칼턴, 『마운틴메도스 학살 특별 보고서Special Report on the Massacre at Mountain Meadows』, 36쪽. 의회도서관에 한 부가 소장되어 있다.

73. 같은 책, 34쪽.

74. 같은 책, 39쪽.

75. 제럴드 톰슨, 『에드워드 F. 빌과 미국 서부』, 56쪽.

76. 같은 책, 56쪽.

77. 같은 책, 65쪽.

78. 같은 책, 65쪽.

79. 제임스 헨리 칼턴, 「뉴멕시코 사람들에게To the People of New Mexico」, 1864년 12월 16일. 의회 도서관에 한 부가 소장되어 있다.

80. 제럴드 톰슨, 『육군과 나바호: 보스케레돈도 보호구역 실험, 1863~1868』, 14쪽.

81. 같은 책, 28쪽.

82. 같은 책, 28쪽.

83. 톰 던리, 『키트 카슨과 인디언들』, 237쪽.

84. 같은 책, 262쪽.

85. C. L. 소니셴, 『메스칼레로 아파치』, 110쪽.

86. 같은 책, 113쪽.

87. 톰 던리, 『키트 카슨과 인디언들』, 247쪽.

88. 니컬러스 호트, 『인디언 부족들의 상황: 연합특별위원회 보고서』, 96~98쪽에 기록된 키트 카슨의 증언.

89. 같은 책, 96~98쪽.

90. 톰 던리, 『키트 카슨과 인디언들』, 186쪽.

91. 같은 책, 186쪽.

92. 린 베일리, 『보스케레돈도Bosque Redondo』, 38쪽.

93. 로런스 켈리Lawrence Kelly, 『나바호 일제검거Navajo Roundup』, 18쪽.

94. 일반 명령 15호 전문은 같은 책 22쪽 참조.

95. 같은 책, 35쪽.

96. 톰 던리, 『키트 카슨과 인디언들』, 279쪽.

97. 레이먼드 린드그렌Raymond Lindgren 엮음, 「키트 카슨의 나바호 작전 일기, 1863~1864A Diary of Kit Carson's Navajo Campaign, 1863~1864」, 《뉴멕시코 히스토리컬 리뷰New Mexico Historical Review》 1946년 7월, 226~246쪽.

98. 같은 책, 229쪽.

99. 톰 던리, 『키트 카슨과 인디언들』, 278쪽.

100. 레이먼드 린드그렌 엮음, 「키트 카슨의 나바호 작전 일기, 1863~1864」, 《뉴멕시코 히스토리컬 리뷰》, 230쪽.

101. 톰 던리, 『키트 카슨과 인디언들』, 278쪽.

102. 로런스 켈리, 『나바호 일제검거』, 42쪽.

103. 톰 던리, 『키트 카슨과 인디언들』, 291쪽.

104. 로런스 켈리, 『나바호 일제검거』, 15쪽.

105. 톰 던리, 『키트 카슨과 인디언들』, 283쪽.

106. 같은 책, 290쪽.

107. 로런스 켈리, 『나바호 일제검거』, 69, 70쪽.

108. 루스 로셀Ruth Roessel 엮음, 『먼 길 시기의 나바호 이야기Navajo Stories of the Long Walk Period』, 127쪽.

109. 데이비드 로버츠, 『더 새로운 세계』, 266쪽.

110. 루스 로셀, 『먼 길 시기의 나바호 이야기』, 45쪽.

111. 오로라 헌트, 『제임스 H. 칼턴 소장, 1814~1873』, 284쪽.

112. 로런스 켈리, 『나바호 일제검거』, 95쪽.

113. 톰 던리, 『키트 카슨과 인디언들』, 294쪽.

114. 로런스 켈리, 『나바호 일제검거』, 104쪽.

115. 같은 책, 104쪽.

116. 같은 책, 104쪽.

117. 루스 로셀, 『먼 길 시기의 나바호 이야기』, 45쪽.

118. 같은 책, 43~51쪽.

119. 로런스 켈리, 『나바호 일제검거』, 104쪽.

120. 캐니언드셰이를 방문했을 때 이 이야기를 서로 약간 다른 두 가지 버전으로 들었다. 데이비드 로버츠, 『더 새로운 세계』, 268쪽도 참고.

121. 로런스 켈리, 『나바호 일제검거』, 98쪽.

122. 같은 책, 98쪽.

123. 톰 던리, 『키트 카슨과 인디언들』, 297쪽.

124. 같은 책, 296쪽.

125. 린 베일리, 『보스케레돈도』, 55쪽.

126. 로런스 켈리, 『나바호 일제검거』, 108쪽.

127. 톰 던리, 『키트 카슨과 인디언들』, 344쪽.

128. 같은 책, 344쪽.

129. 레이먼드 프라이데이 로크, 『나바호 책』, 369쪽.

130. 오로라 헌트, 『제임스 H. 칼턴 소장, 1814~1873』, 282쪽.

131. 로런스 켈리, 『나바호 일제검거』, 128쪽.

132. 오로라 헌트, 『제임스 H. 칼턴 소장, 1814~1873』, 304쪽.

133. 톰 던리, 『키트 카슨과 인디언들』, 319쪽.

134. 같은 책, 320쪽.

135. 같은 책, 323쪽.

136. 제럴드 톰슨, 『육군과 나바호: 보스케레돈도 보호구역 실험, 1863~1868』, 61쪽.

137. 오로라 헌트, 『제임스 H. 칼턴 소장, 1814~1873』, 338쪽.

138. 제럴드 톰슨, 『육군과 나바호: 보스케레돈도 보호구역 실험, 1863~1868』, 81쪽.

139. 같은 책, 92쪽.

140. 같은 책, 57쪽.

141. 조지 H. 페티스 대위George H. Pettis, 『키트 카슨과 코만치, 카이오와 인디언의 싸움*Kit Carson's Fight with the Comanche and Kiowa Indians*』, Historical Society of New Mexico 12 (1908): 7쪽.

142. 톰 던리, 『키트 카슨과 인디언들』, 325쪽.

143. 같은 책, 327쪽.

144. 같은 책, 341쪽.

145. 카슨과 코만치 인디언의 만남을 사실이라고 간주한 책으로 데이비드 래번더, 『벤트 교역소』, 167쪽; 스탠리 베스털, 『키트 카슨: 옛 서부의 행복한 전사』, 108~111쪽이 있다.

146. 톰 던리, 『키트 카슨과 인디언들』, 329쪽.

147. 조지 H. 페티스, 『키트 카슨과 코만치, 카이오와 인디언의 싸움』, 11쪽.

148. 같은 책, 21쪽.

149. 같은 책, 19쪽.

150. 톰 던리, 『키트 카슨과 인디언들』, 332쪽.

151. 에드윈 새빈, 『키트 카슨의 나날』, 746쪽.

152. 톰 던리, 『키트 카슨과 인디언들』, 334쪽.

153. 에드윈 새빈, 『키트 카슨의 나날』, 744쪽.

154. 셀마 길드 & 하비 카터, 『키트 카슨: 영웅의 본보기』, 255쪽.

155. 에드윈 새빈,『키트 카슨의 나날』, 748쪽.

156. 샌드크리크 학살에 대해 자세히 알아보려면 스탠 호이그Stan Hoig,『샌드크리크 학살 *Sand Creek Massacre*』; 패트릭 멘도저Patrick Mendoza,『슬픔의 노래: 샌드크리크 학살 *Song of Sorrow: Massacre at Sand Creek*』; 밥 스콧Bob Scott,『샌드크리크 유혈사태 *Blood at Sand Creek*』; 브루스 커틀러Bruce Cutler,『샌드크리크 학살*The Massacre at Sand Creek*』을 추천한다.

157. 톰 던리,『키트 카슨과 인디언들』, 391쪽.

158. 오로라 헌트,『제임스 H. 칼턴 소장, 1814~1873』, 282쪽.

159. 같은 책, 280쪽.

160. 같은 책, 285쪽.

161. 같은 책, 280쪽.

162. 레이먼드 프라이데이 로크,『나바호 책』, 369쪽.

163. 같은 책, 369쪽.

164. 제럴드 톰슨,『육군과 나바호: 보스케레돈도 보호구역 실험, 1863~1868』, 118쪽.

165. C. L. 소니센,『메스칼레로 아파치』, 8쪽.

166. 제럴드 톰슨,『육군과 나바호: 보스케레돈도 보호구역 실험, 1863~1868』, 80쪽.

167. 톰 던리,『키트 카슨과 인디언들』, 346쪽.

168. 니컬러스 호트,『인디언 부족들의 상황: 연합특별위원회 보고서』, 96~98쪽에 기록된 카슨의 증언.

169. 같은 책, 96~98쪽.

170. 제임스 헨리 칼턴. 제럴드 톰슨,『육군과 나바호: 보스케레돈도 보호구역 실험, 1863~1868』, 158쪽에서 재인용.

171. 제럴드 톰슨,『육군과 나바호: 보스케레돈도 보호구역 실험, 1863~1868』, 122쪽.

172. 같은 책, 131쪽.

173. 마크 시몬스,『키트 카슨과 세 아내』, 140쪽.

174. 헨리 틸턴,『키트 카슨의 마지막 날들』, 7쪽.

175. 같은 책, 6쪽.

176. 마크 시몬스,『키트 카슨과 세 아내』, 130쪽.

177. 톰 던리,『키트 카슨과 인디언들』, 388쪽.

178. 마크 시몬스,『키트 카슨과 세 아내』, 144쪽.

179. 같은 책, 128쪽.

180. 같은 책, 133쪽.

181. 같은 책, 137쪽.

182. 톰 던리,『키트 카슨과 인디언들』, 406쪽.

183. 같은 책, 415쪽.

184. 같은 책, 407쪽.

185. 제시 프리몬트, 『의지와 길 이야기』, 46, 47쪽.

186. 같은 책, 46, 47쪽.

187. 헨리 틸턴, 『키트 카슨의 마지막 날들』, 5쪽.

188. 마크 시몬스, 『키트 카슨과 세 아내』, 142쪽.

189. 헨리 틸턴, 『키트 카슨의 마지막 날들』, 7쪽.

190. 같은 책, 7쪽.

191. 에드윈 새빈, 『키트 카슨의 나날』, 805쪽.

에필로그: 아름다움 가운데 우리는 걷는다

1. 나바호 구전 역사에서 중요한 이야기 가운데 하나다. 바르본시토의 의식에 대해 언급한 것으로는 제럴드 톰슨, 『육군과 나바호: 보스케레돈도 보호구역 실험, 1863~1868』, 152쪽도 있다.

2. 톰 던리, 『키트 카슨과 인디언들』, 418쪽.

3. 제럴드 톰슨, 『육군과 나바호: 보스케레돈도 보호구역 실험, 1863~1868』, 140쪽.

4. 셔먼과 바르본시토 사이의 대화는 미국 『1867~1868년 대평화위원회 의사록 Proceedings of the Great Peace Commission of 1867~1868』, 121~124쪽에서 따온 것이다.

5. 같은 책, 121~124쪽.

6. 같은 책, 121~124쪽.

7. 제럴드 톰슨, 『육군과 나바호: 보스케레돈도 보호구역 실험, 1863~1868』, 140쪽.

■ 참고 문헌

2002년 초 처음 이 책을 시작했을 때에는 얼마나 엄청나고 힘겨운 연구 조사가 눈앞에 있는 지 전혀 짐작하지 못했다. 크리스토퍼 카슨이라는 비범한 인물과 미국 서부를 누빈 그의 행보를 쫓는 일은 매우 광범위했다. 대륙을 가로지르며 거위를 쫓는 일이나 마찬가지로, 비록 노새를 타지는 않아도 되었지만 그래도 진이 빠질 정도로 힘든 일이었다. 지난 4년 동안 제타 경유차를 타고 여행한 거리만 3만 2,000킬로미터였고 참고한 문헌만 500건에 달한다. 당대의 기록, 일기, 개인 문서철, 군 공식 기록, 변경 우편 기록, 필사본, 논문, 학술논문, 단행본 등으로 대부분 이곳에 명기했다.

특히 다음 기관에 보관된 역사적 문헌에 많은 도움을 받았다. 캘리포니아 산마리노 헌팅턴 도서관, 예일 대학 바이네케 회귀본 필사본 도서관, 메릴랜드 칼리지 파크의 국립 문서보관소, 워싱턴 D.C.의 의회도서관, 버클리 캘리포니아 주립대학 밴크로프트 도서관, 앨버커키 뉴멕시코 대학 지머만 도서관 남서부 연구소, 샌타페이 도서관 남서부 열람실, 샌타페이 안젤리코 차베스 수사 역사도서관 · 사진보관소. 또한 샌타페이 주립 문서보관소에 있는 프랭크 맥니트 문서에도 큰 도움을 받았다.

이 책은 주로 1차 문헌과 당대 기록을 토대로 했으나 이 글의 틀을 잡는 데 큰 영향을 미친 2차 문헌도 몇 권 언급하고 싶다. 먼저 오늘날까지 발간된 카슨에 대한 연구서 가운데 가장 조사에 충실하고 독창적인 톰 던리의 『키트 카슨과 인디언들』을 꼽겠다. 카슨을 공부하고 싶은 사람은 누구나 던리 책을 출발점으로 삼을 것을 권한다. 가장 초석이 될 것이다. 이 분야에서 독보적인 또 한 사람 마크 시몬스는 수십 년 동안 카슨 이야기에서 새로운 면을 끌어내고 있다. 특히 카슨의 힘겹고 때로는 비극적이었던 가정사를 연구한 시몬스의 『키트 카슨과 세 아내』의 덕을 많이 보았다.

또한 스티븐 워츠 커니 전기의 신기원을 연 『스티븐 워츠 커니: 서부의 군인』을 쓴 드와이트 클라크에 감사한다. 커니는 미국 서부에서 매우 중요한 인물이면서도 잘 알려지지 않았었는데 클라크의 책이 장군을 제 위치에 자리매김하는 데 큰 역할을 했다.

나바호 문화에 관해서는 특히 다음 세 권이 탁월하다. 클러콘과 라이튼의 공저 『나바호』, 루스 언더힐의 『나바호』, 레이먼드 프라이데이 로크의 『나바호 책』. 다른 분야에 속하는 나바호 책 한 권도 빼놓을 수 없다. 바로 기이하고 아름다운 (또 성적으로 노골적인!) 구전 역사의 보석 같은 책 『올드맨해트의 아들』이다. 미국인들이 오기 전에 나바호 삶이 어떠했을까를 그려보는 데 이 책만 한 것이 없다.

나바호 전쟁이라는 우울한 주제를 학자다운 감각과 진지함으로 다룬 사람은 단 한 명뿐이다. 『나바호 전쟁』이라는 포괄적인 책을 비롯해 여러 책을 쓴 프랭크 맥니트다. 오랜 역사를 가진 이 갈등의 뿌리 깊은 원인과 문화적 의미를 알고 싶은 사람은 맥니트를 찾으라.

존 C. 프리몬트에 관해서는 그의 자서전과 원정 기록뿐 아니라 최근에 발간된 책 두 권에 크게 빛졌다. 톰 채핀의 『길을 찾는 사람: 존 찰스 프리몬트와 미 제국의 항로』는 깊이 있는 학문과 명료한 글쓰기로 프리몬트의 멜로드라마를 현대적인 렌즈로 들여다보았고 데이비드 로버츠의 『더 새로운 세계』는 프리몬트와 카슨의 기이한 이중나선 구조 관계를 재미있게 살폈다.

마지막으로 '나바호 먼 길'에 관한 우울하고 때로 지나치게 감상적인 문학 가운데 특히 발군의 책 네 권을 꼽고 싶다. 제럴드 톰슨의 『육군과 나바호: 보스케레돈도 보호구역 실험, 1863~1868』, 로런스 켈리의 『나바호 일제검거』, 린 베일리의 『먼 길』, 루스 로셀이 취합한 구전 역사 『먼 길 시기의 나바호 이야기』. 이 책들은 나바호뿐 아니라 미국의 영혼 전체에 지속적이고 깊은 영향을 미친 비극적인 실험의 모습을 생생하게 그려 보여 준다.

단행본

Abel, Annie Heloise. *Official Correspondence of James S. Calhoun, While Indian Agent at Santa Fe and Superintendent of Indian Affairs in New Mexico*. Washington, DC: Government Printing Office, 1915.

Acrey, William P. *Navajo History: The Land and the People*. Shiprock, NM: Department of Curriculum Materials Development, 1994.

Allie, Stephen J. *All He Could Carry: U.S. Army Infantry Equipment, 1839~1910*. Leavenworth, KS: Leavenworth Historical Society, 1991.

Altshuler, Constance Wynn. *Cavalry Yellow & Infantry Blue: Army Officers in Arizona between 1851 and 1886*. Tucson: Arizona Historical Society, 1991.

Alvord, Lori Arviso, and Elizabeth Cohen Van Pelt. *The Scalpel and the Silver Bear: The First Navajo Woman Surgeon Combines Western Medicine and Traditional Healing*. New York: Bantam Books, 1999.

Armer, Laura Adams. *In Navajo Land*. New York: David McKay Company, 1962.

Armstrong, Nancy M. *Navajo Long Walk*. Niwot, CO: Roberts Rinehart Publishers, in cooperation with the Council for Indian Education, 1994.

Baars, Donald L. *Navajo Country: A Geology and Natural History of the Four Corners Region*. Albuquerque: University of New Mexico Press, 1995.

Bacon, Melvin, and Daniel Blegen. *Bent's Fort: Crossroads of Cultures on the Santa Fe Trail*. Palmer Lake, CO: Filter Press, 1995.

Bagley, Will. *Blood of the Prophets: Brigham Young and the Massacre at Mountain Meadows*. Norman: University of Oklahoma Press, 2002.

Bahti, Mark. *A Guide to Navajo Sandpaintings*. Tucson: Rio Nuevo Publishers, 2000.

―――――. *Spirit in the Stone: A Handbook of Southwest Indian Animal Carvings and*

Beliefs. Tucson: Rio Nuevo Publishers, 1999.

Bailey, Garrick, and Roberta Glenn Bailey. *A History of the Navajos: The Reservation Years*. Santa Fe: School of American Research Press, 1986.

Bailey, Lynn R. *Bosque Redondo: An American Concentration Camp*. Pasadena: Socio-Technical Publications, 1970.

——————. *Bosque Redondo: The Navajo Internment at Fort Sumner, New Mexico, 1863~1868*. Tucson: Westernlore Press, 1998.

——————. *The Captive Years: Slave Taking as a Source of the Navajo Wars, 1846~1868*. Los Angeles: Corral of Westerners, 1963.

——————. *If You Take My Sheep: The Evolution and Conflicts of Navajo Pastoralism, 1648~1668*. Pasadena: Westernlore Press, 1980.

——————. *Indian Slave Trade in the Southwest*. Los Angeles: Westernlore Press, 1966.

——————. *The Long Walk: A History of the Navajo Wars, 1846~1868*. Pasadena: Westernlore Press, 1964.

Bass, Florence. *Stories of Early Times in the Great West*. Indianapolis: Bobbs-Merrill, 1927.

Basso, Keith H., and Morris E. Opler, eds. *Apachean Culture History and Ethnology*. Tucson: University of Arizona Press, 1971.

Beasley, Conger, Jr. *Canyon de Chelly: The Timeless Fold*. Arcata, CA: Sweetlight Books, 1988.

Beck, Peggy V., Anna Lee Walters, and Nia Francisco. *The Sacred Ways of Knowledge, Sources of Life*. Tsaile, AZ: Navajo Community College Press, 1996.

Bell, William A. *New Tracks in North America: A Journal of Travel and Adventure Whilst Engaged in the Survey for a Southern Railroad to the Pacific Ocean During 1867~1868*. Albuquerque: Horn and Wallace, 1965.

Benton, Thomas H. *Thirty Years View: A History of the Working of the American Government, 1820 to 1850, Part Two*. New York: D. Appleton and Company, 1856.

Bighorse, Tiana. *Bighorse the Warrior*. Tucson: University of Arizona Press, 1990.

Blake, Michael. *The Holy Road*. New York: Random House, 2001.

Blomberg, Nancy J. *Navajo Textiles: The William Randolph Hearst Collection*. Tucson: University of Arizona Press, 1988.

Bodine, John J. *Taos Pueblo: A Walk through Time*. Santa Fe: Lighting Tree, 1977.

Bohrer, Vorsila L., and Margaret Bergseng. *An Annotated Catalogue of Plants from Window Rock, Arizona*. Window Rock, AZ: Navajoland Publications, 1963.

Bowers, Janice Emily. *100 Roadside Wildflowers of the Southwest Woodlands*. Tucson: Southwest Parks and Monuments Association, 1987.

Brewerton, George Douglas. *Overland with Kit Carson: A Narrative of the Old Spanish Trail in '48*. New York: Coward-McCann, 1930.

Brown, David E. *The Grizzly in the Southwest*. Norman: University of Oklahoma Press, 1985.

Brown, Dee. *Bury My Heart at Wounded Knee: An Indian History of the American West*. New York: Pocket Books, 1970.

Brown, Kenneth A. *Four Corners: History, Land, and People of the Desert Southwest*. New York: HarperCollins, 1995.

Bruchac, Joseph. *Navajo Long Walk: The Tragic Story of a Proud People's Forced March from Their Homeland*. Washington, DC: National Geographic Society, 2002.

Brugge, David M. *The Navajo-Hopi Land Dispute: An American Tragedy*. Albuquerque: University of New Mexico Press, 1994.

——————. *Navajos in the Catholic Church Records of New Mexico, 1964~1875*. Window Rock, AZ: Research Section, Parks and Recreation Department, The Navajo Tribe, 1968.

——————. *Zarcillos Largos: Courageous Advocate of Peace*. Window Rock, AZ: Navajo Parks Publications, 1970.

Brugge, David M., J. Lee Correll, and Editha L. Watson. *Navajo Bibliography*. Window Rock, AZ: Navajo Tribal Museum, 1967.

Bulow, Ernie. *Navajo Taboos*. Gallup, NM: Buffalo Medicine Books, 1991.

Caperton, Thomas J., and LoRheda Fry. *Old West Army Cookbook, 1865~1900* (1974).

Carleton, James Henry. *The Battle of Buena Vista*. New York: Harper and Brothers, 1848.

Carmony, Neil B., ed. *The Civil War in Apacheland. Sergeant George Hand's Diary: California, Arizona, West Texas, New Mexico, 1861~1864*. Silver City, NM: High-Lonesome Books, 1996.

Carroll, Charles, and Lynne Sebastian, eds. *Fort Craig: The United States Fort on the Camino Real: Collected Papers of the First Fort Craig Conference*. Socorro, NM: New Mexico Bureau of Land Management, 2000.

Carson, Kit. *Kit Carson's Autobiography*. Edited by Milo Milton Quaife. Lincoln: University of Nebraska Press, 1966.

Carson, Phil. *Fort Garland Museum: A Capsule History and Guide*. Denver: Colorado

Historical Society, 2005.

Carter, Harvey Lewis. *Dear Old Kit: The Historical Christopher Carson, with a New Edition of the Carson Memoirs*. Norman: University of Oklahoma Press, 1968.

Carter, Jack L. *Trees and Shrubs of New Mexico*. Boulder, CO: Johnson Books, 1997.

Cassidy, James J., Jr., Bryce Walker, and Jill Maynard. *Through Indian Eyes: The Untold Story of Native American Peoples*. Pleasantville, NY: Reader's Digest Association, 1995.

Chaffin, Tom. *Pathfinder: John Charles Frémont and the Course of American Empire*. New York: Hill and Wang, 2002.

Chavez, Fray Angelico. *But Time and Change: The Story of Padre Martinez of Taos, 1793~1867*. Santa Fe: Sunstone Press, 1981.

Chronic, Halka. *Roadside Geology of New Mexico*. Missoula, MT: Mountain Press, 1987.

Clark, Bonnie. *The Women of Boggsville*. Denver: Colorado Historical Society.

Clark, Laverne H. *They Sang for Horses: The Impact of the Horse on Navajo and Apache Folklore*. Tucson: University of Arizona Press, 1966.

Clarke, Dwight L., ed. *The Original Journals of Henry Smith Turner: With Stephen Watts Kearny to New Mexico and California, 1846~1847*. Norman: University of Oklahoma Press, 1966.

——————. *Stephen Watts Kearny: Soldier of the West*. Norman: University of Oklahoma Press, 1961.

Cobos, Rubén. *A Dictionary of New Mexico & Southern Colorado Spanish*. Santa Fe: Museum of New Mexico Press, 2003.

Colton, Ray C. *The Civil War in the Western Territories: Arizona, Colorado, New Mexico, and Utah*. Norman: University of Oklahoma Press, 1959.

Connell, Evan S. *Son of the Morning Star: Custer and the Little Bighorn*. New York: North Point Press, 1984.

Cooke, Philip St. George. *Conquest of New Mexico and California in 1846~1848*. Chicago: Rio Grande Press, 1964.

Correll, J. Lee. *Sandoval: Traitor or Patriot*. Window Rock, AZ: Navajo Nation, 1970.

——————. *Through White Man's Eyes: A Contribution to Navajo History – A Chronological Record of the Navajo People from the Earliest Times to the Treaty of June 1, 1868*. Window Rock, AZ: Navajo Heritage Center, 1979.

Craig, Reginald S. *The Fighting Parson: A Biography of Col. John M. Chivington*. Tucson: Westernlore Press, 1959.

Cremony, John C. *Life among the Apaches*. San Francisco: A. Roman Company, 1868.

Crosby, Molly. *The American Plague: The Untold Story of Yellow Fever, the Epidemic that Shaped our History*. New York: Berkley Hardcover, 2006.

Crutchfield, James A. *Tragedy at Taos: The Revolt of 1847*. Plano: Republic of Texas Press, 1995.

Cullum, George W., comp. *Biographical Register of the Officers and Graduates of the United States Military Academy*. Boston: Houghton, Mifflin and Company, 1891.

Cutler, Bruce. *The Massacre at Sand Creek*. Norman: University of Oklahoma Press, 1995.

Dale, Edward Everett. *The Indians of the Southwest: A Century of Development under the United States*. Norman: University of Oklahoma Press, 1949.

Dary, David. *The Santa Fe Trail: Its History, Legends, and Lore*. New York: Penguin Books, 2000.

Davis, W. W. H. *El Gringo*. Lincoln: University of Nebraska Press, 1982.

Decker, Peter R. *"The Utes Must Go!": American Expansion and the Removal of a People*. Golden, CO: Fulcrum Publishing, 2004.

Del Castillo, Richard Griswold. *The Treaty of Guadalupe Hidalgo: A Legacy of Conflict*. Norman: University of Oklahoma Press, 1990.

Denton, Sally. *American Massacre: The Tragedy at Mountain Meadows, September 1857*. New York: Alfred A. Knopf, 2003.

DeVoto, Bernard. *The Year of Decision: 1846*. New York: Truman Talley Books, 1942.

Dobyns, Henry F., and Robert C. Euler. *The Navajo Indians*. Albuquerque: Center for Anthropological Studies, 1977.

Downs, James F. *The Navajo*. Prospect Heights, IL: Waveland Press, 1972.

Dunlay, Tom. *Kit Carson and the Indians*. Lincoln: University of Nebraska Press, 2000.

Dunn, J. P. *Massacres of the Mountains: A History of the Indian Wars of the Far West*. New York: Harpers, 1886.

Durand, John. *The Taos Massacres*. Elkhorn, WI: Puzzlebox Press, 2004.

Dutton, Bertha P. *American Indians of the Southwest*. Albuquerque: University of New Mexico Press, 1983.

Dyk, Walter. *Son of Old Man Hat: A Navajo Biography*. Lincoln: University of Nebraska Press, 1938.

Edrington, Thomas S., and John Taylor. *The Battle of Glorieta Pass: A Gettysburg in the West, March 26~28, 1862*. Albuquerque: University of New Mexico Press, 1998.

Edwards, Frank S. *A Campaign in New Mexico*. Readex Microprint, 1966.

Eisenhower, John S. D. *So Far from God: The U.S. War with Mexico, 1846~1848*. New York: Random House, 1989.

Ellis, Florence Hawley. *An Anthropological Study of the Navajo Indians*. New York and London: Garland Publishing, 1974.

Emory, William. *Lieutenant Emory Reports*. Edited by Ross Calvin. Albuquerque: University of New Mexico Press, 1951.

Estabrook, Emma Franklin. *Givers of Life: American Indians as Contributors to Civilization*. Albuquerque: University of New Mexico Press, 1931.

Estergreen, Marian Morgan. *Kit Carson: A Portrait in Courage*. Norman: University of Oklahoma Press, 1962.

Farb, Peter. *Man's Rise to Civilization as Shown by the Indians of North America from Primeval Times to the Coming of the Industrial State*. New York: E. P. Dutton, 1968.

Faris, James C. *Navajo and Photography*. Salt Lake City: University of Utah Press, 2003.

Faust, Patricia L. *Historical Times Illustrated Encyclopedia of the Civil War*. New York: Harper & Row, 1986.

Fehrenbach, T. R. *Comanches: The History of a People*. New York: Random House, 1974.

Fergusson, Erna. *Dancing Gods: Indian Ceremonials of New Mexico & Arizona*. Albuquerque: University of New Mexico Press, 1931.

Folsom, Franklin. *Indian Uprising on the Rio Grande: The Pueblo Revolt of 1680*. Albuquerque: University of New Mexico Press, 1996.

Forbes, Jack. *Apache, Navaho and Spaniard*. Norman: University of Oklahoma Press, 1960.

Frazier, Donald S., ed. *The United States and Mexico at War: Nineteenth-Century Expansionism and Conflict*. New York: Simon & Schuster Macmillan, 1998.

Frazier, Ian. *Great Plains*. New York: Farrar, Straus and Giroux, 1989.

――――――. *On the Rez*. New York: Farrar, Straus and Giroux, 2000.

Freiberger, Harriet. *Lucien Maxwell: Villain or Visionary*. Santa Fe: Sunstone Press, 1999.

Frémont, Jessie Benton. *The Will and the Way Stories*. Boston: D. Lathrop Company, 1891.

Frémont, John C. *Memoirs of My Life*. New York: Cooper Square Press, 2001.

――――――. *Report of the Exploring Expedition to the Rocky Mountains: In the Year*

1842, and to Oregon and North California in the Years 1843~44. Santa Barbara: Narrative Press, 2002.

Frink, Mourice. *Fort Defiance and the Navajos.* Boulder: Pruett Press, 1968.

Fugate, Francis L., and Roberta B. Fugate. *Roadside History of New Mexico.* Missoula, MT: Mountain Press Publishing Company, 1989.

Gardner, Mark L., *Bent's Old Fort: National Historic Site.* Tucson: Southwest Parks and Monuments Association, 1998.

Garrard, Lewis H. *Wah-to-yah and the Taos Trail.* Norman: University of Oklahoma Press, 1955.

George, Isaac. *Heroes and Incidents of the Mexican War: Containing Doniphan's Expedition.* San Bernardino: Borgo Press, 1985.

Gerow, Peggy A. *Guardian of the Trail: Archaeological & Historical Investigations at Fort Craig.* Santa Fe: Bureau of Land Management, 2004.

Gerson, Noel B. *Kit Carson: Folk Hero and Man.* Garden City: Doubleday, 1964.

Gibson, George Rutledge. *Journal of a Soldier under Kearny and Doniphan, 1846~1847.* Philadelphia: Porcupine Press, 1974.

Gillmor, Frances, and Louisa Wade Wetherill. *Traders to the Navajos: The Story of the Wetherills of Tayenta.* Albuquerque: University of New Mexico Press, 1953.

Gilpin, Laura. *The Enduring Navaho.* Austin: University of Texas Press, 1974.

Goodman, James M. *The Navajo Atlas: Environments, Resources, People and History of the Diné Bikeyah.* Norman: University of Oklahoma Press, 1986.

Goodwin, Grenville. *The Social Organization of the Western Apache.* Tucson: University of Arizona Press, 1969.

Gordon-McCutchan, R. C., ed. *Kit Carson: Indian Fighter or Indian Killer?* Niwot: University Press of Colorado, 1996.

Grant, Campbell. *Canyon de Chelly: Its People and Rock Art.* Tucson: University of Arizona Press, 1977.

Gregg, Josiah. *Commerce of Prairies.* Norman: University of Oklahoma Press, 1954.

Guild, Thelma S., and Harvey L. Carter. *Kit Carson: A Pattern for Heroes.* Lincoln: University of Nebraska press, 1984.

Haile, Berard, O.F.M. *Navajo Coyote Tales.* Lincoln: University of Nebraska Press, 1984.

Halaas, David Fridtjof, and Andrew E. Masich. *Halfbreed: The Remarkable True Story of George Bent.* Cambridge, MA: Da Capo Press, 2004.

Haley, J. Evetts. *Charles Goodnight, Cowman and Plainsman.* Norman: University of

Oklahoma Press, 1949.

Hall, Martin Hardwick. *Sibley's New Mexico Campaign*. Albuquerque: University of New Mexico Press, 2000.

Hané, Hwéeldi Baa. *Oral Histories of the Long Walk*. Lake Valley, NM: Lake Valley Navajo School, 1989.

Hardwick, William. *Authentic Indian-Mexican Recipes*. Fort Stockton, 1993.

Hart, E. Richard. *Pedro Pino: Governer of Zuni Pueblo, 1830~1878*. Logan: Utah State University Press, 2003.

Haynes, Sam W. *James K. Polk and the Expansionist Impulse*. New York: Addison Wesley Longman, 2002.

Hazen-Hammond, Susan. *Timelines of Native American History through the Centuries with Mother Earth and Father Sky*. New York: Berkley Publishing Group, 1997.

Heffernan, William Joseph. *Edward M. Kern: The Travels of an Artist-Explorer*. Bakersfield, CA: Kern County Historical Society, 1953.

Heitman, Francis B. *Historical Register and Dictionary of the U.S. Army*. Washington, DC: Government Printing Office, 1965.

Henderson, Alice Corbin. *Brothers of Light: The Penitentes of the Southwest*. Santa Fe: William Gannon, 1977.

Henry, Jeanette, ed. *The Indian Historian*. San Francisco: American Indian Historical Society, 1976.

Herr, Pamela. *Jessie Benton Frémont*. Norman: University of Oklahoma Press, 1987.

Herr, Pamela, and Mary Lee Spence, eds. *The Letters of Jessie Benton Frémont, 1824~1902*. Urbana and Chicago: University of Illinois Press, 1993.

Heyman, Max L. *Prudent Soldier: A Biography of Major General E. R. S. Canby, 1817~1873*. Glendale: Arthur H. Clark, 1959.

Hillerman, Tony. *Coyote Waits*. New York: HarperCollins, 1990.

—————. *Talking God*. New York: HarperCollins, 1989.

Hine, Robert V. *Edward Kern and American Expansion*. New Haven, CT: Yale University Press, 1962.

Hoffman, Virginia, and Broderick H. Johnson. *Navajo Biographies*. Vols. 1 & 2. Rough Rock, AZ: Navajo Curriculum Center Press, 1974.

Hoig, Stan. *The Sand Creek Massacre*. Norman: University of Oklahoma Press, 1980.

Hordes, Stanley M. *To the End of the Earth: A History of the Crypto-Jews of New Mexico*. New York: Columbia University Press, 2005.

Horgan, Paul. *The Centuries of Santa Fe.* New York: E. P. Dutton, 1965.

————. *Great River: The Rio Grande in North American History.* Hanover, NH: University Press of New England, 1984.

Houk, Rose. *Navajo of Canyon de Chelly.* Tucson: Southwest Parks and Monuments Association, 1995.

Hughes, John T. *Doniphan's Expedition: Containing an Account of the Conquest of New Mexico.* Chicago: Rio Grande Press, 1962.

Hughes, Patrick J. *Fort Leavenworth: Gateway to the West.* Newton, KS: Mennonite Press, 2000.

Hunt, Aurora. *Major General James H. Carleton, 1814~1873.* Glendale: Arthur H. Clark, 1958.

Hyde, George E. *Life of George Bent, Written from His Letters.* Norman: University of Oklahoma Press, 1968.

Irving, Washington. *The Adventures of Captain Bonneville: Digested from His Journals.* New York: Stackpole Books, 2001.

Iverson, Peter. *Diné: A History of the Navajos.* Albuquerque: University of New Mexico Press, 2002.

————. *The Navajo Nation.* Albuquerque: University of New Mexico Press, 1983.

Jahoda, Gloria. *The Trail of Tears: The Story the American Indian Removals, 1813~1855.* New York: Wings Books, 1975.

James, Thomas. *Three Years among the Indians and Mexicans.* Chicago: Rio Grande Press, 1962.

Jamison, Bill. *Santa Fe: An Intimate View.* Santa Fe: Milagro Press, 1982.

Johnson, Broderick H., ed. *Stories of Traditional Navajo Life and Culture by Twenty-two Navajo Men and Women.* Tsaile, AZ: Navajo Community College Press, 1977.

Jones, Charles, ed. *Look to the Mountain Top: Contemporary Authors Reveal Our True Indian Heritage.* San Jose: Times Mirror Company, 1972.

Josephy, Alvin M., Jr. *The Civil War in the American West.* New York: Vintage Books, 1991.

Judge, James. *New Light on Chaco Canyon.* Santa Fe: School of American Research, 1984.

Julyan, Robert. *The Place Names of New Mexico.* Albuquerque: University of New Mexico Press, 1972.

Kavanagh, Thomas W. *The Comanches: A History, 1706~1875.* Lincoln: University of

Nebraska Press, 1996.

Keleher, William Aloysius. *Turmoil in New Mexico, 1846~1868.* Santa Fe: Rydal Press, 1952.

Kelley, Klara B., and Francis Harris. *Navajo Sacred Places.* Bloomington: Indian University Press, 1994.

Kelly Lawrence C. *Navajo Roundup: Selected Correspondence of Kit Carson's Expedition against the Navajo, 1863~1865.* Boulder: Pruett Press, 1970.

Kessell, John L. *Kiva, Cross, and Crown: The Pecos Indians and New Mexico, 1540~1840.* Tucson: Southwest Parks and Monuments Association, 1987.

Kluckhohn, Clyde, and Dorothea Leighton. *The Navajo.* Cambridge, MA: Harvard University Press, 1946.

Kluckhohn, Clyde, Lucy Wales Kluckhohn, and Willard Williams Hill. *Navajo Material Culture.* Cambridge, MA: Harvard University Press, 1971.

Kosik, Fran. *Native Roads: The Complete Motoring Guide to the Navajo and Hopi Nations.* Tucson: Rio Nuevo Publishers, 1996.

Kupke, William A. *The Indians and the Thunderwagon.* Fort Sumner, NM: Fort Sumner State Monument, 1989.

La Farge, Oliver. *Laughing Boy.* Boston: Houghton Mifflin, 1929.

──────. *Santa Fe: The Autobiography of a Southwestern Town.* Norman: University of Oklahoma Press, 1959.

Lamar, Howard R., ed. *The New Encyclopedia of the American West.* New Haven, CT: Yale University Press, 1998.

Langellier, John P. *Redlegs: The U.S. Artillery from the Civil War to the Spanish-American War, 1861~1898.* London: Greenhill Books, 1998.

──────. *Terrible Swift Sword: Union Artillery, Cavalry and Infantry, 1861~1865.* London: Greenhill Books, 2000.

Launius, Roger D. *Alexander William Doniphan: Portrait of a Missouri Moderate.* Columbia: University Press of Missouri, 1997.

Lauritzen, Jonreed. *The Battle of San Pasqual.* New York: G. P. Putnam's Sons, 1968.

Lavender, David. *Bent's Fort.* Lincoln: University of Nebraska Press, 1954.

──────. *Climax at Buena Vista.* Philadelphia: University of Pennsylvania Press, 1966.

──────. *The Southwest.* Albuquerque: University of New Mexico Press, 1980.

Leach, Nicky J. *The Guide to National Parks of the Southwest.* Tucson: Southwest Parks and Monuments Association, 1992.

Limerick, Patricia Nelson. *The Legacy of Conquest: The Unbroken Past of the American West*. New York: W. W. Norton, 1987.

Lindgren, Raymond E., ed. *A Diary of Kit Carson's Navajo Campaign, 1863~1864*. San Marino, CA: Ritch Collection, Huntington Library, 1946.

Linford, Laurance D. *Navajo Places: History, Legend, and Landscape*. Salt Lake City: University of Utah Press, 2000.

Link, Martin A. *Hwelte*. Window Rock, AZ: Navajo Tribal Museum, 1971.

Locke, Raymond Friday. *The Book of the Navajo*. Los Angeles: Mankind Publishing, 1976.

Mabery, Marilyne. *El Malpais National Monument*. Tucson: Southwest Parks and Monuments Association, 1990.

MacCarter, Jane Susan. *New Mexico Wildlife Viewing Guide*. 2d ed. Helena: Falcon Press, n.d.

Magoffin, Susan Shelby. *Down the Santa Fe Trail and into Mexico: The Diary of Susan Shelby Magoffin, 1846~1847*. Edited by Stella M. Drumm. Lincoln: University of Nebraska Press, 1982.

Makepeace, Anne. *Edward S. Curtis: Coming to Light*. Washington, DC: National Geographic Society, 2002.

Mansfield, Joseph K. *Mansfield on the Condition of the Western Forts, 1853~1854*. Norman: University of Oklahoma Press, 1962.

Marks, Paula Mitchell. *In a Barren Land: American Indian Dispossession and Survival*. New York: William Morrow, 1998.

Marszalek, John F. *Leaders of the American Civil War: A Biographical and Historiographical Dictionary*. Westport, CT: Greenwood Press, 1998.

Marti, Werner H. *Messenger of Destiny: The California Adventures, 1846~1847, of Archibald H. Gillespie, U.S. Marine Corps*. San Francisco: John Howell-Books, 1960.

Matthews, Washington. *Navajo Legends*. Salt Lake City: University of Utah Press, 1994.

Mayes, Vernon O., and Barbara Bayless Lacy. *Nanise´: A Navajo Herbal Guide: One Hundred Plants from the Navajo Reservation*. Tsaile, AZ: Navajo Community College Press, 1989.

McCarthy, Cormac. *Blood Meridian*. New York: Vintage Books, 1985.

Mclean, Kim. *Casa Rinconada*. Tucson: Southwest Parks and Monuments Association, 1995.

——————. *Chetro Ketl*. Tucson: Southwest Parks and Monuments Association, 1995.

——————. *Pueblo Bonito*. Tucson: Southwest Parks and Monuments Association, 1996.

McMurtry, Larry. *The Colonel and Little Missie: Buffalo Bill, Annie Oakley, and the Beginnings of Superstardom in America*. New York: Simon & Schuster, 2005.

——————. *Oh What a Slaughter: Massacres in the American West, 1846~1890*. New York: Simon & Schuster, 2005.

McNeley, James Kale. *Holy Wind in Navajo Philosophy*. Tucson: University of Arizona Press, 1981.

McNierney, Michael, ed. *Taos 1847: The Revolt in Contemporary Accounts*. Boulder: Johnson Publishing, 1990.

McNitt, Frank, ed. *Navaho Expedition: Journal of a Military Reconnaissance from Santa Fe, New Mexico, to the Navaho Country, Made in 1849 by Lieutenant James H. Simpson*. Norman: University of Oklahoma Press, 1964.

McNitt, Frank. *The Indian Traders*. Norman: University of Oklahoma Press, 1962.

——————. *Navajo Wars: Military Campaigns, Slave Raids and Reprisals*. Albuquerque: University of New Mexico Press, 1972.

Meketa, Jacqueline Dorgan. *Legacy of Honor: The Life of Rafael Chacón, a Nineteenth-Century New Mexican*. Albuquerque: University of New Mexico Press, 1986.

Mendoza, Patrick M. *Song of Sorrow: Massacre at Sand Creek*. Denver: Willow Wind Publishing, 1993.

Miller, Darlis A. *The California Column in New Mexico*. Albuquerque: University of New Mexico Press, 1982.

Mindeleff, Cosmos. "Navaho Houses" in *The Seventeenth Annual Report*. Washington, DC: Bureau of Ethnology, 1897.

Mitchell, James R. *Gem Trails of New Mexico*. Baldwin Park, CA: Gem Guides, 2001.

Mitchell, Marie. *The Navajo Peace Treaty of 1868*. New York: Macon and Lipscomb Publishers, 1973.

Momaday, N. Scott. *House Made of Dawn*. New York: HarperCollins, 1966.

Moore, Lucy. *Into the Canyon: Seven Years in Navajo Country*. Albuquerque: University of New Mexico Press, 2004.

Morand, Sheila. *Santa Fe Then and Now*. Santa Fe: Sunstone Press, 1998.

Morris, Don P. *Early Navajo Sites in Cañon de Chelly*. Unpublished manuscript. Tucson: Western Archaeological Center, n.d.

Moulton, Candy. *Everyday Life among the American Indians, 1800 to 1900*. Cincinnati: Writer's Digest Books, 2001.

Murphy, Dan. *El Morro National Monument*. Western National Parks Association, 2003.

Nabokov, Peter. *Indian Running: Native American History & Tradition*. Santa Fe: Ancient City Press, 1981.

—————. *Native American Testimony*. New York: Penguin Books, 1978.

Neihardt, John G. *Black Elk Speaks*. Lincoln: University Nebraska Press, 1932.

Newcomb, Franc Johnson. *Hosteen Klah: Navajo Medicine Man and Sand Painter*. Norman: University of Oklahoma Press, 1964.

Noble, David Grant, ed. *Houses Beneath the Rock: The Anasazi of Canyon de Chelly and Navajo National Monument*. Santa Fe: Ancient City Press, 1986.

Noble, David Grant, and Richard B. Woodbury. *Zuni and El Morro Past & Present*. Santa Fe: School of American Research, 1993.

O'Bryan, Aileen. *Navaho Indian Myths*. New York: Dover Publications, 1993.

Ogle, Ralph Hedrick. *Federal Control of the Western Apaches, 1848~1886*. Albuquerque: University of New Mexico Press, 1940.

Parkman, Francis, Jr. *The Oregon Trail*. Oxford: Oxford University Press, 1996.

Parsons, Elsie Clews. *Taos Tales*. New York: Dover Publications, 1996.

Pearce, T. M., ed. *New Mexico Place Names: A Geographical Dictionary*. Albuquerque: University of New Mexico Press, 1965.

Pettis, Capt. George H. *Personal Narratives of the Battles of the Rebellion: Kit Carson's Fight with the Comanche and Kiowa Indians*. Santa Fe: Historical Society of New Mexico, 1908.

Pettit, Jan. *Utes: The Mountain People*. Boulder: Johnson Books, 1990.

Phillips, Catharine Coffin. *Jessie Benton Frémont: A Woman Who Made History*. Lincoln: University of Nebraska Press, 1995.

Pike, David. *Roadside New Mexico: A Guide to Historic Markers*. Albuquerque: University of New Mexico Press, 2004.

Pratt, Boyd C., and Dan Scurlock. *Llano, River, and Mountains: The Southeast New Mexico Regional Overview: Volume 1: Historic Overview*. Fort Sumner, NM: Fort Sumner State Monument, 1989.

Preston, Douglas. *Cities of Gold: A Journey across the American Southwest*. Albuquerque: University of New Mexico Press, 1992.

—————. *The Royal Road: El Camino Real from Mexico City to Santa Fe*.

Albuquerque: University of New Mexico Press, 1998.

―――――. *Talking to the Ground: One Family's Journey on Horseback across the Sacred Land of the Navajo*. New York: Simon & Schuster, 1995.

Price, Peter. *The Battle of San Pasqual Dec. 6, 1846 & the Struggle for California*. San Diego: Pembroke Publishers, 1990.

Pritzker, Barry M. *A Native American Encyclopedia: History, Culture, and Peoples*. New York: Oxford University Press, 2000.

Reid, Robert Leonardo. *America, New Mexico*. Tucson: University of Arizona Press, 1998.

Rittenhouse, Jack D. *New Mexico Civil War Biography*. Houston: Stage Coach Press, 1961.

Roberts, David. *In Search of the Old Ones: Exploring the Anasazi World of the Southwest*. New York: Simon & Schuster, 1996.

―――――. *A Newer World: Kit Carson, John C. Frémont, and the Claiming of the American West*. New York: Simon & Schuster, 2000.

―――――. *Once They Moved Like the Wind: Cochise, Geronimo, and the Apache Wars*. New York: Simon & Schuster, 1993.

Robinson, Jacob. *Sketches of the Great West: A Journal of the Santa Fe Expedition*. Portsmouth, NH: Portsmouth Journal Press, 1848.

Roessel, Robert A., Jr. *Pictorial History of the Navajo: From 1860 to 1910*. Rough Rock, AZ: Navajo Curriculum Center, 1980.

Roessel, Ruth, ed. *Navajo Stories of the Long Walk Period*. Tsaile, AZ: Navajo Community College Press, 1973.

Roosevelt, Theodore. *Thomas H. Benton*. New York: Houghton, Mifflin and Company, 1887.

Royce, Josiah. *California: A Study of the American Character*. Berkeley: Heyday Books, 2002.

Rutledge, Lee A. *Campaign Clothing: Field Uniforms of the Indian War Army, 1866～1871*. Tustin, CA: North Cape Publications, 1998.

Ruxton, George Frederick. *Life in the Old West*. Edited by LeRoy R. Hafen. Norman: University of Oklahoma Press, 1951.

Ryan, John P. *Fort Stanton and Its Community*. Las Cruces, NM: Yucca Tree Press, 1998.

Sabin, Edwin LeGrand. *Kit Carson Days, 1809～1868: Adventures in the Path of Empire*.

Chicago: A. C. McClurg, 1914.

Salzmann, Zdenek, and Joy M. Salzmann. *Native Americans of the Southwest: The Serious Traveler's Introduction to Peoples and Places.* Boulder: Westview Press, 1997.

Sando, Joe S. *Pueblo Profiles: Cultural Identity through Centuries of Change.* Santa Fe: Clear Light Publishers, n.d.

Sapir, Edward. *Navajo Texts.* Iowa City: University of Iowa Press, 1942.

Schroeder, Albert H. *The Changing Way of Southwestern Indians: A Historic Perspective.* Glorieta, NM: Rio Grande Press, 1973.

Scott, Bob. *Blood at Sand Creek: The Massacre Revisited.* Caldwell, ID: Caxton Printers, 1994.

Seigenthaler, John. *James K. Polk.* New York: Henry Holt, 2003.

Seymour, E. L. D., ed. *The Garden Encyclopedia: A Complete, Practical and Convenient Guide to Every Detail of Gardening.* New York: W. H. Wise, 1936.

Sherry, John W. *Land, Wind, and Hard Words: A Story of Navajo Activism.* Albuquerque: University of New Mexico Press, 2002.

Shinkle, James D. *Fifty Years of Roswell History, 1867~1917.* Roswell: Hall-Poorbaugh Press, 1965.

——————. *Fort Sumner and Bosque Redondo Indian Reservation.* Rosewell: Hall-Poorbaugh Press, 1965.

Shoumatoff, Alex. *Legends of the American Desert: Sojourns in the Greater Southwest.* New York: HarperCollins, 1997.

Simmons, Marc. *Kit Carson and His Three Wives.* Albuquerque: University of New Mexico Press, 2003.

——————. *The Last Conquistador: Juan de Oñate and the Settling of the Far Southwest.* Norman: University of Oklahoma Press, 1991.

——————. *The Little Lion of the Southwest: A Life of Manuel Antonio Chaves.* Athens: University of Ohio Press, 1973.

——————. *New Mexico: An Interpretive History.* Albuquerque: University of New Mexico Press, 1988.

——————. *The Old Trail to Santa Fe: Collected Essays.* Albuquerque: University of New Mexico Press, 1996.

Simmons, Marc, and R. C. Gordon-McCutchan. *The Short Truth about Kit Carson and the Indians.* Taos: Columbine Printing, 1993.

Simmons, Virginia McConnell. *The San Luis Valley: Land of the Six-Armed Cross.* 2d ed.

Niwot, CO: University Press of Colorado, 1999.

Smith, George Winston, and Charles Judah, eds. *Chronicles of the Gringos: The U.S. Army in the Mexican War, 1846~1848: Accounts of Eyewitnesses and Combatants.* Albuquerque: University of New Mexico Press, 1962.

Sonnichsen, C. L. *The Mescalero Apaches.* Norman: University of Oklahoma Press, 1958.

Spicer, Edward H. *Cycles of Conquest: The Impact of Spain, Mexico, and the United States on the Indians of the Southwest, 1533~1960.* Tucson: Uiversity of Arizona Press, 1962.

Stanley, F. E. V. *Sumner.* Borger, TX: Jim Hess Printers, 1969.

—————. *The Jicarilla Apaches of North Mexico.* Pampa, TX: Pampa Print Shop, 1967.

Starr, Kevin. *Americans and the California Dream, 1850~1915.* New York: Oxford University Press, 1973.

Steele, Thomas J., and Rowena A. Rivera. *Penitente Self-Government: Brotherhoods and Councils, 1797~1947.* Santa Fe: Ancient City Press, 1985.

Stegner, Page. *Winning the West: The Epic Saga of the American Frontier, 1800~1899.* Hong Kong: Free Press, 2002.

Stern, Theodore. *The Klamath Tribe: A People and Their Reservation.* Seattle: University of Washington Press, 1965.

Stone, Irving. *Immortal Wife: The Biographical Novel of Jessie Benton Fremont.* Chicago: Consolidated Book Publishers, 1954.

Supplee, Charles, and Douglas and Barbara Anderson. *Canyon de Chelly: The Story behind the Scenery.* KC Publications, 1990.

Taylor, John. *Bloody Valverde: A Civil War Battle on the Rio Grande, February 21, 1862.* Albuquerque: University of New Mexico Press, 1965.

Terrell, John Upton. *The Navajos.* New York: Weybright and Talley, 1970.

The Editors of *National Geographic. The World of the American Indian.* Washington, DC: National Geographic Society, 1974.

Theisen, Gerald. *A Study Guide to New Mexico History.* Santa Fe: Museum of New Mexico Press, n.d.

Thomas, David Hurst. *Skull Wars: Kennewick Man, Archaeology, and the Battle for Native American Identity.* New York: Basic Books, 2000.

Thompson, Gerald E. *The Army and the Navajo: The Bosque Redondo Reservation Experiment, 1863~1868.* Tucson: University of Arizona Press, 1976.

——————. *Edward F. Beale & the American West.* Albuquerque: University of New Mexico Press, 1983.

Thrapp, Dan L. *The Conquest of Apacheria.* Norman: University of Oklahoma Press, 1967.

Thybony, Scott. *Canyon de Chelly National Monument.* Tucson: Western National Parks Association, 1997.

——————. *The Hogan: The Traditional Navajo Home.* Tucson: Western National Parks Association, 1999.

Tiller, Veronica E. Velarde. *The Jicarilla Apache Tribe.* Lincoln: University of Nebraska Press, 1983.

Tilton, Henry R. *The Last Days of Kit Carson.* Grand Forks: Holt Printing Company, 1939.

Trafzer, Clifford E. *Anglo Expansionists and Navajo Raiders: A Conflict of Interests.* Tsaile, AZ: Navajo Community College Press, 1978.

——————. *Navajos and Spaniards.* Tsaile, AZ: Navajo Community College Press, 1978.

Turner, Frederick. W., Ⅲ. *The Portable North American Indian Reader.* New York: Viking Press, 1973.

Twitchell, Ralph Emerson. *The Story of the Conquest of Santa Fe, New Mexico, and the Building of Old Fort Marcy.* Santa Fe: Historical Society of New Mexico, 1929.

Underhill, Ruth M. *The Navajos.* Norman: University of Oklahoma Press, 1956.

Utley, Robert M. *Fort Union National Monument.* Washington, DC: National Park Service, 1962.

——————. *The Indian Frontier of the American West, 1846～1890.* Albuquerque: University of New Mexico Press, 1984.

——————. *A Life Wild and Perilous: Mountain Men and the Paths to the Pacific.* New York: Henry Holt, 1997.

Utley, Robert, and Wilcomb E. Washburn. *Indian Wars.* Boston: Houghton Mifflin, 1977.

Van Valkenburgh, Richard. *Diné Bikéyah.* Window Rock, AZ: Department of the Interior, 1941.

Vestal, Stanley. *Kit Carson: The Happy Warrior of the Old West.* Boston: Houghton Mifflin, 1928.

——————. *The Old Santa Fe Trail.* Lincoln: University of Nebraska Press, 1939.

Waldman, Carl. *The North American Indian.* New York: Checkmark Books, 1985.

Wall, Leon, and William Morgan. *Navajo-English Dictionary.* New York: Hippocrene Books, 1958.

Wallace, Ernest, and E. Adamson Hoebel. *The Comanches: Lords of the South Plains.* Norman: University of Oklahoma Press, 1952.

Ward, Geoffrey C. *The West: An Illustrated History.* Boston: Little, Brown, 1996.

Waters, Frank. *The Book of the Hopi.* New York: Ballantine Books, 1970.

Weber, David J. *On the Edge of Empire: The Taos Hacienda of Los Martinez.* Santa Fe: Museum of New Mexico Press, 1996.

—————. *Richard H. Kern: Expeditionary Artist in the Far Southwest, 1848~1853.* Albuquerque: University of New Mexico Press, 1985.

Weigle, Marta. *The Penitentes of Southwest.* Santa Fe: Ancient City Press, 1970.

Wenger, Gilbert R. *The Story of Mesa Verde National Park.* Mesa Verde National Park, CO: Mesa Verde Museum Association, 1980.

Werner, Michael S. *Encyclopedia of Mexico: History, Society & Culture.* Chicago: Fitzroy Dearborn Publishes, 1997.

White, John Manchip. *Everyday Life of the American Indian.* New York: Holmes & Meier Publishers, 1979.

White, Lonnie T. *Chronicle of a Congressional Journey: The Doolittle Committee in the Southwest, 1865.* Boulder: Pruett Publishing, 1865.

White, William. *Encyclopedia of Civil War Biographies.* Armonk, NY: Sharpe Reference, 2000.

Wilson, Chris. *The Myth of Santa Fe: Creating a Modern Regional Tradition.* Albuquerque: University of New Mexico Press, 1997.

Wilson, John P. *Fort Sumner, New Mexico.* Portales: Museum of New Mexico Monument Division, n.d.

Wilson, John Philip. *Military Campaigns in Navajo Country, Northwestern New Mexico, 1800~1846.* Santa Fe: Museum of New Mexico Press, 1973.

Wissler, Clark. *Indians of the United States.* New York: Doubleday, 1940.

Zolbrod, Paul G. *Diné Bahané: The Navajo Creation Story.* Albuquerque: University of New Mexico Press, 1984.

Zollinger, Norman. *Meridian: A Novel of Kit Carson's West.* New York: Forge Books, 1998.

기사, 논문, 편지, 그 외

Abel, Annie Heloise. "Indian Affairs in New Mexico under the Administration of William Carr Lane. From the Journal of John Ward." *New Mexico Historical Review* 16 (April 1941): 206~32.

Amsden, Charles. "The Navajo Exile at Bosque Redondo." *New Mexico Historical Review* 8 (January 1933): 31~52.

Bancroft, Hubert H. "The Works of Hubert Howe Bancroft." *History of Arizona and New Mexico* (1890): 17.

Barbour, Barton H. "Kit Carson and the 'Americanization' of New Mexico." *New Mexico Historical Review* 77(2) (Spring 2002): 115.

Bender, A. B. "Frontier Defense in the Territory of New Mexico, 1846~1853." *New Mexico Historical Review* 9(3) (July 1934).

————. "Frontier Defense in the Territory of New Mexico, 1853~1861." *New Mexico Historical Review* 9(4) (October 1934).

————. "Military Posts in the Southwest." *New Mexico Historical Review* 16(2) (April 1941).

Benton, Thomas H. "Domestic Politics: The Tariff and Slavery." *American Statesmen* (1972).

Brewer, Sallie Pierce. "The Long Walk to Bosque Redondo as Told by Peshlakai Etsidi." *Museum of Northern Arizona Museum Notes* 9(11) (May – June 1937): 55~62.

Brown, Sharon A., and Josina Martinez. "Long Walk News." *National Park Service Study News* (2003).

Brugge, David M. "Documentary Reference to a Navajo Naach' id in 1840." *Ethnohistory* 10(2) (1963).

Carson, Alvar W. "Hispanic Settlements on Indian Land." *El Palacio* 85(1) (1979).

Castel, Albert. "The Life of a Rising Son, Pt. 1: The Failure." *Civil War Times* 4 (July 1979).

————. "The Life of a Rising Son, Pt. 2: The Subordinate." *Civil War Times* 12 (August 1979).

————. "The Life of a Rising Son, Pt. 3: The Conqueror." *Civil War Times* 10 (September 1979).

Chaput, Donald. "Generals, Indian Agents, Politicians: The Doolittle Survey of 1865." *Western Historical Quarterly* 3 (July 1972): 269~82.

Commissioner of Indian Affairs. "Appropriation for the Navajo Indians." House

Executive Document 1, 40th Cong., 2d sess.

——————. "Annual Report of the Commissioner of Indian Affairs." Washington, DC: Government Printing Office, 1865.

——————. "Annual Report of the Commissioner of Indian Affairs." Washington, DC: Government Printing Office, 1866.

——————. "Annual Report of the Commissioner of Indian Affairs." Washington, DC: Government Printing Office, 1867.

Correll, J. Lee. "Ganado Mucho–Navajo Naat' aani." *Navajo Times* (November 30, 1967): 24~27.

Danziger, Edmund J. "The Strek–Carleton Controversy in Civil War New Mexico." *Southwestern Historical Quarterly* 74(2) (October 1970): 189~203.

Fort Canby. "Memorandum of Events at Fort Canby September 9~12, 1863." Records of United States Army Continental Commands (1821~1920).

Fort Defiance. "Reminiscences of Fort Defiance, New Mexico, 1860." *Journal of the Military Service Institution of the U.S.* (1883): 14.

Gardner, Mark L. "Tragedy in Taos: Bloody Rebellion of 1847 Haunts New Mexico's History." *New Mexico Magazine* (October 2000): 32.

Gregory, Herbert E. "The Navajo Country, a Geographic and Hydrogeographic Reconnaissance of Parts of Arizona, New Mexico, and Utah." U.S. Geological Survey Professional Paper (1916): 93.

Greiner, John. "Private Letters of a Government Official in the Southwest." *Journal of American History* 3 (1909): 551~54.

Gwyther, George A. "An Indian Reservation." *Overland Monthly* (December 1970): 10.

Heib, Louis A. "Alexander M. Stephen and the Navajos." *New Mexico Historical Review* 79 (3) (Summer 2004): 353.

Heyman, Max L. "On the Navajo Trail: The Campaign of 1860~1861." *New Mexico Historical Review* 26 (January 1951): 44~64.

Hutton, Paul. "Why Is This Man Forgotten?" *True West: Celebrating the American West* (March 2006): 24.

Jenkins, Myra Ellen, and Ward Allen Minge. "Record of Navajo Activities Affecting the Acoma – Laguna Area, 1746~1910." New Mexico State Records Center and Archives (typed manuscript), 1974.

Jett, Stephen C. "The Destruction of the Navajo Orchards in 1864: Captain John Thompson's Report." *Arizona and the West* 16 (Winter 1974): 365~78.

Kappler, Charles J., ed. "Indian Laws and Treaties Ⅱ ." Senate Executive Document 452, 57th Cong. 1st sess.

Kelly, Lawrence C. "Where Was Fort Canby?" *New Mexico Quarterly Review* 42 (January 1967): 49~62.

Kemrer, Meade, and Donald Graybill. "Navajo Warface and Economy, 1750~1868." *Western Canadian Journal of Anthropology* 2(1) (1974).

Kessell, John L. "General Sherman and the Navajo Treaty of 1868: A Basic Expedient Misunderstanding." *Western Historical Quarterly* 12 (July 1981): 251~72.

Lindgren, Raymond E., ed. "A Diary of Kit Carson' s Navaho Campaign, 1863~1864." *New Mexico Historical Review* (July 1946): 226~46.

Lyon, William H. "History Comes to the Navajos: A Review Essay." *American Indian Culture and Research Journal* 11(3) (1987): 75~92.

Magers, Pamela C. "Settlement in Cañon del Muerto." Unpublished Ph.D. dissertation. Tucson: University of Arizona, 1976.

Mangiante, Rosal. "History of Fort Defiance, 1851~1900." Unpublished Master' s thesis. Tucson: University of Arizona, 1950.

Mangum, Neil C. "Old Fort Wingate in the Navajo War." *New Mexico Historical Review* 66 (October 1991): 393~412.

Mann, Charles C. "1491." *Atlantic Monthly* 289(3) (March 2002): 41.

Marino, C. C. "The Seboyetanos and the Navahos." *New Mexico Historical Review*, n.d.

Matson, Daniel S., and Albert H. Schroeder, eds. "Cordero' s Description of the Apache: 1976." *New Mexico Historical Review*, n.d.

McNitt, Frank. "Fort Sumner: A Study in Origins." *New Mexico Historical Review* 45 (April 1970): 101~17.

Miller, Darlis A. "General James Henry Carleton in New Mexico." Master' s thesis. Las Cruces: New Mexico State University, 1970.

—————. "Los Piños, New Mexico: Civil War Post on the Rio Grande." *New Mexico Historical Review* 62 (January 1987): 1~32.

Moody, Marshall D. "Kit Carson, Agent to the Indians in New Mexico, 1853~1861." *New Mexico Historical Review* 28 (January 1953): 1~20.

Morris, Earl H. "Exploring the Canyon of Death." *National Geographic* 48 (1925): 263~300.

Murphy, Lawrence R. "Master of the Cimarron: Lucien B. Maxwell." *New Mexico Historical Review* 55(1) (January 1980).

──────. "Rayado: Pioneer Settlement in Northeastern New Mexico, 1848~1857." *New Mexico Historical Review*, XLVI: 1.

Navajo People. "Removal of the Navajo and Ute Indians." House Executive Document 308, 40th Cong., 2d sess.

Nearly, John. "It' s Hard to Believe One Man Held Sway over All This Land." *Smithsonian* (July 1995): 44.

Niederman, Sharon. "Ol' Max Evan: Writing the Western Wave." *Crosswinds Weekly* (October 2004): 12.

Osburn, Katherine Marie Birmingham, "The Navajo at Bosque Redondo: Cooperation, Resistance, and Initiative, 1864~1868." *New Mexico Historical Review* 60 (October 1985): 399~413.

Reeve, Frank D. "Albert Franklin Banta: Arizona Pioneer, Part Ⅱ ." *New Mexico Historical Review* 17 (July 1952): 200~252.

──────. "Early Navajo Geography." *New Mexico Historical Review* 31 (October 1956): 290~309.

──────. "Federal Indian Policy in New Mexico, 1858~1880" (in three parts). *New Mexico Historical Review* 12, 13, 14 (July 1937 – July 1938).

──────. "The Government and the Navajos, 1846~1858." *New Mexico Historical Review* 14 (January 1939): 82~114.

──────. "Navajo Foreign Affairs, 1795~1846." *New Mexico Historical Review* 46, 47 (April – June 1971): 101~32, 223~51.

──────. "Navajo – Spanish Wars, 1680~1720." *New Mexico Historical Review* 33 (July 1958): 205~32.

──────. "A Navajo Struggle for Land." *New Mexico Historical Review* 21 (January 1946): 1~21.

"Reminiscences of Early Days in New Mexico." *Albuquerque Evening Herald*, June 11, 1922.

Reynolds, Gretchen. "No Bed, No Breakfast." *Metropolis* (November 1999): 134.

Rister, Carl Coke. "Harmful Practices of Indian Traders of the Southwest, 1865~1876." *New Mexico Historical Review* 6 (July 1931): 231~48.

Roberts, David. "The Long Walk to Bosque Redondo." *Smithsonian* (December 1997): 46.

Russell, Inez. "Filling in the Blanks the Winners Left Empty." *Taos Revistado* (February 2, 2006).

——————. "State's Collective Conscience Comes Clean about Long Walk." *Santa Fe New Mexican*, June 2005, B1, B4.

Salmon, Roberto M. "The Disease Complaint at Bosque Redondo." *Indian Historian* 9(3) (1976).

Schroeder, Albert H. "Navajo and Apache Relationships West of the Rio Grande." *El Palacio* 7(3) (Fall 1963): 5~23.

Secretary of War. Letter from the Secretary of War Relative to the Unsuitableness of the Bosque Redondo Reservation. House Executive Document 248, 40th Cong., 2d sess.

Simmons, Marc. "A Good Deed by Carson Went Largely Unnoticed." *Santa Fe New Mexican* (n.d.), C1, C5.

——————. "Horse Race at Fort Fauntleroy: An Incident of the Navajo Wars." *La Gaceta* 5(3) (1970).

——————. "Navajos Have Long History of Rich Lore." *Santa Fe New Mexican*, November 29, 2003, B1, B5.

——————. "The Tragic, Controversial 'Long Walk' of the Navajos." *Santa Fe New Mexican* (n.d.), B1, B4.

Smalling, Wes. "The Long Walk." *Santa Fe New Mexican* , September 25, 2005, C1, C3.

Spano, Susan. "Trails of the Ancients: Navajos Weave Hues of Land into Famed Rugs." *The Commercial Appeal*, June 16, 2002, F1, F4.

Stewart, Ronald D. "An Adobe Post on the Pecos." *El Palacio* (1971): 4.

Sunseri, Alvin R. "Sheep Ricos: Sheep Fortunes in the Aftermath of the American Conquest, 1846~1861." (n.p.; 1977): 1.

Taylor, Morris. "Ka-ni-ache." *Colorado Magazine* 43 (1966~67): 275~302.

Thompson, General E. "To the People of New Mexico, General Carleton Defends the Bosque Redondo." *Arizona and the West* 14 (Winter 1972): 347~66.

Thompson, John. "The Destruction of Navajo Orchards in 1864." *Arizona and the West* 16(4) (Winter 1974): 365.

Tietz, Jeff. "Fine Disturbances: To Track Someone, You Have to Learn How to See." *The New Yorker*. November 29, 2004.

Trafzer, Clifford E. "Defeat of the Lords of New Mexico: The Navajo-Apache Wars." *Military History of Texas and the Southwest* 9 (1971): 215~25.

——————. "Mr. Lincoln's Army Fights the Navajos, 1862-1864." *Lincoln Herald* 77 (1975): 148~58.

——————. "Politicos and Navajos." *Journal of the West* (1974). 13.

United States. Senate Report No. 64, 31st Cong., 1st sess. Washington, DC: Government Printing Office, 1850.

—————. Proceedings of the Great Peace Commission of 1867~1868. Washington, DC: Institute for the Development of Indian Law, 1975.

—————. *Treaty Between the United States of America and the Navajo Tribe of Indians, With a Record of the Discussions That Led to Its Signing.* Las Vegas: KC Publications, 1868.

—————. Joint Special Committee. *Condition of the Indian Tribes: Report of the Joint Special Committee Appointed Under Joint Resolution of March 3, 1865, with an Appendix.* Washington, DC: Government Printing Office, 1867.

Unrau, William E. "The Civil War Career of Jesse Henry Leavenworth Montana." *Magazine of Western History* 12 (April 1962): 74~83.

Usher, John P. *Report on the Navajo Indians.* House Executive Document 65, 38th Cong. 1st sess.

Van Valkenburgh, Richard. "Captain Red Shirt." *New Mexico Magazine* (July 1941): 44~45.

—————. "Navajo Naataani." *The Kiva* (January 1948): 13.

Waldrip, William Ⅰ. "New Mexico during the Civil War." *New Mexico Historical Review* 28 (July – October 1953): 163~82, 251~90.

Walker, Henry P. "Soldier in the California Column: the Diary of John W. Teal." *Arizona and the West* 13 (Spring 1971): 33~82.

Wallen, Henry Davis. "Prisoners without Walls." *El Palacio* 74(1) (Spring 1967).

Watkins, T. H. "Hawk High over Four Corners." *National Geographic* 190(3) (1996): 80.

Widdison, Jerold Gwayn. "Historical Geography of the Middle Rio Puerco Valley, New Mexico." *New Mexico Historical Review* 34 (October 1959): 248~84.

Witherspoon, Gary. "Sheep in Navajo Culture and Social Organization." *American Anthropologist* 75(5) (1973).

Woodard, Arthur. "Sidelight on Fifty Years of Apache Warfare." *Arizoniana* (Fall 1961): 2.

Worchester, Donald E. "The Navajo during the Spanish Regime in New Mexico." *New Mexico Historical Review* 26 (April 1951): 101~18.

Zollinger, Norman. "Ambushed: The Late 20th Century Attack on Kit Carson." *Book Talk: New Mexico Book League* 27(3) (July 1998).

■ 찾아보기

그린, 톰Green, Tom 454, 458, 461.

『글로리에타 산길 전투The Battle of Glorieta Pass』 649.

글로리에타 전투Battle of Glorieta 8, 464, 476, 481, 592.

기사도chivalry 61, 110, 444, 482, 617.

「긴 행군과 부족한 식량Long Marches and Short Rations」 648.

길레스피, 아치볼드Gillespie, Archibald 122~124, 133, 149, 165, 246, 247, 249, 259, 636.

길을 만들다Making-Out-Road 65.

길을 찾는 사람The Pathfinder 6, 104, 107, 108, 635~638, 643, 656.

깁슨 요새Fort Gibson 493.

깁슨, 조지Gibson, George 174, 176, 188, 194, 632, 635, 636, 638, 639, 642.

ㄴ

나르보나 산길Narbona Pass 6, 129, 132, 377.

『나바호 금기Navajo Taboos』 75, 631, 634.

『나바호 연구서Navajo Texts』 180, 630, 633, 638, 645.

『나바호 일제검거Navajo Roundup』 539, 650~652, 656.

『나바호 작전Campaign against Navajos』 523, 535, 539, 566, 569, 651.

『나바호 전기Navajo Biographies』 428, 633, 634, 636, 640, 645, 647.

『나바호 전쟁Navajo Wars』 131, 337, 489, 515, 516, 522, 527, 531, 534, 561, 562, 631, 636, 639~641, 645~647, 655.

『나바호 책The Book of the Navajo』 631, 633, 634, 636~638, 640, 645~647, 652, 653, 655.

『나바호The Navajo』 630, 631, 633, 634, 636, 638, 645, 646, 655.

『나바호The Navajos』 630, 631, 634, 645~647, 655.

나폴레옹 1세, 프랑스 황제Napoleon I, Emperor of France 53, 56, 439.

남부연합Confederate 436, 437, 439, 442, 444, 446~448, 457, 464, 480, 490.

남북전쟁Civil War 55, 190, 433, 449, 455, 457, 459, 467, 469, 472, 474, 489, 497, 519, 520, 576, 580, 601, 611, 612, 627, 648.

『남서부의 작은 사자The Little Lion of the Southwest』 634, 640, 647~649.

『남서부의 참회자들The Penitentes of the Southwest』 642.

납치kidnapping 17, 27, 41, 75, 115, 196, 252, 284, 381, 392, 404, 408, 414, 448, 585.

내무성, 미국Interior Department, U.S. 605.

넬슨, 수전Nelson, Susan 498.

652.

러슬링, 제임스Rusling, James 593.

럭스턴, 조지Ruxton, George 402, 637, 646.

레븐워스 요새Fort Leavenworth 49~51, 53, 56, 151, 202, 239, 244, 247, 253, 270, 302, 323, 489, 494.

로메로, 안토니아Romero, Antonia 76.

로메로, 토마시토Romero, Tomacito 286, 296.

로버츠, 데이비드Roberts, David 148, 546, 635, 637, 638, 644, 645, 651, 656.

로비도Robideaux 268, 269.

로빈슨, 제이콥Robinson, Jacob 26, 95~99, 151, 218, 221, 222, 231~233, 632, 635, 636, 640.

로스 베레예사, 호세 데los Berreyesa, Jose de 161.

로스앤젤레스, 캘리포니아Los Angeles, California 158, 164, 165, 167, 211, 214, 236, 247, 270, 301, 306, 446, 506.

《로키 마운틴 뉴스Rocky Mountain News》 616.

『로키 산맥 탐사 원정The Exploring Expedition to the Rocky Mountains』 635.

로키 산맥Rocky Mountains 15, 21, 36, 46, 53, 91~93, 119, 120, 175, 176, 331, 332, 334, 345, 404, 409, 451, 494, 561, 607, 608, 635.

론스타 공화국Lone Star Republic 77, 445.

롱펠로, 헨리 워즈워스Longfellow, Henry Wadsworth 93, 487, 635.

루나, 안토니아Luna, Antonia 66.

루비, 메리 카슨Rubey, Mary Carson 27.

『루션 맥스웰: 악당인가 몽상가인가Lucien Maxwell: Villain or Visionary』 646.

루스벨트, 시어도어Roosevelt, Theodore 87, 88, 488, 634.

루이지애나 매입Louisiana Purchase 26.

리, 로버트 E. Lee, Robert E. 190, 304.

리, 리지Lee, Lizzie 311.

리, 스티브Lee, Steve 273.

리드, 존Reid, John 217~222, 231~233.

릴, 제임스 화이트Leal, James White 273, 287.

링컨, 에이브러햄Lincoln, Abraham 26, 310, 445, 449, 567, 584, 610.

ㅁ

마누엘리토Manuelito 359, 374, 421, 422, 425~429, 436, 485, 531, 541, 547, 564, 596,

『백인들의 이야기Chronicles of the Gringos』 634.

밸버디Valverde 116, 209, 210, 454, 455, 457~459, 464, 465, 467, 469, 522, 525, 627, 648, 649.

뱀snake 17, 44, 51, 95, 139, 152, 183, 231, 237, 342, 385, 427, 443, 457, 529, 588.

버그윈, I. H. K. Burgwin, I. H. K. 293, 294, 296.

버뱅크, 아키나브Burbank, Akinabh 456.

베스털, 스탠리Vestal, Stanley 62, 90, 247, 267, 630~633, 635, 641, 644, 652.

베일러, 존Baylor, John 449.

벤턴, 엘리자베스Benton, Elizabeth 305.

벤턴, 토머스 하트Benton, Thomas Hart 85~89, 91~93, 118, 119, 163, 235, 304~307, 310, 313, 315, 330, 331, 449, 634, 643.

벤트 교역소Bent's Fort 65, 100~102, 106, 142, 151, 152, 167, 189, 210, 277, 290, 297, 302, 331, 401, 581, 586, 592, 607.

『벤트 교역소Bent's Fort』 631~633, 635, 639, 640, 642, 646, 647, 652.

벤트, 로버트Bent, Robert 581.

벤트, 알프레도Bent, Alfredo 284, 285.

벤트, 윌리엄Bent, William 65, 646.

벤트, 이냐시아 하라미요Bent, Ignacia Jaramillo 102, 285, 289, 298, 452, 615.

벤트, 테레시나Bent, Teresina 284, 286, 289, 410, 642.

별명nickname 58, 69, 107, 108, 123, 164, 428, 431, 445, 508.

보급대supply train 143, 477~479.

『보너빌 대위의 모험Adventures of Captain Bonneville』 631.

보병infantry 157, 174, 324, 439, 459, 461, 465, 473, 548, 582.

보스케레돈도Bosque Redondo 8, 502, 503, 506, 514, 515, 517, 523, 524, 531, 537, 556, 559, 560, 565, 568, 570, 572, 576, 582, 595, 596, 598~600, 602, 603, 605, 606, 612, 619~621, 627, 628, 649.

『보스케레돈도Bosque Redondo』 650, 652.

복스, 루말다Boggs, Rumalda 283, 284, 286.

복스, W. M. Boggs, W. M. 162.

볼디 봉Baldy Peak 566, 567.

부에나벤투라 강Buenaventura River 106.

부에나비스타 전투Battle of Buena Vista 487, 495~497.

『부에나비스타 전투The Battle of Buena Vista』 497, 649.

분, 대니얼Boone, Daniel 26, 621.

새크라멘토밸리Sacramento Valley 157.

샌그리디크리스토 산맥Sangre de Cristo Mountains 32, 184, 292, 325, 393, 396, 501, 504.

『샌드크리크 유혈사태Blood at Sand Creek』653.

샌드크리크 학살Sand Creek Massacre 602, 653.

『샌드크리크 학살Sand Creek Massacre』653.

『샌드크리크 학살The Massacre at Sand Creek』653.

샌드크리크, 콜로라도Sand Creek, Colorado 592, 593, 601, 602, 653.

샌디에이고, 캘리포니아San Diego, California 165~167, 236, 237, 245, 246, 248, 261, 263, 264, 266~270, 306, 319, 336, 446.

샌안토니오, 텍사스San Antonio, Texas 121, 436, 438, 444, 445, 483.

샌완 강San Juan River 73, 74.

샌완 산맥San Juan Mountains 329, 331, 332, 334, 452, 525, 562.

샌타리타, 뉴멕시코Santa Rita, New Mexico 35.

《샌타페이 가제트Santa Fe Gazette》486, 560, 601.

《샌타페이 뉴멕시칸Santa Fe New Mexican》415.

《샌타페이 위클리 뉴멕시칸Santa Fe Weekly New Mexican》601.

『샌타페이 정복 이야기The Story of the Conquest of Santa Fe』637.

샌타페이 통로Santa Fe Trail 16, 28, 29, 32, 34, 45, 51, 66, 82, 85, 87, 91, 97, 98, 100, 101, 139, 140, 155, 176, 188, 191, 210, 236, 281, 302, 390~393, 397, 401, 406, 409, 451, 468, 473, 475, 498, 505, 579, 582.

샌파스퀼 전투Battle of San Pasqual 248, 249, 255, 260, 264, 270, 302, 511, 627, 641.

『샌파스퀼 전투The Battle of San Pasqual』641.

샌프란시스코, 캘리포니아San Francisco, California 88, 120, 123, 157, 160, 161, 164, 450, 488.

생 브렝, 세란St. Vrain, Ceran 290, 291, 293, 295, 298.

샤이엔Cheyenne 23, 34, 62, 65, 103, 397, 498~500, 586, 591~593, 603, 614.

서러브레드Thoroughbred 420, 430, 435.

서부군Army of the West 50, 52, 77, 82, 84, 89, 95~99, 103, 124, 125, 152, 153, 167, 173, 176, 178, 190, 191, 212, 270, 282, 303, 450, 467, 630, 632, 636.

섬너 요새Fort Sumner 514, 515, 568, 569, 571, 575, 576, 599, 619.

섬터 요새Fort Sumter 433, 439, 453.

성 제롬 교회St. Jerome mission 292.

성병venereal disease 38, 274, 576.

카슨, 린지, 2세Carson, Lindsey, Jr. 66.

카슨, 마리아 돌로레스Carson, Maria Dolores 448, 467.

카슨, 모지스Carson, Moses 449.

카슨, 애덜라인Carson, Adaline 63, 66, 67, 307, 308, 498, 500.

카슨, 윌리엄Carson, William 610.

카슨, 찰스Carson, Charles 610, 615.

카슨, 테레시나Carson, Teresina 615.

카슨, 토머스 켈리Carson, Thomas Kelly 67.

카슨, 호세파 하라미요Carson, Josefa Jaramillo 23, 66, 102, 168, 213, 235, 277, 283~287, 289, 298, 301, 302, 312, 334, 394, 395, 448, 452, 466, 524, 531, 541, 542, 562, 569, 571, 589, 603, 611, 614~616.

카슨, 호세피타Carson, Josefita 610, 614.

카이오와Kiowa 40, 281, 321, 397, 502, 579, 584~591, 652.

칼턴, 소피아Carleton, Sophia 488, 497.

칼턴, 헨리에타 트레이시Carleton, Henrietta Tracy 493.

캐니언델무에르토Canyon del Muerto 385, 386, 551, 552, 554.

캐니언드셰이 전투Battle for Canyon de Chelly 550.

『캐니언드셰이: 그곳 사람들과 바위예술Canyon de Chelly: Its People and Rock Art』 645, 646.

캐니언드셰이Canyon de Chelly 359, 360, 372, 373, 375, 380, 382, 383, 389, 431, 542~545, 548~551, 554, 555, 558~561, 597, 620, 645, 646, 652.

캐버노, F. E. Kavanaugh, F. E. 420, 430, 435.

캐비 보이cavvy boy 30.

캔비 요새Fort Canby 531, 532, 537, 539, 548, 557, 559~561, 567, 569.

캔비, 루이자 호킨스Canby, Louisa Hawkins 479, 480.

캔비, 에드워드Canby, Edward 423, 439~442, 447, 453~455, 460~462, 464~469, 472, 474, 479~484, 490, 531, 600, 648.

《캔자스시티 스타Kansas City Star》 630.

캔자스Kansas 31, 49, 93, 471, 498, 579.

《캘리포니아 알타California Alta》 512, 513.

『캘리포니아: 미국인 기질 연구California: A Study of the American Character』 636, 637.

캘훈, 제임스Calhoun, James 85, 88, 321~324, 359.

캘훈, 존 C. Calhoun, John C. 340.

커니 법전Kearny Code 194.

프랫, 팔리Pratt, Parley 508.

프랭클린, 미주리Franklin, Missouri 28, 30, 66, 67.

프렌티스, 제임스 H. Prentiss, James H. 540.

프리몬트 원정Fremont's expedition 120, 143, 627.

프리몬트, 제시 벤턴Fremont, Jessie Benton 235, 309, 316, 614.

피뇽Piños 34, 72, 113, 184, 231, 251, 282, 292, 320, 473, 546, 575.

피마Pimas 241, 242, 575.

피언peon 448.

피츠패트릭, 톰Fitzpatrick, Tom 203, 213, 214, 235.

피코, 안드레스Pico, Andres 246, 248, 249, 256, 257, 260, 261, 264, 266, 270.

피코, 피오Pico, Pio 167, 168.

피터스, 드위트Peters, DeWitt 451, 608.

ㅎ

하라미요, 파블로Jaramillo, Pablo 273, 287.

하얀 늑대, 히카리야 추장White Wolf, Chief of the Jicarillas 412.

《하퍼스 먼슬리*Harper's Monthly*》402.

해먼드, 톰Hammond, Tom 258.

핼릭, 헨리Halleck, Henry 520.

허드슨스 베이 컴퍼니Hudson's Bay Company 33, 62, 136.

호건Hogan 42, 44, 70, 72~74, 182, 183, 216, 363, 364, 371, 379, 380, 384, 553, 558, 563, 572, 573.

호트, 니컬러스Hodt, Nicholas 434, 435, 540, 647, 648, 650, 653.

호피Hopi 33, 114, 115, 129, 344, 385, 534, 541.

홀콤, 하비Holcomb, Harvey 478.

홍역measles 274, 599.

화이트, 앤White, Ann 390, 398, 399, 406, 408, 409, 412~415, 504, 583.

화이트, 제임스 M. White, James M. 390, 391, 393, 397, 398, 406, 408, 409, 415.

황열병yellow fever 330, 331, 644.

『회고록*Memoirs of My Life*』633, 635~638.

휘그당Whig 80, 83.

휘트먼, 월트Whitman, Walt 83.

휴즈, 존 T. Hughes, John T. 52, 82, 152, 153, 187, 217, 219, 231, 252, 632, 634~641.

히스패닉Hispanic 23, 66, 83, 118, 162, 274, 276, 283, 336, 396, 422, 413, 441, 446, 448,

467, 473, 513, 514, 526, 527, 530, 579, 627.

『히카리야 아파치*Jicarilla Apache*』647.

히카리야Jicarilla 321, 406~409, 411~414, 504, 505, 525.

힐라 강Gila River 35, 36, 38, 209, 234, 239, 241, 242, 520.

힐라 통로Gila Trail 211, 240, 301.

■ 사진 출처

223쪽 위: 총독궁(MNM/DCA), Neg. No. 45011.

223쪽 아래: 총독궁(MNM/DCA), Neg. No. 70437.

224쪽 위: 타오스 역사박물관.

224쪽 가운데: 뉴욕 그레인저 컬렉션.

224쪽 아래: 뉴멕시코 주립대학 도서관 리오그란데 컬렉션.

225쪽 위: 뉴욕 공립도서관/ 뉴욕 아트 리소스.

225쪽 가운데: 오스틴 텍사스 대학 도서관.

225쪽 아래: 오스틴 텍사스 대학 도서관.

226쪽 위: 오스틴 텍사스 대학 도서관.

226쪽 아래: 의회도서관 인쇄물 · 사진부.

227쪽 위: 뉴욕 그레인저 컬렉션.

227쪽 아래: 페어스트리트 픽처스.

228쪽 위 왼쪽: 의회도서관 인쇄물 · 사진부.

228쪽 위 오른쪽: 총독궁(MNM/DCA), Neg. No. 7605.

228쪽 아래: 페어스트리트 픽처스.

229쪽 위: 타오스 역사박물관.

229쪽 아래: 총독궁(MNM/DCA), Neg. No. 71388.

230쪽 위: 총독궁(MNM/DCA), Neg. No. 7133.

230쪽 아래: 국립 문서보관소.

351쪽: 총독궁(MNM/DCA), Neg. No. 22938.

352쪽 위: 총독궁(MNM/DCA), Neg. No. 58388.

352쪽 아래: 총독궁(MNM/DCA), Neg. No. 9826.

353쪽 위: 덴버 공립도서관, 서부 역사 컬렉션, 티모시 H. 설리번, z-2721.

353쪽 위: 데이비드 허드슨/ 포토리브라.

354쪽 덴버 공립도서관, 서부 역사 컬렉션, 티모시 H. 설리번, x-32995.

355쪽 위: 국립 문서보관소.

355쪽 아래: 국립 인류학 문서보관소, 스미스소니언 박물관, OPPS NEG 55766.

356쪽: 페어스트리트 픽처스.

357쪽: 의회도서관 인쇄물 · 사진부.

358쪽 위: 총독궁(MNM/DCA), Neg. No. 47825.

358쪽 아래: 의회도서관 희귀본 특별 소장품부.

피와 천둥의 시대
미국의 서부 정복과 아메리칸 인디언 멸망사

1판 1쇄 인쇄 2009년 11월 20일
1판 1쇄 발행 2009년 11월 25일

지은이 햄튼 사이즈
옮긴이 홍한별
기획 임병삼 | 편집 정다혜
교정 오윤아 | 디자인 가필드

펴낸이 김경수 | 펴낸곳 갈라파고스
등록 2002년 10월 29일 제13-7935호
주소 (121-838) 서울시 마포구 서교동 357-1 서교오피스텔 415호
전화 02-3142-3797 | 전송 02-3142-2408
전자우편 galapagos@chol.com

ISBN 978-89-90809-29-2 03940

갈라파고스 자연과 인간의 공존을 희망하며, 함께 읽으면 좋은 책들을 만듭니다